莊子纂微

著

上海古籍出版社

圖書在版編目(CIP)數據

莊子發微 / 鍾泰著. 一上海：上海古籍出版社，2022.8（2023.9 重印）

ISBN 978-7-5732-0360-1

Ⅰ.①莊… Ⅱ.①鍾… Ⅲ.①《莊子》—研究 Ⅳ.①B223.55

中國版本圖書館 CIP 數據核字(2022)第 119093 號

莊子發微

鍾泰　著

上海古籍出版社出版發行

（上海市閔行區號景路 159 弄 1-5 號 A 座 5F　郵政編碼 201101）

（1）網址：www.guji.com.cn

（2）E-mail：guji1@guji.com.cn

（3）易文網網址：www.ewen.co

山東韻傑文化科技有限公司印刷

開本 890×1240　1/32　印張 23.875　插頁 7　字數 533,000

2022 年 8 月第 1 版　2023 年 9 月第 3 次印刷

印數：3,201— 5,300

ISBN 978-7-5732-0360-1

B·1268　定價：118.00 元

如有質量問題，請與承印公司聯繫

鍾泰先生

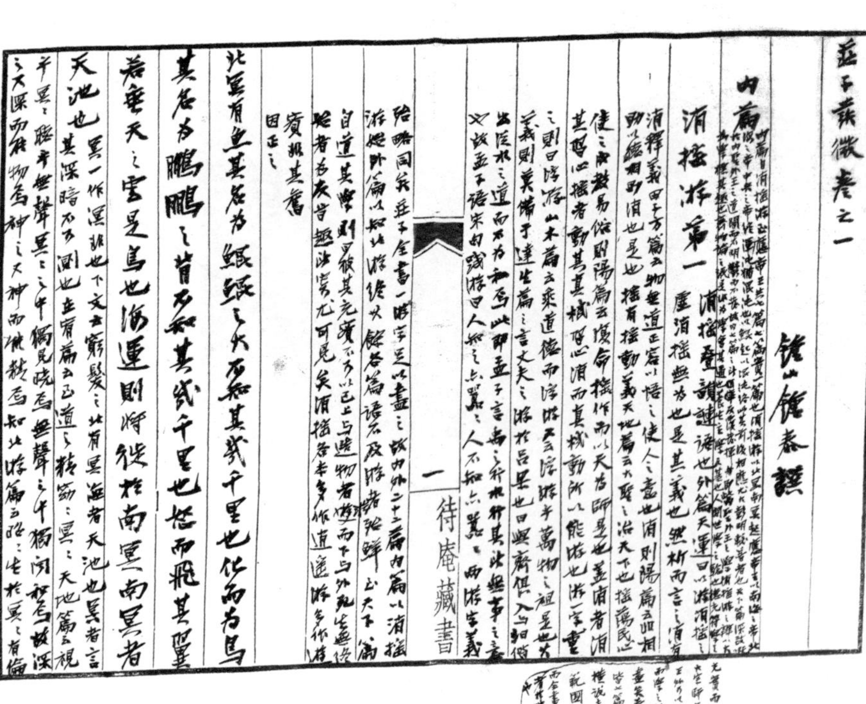

《莊子發微》手稿（一）

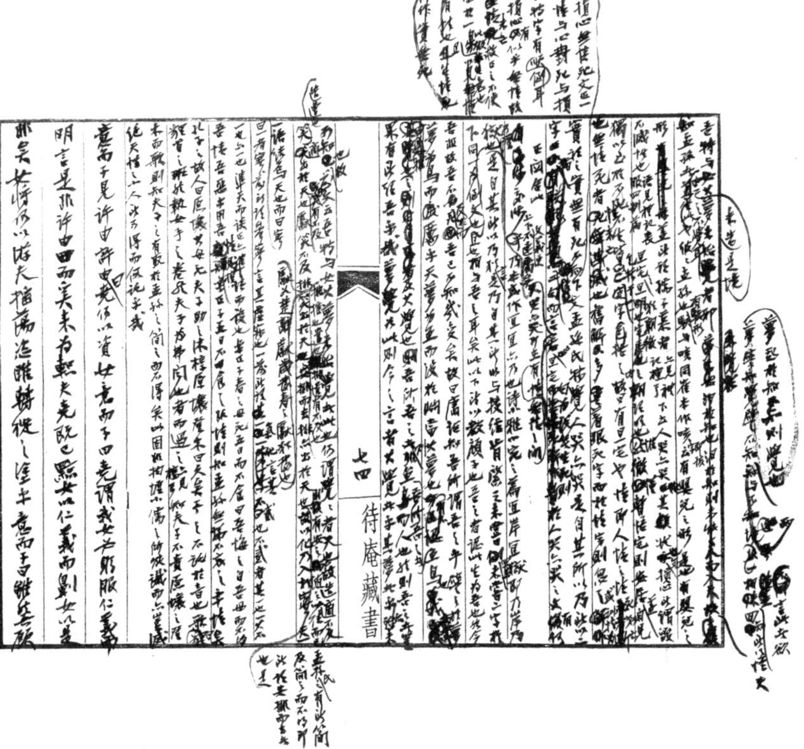

《莊子發微》手稿（二）

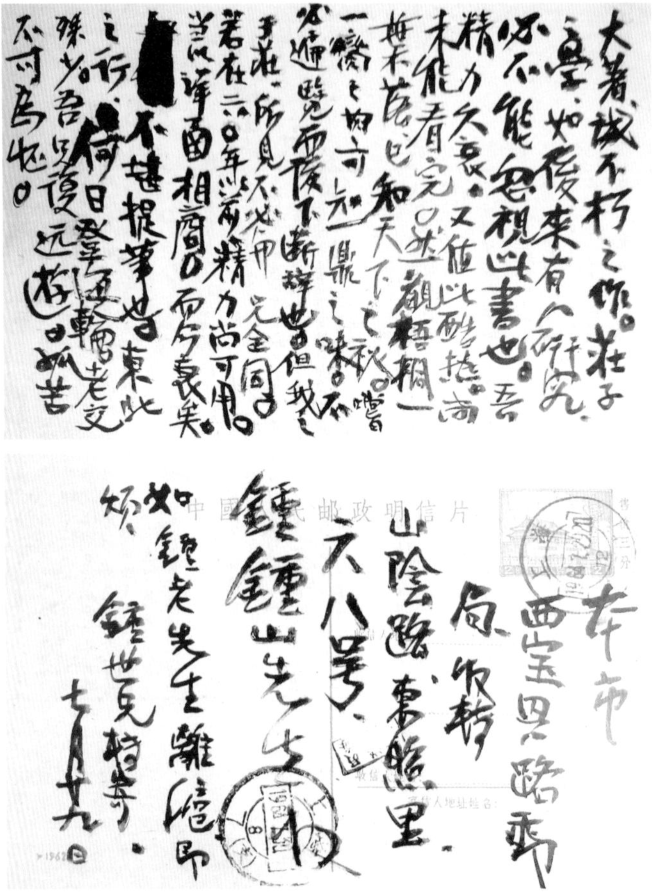

熊十力致鍾泰明信片稱「大著誠不朽之作，莊子之學，如後來有人研究，必不能忽視此書也」。

出版説明

鍾泰（一八八八—一九七九）字訒齋，號鍾山，江寧人，早年攻讀於江南格致書院，後東游日本，畢業於日本東京大學。返國後，歷任杭州之江文理學院國文系教授兼系主任、湖南藍田國立師範學院國文系教授、貴陽大夏大學文學院院長兼中文系主任、上海光華大學教授、上海華東師範大學教授，並曾應東北文史研究所之聘，去長春講學。

鍾泰先生曾受業於「泰州學派」學者黄葆年（隰朋），畢生研治中國哲學，尤深於老莊之學。其著作有《中國哲學史》、《荀注訂補》、《春秋正言斷詞三傳參》、《校定管子侈靡篇》、《莊子發微》等。

《莊子發微》係鍾泰先生晚年最重要的著作，爲其畢生研治莊學的結晶。在早年著作《中國哲學史》中，鍾泰先生認爲莊子「學貫孔、老二家」，而在《莊子發微》中則認爲自己此前仍舊「不免影響之見」，最終確立莊子之學根本孔子，爲孔門顔子一脈正傳。

莊學源遠流長，派别繁多，有以道解莊者如褚伯秀《義海纂微》，有以儒解莊者如宣穎《南華經解》，有以佛解莊者如憨山德清《内篇注》，有以文解莊者如劉鳳苞《雪心編》。《莊子發微》或可歸入「以儒解莊」一脈，但其豐富性非只「以儒解莊」四字便可囊括。鍾泰先生深於訓詁，對清代樸學家治莊成果多有駁正；長於義理，於莊子繁難論説皆剖析精微；又時時會通《莊子》與六經及先秦諸子，同異互見；尤可稱道的是，其注重内七篇乃至三十三篇的内在聯繫，以莊解莊，真正做到了「道通爲一」。《莊子發微》甫一問世，便爲當時學界所推重，如熊十力先生致鍾泰先生信札中，便盛贊其「誠不朽之作，莊子之學，如後來有人研究，必不能忽視此書也」。

書成後，在六十年代前期曾以石印本印行，惜流傳不廣，今已罕見。八十年代末據此印本，由駱駝同志重爲標點，排印出版。鍾泰先生弟子蔣禮鴻先生爲本書撰寫了「引言」。

此次重排，除訂正舊版部分標點、文字疏誤外，又劃分了段落，以便利讀者。

上海古籍出版社

二〇二二年三月

莊子發微目録

莊子發微引

先師鍾鍾山先生以邃於老莊聞，其於莊子之書沉潛蓋數十年，以爲莊子之書一溷於道家，再溷於神仙家而其旨晦。其溷於神仙家，學者能辨之；其溷於道家，鮮有能辨者。韓退之、蘇子瞻，或以爲周之學出於子夏，或以爲周之於孔子陽擠而陰助，乃與世之論莊周者異。然亦但求之於文，未能會通莊書之藴與其宗本，未知周之内聖外王之學乃宗於孔氏而爲顔淵之傳也。即師之所見，亦嘗以爲周之學蓋兼綜儒老，晚乃知其不然，斯可謂學與年進，探本握樞者矣。既病解莊者之多失，乃比類六經之旨，較以苦縣之書，以爲《莊子發微》一書，沈吟篇章，反覆義旨，博考而詳説之，其於闡發莊旨，粹然成一家之言，尚論者必不得而遺也。予小子，於莊書之閎深而肆、師説之縝密以栗初無會解，既以其書介上海古籍出版社刊行，姑綴數言以爲引云。

一九八二年八月二十二日，弟子蔣禮鴻誌

莊子發微序

自司馬遷作《史記》以莊子附《老子傳》中，班固《漢書・藝文志》用劉歆《七略》入莊子於道家，逡世遂以老、莊並稱，而莊子之學半晦；自方技之神仙家與諸子之道家混，隋、唐之際被《莊子》以《南華真經》之名，其後疏注《莊子》者如成玄英、褚伯秀之倫，多爲黄冠羽士，視《莊子》爲修真煉氣之書，而莊子之學全晦。莊子之非神仙家，今之學者或能辨之；若其非道家而不同於老子，則能辨之者鮮矣。

予之始讀《莊子》也，於《天下篇》莊子自述其學特與老子異，已竊疑之。及觀《説劍篇》中乃有「夫子必儒服」之語，以爲如《史記》列傳所言莊子方剽剥儒、墨，以詆訾孔子爲事，何其門下爲文反稱其儒服？使非其實，門人又何爲而誣之？疑之益深。其後讀韓愈、蘇軾之文。愈謂孔子之道源遠而末益分，子夏之徒有田子方，「子方之後流而爲莊周」；見《昌黎集・送王塤秀才序》。軾則云「莊子蓋助孔子者」，又云莊子於孔子，蓋「實予而文不予，陽擠而陰助之」，「其論天下道術，自墨翟、禽滑釐、彭蒙、慎到、田駢、關尹、老聃以至於其身，皆以爲一家，而孔子不與，其尊之也至矣」。見《東坡集・莊子祠堂記》。於是而知古之人固已有先我而疑《史記》、《漢書》爲不足信，而不欲從之者，則予之疑爲非妄發，因復盡檢《莊子》三十三篇之書而研覈之。其稱孔子，或曰孔子，或曰夫子，而於老子，則每曰老聃，輕重之間固已甚有别矣。其引述孔子之言，除《盜跖》、《漁父》之篇出於其末流假託者外，多至二十有八，若老子之言纔十有四，又什九皆與孔子相問對。夫孔子嘗問學於老子，老子於孔子不時有箴砭之辭，此皆無足深諱。《寓言篇》：「莊子謂惠子曰：『孔子行年六十而六十化，始時所是，卒而非之，未知今之所謂是之非五十九非也。』」以是意推之，則其引老子之所以箴砭孔子者，正以見孔子之學之化而日進，是固孔子之大，而非必老子之道果勝於孔子也。以莊子表章之意而目之爲詆訾，不亦謬乎？

抑《田子方篇》有云：莊子見魯哀公，曰：「魯少儒。」哀公曰：「舉魯國而儒服，何謂少乎？」莊子曰：「公固以爲不然。何不號於國中曰：『無此道而爲此服者，其罪死！』」於是哀公號之，五日，而魯國無敢儒服者。獨有一丈夫儒服而立乎公門，公即召而問以國事，千轉萬變而不窮。莊子曰：「以魯國而儒者一人耳，可謂多乎？」注家於此皆言此一丈夫意指孔子，夫曰丈夫指孔子是已。然莊子何以推尊孔子如是其極？豈非以其所願學者孔子，故託爲此文以自見其意歟？是觀於《天下篇》致慨於內聖外王之道闇而不明，鬱而不發，而特叙六經於百家之上，繫往於鄒魯之士、搢紳先生猶能明之，不難比類而得。然則莊子之爲儒而非道，斷斷然矣。

若其言論時出入於老氏，則小大精粗道術本自有其相通之處。予嚮亦嘗以爲莊子殆兼孔、老兩家之傳，及今思之，是猶不免影響之見。莊子之學，蓋實淵源自孔子，而尤於孔子之門顏子之學爲獨契，故其書中顏子之言既屢見不一，而若「心齋」，若「坐忘」，若「亦步亦趨」，「奔軼絶塵，瞠若乎後」云云，皆深微精粹不見於他書。非莊子嘗有所聞，即何從而識之？更何得言之親切如此？故竊謂莊子爲孔門顏子一派之傳，與孟子之傳自曾子一派者，雖同時不相聞，而學則足以並峙。由是以觀韓、蘇之言，雖亦微有闕見。韓言出於子夏之徒田子方，既無有佐證，不足據。若蘇云陽擠孔子而陰助之，實予而文不予。遍繙内外諸篇，即未見有擠孔子而不予之文；若其有之，則亦唯有子瞻所不取之《盜跖》、《漁父》等篇而已。是不得不深惜夫二子之僅通乎莊子之文，而猶未能窮莊子之學之真際也。

或曰：莊子信爲儒而非道矣；則其數譏儒、墨之是非，且有儒以詩禮發冢之論，抑又何歟？曰：子不讀《荀子》之言乎？《荀子·儒效篇》差儒之等爲三，曰俗儒，曰雅儒，曰大儒；而《非十二子篇》則曰子張氏之賤儒，子游氏之賤儒，子夏氏之賤儒，頗肆其醜詆。夫荀子豈非儒哉？蓋欲存儒之真者，必絀儒之僞，孔子之所以惡似而非者也。莊子之意詎異於是？且讀一書，必觀其全，探其本，而後始能得其宗趣之所在。《莊子》之文，已固參差而難齊，深閎而難竟，而况注家又繳繞之以玄言，錯亂之以訓詁，則宜乎究其趣旨者之不易得也。予無似，其沈潛於是書者固有年矣。病夫舊注之多失也，因比附六經之義，亦兼采老子之説，爲之疏通而詮釋之，名之曰《莊子發微》。其有由是而上窮莊子之藴以補予之不逮，使内聖外王之道不終湮没於世，此則區區之深望也夫。

庚子年秋九月鍾泰序於海上之寓廬

莊子發微卷之一

内篇

《漢書·藝文志》，《莊子》五十二篇。無内篇、外篇之名。至唐陸德明作《經典釋文》，所收崔譔注二十七篇，云：「内篇七，外篇二十。」向秀注二十六篇，云：「一作二十七篇，一作二十八篇。亦無雜篇。」其云無雜篇者，謂分内、外篇與崔本同也。司馬彪注五十二篇，云：「内篇七，外篇二十八，雜篇十四，解説三。」郭象注三十三篇，云：「内篇七，外篇十五，雜篇十一。」又李頤《集解》三十篇，云：「一作三十五篇。」孟氏注五十二篇，並未及内、外篇之别。自陸氏作《音義》，以郭爲主，兹後，崔譔各本並絶，所行惟有郭注。

説者每疑《莊子》内、外篇之目，率由注家意爲更訂，非莊學之徒相傳之舊。顧細考之，外篇、雜篇，崔本以下雖各不同，若夫内篇，則各家皆七，無有違異。此自有所依據，當莊書原本如是。不然，安得各家皆巧合也？《藝文志》不言内、外者，蓋本《七略》舊例。如儒家《孟子》十一篇，實内篇七，外篇四，趙岐《孟子題辭》言之甚詳，而《志》則不分。今據《漢志》，遂謂《莊子》本無内、外篇，殆非其實矣。陸氏《莊子釋文·齊物論篇》「夫道未始有封」條引崔云：「《齊物》七章，此連上章。而班固説在外篇。」據此，則《藝文志》五十二篇，即已有内篇、外篇之分矣。七篇篇名，各有其義，與外、雜篇取篇首二三字爲名者迥殊，是豈郭子玄輩所能臆造？即此一端，七篇之别於外、雜篇而自爲一類，彰彰顯甚。

故竊以爲外、雜篇有可疑，而内七篇則無可疑；外、雜篇有非莊子自作，而内七篇則非莊子莫能爲。《天下篇》深致慨於内聖外王之道闇而不明，鬱而不發。而此内七篇，則所以反覆發明内聖外王之學者也。是故《消摇游》之辨小大，爲内聖外王之學標其趣也。《齊物論》之泯是非，爲内聖外王之學會其通也。《養生主》，内聖外王之學之基也。《人間世》，内聖外王之學之驗也。《德充符》，則其學之成，充實而形著於外也。若是，斯内可以聖，而外可以王矣。故以《大宗師》、《應帝王》二篇終之。「宗師」者，聖之異名。「帝」者，王之極致也。是故内七篇分之則七，合之則只是一篇。觀《消摇游》以南冥北冥起，而《應帝王》以南海之帝、北海之帝收，首尾照應，亦可見也。

是故欲通《莊子》，當以内七篇爲本經，而以外篇、雜篇爲佐訓。外篇十五，雜篇十一，縱説横説，莫有能出七篇外者。而其瑕瑜純駁，以七篇印之，則如判黑白，無所隱遁。校勘之家，未能觀於《莊子》大旨，因後世諸書所引《莊子》内、外篇文與今本間有出入，乃進而疑及内篇亦多僞託，是則區區所未敢苟同者也。

消摇游第一

「消摇」，叠韻謰語也。外篇《天運》曰：「以游消摇之虚……消摇，無爲也。」此謂無爲則得消摇，非以消摇即是無爲也。試析而言之。

「消」者，消釋義。《田子方篇》云：「物無道，正容以悟之，使人之意也消。」雜篇《則陽》云：「非相助以德，相助消也。」是也。「摇」者，動蕩義。外篇《天地》云：「大聖之治天下也，摇蕩民心，使之成教易俗。」《則陽》篇云：「復命摇作，而以天爲師。」是也。蓋消者，消其習心，摇者，動其真機，習心消而真機動，是之謂消摇。惟消摇而後能游，故曰「消摇游」也。訓詁家每謂謰語當求其義於聲，不得求其義於字。不知聲與字不相隔，離字而專求聲，則墮入於虚，未爲得也。讀《莊子》不可不通訓詁，而泥於訓詁，則不能以讀《莊子》。此亦其一例也。

「游」者，出入自在而無所沾滯義。一字曰游，雙言之則曰浮游。外篇《山木》云：「乘道德而浮游。」又云：「浮游乎萬物之祖。」是也。言游又言浮者，浮者，不沈溺也。惟能浮而後能游。此其理，善泅者無不知之。故外篇《達生》言丈夫之游於吕梁也，曰：「與齊俱入，與汩偕出，從水之道，而不爲私焉。」「與齊俱入」者，游也。「與汩偕出」者，浮也。游之義蓋取諸此。孟子謂宋句踐曰：「子好游乎？吾語子游：『人知之，亦囂囂；人不知，亦囂囂。』」見《盡心篇》。趙岐注曰：「囂囂，自得無欲之貌。」就己言則曰「自得無欲」，對物言則曰「不爲私」。莊子之言游，與孟子之言游，意略同矣。竊謂《莊子》一書，一「游」字足以盡之。故今三十三篇，内篇以《消摇游》始，外篇以《知北游》終，其餘各篇，語不及游者殆鮮。而《天下篇》自道其學，則曰：「彼其充實不可以已，上與造物者游，而下與外死生、無終始者爲友。」旨趣所寄，不尤爲可見乎？

「消摇」，各本多作「逍遥」；「游」，多作「遊」，實非其舊。《釋文》云「亦作」者，是也。因正之。

北冥有魚，其名爲鯤。鯤之大，不知其幾千里也。化而爲鳥，其名爲鵬。鵬之背，不知其幾千里也；怒而飛，其翼若垂天之雲。是鳥也，海運則將徙於南冥。南冥者，天池也。

「冥」，一作溟。冥其本字，加水旁作溟者，後人改也。何以知之？外篇《在宥》云：「至道之精，窈窈冥冥。」《天地篇》云：「視乎冥冥，聽乎無聲。冥冥之中，獨見曉焉。無聲之中，獨聞和焉。」《知北游篇》云：「昭昭生於冥冥，有倫生於無形。」一書所以發端於「北冥」者，即取冥冥之義。若徑作溟，則其義失矣。《釋文》引梁簡文帝云：「窅冥無極，故謂之冥。」觀「窅冥」之解，亦作冥不作溟之證。且下文曰：「窮髪之北，有冥海者，天池也。」於「海」上加「冥」字，作冥則可，若作溟，則曰溟又曰海，爲不辭矣。北於《易》爲坎之方，南爲離之方。

《説卦傳》曰：「離也者，明也。萬物皆相見，南方之卦也。聖人南面而聽天下，嚮明而治，蓋取諸此也。」夫離南爲明，則坎北爲暗可知。鯤化爲鵬，由北而南徙，象昭昭生於冥冥也。然南亦謂之冥者，名從其朔，且以見微顯一源，非有二也。老子曰：「此二者同出而異名，同謂之玄。」莊之言冥，猶老之言玄，故揚子雲以玄對白，義可見也。見雄所作《解嘲》，曰「人有嘲雄以玄之尚白」云云。

曰「魚」者，取象於卦之中孚。《中孚》曰：「遯魚吉。」是也。「遯魚」，從虞氏《易》。卦氣起於中孚。鄭康成（玄）曰：「中孚爲陽，貞於十一月子。」正坎之方也。「其名爲鯤」者，「鯤」之爲言混也。老子曰：「有物混成，先天地生。」是也。繼之曰「鯤之大不知其幾千里」，則所謂「吾不知其名，字之曰道，强爲之名曰大」者也。並見老子書。「化而爲鳥」者，取象於卦之小過。《小過》曰：「有飛鳥之象焉。」是也。中孚旁通小過，故魚化而鳥。康成曰：「小過爲陰，貞於六月未。」則正離之方也。中孚陽而小過陰者，中孚之大象爲離，而小過之大象爲坎也。大象爲離而居坎方，大象爲坎而居離方，陰陽互根，是乃所以爲易也。知夫陰陽互根之理，則知北稱冥，而南亦可曰冥矣。「其名爲鵬」，「鵬」之爲言朋也。《坤卦》曰：「利西南得朋。」得朋猶得明也。詳見虞氏《易》。鵬言背，艮之止也。言「怒而飛」，震之動也。「海運」者風，巽也。「天池」者澤，兑也。蓋於是坎離震巽艮兑，六子之卦，無不具備。六子之卦備，即六十四卦無不備，而總之者則爲乾坤，故後有「乘天地之正，而御六氣之辨」之言也。

若以乾卦六爻説之，則鯤者，初爻之潛龍；遯魚，猶潛龍也。化者，二爻之見龍；怒者，四爻之或躍在淵；飛者，五爻之飛龍在天；後言飛而有待於風之積，則三爻之終日乾乾；去以六月而必息，又所以免於上爻之亢而至悔也。是故莊子之言，多取象於《易》，而取義於老。取義於老，人或知之；取象於《易》，則知之者鮮矣。兹故特爲發之。又當知莊出於《易》，老亦出於《易》。苟不明《易》，不能通莊，即亦不能通老。不能通老，則莊之取義於老者，實亦不能通也。故吾嘗謂學者不可不先明《易》，以此也。

齊諧者，志怪者也。諧之言曰：「鵬之徙於南冥也，水擊三千里，摶扶摇而上者九萬里。去以六月息者也。」野馬也，塵埃也，生物之以息相吹也。天之蒼蒼，其正色邪？其遠而無所至極邪？其視下也，亦若是則已矣。

鯤化鵬飛，羌無事實。此《寓言篇》所謂「巵言日出，因以曼衍」者也。「巵言」者，司馬彪注云：「謂支離無首尾言也。」彪之注最得莊意。支離急讀之則成巵，故假巵字用之，義不在其成爲酒器也。以其爲支離之言，故又託於「齊諧」以實之。曰諧曰怪，明其爲「謬悠之説、荒唐之言」，語見《天下篇》。欲讀者之忘言而得意也。「得意忘言」，語見《外物篇》。孟子言「齊東野人之語」，此云「齊諧」，蓋齊地濱海，濱海者人多玄想，多玄想者多誕辭，鄒衍之倫所以談大九州也。

「水擊」者，翼擊水面而行也。翼擊水面三千里，然後「摶扶摇而上者九萬里」，言其不輕舉也。《易·升卦》曰：「南征吉。」象曰：「君子以順德，積小以高大。」順之爲言漸也，即不輕舉之義。下文言「水之積」、「風之積」，蓋根於此矣。「扶搖」者，飆也。《爾雅・釋天》曰：「扶搖謂之猋。」猋與飆同。郭璞注曰：「暴風從下上。」是也。古扶字讀重脣，故急讀之則曰飆，緩讀之則爲扶搖。此不言飆而作扶搖者，亦取有搖蕩之義。搖蕩猶鼓舞也。「摶」之爲言專也。老子曰：「專氣致柔。」此言風猶言氣，觀「以息相吹」語可見，故曰「摶扶搖而上」，以表摶風即是專氣。各本摶有作搏者，則傳寫之譌。章太炎《莊子解故》反以作「摶」爲形誤，而曰風不可摶，蓋未明莊子之旨也。「上者九萬里」，《乾卦》九五飛龍之象也，後云「乘雲氣，御飛龍，而游乎四海之外」，即承此文而言。「去以六月息者也」，詣之言止此。「息」者，止也。六月而止，所以免於亢龍之悔，已見前注。

《莊》書「息」字有兩義：一者息止之息，如此「以六月息」，及《大宗師篇》「息我以老」是也；一者氣息之息，如此「生物之以息相吹」，及《大宗師篇》「其息深深，真人之息以踵，衆人之息以喉」是也。或「以六月息」之息與「以息相吹」之息一例釋之，誤之甚也。

「野馬」者，澤地游氣，曉起野望可以見之，形如羣馬驟馳，故曰野馬。野馬、塵埃，皆氣機之鼓蕩，前後移徙，上下不停，故曰「以息相吹」。此云「以息相吹」，猶《齊物論篇》之言「大塊噫氣」矣。野馬塵埃而謂之「生物」者，所謂生生之謂易，見《易・繫辭傳》。以其流動而變化言，非如今人之言生物無生物比也。「野馬」三句，蓋借小以明大。「天之蒼蒼」三句，下之視上也。「正色」猶言本色。本色如是，抑以遠而無極，故望之如是，不能臆定，故作疑辭而兩用「邪」字。類書引此，「邪」有作「也」者，「也」猶「邪」也。此借下以明上，故曰「其視下也，亦若是則已矣」。「其」指鵬言；「若是」者，上之視下與下之視上無二致也。「三千里」言其遠，「九萬里」言其高，「六月」言其久。三也、九也、六也，亦皆《易》象，三一卦爻數、九老陽數、六老陰數也。老子曰：「大曰逝，逝曰遠，遠曰反。」三「曰」字皆與「則」同。道無有不反。故曰「去以六月息」，息則反矣。

且夫水之積也不厚，則其負大舟也無力。覆杯水於坳堂之上，則芥爲之舟；置杯焉則膠，水淺而舟大也。風之積也不厚，則其負大翼也無力。故九萬里，則風斯在下矣，而後乃今培風；背負青天而莫之夭閼者，而後乃今將圖南。蜩與學鳩笑之曰：「我決起而飛，槍榆枋，時則不至，而控於地而已矣。奚以之九萬里而南爲？」適莽蒼者，三湌而反，腹猶果然；適百里者，宿舂糧；適千里者，三月聚糧。之二蟲又何知？

「負」，猶載也。「覆」，傾也。「杯水」，一杯之水。「坳堂」，堂坳也。堂坳而曰坳堂，猶《兔罝》之詩逵中曰中逵、林中曰中林。見《詩·國風·周南》。古人自有此語法也。「坳」，地之窊也。「芥」，芥子。「膠」，膠著也。「風斯在下」，見鵬之在風上，而可以御風也。「培」，益也，養也。《莊子》言「培風」，猶孟子言「養氣」。見《公孫丑篇》。氣而不養，則暴其氣，曷以任重致遠乎？「圖」，謀也。曰培曰圖，審慎之至，其中固大有工夫在，故兩言「而後乃今」，難之也。王念孫解「培」爲馮。見王氏《讀書雜誌》。此禪師家所譏以活句爲死句，不唯失其義，兼亦亡其神，不可不辯也。「背負青天」，《易·大畜卦》：「上九，何天之衢之象也。」「何」，「荷」之本字。負、荷一義。「夭」，屈也。「閼」與遏同。無有屈之、遏之者，何天之衢之所以亨也。故此言「積」，即《大畜》之畜。《大畜》言畜德，見《大畜象辭》。孟子言集義，見《養氣章》。莊子則以積風、培風爲譬，其實一也。

「蜩」，蟬之小而青色者，俗謂之知了。知了即蜩之緩讀。舌頭舌上，古音相通也。「學」一作鷽。「學鳩」，山鵲也。「笑之」者，老子所謂「下士聞道則大笑之，不笑不足以爲道」也。「決起」，決然而起，起之易也。「槍」，《漢書·路温舒傳》「見獄吏則頭槍地」，顔注云：「槍，抵也。」從木作槍者，言如槍之刺，見其飛勢之疾也。各本有作「搶」者，妄人所改，不可從。「榆枋」，二木名。「枋」，檀之類也。「時則不至」，謂不至一時，倒文也。或解「不至」爲不至於榆枋者，誤。「控」，猶投也。不時而投於地，時之暫也。起易、飛疾、時暫，正與「水擊三千里，摶扶摇而上者九萬里，去以六月息」之文對照。蓋淺學速成之徒類如此，故鳩曰學鳩，用一「學」字微露其意。讀《莊子》若此等處，皆未可輕易放過也。「之九萬里而南」，「之」，適也。

「莽蒼」，草木蓊鬱之狀，謂郊野也。「飡」同餐。古者摶飯而食，一摶食爲一飡，三飡而告飽，故一飡實一飯也。詳見《儀禮·公食大夫禮》。「果然」，謂腹飽充實，如果然也。「宿」，先一宿也。「糧」，行道之食。孟子云「行者有裹糧」是也。見《梁惠王篇》。「宿舂糧」，豫爲備也。「三月聚糧」，「聚」猶積也。久積而後足用也。「之二蟲」，此二蟲也，指蜩與學鳩言。「又何知」，言其不足知於此也。郭象注云：「二蟲謂鵬、蜩。對大於小，所以均異趣也。」又云：「夫小大雖殊，而放於自得之場，則物任其性，事稱其能，各當其分，消摇一也。豈容勝負於其間哉？」見《消摇游》篇名下。此以《齊物論》義作釋，非本篇之旨。本篇讚大而斥小。下文曰：「小知不及大知，小年不及大年。」又曰：「此小大之辨也。」其意明甚。安得謂以均異趣而無勝負於其間也。郭子玄之説，實足貽學者之惑，故特著而辯之。

小知不及大知，小年不及大年。奚以知其然也？朝菌不知晦朔，蟪蛄不知春秋，此小年也。楚之南有冥靈者，以五百歲爲春，五百歲爲秋；上古有大椿者，以八千歲爲春，八千歲爲秋。而彭祖乃今以久特聞。衆人匹之，不亦悲乎！

言「知」而忽及「年」，曼衍而無極，此其所以爲「卮言」也。然年爲賓而知爲主，故下文「不知晦朔」、「不知春秋」，仍要歸於知。

「朝菌」，朝生之菌也。《列子·湯問篇》曰：「朽壤之上，有菌芝者，生於朝，死於晦。」此「晦」謂暮。朝生而暮死，一日之物耳，故曰「不知晦朔」。「朔」，月之始。「晦」，月之終也。「蟪蛄」，蜩屬。《楚辭》所云寒螿者也。春生者夏死，夏生者秋死，故曰「不知春秋」。「冥靈」，冥海靈龜也。「椿」，《禹貢》「杶榦栝柏」之杶。特曰「大」者，言其非常杶也。「彭祖」，姓錢名鏗，見《世本》與劉向《列仙傳》。《列子·力命篇》云：「彭祖智不出堯、舜之上，而年八百。」《列仙傳》有「彭祖殷末已七百六十七歲而不衰老」語，與《列子》略相近，而本書《大宗師篇》則曰：「彭祖得之，上及有虞，下及五伯。」是其生於舜時，至春秋尚存，歷夏、商、周三代，殆千數百歲矣。疑出語增，未可執以爲實。「以久特聞」，猶言特以久聞。「久」，謂壽考也。「匹」，比也。言欲比並之。「悲」者，悲其知有小年而不知大年也。

湯之問棘也是已。「窮髮之北有冥海者，天池也。有魚焉，其廣數千里，未有知其修者，其名爲鯤。有鳥焉，其名爲鵬，背若大山，翼若垂天之雲，摶扶搖羊角而上者九萬里，絶雲氣，負青天，然後圖南，且適南冥也。斥鴳笑之曰：『彼且奚適也？我騰躍而上，不過數仞而下，翱翔蓬蒿之間，此亦飛之至也。而彼且奚適也？』」此小大之辨也。

此《寓言篇》之所謂「重言」也。「重言」者，引古先之説以爲重，以見己説之未始無所根也。

「湯」，殷王成湯。「棘」，夏人名。《列子·湯問篇》作殷湯問於夏革。革、棘古一音，故字得通也。「窮」，盡也。「窮髮」猶言不毛，謂荒漠之北也。上言「南冥者，天池也」，此「窮髮之北有冥海」，而亦曰天池者，明南北皆假象，非果爲異地也。「修」，長也。「大」讀太，即泰山。「羊角」，風名，以其盤旋迴轉如羊角然，故謂之羊角。「且適南冥」，將適南冥也。「斥」，斥澤。「鴳」一作鷃，字同，鶉之屬也。上蜩與學鳩曰「時則不至，而控於地而已矣」，擬自棄者之言也。「翱翔蓬蒿之間，此亦飛之至也」，擬自暴者之言也。自棄與自暴雖不同，要其爲小知則一也。「仞」，七尺。「翱」，翼一上一下。「翔」，迴飛也。自「窮髮之北」至「而彼且奚適也」，述夏棘之言。言問不言答，省文，可知也。「此小大之辨也」，總結篇首以來之文。「辨」，猶分也。

故夫知效一官，行比一鄉，德合一君而徵一國者，其自視也亦若此而已矣。而宋榮子猶然笑之。且舉世而譽之而不加勸，舉世而非之而不加沮，定乎内外之分，辨乎榮辱之竟，斯已矣。彼其於世，未數數然也。雖然，猶有未樹也。夫列子御風而行，泠然善也，旬有五日而後反。彼於致福者，未數數然也。此雖免乎行，猶有所待也。若夫乘天地之正，而御六氣之辨，以游無窮者，彼且惡乎待哉！故曰，至人無己，神人無功，聖人無名。

「知」同智。「行」讀去聲。「效」謂能其事也。「比」猶周也。「徵」，見信也。「若此」，「此」，斥鴳也。由知而行而德，由一官而一鄉而一君一國，其中亦自有小大，然要之皆徇名而務外。故宋榮子猶笑之。「猶」言猶然，猶今當言當然。「然」者，加强語勢之辭。注家有以「猶然」爲笑貌者，非也。「宋榮子」即《天下篇》之宋鈃、《孟子》之宋牼。見《告子篇》。牼、鈃、榮，並一聲之轉。加「子」者，尊稱之也。《韓非子·顯學篇》曰：「宋榮子之議，設不鬥争，取不隨仇，不羞囹圄，見侮不辱。」與《天下篇》言「宋鈃見侮不辱，救民之鬭，禁攻寢兵，救世之戰」，其説正合。故知是一人也。

「勸」，勉也。「沮」，沮喪之沮。「分」讀去聲。「辨」，別也。「竟」同境，界也。自「舉世」以下，蓋宋榮之所得。「且」者，發端之辭。「斯已矣」，猶言斯可矣。故曰「彼其於世未數數然也」。「數數」，猶汲汲。「世」者，世情，即指非譽、榮辱，所謂外也。「樹」，立也。「未樹」，言未有以自立。自立者，自得也。鴳之笑鵬，以小笑大。宋榮之笑「知效一官」數者，則以大笑小，似有間矣，顧曰「斯已矣」，猶是自足之見，斯其所得亦淺哉，故斷之曰「猶有未樹」。

「列子」，名御寇，書中屢稱之，不獨雜篇有《列御寇篇》也。《漢書・藝文志》道家有《列子》八篇。今列子之書，多後人附益，蓋非其舊。其《黄帝篇》曰：「列子師老商氏，友伯高子；進二子之道，進與盡同。乘風而歸。尹生聞之，從列子請蘄其術。中有節文。列子曰：『自吾之事夫子，友若人也，三年之後，心不敢念是非，口不敢言利害，始得夫子一眄而已；五年之後，心庚念是非，口庚言利害，庚與更同。夫子始一解顔而笑；七年之後，從心之所念，庚無是非，從口之所言，庚無利害，從讀縱。夫子始一引吾並席而坐；九年之後，横心之所念，横口之所言，横讀去聲。亦不知我之是非利害歟，亦不知彼之是非利害歟，亦不知夫子之爲我師若人之爲我友，内外進矣。進同盡。而後眼如耳，耳如鼻，鼻如口，無不同也。心凝形釋，骨肉都融，不覺形之所倚，足之所履，隨風東西，猶木葉榦殼，榦與乾同。竟不知風乘我邪？我乘風乎？』」其寫乘風之狀，與所以致之之功，爲文甚美，爲義甚密。然疑即因《莊》文，此文從而敷衍增飾之者。實則御風特守氣之譬喻耳。觀外篇《達生》子列子問關尹「至人」之言可以見也。「泠然」，輕嫖貌。「福」猶善也。「致福」，即指上定内外之分、辨榮辱之竟。「旬有五日而後反」，與「去以六月息」之文相應。「旬有五日」，一旬又五日也。「六月」，陰陽消長之期數。「旬又五日」，朔望盈虧之期數也。「有所待」，猶待乎風也。

「乘天地之正」，「正」者，《易・既濟卦彖傳》所謂「剛柔正而位當」也。「御六氣之辨」，「辨」者，變也。見《釋文》。古辨、變可通用。《乾卦彖傳》所謂「六位時成，時乘六龍以御天」也。「惡」音烏，「惡乎待」者，《禮・中庸篇》所謂「夫焉有所倚」也。惟無所倚，是以能游於無窮。此節爲一篇之正文。「至人無己」三句，則一篇之要旨。而「無己」，尤要中之要。蓋非至「無己」不足以言「游」，更不足以言「消摇」也。「聖人」、「神人」、「至人」，雖有三名，至者聖之至，神者聖而不可知之稱。《孟子》曰：「聖而不可知之之謂神。」見《盡心篇》。其實皆聖人也。而「無己」必自「無名」、「無功」始，故先之以「無名」，次之以「無功」。「無名」者，不自有其名。「無功」者，不自有其功。不自有者，「無己」之漸也。故終歸於「無己」而止焉。

堯讓天下於許由，曰：「日月出矣，而爝火不息。其於光也，不亦難乎！時雨降矣，而猶浸灌。其於澤也，不亦勞乎！夫子立而天下治，而我猶尸之。吾自視缺然。請致天下。」許由曰：「子治天下，天下既已治也。而我猶代子，吾將爲名乎？名者，實之賓也。吾將爲賓乎？鷦鷯巢於深林，不過一枝；偃鼠飲河，不過滿腹。歸休乎君，予無所用天下爲！庖人雖不治庖，尸祝不越尊俎而代之矣。」

此以「聖人無名」，寄之於堯與許由之讓天下，所謂「寓言」者也。

「堯」，帝堯，陶唐氏也。「許由」，當時之隱士也。堯以天下讓許由，許由不受，亦見雜篇《讓王》。司馬遷《史記・伯夷列傳》云：「説者曰：『堯讓天下於許由，許由恥之，逃隱。』由義至高。其文辭不少槩見，何哉？」蓋疑於説者之言或非實也。然又云：「余登箕山，其上蓋有許由冢云。」則由又似實有其人。十口相傳謂之古。莊子之言最達，曰：「妄言之，妄聽之。」必欲考其真僞，惑矣。

「爝火」，燋火也。爝之與燋，猶嚼之與噍，古今音上下之别也。「日月」、「時雨」以比由，「爝火」、「浸灌」以自比。「難」、「勞」一義，皆言爲力之多而收功之小也。「立而天下治」，外篇《在宥》所謂「從容無爲，而萬物炊累焉」。「尸」者，尸其位也。「缺然」，不足也。

「子治天下」，「治」讀平聲，下「治庖」之「治」同，餘「治」讀去聲。辭之動静之别也。「將爲名乎」、「將爲賓乎」，兩「乎」字同，而其用則異，爲名者疑辭，爲賓者則決辭。言不欲爲賓，反言之，故曰「將爲賓乎」也。「爲名」「爲賓」，兩「爲」字皆讀去聲。

「鷦鷯」，鳥之小者，善於爲巢，取木葉而口綴緝之，俗謂之巧婦鳥。鳥小而謂之鷦鷯，猶人小而謂之僬僥矣。「偃鼠」，田鼠也，以其偃行地下，故謂之偃鼠。或亦作鼹，則後起字也。「不過一枝」、「不過滿腹」，皆言贍己之易足也。「歸休乎君」，猶言「君歸休乎」。「無所用天下爲」，猶言「無所爲而用天下」。皆倒文也。

「庖」，掌庖廚者。「尸」，祭祀之尸。古者祭祀，以神不可見，因立人之年少而習於禮者以爲之主，是謂之尸。上言「我猶尸之」，亦即此義而引申者也。「祝」，代主人通辭於神者。

「尊」，一作樽，盛酒之器。「俎」則所以載牲體者。「不越尊俎，而代之」，言各有其分位，不得而攙奪也。《淮南子・泰族訓》亦有此説，而文稍異，曰：「今夫祭者，屠割烹殺、剥狗燒豕、調平五味者，庖也；陳簠簋、列樽俎、設籩豆者，祝也；齊明盛服、淵默而不言、神之所依者，尸也。齊讀齋。宰祝雖不能，宰即庖也。尸不越樽俎而代之。」下續曰：「故法者，治之具也，而非所以爲治也，猶弓矢，中之具，而非所以中也。」兩「中」字並讀去聲。觀此，其設喻之意可益明已。

肩吾問於連叔曰：「吾聞言於接輿，大而無當，往而不反。吾驚怖其言，猶河、漢而無極也；大有逕庭，不近人情焉。」連叔曰：「其言謂何哉？」曰：「『藐姑射之山，有神人居焉，肌膚若冰雪，淖約若處子；不食五穀，吸風飲露；乘雲氣，御飛龍，而游乎四海之外。其神凝，使物不疵癘而年穀熟。』吾以是狂而不信也。」連叔曰：「然！瞽者無以與乎文章之觀，聾者無以與乎鍾鼓之聲。豈唯形骸有聾盲哉？夫知亦有之。是其言也，猶時女也。之人也，之德也，將旁薄萬物以爲一。世蘄乎亂，孰敝敝焉以天下爲事！之人也，物莫之傷，大浸稽天而不溺，大旱金石流、土山焦而不熱。是其塵垢粃糠，將猶陶鑄堯、舜者也，孰肯以物爲事！宋人資章甫而適諸越，越人斷髮文身，無所用之。堯治天下之民，平海内之政，往見四子藐姑射之山。汾水之陽，窅然喪其天下焉。」

此寄之接輿、連叔之言，以明「神人無功」也。

「接輿」，見《論語・微子篇》，謂之楚狂，則楚人也。接輿，實非名，以其迎孔子之車，歌而過之，故記者稱之接輿，猶荷蕢者稱之荷蕢，見《論語・憲問篇》。晨而啟門者稱之晨門也。同上。皇甫謐《高士傳》曰：「楚人陸通，字接輿。」謂接輿姓陸名通，不知何據；若其以接輿爲字，則誤之甚也。肩吾、連叔並無徵。《大宗師篇》有「肩吾得之以處大山」語，然其名在堪坏、馮夷之次，而黄帝、顓頊之前，故司馬彪注以爲山神，則與此肩吾名同而實異矣。《莊子》寓言多出虚構，人之有無，可勿問也。

「大而無當」，「當」讀去聲，中也，謂不中事實也。「往而不反」，謂無有歸宿也。「怖」，惶駭也。言驚又言怖者，甚之之辭也。北方之水，河爲大，楚之水，漢爲大。「猶河、漢而無極」者，言如河、漢之水不可得而窮其原委也。「逕」同「徑」，衺也。「庭」，直也。衺直參差，故曰「大有逕庭」，以形其不近人情有如是者。注者或用逕庭本義作釋，謂如門内地與門外路之分，失之矣。

「藐姑射」之下，肩吾復述接輿之言。「藐」同「邈」，遠也。「藐姑射之山」，言遠哉姑射之山也。「姑射」，山名，見《山海經》；然此特假以託意，不必實指其地。「淖約」，叠韻謰語，亦作綽約，有斂約義，兼有柔弱義。「處子」猶處女也。「肌膚若冰雪」，喻其純白之備。「純白備」，語見《天地篇》。「淖約若處子」，喻其守静之篤也。「守静篤」，老子語。「不食五穀，吸風飲露」，如《楚辭・遠游》云「餐六氣而飲沆瀣，漱正陽而含朝霞」，喻其保神明之清澄，精氣通而麤穢悉除也。「其神凝」，「凝」如《易・鼎卦象》曰「正位凝命」之凝，葆固而不散也。「物不疵癘」，物各遂其生也。「疵」、「癘」皆病，而癘甚於疵，疫之類也。「年穀熟」，無旱澇之災也。此即《中庸》「致中和天地位焉，萬物育焉」之義也。「狂而不信」，以其言爲狂而不信之也。「狂」讀如字，從接輿爲楚狂來。訓詁家謂當讀作誑，似之而實非也。

「與」、「觀」並讀去聲。「知」同「智」。「無與」，猶無涉也。「盲」同「瞽」。「知亦有之」者，知亦有聾盲也。「是其言」，謂彼接輿所言也。「時」，如《論語》「時其亡也」之時，見《陽貨篇》。義猶當也。「女」讀汝。「猶時女」者，意謂接輿當汝，故言之只如此。若其實則猶有未盡也，故下更進而嗟歎之曰：「之人也，之德也。」既言此人，又言此德，蓋幾於「嗟歎之不足而咏歌之，咏歌之不足而不知手之舞之、足之蹈之」者矣。舊注如司馬彪讀「女」如字，以時女爲即處子，固誤。而或者知讀「女」爲「汝」矣，以「時」爲「是」、「也」同「邪」，謂接輿之言豈猶是汝等之見邪，混接輿與連叔之言而等量觀之，失文章之層次，即亦未見其當也。「將旁薄萬物以爲一」八字爲句，「薄」如《書・臯陶謨》「外薄四海」之薄。「旁薄」謂廣被也。廣被萬物而包孕之，故曰「以爲一」。《淮南子・俶真訓》云：「旁薄爲一，而萬物大優。」即本此文。是讀至「以爲一」句絶，由來舊矣。注家有以「一」字連下「世」字讀，作「以爲一世蘄乎亂」者，大非也。「蘄」讀同「期」。「亂」如《論語》「武王曰：『予有亂臣十人』」之亂，治也。「世蘄乎亂」者，言世自期於治，若神人則何勞之有，故曰「孰敝敝焉以天下爲事」。「敝敝」，猶勞勞也。

「大浸」謂洪水也。「稽」，至也。「稽天」，猶《書》云「滔天」也。見《堯典》。「金石流」，鎔化而流也。「土山焦」，土與山並焦也。「物莫之傷」，喻無「人事之患」。大浸不溺，大旱不熱，喻無「陰陽之患」也。人事之患、陰陽之患，並見《人間世篇》。「塵垢粃糠」，猶言糟粕也。范土曰陶，范金曰鑄。「塵垢粃糠，將猶陶鑄堯、舜者」，即雜篇《讓王》所云「道之真以治身，其緒餘以爲國家，其土苴以治天下，帝王之功，聖人之餘事」者也，故曰「孰肯以物爲事」。上文言「旁薄萬物以爲一」，猶見有物也，此云「孰肯以物爲事」，則並物而忘之，蓋意又更進矣。老子曰：「處無爲之事，行不言之教，萬物作焉而不辭。生而不有，爲而不恃，是以功成而不居。」義正類此。蓋於是而無功之藴闡發無遺矣。此其所以歸之於神人也。

「宋」，微子封國，其都在今河南睢縣。「資」猶貨也。「章甫」，殷冠名。宋，殷後，其冠猶存殷制，故稱冠爲章甫。「諸越」，猶於越也。諸、於皆越人發語辭。越國，夏後，今之紹興即其地。諸暨縣之稱諸，亦其聲之遺也。「斷」，一作敦，義同。斷髮者無用於冠，喻無功者無用於天下與物也。「文身」，涅其身以爲文也。因斷髮而並及之，以見越人之俗不與諸國同，而宋人不能知也。「四子」，設辭。郭子玄注云：「蓋寄言以明堯之不一於堯耳。」然謂「明堯之不一於堯」，未若言明神人之不一於神人也。若李楨以王倪、齧缺、被衣、許由實之，鑿矣。「汾水之陽」四字屬下讀，堯都平陽，臨汾水，故曰「汾水之陽」。「窅然喪其天下」，蓋謂見四子而歸，其進境如此。「窅然」，自失貌，猶憮然也。「喪其天下」，忘其天下也。忘其天下，斯忘其治天下平海内之功矣。

惠子謂莊子曰：「魏王貽我大瓠之種，我樹之成，而實五石；以盛水漿，其堅不能自舉也；剖之以爲瓢，則瓠落無所容。非不呺然大也。吾爲其無用而掊之。」莊子曰：「夫子固拙於用大矣。宋人有善爲不龜手之藥者，世世以洴澼絖爲事。客聞之，請買其方百金。聚族而謀曰：『我世世爲洴澼絖，不過數金；今一朝而鬻技百金，請與之。』客得之，以説吴王。越有難，吴王使之將，冬與越人水戰，大敗越人，裂地而封之。能不龜手，一也；或以封，或不免於洴澼絖，則所用之異也。今子有五石之瓠，何不慮以爲大樽而浮於江湖，而憂其瓠落無所容？則夫子猶有蓬之心也夫！」惠子曰：「吾有大樹，人謂之樗。其大本，擁腫而不中繩墨；其小枝，卷曲而不中規矩；立之塗，匠者不顧。今子之言，大而無用，眾所同去也。」莊子曰：「子獨不見狸狌乎？卑身而伏，以候敖者；東西跳梁，不辟高下；中於機辟，死於罔罟。今夫斄牛，其大若垂天之雲。此能爲大矣，而不能執鼠。今子有大樹，患其無用，何不樹之於無何有之鄉，廣莫之野；彷徨乎無爲其側，消摇乎寢卧其下。不夭斤斧，物無害者，無所可用，安所困苦哉！」

此二節，寄之己與惠子之問答，以明「至人無己」，亦「寓言」類也。顧不曰「無己」，而曰「無用」者，承上「肩吾」節「無所用之」而言，其意則以爲人之有恒，己自有用而生，而其用愈大，斯其爲己也亦愈堅。故必肯自居於無用，而後己始可得而無也。曾子曰：「以能問於不能，以多問於寡。有若無，實若虛，犯而不校。昔者吾友，嘗從事於斯矣。」見《論語·泰伯篇》。能而問於不能，不自見其能也。多而問於寡，不自見其多也。若無若虛，不自見其有，不自見其實也。要之自見其無用，自居於無用而已。注者謂「吾友」蓋指顔子而言，以非顔子不能及此，故孔子曰：「回也其庶乎，屢空。」「空」者，空諸所有，所謂「無己」也。然則「無用」之與「無己」，其不可析也明矣。又言無用而必先之以用大者，蓋無用者，用而不自用，非實無用之謂也。是有二義：能用大而後可以無用，此一義；亦惟無用而後能用其大，此又一義也。《易·繫辭傳》曰：「顯諸仁，藏諸用，鼓萬物而不與聖人同憂，盛德大業，至矣哉！」以「藏諸用」言，則無用矣；以「顯諸仁」言，則用大矣。至人之所以爲至，在於盛德大業。而德之所以盛，業之所以大，則在於鼓萬物而不與聖人同憂。鼓萬物而不與聖人同憂，非「無己」莫能望，此「無己」之所以爲至。世之解《莊子》者，每謂：「莊子之學，非不高且遠也，而施之於世，則無所用。」此其見正與惠子等，惡足以窺莊子哉？

「惠子」，名施，爲梁惠王相，見於《國策》，其學概見《天下篇》，莊子之友也。「魏王」即惠王，名瑩，魏其故封，後遷大梁，因亦稱梁。「瓠」，壺也。《七月》之詩曰：「七月食瓜，八月斷壺。」是也。瓠、壺一音之轉，緩讀之則曰胡盧。「種」讀上聲，謂種子也。「樹」，植也。「實五石」，實之大可容五石也。「石」，量名，十斗曰石。但古斗小，不可不知。「漿」，熟水。「其堅不能自舉」者，瓠之爲物脆而不堅，舉之則將不堪，故曰不能自舉也。「剖」，分之爲兩爿也。「瓠落」猶濩落，空廓也。「無所容」，無物以納之。成玄英疏云：「平淺不容多物。」失之。果平淺不容多物，下文安得云「呺然大」乎？「呺」與枵通。李善注《文選》謝靈運《初發都》詩引此文作枵，可證。《爾雅·釋天》：「玄枵，虛也。」虛而大，故曰「枵然大也」。「掊」，擊破之也。

「拙於用大」，謂不善用大也。「龜」讀如字。手坼裂如龜文，故謂之龜手。注家或讀爲皸。龜以形其皸，而皸非龜也，其義自別，則讀皸實誤也。「洴澼」，漂也，漂緩讀之則爲洴澼，猶飈緩讀之爲扶搖矣。「絖」與纊通，絮也。「請買其方百金」，請以百金買其方也。古金方寸重一斤，是爲一金，百金則金百斤也。「聚族而謀」者，世業本不傳人，故決之於全族也。「鬻」者，賣之叚借，讀育，賣也。始言藥，繼言方，終言技者。「技」，術也。無方不能成藥，不得其術則雖有方猶不成也。故在客但知買其方耳，而在宋人則必曰鬻技，謂由是而術不復可以自祕。此《莊子》文字之極細密處，讀者往往忽過，可惜也，故玆聊一發之。

「説」讀去聲，「難」謂兵患，「將」謂將兵，亦皆去聲。「大敗越人」，蓋得藥力，不明點者，以言「冬」，言「水戰」，讀者自知之也。「裂地而封之」，封爲邑君也。「所用之異」，用之有巧拙而其效之大小遂以判也。「慮」，計也。「計」、「憂」皆以心言，故後有「猶有蓬之心」之語。司馬彪注以「慮」爲結綴。慮何得有結綴之訓？注家不明，而有從之者，非也。「樽」本酒器，而浮水或以用之，韓信破魏王豹，從夏陽，以木罌缶度軍，襲安邑。見《漢書·韓信傳》。度與渡同。罌缶即樽之類。《鶡冠子》曰：「中流失船，一壺千金。」亦謂其可以浮渡也。「蓬之心」，猶《孟子》言「茅塞子之心」。見《盡心篇》。心中有物，則失其虛靈之用，如蓬茅生之，故曰蓬

《達生篇》言痀僂者之承蜩也，曰：「吾處身也若厥株拘，吾執臂也若槁木之枝。」此形如槁木之解也。《應帝王篇》言神巫季咸之相壺子也，壺子示之以地文，出而謂列子曰：「子之先生死矣！吾見怪焉，見溼灰焉。」此心如死灰之解也。「如」之云者，譬況之辭，非真成槁木死灰也。「不亦善乎而問之也」八字句，「而」猶爾也。稱其問之善，所以發其悟也。「喪我」承上篇「無己」來。惟喪我而後能盡執，惟盡執而後能超然於物論之外，而物論始可得而齊矣。「我」者人也。「喪我」者天也。惟人而能天，可以齊物論之不齊，故後文曰「聖人不由，而照之于天」。又曰「聖人和之以是非，而休乎天均」。又曰「孰知不言之辯、不道之道，此之謂天府」也。

「人籟」、「地籟」、「天籟」，雖分三名，而所欲發明者，亦惟天籟而已。顧天籟非言語文字所可摸擬狀繪，不得已因託於地籟以言之，是以子游「敢問其方」，而子綦獨稱地籟也。「方」猶類也。「籟」，簫也，即所謂比竹。是故籟本人籟之名，地籟、天籟皆從人籟而推説之。此《莊子》之巧於爲文也。老子曰：「有無相生，難易相成，長短相形，高下相傾，聲音相和，前後相隨。」夫有無、難易、長短、高下，所謂物論之不齊也。而聲音相和，前後相隨，有似於此，故盡聲音之道，可以通於物論。《莊子》地籟之説，其亦本於此乎？

「大塊」者，地也。「噫」讀去聲，猶噓也。「是唯無作」，言不作則已也。「呺」通号，亦即號也，讀平聲。「翏翏」，長風聲，今作飂。「畏佳」同嵔崔，狀山林之高大而參差也。「百圍」，見下《人間世篇》。「竅」、「穴」皆孔也，細曰竅，大曰穴。

南郭子綦隱几而坐，仰天而噓，嗒焉似喪其耦。顔成子游立侍乎前，曰：「何居乎？形固可使如槁木，而心固可使如死灰乎？今之隱几者，非昔之隱几者也。」子綦曰：「不亦善乎，而問之也！今者吾喪我，女知之乎？女聞人籟而未聞地籟，女聞地籟而未聞天籟夫！」子游曰：「敢問其方。」子綦曰：「夫大塊噫氣，其名爲風。是唯無作，作則萬竅怒呺。而獨不聞之翏翏乎？山林之畏佳，大木百圍之竅穴，似鼻、似口、似耳，似枅、似圈、似臼，似洼者、似污者，激者、謞者、叱者、吸者、叫者、譹者、宎者、咬者，前者唱于，而隨者唱喁。泠風則小和，飄風則大和。厲風濟，則衆竅爲虛。而獨不見之調調之刀刀乎？」子游曰：「地籟則衆竅是已，人籟則比竹是已。敢問天籟。」子綦曰：「夫吹萬不同，而使其自已也，咸其自取，怒者其誰邪！」

「南郭子綦」，以居南郭，遂以南郭爲號；「綦」，其字也；《徐無鬼篇》作南伯子綦。《人間世篇》亦云：「南伯子綦游乎商之丘。」「伯」者，長稱。「南郭」或單稱南，猶南宮容亦稱南容也。「隱几而坐」，言其静也。「仰天而噓」，言其動也。静中有動，即《在宥篇》所云「尸居而龍見，淵默而雷聲，神動而天隨」之象也。下文「天籟」之義，蓋已盡露於此矣。「嗒焉似喪其耦」，即《田子方篇》所云「遺物離人而立於獨」也。獨則無耦，故曰「似喪其耦」。「嗒」，一作荅。「嗒焉」猶塊然，故子游有形如槁木、心如死灰之問也。

「何居」猶何爲也。「子游」，南伯弟子。「顔成」，如廣成子、伯成子高之類，當是複姓也。

齊物論第二

「齊物論」者，齊物之不齊，齊論之不齊也。言論先及物者，論之有是非、然否，生於物之有美惡、貴賤也。劉勰《文心雕龍·論説篇》云：「莊周齊物，以論爲名。」後人因之，遂謂莊子有齊物之論。此大謬也。若曰論，則《消摇游》以次七篇皆論也，安得此獨以論名哉！齊之爲言，非如《孟子》「比而同之」之云也。「子比而同之，是亂天下也」，見《滕文公篇》。美者還其爲美，惡者還其爲惡；不以惡而掩美，亦不以美而諱惡，則美惡齊矣。是者還其爲是，非者還其爲非；不以非而絀是，亦不以是而没非，則是非齊矣。《至樂篇》曰：「名止於實，義設於適。」止者不過其當，適者不違其則。不過當，不違則，此齊物、齊論之要旨也，故篇中特舉《春秋》以爲説，曰：「《春秋》經世，先王之志，聖人議而不辯。」夫《春秋》者，正名之書也。子曰：「名不正則言不順，言不順則事不成。」見《論語·子路篇》。言之不順，過其當也。事之不成，違其則也。過當在不能明，違則在不知因。故篇中特標「以明」、「因是」兩端，反覆言之。文雖極其變，義則極其平，要之曰正名而已矣。人於正名則安之，於齊物論則駭之，無他，習與不習之故也。雖然，欲能明，必先去其固必之執。語本《論語》曰：「毋意、毋必、毋固、毋我。」見《子罕篇》。而去執莫如「無己」，故篇以「喪我」發端。欲知因，必先洞夫萬物之情，而洞物莫如順化，故乃以「物化」作結也。

心，亦以與上「翱翔蓬蒿之間」之文相應也。

「樗」，葉似椿，而有惡臭，俗謂之臭椿。「擁腫」，肥短而不端直也，故曰「不中繩墨」。「繩墨」，匠人所以取直者。「卷」，讀如拳，不可以爲方圓，故曰「不中規矩」。兩「中」字皆去聲，合也。「立」，樹也。「塗」，大道。「匠人」，攻木之工也。見《考工記》。「不顧」，過而不視也。「眾所同去」，「去」與取相反。言去，猶言不取也。

「狸」，野貓。「狌」，鼬，即俗所謂黄鼠狼者。「候」，覗也。「敖」，放也，如《孟子》有「雞犬放」之放。見《告子篇》。謂放出在外，主人所不戒者也。「跳梁」同跳踉，踉亦跳也。「不辟」之「辟」讀如避。「機辟」之「辟」讀如闢。「機辟」猶機括、機關。闔則謂之括，謂之關，開則謂之闢，其實一也。「中」，著其中也，讀去聲。「罔」同網，罔其本字。「罟」亦網類。《易·繫辭傳》云：「作結繩而爲罔罟，以佃以漁。」是也。「斄牛」，旄牛也，字亦作犛，牛之最大者，毛特長，尾可以飾旄，因謂之旄牛。今康藏猶畜之。「能爲大矣，而不能執鼠」，言其不如狸狌，此喻君子可大受而不可小知。孔子曰：「君子不可小知，而可大受也。」見《論語·衛靈公篇》。亦以應上「用大」之文也。

「無何有之鄉」，即「無己」之境地。「無己」則大，故又曰「廣莫之野」。「廣」、「莫」皆大也。「彷徨」猶徜徉。「無爲」，無事也。「寢卧」，禪師家所謂大休歇也。「不夭斤斧，物無害者」，就樹言。「夭」，折，猶言摧殘也。「無所可用，安所困苦哉？」歸結於人言。《老子》曰：「吾所以有大患者，爲吾有身。及吾無身，吾有何患。」是其義也。

「似鼻」以下，舉竅穴之形。鼻、口、耳，取之人身。枅、圈、臼，取之器物。「枅」即《徐無鬼篇》鈃鍾之鈃，酒器也，似鍾而長頸，或從金，或從木者，木製則從木，金製則從金，猶盤作槃亦作鎜也，讀如刑，與訓欂櫨音雞者非一字也。「圈」，杯圈也。「洼者」、「污者」，取之地勢，洼大而深，污小而淺也。

「激者」以下，寫衆竅之聲。「激者」、「謞者」，取之水火。「激」，水之擊也。「謞」同熇，見《爾雅疏》。火之發也。「叱者」、「吸者」、「叫者」、「譹者」，取之人畜。「宎者」、「咬者」，取之雜聲。「宎」之爲言夭也。「咬」之爲言交也。「宎者」聲轉折，「咬者」聲交雜也。「前者唱于，而隨者唱喁」，「于」、「喁」猶輿、謣也。《吕氏春秋·淫辭篇》曰：「今舉大木，前呼輿謣，後亦如之。」《淮南子·道應訓》作「邪許」。于喁、輿謣、邪許，並一聲之轉。此蓋引舉重之聲以相況，故繼之云「泠風則小和，飄風則大和」也。

「泠風」，風之微者。「飄風」，風之疾也。「厲風」，烈風也。古厲山氏亦作烈山氏。厲、烈聲通也。「濟」，風過也。風過則衆竅爲虚，與無作之前無異矣。「調調」、「刀刀」，林木枝葉之摇曳也。「刀刀」如字，今俗猶有此語。各本作「刁」，不知者所改也。風濟聲息，故不曰聞而曰見。曰「獨不聞」，曰「獨不見」，皆親切指點處，不僅文字之妙，能繪聲繪影也。

「吹」承「噫氣」言，易噫而言吹者，就萬竅而説之，亦切籟而名之也。「自已」之「已」，讀如已止之已。「使其自已」，承「厲風濟而衆竅爲虚」言。此從已者自已，以見喝者自喝，故繼曰「咸其自取」，言皆出於自爾，非有所主張造作於其間也。《天運篇》曰：「風起北方，一西一東，有上彷徨，孰嘘吸是？孰居無事，而披拂是？」彼但有問而無荅，亦此義也。「怒者其誰邪？」反詰子游，欲其自領會天籟之旨也。《消摇游》云：「怒而飛。」《外物篇》云：「春雨日時，草木怒生。」凡怒皆天機之動也。「誰」雖疑辭，然老子言道曰：「吾不知其誰之子，象帝之先。」彼以「誰」表道，此以「誰」表天，亦在讀者善會耳。

此段文字，首云「是唯無作」，終云「衆竅爲虚」，皆極有關繫所在。而讀者往往忽之，所以疑子綦始終未談及天籟也，不知地籟有作止，而天籟無作止，能於無作無止處著眼，天籟固不在地籟外，亦且不在人籟外也。

大知閑閑，小知閒閒；大言炎炎，小言詹詹。其寐也魂交，其覺也形開；與接爲構，日以心鬭。縵者，窖者，密者。小恐惴惴，大恐縵縵。其發若機括，其司是非之謂也；其留如詛盟，其守勝之謂也；其殺如秋冬，以言其日消也。其溺之所爲之，不可使復之也；其厭也如緘，以言其老洫也；近死之心，莫使復陽也。喜怒哀樂，慮歎變慹，姚佚啓態；樂出虚，蒸成菌。日夜相代乎前，而莫知其所萌。已乎，已乎！旦莫得此，其所由以生乎！

非彼無我，非我無所取。是亦近矣，而不知其所爲使。若有真宰，而特不得其眹。可行已信，而不見其形；有情而無形。百骸、九竅、六藏，賅而存焉，吾誰與爲親？女皆説之乎？其有私焉？如是，皆有爲臣妾乎？其臣妾不足以相治乎？其遞相爲君臣乎？其有真君存焉？如求得其情與不得，無益損乎其真。一受其成形，不亡以待盡。與物相刃相靡，其行盡如馳，而莫之能止，不亦悲乎！終身役役，而不見其成功；苶然疲役，而不知其所歸，可不哀邪！人謂之不死，奚益！其形化，其心與之然，可不謂大哀乎？

人之生也，固若是芒乎？其我獨芒，而人亦有不芒者乎？夫隨其成心而師之，誰獨且無師乎？奚必知代而心自取者有之？愚者與有焉。未成乎心而有是非，是今日適越而昔至也。是以無有爲有。無有爲有，雖有神禹，且不能知。吾獨且奈何哉！

「大知」、「小知」，承上篇「小知不及大知」言，然上篇褒大貶小，此篇則大小俱遣，不可不知也。先知於言者，言從知生也。自「其寐也魂交」以下，皆就知言。至下節「夫言非吹也」，方及於言。知與言者，物論之權輿也。

「閑閑」，廣博貌。「閒閒」，有所分別也。「炎炎」，美盛貌。「詹詹」猶沓沓，多言而枝也。「魂交」、「形開」互文，「魂交」則形亦交，「形開」則魂亦開。形者魄也。「接」謂所接物也。「與接爲構」，「構」與交一義，猶《孟子》言「物交物矣」。「鬬」，爭也。「日以心鬬」，《人間世篇》所謂「知出乎爭，知也者爭之器。」是也。「縵」、「窖」、「密」三者，由疏而密，由緩而緊，皆言心鬬之狀也。鬬則不能無勝負，慮勝而憂負，而心無一時之恬愉矣。「小恐」、「大恐」蓋生於此。「惴惴」猶可言也。「縵縵」則張極而弛，精神涣散，不可言也。

抑疏密、緩緊雖有三，而皆不離乎發與守之二境。「發若機括」，言其速也。「留如詛盟」，言其堅也。「留」者止也。曰守勝不言負者，欲勝不欲負也。勝負是非，於文相對，於事則相承。隨是二者，膠膠擾擾，日與天遠，終至不能復其初矣。「殺」謂減殺，讀去聲。「消」，消鑠也。「其溺之所爲之，不可使復之也」十二字爲一句，「溺」如《孟子》「陷溺其心」之溺。此「不可使復」，其病在發而不知節。「厭」讀如《禮記・大學篇》「見君子而后厭然」之厭，與《孟子》言「鄉原閹然媚於世」之閹，音義亦通，謂閉藏也。故曰「如緘」。「洫」，敗也。「老洫」，老而敗壞也。「近死之心莫使復陽」，此「莫使復」病在守而非其理。發之病毗於陽，守之病毗於陰。惟其毗於陰，故曰「近死之心」，而下更明揭之曰「莫使復陽」也。《易・復卦》初爻曰：「不遠復，無祇悔，元吉。」上爻則曰：「迷復凶，有災眚。」此兩不復，皆所謂迷復之凶者也。

「喜怒」以下十二字，並兩兩相對。「慮」在事前，「嘆」在事後。「慹」同執，謂不變也。「姚」如票姚之姚，輕捷也。「佚」者安佚，「姚」之反也。「啟」，如《書・堯典》「胤子朱啟明」之啟，通達也。「態」有故爲義，今俗猶有作態之言，亦「啟」之反也。「樂出虛，蒸成菌」，皆譬喻之辭。而「樂出虛」又遥與上人籟相應。「日夜相代乎前，而莫知其所萌」，「萌」，始也，生也，言此十二者迭生於心，不能測其所由始也。虛之出樂，蒸之成菌，正同乎此。

「已乎，已乎」，歎辭，《莊子》書中屢有之。《人間世》云：「已乎，已乎，臨人以德。」《則陽篇》云：「已乎，已乎，且無所逃。」皆是也。或讀作我已之已，非也。此已字正承上「使其自已」之文。人惟不能自已，故汩没於此心之變幻中而不能自脱。叠言已乎，亦此老之親切爲人處，未可放過也。「旦莫得此，其所由以生乎」，「莫」同暮，「旦暮」猶後人言早晚，謂幾時也。「此」即指上十二種心「相代乎前」者。此「其所由以生」，直窮其源，起下真宰、真君之文也。老子曰：「萬物並作，吾以觀其復。夫物芸芸，各歸其根。歸根曰静，静曰復命。」老子於復處要其終，莊子於生處原其始，其意一也。

「非彼無我」以下一轉。「彼」即「此其所由以生」之「此」，以對我言，故易曰彼。離彼心，即不復有我。而離我，則又誰取此心者。故又曰「非我無所取」。「取」根上「咸其自取」言。彼我本不相離，故曰「是亦近矣」。而不知其所爲使」，「使」根上「使其自已」之「使」言。夫果有使之者，此當爲吾人之主宰。然索之而「不得其眹」。「眹」，兆也。故亦曰「若有真宰」而已。「若」之云者，疑似之間之辭也。「可行已信」，「信」如老子「其精甚真，其中有信」之信。「信」，消息也。消息存乎已，故曰「已信」。「行」，心行也。信雖行於心之中，而實不見其形，故結之曰「有情而無形」。「情」即信之謂也。此就夫心而欲推勘出其使之宰之者何在也。

自「百骸、九竅、六藏」以下，又就身而推勘之。「百骸」，百骨節也。「九竅」，眼、耳、口、鼻並下前後竅而九。「六藏」，心、肝、脾、肺、腎兼命門而六也。「賅」，備也。「説」同悦。「有私」，謂私説也。承上「皆説」而言。「有私」，則私説之外皆其隸屬矣。故曰「如是，皆有爲臣妾乎？」「如是」二字當讀。同逗。而臣妾無上下之分，勢不足以相治，將謂其迭爲君臣乎，又理勢之所不能有，於是始斷之曰「其有真君存焉」。「真君」即真宰，以承「君臣」言，故曰真君。真宰、真君，並直接前「怒者其誰」一線説下，「誰」字虛點，「宰」與「君」則明示也。「如求得其情與不得，無益損乎其真」，「如」猶而也。得其情與不得，於真君並無加損。此猶佛氏言本性不以迷悟而存亡也。「成形」謂身也。「不亡以待盡」，破世人常見，執此身爲實有，以爲可以久駐，而不知無時不在遷變以盡，故曰「不亡以待盡」也。

「靡」同劘，謂剴切之。「與物相刃相劘」，指「與接爲構，日以心鬭」者，日消日泏，有若切劘者然。「行盡如馳，而莫之能止」，所謂「溺之所爲之不可使復之」、「近死之心莫使復陽」者也。此「止」與上「其留如詛盟」之「留」訓止者異。「止」者已也。《易》艮上爲剥，覆之則震下爲復。蓋惟止而後能復也，莫能止斯莫能復矣，所以可悲也。「役役」，勞也。「苶」一作薾，字同，疲貌。由莫能止而不知所歸，而「形化」而「心與之然」，由「悲」而「哀」而「大哀」，層層警動，層層唤醒，莊子之用心蓋深矣，不得僅以文字觀也。

「芒」同茫，昧也，謂不知也。《天下篇》云：「芒乎昧乎，未之盡者。」分之則芒與昧爲兩名，合之則芒昧一也。「人之生也」兩句，設爲詰問之辭，以起下文也。「隨其成心而師之」，此與《人間世篇》孔子告顔子「猶師心者也」正同一義。「成心」與「成形」相應。「成」者，一成而不變，故「成心」者，執心也。蓋世之自謂不芒者，未嘗不自以爲得其所謂真宰、真君，而不知其非也。此變君與宰而言師者，自彼言之，則曰君曰宰，自我言之，我所師法，則曰師也。宰、君、師，隨文爲名，非通其脈絡，《莊子》之意不易明也。其「師」，則後「大宗師」是。若成心安足師！故曰：「誰獨且無師。」又曰：「奚必知代而心自取者有之？愚者與有焉。」

「代而心自取」，即前「日夜相代乎前」、「非彼無我，非我無所取」之説也。

「未成乎心」，心未執著者，所謂初心也。以是心而有是非，則下文所謂「和之以是非」者，故以惠子「今日適越而昔至」之説比之。明明今日適越，何言昔至？此以破凡情之執，以見時光無停，當其適越之頃，倏成過去；既成過去，謂非昔至可乎？是非亦然。當其是也，是即旋往；當其非也，非亦旋亡。如是，則豈可執可成者？故曰「是以無有爲有」。「無有爲有」，《庚桑楚篇》言之甚著，曰：「天門者，無有也。萬物出乎無有。有不能以有爲有，必出乎無有，而無有一無有，至人藏乎是。」由是觀之，「無有」者天也。人心種種變幻，皆猶地籟發爲種種聲響，忽起忽滅，而不知有一不起不滅之天實運乎其中也。蓋至此層層推勘，知所謂真宰、真君，皆强爲安名，總之一天而已。天之名亦不可執，寄之無有而已。是「雖有神禹且不能知，吾獨且奈何哉！」言非知解之所能億度，所以芒昧者衆也。

此節向未有如是解者，吾爲此解，以爲能得《莊子》之意，而深信不疑者三：一，此篇引名家之説發明己意者凡四。首即此「今日適越而昔至」之説，次則「物方生方死」之説，並見《天下篇》惠施之所談也。再次則「指非指」、「馬非馬」二説，公孫龍子所談，今猶存於其書者也。後三説皆引其文，用其義，而未嘗駁斥之。如舊解，此獨爲反之之辭則與後三者不合，非其例矣。二，「無有爲有」，見於本書，乃莊子宗旨所在，亦即承襲老子「有生於無」之論。如舊解，以「無有爲有」指爲無稽之談，則顯與全書違戾矣。三，「雖有神禹且不能知」之言，即下文「黄帝之所聽熒」之意。不獨是也，如云「巧歷不能得」，云「萬世之後而一遇大聖，知其解者，是且莫遇之也」，皆極言此理之不易知。如舊解，以禹所不知即爲非實，則如兹所舉數端又將何以釋之乎？

或又疑曰：上文云有使之者、有宰之者，且明提出真宰、真君之名矣，而今則謂以無有爲有，然則真君、真宰可謂無有乎？夫無有者又何以爲君爲宰乎？曰：是誠不易言也。則試與子讀《則陽篇》少知與大公調之問答。少知曰：「季真之莫爲，接子之或使，二家之議，孰正於其情？孰偏於其理？」大公調曰：「或之使，莫之爲，未免於物，而終以爲過。或使則實，莫爲則虚。有名有實，是物之居。無名無實，在物之虚。」又曰：「或之使，莫之爲，疑之所假。」又曰：「道之爲名，所假而行。或使、莫爲，在物一曲。夫胡爲於大方？」中有節文。然則真君、真宰，或使之説也；無有爲有，莫爲之説也。二者合之，虚實方備，而不墮於一曲之過。物論之齊，最忌偏執，必明乎此，而後於吾之所解，庶可無疑也已。

夫言非吹也，言者有言，其所言者特未定也。果有言邪？其未嘗有言邪？其以爲異於鷇音，其有辨乎？其無辨乎？道惡乎隱而有真僞？言惡乎隱而有是非？道惡乎往而不存？言惡乎存而不可？道隱於小成，言隱於榮華。故有儒墨之是非，以是其所非，而非其所是。欲是其所非，而非其所是，則莫若以明。物無非彼，物無非是。自彼則不見，自知則知之。故曰：彼出於是，是亦因彼。彼是，方生之説也。雖然，方生方死，方死方生；方可方不可，方不可方可；因是因非，因非因是。是以聖人不由，而照之於天，亦因是也。是亦彼也，彼亦是也。彼亦一是非，此亦一是非。果且有彼是乎哉？果且無彼是乎哉？彼是莫得其偶，謂之道樞。樞始得其環中，以應無窮。是亦一無窮，非亦一無窮也。故曰「莫若以明」。

此承上大言、小言而言。「言非吹」者，言有其意，不同於萬竅也，故曰「言者有言」。「有言」者，有其所以言也。「其所言特未定」者，言各有當，未可執一以論也。既未可執，故曰：「果有言邪？其未嘗有言邪？」言而未嘗言，則與鷇音奚異？故又曰：「其以爲異於鷇音，其有辨乎？其無辨乎？」「鷇」，鳥之初破卵而出者。「辨」之爲言別也。與鷇音無別，則亦如樂之出虛，雖謂言爲吹可也。篇首所以鋪陳萬竅之怒呺，而終歸於「怒者其誰」者，意實影射夫此。

「隱」，如「隱几而坐」之隱，據也。「道惡乎隱而有真僞？言惡乎隱而有是非」，此發問以起下文。「惡」並讀如烏。蓋言者所以明道，故特以道、言並提。《老子》開篇曰：「道可道，非常道。名可名，非常名。」名、言一也。此正從彼出也。「道惡乎往而不存？言惡乎存而不可」，「存」，在也。推原其本，則道固無真無僞，言固無是無非也。及夫「道隱於小成，言隱於榮華」，於是真僞判而是非起，如儒墨之爭是也。「小成」者，非其全。「榮華」者，非其實也。

「欲是其所非而非其所是，則莫若以明」，「明」者，脱然於是非之外，而以鑒別夫是非者，《應帝王篇》所云「至人之用心若鏡」是也，義本老子「復命曰常，知常曰明」之明。郭象注謂「還以儒墨反覆相明」，失其旨矣。「物無非彼，物無非是，彼出於是，是亦因彼」，此皆出乎彼是之外，得以觀而知之，故曰：「自彼則不見，自知則知之。」「知」者，明之知也。既曰「彼出於是，是亦因彼」，則與惠施「物方生方死」之説相類矣。「物方生方死」，見《天下篇》。故更假彼以明之。始僅言「方生」者，彼生於是，是生於彼也。繼之曰「雖然，方生方死，方死方生」者，以見彼生則是死，彼死則是生。彼是生死同時，則可不可是非亦同時，所以方可者即方不可，方不可者亦方可，因是者即因非，因非者亦因是。可與不可，是之與非，更無疆畔，於是乎兩齊矣。故曰：「聖人不由，而照之于天。」「不由」者，不在是非之内。「照之于天」，亦即照之「以明」也。下即接曰「亦因是也」者，惟不在是非之内，乃可以因夫是非也。

「以明」、「因是」，爲此文之兩支。後之譯印度辯論者，即名之曰「因明」，然義實不同。彼先因後明，謂因喻以明宗。此則先明後因，謂明照而因物。彼因爲原因之因，此因則因任之因，未可混也。吾前云：「以明」所以去執，「因是」所以善用。析而言之，大體如是。實則言「以明」即兼「因是」，言「因是」不離「以明」，兩支仍一體也。

「是亦彼也，彼亦是也。彼亦一是非，此亦一是非。果且有彼是乎哉？果且無彼是乎哉？」皆照後之言。兩齊之論，不同俗解，故曰：「彼是莫得其偶，謂之道樞。樞始得其環中，以應無窮。」「偶」同耦。「莫得其偶」，特與篇首「喪耦」相應。彼「喪耦」表獨，此「莫得其偶」言無待。無待與獨，名異而理一也。《消摇游》云：「若夫乘天地之正，而御六氣之辨，以游無窮者，彼且惡乎待哉！」言無所待者可以游於無窮也。此云「莫得其偶」，而亦繼之曰「以應無窮」，蓋惟能游者能應，亦惟能應者能游。游與應，亦名異而理一也。「樞」者言其運，「環」者象其圓。圓而能運，所以應于無窮也。《盜跖篇》曰：「若是若非，執而圓機。」「樞始得其環中」，所謂圓機也。如是，則「是亦一無窮，非亦一無窮」。「以明」之用若此，故曰「莫若以明」也。

以指喻指之非指，不若以非指喻指之非指也；以馬喻馬之非馬，不若以非馬喻馬之非馬也。天地一指也，萬物一馬也。可乎可，不可乎不可。道行之而成，物謂之而然。惡乎然？然於然。惡乎不然？不然於不然。物固有所然，物固有所可。無物不然，無物不可。故爲是舉莛與楹，厲與西施，恢恑憰怪，道通爲一。其分也，成也；其成也，毁也。凡物無成與毁，復通爲一。唯達者知通爲一，爲是不用而寓諸庸。庸也者，用也。用也者，通也。通也者，得也。適得，而幾矣。因是已。已而不知其然謂之道。勞神明爲一，而不知其同也，謂之朝三。何謂朝三？曰，狙公賦芧，曰：「朝三而莫四。」衆狙皆怒。曰：「然則朝四而莫三。」衆狙皆悦。名實未虧，而喜怒爲用，亦因是也。是以聖人和之以是非而休乎天均，是之謂兩行。

上節主在説言，於物一出而已。此節則主在説物。上節言以明，而帶言因是。此節則主言因是，於天均一點而已。上節言照之于天，此言休乎天均。照則用行，休則用息。用之息者，反其本也。後言葆光，蓋根乎此。

「指非指」，公孫龍子之説也，見龍書《指物篇》，其言曰：「物莫非指，而指非指。」「物莫非指」者，言物皆人之所指。而「指非指」者，謂此指物之指則不在所指，而不可同於物也。

「馬非馬」，亦公孫龍子之説也，見其書《白馬篇》，曰：「白馬非馬何？馬者所以命形也，白者所以命色也。命色者非命形也，故曰白馬非馬。」兹云「馬非馬」者，蓋省文而又倒言之。上「馬」，凡馬也。下「馬」，一馬也。凡馬之名，自非一馬所能據，故曰「馬非馬」。蓋「指非指」，所以標能所之殊；「馬非馬」，所以見全偏之别。此龍之旨也。

莊子則爲更進一解，以爲所由能立、偏以全存，欲去其以能爲所、以偏混全之執，不如並能指之名、全馬之名而亦不立，斯其執自無從生，故曰：「以指喻指之非指，不若以非指喻指之非指。以馬喻馬之非馬，不若以非馬喻馬之非馬。」蓋仍上文無有爲有之義。於無有上立論，非欲破龍之説也。「喻」如《禮·學記》「可謂善喻矣」之喻，謂曉導人，非譬喻之喻也。「天地一指」、「萬物一馬」者，言天地之大，亦可以此一指觀，萬物之衆，亦可以此一馬觀也。由此可知道物之名，隨人所施，都無自性，故曰：「可乎可，不可乎不可。道行之而成，物謂之而然。惡乎然？然於然。惡乎不然？不然於不然。」顧「物固有所然，物固有所可」，常人之所知也。「無物不然，無物不可」，則非常人之所知也。「無物不然，無物不可」，即上所云「道惡乎往而不存？言惡乎存而不可」者也。物論之齊，蓋齊乎此。

「故爲是舉莛與楹，厲與西施，恢恑憰怪，道通爲一」，「莛」，稾也。《漢書·東方朔傳》云「以莛撞鐘」是也。「楹」，屋柱也。「厲」，癩也，惡也。「西施」，美女也。「恢」同詼。「恑」同詭。「憰」同譎。「詼詭譎怪」，言窮物之異狀，以道言之，皆通爲一，又不獨小大美惡，如莛楹、厲施之可齊已也。

「其分也，成也」，所謂樸散則爲器也。「其成也，毁也」，所謂爲者敗之也。然無成固無毁，無毁亦無成也，故又曰：「凡物無成與毁，復通爲一。」言「凡物」者，以一物論，則有成毁，總物之全而觀之，成亦在其中，毁亦在其中，則何成何毁哉！「唯達者知通爲一，爲是不用而寓諸庸」，「不用」即前云不由。不由者，不由是非。不用者，不用成毁，然是者成之，非者毁之。成毁是非，非有二也。「寓」猶寄也。「庸」，用也，而兼有常義，即《禮·中庸》之庸。「寓諸庸」者，不用而用之。用無固必，故曰寓也。「用也者，通也」，承上「知通爲一」言。然上通乃知之通，此通乃用之通，亦微有别，不可不知也。「通也者得也，適得而幾矣」，「得」者，中也。中讀去聲。「幾」者，庶幾之幾，謂幾於道也。

「因是已」三字，所以結上文。蓋「不用而寓諸庸」云者，正爲「因是」作注釋也，故特於此點出。「已而不知其然謂之道」，「已」上合有「因是」二字，以一直敘下，故略之。下篇《養生主》云：「以有涯隨無涯，殆已。已而爲知者殆而已矣。」「已而爲知」上略一「殆」字，與此正一例也。「不知其然」者，無心之謂。必至無心，而後是真無己，是真執盡，故如是始謂之道。如是始謂之道，故上「適得」僅謂之「而幾」矣，直是不容有絲毫意見之未消融也。

「勞神明爲一」，是有心爲一者。「不知其同」，謂不知玄同於物也，故以狙公賦芧況之。「名實未虧，而喜怒爲用」，狙固愚矣。然狙公則誠何心哉？曰「亦因是也」者，言此「因是」假其用以濟其姦，非真所謂「因是」者，特揀别之也。《列子·黄帝篇》亦載此事，而曰：「聖人以智籠群愚，亦猶狙公以智籠衆狙也，名實不虧，使其喜怒哉！」此大乖莊子之意。其書本出後人纂輯，間爲之附益，固宜其言之雜而不衷於理也。

謂之「朝三」者，舉二字以賅下文，文之省也。「狙」，獼猴也。「狙公」，養狙者。「芧」同柔，亦作杼，《山木篇》云「食杼栗」是也。「賦」猶頒也。「莫」，暮本字。「虧」，損也。「和之以是非而休乎天均」，「均」者，等視是非，而無所偏倚者也。惟休乎此，所以能和之也。「是之謂兩行」，「兩行」者，因是、以明，如車兩輪、如人兩足，失一而不能行者也。如狙公賦狙，即知因是，而不知以明，以是失其和，而流爲刻覈。後世法家之因任形名，蓋此之類已。

古之人，其知有所至矣。惡乎至？有以爲未始有物者，至矣，盡矣，不可以加矣。其次以爲有物矣，而未始有封也。其次以爲有封焉，而未始有是非也。是非之彰也，道之所以虧也。道之所以虧，愛之所以成。果且有成與虧乎哉？果且無成與虧乎哉？有成與虧，故昭氏之鼓琴也；無成與虧，故昭氏之不鼓琴也。昭文之鼓琴也，師曠之枝策也，惠子之據梧也，三子之知，幾乎。皆其盛者也，故載之末年。唯其好之也，以異於彼其好之也，欲以明之彼。非所明而明之，故以堅白之昧終。而其子又以文之綸終，終身無成。若是而可謂成乎？雖我亦成也。若是而不可謂成乎？物與我無成也。是故滑疑之耀，聖人之所圖也。爲是不用而寓諸庸。此之謂以明。

「未始有物」，即所謂無有也。故曰：「至矣，盡矣，不可以加矣。」「有物矣而未始有封」，

「封」，界域也。無界域則猶混而同之。「有封」，而彼是起矣。然猶未有是非也。此似自天地之初說起，而實就當人一念作是體勘也。

「是非之彰也，道之所以虧也。道之所以虧，愛之所以成」，此虧對成言，成則全而虧則缺也。上言「道惡乎往而不存？言惡乎存而不可？道隱於小成，言隱於榮華」，繼言「道行之而成，物謂之而然」，仔細玩之，蓋亦與此文約略相當。「道惡乎往而不存？言惡乎存而不可」，所謂「有物矣而未始有封也」。「道隱於小成，言隱於榮華」，及「道行之而成，物謂之而然」，則有封矣而未始有是非也。然「其分也，成也；其成也，毀也」，成必有虧，故此以「是非之彰也，道之所以虧」卒言之。

「道之所以虧，愛之所以成」，「愛」猶私也。私起，而是非之公蓋難言矣。然成虧後起者也，循其本始，何成何虧，故曰：「果且有成與虧乎哉？果且無成與虧乎哉？」試以昭氏鼓琴明之。其鼓琴也，宮起而商止，角起而徵止，是有成虧也。其不鼓琴也，宮商不奏，而五音釐然，則是無成虧也。「故昭氏之鼓琴」，「故昭氏之不鼓琴」，兩「故」字皆訓同則。

「昭氏」，鄭人，《呂氏春秋·君守篇》所云「鄭大師文」者是，下言「昭文」可見也。「師曠」，晉人，見《孟子》與《左氏春秋傳》。「枝策」猶柱杖也。「惠子據梧」，即《德充符篇》末所云「倚樹而吟，據槁梧而瞑」者。《天運篇》言「帝張咸池之樂於洞庭之野」，亦有「倚於槁梧而吟」語。蓋聲音之理，最與道通，故舉是三子而言其知幾於道，而皆其盛者也。「幾」，近也。「載之末年」，「載」，事也。「末年」，晚年，猶言終身也。

「唯其好之也」句。「以異於彼其好之也」八字爲句。「彼其」叠用，古多有之，如《詩》「彼其之子」是也。「欲以明之彼」句，蓋言三子之所好，各以與他人之好者異，故恒欲明之於人也。不知道非所明，而强明之，「故以堅白之昧終」。「堅白」者，所謂「堅白石二」、見《公孫龍子·堅白論》。「離堅白若縣寓」。見《天地篇》。謂之「昧」者，堅白不足以明道，祇益其暗昧而已。《德充符篇》末謂惠子「天選子之形，子以堅白鳴」，則此言惠子也。「而其子以文之綸終，終身無成」，此言昭文之子。「綸」，琴弦也。言惠子以概二人。言昭文之子，又以概後之人人矣。「若是而可謂成乎？雖我亦成也。若是而不可謂成乎？物與我無成也」，又反覆以明成則有虧，虧則無成也。

「滑」，滑亂。「疑」，疑似。「滑疑之耀」，謂以滑亂疑似之論而炫耀於世者，指當時之辯者，如公孫龍等皆是。「聖人之所圖也」，猶言聖人之所鄙。「圖」得爲鄙者，《書·大誥》「反鄙我周邦」，即反圖我周邦也。彼以鄙爲圖，此以圖爲鄙，一也。

「爲是不用而寓諸庸」，此重複前文，而與前文微别。前文重在「寓諸庸」，此則重在「不用」也。「此之謂以明」，以結「莫若以明」以下數節之意，亦以見異於三子之明之也。

今且有言於此，不知其與是類乎？其與是不類乎？類與不類，相與爲類，則與彼無以異矣。雖然，請嘗言之。有始也者，有未始有始也者，有未始有夫未始有始也者。有有也者，有無也者，有未始有無也者，有未始有夫未始有無也者。俄而有無矣，而未知有無之果孰有孰無也。今我則已有謂矣，而未知吾所謂之其果有謂乎？其果無謂乎？天下莫大於秋毫之末，而大山爲小；莫壽乎殤子，而彭祖爲夭。天地與我並生，而萬物與我爲一。既已爲一矣，且得有言乎？既已謂之一矣，且得無言乎？一與言爲二，二與一爲三。自此以往，巧歷不能得，而況其凡乎！故自無適有以至於三，而況自有適有乎！無適焉，因是已。

「有言於此」，即「請嘗言之」，以下自「有始也者」至「天地與我並生，萬物與我爲一」之言也。「不知其與是類乎？其與是不類乎」，是即上文「古之人其知有所至」至「而未始有是非」三層之説也。上自無説到有，此則翻之，而自有説到無。上雖曰無封無是非，而大者自大、小者自小、壽者自壽、夭者自夭也，此則翻之，而曰：「莫大於秋毫之末，而大山爲小；莫壽乎殤子，而彭祖爲夭。」則言固有異矣。然言雖異，而欲遣是非，祛執著，意即未嘗相違也。故始發疑問，而即轉曰：「類與不類，相與爲類，則與彼無以異矣。」彼即是也。既無以異矣，又何事更言之？故又轉曰：「雖然，請嘗言之。」「嘗」，試也。

言「未始有始」，盡矣，而更進而曰：「有未始有夫未始有始也者。」言「未始有無」，盡矣，而更進而曰：「有未始有夫未始有無也者。」蓋懼立一名便生一執，故步步掃除，直使人無從以意見攀緣。此惟後之禪師家能如是指點人，所謂「高高山頂立，深深海底行」，所謂「百尺竿頭更進一步」，髣髴似之。然皆實際理地，非同詭辯也。抑掃除之者，欲其不執著也，非欲其蹈於虛無也，故旋又一轉曰：「俄而有無矣，而未知有無之果孰有孰無也。」又曰：「今我則已有謂矣，而未知吾所謂之其果有謂乎？其果無謂乎？」蓋執之，則無亦有也，無謂亦有謂也。不執，則有亦無也，有謂亦無謂也。前文言「果有言邪？其未嘗有言邪」，此正與相應。「謂」者，所爲有言也。爲讀去聲。故知謂尤要於知言。

「天下莫大於秋毫之末，而大山爲小」，「大山」，泰山也。「莫壽乎殤子，而彭祖爲夭」，「殤子」，嬰兒之夭折者也。此以言求之，無不知其不倫矣。以謂求之，則知《莊子》非譸言也。何也？以「天地與我並生」觀之，則壽者何壽？夭者何夭？以「萬物與我爲一」觀之，則大者何大？小者何小？故「知通爲一」，無不齊也。無不齊，則言大言小、言修言短，無之不可。所謂「道惡乎往而不存？言惡乎存而不可」者也。然則「小知不及大知，小年不及大年」，猶是拘方之論。《消摇游》先教人舍小而取大，《齊物論》則教人大與小並遣。蓋泥大則雖大亦小，惟絶大小，而後始成其爲真大也。

「既已爲一矣，且得有言乎？」明本也。「既已謂之一矣，且得無言乎？」顯用也。「一與言爲二，二與一爲三」，即老子所謂「道生一，一生二，二生三」也。「自此以往，巧歷不能得，而況其凡乎」，所謂三生萬物也。「歷」，算也。「不能得」，不能盡其數也。「凡」者，凡人，謂常人也。「故自無適有以至於三，而況自有適有乎」，言萬變紛起，莫可得而操其機也，然有一焉，適而無適，則變者自變，而我不與之俱變，此《山木篇》所謂「物物而不物於物」者。機固在我，特人不知自操之耳，故曰：「無適焉，因是已。」此言因是，實兼以明，言之以明，則不物於物，因是則所以物物也。夫曰因是似有適矣，而物而不物，見《在宥篇》曰：「物而不物，故能物物。」則固未嘗有適也。無適即止之謂也。《德充符》曰「唯止能止衆止」，則何變之不可應哉！上云「以應無窮」，因也，應也，實一事也。一語兜轉，危矣亦微矣。

夫道未始有封，言未始有常，爲是而有畛也。請言其畛：有左、有右，有倫、有義，有分、有辨，有競、有爭，此之謂八德。六合之外，聖人存而不論；六合之內，聖人論而不議；《春秋》經世，先王之志，聖人議而不辯。故分也者，有不分也；辯也者，有不辯也。曰：何也？聖人懷之，衆人辯之，以相示也。故曰：辯也者，有不見也。夫大道不稱，大辯不言，大仁不仁，大廉不嗛，大勇不忮。道昭而不道，言辯而不及，仁常而不周，廉清而不信，勇忮而不成。五者园而幾向方矣。故知止其所不知，至矣。孰知不言之辯，不道之道？若有能知，此之謂天府。注焉而不滿，酌焉而不竭，而不知其所由來，此之謂葆光。

「畛」，猶封也，特變其文者，所謂洸洋自恣以適己也。「爲是」，「是」，即上云「自無適有」者。「有左、有右」，左右字即從畛生。「畛」，田間界也。取名於畛者，十夫有溝，溝上有畛也。既有左右，則有類矣。有類則有宜矣，故次曰「有倫、有義」，「倫」，類也。「義」，宜也。或作「有論有議」，非是。論議字雖從此出，此僅言其意，未及形之於言，不得曰論曰議也。有義則「有分、有辨」，有辨則「有競、有爭」。分麤而辨細，競弱而爭强也。「八德」猶言八事。

「六合之外，聖人存而不論」，「存」有察義，非曰漫置之也。不論者，不稽其類。本自混成，無得而稽也。「六合之內，聖人論而不議」，稽其類而不議其宜，各有其宜，無得而議也。「《春秋》經世，先王之志，聖人議而不辯」，舉其義而不辯於辭也，所謂據事直書，其義自見，無取於辯也。《論語》孔子歷敘春秋二百四十二年變遷之迹，而終曰：「天下有道則庶人不議。」庶人者，孔子以自況。議即謂作《春秋》也。《春秋》雖魯史，而禮樂征伐實關天下之大，此天子之事也。以庶人而議天子之事，故曰：「知我者其惟《春秋》乎？罪我者其惟《春秋》乎？」「議而不辯」，莊子蓋嘗有所聞，不然不能發此微言也。《易》與《春秋》，孔子之兩大著作，而又義相表裏者也。莊子於《消摇游》既闡《易》之緼，於《齊物論》又深明《春秋》之宏旨，著其本乎先王之志，而爲經世之書。故吾常謂莊子之學實出於孔門顔子一脈，而兼承老氏之緒，觀此固有其徵矣。

「分也者有不分，辯也者有不辯」，言分則必有分所不能及，辯則必有辯所不能及也。「曰何也」，以問發端。「聖人懷之」以下，則答辭也。「懷之」，總上「存而不論」三句言。「懷之」者，猶《孟子》言「引而不發」、「非深閉固拒」、「不欲人知」之謂也。「衆人辯之以相示也」，「相示」者，起自勝心，蓋「有競、有爭」之端。此不言競爭者，辯起而道已喪，競爭更所不欲道也，觀「辯也者有不見也」之言可知。

「大道不稱」，老子所謂「道隱無名」也。「大辯不言」，老子所謂「善言不辯」也。「大仁不仁」，老子所謂「天地不仁」、「聖人不仁」也。「大廉不嗛」，老子所謂「廉而不劌」也。「大勇不忮」，老子所謂「善戰者不怒，善勝敵者不爭」也。反之，則「道昭而不道，言辯而不及，仁常而不周，廉清而不信，勇忮而不成」。「周」，各本作「成」，而古藏本作「周」。郭注云：「有常愛者必不周。」是郭本原亦作「周」，作「成」者，涉下「成」字而訛，故正之。「不信」者，不實也。

「五者园而幾向方矣」，「园」，崔譔音刓，是也，蓋即刓之別體，謂殘缺也。「方」者，道之一隅也。《天下篇》分道術、方術爲二，道言其全，方言其偏，其義甚顯。故「幾向方」者，謂其將退而爲方。「方」正與上「道」字對。或者不知以爲方對圓言，乃訓园爲圓，謂五者本圓，而近向方，乃大誤也。郭注云：「此五者皆以有爲傷當者也。」「傷當」正釋「园」字，與殘缺義近。其音□者，疑即用刓訓，非謂圓也。至後云：「外不可求而求之，譬猶以圓學方，以魚慕鳥耳。」則別自起義，初不關乎本文，不得據此注而定其認园作圓也。以园爲圓，蓋自司馬彪始。彪之説不可得而考，要之，無所據依，不可從也。

「知止其所不知，至矣」，應上「有以爲未始有物者，至矣，盡矣」義。未始有物，固知之所不得知也。「孰知不言之辯、不道之道」？前以道、言並起，此亦以道、言雙收，文雖變幻百出，而脈絡固自不紊也。「若有能知，此之謂天府」，以其不偏言，則曰天均，以其無盡言，則曰天府，總之一天而已。「注焉而不滿，酌焉而不竭，而不知其所由來」，此以見天府之大也，然實只人之一心而已。此心之明，要在善藏而不妄發，故以「此之謂葆光」結之。「葆」者，保也。「滑疑之耀」，不明而明。「葆光」，則明而不明也。明而不明者，知止乎其所不知也。

自「大知閑閑」至此，凡六節，以「知」起，以「不知」終。七篇之中，於正面文字費如許分疏者，蓋僅此一篇，正以名相之談，理窟所在，不得不條分縷析，委曲開陳，讀者殆未可以輕心接之也。

故昔者堯問於舜曰：「我欲伐宗膾、胥、敖，南面而不釋然。其故何也？」舜曰：「夫三子者，猶存乎蓬艾之間。若不釋然，何哉？昔者十日並出，萬物皆照，而況德之進乎日者乎！」

此藉以釋「萬物與我爲一」之義也。「宗膾」、「胥」、「敖」，三國，以下言「三子」可知之。《人間世篇》亦有「堯攻叢枝、胥、敖」語。叢、宗音近，「叢枝」當即宗膾。則三國者，宗膾一，胥一，敖一也。然其地其事皆不可考矣。「南面而不釋然」，意在用兵，故不能自寧也。「猶存乎蓬艾之間」，「猶」，如也。「存」，在也。「蓬艾之間」，言其不足爭也。「十日並出」，「十日」蓋謂十干，特藉喻之辭。後《淮南子·本經訓》因謂「堯時十日並出，焦禾稼，殺草木，而民無所食，乃使羿上射十日，而落其九」，直附會耳。日照萬物，而德有進於日者，蓋窮巖幽谷，日之所不及，德則無不到也。《消摇游》云「之人也，之德也，將旁薄萬物以爲一」，即其徵已。

齧缺問乎王倪曰：「子知物之所同是乎？」曰：「吾惡乎知之！」「子知子之所不知邪？」曰：「吾惡乎知之！」「然則物無知邪？」曰：「吾惡乎知之！雖然，嘗試言之。庸詎知吾所謂知之非不知邪？庸詎知吾所謂不知之非知邪？且吾嘗試問乎女：

民溼寢則腰疾偏死，鰌然乎哉？木處則惴慄恂懼，猨猴然乎哉？三者孰知正處？民食芻豢，麋鹿食薦，蝍且甘帶，鴟鴉耆鼠。四者孰知正味？猨，猵狙以爲雌，麋與鹿交，鰌與魚游。毛嬙、麗姬，人之所美也，魚見之深入，鳥見之高飛，麋鹿見之決驟。四者孰知天下之正色哉？自我觀之，仁義之端，是非之塗，樊然殽亂，吾惡能知其辨？」齧缺曰：「子不知利害，則至人固不知利害乎？」王倪曰：「至人神矣！大澤焚，而不能熱；河漢冱，而不能寒；疾雷破山、風振海，而不能驚。若然者，乘雲氣，騎日月，而游乎四海之外。死生無變於己，而況利害之端乎！」

「齧缺」、「王倪」，皆假名。「齧缺」喻知，言其鑿也。「王倪」喻德，言其倜倜如小兒也。老子曰：「含德之厚，比于赤子。」是也。三荅「吾惡乎知之！」承上「知止其所不知」，言德不在知也。「嘗」亦試也，「嘗試」疊言，猶下庸詎疊言。「庸詎」皆何也。何知吾所謂知之非不知？何知吾所謂不知之非知？猶《大宗師篇》云：「庸詎知吾所謂天之非人乎？所謂人之非天乎？」皆欲人自下體勘，非作模棱兩可之語也。

「民」，人也。「偏死」，丰體不仁也。「恂」如《大學》「恂慄」之恂，「恂」亦懼也。「芻豢」，食草曰芻，食穀曰豢，謂牛羊與犬豕也。「麋」，鹿之大者。「薦」，蒿類，見《爾雅疏》。《詩·鹿鳴》「食野之蒿」是也。「蝍且」，蟋蟀，俗亦曰促織，皆聲之轉也。「帶」同蝃。《藝文類聚》、《一切經音義》引此並作蝃。《類篇》「蝃」一作蝭，蓋即蝭之别體。「蝭」，蟻子，《周官書·鼈人》所謂「蚳醢」者是也。舊注以帶爲蛇，蝍且爲蜈公，謂蜈公喜食蛇。夫蜈公雖毒，然於蛇小大懸矣，豈能食蛇者哉！今於聲音求之，知爲蟋蟀與蚳，無疑也。《淮南子・説林訓》：「騰蛇游霧，而殆於蝍蛆。」高誘云：「蝍蛆，蟋蟀，《爾雅》謂之蜻蛚。上蛇，蛇不敢動，故曰殆於蝍蛆也。」其以蝍蛆爲蟋蟀是也。然不得據此便謂蝍且嗜蛇。彼上蛇而制之者，偶然之事，猶鼠入象鼻，爲象所苦耳。人之於芻豢，麋鹿之於薦，鴟鴉之於鼠，皆常食也。蟋蟀豈能常食蛇哉！故吾從蟋蟀之解，而於甘帶則别釋之，求夫事理之所安而已。「猵狙以爲雌」，以猵狙爲雌也。「狙」見上。「猵」亦狙屬。舊以爲一物，非也。「麗」同酈，一作驪，見《左氏春秋傳》。「驪姬」，晉獻公夫人。「毛嬙」，古美人名，或云越王姬也。「決」如前篇「決起」之決。「決驟」，突馳也。

「正處」、「正味」、「正色」三段，言人、物之殊性，無有同是也。《孟子》言「口之於味有同嗜，耳之於聲有同聽，目之於色有同美」，而此獨不然者，非矯異也。夫言有同，則固有不同者矣。惟同者從其同，而異者任其異，斯不齊之齊也。《易・同人》之象曰：「君子以類族辨物。」既同人矣，又何類族辨物之有！不知類族辨物，正所以爲同人也。《睽》之象曰：「君子以同而異。」睽異矣，又奚同之有！不知異不礙同，睽之所以終不孤也。故《同人》之彖傳曰：「君子以通天下之志。」而《睽》傳亦云：「天地睽而其事同也，男女睽而其志通也。」兹篇上云「用也者通也，通也者得也」，蓋正其義也。明乎此，則於王倪之言庶幾無誤解矣。

「樊然」，殽亂之貌。「殽」與淆同。「惡能知其辨」，辨則有不辨，故以不知泯其全也。下由是非而利害，由利害而死生，則所以釋「天地與我並生」之義。「至人神矣」以下，義見前篇。死生之論，詳在下文，兹故不更釋。

瞿鵲子問乎長梧子曰：「吾聞諸夫子：『聖人不從事於務，不就利，不違害，不喜求，不緣道；無謂有謂，有謂無謂，而游乎塵垢之外。』夫子以爲孟浪之言，而我以爲妙道之行也。吾子以爲奚若？」長梧子曰：「是黄帝之所聽熒也。而丘也何足以知之！且女亦大早計，見卵而求時夜，見彈而求鴞炙。予嘗爲女妄言之，女亦妄聽之。奚旁日月，挾宇宙？爲其脗合，置其滑涽，以隸相尊。衆人役役，聖人愚芚，參萬歲而一成純。萬物盡然，而以是相緼。予惡乎知説生之非惑邪！予惡乎知惡死之非弱喪而不知歸者邪！麗之姬，艾封人之子也。晉國之始得之也，涕泣沾襟；及其至於王所，與王同匡牀，食芻豢，而後悔其泣也。予惡乎知夫死者不悔其始之蘄生乎！夢飲酒者，旦而哭泣；夢哭泣者，旦而田獵。方其夢也，不知其夢也。夢之中，又占其夢焉，覺而後知其夢也。且有大覺，而後知此其大夢也。而愚者自以爲覺，竊竊然知之。『君乎，牧乎』，固哉！丘也與女，皆夢也。予謂女夢，亦夢也。是其言也，其名爲弔詭。萬世之後，而一遇大聖知其解者，是旦莫遇之也。」

《則陽篇》有長梧封人問子牢之言，「長梧子」即長梧封人。「封人」著其官，「子」則男子之通稱也。子牢，琴牢，孔子弟子。長梧既嘗問於子牢，必亦孔門之士。瞿鵲子稱「吾聞諸夫子」，而長梧子答之以「丘也何足以知之！」丘，孔子名。弟子不當名其師，疑三千之中不能如七十子之心悦誠服者多矣；不然，則狂者之選，放其狂言，而不復以禮法自束，如孟子反、子琴張張，牢字。之笑子貢，曰：「是惡知禮意！」見《大宗師篇》。豈得以常情衡之哉！

「聖人不從事於務」，即上篇所云「孰弊弊焉以天下爲事」、「孰肯以物爲事」者是。「不就利，不違害」，承上「不知利害」言。「違」，避也。「求」與「道」對，謂世俗之欲求也。「不就利，不避害」，利害齊矣。「不喜求，不緣道」，道欲齊矣。「緣」猶循也。「無謂有謂，有謂無謂」，《寓言篇》所云「終身言，未嘗言；終身不言，未嘗不言」，則語默亦齊矣，以此故得「游乎塵垢之外」也。「孟浪」猶漫浪，與上篇所云「大而無當，往而不反」一意。夫子以爲孟浪之言，非排之也，旋立旋掃，蓋不欲滯其迹也。若瞿鵲子認爲「妙道之行」則膠執矣。

「熒」，惑也。「黄帝之所聽熒」，言黄帝聽之，不免於惑，而况丘也何足以知之。此亦掃迹之談，最不易看。若以爲是貶孔子，將其言「嘗爲女妄言之，女以妄聽之」，亦自貶者邪？「時夜」猶司夜，謂雞也。「鴞」，司馬彪注云：「小鳩是也。」「鴞炙」，以鴞肉炙而食之。見卵求時夜，見彈求鴞炙，謂學未至者，初有所見而遂謂已得之。「大」讀太。「亦大早計」，猶言欲速成也。

「奚」，何不也，屬下讀。「奚」爲何，而亦爲何不，猶「曷」爲何，亦爲何不。《詩·王風》：「君子于役，曷至哉。」何也。《唐風·有杕之杜》：「曷飲食之。」何不也。奚、曷一也。「旁日月」，《易·

繫辭傳》所謂「通乎晝夜」。「挾宇宙」，所謂彌綸天地。皆喻辭也。「爲其脗合」，用其齊也。「置其滑涽」，舍其不齊也。「滑涽」猶雜亂也。「以隸相尊」，「隸」謂所隸屬，猶言賤也。因賤以爲貴，因貴以見賤，明貴賤無常也。無常而常用之，因是之道也。

「衆人役役」，役於知也。「聖人愚芚」，藏於愚也。老子曰：「我愚人之心也哉，沌沌兮。俗人昭昭，我獨若昏；俗人察察，我獨悶悶。」是其義也。彼作沌，從水；此作芚，從艸；又下言成純，從糸；《中庸》言「肫肫其仁」，從肉，義皆相通，蓋俱由《易·屯卦》之屯出，天地始交之象也。「參萬歲而一成純」，承「旁日月」言，即「天地與我並生」之意。「萬物盡然，而以是相緼」，承「挾宇宙」言，即「萬物與我爲一」之意。「參萬歲而一」，斯無古今矣。萬物以是相緼，斯無物我矣。「緼」，絪緼也。「是」即指一言。「以是相緼」，《易傳》所謂「天地絪緼，萬物化醇」，而歸於致一者也。諸解以緼作蘊，而訓爲積，失之矣。

無古今、無物我，則何生死之患之有！故曰：「予惡乎知説生之非惑邪！予惡乎知惡死之非弱喪而不知歸者邪！」又曰：「予惡乎知夫死者不悔其始之蘄生乎！」夫死生者，物論之大者也。上自是非美惡而大小貴賤，成虧利害，無不齊視之矣，於是而復齊生死，則天下尚有不齊之物之論哉！蓋於是爲盡矣。

「弱」，少。「喪」，亡在外也。「歸」，歸其家也。「麗姬」，驪戎之人。此云「艾封人之子」者，傳聞異辭也。晉爲侯國，而此稱獻公爲王者，用當時戰國之名。侯、王，皆君也。「牀」，寢所也。《淮南子·主術訓》：「匡牀蒻席，非不寧也。」高誘注曰：「匡，安也。」後人因之，釋匡牀爲安牀，是也。然《商君書》云：「明者無所不見，人君處匡牀之上而天下治。」則匡牀惟人君能處之，故此曰與王同匡牀，見其尊與君等，非獨安適而已。

「夢飲酒者」以下，以夢覺喻死生。占夢者，古有其官，俗云詳夢是也。「大覺而後知此其大夢」，如上云「死生無變於己」，可謂大覺已。「而愚者自以爲覺，竊竊然知之」，「竊竊」，私小貌。「君乎，牧乎」，方斤斤於君與牧之間，此而不能齊，況死生之際哉！故譏之曰：「固哉！」「固」即意必固我之固，正游之反，膠於物而不能自脱者，非固陋之謂。「君乎，牧乎，固哉！」亦如《孟子》「吾身不能居仁由義，謂之自暴也」。以文法論，上當有「曰」字，蓋省之也。「丘也與女，皆夢也。予謂女夢，亦夢也」，仍上妄言妄聽之意，不欲聞之者滯於文義也。

「是其言」即上所言。「其名爲弔詭」，「詭」，變幻也。變幻莫夢，亦莫如生。「弔詭」者，弔夢也，抑亦弔生也。「萬世之後，而一遇大聖知其解者，是旦暮遇之也」，言解之者希。萬世而一遇，猶如旦暮之間之速也。顧萬世何久，旦暮何促。就世俗言之，旦暮誠非萬世之比也。就通死生無古今者言之，則萬世亦何殊於旦暮哉！惟世俗不解此，故於此數百千年一瞬之間，區而劃之，一若尺寸之不可稍有差異。此其「固」又豈在「君乎牧乎」之下乎！是又言外之意，不可不善會者也。

既使我與若辯矣，若勝我，我不若勝；若果是也，我果非也邪？我勝若，若不吾勝；我果是也，而果非也邪？其或是邪，其或非也邪？其俱是也，其俱非也邪？我與若不能相知也，則人固受其黮闇。吾誰使正之？使同乎若者正之？既與若同矣，惡能正之！使同乎我者正之？既同乎我矣，惡能正之！使異乎我與若者正之？既異乎我與若矣，惡能正之！使同乎我與若者正之？既同乎我與若矣，惡能正之！然則我與若與人，俱不能相知也，而待彼也邪？何謂和之以天倪？曰：是不是，然不然。是若果是也，則是之異乎不是也，亦無辯；然若果然也，則然之異乎不然也，亦無辯。化聲之相待，若其不相待，和之以天倪，因之以曼衍，所以窮年也。忘年忘義，振於無竟，故寓諸無竟。

此又據前「守勝」之言，以見是非之未可以勝負定也。「若」，「而」，皆汝也。「黮闇」，不明，猶言蔽也。「正」，如《論語》「就有道而正焉」之正，謂定其是非也。勝負者，取決於我與若者也。正者，取決於人者也。然人之見，猶我與若之見也，即猶不免於勝負之見也。勝負之見，即前「喜怒哀樂，慮嘆變慹」之種種，所謂非彼無我之彼，彼且不自知其所爲使，而能爲是非之正乎？故曰：「而待彼也邪？」「彼」字明繳上文。「待」即有偶，亦明繳上文也。

「何謂和之以天倪」以下四十六字，吕惠卿注移在「所以窮年也」句下，謂由簡編脱誤，諸家多從之者，實則未嘗脱誤也。何以言之？「和之以天倪」，即承上「和之以是非而休乎天均」説。《寓言篇》曰：「天均者天倪也。」言天倪猶言天均，不必疑其無所承也。此其一。「倪」字已見於王倪之名，前後照射，有迹可尋。此其二。「忘年忘義」，文與「所以窮年」緊接，移之則失其紀緒。此其三。故今仍舊文，不改易也。

夫是非既不可待彼而定，則將何以定之？曰：以天定之。天與彼對，即天與人對也。故以「何謂和之以天倪」發端。曰天均者，言其不偏也。曰天倪者，言其無妄也。不偏，中也；無妄，誠也。「是之異乎不是也，亦無辯」，「然之異乎不然也，亦無辯」，則所謂「和」也。斯其義蓋與《中庸》通矣。「是不是，然不然」者，必於是則失其是，必於然則失其然也。《列御寇》篇曰：「聖人以必不必，故無兵；衆人以不必必之，故多兵。」「兵」者，「和」之反也。「化聲之相待，若其不相待」，「化」，天也。「聲」，籟也。籟非天不聲，天非籟不顯，是其相待也。然而聲不與化留，化不隨聲往，是亦未嘗相待也。相待而若不相待，前所云「彼是莫得其偶，謂之道樞，樞始得其環中，以應無窮」也。故曰：「和之以天倪，因之以曼衍，所以窮年也。」「曼衍」，舊注云無極。無極猶無窮。「因之以曼衍」，即以應無窮也。「窮年」，《養生主篇》所云「盡年」。「忘年」承「窮年」言。忘年，則小年、大年俱遣矣。「忘義」，承「和之」、「因之」言。忘義，則小知、大知俱遣矣。「振於無竟，故寓諸無竟」，「振」如《孟子》「金聲而玉振之也」之振，猶收也。「無竟」亦無窮也，是即《易》卦終乎「未濟」之義也。

罔兩問景曰：「曩子行，今子止；曩子坐，今子起；何其無特操與？」景曰：「吾有待而然者邪？吾所待又有待而然者邪？吾待蛇蚹蜩翼邪？惡識所以然！惡識所以不然！」

此更藉景以申上相待若不相待之義也。「景」，古影字。景加彡作影，始晉葛洪《字苑》。「罔

「兩」，景外微陰，即有二光時，景外別一景也，故曰兩。曰罔者，言其罔罔然若有若無也。夫景待形而有，其迹甚顯，非若化之與聲之難識也。而形待神而動，則其機已微，即與化聲無異，故曰：「吾有待而然者邪？吾所待又有待而然者邪？」所待謂形，形之所待，則神也。「吾待蛇蚹蜩翼邪」，蛇蚹蜩翼，以言其動以神，即動以天也。《秋水篇》云：「蚿謂蛇曰：『吾以衆足行，而不及子之無足，何也？』蛇曰：『夫天機之所動，何可易邪？吾安用足哉！』」蛇蚹如此，蜩翼豈有殊乎！以其天機之動也，故曰：「惡識所以然！惡識所以不然！」此與前云「不知其所爲使」，意正遥遥相應。吾所以言其文雖變幻百出，而線索固自分明也，要在讀者細心探玩耳。

昔者莊周夢爲胡蝶，栩栩然胡蝶也，自喻適志與，不知周也。俄然覺，則蘧蘧然周也。不知周之夢爲胡蝶與？胡蝶之夢爲周與？周與胡蝶，則必有分矣。此之謂物化。

此又託於己夢，以足上意也。「栩栩」猶翩翩。「自喻」，自知也。「適志與」，「與」讀歟，言得意也。「覺」，寤也。「蘧蘧」一作據據，見《釋文》云崔本如此。意同，謂有形體可依據也。「不知周之夢爲胡蝶與？胡蝶之夢爲周與」，兩「與」字亦讀歟，以見周、蝶之非二。「周與胡蝶則必有分矣」，又以見周、蝶之非一也。二而非二，一而非一，相待若不相待之情也。「非彼無我，非我無所取」，意如此。「天地與我並生，萬物與我爲一」，意亦如此也。要之一化而已，故以「此之謂物化」結之。「物化」者，喪我之功之所致也。以無我爲樞，而以物化爲環，應之所以能無窮也。無我，故不拒物。物化，故不失我。《知北游篇》云：「古之人外化而内不化。」又云：「與物化者，一不化者也。」是故義不可以兩離，兩離則兩墮矣。

此篇理極玄微，而歸乎實際，情窮變化，而一本常然，要使人去其局心，從夫公是，順彼物則，不失本真。既不同希臘詭辯之淆訛，亦殊乎釋氏唯心之虚幻，洵樹論之崇標，窮理之巨匯已。吾解此文，未嘗不自愧其辭之費而不達也。

養生主第三

「養生主」者，以養生爲主也。《盜跖篇》曰：「堯、舜爲帝而雍，非仁天下也，不以美害生也；善卷、許由得帝而不受，非虛辭讓也，不以事害己。」「仁天下」與「辭天下」，皆由養生而出，故養生爲主也。七篇蓋此爲綱領矣。生有二義：一生死之生，如篇首第一句「吾生也有涯」是也；一生命之生，《達生篇》曰：「達生之情者，不務生之所無以爲。達命之情者，不務知之所無奈何。」此生不與死對，而與命對，言生猶言性也，如此曰：「可以保身，可以全生。」是也。生與身分言，則知生非生死之生矣。而《庚桑楚篇》有云：「性者生之質也。」生之爲性，尤爲顯然，故莊子言「養生」，猶孟子言「養性」，非世俗之所謂養生也。世俗之所謂養生，養形而已矣。《達生篇》曰：「養形必先之物。物有餘而形不養者，有之矣。有生必先無離形。形不離而生亡者，有之矣。」《刻意篇》曰：「吹呴呼吸，吐故納新，熊經鳥申，爲壽而已矣，此道同導。引之士、養形之人，彭祖壽考者之所好也。」夫壽至彭祖，終不免與殤子爲類。小年、大年，一例俱遣，又何取乎養形爲哉！然則莊子之意，昭昭可知。而世之解此篇者，猶不免附會《黄庭》內外景之説，未敢苟同也。

吾生也有涯，而知也無涯。以有涯隨無涯，殆已；已而爲知者，殆而已矣。爲善無近名，爲惡無近刑。緣督以爲經，可以保身，可以全生，可以養親，可以盡年。

此一篇大旨，亦一書大旨也。「隨」猶逐也。逐知即逐物也。《天下篇》云：「逐萬物而不反。」如是，則知不能止其所不知，故曰「殆已」。「殆」，危也。殆而知殆，則猶可以改也。而方自以爲知，則所謂「安危利菑，樂其所以亡」者，語本《孟子》。故曰「殆而已矣」，言舍危殆之外無他途也。

爲善爲惡，隨俗所名。實則齊物之後，是非兩忘，行其所不得不行，止其所不得不止，即安知其爲善與惡邪！若猶有善惡之見存，又何能善不近名，惡不近刑也！世儒或疑以爲言無近刑則可，言爲惡不亦過乎！則盍不觀夫《庚桑楚篇》之言？其言曰：「爲不善乎顯明之中者，人得而誅之。爲不善乎幽閒之中者，鬼得而誅之。明乎鬼、明乎人者，然後能獨行。」夫「獨行」者，天行也。不獨曰人誅，且曰鬼責，其所以警戒夫爲不善者亦已至矣。至夫二者，一不得以加之，是猶得以爲惡目之哉？劉義慶《世說新語》載趙母嫁女，女臨去，敕之曰：「慎勿爲好。」女曰：「不爲好，可爲惡邪？」母曰：「好尚不可爲，而況惡乎！」《吕氏春秋》亦有類此之紀述。此云「爲惡」，亦但「不爲好」之意耳，而尚何疑乎？

「督」同裻。裻，衣背縫當中。故督有中義。然不曰中而曰督者，督又有宰率意，蓋兼承前篇真宰、真君、環中數義而名之。解者或遂以此爲指人身之督脈，而引《黄庭》「關元命門内運天經」，以爲之説，謂是乃養生之密訣，不知若爲督脈，則與爲善、爲惡何涉？又與「養親」何涉？其爲附會，不言可決也。「緣」者，因也。「經」者，常也。因中以爲常，猶是「得其環中，以應無窮」之旨。下文「依乎天理，因其固然」，皆正本乎此也。以不近刑，故可以保身。以不近名，故可以全生。「全生」者，全性也。保身全性，故可以養親，可以盡年也。「盡年」者，終其天年，而不中道夭也。特及乎養親者，《孟子》曰：「事孰爲大？事親爲大。守孰爲大？守身爲大。不失其身而能事其親者，有矣，未有失其身而能事其親者也。」莊子之意，蓋同乎此。故亦以保身、養親並言。此儒門滴乳，吾所以謂莊子之學，淵源自孔氏也。

庖丁爲文惠君解牛，手之所觸，肩之所倚，足之所履，膝之所踦，砉然嚮然，奏刀騞然，莫不中音；合於桑林之舞，乃中經首之會。文惠君曰：「譆，善哉！技蓋至此乎？」庖丁釋刀對曰：「臣之所好者道也，進乎技矣。始臣之解牛之時，所見無非牛者。三年之後，未嘗見全牛也。方今之時，臣以神遇，而不以目視；官知止，而神欲行。依乎天理，批大郤，導大窾，因其固然。技經肯綮之未嘗，而況大軱乎！良庖歲更刀，割也；族庖月更刀，折也。今臣之刀十九年矣，所解數千牛矣，而刀刃若新發於硎。彼節者有閒，而刀刃者無厚；以無厚入有閒，恢恢乎其於游刃必有餘地矣。是以十九年而刀刃若新發於硎。雖然，每至於族，吾見其難爲，怵然爲戒，視爲止，行爲遲，動刀甚微，謋然已解，如土委地。提刀而立，爲之四顧，爲之躊躇。滿志，善刀而藏之。」文惠君曰：「善哉！吾聞庖丁之言，得養生焉。」

「庖丁」，庖人名丁也。「爲」讀去聲。「文惠君」，當如《孟子》費惠公之流，受封於大國者，故稱曰君。衛元君亦降稱。崔譔、司馬彪以爲即梁惠王，殆不然也。《竹書》：惠王複謚惠成；未聞有惠文之謚也。《在宥篇》曰：「夫有土者有大物也。有大物者，不可以物。物而不物，故能物物。明乎物物者之非物也，豈獨治天下百姓而已哉！」此言解牛者，蓋以牛爲大物。許慎《説文解字》物下云：「萬物也，牛爲大物，故從牛，勿聲。」故以宰國寓之於宰牛，而卒歸之養生者，所謂養生爲主也。

「手之所觸，肩之所倚，足之所履，膝之所踦」，「踦」猶掎也。言其手、肩、足、膝無不用也。欲寫其閒，先寫其劇，文章法如是也。「砉然」、「嚮然」、「騞然」，皆奏刀聲，觀「奏刀」字介于其間，可知也。「奏刀」，進刀也。不曰進而曰奏，奏刀猶奏樂然，所以起下「桑林」「經首」之文也。「嚮」同響。砉響聲微，騞則聲粗。由微以至粗，於字音求之可知，不煩釋也。聲有粗細，而參錯中節，故曰：「莫不中音。」「中」讀去聲，下「乃中經首之會」同。「合於桑林之舞」，「桑林」，湯樂名。云舞者，承上觸、倚、履、踦言。「乃中經首之會」，「經首」，堯樂《咸池》樂章名。云會者，承上砉嚮騞然中音言。「會」猶合也，謂合樂也。

「譆」同嘻，驚歎聲。「善哉！技蓋至此乎」，贊其技也。對曰：「臣之所好者道也，進乎技矣。」意謂道於是乎在，不得以技視之也。《天地篇》云：「通於天地者，德也。行於萬物者，道也。上治人者，事也。能有所藝者，技也。技兼於事，事兼於義，義兼於德，德兼於道，道兼於天。」「兼」猶包也。自上言之則曰兼，自下言之則曰進。進猶過也。過乎技者，技通乎道，則非技之所得而限也。

「所見無非牛者」，用心之一也。《達生篇》承蜩者之言曰：「雖天地之大，萬物之多，吾不反不側，不以萬物易蜩之翼，何爲而不得！」彼云唯蜩翼之知，此云「所見無非牛」，正一意也。後世如張旭之善草書，見擔水者爭道，見公孫大娘舞劍器，而書皆大進，抑亦可謂所見無非書者矣！蓋誠用心於一藝，即凡天下之事，目所接觸，無不若爲吾藝設者。必如是能會萬物於一己，而後其藝乃能擅天下之奇，而莫之能及。技之所爲進乎道者，在此。其「三年之後，未嘗見全牛」者，由有此工夫致然。此一語，文中極大關鍵，讀者固往往輕易放過。解者如郭子玄輩，且以「未能見其理閒」釋之，不獨失《莊》文之意，亦且負此老爲人苦心矣。

「未嘗見全牛」者，分肌擘理，表裏洞然，如指諸掌，所謂「及其久也，相説以解」者。語見《禮記・學記》。故曰無全牛也。以「神遇而不以目視」者，目之用局而遲，神之用周而速也。「官知止而神欲行」者，非止不能穩且準，非行不能敏且活也。「依乎天理」，所謂「照之於天」也。「因其固然」，所謂順物自然也。語見《應帝王篇》。合之，則亦以明、因是二者而已矣。

「郤」同隙，間也。「窾」，空也。隙則批之，窾則導之，相其勢而施其巧也。郤曰大郤，窾曰大窾，扼其大端，而小者不足言也。「肯」，肉之著于骨者。「綮」，筋肉糾結處也。「技經肯綮之未嘗」，猶言未嘗經肯綮，倒文也。「軱」，轂轤之合音，今江南猶有呼車轂爲轂轤者。骨與骨相鬬接處有似車軸之於轂然，故謂之軱也。肯綮有所不經，其不觸及於骨可知也，而況大軱乎！舉大以包小也。

「十九年」，十年九年也。《尚書・無逸篇》曰：「或五六年，或四三年。」此云十九，猶彼言四三矣。「硎」，砥石也。「刀刃若新發於硎」，言刃不傷也。「割」，損也。「折」，挫也。割、折皆對刃之不傷言。言刃，非言用刀也。故司馬彪注：「以刀割肉。」及俞樾引《左傳》「無折骨」語，謂「折骨非刀折」，皆非也。俞氏之説尤不通。傳云：「無絶筋，無折骨。」乃戰時禱詞。戰則有筋絶骨折之事。若夫解牛，何爲取其骨而折之？且牛之骨，又豈刀所可折者乎！「族」，衆也。衆庖，猶常庖也。

「彼節者有閒，而刀刃者無厚；以無厚入有閒，恢恢乎其於游刃必有餘地矣」，即老子云「無有入於無閒」之義，變其文而用之，所以見無爲之有益也。「恢恢乎」者，言其寬裕，故曰「游刃」，又曰「有餘地」也。

「每至於族」，此「族」字同簇，紛錯交會，故曰「見其難爲」也。「怵然」猶惕然。「怵然爲戒，視爲止，行爲遲」，言謹益加謹，審而出之，不敢有絲毫之輕率也。「動刀甚微」，得其理閒，故不煩也。「謋」同磔，張也，開也。「謋然已解，如土委地」，牛解而事畢也。「提刀而立，爲之四顧，爲之躊躇」，猶虞其功有未至也。四顧躊躇者，審視而徘徊也。外篇《田子方》亦有「方將躊躇，方將四顧」之語，以是可知當於「躊躇」句絶。舊以「躊躇」連下「滿志」爲句，實誤也。「滿志」兩字句。及其「滿志」，然後「善刀而藏之」，用復於無用，不敢有所恃而妄發也。自「每至於族」以下，皆寫工夫入細處。與上「所見無非牛」、「未嘗見全牛」，同一喫緊爲人語，未可草草讀過也。

「善哉」，贊其言也。於此言而得「養生」，則養生之非養形，亦非捐棄倫物而專從事於通督脈、運天經之術，亦可以決矣。

公文軒見右師而驚，曰：「是何人也？惡乎介也？天與？其人與？」曰：「天也，非人也。天之生是使獨也；人之貌，有與也。以是知其天也，非人也。澤雉十步一啄，百步一飲，不蘄畜乎樊中。神雖王，不善也。」

此承上天理言。表性之出於天，而非人之情識知見所可得而擬似也。「公文軒」，人名。「右師」，書官，殆佚其名矣。公文見右師而驚，驚其氣象之殊常也。「介」，特也。見揚雄《方言》。「惡乎介」者，言何以特立而超於物外如是也。「天與？其人與？」詰其天爲之乎，抑人爲之也。「曰：天也，非人也」，答其是天而非人也。

何以辨之？則以天者無耦，無耦故介，故曰：「天之生是使獨也。」「是」即指養生之生言，亦即指性言。「人之貌有與」者，言若出於人，則有與而非獨也。「有與」即有對，有對則有待，有待則惡能介也！於此提出「貌」字，知公文所驚者貌，而非驚其偏刖也，明矣。曰「獨」，曰「有與」，義並承《齊物論》來。七篇之次第固斬然不紊也。「以是知其天也，非人也」，此是指獨言。然則天人之別，一言而決矣。明此，則知嚮之「喜怒哀樂，慮嘆變慹」，紛然雜起者，其無關於性分，而直爲吾心之累耳。所以「聖人不由，而照之於天」也。

「澤雉十步一啄，百步一飲」，取譬於雉者。雉之性介，因藉以表也。「不蘄畜乎樊中」，「不蘄」，不期也。「樊」者，籠也。以譬人爲情識知見所囿，無異於雉之處樊，故曰：「神雖王，不善也。」「不善」者，不能養也。善與養一義。故《大宗師篇》云：「善吾生者，乃所以善吾死也。」此文下接以老聃之死，意亦可見。

《田子方篇》載：「孔子見老聃，老聃新沐，方將被髮而乾，慹然似非人。孔子便而待之。少焉見。曰：『丘也眩與？其信然與？向者先生形體掘若槁木，似遺物離人而立於獨也。』」彼云「慹然似非人」，又云「離人而立於獨」，正與此云「是何人也？惡乎介也」，同一情景。「丘也眩與？其信然與」，亦驚訝之辭也。

蓋此皆甚深理境，一書要旨所在。自郭象誤以「介」與《德充符篇》之「兀」同視，而釋「介」爲偏刖，司馬彪注亦誤。崔本作「兀」尤誤。於是「獨」字，「有與」字，皆離其本義，不知云何。後世唯呂惠卿《莊子義》言「右師蓋人貌而天者也」，能得其解。而其書罕見，注家因薄呂之爲人，又不欲讀其書。焦弱侯（竑）《筆乘》所説略與呂同，然不如呂之顯豁。兹因呂義，更逐句釋之。不獨見右師造道之深，即公文能見之而驚，而以天人發問，亦自眼力心孔，爲非淺學者所易幾及也。

老聃死，秦失弔之，三號而出。弟子曰：「非夫子之友邪？」曰：「然。」「然則弔焉若此，可乎？」曰：「然。始也吾以爲其人也，而今非也。向吾入而弔焉，有老者哭之如哭其子，少者哭之如哭其母。彼其所以會之，必有不蘄言而言，不蘄哭而哭者。是遯天倍情，忘其所受，古者謂之遯天之刑。適來，夫子時也；適去，夫子順也。安時而處順，哀樂不能入也，古者謂是帝之縣解。指窮於爲薪，火傳也。不知其盡也。」

此言性不以生死而存亡也。承前篇齊生死來。「老聃」，老子。《莊》書於老子多稱老聃，而於仲尼則必曰孔子，或曰夫子。於此亦可知周之所師在孔子，而非老氏之徒矣。

「失」，一作佚，字同。「號」，哭而不哀也。「弟子」，聃弟子也。「夫子」，稱聃也。「弔焉若此，可乎」，失既聃友，弔當盡哀，故責而問之。

「始也吾以爲其人也，而今非也」，「非」即非人。非人，則入于天矣。詳《應帝王篇》首節。入于天，則何可哀之有！「老者哭之如哭其子，少者哭之如哭其母」，哀之甚也。「彼其所以會之」，「彼」即指哭者。「會」謂感會也。「蘄」，期也。「不蘄言而言，不蘄哭而哭」，言發不由衷，因以過節也。

「遯」同遁。死爲反真，反真，語見《大宗師篇》。而惡死，是遁天也。「倍」同背。情有其節，而過哀，是背情也。性者受之於天，不以生存，不以死亡。今歧視生死，是忘其所受也。於是天德日遠，人僞日深。是自爲之桎梏，而自係以徽纆也。故曰：「古者謂之遯天之刑。」

「適來，夫子時也；適去，夫子順也」，來去喻生死。適之爲言暫也。生爲暫來，死爲暫去，故曰時曰順。「時」者值其時，「順」者順其常也。安時處順，《大宗師篇》所云「古之真人，不知說生，不知惡死，其出不訢，其入不距，翛然而往，翛然而來」者。已無說惡，人又惡從以哀樂感之，故曰：「哀樂不能入也。」「縣」如倒縣之縣，係也。「縣解」，則人而天矣，故曰「帝之縣解」，「帝」即天也。

「指」者，「物莫非指」之指，名家之恒言也。「窮於爲薪，火傳也」者，謂指在薪則窮，在火則移，可傳於無盡也。始云「可以盡年」，此云「不知其盡」，是盡者年而不盡者性。有涯之生，別有無涯者在也。《易・繫辭傳》云「原始反終，故知死生之説」，此其近之矣。

人間世第四

「人間世」者，「人間」，人世也。「間」以横言，如今云空間。「世」以豎言，如今云時間。空間者宇，時間者宙。《庚桑楚篇》云：「有實而無乎處者，宇也。有長而無本剽者，宙也。」剽同標，末也。曰間曰世，猶宇宙也。佛法東來，譯名則曰世界。名雖數變，所指一也。

顧於此當知者，曰「人間世」，冠人字在上者何？蓋一以明人不能離宇宙而存，一以明宇宙必待人而理。宇宙即人之宇宙，故曰人間世也。説者以《天地篇》有「千歲厭世，去而上僊」之語，往往認莊子與佛氏同科，謂以出世爲宗，而有厭離人世之意。不知實不然也。《齊物論》云「《春秋》經世，先王之志，聖人議而不辯」，夫言「經世」，其與出世異趣明矣。不獨此也。《刻意篇》曰：「刻意尚行，離世異俗，高論怨誹，爲亢而已矣。此山谷之士、非世之人、枯槁赴淵者之所好也。就藪澤，處閒曠，釣魚閒處，無爲而已矣。此江海之士、避世之人、閒暇者之所好也。」離世避世，方在其所屏斥，彼安肯棄世以自媮乎？然則所謂「千歲厭世」者，特耄期倦勤之喻，故其上文云「天下有道，則與物皆昌。皆同偕。天下無道，則修德就閒」，是與孔子言用行舍藏，孟子言「窮則獨善其身，達則兼善天下」，復何以異！特其好爲謬悠之説，荒唐之言，易於啟人誤解。試思天下豈有千歲之人，又豈果有上僊之事哉？

此篇舉顔回請見衛君、葉公子高使齊、顔闔傅衛太子三者，皆人世至艱至巨之事。而孔子與蘧伯玉曲陳其方，必使優游宛轉，事有成功而人無犯患，又一歸于大中至正之道，無絲毫權謀詐術雜于其間，於以見「内聖外王」之學，本於窮理盡性至命，語見《易・説卦傳》。出之以至精、至變、至神，語見《易・繫辭傳》。發仲尼之微言，揭《周易》之奥旨，足以補《論》、《孟》之未及，樹人道之大防者已。

綜全篇大意，惟「不得已」與「無用」兩端。「不得已」者，不遑智於事先，不失機於事後。「無用」者，藏其鋒於事外，泯其跡於事中，蓋即前此無己之素功，而養生之實用。既物我之兩齊，亦理事之無礙，即利用以安身，豈絶人而逃世哉？熟玩此篇問答之文，通其義趣，當知予言之非夸誕也。

顔回見仲尼，請行。曰：「奚之？」曰：「將之衛。」曰：「奚爲焉？」曰：「回聞衛君，其年壯，其行獨；輕用其國，而不見其過；輕用民死，死者以國量乎澤若蕉。民其無如矣。回嘗聞之夫子曰：『治國去之，亂國就之。』醫門多疾，願以所聞思其則，庶幾其國有瘳乎！」仲尼曰：「譆！若殆往而刑耳！夫道不欲雜，雜則多，多則擾，擾則憂，憂而不救。古之至人，先存諸己，而後存諸人。所存於己者未定，何暇至於暴人之所行！且若亦知夫德之所蕩，而知之所爲出乎哉？德蕩乎名，知出乎爭。名也者，相札也。知也者，爭之器也。二者凶器，非所以盡行也。且德厚信矼，未達人氣，名聞不爭，未達人心。而彊以仁義繩墨之言術暴人之前者，是以人惡有其美也，命之曰菑人。菑人者，人必反菑之。若殆爲人菑夫！且苟爲説賢而惡不肖，惡用而求有以異？若唯無詔，王公必將乘人而鬬其捷。而目將熒之，而色將平之，口將營之，容將形之，心且成之。是以火救火，以水救水，名之曰益多。順始無窮，若殆以不信厚言，必死於暴人之前矣！且昔者桀殺關龍逢、紂殺王子比干，是皆修其身以下傴拊人之民，以下拂其上者也。故其君因其修以擠之。是好名者也。昔者堯攻叢枝、胥、敖，禹攻有扈，國爲虚厲，身爲刑戮。其用兵不止，其求實無已。是皆求名實者也。而獨不聞之乎？名實者，聖人之所不能勝也，而況若乎！雖然，若必有以也。嘗以語我來！」

顔回曰：「端而虚，勉而一，則可乎？」曰：「惡！惡可！夫以陽爲充，孔揚，采色不定，常人之所不違。因案人之所感，以求容與其心。名之曰：日漸之德不成，而況大德乎！將執而不化，外合而内不訾。其庸詎可乎？」

「然則我内直而外曲，成而上比。内直者，與天爲徒。與天爲徒者，知天子之與己，皆天之所子，而獨以己言蘄乎而人善之，蘄乎而人不善之邪？若然者，人謂之童子，是之謂與天爲徒。外曲者，與人之爲徒也。擎跽曲拳，人臣之禮也。人皆爲之，吾敢不爲邪？爲人之所爲者，人亦無疵焉，是之謂與人爲徒。成而上比者，與古爲徒。其言雖教讁之，實也古之有也，非吾有也。若然者，雖直不爲病。是之謂與古爲徒。若是則可乎？」仲尼曰：「惡！惡可！大多。政法而不諜，雖固亦無罪。雖然，止是耳矣。夫胡可以及化！猶師心者也。」

顔回曰：「吾無以進矣。敢問其方。」仲尼曰：「齋。吾將語若。有而爲之，其易邪？易之者，皥天不宜。」

顔回曰：「回之家貧，唯不飲酒，不茹葷者，數月矣。若此，則可以爲齋乎？」曰：「是祭祀之齋，非心齋也。」

回曰：「敢問心齋。」曰：「若一志，無聽之以耳，而聽之以心；無聽之以心，而聽之以氣。聽止於耳，心止於符。氣也者，虛而待物者也。唯道集虛。虛者，心齋也。」

顔回曰：「回之未始得使，實自回也。得使之也，未始有回也。可謂虛乎？」夫子曰：「盡矣。吾語若。若能入游其樊，而無感其名。入則鳴，不入則止。無門無毒，一宅而寓於不得已，則幾矣。絶迹易，無行地難。爲人使易以僞，爲天使難以僞。聞以有翼飛者矣，未聞以無翼飛者也；聞以有知知者矣，未聞以無知知者也。瞻彼闋者，虛室生白，吉祥止止。夫且不止，是之謂坐馳。夫徇耳目內通，而外於心知，鬼神將來舍，而況人乎！是萬物之化也，禹、舜之所紐也，伏羲、几蘧之所行終，而況散焉者乎！」

此節凡七問答，一層深一層，一層細一層，非刳心熟玩，不能明也。

「顏回」，字淵，見《論語》、《孟子》。「衛君」，出公輒也。「其行獨」，言自專也。本書言獨者多矣，如《在宥篇》云：「獨往獨來，是謂獨有。獨有之人，是之謂至貴。」《天地篇》云：「舉滅其賊心，而皆進其獨志。」《田子方篇》云：「似遺物離人而立於獨也。」彼獨者，獨以天也。此獨者，則獨以人也。於天可獨，於人不可獨，不可不辨也。

「輕用其國」，言好兵也。「不見其過」，不自知其非也。「輕用民死，死者以國量乎澤若蕉」，「量」，比也。「蕉」，薪也。言以輕用兵，故民死者衆。比國於澤，則死者多如澤中之薪，甚言民之不堪命也。「民其無如矣」，「無如」，無如何也。無如何而省言無如，猶無奈何而省言無奈也。《尚書・湯誓》曰：「夏罪其如台。」即夏罪其如台何。如何而言如，蓋自古有然矣。

「治國去之，亂國就之」，與《論語》所言「有道則見，無道則隱，危邦不入，亂邦不居」，語似相反，然一以言存身之智，一以言救民之仁，義各有當，未始相妨也。且人亦未可等量而齊觀也。《孟子》曰：「有天民者，達可行於天下，而後行之者也。有大人者，正己而物正者也。」有道則見，無道則隱者，天民之事。「治國去之，亂國就之」者，則大人之德也，是不可以期之大人以下，故孔子不以語他人，而以告顏子也。此可補《論語》之未及矣。

「醫門多疾」，所謂良醫之門多病人，喻辭也。「願以所聞思其則」，「則」，法也。願以平昔所聞於夫子者，思其救之之法，則「庶幾其國有瘳乎」。言「瘳」者，承「醫門多疾」言。國瘳則民瘳。顏子之心，蓋痛夫民之不得其死，而發于一體之仁。《孟子》所云「禹、稷、顏回同道」者，抑於此可以徵之。

然顏子知衛君之輕用其國，而不知己之輕用其身，仁則仁矣，而智不足以濟之，則於事何益之有！故孔子哀其志而疑其行，曰：「若殆往而刑耳！」「若」猶汝也。「刑」，戮也。「夫道不欲雜，雜則多，多則擾，擾則憂，憂而不救」，「多」，有餘也，與常言多少之多異。譬之醫疾，衆藥雜投，不死爲幸，其能有效者鮮矣。「先存諸己而後存諸人」，猶己立而立人，己達而達人，未有己不能立而可教人之立，己不能達而可教人之達者也。故曰：「所存於己者未定，何暇至於暴人之所行！」「未定」承上「雜」「多」言。定與擾一正一反也。「暴人」指衛君，以其「輕用民死」，故謂之暴人。「至於」，猶及於也。

「蕩」猶溢也。《外物篇》云：「德溢乎名。」「溢」者過量，過量則喪真。「德蕩乎名」者，名起則德喪也。「出」猶生也。「知出乎爭」者，知生夫爭也。爭起於知，故上言「知之所爲出」，而下言「知也者，爭之器也」。「知」讀如智。「札」亦作軋。相軋，相傾也。傾軋亦爭也。所爭者名，所以爭者知，故曰：「二者凶器。」凶器不可以行世，故曰：「非所以盡行也。」

「矼」同硜，即《論語》「言必信，行必果，硜硜然小人哉」之硜，猶堅也。德厚信堅，言德不蕩，「名聞不爭」，言爭不出，此似進矣，而「未達人氣」、「未達人心」，則信猶未可保，爭猶未遽泯也。「達」之爲言通也。未通者，未孚也。「而彊以仁義繩墨之言術暴人之前」，「術」同述，謂稱述也。「是以人惡有其美也」，惡與美對文，當讀如字。「有」，取也。言美惡相形，以人之惡而取其美，如是則人不能平，故「命之曰菑人」。「命」猶名也。「菑」者，傷也，言其將傷人也。傷人者，人必反傷之，故曰「若殆爲人菑夫」，與「若殆往而刑耳」句應。

「説」同悦。「苟爲悦賢而惡不肖」，言衛君苟誠也。「惡用而求有以異」，「而」與爾同，言回。「惡不肖」之「惡」，讀去聲。「惡用」之「惡」讀平聲，與烏同。「若唯無詔」，「詔」，詔也。句法與「是唯無作」一例。「王公必將乘人而鬭其捷」，言詔則衛君必乘之而鬭其捷。「捷」，勝也。「乘」之者，乘其「有以異」也。「有以異」，則是立標而招矢，鬭之所以起也。夫彼以王公之勢，而又益之以不欲下人之暴，此豈存於己者未定之所能爭乎？故曰「而目將熒之，而色將平之，口將營之，容將形之，心且成之」，言其目眩色動，將自救解不及，終且容屈而心服之，適以助其惡而已矣。「成」如行成之成，猶今云妥協也。始欲革其非心，卒乃長其凶燄。後世忠諫之士，行與願違，以致身家與國事俱壞，若此者甚衆。蓋不知順以導之，而惟逆以激之，勢必決裂至此也。故用「以火救火，以水救水」況之，而「名之曰益多」。「順始無窮」，承「益多」言，謂循此以往，將至不可紀極，又不僅益多而已。「若殆以不信厚言，必死於暴人之前矣」，與「若殆往而刑耳」句再應。然初言殆，今言必，初言刑言菑，今言死，語益危而意益切矣。

引桀、紂者，比暴君也。引堯、禹者，起下聖人也。桀、紂之殺龍、比也，以名。堯、禹之攻四國也，以名亦以實。「名實者，聖人之所不能勝」，「勝」讀平聲，任也，當也。名實二字，雖聖人亦當不起。龍、比以當名而不免於被殺。堯、禹以當名實而不免於滅人之國、殺人之君，即前所云「名也者，相札也。知也者，爭之器」之説也。「而況若乎」，所以證其必死於暴人之前也。

「傴」同嫗。「傴」謂呴嘔之。「拊」同撫，謂撫循之。「拂」，違也，逆也。「擠」，排也。「虚厲」，社稷爲墟，宗廟爲厲也。帝王諸侯無後者，祭於泰厲。見《禮記·祭法》。「國」指叢枝諸國。「身」指諸國之君。「用兵不止，求實無已」，亦謂諸國。「實」者，土地財賦也。蓋四國皆以用兵而召兵，以求實而喪實，是可鑒也。

「雖然，若必有以也，嘗以語我來」，「以」如《論語》「如或知爾，則何以哉」之以，叩顔子之所挾者何具也。

答曰：「端而虚，勉而一，則可乎？」「端」、「勉」，其本所具。「虚」以應上「擾」「憂」之言。「一」以應上「雜」「多」之言，則其新所進也。

曰：「惡！惡可！」上「惡」歎聲。下「惡」與「惡用而求有以異」同，皆讀如烏。「惡可」，不可也。「夫以陽爲充」，根上「端」「勉」言。端勉則志壹，志壹動氣而體充。然志壹矣，而氣未能全無暴也，故曰「以陽爲充」。「以陽」，言其發露多而收斂少也。「孔揚」，「孔」，甚也。甚揚，氣之盛也。「采色不定」，容色之易變也。《小戴禮記·玉藻篇》云：「色容莊。」不定，則非莊矣，此由氣使然，視上「所存於己者未定」，就心言者，又細密矣。「常人之所不違」，「違」猶拂也，言常人所不能拂逆也。「因案人之所感，以求容與其心」，「案」，憑也，據也。「容與」猶從容，謂自適也。據人所感而求自適其心，則是彊人以就己，未能隨方以應物也。「日漸之德」，「漸」，漸漬。謂小德日進者也。小德不成，而況大德乎！此皆與回論真實學問事。舊注以爲指衛君說，大非也。「執而不化」，執一而不化也。「外合而內不訾」，「訾」，量也。內不訾量，不能以義量度之也。「執而不化」，是適也。適音敵。外合而內不訾，是莫也。《論語·里仁篇》子曰：「君子之於天下也，無適也，無莫也，義之與比。」非適則莫，何以說人，故曰：「其庸詎可乎！」

「然則」以下又顏子語也。顏子以夫子責其執一，故張三條以進之。「內直」所以答「以陽爲充」之教，曰「與天爲徒」，曰「人謂之童子」，則無陽充孔揚之色矣。「而獨以己言蘄乎而人善之，蘄乎而人不善之邪？」不期乎人之善與不善，則無案人所感以求自適之心矣。「外曲」所以答「執而不化」之教，曰「與人爲徒」，則非執己不移者矣。「曲」如《中庸》致曲之曲，言委曲周至也。「擎跽曲拳」，「擎」謂執贄。「跽」，跪也。「曲」，鞠躬。「拳」，拱手。皆人臣見君之禮也。「疵」，瑕疵，言指責也。「成而上比」，所以答「外合而內不訾」之教。「比」即《論語》義之與比之比，從也。「成」者成其德。「上比」者，上從於古也，故曰「與古爲徒」。成德而上從於古，則非內不訾量者矣。「其言雖教讁之」句。「教」，教其是。「讁」，讁其非也。「實也」二字連下「古之有也」爲句。實古之有而非吾有，此即《寓言篇》所謂重言者也，故曰「若然者，雖直不爲病」。「若是則可乎？」復就正於夫子也。

「大多」句。「大」讀太。張以三條猶是前者雜多之病，故直曰太多也。「政」同正，語助也，屬下讀。「法而不諜」，「諜」即《列御寇篇》「形諜成光」之諜，猶渫也。《秋水篇》：「尾閭渫之，不知何時已而不虛。」從水作渫，渫者，泄之異文。彼言水，此言人之心意，故從言。蓋六書轉注之例如是，猶澹泊之亦作憺怕也。「以陽爲充，孔揚，采色不定」，正「形諜成光」之比。今「與天爲徒」，近於葆其光矣，故曰「不諜」。「法」承上「願以所聞思其則」「則」字言，即《在宥篇》所云「麤而不可不陳者法」與「齊於法而不亂」之「法」，在此則並包「擎跽曲拳」人臣之禮言。蓋「法」承「外曲」說，「不諜」承「内直」說，「雖固亦無罪」，則承「成而上比」說。「無罪」，即所謂「雖直不爲病」也。「雖然，止是耳矣」，言止於無罪而已矣。無罪謂可免於刑戮，然而未能喻衛君於道也。何也？則以其執之未盡，而見之未圓也。故曰：「夫胡可以及化！猶師心者也。」師心即執，執則不能喪我，不能喪我，則亦不能物化，所以未可以及化也。以上三問答，皆所以破顔子之執者也。

以下四問答，一二兩問答只爲第三「心齋」開端。向來讀者解者多著意「心齋」一段，不知「心齋」亦只爲下一段開端，此觀「齋，吾將語若」之言可知也。

「有而爲之，其易邪？易之者，皞天不宜」，兩「易」字皆輕易之易。蓋回之請行，雖發於救民之仁，而不免有輕於任事之過。夫子慮其聽言之易，仍將執而不化也。故先以「齋，吾將語若」難之。輕易之心，皆生於有爲。故曰：「有而爲之，其易邪？」輕易之心生，則天知閉塞，故曰：「易之者，皞天不宜。」「皞」通皓，明白也。《天地篇》曰：「無爲爲之之謂天。」言皞天，正與「有而爲之」對。

「齋」者，齊也。《禮記・祭統》曰：「君子之齊同齋。也，專致其精明之德也。」又曰：「齊不齊，以致齊者也。」蓋齋本起於祭祀，而《易・繫辭傳》曰：「聖人以此齋戒，以神明其德夫。」則齋又不必定在祭祀，「心齋」之名由此。顧其理則有相通者。此答「心齋」，首云「一志」，即「齊不齊，以致齊」，而「專致其精明之德也」，故曰：「無聽之以耳，而聽之以心，無聽之以心，而聽之以氣。」「氣」者人之精明，亦即明白之天知也。「聽止於耳」者，耳之止其所也。「符」，徵也。《荀子·正名篇》所云「心有徵知」是也。徵知近乎今所云概念。「心止於符」，心之止其所也。心耳皆各止於其所而後氣得以致其虛，故繼之曰：「氣也者，虛而待物者也。」此二「止」字，皆《周易》「艮止」之止，下文「吉祥止止」，正與此相應。《易·艮卦》曰：「艮其背，不獲其身。行其庭，不見其人。」不獲其身，無我也。不見其人，無物也。無我無物，所謂虛也。而艮背實爲之本，故《彖》傳曰：「艮其止，止其所也。上下敵應，不相與也。是以不獲其身。行其庭不見其人也。」又不獨《艮卦》也。《咸卦》大象曰：「山上有澤，咸，君子以虛受人。」人知虛在於兑澤，而不知澤之所以虛，則在其下有艮山之止也。以此知常解謂聽之用止限於耳，心之用止限於符，不如氣之虛爲能盡應物之用，將極緊要字以無意義語换之，誤之甚者也。「唯道集虛」，應上「道不欲雜」語。虛者氣，而結云「虛者，心齋也」者，心與氣，析之則有二名，合之則仍只一物也。

「葷」，薤蒜之類，菜之辛臭者也。「茹」猶食也。且顔子亦嘗言端虛、勉一矣，夫子既未可之，而所以教之者，曰「一志」，曰「虛而待物」，曰「唯道集虛」，猶是「虛」「一」二語，則又何也？

夫待端而虛，則未能全虛也。待勉而一，則未能真一也。此所謂有而爲之者也。若夫子所云「一」，所云「虛」，則一空依傍，全出自然。此人天之分，未可同日而語也。故顏子聞之即應曰：「回之未始得使，實自回也。得使之也，未始有回也。」「使」者，夫子言之，顏子受之，默契無間，速若影響。《論語》所云「不違如愚」，所云「於言無所不説」，於此一「使」字，蓋可髣髴見之。「未始有回」者，將以前種種見解、種種伎倆、一掃而盡，更無絲毫粘帶，此即喪我境地也。故夫子曰：「盡矣！」然後告之以調御衛君之道。蓋「唯道集虛」，亦惟虛而後能用夫道也。

「入游其樊」，「樊」如前篇「不蘄畜乎樊中」之樊。「樊中」，非其地也，然而能游者，則雖樊中無害也。「無感其名」，應上「德蕩乎名」與「名實者，聖人之所不能勝」句。「無感」，則不獨不求不好，且與名相忘矣。「入則鳴，不入則止」，「入」者投契之謂。相其投契則言，不然則止，無意必也。不曰言而曰鳴者，即《齊物論》所云鷇音出之無心，言而無言者也。「言無言」，見《寓言篇》。

「無門無毒」，承前「醫門多疾」説。「毒」謂藥也。名曰醫門，名曰用藥，則諱疾者之所避也。衛君不見其過，而將乘人鬬捷，其諱疾忌醫甚明也。惟無門，則無往而非醫也。無毒，則無往而非藥也。如是，則諱無所用其諱，而避亦無得而避矣。《知北游篇》云：「汝唯莫必，無乎逃物。」蓋此之謂也。

「一宅」者，宅於一也。宅於一者，不雜不擾之謂也。「寓於不得已」，「不得已」，所謂虛而待物者也。惟虛，故不逆不億，不用智於事先；惟待物，故批郤、導窾，亦不失機於事後，爲

《易·繫辭》所謂「寂然不動，感而遂通天下之故」者也。「不得已」之言，本之老子，老子曰：「將欲取天下而爲之，吾見其不得已。」而《莊子》則更從而發揮之，一書之中，不啻數見，其尤言之諄至者，則莫如《庚桑楚》一篇，既曰「動以不得已之謂德」，又曰「有爲也欲當，則緣於不得已」。不得已之類，聖人之道，故吾前論全篇大意，首提「不得已爲之樞機也」。「則幾矣」僅言「幾」者，見更有進焉者也。

「絶迹」，老子所言「善行無轍迹」也。然雖絶迹，猶不免於行也。若無行地，則乘雲氣、御飛龍之比。故曰：「絶迹易，無行地難。」「僞」如《荀子·性惡篇》「人之性惡，其善者僞也」之僞，謂人爲也，非真僞之僞。「爲人使」，人力之所可作爲也。「爲天使」，則非人力之所可作爲也。故曰：「爲人使易以僞，爲天使難以僞。」此有似《孟子》言「其至爾力，其中非爾力」之意。見《萬章篇》。蓋力出之人，巧得之天也。「聞以有翼飛者矣，未聞以無翼飛者也」，有翼飛易，無翼飛難也。「聞以有知知者矣，未聞以無知知者也」，有知知易，無知知難也。《則陽篇》云：「人皆尊其知之所知，而莫知恃其知之所不知而後知，可不謂大疑乎！」疑猶惑也。「恃其知之所不知而後知」，即此「以無知知」之謂也。《齊物論》云：「知止其所不知，至矣。」「知止其所不知」，攝用歸體也。「以無知知」，恃其所不知而後知，則由體起用也。其意一也。以知知者，隨其成心而師之，所謂師心者也。以無知知，恃其所不知而後知，則未成乎心而有是非，所謂虛而待物者也。通觀《莊子》全書，其欲人之以無知知也，明矣。而解者多誖其意，可異也。

「瞻彼闋者，虚室生白」，「闋」，缺也，即老子所云「鑿户牖以爲室，當其無有室之用」者。《天地篇》云：「機心存於胸中，則純白不備。純白不備，則神生不定。神生不定者，道之所不載也。」今以無知而知，則機心淨而純白備，故喻之「虚室生白」也。純白備則神生定，故繼之曰「吉祥止止」。「止止」者，止其所止也。時止者亦時行，故又曰：「夫且不止，是之謂坐馳。」「坐馳」，所謂「以無翼而飛者也」。《在宥篇》曰：「尸居而龍見。」尸居非坐乎？龍見非馳乎？此與「火馳而不顧」者，語見《外物篇》。懸若天壤。解者等而視之，舛矣。夫有止而無行，則是有體而無用，何以爲「内聖外王」之道乎？且此段乃從「入游其樊」更進一層説。若僅止止而止，則有何不得已。不得已者，不得止也。抑游者、飛者之謂何？將皆爲剩語乎！《淮南子·覽冥訓》有「是謂坐馳、陸沈、晝冥、宵明」語，高誘注云：「言坐行神化，疾於馳傳。沈浮冥明，與道合也。」觀夫《淮南子》之言，知坐馳古義猶存，特後人不察耳。

「徇耳目内通」，耳目，人恒用之於外者也，而徇之内通，則《養生主》所謂「官知止」也。「外於心知」，心知，人恒用之於内者也，而外之，則《養生主》所謂「神欲行」也。外與内通，非排黜之謂也。内者止也。外者馳也。所謂過化存神，「上下與天地同流」者也。語見《孟子·盡心篇》。故曰：「鬼神將來舍，而況人乎！」若是，衛君雖暴，固將在潛移默化之中矣，又安取乎思其則，出乎知，而彊以仁義繩墨之言犯難而行乎？

竊嘗論之：「心齋」至「未始有回」，即去「我執」；「入游其樊」至「寓於不得已」，即去「法執」，「我執」、「法執」，語本佛典。「絶迹」以下，則冰解凍釋，人法兩忘，因極贊其神化之妙，而結之曰「是萬物之化也」。蓋《齊物論》始於「喪我」，終於「物化」，一篇精蘊，盡具於斯矣。

「禹、舜之所紐也，伏羲、几蘧之所行終」，「紐」同忸、狃，習也。「几蘧」，亦古帝王名。「行終」，謂行之終其身。禹、舜習之，伏羲、几蘧行之，「而況散焉者乎！」「散」者，未成之名。言凡人不可不致力於斯也。「行終」，反結前「非所以盡行」意。首尾相應，文法森然。

葉公子高將使於齊，問於仲尼曰：「王使諸梁也甚重，齊之待使者，蓋將甚敬而不急。匹夫猶未可動也，而況諸侯乎！吾甚慄之。子嘗語諸梁也，曰：『凡事若小若大，寡不道以懽成。事若不成，則必有人道之患；事若成，則必有陰陽之患。若成若不成，而後無患者，唯有德者能之。』吾食也執粗而不臧，爨無欲清之人。今吾朝受命，而夕飲冰，我其内熱與！吾未至乎事之情，而既有陰陽之患矣；事若不成，必有人道之患。是兩也。爲人臣者不足以任之。子其有以語我來！」

仲尼曰：「天下有大戒二：其一命也，其一義也。子之愛親，命也，不可解於心；臣之事君，義也，無適而非君也。無所逃於天地之間，是之謂大戒。是以夫事其親者，不擇地而安之，孝之至也；夫事其君者，不擇事而安之，忠之盛也；自事其心者，哀樂不易施乎前，知其不可奈何，而安之若命，德之至也。爲人臣子者，固有所不得已。行事之情，而忘其身，何暇至於悦生而惡死！夫子其行可矣！丘請復以所聞：凡交近，則必相靡以信；遠，則必忠之以言。言必或傳之。夫傳兩喜兩怒之言，天下之難者也。夫兩喜必多溢美之言，兩怒必多溢惡之言。凡溢之類妄。妄則其信之也莫，莫則傳言者殃。故法言曰：『傳其常情，無傳其溢言，則幾乎全。』且以巧鬬力者，始乎陽，常卒乎陰，大至則多奇巧；以禮飲酒者，始乎治，常卒乎亂，大至則多奇樂。凡事亦然。始乎諒，常卒乎鄙；其作始也簡，其將畢也必巨。夫言者，風波也；今各本「夫」字倒錯在下「風波易以動」句上。依覆宋本改正。行者，實喪也。風波易以動，實喪易以危。故忿設無由，巧言偏辭。獸死不擇音，氣息茀然，於是並生心厲。剋核大至，則必有不肖之心應之，而不知其然也。苟爲不知其然也，孰知其所終！故法言曰：『無遷令，無勸成。』過度，益也。『遷令』『勸成』，殆事。美成在久，惡成不及改，可不慎與！且夫乘物以游心，託不得已以養中，至矣。何作爲報也？莫若爲致命。此其難者。」

「葉公」，楚大夫，爲葉縣尹，故稱葉公，嘗問政於孔子，見《論語·子路篇》，姓沈，子高其字，諸梁其名。「甚敬而不急」者，敬以虚文，而不急應其實求也。「慄」，懼也。「若小若大」，「若成若不成」，「若」並與或同。「寡不道以懽成」，言事無小大，鮮有不依於道而能成之無遺憾者也。「人道之患」，國之刑罰也。「陰陽之患」，身之憂苦也。成與不成而卒無患者，惟有德者能之。「德」承「道」言。「有德者」，有得於道者也。此以上舊聞於夫子之言也。

「食也執粗而不臧」，「執」，守也。「臧」，善也。守其粗薄，不求精善也。「爨無欲清之人」，「清」通清，就涼也。爨人不須就涼，見炮燔時少，食粗有徵也。「内熱」，熱病也。《則陽篇》云：「使其君内熱發於背。」又云：「内熱溲膏。」發於背則爲背癰，溲膏則爲痟渴。故曰：「吾未至乎事之情，而既有陰陽之患矣。」「事之情」，事之實際也。此其所以「甚慄」也。而事若不成，又將有「人道之患」，故求教於夫子也。前者顔子之病，在視事之易；今葉公之病，則在慮事之難。視事易者多輕，慮事難者易怯，故夫子所以告之者亦異。於顔子則警戒之辭多，於葉公則勸勉之意切也。

語分兩段，「夫子其行可矣」以上，所以解其「陰陽之患」之惑也；「可不愼與」以上，所以解其「人道之患」之惑也。「乘物以游心」以下，則兩結之，而歸之於「致命」。此所謂窮理盡性至命之學也。

「天下有大戒二」，「戒」，守也。人之所守而不可稍違者也。「命」者，天之命也。「義」者，人之義也。命之自天，故不可解於心。義存乎人，故亦無所逃也。郭子玄曰：「千人聚，不以一人爲主，不亂則散，故多賢不可以多君，無賢不可以無君。此天人之道，必至之宜。」是亦案實而言，初不關乎時變者也。然事親事君，皆由心起。心上無工夫，則事親事君觸處皆礙；不然，亦僞而已。故特提出事心一層。事心者，從事於心性之學也。

「施」猶移也，讀去聲。「哀樂不易施乎前」，言不以前境哀樂爲之移易也，即《養生主》「哀樂不入」之意。「知其不可奈何而安之若命」，與「不擇地而安之」、「不擇事而安之」，兩

「安」字相應。「安」者止也，不止則擾矣。葉公之甚慄內熱，皆起不安；而所以不安者，則以愛身之故。不知身有所制，制之於命，非人所可得而自專也。《達生篇》曰：「達命之情者，不務知之所無奈何。」蓋謂是也。故既告之以安命，又進之以忘身。忘身安命，則盡性矣。盡性者，生死一齊，又何暇悦生而惡死乎！此所以勸其行也。

「丘請復以所聞」，「復」如《孟子》「有復於王者」之復，更告之以使人之道也。使人之責在傳言，而言之難傳者，在兩君之喜怒。喜則言多溢美，怒則言多溢惡。溢則非實，非實則難以取信。「信之也莫」，「莫」猶漠也，漠然無動於中也。「殃」猶菑也。「法言」，古所傳之言，足以爲法者，猶今云格言也。「傳其常情，無傳其溢言」，情、言互文。情常者無溢言，言溢者即非常情也。情者喜怒也。「幾乎全」者，若是庶可自全也。「始乎陽」，本以爲懽也。「卒乎陰」，偷以取勝也。「大」讀太。「大至」猶已甚。「奇巧」，巧之不中理者也。「始乎治」，「威儀抑抑」也；「卒乎亂」，「屢舞僛僛」也。語見《詩・小雅・賓之初筵》。「奇樂」，樂之不中禮者也。「凡事亦然」，言凡事有之，不獨飲酒、鬭力二者也。「諒」，信也。「鄙」，詐也。「簡」，約也。「巨」，大也。

「夫言者，風波也」，風波言其變幻，變幻故易以動。「行者，實喪也」，實喪言其浮虛，浮虛故易以危。「言」承上「傳言」言。兩喜兩怒，溢美溢惡，所謂風波也。「行」承上鬭力、飲酒言。始陽卒陰，始治卒亂，所謂實喪也。「實喪」，猶言失其本也。「忿設無由，巧言偏辭」，「設」猶作也。「無由」猶無端。言忿之作也無端，唯巧言偏辭耳。「偏」同諞。《説文》：「諞，便巧言也。」《書・秦誓》：「惟截截善諞言。」又《論語》「友諞佞」，今文作便，然則偏辭亦即便辭。巧言、便辭，一也。「獸死不擇音」三句，假獸以喻人也。「茀」同佛。「厲」，惡也。「心厲」，心上之惡，謂生惡意欲傷人也。「剋」如剋期之剋。「核」如核實之核，謂要必也。要必「大至」，承上「齊之待使者甚敬而不急」急字言。蓋慮諸梁急於使事，不免有要必之心。要必之心起，而巧言偏辭有不暇擇者矣。「不肖之心應之，而不知其然也」，所謂「忿設無由」，「孰知其所終」，則傳言者殃矣。

「無遷令」，無改君命也。「無勸成」，無彊成事也。此二句述法言也。「過度，益也」以下，則所以爲之釋。「益」同溢，言凡過度者即皆溢也，不但溢美溢惡之言而已。「遷令」「勸成」，本冀以成事也，而不知適以殆事，所謂「實喪易以危」也。「美成在久」，言美之成也難。「惡成不及改」，言惡之成也易。故曰：「可不慎與！」

此段於人情變化、事勢險阻抉發無遺，非窮理之精，斷斷不能及此。《易・繫辭》曰：「精義入神，以致用也。利用安身，以崇德也。」惟利用可以安身，惟精義可以致用，葉公不能知也，而徒汲汲以保身爲利，則何益乎！

「乘物以游心」，承後一段言。曰「游心」，則因應無滯，而人道之患可免矣。「託不得已以養中」，承前一段言。曰「養中」，則憂懼盡捐，而陰陽之患可免矣。故曰「至矣」。前節對顏子言曰「一宅而寓於不得已」，不得已重，此對葉公言曰「託不得已以養中」，則養中重。對顏子之言「不得已」，意在無犯難；對葉公之言「不得已」，意在不苟免，此中又稍有分別，不可不知也。

「何作爲報也」，「作」，作意也。郭注云：「任其所報，何必爲齊作意於其間。」是也。「致命」，即《易·困卦象》曰「君子以致命遂志」之致命，與上「天下有大戒二，其一命也」，及「知其不可奈何而安之若命」，兩「命」字相應。常解以致君之命説之，非也。安命，但安之而已，其義淺。致命，則以至於命，其功深。故曰「此其難者」，應「傳兩喜兩怒之言，天下之難者也」。言彼尚非難，難實在此耳。吾引《易·説卦》窮理盡性至命之言以説此文，識者當能知其非强爲附會也。

顔闔將傅衛靈公大子，而問於蘧伯玉曰：「有人於此，其德天殺。與之爲無方，則危吾國；與之爲有方，則危吾身。其知適足以知人之過，而不知其所以過。若然者，吾奈之何？」蘧伯玉曰：「善哉問乎！戒之，慎之，正女身哉！形莫若就，心莫若和，雖然，之二者有患。就不欲入，和不欲出。形就而入，且爲顛爲滅，爲崩爲蹶。心和而出，且爲聲爲名，爲妖爲孽。彼且爲嬰兒，亦與之爲嬰兒，彼且爲無町畦，亦與之爲無町畦；彼且爲無崖，亦與之爲無崖。達之，入於無疵。女不知夫螳螂乎？怒其臂以當車轍，不知其不勝任也，是其才之美者也。戒之，慎之！積伐而美者以犯之，幾矣。女不知夫養虎者乎？不敢以生物與之，爲其殺之之怒也；不敢以全物與之，爲其決之之怒也；時其飢飽，達其怒心。虎之與人異類而媚養己者，順也；故其殺者，逆也。夫愛馬者，以筐盛矢，以蜄盛溺。適有蚉寅僕緣，而拊之不時，則缺銜、毁首、碎胸。意有所至，而愛有所亡，可不慎邪！」

「顔闔」，魯人，哀公嘗欲以幣先而欲見之，闔逃焉，見《讓王篇》。「衛靈公」名元，嘗問陳於孔子，見《論語》。「大」讀太。「太子」，則蒯聵也，即前出公之父。其父子爭國事，見《左氏傳》。《達生篇》載東野稷以御見莊公，顔闔料其馬必敗，蒯聵得國後，謚莊公。則闔不獨爲之傅，且爲之臣矣。「蘧伯玉」，名瑗，衛大夫，孔子之友，見《論語》。《則陽篇》有「蘧伯玉行年六十而六十化」之語，其德可想見已。

「天殺」之殺，謂降殺也。「其德天殺」者，言天薄之，不賦以美德。「與」謂相與。「方」，道也，法也。「無方則危國，有方則危身」，言兩難也。「適」，祇也。「人」，即「有人於此」之人。「適足以知人之過，而不知其所以過」，言知太子之過，而不知其過之所由起，自媿其智之不及，無能以傅之也。「其知」之知，讀同智。不曰吾智而曰「其智」，承上「吾國」「吾身」兩吾字言，便文故用「其」也。舊解以此屬太子説，支矣。

「戒之，慎之」，勿輕與也。「正汝身哉」，先存諸己也。「形莫若就」，與之偕也。「心莫若和」，不自失也。「由由然與之偕，而不自失焉」，見《孟子·公孫丑篇》。孟子言柳下惠語如是。「就不欲入」，入者還與同也。「和不欲出」，出者自顯異也。還與同，則與之俱敗矣。故曰：「形就而入，且爲顛爲滅，爲崩爲蹶。」「且」，將也。「顛滅」、「崩蹶」，又不止國危而已。自顯異，則招其所惡矣，故曰：「心和而出，且爲聲爲名，爲妖爲孽。」「聲名」、「妖孽」，又不止身危而已。聲名而曰妖孽者，名也者相札之由，本非美事也，此正所以爲戒也。「嬰兒」，無知識也。「町畦」猶畛畍。無畛畍，無防閑也。「崖」，崖岸。無崖岸，無廉隅也。無防閑，無廉隅，皆言無禮義也。彼且爲之，亦與爲之，所謂「形莫若就」也。「達之，入於無疵」，「達」，疏也，導也。「疵」，過也。凡上所爲，卒以導之誘之，入於無過，所謂「心莫若和」也。

螳螂一喻，「和不欲出」之戒也。「是其才之美」，「是」讀自是之是，言自負也。「積伐而美者以犯之」，「伐」，矜也。「而」同汝。「犯之」，斯所謂「爲聲爲名，爲妖爲孽」也，故曰「幾矣」。「幾」，殆也，危也。

養虎、愛馬兩喻，「就不欲入」之戒也。兩「不敢」皆戒慎之辭。「決」如《禮記·曲禮篇》云無齒決之決，謂斷也。「時其饑飽」，食之以時也。「達其怒心」，不觸其怒。「達」亦疏導之意，與「達之，入於無疵」同。蓋就之中有和，則就而不入矣。「矢」者屎之假借，「溺」者尿之假借。「蜄」同蜃，大蛤也。以筐盛矢，以蜃盛溺，愛之至也。「適」，偶也。「僕」，附也。《大雅·既醉》之詩曰：「景命有僕。」毛傳：「僕，附也。」是也。偶有蚉虻附之緣之。「而拊之不時」，「拊」，拍也，拍之不得其時也，則「缺銜、毀首、碎胸」。「銜」，馬口中勒。「缺」，破壞也。此所謂「爲顛爲滅，爲崩爲蹶」也。「意有所至而愛有所亡」，「亡」，忘也。言馬之意別有所屬，則人之愛己亦有時而忘之也。虎有時媚養己，而馬乃有時忘其愛，以見待人接物之不易，而禍每發於所忽，不可稍有疏虞也，故曰：「可不慎邪！」上兩言「慎之」，卒復歸之於

「慎」。蓋與《大學》《中庸》言戒慎恐懼一意，孰云莊子與儒異趣乎？

匠石之齊，至乎曲轅，見櫟社樹。其大蔽牛，絜之百圍；其高臨山，十仞而後有枝；其可以爲舟者，旁十數。觀者如市，匠伯不顧，遂行不輟。弟子厭觀之，走及匠石，曰：「自吾執斧斤以隨夫子，未嘗見材如此其美也。先生不肯視，行不輟，何邪？」曰：「已矣，勿言之矣！散木也，以爲舟則沈，以爲棺槨則速腐，以爲器則速毁，以爲門户則液樠，以爲柱則蠹，是不材之木也。無所可用，故能若是之壽。」

匠石歸，櫟社見夢，曰：「女將惡乎比予哉？若將比予於文木邪？夫柤梨橘柚，果蓏之屬，實熟則剥，剥則辱，大枝折，小枝泄。此以其能苦其生者也，故不終其天年而中道夭，自掊擊於世俗者也。物莫不若是。且予求無所可用久矣，幾死，乃今得之，爲予大用。使予也而有用，且得有此大也邪？且也若與予也皆物也，奈何哉其相物也？而幾死之散人，又惡知散木！」匠石覺而診其夢。弟子曰：「趣取無用，則爲社何邪？」曰：「密！若無言！彼亦直寄焉，以爲不知己者詬厲也。不爲社者，且幾有翦乎！且也彼其所保與眾異，而以義譽之，不亦遠乎！」

「匠石」，大匠名石也。《徐無鬼篇》載匠石於宋元君稱臣，則當是宋人也。「曲轅」，齊地名。「櫟社」，古者立社，各樹以所宜之木，此樹以櫟，故即以櫟名。下「樹」即謂櫟也。《漢書》言高祖禱豐枌榆社，則漢時猶以所樹之木名社也。顧此言櫟，與凡言櫟樹異。《秦風・晨風》之詩「山有苞櫟」，與棣檖、六駁六駁，當依崔豹《古今注》作木名。並舉，則非不材之木，此當是樗類，同名而異實者也。

「其大蔽牛」，言其榦之巨，牛在其旁隱而不見也。「蔽」非蔭蔽之蔽。別本「牛」上有「數十」二字，蓋不知者所加。「其大蔽牛」，「其高臨山」，文正相對。且下云「絜之百圍」，明此大指榦言，非謂全樹之大也。「絜」猶量也。「圍」，與後文言「拱把」一類，一手曰把，兩手曰拱，張兩臂以絜之則曰圍。「圍」猶抱也，今之常言合抱之木，是也。「其高臨山」，「臨」者，自上視下之謂，言高逾於山也。「十仞而後有枝」，「仞」，七尺也。廣曰尋，高深曰仞，皆兩臂之長。然量高深者，臂一舉一垂，自較横而伸之爲短，故尋八尺，仞則七尺，此定説也。木之高者，生枝皆距根甚遠，此云十仞以上有枝，正形其高，體物可謂精極矣。「其可以爲舟者旁十數」，「其」，其枝也，故曰旁。舉可以爲舟者，古者刳木爲舟。言枝之巨如此，則餘可知也。

「匠伯」，「伯」者，長也，對下弟子言，故易稱之曰「匠伯」，伯非字也。「厭」同饜。「厭觀之」，飽看之也。「散木也」，此「散」字與前「散焉者乎」散字稍異。彼特未成之名，此則謂無成也。今俗有不成材料之語，以作此注，最切矣。「槨」一作椁，棺之外重者。「液樠」，《説文》：「樠，松心木。」蓋木之流脂如松者。「液」，沁液，言其沁出脂液，如樠然也。「蠹」，蛀也。「不材之木」，即所謂散木也。

「櫟社見夢」，見於夢也，「見」音現。「比」，比方，言較其長短優劣也。「文木」，木之有文章者，良材也。「柤」同樝，今俗作楂。「柚」，似橘而大。木實曰果，草實曰蓏。「柤梨橘柚」，分舉其名。「果蓏之屬」，則總舉其類也。「剥」，剥落也。「辱」，屈辱也。木何以有屈辱？言辱者，影射人事以爲之説也。「泄」，泄其生氣也，與洩同。「掊」、「擊」一義，皆毁傷也。「自掊擊於世俗者」，言毁傷由於自取，不得以尤世俗也。「幾死」，「幾」，近也。近死「乃今得之」，言得之之不易也。「得之」者，得其無所可用也。得其無所可用，「爲予大用」，篇末所云「無用之用」也。「相物」之「物」係動字。「奈何哉其相物」者，《知北游篇》云「物物者非物」，既若與予皆物，則何能物物？意謂以物視己爲不知己也，故繼之曰：「而幾死之散人，又惡知散木！」「而」猶汝也。

「覺而診其夢」，「診」，審也，言與弟子審其夢中之言，如後世所云詳夢是也。「趣取無用」，「趣」者急義，言急求無用也。「密」一字句，謂祕之也。「若無言」，汝勿言也。「彼亦直寄焉以爲不知己者詬厲也」十四字爲句。「詬厲」，猶詬病。言彼特寄於社，以任不知己者之詬病而不辭。蓋於不知己者而得詬病，斯正其自隱之道也。「且幾有翦乎」，此「幾」猶豈也。言即不爲社，又豈有翦伐之者哉！「保」猶守也。「義」謂常理。彼其所守與衆異，而以衆人之常理譽之，「不亦遠乎」，言其不能合也。

南伯子綦游乎商之丘，見大木焉，有異，結駟千乘，隱將芘其所藾。子綦曰：「此何木也哉？此必有異材夫！」仰而視其細枝，則拳曲而不可以爲棟梁；俯而視其大根，則軸解而不可以爲棺槨；咶其葉，則口爛而爲傷；嗅之，則使人狂酲，三日而不已。子綦曰：「此果不材之木也，以至於此其大也。嗟乎，神人以此不材。」宋有荆氏者，宜楸柏桑。其拱把而上者，求狙猴之杙者斬之；三圍四圍，求高名之麗者斬之；七圍八圍，貴人富商之家求樿旁者斬之。故未終其天年，而中道已夭於斧斤，此材之患也。故解之以牛之白顙者，與豚之亢鼻者，與人有痔病者，不可以適河。此皆巫祝以知之矣，所以爲不祥也。此乃神人之所以爲大祥也。

「南伯子綦」即南郭子綦，注見前。「商之丘」，宋都，今商丘縣也。「駟」，四馬。「千乘」，車千輛也。古一車駕四馬，就馬言則曰駟，就車言則曰乘。「隱」，隱度。「芘」同庇。「藾」同賴。「所賴」指車馬。芘謂大木庇之。隱度者，子綦約略計之如此也。故曰「結駟千乘」。言儻有連結千乘至此者，非實然也。「拳曲」，不直也。「軸解」，木心之紋有如車之軸，今所謂年輪是也。「解」則疏散而空，謂不堅緻也。「咶」同舐，咶取會意，舐取諧聲也。「爛」，如火灼也。「酲」，酒病。「狂酲」，酲之甚也。「神人以此不材」，此節兩提神人，以見此云不材即神人無功意，非果不材也。

「荆氏」，宋地名。「楸」，梓也。「桑」，山桑。《小雅·小弁》之詩曰：「維桑與梓，必恭敬止。」故此亦楸、桑並列也。「杙」，繫狙之橛也。「猴」，狙類。「斬」，伐也。「高名」猶高大也。「麗」同欐，屋棟，《秋水篇》云「梁麗可以衝城」是也。「樿旁」，棺之全邊者，字從木從單，謂單木不須兩合也，故讀當亦同單。或從示作禪，誤也。「解」如禳解之解。《漢書·郊祀志》：

「古天子常以春解祠黃帝。」即此解義。「白顙」，白額。「亢鼻」，仰鼻。「痔病」，後病也。「適」，之也。「適河」，沈於河以祭也。三者不可以適河，蓋當時禳解家有此説。故曰：「此皆巫祝以知之矣。」「巫」，以舞降神者。巫祝所以爲不祥，乃神人之所以爲大祥。言神人所爲固有非外人所知者。蓋猶是上節「所保與衆異」之意。以是益知此之不材非尋常之所云不材也。以人祭河，古有是俗，魏西門豹嘗以術禁斷之。見《史記·滑稽列傳》褚先生所增附。

支離疏者，頤隱於齊，肩高於頂，會撮指天，五管在上，兩髀爲脅。挫鍼治繲，足以餬口；鼓筴播精，足以食十人。上徵武士，則支離攘臂於其間；上有大役，則支離以有常疾不受功；上與病者粟，則受三鍾與十束薪。夫支離其形者，猶足以養其身，終其天年，又況支離其德者乎！

前二節假木作喻，此則徑歸之人身。蓋承上神人言，義在德而不在形。説其形支離，依舊是喻，不可不知。又設此以爲下篇《德充符》作一伏線，故特提出「德」「形」二字。七篇文章，鉤鎖入妙，尤不可不知也。

支離字從散字出。「支離」者，支於正而離於常，猶今言離奇也。「疏」其本名。以其形支離，冠二字於名上，猶《論語》葉公言「吾黨有直躬者」，以人稱其直，加直字於躬之名上，蓋同一例也。

「齊」同臍。「頤隱於臍，肩高於頂」，蓋傴之甚者，其形如是。「會撮指天」，「會」同髻，括髮也。「撮」即《小雅・都人士》之詩「臺笠緇撮」之撮，所以括髮者，如後世頭巾，特其製短小耳。古者鬠髻在後，近項，傴甚，頤與臍接，故指天也。「五管」，五臟之腧穴，針灸所加，見《黄帝内經》。五腧並在背，今在上，是背亦向天也。「髀」，股也。「兩髀爲脅」，股與脅相並，見股而不見脅，若股即爲脅也者。皆極形其傴也。

「挫」同剉。「挫鍼」，治鍼也。「繲」同綫，崔譔本如是，見《釋文》。今從之。「治繲」，挼綫也。「餬」，饘也。「餬口」，言恃饘鬻以飽也。「鼓」如《禮記・學記》「入學鼓篋」之鼓，叩也。「筴」同策，崔注云：「鼓筴，揲蓍。」是也。筮用蓍，卜用龜，一也。「播」，揚也，擇也。「精」，精米。《離騷》云：「欲從靈氛之吉占兮，心猶豫而狐疑。巫咸將夕降兮，懷椒糈而要之。」王逸注云：「糈，精米，所以降神。」《詩・小雅・小宛》亦有「握粟出卜」語，是古之買卜者必出精米以享神，卜後則爲卜者所得。疏改而從事筮卜，不獨擇精，得之亦多，故曰「足以食十人」也。「食」讀飤。

「徵」，徵發。「武士」，戰士也。「攘臂」猶掉臂，言無所顧忌也。「役」，勞役。「不受功」，不受工也。「病」謂殘疾。「與」猶賜也。「粟」，穀也。「鍾」，六斛四斗。以上三節皆以「終其天年」爲言，蓋與《養生主》「盡年」相應。雖處人間世，而不違養生，所以曰養生爲主，而七篇之綱領也。

孔子適楚，楚狂接輿游其門，曰：「鳳兮鳳兮，何如德之衰也！來世不可待，往世不可追也。天下有道，聖人成焉；天下無道，聖人生焉。方今之時，僅免刑焉。福輕乎羽，莫之知載；禍重乎地，莫之知避。已乎已乎，臨人以德！殆乎殆乎，畫地而趨！迷陽迷陽，無傷吾行！吾行卻曲，無傷吾足！」山木，自寇也。膏火，自煎也。桂可食，故伐之。漆可用，故割之。人皆知有用之用，而莫知無用之用也。

本篇以孔、顏問答始，而以楚狂「鳳兮」之歌終，蓋悲孔子雖有道而卒不見用於世也。然悲孔子者，亦正以自悲。始云「治國去之，亂國就之」，卒乃云「天下有道，聖人成焉；天下無道，聖人生焉」。夫就亂國，成天下，聖人之志也。亂邦不居，天下無道則隱，豈聖人之志哉！亦所謂不得已焉者也。觀莊子辭楚王之聘，寧爲塗中之龜，而不爲大廟之犧，豈不以爲犧於世無補，而徒自賊其生哉！事見《秋水》《列御寇》兩篇。《史記》列傳則并爲一事。不然，果絕意於人間，著書數十萬言，又何爲者！故吾終以莊子爲非厭世，如時賢所云云也。

「鳳兮」之歌，已見《論語·微子篇》，而《論語》之辭，視此爲簡潔，殆經聖門諸賢加以删削者。「何如德之衰也」，猶云德之衰也何如，乃倒文。「成」者成其治。「生」者全其生。全生者，全其性也。「僅免刑」者，免刑爲幸，極見當時之亂，舍苟全無他道也。「臨人以德」，猶云以德上人。「畫地而趨」，「趨」讀如促，與德叶韻。畫地豈復可趨！故曰「殆乎，殆乎」。「殆」，危也。「迷陽」謂昏亂也。陽者，明也。迷於明而不知，斯非昏則亂矣。

「迷陽迷陽，無傷吾行」，以文法論，正似《小雅·黄鳥》之詩曰：「黄鳥黄鳥，無集於穀，無啄我粟。」蓋斥昏亂之小人，冀其無害於己之所行也。司馬彪訓迷陽爲伏陽，謂言詐狂，於楚狂意則合。然詐狂即佯狂。佯狂正以自全，何得下接「無傷」云云？宋林疑獨注云：「迷陽言晦其明。」迷晦意別。藏明不用，可謂之晦，不得謂之迷也。且與下文語脈不接，亦與作詐狂同。明人羅勉道因朱子《詩集傳·草蟲》一詩注「言采其薇」，有山間人呼薇爲迷蕨，疑即《莊子》所謂迷陽之語，遂指迷陽爲蕨。然蕨爲人所采食，雖有微芒，非同荆棘，何云傷行、傷足？且蕨名迷陽，初無據依，附會之説未可從也。至王先謙《集解》直以棘刺釋之，尤武斷矣。

「郤曲」者，前郤而曲折也。「吾行郤曲，無傷吾足」，言吾已不敢徑情直行，庶幾無傷及足乎！仍承前「迷陽迷陽」言也。「鳳兮」之歌，當截至此句爲止，下文則莊子足之，以見「有用之用」不如「無用之用」，作一篇大總結也。

「有用」「無用」，語本老子。老子云：「三十輻共一轂，當其無，有車之用。埏埴以爲器，當其無，有器之用。鑿户牖以爲室，當其無，有室之用。故有之以爲利，無之以爲用。」蓋有無本不可相離，特人多見有不見無，故不得不於無邊力爲提唱耳。《外物篇》云：「知無用，而始可與言用矣。夫地非不廣且大也，人之所用，容足耳。然則廁足而塹之，致黄泉，人尚有用乎？」《徐無鬼篇》曰：「足之於地也淺。淺猶小也。雖淺恃其所不蹍而後善，博也。」然則言「無用之用」，非離夫「有用之用」而獨言之者也。且用與不用有時。游刃有餘，刀之用也。善刀而藏，則無用矣。然其用非不在也，若知用而不知藏，則亦未有不斷且折者也。及於斷且折，用安在哉！故無用者乃所以全其用也。知此，可無疑於莊子之言矣。至言不材，意亦若是。猶有疑者則請讀《山木》之篇。

德充符第五

「德」者，得也。得者，有諸己也。「充」，充實。《孟子》曰：「充實之謂美。充實而有光輝之謂大。」曰美、曰光輝，皆形著於外者，所謂符也，「符」者，徵也。此於《易》亦有之。《坤》之《文言》曰：「君子黄中通理，正位居體，美在其中，而暢於四支，發於事業，美之至也。」《大畜彖傳》曰：「剛健篤實，輝光日新。」《坤》以言修諸身，《大畜》以言畜其德。蓋身不畜德，則身爲虚器。德不修諸身，則德爲空名。所以老子云：「修之於身，其德乃真。」而茲篇亦云：「德者，成和之修也。」

顧其所舉有德，如王駘、申徒嘉、叔山無趾、哀駘它等，皆取夫肢體不全、形貌醜惡之士者，何也？曰：生質之美，有似於德，而非德也。儀容之盛，可以亂德，尤非德也。欲使人離夫形質儀容，而認取修德之實，不得不託之於肢體不全、形貌醜惡之徒。抑亦承前篇之意。所云支離其形，因以支離其德者也。若以釋典通之，則如《維摩詰經》所云「示人形殘，而具諸相好，以自莊嚴。示人羸劣醜陋，而得那羅延身，一切衆生之所樂見」者。此中蓋有深嘅焉。觀其言曰：「德有所長，而形有所忘。人不忘其所忘，而忘其所不忘，此謂誠忘。」當時知德者鮮，貌取者衆。舍夫種種之機，而悦夫役役之佞，久矣！故孔子曰：「不有宋朝之美，而有祝鮀之佞，難乎免於今之世矣！」欲挽頽波而反之，不爲此詭奇激切之談，即不足以警醒世俗之耳目，豈直洸洋恣肆以求適己而已哉！

魯有兀者王駘，從之游者，與仲尼相若。常季問於仲尼曰：「王駘，兀者也。從之游者，與夫子中分魯。立不教，坐不議，虛而往，實而歸。固有不言之教，無形而心成者邪？是何人也？」仲尼曰：「夫子，聖人也，丘也直後而未往耳。丘將以爲師，而況不若丘者乎！奚假魯國，丘將引天下而與從之。」常季曰：「彼兀者也，而王先生，其與庸亦遠矣。若然者，其用心也獨若之何？」仲尼曰：「死生亦大矣，而不得與之變；雖天地覆墜，亦將不與之遺。審乎無假，而不與物遷；命物之化，而守其宗也。」常季曰：「何謂也？」仲尼曰：「自其異者視之，肝膽楚越也；自其同者視之，萬物皆一也。夫若然者，且不知耳目之所宜，而游心乎德之和；物視其所一，而不見其所喪。視喪其足，猶遺土也。」常季曰：「彼爲己，以其知得其心，以其心得其常心。物何爲冣之哉？」仲尼曰：「人莫鑑於流水，而鑑於止水。唯止能止衆止。受命於地，唯松柏獨也在，冬夏青青；受命於天，唯舜獨也正，幸能正生以正衆生。夫保始之徵，不懼之實。勇士一人，雄入於九軍。將求名而能自要者，而猶若是，而況官天地，府萬物，直寓六骸，象耳目，一知之所知，而心未嘗死者乎！彼且擇日而登假，人則從是也。彼且何肯以物爲事乎！」

「兀」同刖，一聲之轉。取義於兀者，言其介特，後文所云「其與庸亦遠矣」是也。「駘」，駑駘。取義於駘者，言其無用，後文所云「彼且何肯以物爲事」是也。此自蒙莊寓言，假仲尼、常季問答，以見德成之士有如是者耳。「常季」之名，不見《仲尼弟子列傳》，當在史公疑者闕焉之列，然疑實有其人，不然，莊子無爲假以立説也。或以爲即商瞿之轉音，他無徵驗，未敢從之。

「中分魯」，言魯人之半從孔子，而半則從王駘，故曰「中分」，猶後世言平分也。「立不教，坐不議」，就王駘言。「虚而往，實而歸」，就從游者言。「不言之教」，語本老子。老子曰：「聖人處無爲之事，行不言之教。」於事曰無爲，於教曰不言，其實一也。「無形而心成」，「無形」謂無所形見，不但不言而已。「成」，有契好義，如《春秋左氏傳》言「求成」「更成」是也。《楚辭・九歌・少司命》有云：「滿堂兮美人，忽獨與予兮目成。」彼云「目成」，此云「心成」，下語正相似，亦言其相契也。心能相契，則教之道盡，是所謂「不言之教」也。

「後而未往」，未及往也。「奚假」猶言奚但。「引天下而與從之」，「與」讀同舉。舉從之，盡從之也。「而王先生」，「王」讀如字。蓋「王」上省「曰」字，言稱之爲王先生也。承上「夫子聖人也」言。「庸」，庸常也。「其與庸亦遠矣」，謂遠出於庸常也。「其用心也獨若之何」，欲知其心成之教，故問其所以用心也。

「不得與之變」，言心不與死生俱變也。「天地覆墜」，天墜而地覆也。「亦將不與之遺」，言心不與天地之覆墜而俱失也。「審乎無假」，「假」，藉也。無所藉者，無所待也。惟無所待，故

「不與物遷」。不遷，承不變不遺言。不變不遺，極之於死生顛沛之際。不遷，則道其尋常日用之間也。「命物之化」，「化」即遷也。「命」，命令。命令之者，主宰之也。物化而心有以主宰之，所以不與之遷也。「守其宗」承「審乎無假」言。審者，知之明；守者，守之固也。「宗」即下篇《大宗師》之宗。老子曰：「道沖，而用之或不盈，淵乎似萬物之宗。」此宗字之所本也。宗者主也。惟主無假，故無假者即宗也。此以上皆言其用心之所在也。

「何謂也」者，常季未明死生不變之説，故復問也。「肝膽楚越」者，肝膽雖相連，終爲異物，故猶楚與越之分也。「萬物皆一」者，萬物以不同形相禪，而其種源一也。語見《寓言篇》。「不知耳目之所宜」，耳宜於聽聲，目宜於視色，而知者能以耳視而目聽，則耳目之用可易，能視聽不以耳目，則耳目之用可無也，《列子·仲尼篇》説亢倉子如此。又何有宜與不宜哉！故曰不知所宜也。「游心乎德之和」，「和」者同也，同者一也，故曰「物視其所一而不見其所喪，視喪其足猶遺土也」。夫喪其足如是，喪其身奚不然乎！此所以死生不變，而天地覆墜亦不與之遺也。「德」，天德也。「天德」二字本書屢見。《天下篇》曰：「以天爲宗。」又曰：「不離於宗，謂之天人。」然則宗也，德之和也，亦名異而實同也。自其主之言，則謂之宗。自其得之言，則謂之德也。

「爲己」猶言修己，「爲」當讀如字，《釋文》云于僞反，作去聲讀，非也。「常心」，即死生不變、天地覆墜而不遺之心。「以其知得其心，以其心得其常心」，用心之次第也。然此特自修之學，何爲從游之眾？常季於此猶有疑也，故先曰「彼爲己」，而繼曰「物何爲冣之哉」。「冣」

從冖從取，與聚同，言物何爲聚而從之也。各本作最，非是。

「鑑」猶照也。「唯止能止衆止」，上「止」謂心，下「止」謂物，言唯不動之心，能止衆物之來止，如止水能致人之來照也。「松柏獨也在」句。「在」，存也，謂能自斂畜，與「舜獨也正」對文。「正」即《易・乾卦彖傳》「各正性命」之正。「正生」猶正性也。「正生以正衆生」，言舜能正其性，而衆物之性亦以正，所謂「唯止能止衆止」也。曰「幸能」者，言其難得而非恒有也，承「獨」字來。「正生以正衆生」句，與「冬夏青青」對文。張君房本「松柏獨也」下有「正」字，「舜」上有「堯」字，「獨也正」下有「在萬物之首」五字。蓋因郭注有「下首唯松柏，上首唯聖人」語而臆爲之增補，不知本文之意自全，補之，反蛇足矣。

「保始」，即《乾彖傳》之保合大和，曰「保始」者，承上「受命」言。命，人之始也，故曰「保始」。「徵」者符也。保始之符，在乎不懼之實，所謂仁者必有勇也。引「勇士一人雄入於九軍」爲言者，猶孟子言不動心，而舉北宮黝孟施舍以相況也。「九軍」者，古兵書所云「外列八陣，握奇於中，以九宮之法爲軍勢」者也。「自要」，謂能自期必也。「要」讀平聲。「官天地」，以天地爲官。「府萬物」，以萬物爲府。「寓六骸」，以六骸爲寓。「象耳目」，以耳目爲象。「六骸」者，身首與四支也。「一知之所知」，言天地、萬物、六骸、耳目，皆一知之所顯發之所貫注，此得其常心以後之知，乃《大宗師篇》所謂真知，非初「以其知得其心」之知也。「一」之云者，即「萬物皆一」之一。惟一故常，惟常故不死。「心未嘗死者」，正常心之謂，佛氏所云不生滅心也。「登假」之「假」，讀若格。《大宗師篇》云：「是知之能登假於道也若此。」言進而至於道也。「擇日」猶指日也。「人則從是」，人則從之也。「彼且何肯以物爲事」，言駘初非有意欲人之從之也。《消摇游》言藐姑射之神人，曰之人之德，而以「孰肯以物爲事」一語作結，此亦與之同。前後合看，當更明也。

申徒嘉，兀者也，而與鄭子産同師於伯昏無人。子産謂申徒嘉曰：「我先出則子止，子先出則我止。」其明日，又與合堂同席而坐。子産謂申徒嘉曰：「我先出則子止，子先出則我止。今我將出，子可以止乎？其未邪？且子見執政而不違，子齊執政乎？」申徒嘉曰：「先生之門，固有執政焉如此哉？子而説子之執政，而後人者也。聞之曰：『鑑明則塵垢不止，止則不明也。』『久與賢人處則無過。』今子之所取大者，先生也，而猶出言若是，不亦過乎！」子産曰：「子既若是矣，猶與堯爭善，計子之德，不足以自反邪？」申徒嘉曰：「自狀其過以不當亡者衆，不狀其過以不當存者寡。知其不可奈何而安之若命，惟有德者能之。游於羿之彀中，中央者，中地也；然而不中者，命也。人以其全足笑吾不全足者，多矣。我怫然而怒，而適先生之所，則廢然而反。不知先生之洗我以善邪？吾與夫子游十九年矣，而未嘗知吾兀者也。今子與我游於形骸之内，而子索我於形骸之外，不亦過乎！」子産蹵然改容更貌，曰：「子無乃稱！」

「伯昏無人」與列子有師友之誼，兩見於本書：一列子爲伯昏無人射，見外篇《田子方》；一列子之齊，中道而反，遇伯昏瞀人，瞀、無同音通用。見雜篇《列御寇》。列子親見鄭子陽之死。見雜篇《讓王》。據《史記·鄭世家》子陽死於繻公二十五年，上距子產之卒聲公五年，幾及百年，伯昏無人雖較列子爲長，以時考之，亦必後於子產，子產安得師於伯昏無人！則此亦假託之言也。

「申徒」複姓，「嘉」其名。子產，公孫僑，見《論語》《孟子》及《春秋左氏傳》，其歿，孔子稱爲古之遺愛者也。此藉子產以推尊申徒與伯昏無人，猶藉孔子以推尊王駘，讀者當會其意，而未可泥其事也。

我出子止，子出我止，蓋羞與刑人並行也。「子可以止乎？其未邪」，因嘉前日未從其言，故更責而問之。「違」，避也。見執政而迴避，古有此禮，然非所語於同學之時也，故申徒怪之。「説」同悦，如今俗云得意。「後」猶輕也。得意於己之執政而輕人，此有德者之門所不當有者，故曰：「先生之門固有執政焉如此哉？」「聞之」，聞之於先生也。「鑑明則塵垢不止」，「久與賢人處則無過」，一賓一主，相對成文，所聞之言也。而於「塵垢不止」下反足一句，曰「止則不明也」，所以隱譏子產之不明，變文以爲巧也。「大」猶廣也。「取大者先生」，言方取先生之教以自廣。「出言若是」，指上我出子止、子出我止之言。「不亦過乎」責其失，亦以見意料之所不及也。

「子既若是矣」，「若是」指其兀而形體不備也。「猶與堯爭善」，以爲形體不備，不足復爲善也。故曰「計子之德不足以自反邪」。「計」，量也。此「德」字指形質言，非篇名「德充」之德也。「自反」，欲其量力揣分，而自引退於學也。「狀」猶表也，與今俗云招認意近。「不當」猶不足也。「自狀其過以不當」，是常人自甘諉棄者也，故曰「眾」。「不狀其過以不當」，是君子自求掩蓋者也，故曰「寡」。存亡皆指善言。舊注以爲亡足存足，大非也。夫足稟之天地父母，安有不當存之説乎！若曰犯罪當刖，則又何以言「不狀其過」？無過而失足，可謂之不當存乎？此按之文義，莫之能通者也。

「知不可奈何而安之若命」，「安之」亦言安善，董仲舒所謂「安處善」、「樂循理」是也。「安處善然後樂循理」，仲舒《賢良對策》中語，見《漢書》本傳。「不可奈何」者，不得已也。不得已者，不容已也，非世俗所云莫可如何之謂也。惟知善之不得已，故能「安之若命」。「安之」，則視力求掩蓋者爲更進矣，故曰「惟有德者能之」。前《人間世篇》言自事其心者，亦有「知其不可奈何安之若命」之語。兩相比勘，則知其決非謂以亡足爲命之無如何而安之也。

「游於羿之彀中。中央者，中地也」，此論學也。《孟子》曰：「羿之教人射必志於彀。學者亦必志於彀。」故曰「游於羿之彀中」，意以羿比伯昬無人，從其彀率，自能中道也。「然而不中者，命也」，此如《孟子》言「智譬則巧，聖譬則力，由射於百步之外，其至爾力，其中非爾力」，見《萬章篇》。以及「智之於賢者，聖人之於天道，命也」之説。見《盡心篇》。「智之於賢者」，意本謂賢者之於智。以承上「仁之於父子，義之於君臣，禮之於賓主」言，故倒智字於上，不可不知。蓋命兼兩義。命之所賦，不可不盡力以赴，所謂不得已也。此前「安之若命」之義也。盡力以赴，而爲力之所限，終不能及，則於吾無憾焉耳，此後「不中者，命也」之義也。此以上，皆因子産譏其與堯爭善，而欲其自反而不學，所以答之者也。至此以下，方及於全足不全足。文之次第，固自甚明也。

「怫然」猶艴然，亦作勃然、悖然。弗、孛古一音，拂、悖亦一義也。「廢然」，自失。「反」，反其常也。「洗我以善」，以善淨其心也。於此更提「善」字，可知前言存亡，意固在善，不在足也。「十九年」，十年、九年也。「未嘗知吾兀者」，游於德者忘於形也。「形骸之内」，指德。「形骸之外」，指形。此「内」「外」字，皆今所謂抽象名辭，與常言内外之爲具體名辭者，有别也。「索」，求取也。「索我於形骸之外」，答前「子既若是」之言，故重曰「不亦過乎！」語雖緩，而意則嚴矣。「蹵然」，不安也。「改容更貌」，「更」讀平聲，起而謝之也。「子無乃稱」，猶曰勿復言之。「乃」猶此也。「稱」猶説也。

魯有兀者叔山無趾，踵見仲尼。仲尼曰：「子不謹前，既犯患若是矣。雖今來，何及矣！」無趾曰：「吾唯不知務，而輕用吾身，吾是以亡足。今吾來也，猶有尊足者存，吾是以務全之也。夫天無不覆，地無不載，吾以夫子爲天地，安知夫子之猶若是也！」孔子曰：「丘則陋矣。夫子胡不入乎！請講以所聞。」無趾出。孔子曰：「弟子，勉之！夫無趾，兀者也，猶務學以復補前行之惡，而況全德之人乎！」無趾語老聃曰：「孔丘之於至人，其未邪？彼何賓賓以學子爲？彼且蘄以諔詭幻怪之名聞，不知至人之以是爲己桎梏邪？」老聃曰：「胡不直使彼以死生爲一條，以可不可爲一貫者，解其桎梏，其可乎？」無趾曰：「天刑之，安可解！」

「叔山」，複姓。「無趾」，遭刖而足趾斷落，遂以爲名也。「踵」，以踵行也。「不謹前」句，謂不謹於前。「犯」，觸也。「患」，禍也。「雖今來」，猶云今雖來。古語法與今或相倒也。「何及矣」，言無及也。

「不知務」，言昧於事勢也。「輕用吾身」，言好事也。據此言，則叔山氏之刖，特以事干上之怒，而固不以其罪。當時諸國刑繁而多矣，踊貴屨賤，見《春秋》左氏昭三年傳。知不獨齊一國爲然也。

「有尊足者存」，言有尊於足者在，謂性命之德也。「務全之」，求全之也。「安知夫子之猶若是」，怪孔子不如天地之廣大，而猶有所揀擇也。「丘則陋矣」，「陋」猶鄙也。孔子自承其失。「請講以所聞」，請以夙昔所聞告之。曰「講」者，猶言互相講習云爾，謙謹之辭也。「無趾出」，聞所聞而出也。

「復補前行之惡」，「惡」，瑕也，與《考工記·築氏》「敝盡而無惡」之惡同。鄭注云：「雖至敝盡，無瑕惡也。」是惡與瑕同義。蓋瑕則可補，若真惡，則只當云改，不得言補也。「全德之人」，謂所受無虧損。「德」，如《天地篇》所云「物得以生謂之德」之德。此德之本，非修成以後具足無缺之德也。

「語」去聲，舉聞於孔子者以告老子也。「於至人其未邪」者，疑其未及於至人之地也。「彼何賓賓以學子爲」，「賓賓」謂習於禮儀。「學子」，學者，猶弟子也。此言孔子教弟子以禮，叔山氏蓋師老子之教，而脱略於禮法者，故以此爲怪也。知「賓賓」爲習於禮儀者，《士禮》十七篇，第一《士相見》，即講賓主之禮。故孔子告仲弓問仁，首曰「出門如見大賓」。又「賓」同擯。擯以相禮，不知禮，不得爲擯。推是義以求之，「賓賓」之爲形容揖讓進退之禮，固當不誤。且司馬彪注云：「賓賓，恭貌。」習於禮儀，是乃恭也。當時如晏子輩，多謂「孔子盛容飾，繁登降之禮、趨詳之節，詳同蹌。累世不能殫其學，當時不能究其禮」。見《史記·孔子世家》。故無趾曰「蘄以諔詭幻怪之名聞」，曰「至人以是爲己桎梏」。自厭薄禮者視之，禮固諔詭幻怪，而爲人桎梏者也。

「桎梏」，械也，在足曰桎，在手曰梏。「死生爲一條」，齊死生也。「可不可爲一貫」，齊是非也。老聃欲以是解其桎梏，而不知孔子固自甘於桎梏，且不自覺其爲桎梏也。孔子曰：「丘，天之戮民也。」見《大宗師篇》。知之而甘爲之，且爲之而直忘之，此孔子之所以爲至，而固非無趾之所能會也。無趾曰：「天刑之，安可解！」此如晨門之譏孔子，曰：「是知其不可爲而爲之者與！」語出議者之口，而遂爲聖人之定評。異哉！

魯哀公問於仲尼曰：「衛有惡人焉，曰哀駘它。丈夫與之處者，思而不能去也。婦人見之，請於父母曰『與爲人妻，寧爲夫子妾』者，十數而未止也。未嘗有聞其唱者也，常和人而已矣。無君人之位以濟乎人之死，無聚禄以望人之腹，又以惡駭天下，和而不唱，知不出乎四域，且而雌雄合乎前。是必有異乎人者也。寡人召而觀之，果以惡駭天下。與寡人處，不至以月數，而寡人有意乎其爲人也；不至乎期年，而寡人信之。國無宰，而寡人傳國焉。悶然而後應，氾而若辭。寡人醜乎，卒授之國。無幾何也，去寡人而行。寡人卹焉若有亡也，若無與樂是國也。是何人者也？」

仲尼曰：「丘也嘗游於楚矣，適見㹠子食於其死母者，少焉眴若，皆棄之而走。不見己焉爾，不得類焉爾。所愛其母者，非愛其形也，愛使其形者也。戰而死者，其人之葬也不以翣，資刖者之屨，無爲愛之；皆無其本矣。爲天子之諸御，不爪翦，不穿耳；取妻者止於外，不得復使。形全猶足以爲爾，而況全德之人乎！今哀駘它未言而信，無功而親，使人授己國唯恐其不受也，是必才全而德不形者也。」

哀公曰：「何謂才全？」仲尼曰：「死生存亡，窮達貧富，賢與不肖毀譽，飢渴寒暑，是事之變，命之行也。日夜相代乎前，而知不能規乎其始者也。故不足以滑和，不可入於靈府。使之和豫通，而不失於兑；使日夜無郤，而與物爲春。是接而生時於心者也。是之謂才全。」

「何謂德不形？」曰：「平者，水停之盛也。其可以爲法也，内保之而外不蕩也。德者，成和之修也。德不形者，物不能離也。」

哀公異日以告閔子，曰：「始也吾以南面而君天下，執民之紀而憂其死。吾自以爲至通矣。今吾聞至人之言。恐吾無其實，輕用吾身，而亡吾國。吾與孔丘非君臣也，德友而已矣。」

「哀公」名蔣，見《論語》及《春秋傳》。「惡」，醜也。「它」同駝，俗所謂駝背也。以其駘鈍可哀，故曰哀駘它，設爲此名耳。「思」猶慕也，戀也。「思而不能去」，言戀之而不欲離去也。「與爲人妻，寧爲夫子妾」，「與」猶言與其。極言婦人之愛之而忘其醜也。「數」，計也，讀上聲。後「不至以月數」之「數」字同。「十數而未止」，猶云不止以十計，言其多也。「未聞其唱，常和人而已」，言其不感而應，未始先人。與上云「人則從是」、「何肯以物爲事」同一義也。「濟」猶拯也。無位以拯人之死，言不能生死人也。「聚」猶積也。「禄」，廩也。「望」猶滿也。月滿曰望，故以望爲滿。無禄以滿人之腹，言不能富貴人也。「駭」一作駴，動也，驚也。惡動天下，言其醜稀見也。「四域」猶四境也。「知不出乎四域」，言其用心不及遠也。「且」，如《周頌・載芟》「匪且有且」之且，此也。「雌雄」猶男女也。《管子・霸形篇》「令其人有喪雌雄」，言人民失其匹偶。是人之男女，亦可云雌雄也。「合」，聚合也。「且而雌雄合乎前」，承上丈夫、婦人言，謂無位無禄、醜而無知如此，而男女卻來聚於其前也。

「寡人」，哀公自稱。老子云「侯王自謂孤、寡、不穀」是也。「召」猶請也。「有意乎其爲人」，心嚮乎其爲人。「期年」，周一年也。「宰」，相也。「傳國」，傳以國事也。「悶然」猶漠然，聲之轉也。「氾」同汎、泛。漠、泛，皆無相關涉之意。若應若辭，言視一國之宰若無睹焉。「醜乎」，猶恥之。《則陽篇》云「犀首聞而恥之，季子聞而恥之」，又曰「華子聞而醜之」，是醜、恥義同也。「卒授之國」，卒以國事授之也。「無幾何也，去寡人而行」，不久而遂去魯也。「卹」同衂，傷也。「亡」，失也。「卹焉若有亡」，言傷之而如有所失也。「若無與樂是國」，言雖有國之富，而無可以共此安樂之人也。「是何人」，問其爲何等人也。

「游於楚」一本作使於楚，「游」字義長，故用之。「㹠」同豚。「㹠子」，小豚也。「食」，食乳也。「眴」一作瞬，字同，目動而驚也。「皆棄之而走」，云「皆」者，㹠子非一也。「不見已」，就死母言。「不得類」，就㹠子言。求其所以與已同類者而不得，故曰「不得類」也。兩「爾」字與耳同。「使其形者」，形之所待以運動，後文之所謂德也。此取㹠以爲喻者。物之最鈍者莫如㹠。㹠尚知此，則人更可知矣。「其人之葬也不以翣」句。「翣」，棺之墻飾也，或以羽，或以畫，所以爲文也。戰死者肢體已傷，何以文爲？故其葬不以翣。「資」屬下讀，猶齎也。齎刖者之屨，「無爲愛之」，無爲惜愛也。「無其本」者，無所用之也。「御」，侍從也。「不爪翦」，不翦爪也。「不爪翦，不穿耳」，惡傷其形也。此正言之。「取妻者止於外，不得復使」，此反言之。見所使者皆在有室之前、形氣完足者也，故曰「形全猶足以爲爾」。「爲爾」猶爲此，即爲天子之侍也。

舊注皆以取妻者與天子之諸御分説。然細玩文義，曰「止於外」，則是本在内也；曰「不得復使」，則是本爲所使也。誤在認「諸御」御字爲嬪嬙，又因穿耳之事限於女子，於是「取妻者」句不得不別爲之説，而皆有所不通。至王夫之《莊子解》則云：「其所取之妻曾止宿於外，形不全則不復以之爲妻。」以取妻之人而解作其人之妻，幾於笑談矣！不知諸御只言侍從，初無分男女也。故《音義》引崔本作「不得復使入」，云「不復入直也」，是崔氏猶連上讀，解爲一事。玆故不憚詳釋之，以破讀者之惑。

「全德」，全其所稟於天之德也。此與上叔山無趾節言全德之人不同。彼云德，兼形質言；此之德，離形質言。彼「全」，言其本自無缺；此「全」，則言修而完之。此觀之上下文義而可知者也。「才全」即德全。易「德」曰「才」者，以接云「德不形」，不可用兩德字，故不得不變其文也。《寓言篇》孔子云：「夫受才乎大本，復靈以生。」曰「受才乎大本」，與「物得以生謂之德」正同一義，皆謂其秉之自天者也。此又與《孟子》言「天之降才」見《告子篇》。以才當性相似。「才」者，材質。故《列御寇篇》有「揺而本才」之語，綴「本」字於「才」上，以之互證，義尤明也。「德不形」，不形言不自表襮，《應帝王篇》所謂「盡其所受乎天而無見得」是也，與《中庸》言「誠則形，形則著」形字不同，即與篇名《德充符》德充者必有符驗見於外義亦無背觸也。

「賢與不肖毁譽」六字連讀。以賢、不肖字置「毁譽」上，則知此出自他人之口，如所謂月旦評者，故可付之不論耳。若真刻就己身言，則賢與不肖、一進一退皆關德業之大者，君子無時無刻不自檢點，豈得漠然視之哉！「是事之變，命之行」者，「事」者人事，「命」者天命，人事之變即天命之行，天人無二道也。「規」，度也。「知不能規乎其始」，言非人之知所能測度其由來也。「不足以滑和」，「滑」，亂也，音骨。「和」即上云「游心乎德之和」之和。「和」者，德之所以爲德也，故下文云「德者，成和之修也」，而《繕性篇》亦有「知與恬交相養，而和理出其性，德和也，道理也」之語。然則「不足以滑和」，即不足以滑德也。「不可入於靈府」，「靈府」者，心靈之府。謂之「府」者，言其蓄藏之富，猶前云「天府」也。滑和自諸事感於心始，故曰「不可入於靈府」。「不入」者，感之而有所不受也。然不受非曰閉距之而已也。《刻意篇》云：「水之性，不雜則清，莫動則平。鬱閉而不流，亦不能清。天德之象也。」若强爲閉距之，是使水鬱閉而不流也。故曰「使之和豫通而不失於兑」。「通」者，鬱閉不流之反也。何以通之？惟和、惟豫。「豫」者樂也。故和豫通疊言之。「不失於兑」，老子之所謂「塞其兑」也。「郤」與隙同。「日夜無郤」，即「不失於兑」義。「與物爲春」，即「和豫通」義。所以反覆交互言之者，亦以見其通而無害於塞，塞而不失其通也。天有四時，而惟春爲發生，所謂生機也。《齊物論》云：「其殺如秋冬，以言其日消也。其厭也如緘，以言其老洫也。」「秋冬」、「老洫」，皆殺機也。「與物爲春」，以生機易殺機，斯和之至也。「接而生時於心」，「接」即《齊物論》「與接爲構」之「接」，謂與事變相接也。「時」如《禮記·中庸篇》「君子而時中」之「時」，以承上「與物爲春」言，故不曰中而曰時，實則時中一也。「生時於心」，則心中其權。中讀去聲。所謂「素富貴，行乎富貴；素貧賤，行乎貧賤；素夷狄，行乎夷狄；素患難，行乎患難。無入而不自得」。語見《中庸》。如是，則死生存亡、窮達貧富安有入於其心以滑亂其和者哉？是之謂才全也。

「平者，水停之盛」，「盛」猶至也。「其可以爲法也」，「法」者，準也，《天道篇》云「水静則明燭鬚眉，平中準，大匠取法焉」是也。「内保之而外不蕩」，所以釋其平而可以爲法之故。

「保」，保守。「蕩」，動蕩。「平」者水之本性。保守之則平。然而外有以動蕩之，則亦不能平也。德譬如水，和其本性，不自表襮，所以保其和也。然欲保其和，必使外物無以滑之蕩之，所以言德不形，而先言才全也。「成和之修」，言修以成其和也。和者本體，修者功夫。有功夫以合其本體，所謂「成和之修」也。「德不形者，物不能離」，猶是「唯止能止衆止」之意。言惟其德之不形，所以物不能離也。「物不能離」，前所云「雌雄合乎前」是也。

「閔子」，閔子騫也，名損，見《論語》及《史記·仲尼弟子列傳》。「南面而君天下」，魯五百里之國，而曰君天下者，《天下篇》所云「郢有天下」，各據其所有而言，大小皆得有天下之稱也。「紀」，經紀，猶理也。「執民之紀」，爲民之理也。「憂其死」，憂民之不得其所而死亡也。「通」，通於治道也。「無其實」，無君天下之實，即謂無其德也。「輕用吾身而亡吾國」，懼將以不慎而失其國也。「德友」，言以德相交友。歸結一「德」字而盛推孔子，是則莊子之微意，不可不知也。

闉跂支離無脤説衛靈公，靈公説之，而視全人，其脰肩肩。甕㼜大癭説齊桓公，桓公説之，而視全人，其脰肩肩。故德有所長，而形有所忘。人不忘其所忘，而忘其所不忘，此謂誠忘。故聖人有所游，而知爲孽，約爲膠，德爲接，工爲商。聖人不謀，惡用知？不斵，惡用膠？無喪，惡用德？不貨，惡用商？四者，天鬻也。天鬻也者，天食也。既受食於天，又惡用人！有人之形，無人之情。有人之形，故羣於人。

無人之情，故是非不得於身。眇乎小哉，所以屬於人也！謷乎大哉，獨成其天！

「闉」，城曲門。「跂」，一足也。「闉跂」，蓋跂而守門者。「支離無脤」，狀其貌也。「脤」與脣同，謂缺脣。「瓮」，盆也。「甕瓮」，蓋以貨盆甕爲業者。「大癭」，頸生癭甚大。無脣、大癭，皆著其醜。若舊説謂癭之大如甕瓮，故稱甕瓮大癭。癭雖大，詎至是？不可從也。「説衛靈公」，「説齊桓公」，兩「説」字讀如游説之説。「靈公説之」，「桓公説之」，兩「説」字讀同悦。「全人」，形體完全無疾之人也。「脰」，頸也。「肩肩」疊字，與《考工記·梓人》「數目顧脰」之顧同。《考工記》今在《周官》書，即《周禮》之末篇。「脰」，細長貌也。視全人「其脰肩肩」者，言悦其無脣大癭，轉視形全之人，覺其頸細長爲不美也。以脰言者，因頸癭而爲之文也。「德有所長，而形有所忘」，言德有過乎人者，形雖不具不美，人將忘之也，是故形所當忘，而人或不忘。德所不當忘，而人或忘之，此則所謂「誠忘」者也。「誠忘」者，忘其實，忘其真也。言此者，欲人之重德而輕形也。

此以上結前數節之文。「故聖人有所游」下，則以起後惠莊問答有情無情之説。言修德非所以益之，但不以好惡之情傷損之而已。「有所游」者，前所謂「游心乎德之和」是也。「孽」同蘖，樹木之旁生者曰蘖。「知爲孽」者，言知爲多餘之物，如旁生之孽，非其本也。「約」言信也。「約爲膠」者，言恃要約以爲信，如膠之膠物，出於强合，不能固也。「德爲接」者，此「德」與前德字又異。託德之名，非其所自有，若自外接合者然，故曰「德爲接」，猶《孟子》言「外鑠」也。外鑠，語見《告子篇》。「工」猶巧也。以巧炫異，如商販然。故曰「工爲商」也。

聖人則異是，動出以誠，不取權謀，故「惡用知」。信所本有，未嘗斲削，故「惡用膠」。保其大和，本不喪失，故「惡用德」。巧出自然，非欲相貨，故「惡用商」。「鬻」，如《豳風・鴟鴞》之詩「鬻子之閔斯」之鬻，育之假借也。「天鬻也者，天食也」，「食」讀飤，言四者育之自天，則惟天和足以飤養之也。「受食於天又惡用人」者，《大宗師篇》所謂「不以人助天」，蓋人知巧僞，有足以滑其和而已矣，非能相益也。此「食」讀如字。「有人之形」，形不與常人異也。「無人之情」，情不與常人同也。形不與人異，「故羣於人」。老子所謂「和其光，同其塵」也。情不與人同，「故是非不得於身」。言身無是非之擾，老子所謂「挫其鋭，解其紛」也。「眇乎小哉，所以屬於人也」，「眇乎」，小貌。「屬」，係屬，言牽係於人之情則小也。外篇《駢拇》云「屬其性乎仁義，屬其性於五味，屬其性乎五聲」，數屬字皆從此出。「謷」同敖。「敖乎大哉，獨成其天」，「天」，天德也。成其天德，所以大也。《詩・衛風》：「碩人敖敖，説于農郊。」以敖敖狀碩，此以敖乎狀大，義正相同也。

惠子謂莊子曰：「人故無情乎？」莊子曰：「然。」惠子曰：「人而無情，何以謂之人？」莊子曰：「道與之貌，天與之形，惡得不謂之人？」惠子曰：「既謂之人，惡得無情？」莊子曰：「是非吾所謂情也。吾所謂無情者，言人之不以好惡内傷其身，常因自然，而不益生也。」惠子曰：「不益生，何以有其身？」莊子曰：「道與之貌，天與之形，無以好惡内傷其身。今子外乎子之神，勞乎子之精，倚樹而吟，據槁梧而瞑。天選子之形，子以堅白鳴。」

上文尊德而薄形，今復揚形而斥情者，何也？蓋德形對言，則德本而形末。而形情並舉，則形主而情賊也。情之爲賊，先賊其德，而後及於形。故斥情者，爲形斥，正爲德斥也。且德之所著，符見於形。德雖外形而存，德不能離形而見也。前叙德充，不取形完者，特以表德不在形，非曰殘毁其形，始可與言修德也。不然，若藐姑射之神人，肌膚若冰雪，淖約若處子，之人之德，何爲數數稱道之哉？明乎此，則知形有所忘之言，與有人之形之説，各有攸當，非兩相乖剌也。

「道與之貌」，貌不違乎道也。「天與之形」，形不失其天也。此修德之所至。追原其始，曰道與之、天與之耳，非任其自然而能之也。如是，則形與德合，故曰：「惡得不謂之人？」若以失德者論，則人而非人者多矣，莊子固未易輕許之也。「是非吾所謂情」，情之正曰性情。情之賊曰情欲。「無人之情」者，無情欲之情，非無性情之情也，故於此辨之。或曰：好惡非性情之情乎？抑性情之情獨無好惡乎？曰：好惡誠性情也，然以之内傷其身，則非性情之正，而情欲矣。情欲、性情，豈有二哉？用之過當與不過耳。「常因自然而不益生」，因其自然則不過。若益之，未有不過者也。「益生」之「生」，即「養生」之生。「生」猶性也，性上豈有可加者乎！故老子曰：「益生曰祥。心使氣曰强。物壯則老，謂之不道。不道早已。」祥者，不祥也。莊子之言固有所本矣，惠子未能知也。故曰「外乎子之神，勞乎子之精」。「外」者，馳逐於外。「勞」者，不知休止。「倚樹而吟」，「吟」，沈吟，是神馳也。「據槁梧而瞑」，「瞑」猶眠也，是精勞也。「天選子之形，子以堅白鳴」，惜其竄句游心於堅白之小辯，而有負於天之完形也。觀「天選子之形」語，知惠子必長大美好，有過於常人者，而德之不充，徒擁虛器。反不若王駘之倫，以其殘缺，猶足使天下嚮德而浴化。此莊子所以不能不深爲嘅歎者也。

大宗師第六

《大宗師》，明内聖也。内聖之功，在通於天道。未有不通於天道而能爲聖人者也，故孟子曰：「聖人之於天道也。」見《盡心篇》。子貢曰：「夫子之言性與天道。」見《論語·公冶長篇》。而孔子亦自言曰：「下學而上達，知我者其天乎！」見《論語·憲問篇》。程子曰：「下學，學人事；上達，達天理。」天理即天道。然則聖功、天德非兩事也。以人言，則所宗所師者，聖也。以聖人言，則所宗所師者，天也。《天下篇》曰：「不離於宗，謂之天人。」又曰：「以天爲宗，以德爲本，以道爲門，兆於變化，謂之聖人。」是宗者，宗天也。《則陽篇》曰：「聖人達綢繆，周盡一體矣，而不知其然，性也。復命摇作，而以天爲師，人則從而命之也。」是師者，師天也。宗天師天，則宗師云者，直天之代名耳。惟天爲大，故曰「大宗師」也。

顧天而又曰道者，何也？對人言則曰天，對事言則曰道。天道者，對人事之稱也。故或合而言之，或分而言之，其實一也。本篇始言天，中言道，末言命。命者，天道之流行也。天道之流行，莫大於生死。惟樂天知命者，不以生死動其慮。此義於《齊物論》發之，於《養生主》《德充符》申之，而於此篇則又反復以致其意焉。蓋人之惜生而惡死者，在於執此身爲己有，不知「身非己有，是天地之委形也。生非己有，是天地之委和也」。語見《知北游篇》。非己而執爲己，是惑也。不執爲己，而以生爲虚幻，急求脱離，是亦惑也。至哉莊子之言乎！曰：「善吾生者，乃所以善吾死也。」善吾生者，生盡其道之謂也。生盡其道，則生不徒生矣。生不徒生，則死有不死矣。故曰：「君子曰終，小人曰死。」語見《小戴禮記·檀弓篇》。終者，反其始之謂也。反其始，是爲反真。聖人盡性至命之學，所以異於宗教家侈言死後天堂地獄以及輪迴往生之誕謾者，此也。

知天之所爲，知人之所爲者，至矣。知天之所爲者，天而生也。知人之所爲者，以其知之所知，以養其知之所不知。終其天年，而不中道夭者，是知之盛也。雖然，有患。夫知有所待而後當，其所待者，特未定也。庸詎知吾所謂天之非人乎？所謂人之非天乎？且有真人而後有真知。

「天之所爲」，言本體也。「人之所爲」，言功夫也。「天而生」者，即本體以爲功夫。「以其知之所知，養其知之所不知」者，由功夫以合其本體也。《繕性篇》曰：「古之治道者，以恬養知。生而無以知爲也，謂之以知養恬。」彼「生」字與此「生」字同，皆率性之謂也。彼所謂「恬」，即此所謂「知之所不知」也。故以恬養知，是天之所爲也；以知養恬，是人之所爲也。特此言「天而生」，從天説起。彼言「生而無以知爲」，從性説起。故分屬有不同耳。至彼又曰：「知與恬交相養，而和理出其性。」是則合天人而一之。此所謂「知天之所爲，知人之所爲，至矣」者也。「終其天年而不中道夭」者，知恬交養之效，《養生主篇》所謂「可以全生，可以盡年」也，故曰「是知之盛」。「盛」猶至也。

此數語與《孟子・盡心篇》首章亦極相似，試比而論之。「知天之所爲」者，孟子之所謂盡心、知性、知天也。「知人之所爲」者，孟子之所謂存心、養性、事天也。「終其天年而不中道夭」者，孟子之所謂夭壽不貳、修身立命也。然則此固孔門一脈之傳。以言聖功，莫之能外者也。

「雖然有患」者，知天非易事也。世之學者認人以爲天者多矣，如是則不識本體。不識本體，其所爲功夫，將有非徒無益，而又害之者矣。故於此不得不料揀之。「知有所待而後當」者，《達生篇》云：「開天者德生，開人者賊生。」德生則當，賊生則非當也。當與不當未定，夫何能無患乎！「所謂天之非人乎？所謂人之非天乎」，天人交雜，疑似之間，非理窮義熟，其孰能辨之！故曰「有真人而後有真知」也。「真人」者，不失其真宰、真君以爲人者也。不失其真宰、真君以爲人，則亦不離夫真宰、真君以爲知。真宰、真君，天也。故「真人」即天人也，「真知」即天知也。

何謂真人？古之真人，不逆寡，不雄成，不謩士。若然者，過而弗悔，當而不自得也；若然者，登高不慄，入水不濡，入火不熱。是知之能登假於道也若此。古之真人，其寢不夢，其覺無憂，其食不甘，其息深深。真人之息以踵，衆人之息以喉。屈服者，其嗌言若哇。其嗜欲深者，其天機淺。古之真人，不知説生，不知惡死；其出不訢，其入不距；翛然而往，翛然而來而已矣。不忘其所始，不求其所終；受而喜之，忘而復之。是之謂不以心捐道，不以人助天。是之謂真人。若然者，其心志，其容寂，其顙頯；凄然似秋，煖然似春，喜怒通四時，與物有宜，而莫知其極。故聖人之用兵也，亡國而不失人心，利澤施乎萬世，不爲愛人。故樂通物，非聖人也；有親，非仁也；失時，非賢也；利害不通，非君子也；行名失己，非士也；亡身不真，非役人也。若狐不偕、務光、伯夷、叔齊、箕子胥餘、紀他、申徒狄，是役人之役，適人之適，而不自適其適者也。

此段三提「古之真人」，其一遺得失，其二一夢覺，其三齊生死。人至混同得失，夢覺一如，生死無變，則與化爲一，可謂真人也已。故中以「是之謂真人」結之。

「不逆寡」，「逆」如《論語》「不逆詐，不億，不信」之逆。「寡」，小也。《秋水篇》：「小而不寡，大而不多，知量無窮。」是言多寡猶言大小也。當事之未兆，其機甚小，不逆料之以爲智，所謂「不逆寡」也。「不雄成」，事之既成，不自雄以爲能也。總而言之，則曰「不謩士」。「謩」同謨，謀也。「士」與事通。或曰：不謩士者，不與士謀，守其獨也。亦通。「過而弗悔」，失無心也。「當而不自得」，得不處也。「登高不慄」，神不慴也。「入水不濡，入火不熱」，化無迹也。曰登高，曰入水火，皆譬喻之辭也。「登」，升也，進也。「假」讀若格，至也。知之能進而至於道，遺其知也。

「其寢不夢」，想、因絶也。衛玠問樂廣夢，樂云：「是想。」又云：「因也。」見《世説新語》。「其覺無憂」，安於仁也。「其食不甘」，味道腴也。味道之腴，見昭明《文選》班固《答賓戲》。「其息深深」，思淵默也。「以踵」「以喉」，判深淺也。「屈服者其嗌言若哇」，所謂「失其守者其辭屈」也。語見《易·繫辭傳》。「嗌言若哇」，口將言而囁嚅之狀也。「其耆欲深者，其天機淺」，所謂「其爲人也多欲，雖有存焉者寡矣」也。語見《孟子·盡心篇》。「耆」同嗜。「天機」「嗜欲」，見天人之相爲消長也。

「不知説生，不知惡死」，死生一致，不復有所欣厭也。「其出不訢，其入不距」，視死生猶出入。「翛然而往，翛然而來」，視死生猶往來也。「訢」同忻、欣。「距」同拒。「翛然」，自在而無礙也。「不忘其所始」，「始」，天命之始也。不忘，故全其生而無憾。「不求其所終」，「終」，天年之終也。不求，故盡其年而斯止。全其生而無憾，故「受而喜之」。盡其年而斯止，故「忘而復之」。「復」者，復其始也。上言「不忘」，而此又曰「忘」者，何也？上不忘者德，物得以生之謂德。此之忘者年也。前言「不知説生」，而此又曰「受而喜之」，何也？説生者，生死之幻形。受而喜之者，性命之全理也。不忘而受之，是之謂「不以心捐道」。「捐」，棄也。棄則忘矣。不求而復之，是之謂「不以人助天」。「助」如《孟子》勿助長之助。助則求矣。

「其心志」，所謂「用志不分，乃疑於神」也。語見《達生篇》。「志」謂之志，「用志不分」亦謂之志。實字虛用，《莊子》一書中屢見之。或疑其不辭，而欲改作「忘」，非也。此言「其心志」，正如《消摇游》言「其神凝」也。「其容寂」，「寂」，不動也，所謂「望之似木雞，其德全」也。亦見《達生篇》。「其顙頯」，所謂「宇泰定者發乎天光」也。語見《庚桑楚篇》。宇謂眉宇之間，正顙之地。泰定，大定也。「頯」一作魌，並形聲字，音傀。郭子玄於此注云：「大朴之貌。」《天道篇》「而顙頯然」，則注云：「高露發美之貌。」實則「大朴」二字不足以盡「其顙頯」之義，且與「其容寂」「寂」字亦似犯複。當移《天道篇》注以注此。高露發美，正天光之發，而德充之符也。

「凄然似秋，煖然似春，喜怒通四時」，舉春秋以概冬夏，舉喜怒以概哀樂，《易・乾・文言》所謂「與四時合其序」也。「煖」讀暄。「與物有宜而莫知其極」，則所謂與天地合其德。「極」猶則也。「莫知其極」，言無定則，故莫可測知也。惟如是，故用兵亡人之國，而不失人心，若秋霜之殺物，物不知怨也。「利澤施乎萬世，不爲愛人」，若陽春之長物，物亦不知謝也。蓋真知之所知，一無知而已矣，一無心而已矣。

「故樂通物，非聖人也」，樂讀如《大學》「有所好樂」之樂。何也？樂出有心，則物或不同，必有反而忿懥者矣，是非四時之和，而天地之德也，故曰「非聖人」。「有親」則有不親矣，故曰「有親，非仁也」。賢者要在乘時，故曰「失時，非賢也」。「失」舊作天，注家雖强爲解釋，終不可通。本篇文字時有倒誤。「天」與失，一筆之差，其誤甚明，故逕改之。君子貴乎通識，故「利害不通，非君子也」。士重在行己，故「行名失己，非士也」。「役人」，庶人凡民也。由聖人而仁人而賢人而君子而士，等而下之，故當是庶人也。庶人而謂之「役人」者，庶人召之役則往役，見《孟子・萬章篇》。故曰「役人」也。《孝經》曰：「用天之道，分地之利，謹身節用，以養父母，此庶人之孝也。」「亡身不真」，則非謹身養親之道矣，故曰「亡身不真，非役人也」。

孟子舉世俗所謂不孝者五：一曰惰其四支，不顧父母之養；二曰博弈好飲酒，不顧父母之養；三曰好貨財，私妻子，不顧父母之養；四曰從耳目之欲，以爲父母戮；五曰好勇鬬狠，以危父母。是皆所謂亡身不真之類也。「亡身」者，忘其身。「不真」者，失其本也。此真字義較淺，與真人真字不同，宜分别看。郭子玄注此云：「自失其性，而矯以從物，受役多矣，安能役人？」蓋以下文有「役人之役」語，遂牽連而爲之説。不知此役人列在君子、士之後，自是人之一等，文義甚明。且「役」乃狀字，非動字也，解作役使旁人，實乖文理，而注解之家率循用郭説，不可解也。

「狐不偕」，或云堯時人，堯讓以天下，不受，投河水死；或云周之賢人；莫能攷正。「務光」，夏人。湯伐桀，克之，讓於務光，務光辭曰：「非其義者，不受其禄；無道之世，不踐其土。況尊我乎！吾不忍久見也。」乃負石而自沈於廬水，見本書《讓王篇》。《讓王篇》作瞀光，務、瞀一也。「伯夷」、「叔齊」，孤竹君之二子，餓於首陽之下，見《論語》。本書《讓王篇》則云：「有士二人，處於孤竹，曰伯夷、叔齊。」又云：「武王使叔旦與之盟。」與《史記·伯夷傳》不合，蓋傳聞異辭也。「箕子」，紂諸父，見《論語·微子篇》及《尚書·洪範》。「胥餘」，僕隸之稱。漢伏生《尚書大傳》載太公曰：「愛人者，兼其屋上之烏；不愛人者，及其胥餘。」是也。《韓詩外傳》亦有此文。以箕子爲奴，故曰「箕子胥餘」。此如《孟子》言微子、微仲、王子比干，見《公孫丑篇》第一章。於「比干」上加「王子」二字，皆以四字爲句，便文之故。解者不明此例，或以胥餘爲比干，或云是箕子之名，皆誤也。「紀他」、「申徒狄」，皆殷人。《外物篇》云：

「湯與務光天下，務光怒之。紀他聞之，帥弟子而踆於窾水，踆同逡，退也，遯也。諸侯弔之。三年，申徒狄因以踣河。」踣同仆，僵也，斃也。以上諸賢，皆未能養其生、終其天年，故曰「是役人之役，適人之適，而不自適其適者也」，言異乎古之真人也。

或疑曰：孔子稱殷有三仁，而箕子居其次。於伯夷、叔齊，則曰：「求仁而得仁，又何怨！」夫仁也者，人也。合而言之，道也。語見《孟子·盡心篇》。若箕子、夷、齊，皆履仁踐道，曷爲不能自適其適？莊子之是非，毋乃有悖於聖人歟？曰：莊子特借是數人以發其保身全生之旨，非爲箕子、夷、齊作定評也，是當分别觀之。若以文害辭，以辭害志，豈所謂得意忘言者哉！

古之真人，其狀義而不朋，若不足而不承。與乎其堅而不觚也，張乎其虚而不華也。邴邴乎其似喜乎？崔乎其不得已乎？滀乎進我色也，與乎止我德也。厲乎其似世乎？謷乎其未可制也。連乎其似好閉也，悗乎忘其言也。以刑爲體，以禮爲翼，以知爲時，以德爲循。以刑爲體者，綽乎其殺也；以禮爲翼者，所以行於世也；以知爲時者，不得已於事也；以德爲循者，言其與有足者至於丘也；而人真以爲勤行者也。故其好之也一，其弗好之也一。其一也一，其不一也一。其一與天爲徒，其不一與人爲徒。天與人不相勝也，是之謂真人。

「其狀」二字統攝下文，至「悗乎忘其言也」止。老子曰：「古之善爲道者，微妙玄通，深不可識。夫唯不可識，故强爲之容。」此亦可謂强爲之狀者也。仔細推尋，大抵表兩端以見中道，與《論語》「子温而厲，威而不猛，恭而安」一種筆法。循是求之，雖不加詮釋，可領解也。

「義而不朋」，郭注云「與物同宜，而非朋黨。」是也。《莊》書每以實字作虛字用，虛字作實字用，《天道篇》亦有「而狀義然」語，正其比也。俞氏樾武斷，讀「義」爲峩，讀「朋」爲崩，謂「義」可言德，不可言狀。見《諸子平議》。則試問：《春秋》桓二年《公羊傳》云：「孔父可謂義形於色矣。」「義」而曰形於色，是非狀乎？不知狀以狀德、狀本根於德也。若如俞説，改作「峩而不崩」，試問：此狀何德？吾思雖俞氏亦自莫能舉似之也。清之漢學家泥於訓詁，往往不求本書文義，輒竄易字句，以就己説，以此多失古人微旨，其貽誤學者甚大，故於此聊一辯之。「若不足而不承」，狀其謙也。不足者或且奉承於人。「不足而不承」，《易・謙卦象傳》所謂「卑而不可踰」也。

「與乎其堅而不觚也」，「與」讀若舉。知「與」之爲舉者，《消摇游》言大瓠其堅不能自舉，是堅之與否，以能舉不能舉決之。以舉表堅，亦猶下之以「張」表「虛」也。曰「不觚」者，「觚」，方也。堅則重，重者之病在於拘方，故曰「堅而不觚」，所以見其無偏失也。此段每兩句爲韻，而觚與華叶。古音華讀敷。各本皆作「觚而不堅」，其譌已久，今依韻校正之。「張乎其虛而不華也」，物虛則張，故曰「張乎其虛」。虛而至實，故曰「虛而不華也」。

「邴邴乎其似喜乎？崔乎其不得已乎？」自此以下，並兩句相對爲義。「邴邴」猶旁旁，古方、丙同音，故柄亦作枋。《春秋》隱八年：「鄭伯使宛來歸祊。」《穀梁傳》即作「歸邴」，可證也。《小雅・北山》之詩「王事傍傍」，一作旁旁，言事冗而不得自息也，然亦即有肆應之義，故此云「似喜」，謂諸事紛至而不辭，有似喜事者也。然而感而後應，和而非唱，實出不得已也。故又曰：「崔乎其不得已乎？」「崔」同確。《説文》隺下引《易》「夫乾隺然」，今《易・繫辭傳》作「確然」。《應帝王篇》曰：「聖人之治也，治外乎？正而後行，確乎能其事者而已矣。」此云「崔乎其不得已」，正與「確乎能其事」意合。確謂定也。

「滀乎進我色也，與乎止我德也」，進止對舉，義尤顯然。「進我色」者，進我以色也，《田子方篇》所謂「正容以悟之」也。「止我德」者，止我以德也，《田子方篇》所謂「使人之意也消」也。「滀」，渟滀，不淺露也。「與」，容與，不急迫也。此「與」讀如字。

「厲乎其似世乎？謷乎其未可制也」，「厲」同勵，勤勉也。「似世」者，同乎世俗之所爲，所謂與人爲徒也。「謷」即《德充符》「謷乎大哉」之謷。「未可制」者，非世俗所可覊制，所謂獨成其天也。

「連乎其似好閑也，悗乎忘其言也」，「閑」與「言」爲韻。舊各本作「閉」，蓋缺筆也，今正之。「連」如《易・蹇卦》「六四往蹇來連」之連，謂難也。難者，著力也。「好閑」者，戒慎周詳，有同閑衛也。「悗」，無心也。「忘其言」者，任天而動，不假言説也。

「以刑爲體」，承「義而不朋」兩句言。「義」與「謙」皆有節制、損退義，於刑爲近，故曰「以刑爲體者，綽乎其殺也」。「殺」，減殺。「綽」即綽約之綽。一作淖，亦作汋。《楚辭・遠游》

篇》：「質銷鑠以汋約兮。」於「銷鑠」下而接云「綽約」，則知綽約非僅如常解謂之柔弱，兼有斂約檢制之意，故此云「綽乎其殺」，綽、殺義正相連。郭子玄但知寬綽之訓，乃注云「雖殺而寬」，失其旨矣。

「以禮爲翼」，承「與乎其堅而不觚」二句言。厚重虚徐，並禮之要，而人非禮不行，故曰「以禮爲翼，所以行於世也」。蓋刑以自治，故比之於體；禮以接物，故比之於翼。郭注云「刑者治之體，非我爲」，以刑爲治人，亦誤也。

「以知爲時」，承「邴邴乎其似喜乎」二句言，觀其曰「不得已於事也」，正與「崔乎其不得已」相應可知。曰「時」者，時止則止，時行則行，《易》所謂「知幾」也。

「以德爲循」，承「滀乎進我色也」二句言，觀兩「德」字相應可知。曰「循」者，《説文》：「循，行順也。」順者，順乎人之性，而非有所强焉者也，故曰「言其與有足者至於丘也，而人真以爲勤行者也」。「丘」隱喻孔子。丘非高也，迤邐而登，凡有足者無不可至也。人見其勤勉而行，而不知其出於至順，非有難也。言此者，以見德者人皆可修而至，非獨真人爲能也。「真以爲」，疑本作「直以爲」，因上下文「真」字而誤，然未有顯證，故存而不改。

「其好之也一，其弗好之也一」，「好」，好德也。「弗好」，弗好非德也。好德，德也。弗好非德，亦德也。故皆曰「一」也。不謂之德而謂之「一」者，前篇所謂「一知之所知」，而下文所謂「一化之所待」也。其「一」者，體也；其「不一」者，用也。體固一，用不離體，亦一也，故曰「其一也一，其不一也一」。用不離體，所以合天也，故曰「其一與天爲徒」。體以起用，所以之人也，故曰「其不一與人爲徒」。「與人爲徒」，承「厲乎似世」、「連乎好閑」言也。「與天爲徒」，承「謷乎未可制」、「悗乎忘其言」言也。合兩端以得中道，所謂天均、兩行者，故曰「天與人不相勝也」。

篇首言天言人，以功夫與本體言。此言天言人，則以本體與作用言。功夫者，入手之方；作用者，成功之效。然必待成功之效而後知入手之無誤，所以真知必徵之真人也。

死生，命也。其有夜旦之常，天也。人之有所不得與，皆物之情也。彼特以天爲父，而身猶愛之，而況其卓乎！人特以有君爲愈乎已，而身猶死之，而況其真乎！泉涸，魚相與處於陸，相呴以溼，相濡以沫，不如相忘於江湖。與其譽堯而非桀也，不如兩忘而化其道。夫大塊載我以形，勞我以生，佚我以老，息我以死。故善吾生者，乃所以善吾死也。夫藏舟於壑，藏山於澤，謂之固矣。然而夜半有力者負之而走，昧者不知也。藏小大有宜，猶有所遯。若夫藏天下於天下，而不得所遯，是恒物之大情也。特犯人之形，而猶喜之。若人之形者，萬化而未始有極也，其爲樂可勝計邪！故聖人將游於物之所不得遯而皆存。善夭善老，善始善終，人猶效之，又況萬物之所係，而一化之所待乎！

此段重申前生死之説，以爲下論道發端也。「夜旦」，喻生死也。曰「常」者，言爲人所習見也。人習見夜旦，未嘗有介於懷，而於死生則未能釋然，是爲不知類也，故舉此以點醒之，曰「人之有所不得與」。「與」讀同預，言非人所能爲力。「情」，實也。「物之情也」者，言物之實際如是也。

「以天爲父」，猶云以天視父，即後世稱父爲所天之意。舊順文爲解，非也。所以知之者，《人間世篇》以愛親事君陪起事心，此以愛父死君陪起天命，文字正是一樣結構。父與君對，非天與君對也。此其一。接云「身猶愛之」，「愛」者愛父也。觀《人間世篇》「子之愛親」語可知。至推愛親之愛，而後及於天，故下云「而況其卓乎！」「卓」者，卓絶，超出於萬物之上之謂，是即指天而言。若開首便説天，則此卓者更謂何物？此其二。卓者、真者，文正一例。真者指天，卓者豈得有異！此其三。

然則安知非「天」與「父」二字，文有舛錯乎？曰：古人自有此倒裝句法，如後文云「父母於子，東西南北，唯命之從」。以今文法言，當云「子於父母」，是即倒裝之一例，細心玩之，不難理會，無取改竄舊文爲也。

「以有君爲愈乎已」，謂有君愈於無君也。《論語》孔子言「夷狄之有君，不如諸夏之亡也」，見《八佾篇》。蓋亦此意。解者皆讀「已」爲我己之己，以爲君之勢分尊過乎我，故爲之死。若然，則但云以君爲愈乎己可矣。「君」上著「有」字，何説乎？且古者臣之效死於君者，以君爲一國之所託命，非以其勢分然也，故曰：「君爲社稷死，則死之。爲社稷亡，則亡之。」晏子語，見襄二十五年《春秋左氏傳》。此書於君臣之義，曰「無適而非君」，見《人間世篇》。曰「有君爲愈乎已」，與後世視君如帝天，不復敢涉議，及其有無向背者實異。蓋春秋、戰國之際，去古未遠，又列國分立，未始定於一尊，於是追原置君、有君之故，故其論若此。而注家率據後世之見以爲之解，則宜其不合也。

「泉」，水源也。人之恃天以生，猶魚之恃水以活也，故取魚以爲喻。魚之水涸而處於陸也，「相呴以溼，相濡以沫」，非不相愛也，然而不足以救死者，溼沫有盡時，不如江湖之恃源而往者也，故江湖者，魚之天也。曰「相忘」者，各不見德，乃德之至，愛不足以言也。夫堯之仁非桀之比，人無不知也，然博施濟衆，不能無病。見《論語・雍也篇》。是其仁亦有盡時，不如天之無心於物，而物無不蒙德也，故曰「與其譽堯而非桀也，不如兩忘而化其道」。曰「化其道」者，堯忘其堯，桀亦化其爲桀，一納於道之中，而譽與非更無所用之也。

凡言此者，皆爲下「善吾生乃所以善吾死」一句而設。蓋「大塊載我以形，勞我以生，佚我以老，息我以死」，生、老、死者，天也，前所云「人之有所不得與」者也。若善吾生以善吾死，則人也，吾之所可得爲者也。舍其所可得爲，而蘄其所不得與，即使有術以延其生，能比壽於彭祖，亦何異於魚之脱於江湖，藉溼沫以緩其斯須之命也哉！故《知北游篇》云：「雖有壽夭，相去幾何？須臾之説也。奚足以爲堯、桀之是非。」以堯、桀並稱，是非貶堯以就桀也。自吾性分中言之，桀固塵污，堯亦陰翳，由是二者起伏膠擾於胸中，而心乃與天日遠，遂覺形氣一散，歸着無所。人之不能善生以善其死者，率坐是也。昔者子路問死，孔子告之曰：「未知生，焉知死！」此與善生以善死之言，先後一揆。知生者，知其所以生也。知其所以生，則知性、知天在其中矣。善生者，善其所以生也。善其所以生，則盡性至命在其中矣。夫盡性至命，則天人一也，尚何有生死之不齊、而堯桀之相非哉！

「藏舟」，「舟」以喻君之位也。《荀子・王制篇》云：「傳曰：『君者舟也，庶人者水也，水則載舟，水則覆舟。』」是比君於舟，有其所本。舟藏於壑，壑藏於山，山藏於澤，省文但舉首尾，故曰「藏舟於壑，藏山於澤」也。或分兩事説之，非是。夫舟可負之走，山豈可負之走者哉！有力負舟而走者，謂如田氏之移齊，韓、趙、魏之分晋，皆乘其君之不覺，而先篡其權，後取其位。故比之於「夜半」，而曰「昧者不知也」。「藏天下於天下」，則如堯之禪舜，舜之禪禹，不私天下於一己，亦即不尸亡天下之名，故曰「不得所遯」。「遯」，失也。「是恒物之大情」者，對前「皆物之情也」句言。曰恒，則常存。曰大，則無外矣。「藏舟」以喻藏天下。「藏天下於天下」，則以喻善生者委其身於造化，故下云「聖人將游於物之所不得遯而皆存」。「物之所不得遯」者，如後文之彈雞輪馬、鼠肝蟲臂，視物皆我、即我於物而皆存，是之謂「不得所遯」也。舊以「藏舟」解作藏生，亦非是。若藏舟爲藏生者，則「藏天下於天下」更何謂乎？通玩全文，自知其不然矣。

「特犯人之形而猶喜之」，「犯」猶遭也，此就常人言也。「若人之形者，萬化而未始有極也，其爲樂可勝計邪！」二十字當連作一氣讀，言一得爲人，尚且喜之，若使人之形千變萬化而無極，而得一一更歷其所遭，其爲樂不將益甚乎！此因常人樂生之妄情而爲之剖解也。「善夭善老，善始善終」，承「聖人」言，即所謂善其生者也。「人猶效之」者，人猶師之也。若「萬物之所係，而一化之所待」，則所謂天、所謂道、而聖人之所師者。人師聖人，即安得不師聖人之所師？故曰「又況」，而以進之也。

夫道，有情有信，無爲無形；可傳而不可受，可得而不可見；自本自根，未有天地，自古以固存；神鬼神帝，生天生地；在太極之先而不爲高，在六極之下而不爲深，先天地生而不爲久，長於上古而不爲老。狶韋氏得之，以挈天地；伏戲得之，以襲氣母；維斗得之，終古不忒；日月得之，終古不息；堪坏得之，以襲崑崙；馮夷得之，以游大川；肩吾得之，以處大山；黄帝得之，以登雲天；顓頊得之，以處玄宫；禺强得之，立乎北極；西王母得之，坐乎少廣，莫知其始，莫知其終；彭祖得之，上及有虞，下及五伯；傅説得之，以相武丁，奄有天下，乘東維，騎箕尾，而比於列星。

前既言「知之登假於道」，又言「兩忘而化其道」矣，故承上「萬物所係一化所待」之文，特提「夫道」二字，而一爲敷揚之。

「有情有信，無爲無形」，即《齊物論》所云「若有真宰，而特不得其眹；可行己信，而不見其形。有情而無形」也。特彼即心而言之，故號曰真宰、真君，此則别於心而言之，故曰道也。惟「有情有信」，故可傳可得。惟「無爲無形」，故不可受、不可見。萬物以道爲根本，而更無有物爲道之根本者，故曰「自本自根」。道先天地生，故曰「未有天地自古以固存」。「神鬼神帝」者，「鬼」，人鬼，「帝」，天帝。鬼、帝之神，以道而神也。「生天生地」者，天施地化而生萬物。天地之能生，以道而能生也。「太極」，見《易・繫辭傳》。陰陽未判，謂之「太極」。「六極」猶六合也。「高深」以空間言，「久老」以時間言。

「狶韋氏」，古帝王之號。「挈」猶舉也。以舉天地，殆如後世所云「開闢天地」然。「伏戲」已見《人間世篇》。「氣母」，謂元氣。「襲」，合也。謂天地分，而伏羲畫卦，復合之也。「維斗」，北斗也。「忒」，差也。古者觀斗杓所指，以定四時，故與日月並舉，而稱其不差忒也。「堪坏」，崑崙山神。「馮夷」，河神，所謂河伯者也。「大川」即指河。「肩吾」，人名，曾見《消摇游篇》。然此與堪坏、馮夷並舉，則當爲泰山之神，與前名同而實異也。「黄帝」，軒轅氏。「登雲天」者，相傳黄帝死而乘龍上僊也。「顓頊」，高陽氏。「玄宫」，北方宫，《小戴禮記・月令》冬曰「其帝顓頊，其神玄冥」是也。「禺强」，北海神，見《山海經》。「西王母」，亦見《山海經》。「少廣」，其所居宫。或曰山也。於此特言「莫知其始，莫知其終」者，「終」與上「玄宫」爲韻，亦以見非彭祖之「上及有虞，下及五伯」，年壽有數者所可比也。「有虞」，舜有天下號。「五伯」，夏昆吾，殷大彭、豕韋，周齊桓、晋文也。「傅説」，殷高宗相，《尚書》有《説命篇》，即記説相武丁事。「武丁」，高宗名。「奄有天下」，「奄」同掩。掩有，猶包有也。《星經》傅説一星在尾上。尾，東方之宿蒼龍之尾也。而箕斗之間，正當天漢津之東維。故曰「乘東維，騎箕尾，而比於列星」。凡言此者，極力證明道之於人至切，而聖人亦非道莫成也。

以上凡五段文字，爲一篇之總論。下則即人與事而明之。

南伯子葵問乎女偊曰：「子之年長矣，而色若孺子，何也？」曰：「吾聞道矣。」

南伯子葵曰：「道可得學邪？」曰：「惡！惡可！子非其人也。夫卜梁倚有聖人之才，而無聖人之道；我有聖人之道，而無聖人之才。吾欲以教之，庶幾其果爲聖人乎！不然，以聖人之道告聖人之才，亦易矣。吾猶守而告之參日，而後能外天下；已外天下矣，吾又守之七日，而後能外物；已外物矣，吾又守之九日，而後能外生；已外生矣，而後能朝徹；朝徹，而後能見獨；見獨，而後能無古今；無古今，而後能入於不死不生。殺生者不死，生生者不生。其爲物，無不將也，無不迎也，無不毁也，無不成也。其名爲攖寧。攖寧也者，攖而後成者也。」南伯子葵曰：「子獨惡乎聞之？」曰：「聞諸副墨之子，副墨之子聞諸洛誦之孫，洛誦之孫聞之瞻明，瞻明聞之聶許，聶許聞之需役，需役聞之於謳，於謳聞之玄冥，玄冥聞之參寥，參寥聞之疑始。」

此承上得道之言，而明道不易聞、不易傳也。「南伯子葵」即南伯子綦。綦、葵一聲之轉也。「女」，姓，讀若汝，晋有女寬，見昭二十八年《左傳》，又女叔齊亦稱女齊，亦見《左傳》，是古自有「女」姓。「偊」，其名也。或疑以爲婦人，非是。「色若孺子」，年長而色穉，蓋修道之效而德充之符也。「子非其人也」，激之之辭，非拒之也。若其拒之，則不告之矣。「卜梁倚」，姓卜梁，名倚。「有聖人之才」，「才」者，材質。言有聖人之質，若今云天才然也。「庶幾其果爲聖人乎！」而繼之云「不然」者，望其爲聖人，而不能必其爲聖人，即上文可傳而不可受之意也。

「守而告之」者，告之以言；行之而有差失，則從而矯正之，故守之不離去也。「參」同三。由三日而七日而九日，言其次第也。日之不多者，以倚有聖人之才，故進之速也。「外物」後於「外天下」者，天下遠而物近也。「外生」復後於「外物」者，生親而物疎也。「外」之猶遺之也。「朝徹」者，蔀障既撤，光明現前，有如朝日之出，物無隱形，故曰「朝徹」。「徹」者通也。「見獨」，「獨」即道也、天也，謂之「獨」者，無與爲對也。自「朝徹」而「見獨」而「無古今」而「入於不死不生」，不言日數者，一徹則俱徹，更無先後漸次也。「入於不死不生」而止，所謂善吾生以善吾死，此爲究竟也。

「殺生者不死，生生者不生」，釋所以「不死不生」之故也。蓋生死者物，若生物者初無生，殺物者初無死也。何也？若其有生有死，則是一物耳。物豈能生物哉？不能生物，又豈能死物哉？非物也，而曰「其爲物」者，順俗之談，亦文字之窮也。故老子亦曰：「道之爲物。」是在讀者善爲分別耳。「無不將」，「無不迎」，以言其用之無不到也。「無不毁」，「無不成」，以言其用之無所滯也。「將」如《詩·召南·鵲巢》「百兩將之」之將，送也。「攖」，撓亂也。「寧」，安定也。雖撓亂而安定，故名曰「攖寧」也。又曰「攖而後成」者，未經撓亂之安定，非真安定，真安定必從撓亂中鍛鍊而得也。

「副墨之子」，喻書册也。「洛誦之孫」，喻誦讀也。「副墨之子聞之洛誦之孫」者，書皆先口授而後著之竹帛也。曰子曰孫者，言其有所祖述也。「瞻明」，謂見也。「聶許」，謂聞也。見次於聞者，見之隘不如聞之博也。「需」，須也，飲食之道也。語見《易·需卦彖傳》與序、雜《卦傳》。

「役」，勞作也。《易·説卦傳》所謂「致役乎坤」也。飲食勞作，皆尋常日用之事。「聞之需役」者，言道不出乎日用間也。「於」讀烏。「於謳」，詠歌也。飲食勞作之有迹，又不如詠歌之近自然也。「玄冥」，深遠也。「參寥」，空寂也。「疑始」，若有始，若無始，是則非心思所得而卜度，言語所得而擬議，故以是爲至也。

子祀、子輿、子犁、子來四人相與語曰：「孰能以無爲首，以生爲脊，以死爲尻，孰知死生存亡之一體者，吾與之友矣。」四人相視而笑，莫逆於心，遂相與爲友。

俄而子輿有病，子祀往視之。曰：「偉哉！夫造物者，將以予爲此拘拘也！」曲僂發背，上有五管，頤隱於齊，肩高於頂，句贅指天。陰陽之氣有沴，其心閒而無事。跰䠲而鑑於井，曰：「嗟乎！夫造物者，又將以予爲此拘拘也！」子祀曰：「女惡之乎？」曰：「亡，予何惡！浸假而化予之左臂以爲雞，予因以求時夜；浸假而化予之右臂以爲彈，予因以求鴞炙；浸假而化予之尻以爲輪，以神爲馬，予因而乘之，豈更駕哉！且夫得者時也，失者順也；安時而處順，哀樂不能入也。此古之所謂縣解也。而不能自解者，物有結之。且夫物不勝天久矣，吾又何惡焉！」

俄而子來有病，喘喘然將死，其妻子環而泣之。子犁往問之，曰：「叱！避！無怛化！」倚其户與之語曰：「偉哉造化！又將奚以女爲，將奚以女適？以女爲鼠肝乎？以女爲蟲臂乎？」子來曰：「父母於子，東西南北，唯命之從。陰陽於人，不翅於父母；彼近吾死，而我不聽，我則悍矣，彼何罪焉！夫大塊載我以形，勞我以生，佚我以老，息我以死。故善吾生者，乃所以善吾死也。今大冶鑄金，金踊躍曰：『我且必爲鏌鋣！』大冶必以爲不祥之金。今一犯人之形，而曰：『人耳！人耳！』夫造物者必以爲不祥之人。今一以天地爲大鑪，以造化爲大冶，惡乎往而不可哉！」成然寐，蘧然覺。

以下三節，承上「入於不死不生」之文，而舉其人其事以實之，以反復發明真人「不知説生，不知惡死」之義也。「子祀」、「子輿」、「子犂」、「子來」四人，無所考，而末節有「子輿與子桑友」之語，以是推之，皆孔子所謂狂士，而此篇所云游於方之外者也。「以無爲首」，「無」即不死不生之别名也。惟無爲首，故「生爲脊」、「死爲尻」。「首」，始也。「尻」，尾骨，終也。終復於始，故曰「死生存亡一體」也。「孰能」、「孰知」，先「能」於「知」者，惟其能之，是以知之，所謂有真人而後有真知也。「相視而笑，莫逆於心」，心有默契，付於一笑，不煩言説也。

「造物」即造化。「拘拘」謂形體也。人有形體則爲所拘係，不能自脱，故曰「拘拘」也。《達生篇》痀僂丈人云：「吾處身也若厥株拘。」厥同橛，謂若橛株之拘而不動也。以彼例此，義略可知。「曲僂」猶傴僂。「發背」，病發於背也。因病發於背而傴僂，故曰「曲僂發背」也。「五管」即《德充符篇》「五管在上」之五管，謂五藏之腧穴也，因承上「背」字言之，故變其文，而曰「上有五管」，不曰五管在上也。「句贅指天」，「句」，句曲。「贅」，猶今言突起，謂項椎也。項椎句曲，故指天也。自「曲僂」以下五句，夾敘子輿病狀，即以爲「爲此拘拘」之「此」字注脚也。

「沴」同戾，乖也。「陰陽之氣有沴」，述其病之原也。「其心閒而無事」，不以氣之病而累及於心也。「跰䠘」猶蹩躠，一聲之轉，謂艱於行也。「鑑於井」，鑑其形也。「又將以予爲此拘拘」，此與前語不同。前語謂今時，此語歎日後。言將復受形爲此，故曰「又」也。兩「也」字皆當讀若邪。

「女惡之乎」，「惡之」謂惡其化爲此形，讀去聲。「亡」讀若無，猶言非也。「浸」，漸也。「假」，使也。化左臂以爲雞，化右臂以爲彈，非頃刻之事，故曰漸，亦非必然之事，故曰假也。「因以求時夜」，「因以求鴞炙」，「求」者，求以盡其能，以見其不惡。此二語義輕。「以尻爲輪，以神爲馬」，「因而乘之，豈更駕哉」，「乘」者，乘夫自然之變，根前《消揺游》「乘天地之正而御六氣之辨」乘字説，此義則深也。蓋能乘而駕之，則無之不可，造化未始不在我也，所以生不説、死不惡者，正恃夫此。「更」讀平聲。「更駕」，改駕也。「得」「失」猶言生死。「安時處順」至「古之所謂縣解」，已見《養生主篇》。「物有結之」，言爲物情纏繞，所以不能自解也。「物不勝天久矣」者，知天知人，用功之久，故物情不能奪也。此真實功夫語，非泛論道理如是，因接曰「吾又何惡焉！」言縣解之後，無復生死之見存，尚何惡之有哉！

「喘喘然」，氣促也。曰「將死」，則又過於子輿之病矣。「叱」、「避」，皆一字爲句。「叱」，訶聲。「怛」，驚也。「無怛化」，告其妻子，使無驚將化之人也。「鼠肝」「蟲臂」，蟲鼠，物之賤者，肝臂又其身之一體，至微劣不足道。舉此以與子來語者，蓋欲其行異類中，坐微塵裏，依然分別之見不生，虚靈之體不昧，斯乃真可與大化而同流，歷千劫而無變，即安時處順，又不足言也已。由是可知四人之相與爲友者，無時不在相切磋，相鞭策，雖當氣息僅屬之際，猶不肯放過，如此，固不僅志之同、道之合而已。

「唯命之從」，唯命是從也。「陰陽」即指造化。「不翅」猶不啻。「近」，迫也。「聽」，從也。「悍」，不順也。一作捍者，亦「悍」之叚借。復引「大塊載我以形」一段文字説之者，義與前亦稍别。前文重在「善吾生」，此則重在「善吾死」，猶言平日之功夫正在此時用着也。「大冶」，冶工之長也。「鑄金」，以金鑄爲兵也。「鏌鋣」即莫邪，吴王闔閭劍名。「我且必爲鏌鋣」者，言必當爲寶劍，不甘於凡器也。「以爲不祥之金」，以爲妖也。「一犯人之形」，言嘗一爲人也。「人耳人耳」者，言惟爲人則已，不甘於他類也。此所以答鼠肝蟲臂之言，見人之與物本同一體。《齊物論》云：「萬物與我爲一。」貴人賤物，適成徧見，所以造化以爲不祥之人也。「以天地爲大鑪，以造化爲大冶，惡乎往而不可」者，既游於物之所不得遯而皆存，即無往而不自得也。

「成然寐，蘧然覺」，言子來語畢而寐，寐而旋覺也。寐覺以喻死生。「成然」猶全然。全其生而終，是爲「成然寐」也。「成然寐」者亦「蘧然覺」，寐覺如一，即死生如一也，故以是二語結之。「蘧然」猶蘧蘧然，疊言之則曰蘧蘧，單言之則曰蘧，一也。舊解多以此爲子來所自言，非是。此猶如前寫子輿有病，著「陰陽之氣有沴，其心閒而無事」二句，正與發端「孰能」

「孰知」語相應，以見二人非惟知之，亦且能之，皆點睛之筆也。《音義》崔本此下尚有「發然汗出」一句，崔本可據與否誠難知，亦可見「成然」以下乃敘事之文，而非子來口中之言，甚明也。

子桑户、孟子反、子琴張三人相與友，曰：「孰能相與於無相與，相爲於無相爲？孰能登天游霧，撓挑無極，相忘以生，無所終窮？」三人相視而笑，莫逆於心，遂相與友，莫然有閒。而子桑户死，未葬，孔子聞之，使子貢往待事焉。或編曲，或鼓琴，相和而歌，曰：「嗟！來！桑户乎！嗟！來！桑户乎！而已反其真，而我猶爲人。猗！」子貢趨而進，曰：「敢問臨尸而歌，禮乎？」二人相視而笑曰：「是惡知禮意！」

子貢反，以告孔子，曰：「彼何人者邪？修行無有，而外其形骸，臨尸而歌，顔色不變，無以命之。彼何人者邪？」孔子曰：「彼游方之外者也，而丘游方之内者也。外内不相及，而丘使女往弔之，丘則陋矣。彼方且與造物者爲人，而游乎天地之一氣。彼以生爲附贅縣疣，以死爲決疣潰癰。夫若然者，又惡知死生先後之所在！假於異物，託於同體；忘其肝膽，遺其耳目；反覆終始，不知端倪。芒然彷徨乎塵垢之外，消摇乎無爲之業。彼又惡能憒憒然爲世俗之禮，以觀衆人之耳目哉！」子貢曰：

「然則夫子何方之依？」曰：「丘，天之戮民也。雖然，吾與女共之。」子貢曰：「敢問其方。」孔子曰：「魚相造乎水，人相造乎道。相造乎水者，穿池而養給；相造乎道者，無事而生定。故曰：魚相忘乎江湖，人相忘乎道術。」子貢曰：「敢問畸人。」曰：「畸人者，畸於人而侔於天。故曰：人之小人，天之君子；人之君子，天之小人也。」

「子桑户」，即仲弓所問子桑伯子，孔子以簡許之者。見《論語·雍也篇》。「户」其字也。知户是字者，以子反、子張皆稱字，不得有異。且後歌曰「嗟來桑户」，朋友相稱，以字不以名，尤顯證也。外篇《山木》有孔子問子桑雽語，户、雽一音之轉，同一人也。「孟子反」即孟之反，孔子稱其不伐者，亦見《雍也篇》。名側。見哀十一年《左傳》。「琴張」名牢，《論語》載牢曰：「子云：『吾不試，故藝。』」見《子罕篇》。即其人也。《史記·仲尼弟子列傳》無琴牢名，然《論語》書之。又其稱夫子曰子，其爲學于孔門無疑。《家語》言牢爲衛人，一字子開，當有所據。桑户、孟反皆當與孔子有故，不然，無爲能深知其人也。《説苑·修文篇》云：「孔子見子桑伯子。子桑伯子不衣冠而處。弟子曰：『夫子何爲見此人乎？』曰：『其質美而無文，吾欲説而文之。』孔子去，子桑伯子門人不説，曰：『何爲見孔子乎？』曰：『其質美而文繁，吾欲説而去其文。』」觀此，則桑户亦有其徒衆，自是當時一家。仲尼謂其居簡行簡，斥爲太簡，合之後文「游方之外」之言，朱子以爲老氏之徒，見《論語集注》。殆是也。

「相與於無相與，相爲於無相爲」，謂相與相爲並出之以無心也。「爲」讀去聲。此承上「相與友」言，言朋友之道當如是。「登天」，出於陽也。「游霧」，入於陰也。陰陽相爲終始，故曰「撓挑無極」。「撓挑」猶宛轉也。「無極」猶無窮也。既宛轉於無窮之中，復何有於生死？故曰：「相忘以生，無所終窮。」此則言生死無變之理，以起下文子桑之死也。「莫然有閒」，「有閒」之上著「莫然」二字者，「莫」同漠。「漠然」，無心相忘貌。以見三人果能如其相要之言也。

子桑户死，使子貢往待事者，欲使助之治喪也。「子貢」，端木賜也。見《論語》注。「編曲」者，綴次其曲辭。「或編曲，或鼓琴，相和而歌」，明琴曲爲一事也。雜篇《漁父》云：「孔子絃歌鼓琴，奏曲未半。」彼亦以琴曲對文，此當無異。《釋文》：李頤云：「曲，蠶薄。」注家多從之，非也。「嗟！來！桑户乎」，「嗟」字「來」字皆當讀斷。「來，桑户」，猶云桑户來，蓋招魂之辭也。「而已反其真」，「而」讀同爾，指桑户言。「反其真」者，反其天也。「而我猶爲人」，「人」字絶句，人與真叶韻也。「猗」，一字别爲句，歌之尾聲也。「猗」有用於歌辭之首者，《詩·商頌·那》之篇：「猗與那與。」毛傳云：「猗，歎辭。」是也。用於歌辭之尾者，則此是，並有聲而無義也。

三人朋友也。子桑死，而子反、琴張相和而歌者，蓋既達於生死之故，又「相與於無相與，相爲於無相爲」，非尋常朋友之誼所可同日而語，而子貢不知也，故疑而問之曰：「臨尸而歌，禮乎？」「是惡知禮意」，謂禮之所以爲禮，不在哀戚容貌之間，非子貢所知也。故反以問於孔子。

「修行無有」，言不見其修爲之迹也。「無以命之」，猶言無以名之。「何人」，猶言何等人。兩舉之者，一以相問，一以表其驚訝也。

「方内」「方外」，兩「方」字即指禮言。《荀子·禮論》云：「不法禮，不足禮，謂之無方之民。法禮，足禮，謂之有方之士。」《小戴禮記·經解篇》亦云：「隆禮由禮，謂之有方之士。不隆禮，不由禮，謂之無方之民。」然則「游方之外」，謂游於禮法之外。「游方之内」，謂游於禮法之内。舊解以「方」爲方域。至今方内方外，乃成爲在家出家之稱，實大誤也。「外内不相及」，猶言道不同不相爲謀。語見《論語·衛靈公篇》。「陋」者，固而不知變也，與上《德充符》之「陋矣」陋字義異。知弔之爲禮，而不知不可施之於此輩，是爲固而不知變也已。

「與造物者爲人」，「與」猶從也，謂聽命於造物而爲人。上所謂安時處順，惟命之從，是也。王引之云：「爲人猶言爲偶。」見《讀書雜志》。非也。此「爲人」正答「彼何人」之問，若解「人」作偶，則失其答之之義矣。且《天運篇》有云：「久矣夫，丘不與化爲人。不與化爲人，安能化人！」彼云與化爲人，即此云「與造物者爲人」也，可解與化爲人爲與化爲偶乎？比而觀之，益知「人」字只當作人，不可作别解矣。「游乎天地之一氣」，即「登天游霧，撓挑無極」之謂。「贅」，結肉，俗所謂疙瘩也。「疣」，瘤也。「附」，著也。「縣」同懸。「以生爲附贅縣疣」，視生爲係累也。「疾」，腫也。「癰」一作癱，疽也。「決」，破裂。「潰」，旁決也。「以死爲決疾潰癰」，視死爲解脱也。「假於異物，託於同體」，前云爲雞、爲彈、爲鼠肝、爲蟲臂，是化一體爲異物。反而言之，即安知今之我非雞非彈、非鼠肝蟲臂之所化而爲之？則是假彼異物託爲此體也。「忘肝膽」、「遺耳目」，即外其形骸之謂。內舉肝膽，外舉耳目，而全體具是矣。「反覆終始，不知端倪」，即「相忘以生，無所終窮」之謂。「芒然」猶茫然。「彷徨」「消搖」，並見前釋。「潰潰然」，煩亂也。以世俗之禮爲煩亂者，探彼二人之意而代爲言之也。「觀」讀去聲。「觀衆人之耳目」，謂隨世俗之所尚，因以觀示之也。

「夫子何方之依」者，以夫子既盛讚方外之所爲，則何爲復依於方？故進而請問也。舊解如成玄英疏，解作「方内方外夫子將何從」。則夫子已明告子貢游方之内矣，何待問乎！

「丘，天之戮民」者，答所以依方之故。蓋大同之世既不可期，欲蘄小康，非禮莫由。徇時之急，因自甘受禮之桎梏而不辭。此天實爲之，故曰「天之戮民」，且欲與賜也共之也。其意具見於《小戴禮記·禮運》之篇，以彼通此，不難明也。

「敢問其方」，因上「與女共之」之言而問其道也。「魚相造乎水，人相造乎道」，「造」如《詩·大雅·思齊》「肆成人有德，小子有造」之造。「造」者就也，成也。言魚非水不成爲魚，人非道不成爲人也。「穿池而養給」，「給」者足也。養取其足，不在多也。「無事而生定」，無事非絶事也。有事而不爲事累，是爲無事，即上所云「無爲之業」也。「生」者性也。性求其定，不在遠也，故曰「魚相忘於江湖，人相忘於道術」。「相忘」者，内不見己，外不見物。如是，雖游於方之内，未嘗不出乎方之外，即方内方外之名，可以不立也。由是可知子反、琴張之倫實非其至。荀子有云：「禮，至備，情文俱盡；其次，情文代勝；其下，復情以歸大一。」見《禮論》。若二子者，知復情以歸大一矣，而不知乃其下也。

子貢曰「敢問畸人」，「畸人」者，異人也，游於方外，與世人異，故目之爲「畸人」。「畸於人而侔於天」，「侔」猶合也，言雖異於人，而卻合於天也。「人之小人，天之君子」，舊作天之小人，人之君子，既與下文犯複，而與上文意亦不接，自是「天」「人」二字傳寫互舛，因改正之。「人之小人，天之君子；人之君子，天之小人」，反復言之者，見侔於人不若其侔於天，孔子所以卒有取於二子也。然「天人不相勝，則謂之真人」，侔於天而畸於人，僅謂之君子，君子非真人比也。其中高下之差，又不可不知也。

顏回問仲尼曰：「孟孫才，其母死，哭泣無涕，中心不戚，居喪不哀。無是三者，以善喪蓋魯國。固有無其實而得其名者乎？回一怪之。」仲尼曰：「夫孟孫氏盡之矣。進於知矣。唯簡之而不得，夫已有所簡矣。孟孫氏不知所以生，不知所以死；不知孰先，不知孰後；若化爲物，以待其所不知之化已乎！且方將化，惡知不化哉？方將不化，惡知已化哉？吾特與女其夢未始覺者邪？且彼有駭形而無損心，有旦宅而無情死。孟孫氏特覺，人哭亦哭，是自其所以乃。且也相與吾之耳矣。庸詎知吾所謂吾之乎？且女夢爲鳥而厲乎天，夢爲魚而没於淵。不識今之言者，其覺者乎？其夢者乎？造適不及笑，獻笑不及排，安排而去，化乃入於寥天一。」

此節極爲難看。蓋死生無變，不極之於母子之親，即理有未盡；而哀樂不入，乃施之於生我之人，則情有未安。想見莊叟當初下筆時，亦自費幾許躊躇也。夫母死「哭泣無涕，中心不戚，居喪不哀」，世間儘有此等人，如何孟孫才卻如此而「以善喪蓋魯國」？此不可忽過一也。顔子怪而問之，曰：「固有無其實而得其名者乎？」是非怪其得名，乃怪在不知其實何在，欲因名以求實。此不可忽過二也。

吾嘗讀《小戴禮・檀弓》之篇，云：「顔丁善居喪，始死，皇皇焉如有求而弗得；既殯，望望焉如有從而弗及；既葬，慨焉如不及其反而息。」文中未見一哀戚字，而讀之，孝慕之情，其動人乃有什佰於哀戚者，則知孝子之用心，固非哀戚所能盡，而孟孫之以善喪蓋魯國，誠别有其所以自盡之道。是唯孔子能知之，故曰「夫孟孫氏盡之矣」。

「進於知矣」，與《養生主篇》「進乎技矣」之文正同。進乎技者，技而進於道。「進於知」者，知而進於不知也。知者人也，不知者天也。知而進於不知，即人而進於天也；人而進於天，則人世居喪，哭踊拜杖之儀文將焉用之？故曰：「唯簡之而不得，夫已有所簡矣。」曰「簡」者，大禮必簡之義也。「大樂必易，大禮必簡」，語見《小戴禮記・樂記》。其「有所簡」者人也。「簡之而不得」者天也。「不知所以生，不知所以死，不知孰先，不知孰後」，疊用數「不知」字，皆從「進於知矣」句出，即皆言其用天而不用人也。兩「孰」字舊本作就。上文有云：「又惡知死生先後之所在」，「惡知先後之所在」，即不知孰先、孰後也。先後承生死言。若曰就先就後，則與生死義不相屬矣。孰、就字形似，易譌。故依文義改正之。

「若化爲物，以待其所不知之化已乎」，「若」猶似也。「化爲物」，言當今。「待其不知之化」，言方來。當今、方來，總在一化中也。化者天也，而天固不自化。故又曰「且方將化，惡知不化哉？方將不化，惡知已化哉？」依是言之，則才母雖死，而才固未始以爲死。未始以爲死，則其事死如事生，事亡如事存，一段母子相愛而不可解之情，必有感人於不知不覺之間者，此其所以善喪蓋魯國之實也。

「吾特與女其夢未始覺者」，言未能造乎孟孫之境，如人在夢中，執夢爲實有，不知此身爲幻化，故於其居喪之異於世人而怪之也。「彼」，彼孟孫也，對吾與女言，故曰彼也。「駭」，動也，變也。「有駭形」，謂居喪哭泣。「無損心」，謂不戚不哀。「旦」，明也。《大雅・板》之詩曰：「昊天曰明，及爾出王。昊天曰旦，及爾游衍。」是旦、明一也。又《禮記・郊特牲篇》云「所以交於旦」，明之義也。方以智《通雅・釋詁》以「旦明」爲即「神明」，則是旦猶神也。其實神明義亦相通。「宅」，如《人間世篇》「一宅而寓於不得已」之宅。「有旦宅」者，謂宅於神明，指「已有所簡」言。「情」即人情之情。「死」猶亡也。「無情死」，謂情未嘗亡，指「簡之不得」言。舊解多着眼於死字，而於情字則忽之。訓「情」爲實，謂之實無有死。不知「無損心」、「無情死」，文正一律。情與心對，死與損對，特字有倒順耳。「無損心」有似乎無情，故以「無情死」救之不使墮於一邊。此微意也。且下接云「孟孫氏特覺，人哭亦哭」，人哭亦哭，正其未忘情處。文義不甚明乎！「是自其所以乃」，猶言是乃自其所以，與「技經肯綮之未嘗」句法同，蓋倒文也。「所以」者，所由也。「乃」本或作宜，宜亦乃也，《詩・小雅・小宛》之篇「宜岸宜獄」，即乃岸乃獄，可證也。

「且也相與吾之耳矣」以下，所以教顏子也。吾本化物，强名爲吾，故曰「吾之」。覈而求之，吾果安在？故曰：「庸詎知吾所謂吾之乎？」「夢爲鳥而厲乎天，夢爲魚而没於淵」，時而爲鳥，時而爲魚，將據何者以爲吾？然則所爲「吾之」者，直戲論矣。「厲」同戾，至也。「不識今之言者，其覺者乎？其夢者乎」，欲顏子自一體勘之也。

「造適不及笑，獻笑不及排」，言適笑之出於天也。「適」即上文「自適」之適。「造」猶遭也。「獻」如《楚辭》「獻歲發春」之獻，猶言發也。「排」，推也，遣也。適出於天，故笑有不及；笑出於天，故排有不及也。雖然，排亦出於天也，則有安之而隨之以往而已。如孟孫氏之有所簡，及簡之而不得，即所謂安排而去者也。安排而去，是之謂「化」，故以「化乃入於寥天一」一語結焉。郭象注云：「安於推移，而與化俱去。」以「去化」連文。夫與化俱去，不得曰「去化」也，故當以「化」字屬下讀。若後之注家有解「安排」如今俗所云云者，其誤固不待辯。天也，而又曰寥、曰一者，「寥」即前云參寥，言其虚寂也。「一」即前云一氣、一化，言其不貳也。不貳者，其一也一，其不一也亦一也。此準天而談，正亦準情而談也。

昔者樂正子春之母死，五日而不食，曰：「吾悔之。自吾母而不得吾情，吾惡乎用吾情！」見《檀弓》。知樂正子五日不食之非情，則知孟孫無涕不哀之率情矣。孔子之故人曰原壤，其母死，夫子助之沐椁。原壤登木曰：「久矣予之不託於音也。」歌曰：「貍首之班然，執女手之卷然。」夫子爲弗聞也者而過之。亦見《檀弓》。知夫子不責原壤之登木而歌，則知夫子之有取於孟孫之有所簡矣。此固非拘墟小儒之所能識，而亦豈滅絶天性之小人所可得而假託乎哉？

意而子見許由。許由曰：「堯何以資女？」意而子曰：「堯謂我：『女必躬服仁義而明言是非』。」許由曰：「而奚來爲軹？夫堯既已黥女以仁義，而劓女以是非矣。女將何以游夫摇蕩恣睢轉徙之塗乎？」意而子曰：「雖然，吾願游於其藩。」許由曰：「不然。夫盲者無以與乎眉目顔色之好，瞽者無以與乎青黄黼黻之觀。」意而子曰：「夫無莊之失其美，據梁之失其力，黄帝之亡其知，皆在鑪捶之間耳。庸詎知夫造物者之不息我黥而補我劓，使我乘成以隨先生邪？」許由曰：「噫！未可知也。我爲女言其大略。吾師乎！吾師乎！整萬物，而不爲義；澤及萬世，而不爲仁；長於上古，而不爲老；覆載天地、刻彫衆形，而不爲巧。此所游已。」

前三節窮死生一致之理，所以去我執也。以下二節，貶仁義、退禮樂，所以去法執也。執一身爲己有，是爲我執。執衆理爲實得，是爲法執。就常人言，去我執難；就學者言，則去法執較去我執爲尤難。然法執不去，執理爲我，即我執自在，終不可以入聖也。故繼前三節而復説此二事也。

「意而子」蓋假名。仁義是非，皆從意出，故託之於「意而」也。「堯何以資女」，「資」猶益也。談仁義者必首稱堯，故託之於堯也。「躬服仁義而明言是非」，「仁義」上著「躬服」字，「是非」上著「明言」字，亦可見仁義之非自然，是非之爲争端已。「而」，女也。「軹」與《詩・鄘風・柏舟》「母也天只，不諒人只」之只同，語辭也。而奚來爲只，猶言女奚爲來乎。「黥」，刻其面而以墨涅之，故亦謂之墨刑。「劓」，刖其鼻也。「黥女以仁義而劓女以是非」者，言仁義是非傷殘人之天德，有似墨、劓之刑然也。「搖蕩」猶動蕩，言不定也。「恣睢」，縱任也。「轉徙」，遷變也。皆「執」字之反，而「化」字之注脚也。執於仁義是非，復何由以游於化之塗乎？

「吾願游於其藩」，言雖不能便化，但涉其藩籬亦所願也。「盲」猶矇也，蒙蒙然不能別，故曰「無以與乎眉目顔色之好」。「瞽」，無目者也。無目者不能見色，故曰「無以與乎青黄黼黻之觀」。「與」猶預也。「黼」，白與黑相次，文作斧形。「黻」，黑與青相次，形如亞。亞，古弗字也。

「無莊」，古美人名。「據梁」，古力士名。「失」、「亡」一意，皆言不自據以爲得，非果喪失之也。「捶」一作錘，字同。「皆在鑪捶之間」者，言在教者之變化之，如鍛冶之各成其器也。「息我黥而補我劓」，係之於造物者，「造物者」天也。惟天可息黥補劓，以喻仁義是非而能行之以天，則黥不爲黥，而劓不爲劓也。「成」猶全也。「乘成」者，載其全也。

「我爲女言其大略」，道不可言，言者皆其似，故曰「大略」也。「吾師」者，吾所師也。再言之者，讚歎之不能已也。「𩐋」，碎也，猶言殺也。義於四時爲秋，於五行爲金，故用殺。「不爲義」、「不爲仁」者，本無仁義之名也。本無仁義之名，斯何從著仁義之見乎？又言「覆載天地、刻彫衆形」者，應前黥劓之言。人非仁義不行，事非是非不辨，亦猶衆形非刻彫不成也。所貴照之於天，不用乎己，則刻彫而不爲巧，何從有黥劓之害乎？「此所游已」，以游爲師，是爲善師者也。夫「游」者，自由自在之謂，此所以託之於許由之言也。「大宗師」「師」字，至此一點，其爲大爲宗，則不言可知，故不復覼縷也。

顏回曰：「回益矣。」仲尼曰：「何謂也？」曰：「回忘仁義矣。」曰：「可矣，猶未也。」它日復見，曰：「回益矣。」曰：「何謂也？」曰：「回忘禮樂矣。」曰：「可矣，猶未也。」它日復見，曰：「回益矣。」曰：「何謂也？」曰：「回坐忘矣。」仲尼蹵然曰：「何謂坐忘？」顏回曰：「墮枝體，黜聰明，離形去知，同於大通，此謂坐忘。」仲尼曰：「同則無好也，化則無常也。而果其賢乎！丘也請從而後也。」

「回益矣」，言「益」。而其所以益者，則在忘仁義、忘禮樂、坐忘。何也？老子曰：「爲學日益，爲道日損。」以學言，則謂之益；以道言，則謂之損。損與益非二事也。郭子玄注云：「以損爲益。」可謂知言矣。

「忘仁義」先於「忘禮樂」者，何也？樂由天作，禮以地制；樂者爲同，禮者爲異；並見《小戴禮記・樂記》。同則相親，相親之謂仁；異則相別，相別之謂義。是禮樂者，仁義之源。故先「忘仁義」而後「忘禮樂」也。此禮樂就源頭上説，與常言禮樂就施行處説者，固有別矣。

「蹵然」，驚而改容也。「坐忘」者，坐而自忘，猶南郭子綦之隱几而嗒焉喪耦也。「墮」，廢也。「枝」同肢。「墮枝體」，忘其身也。「黜」猶外也。「黜聰明」，忘其知也。「離形」承「墮枝體」言。「去知」承「黜聰明」言。「離形去知」，是爲我法兩忘。「同於大通」，即與化爲一。孟子所謂「上下與天地同流」也。見《盡心篇》。「無好」，則無著矣。「無常」，則無滯矣。無著無滯，則一執淨矣，故極讚之曰：「而果其賢乎！丘也請從而後也。」「從而後」者，從之而步其後塵也。兩「而」字並同爾。極讚之者，既以進回，亦以爲其餘學者告也。

子輿與子桑友。而霖雨十日。子輿曰：「子桑殆病矣！」裹飯而往食之。至子桑之門，則若歌若哭，鼓琴曰：「父邪！母邪！天乎？人乎？」有不任其聲而趨舉其詩焉。子輿入，曰：「子之歌詩，何故若是？」曰：「吾思夫使我至此極者，而弗得也。父母豈欲吾貧哉？天無私覆，地無私載，天地豈私貧我哉？求其爲之者而不得也。然而至此極者，命也夫！」

「霖」一作淋，字同。「霖雨」，甚雨而久也。「病」，困也。「食」同飤。「裹飯往食之」者，子輿亦貧，不能具糧以往也。若歌若哭而鼓琴，忘其憊也。歌曰：「父邪！母邪！」「邪」歎辭。呼父母而訴之也。「天乎？人乎？」「乎」疑辭。反而自省，天爲之抑自致之也。「不任其聲」，飢而不能舉其聲也。「趨」讀若促。「趨舉其詩」，聲短促而不能成曲也。「子之歌詩，何故若是」，疑其近於怨也而問之。「極」，窮也。「思夫使我至此極者而弗得」，則非自致之也。「天地豈私貧我」，是亦非天故爲之也。然則特事之變，命之行，我適值其會耳。知命樂天，何怨之有！

孟子曰：「莫之爲而爲者，天也。莫之致而至者，命也。」此亦曰：「求其爲之者而不得也。然而至此極者，命也夫！」莊子、孟子之言何其相合也！《論語》二十篇，終於「不知命無以爲君子」，此篇明内聖，亦以言命終。《論語》、莊子之書又何其相合也！吾故曰：莊子之學出於孔、顔之傳，豈爲無據哉！

應帝王第七

《應帝王》，明外王也。「帝王之功，聖人之餘事」，語見《讓王篇》。亦應之而已矣，故曰「應帝王」也。「應」讀去聲。其見於《齊物論》者，曰「樞始得其環中，以應無窮」，見於外篇《知北游》者，曰「其用心不勞，其應物無方」，見於本篇者，則曰「至人之用心若鏡，應而不藏，故能勝物而不傷」，並可證也。郭注：「夫無心而任乎自化者，應爲帝王也。」曰「無心」，曰「任乎自化」，推其意，「應」亦當爲因應之應，非謂如是當爲帝王也。後之解者不察，或讀「應」爲平聲，以爲惟聖人當居帝王之位。清宣穎《南華經解》説即如是。不獨失本書之旨，亦違子玄注《莊》之意矣。

予前解《齊物論》「以應無窮」，引《消摇游》「以游無窮」語比而説之，云：惟能游者能應，亦惟能應者能游。游與應，名異而理則一。蓋游就心言，本書每言游心可見。應就事言。游者理無礙，應者事無礙。合而言之，則理事無礙，事事無礙也。四無礙語，見唐李通玄《華嚴經論》。七篇以一「游」字始，以一「應」字終，前後照攝，理至玄微，不觀其通，何由窮「内聖外王」之藴奥哉！

齧缺問於王倪，四問而四不知。齧缺因躍而大喜，行以告蒲衣子。蒲衣子曰：

「而乃今知之乎？有虞氏不及泰氏。有虞氏，其猶藏仁以要人；亦得人矣，而未始出於非人。泰氏其卧徐徐，其覺于于；一以己爲馬，一以己爲牛；其知情信，其德甚真，而未始入於非人。」

齧缺、王倪問答，見上《齊物論篇》，彼答惡知者凡三，而此言四不知者，蓋並不知利害一句言。此雖未見齧缺之問，而問固在答中也。「躍而大喜」者，領夫不知之旨，而爲之豁然也。「蒲衣」即被衣。《天地篇》云：「堯之師曰許由，許由之師曰齧缺，齧缺之師曰王倪，王倪之師曰被衣。」蒲、被一聲之轉也。「而乃今知之乎」，「而」同爾。許其悟，而亦惜其晚也。「有虞氏」，舜也。「泰氏」，「泰」與太通，太皥伏羲氏也。虞藉言驩虞。太皥藉言皥皥。驩虞、皥皥，見《孟子·盡心篇》霸者之民章。有知而驩虞，固不若無知之皥皥，故曰「有虞氏不及泰氏也」。

「藏」即後文「應而不藏」之藏。「藏」者留也。《天運篇》曰：「仁義，先王之蘧廬也，止可以一宿，而不可以久處。」「藏仁」，則所謂久處者也。久處則滯矣。以是要人，則雖得人之道，而非如天之浩浩也。故曰「亦得人矣，而未始出於非人」。「非人」，謂天也。「出」猶進也。言未能進於天也。

「其卧徐徐」，安舒也。「其覺于于」，閒適也。「一以己爲馬，一以己爲牛」，馬言其健，牛言其順。勞而忘其勞，自儕於牛馬而不辭，猶後世禪師家言異類中行也。「其知情信，其德甚真」，「真」、「信」一義。以知言則曰信，以德言則曰真。「情」猶實也。實信，信之至也。真與信則天矣。天則非人，而又云「未始入於非人」者，以有天爲可入，則猶是藏也，滯也，故特掃之。此所謂以破爲立也。注家有以非人釋作物者，不知人與天對，不與物對。《莊子》全書皆如此，可檢案也。

肩吾見狂接輿。狂接輿曰：「日中始何以語女？」肩吾曰：「告我：君人者以己出經式義度，人孰敢不聽而化諸！」狂接輿曰：「是欺德也。其於治天下也，猶涉海鑿河，而使蚉負山也。夫聖人之治也，治外乎？正而後行，確乎能其事者而已矣。且鳥高飛以避矰弋之害，鼷鼠深穴乎神丘之下以避熏鑿之患，而曾二蟲之無知！」

「肩吾」、「接輿」並已見前。「日中始」，人名。桓十七年《春秋左氏傳》云：「天子有日官，諸侯有日御。」日中始，殆日官之儔，「中」疑當讀仲。

官人守數，語見《荀子·君道篇》。故以爲「出經式義度」可以爲治也。「式」，法也。「度」，制也。「經式」者，經常之法。「義度」者，義理之制。經式義度而以己出，則是私意也，故曰「是欺德」。曰「欺德」者，言其爲欺僞之所自出，如外篇《胠篋》所云：「爲之斗斛以量之，則並與斗斛而竊之；爲之權衡以稱之，則並與權衡而竊之；爲之符璽以信之，則並與符璽而竊之；爲之仁義以矯之，則並與仁義而竊之。」是也。「涉海」言其不量，「鑿河」言其徒勞。「使蚉負山」，則言其無是情理也。或以涉海鑿河並作一事釋之，非是。「聖人之治也，治外乎？」言治不在外而在内也。「正而後行」，正其身而後行也。「確乎能其事」，實盡其性命分内之事也。

如是已足，故曰「而已矣」。

「矰」，矢之有繳者。繳音灼，生絲縷也。用矰以射謂之隿。「弋」，隿之假借也。「鼷鼠」，鼠之小而有毒者。「神丘」謂社壇。鼠穴於社壇，即所謂社鼠者也。社鼠見《晏子春秋》。「熏鑿」，熏以烟而鑿穿其穴也。「而曾二蟲之無知」，言鳥鼠尚知趨避，何況於人！極言治天下無取於經式義度，而强人從己之爲害事也。

天根游於殷陽。至蓼水之上，適遭無名人而問焉。曰：「請問爲天下。」無名人曰：「去！女鄙人也。何問之不豫也！予方將與造物者爲人，厭，則又乘夫莽眇之鳥，以出六極之外，而游無何有之鄉，以處壙埌之野。女又何寱以治天下感予之心爲？」又復問。無名人曰：「女游心於淡，合氣於漠，順物自然，而無容私焉。而天下治矣。」

「天根」蓋假名，取喻於《易》之《震卦》。宋邵雍詩云：「地逢雷處見天根。」蓋本乎此。震，動象也。爲天下者，每喜於動，故以是爲名。「殷陽」，殷山之陽。知殷爲山者，以其言陽，故當是山也。「蓼」，水名。「無名人」，喻聖人，《消摇游》云「聖人無名」是也。

「去」，一字句。「不豫」猶不快。孟子言「吾何爲不豫」是也。見《孟子·公孫丑篇》充虞路問章。「莽」，大也。見《小爾雅》。「眇」，小也。「鳥」即《消摇游》「化而爲鳥」之鳥，喻道也。老子言道曰：「常無欲，可名於小。萬物歸焉而不知主，可名於大。」以其可大可小，故曰莽眇之鳥也。「壙埌」，猶廣莫也。「寱」，寐語也。以「問爲天下」比之於寐語，猶之師金告顏淵「以孔子取先王已陳之芻狗，游居寢卧其下」比之於夢眯也，見《天運篇》。意本至顯至順。自各本作「帠」，而解者紛紛，終莫能當。方以智謂古爲字作[illegible]，譌而成帠。以智，字密之，桐城人。明亡，出家，號藥地大師。所解《莊子》曰《藥地炮莊》，説如此。按：《音義》即云「崔本作爲」。然兩爲字不應複也。孫詒讓又云「爲叚之誤」。見其所著《札迻》。或逕讀叚爲暇，並無根據，而於文義亦未能順，故此斷從一本作寱。見《釋文》。蓋帠即「寱」之殘缺而譌者，故字書皆不載此字也。

「感予之心」，「感」有撼義，猶言動予之心，所謂「問之不豫」者，此也。

「游心於淡」，心之虛而無事也。「合氣於漠」，氣之静而不擾也。必若是乃能應物，故先言之。「順物自然而無容私焉」，即爲「應」字作詮解。「順物自然」者，順物之則。《齊物論》之所謂「因是」。「無容私」者，無意見夾雜其間。《齊物論》之所謂「以明」也。若「藏仁以要人」，則非順物自然也。「以己出經式義度」，則不能無容私也。故承上二節而言，此之所謂「私」，即上之所謂「己」。有私有己，則與至人之無己異矣。由是而不能無功，亦即不能無名，故託之於無名人，而聖人、神人、至人並在其中矣，曰「天下治矣」者，帝王之道不出於是也。

陽子居見老聃，曰：「有人於此，嚮疾彊梁，物徹疏明，學道不倦。如是者，可比明王乎？」老聃曰：「是於聖人也，胥易技係，勞形怵心者也。且也虎豹之文來田，猨狙之便執斄之狗來藉。如是者，可比明王乎？」陽子居蹵然曰：「敢問明王之治。」

老聃曰：「明王之治：功蓋天下，而似不自己；化貸萬物，而民弗恃；有莫舉名，使物自喜；立乎不測，而游於無有者也。」

「陽子居」即楊朱，孟子所云「楊子取爲我」者也。見《盡心篇》上。本書《寓言篇》末載陽子居南之沛，至梁而遇老子。《列子·黄帝篇》作楊朱。又《山木篇》末載陽子之宋，《列子》亦作楊朱過宋，其文並同，故知陽居即楊朱。陽、楊同音，居、朱亦一音之轉也。「嚮」同響。「嚮疾」，如響之疾，言其敏也。「彊梁」，言其勇。「物徹疏明」，物情洞徹而疏通開明，言其智也。「學道不倦」，言其勤也。「比」，輔也。《易·比卦象傳》文。「明王」猶聖王。問如是可輔聖王爲治不也。其於聖人也，不曰聖王而曰聖人者，蓋王者一時之迹，聖人則不易之名也。

「胥」如《周官書》「府史胥徒」之胥。「易」，更易，謂更番直事也。「技」即《禮記·王制篇》所云「執技以事上者」，凡祝史、射御、醫卜及百工皆是。彼又云「凡執技以事上者，不貳事，不移官。」是終身限於一技而不得輒改，故曰「技係」也。「勞形怵心」，言其供人役使，形勞而心亦不得寧也。「文」，文皮。「來田」，「田」與畋通，謂招致畋獵也。「便」，巧捷。「㹶」，李頤音狸。見《釋文》。蓋假㹶爲狸。「藉」，拘係也。復取虎豹猿狗以相喻者，言不獨「勞形怵心」，且將傷殘其生也。己身之不能全，焉能爲天下？故曰「如是可比明王乎？」

「功蓋天下，而似不自己」，任天下以爲功，故不見功自己出。是則與「以己出經式義度」者異矣。「化貸萬物，而民弗恃」，「貸」猶施也。民日遷善而不知，故似若無恃於上。是則與

「藏仁以要人」者又異矣。「有莫舉名」，所謂蕩蕩乎民無能名焉。見《論語·泰伯篇》孔子稱堯之言。「使物自喜」，所謂百姓皆謂我自然也。語見《老子》。「立乎不測」，所存者神也。語見《孟子·盡心篇》。「游於無有」，無爲而成也。語見《中庸》。以是爲明王之治，則豈敏勇智勤，支支節節而爲之者所可冀乎！

鄭有神巫曰季咸，知人之死生存亡，禍福壽夭，期以歲月旬日，若神。鄭人見之皆弃而走。列子見之而心醉，歸，以告壺子，曰：「始吾以夫子之道爲至矣，則又有至焉者矣。」壺子曰：「吾與女既其文，未既其實，而固得道與？衆雌而無雄，而又奚卵焉？而以道與世亢，必信，夫故使人得而相女。嘗試與來，以予示之。」

明日，列子與之見壺子。出而謂列子曰：「嘻！子之先生死矣！弗活矣！不以旬數矣！吾見怪焉，見溼灰焉。」列子入，泣涕沾襟，以告壺子。壺子曰：「鄉吾示之以地文，萌乎不震不正。是殆見吾杜德機也。嘗又與來。」

明日，又與之見壺子。出而謂列子曰：「幸矣！子之先生遇我也！有瘳矣，全然有生矣。吾見其杜權矣。」列子入以告壺子。壺子曰：「鄉吾示之以天壤，名實不入，而機發於踵。是殆見吾善者機也。嘗又與來。」

明日，又與之見壺子。出而謂列子曰：「子之先生不齊，吾無得而相焉。試齊，且復相之。」列子入以告壺子。壺子曰：「鄉吾示之以太沖莫勝。是殆見吾衡氣機也。

鯢桓之審爲淵，止水之審爲淵，流水之審爲淵。淵有九名，此處三焉。嘗又與來。」明日，又與之見壺子。立未定，自失而走。壺子曰：「追之！」列子追之不及，反，以報壺子，曰：「已滅矣，已失矣，吾弗及已。」壺子曰：「鄉吾示之以未始出吾宗。吾與之虛而委蛇，不知其誰何，因以爲弟靡，因以爲波隨，故逃也。」然後列子自以爲未始學而歸，三年不出。爲其妻爨，食豕如食人。於事無與親，彫琢復朴，塊然獨以其形立。紛而封戎，一以是終。

「巫」，託於神以爲術者。《尚書·君奭》之篇曰：「在太戊時……巫咸乂王家。」是殷時有巫名咸，故此名季咸也。「期以歲月旬日，若神」者，或以歲爲期，或以月爲期，或以旬日爲期，無不中也，以所期如神，故號之曰「神巫」。「弃」，棄之古文。「見之皆弃而走」者，畏其術，不欲自聞其不祥也。「列子見之而心醉」者，惑於其術，耽之如中酒然也。「壺子」，壺丘子林也。見《列子·天瑞》與《黄帝篇》。「又有至焉者」，謂季咸之道其至又過於壺子也。

「既」，盡也。文者道之末，實者道之本，本則一而末萬殊。盡其文未盡其實，則不能會萬歸一，故以眾雌無雄況之。「又奚卵」者，雖有卵，卵而毈，《説文》：「毈，卵不字也。」仍與無卵同也。「而固得道與」，「而以道與世亢」，兩「而」字並與「爾」同。「與」讀如歟。「以道與世亢」，即《人間世》所云「以陽爲充」者，陽亢也。「必信」，「信」讀若伸。言不能自韜晦也。「夫故」，猶是故也。「使人得而相女」，「相」讀去聲，察視也，《荀子·非相篇》云「相人之形狀顔色，而知其吉凶妖祥」是也。「以予示之」，欲使季咸來相己也。

「死矣！弗活矣」，既曰死，又曰弗活者，自神其術，又欲以聳動人也。「不以旬數」者，「數」讀上聲，計也。言將不及一旬也。「怪」，異也。言其異於人。「溼灰」，灰而沾溼，甚於死灰，必無復燃之理。極言壺子之不復得活也。

「泣涕沾襟」者，信其言而爲師戚也。「鄉」同嚮。「示之以地文」者，「地」，坤象，陰静也，而兼言「文」。「文」者，《姤》之「天地相遇，品物咸章」也。見《易·姤卦彖辭傳》。蓋陰陽不孤立，陰根於陽，故老聃曰「至陰肅肅，肅肅出乎天」也。見《田子方篇》。「不震」，不動也。不動者地。「萌乎不震」，則地文也。「萌」者，生意也，下文所云「機」者是也。「不正」，正如《孟子》「必有事焉而不正心」之正，謂不加以造作也。「示之」者，應之也。應不得有心，故云「不正」也。一本作不止，淺矣。「杜德機」，「杜」，閉藏也。「德」，即「物得以生謂之德」之德，故「德機」猶生機也。

「幸矣子之先生遇我」，欲攬之以爲己功，真術人之聲口也。「見其杜權」者，「權」，變動之物，於閉藏中而見其變動，故許之以瘳，以有生也。「示之以天壤」，「天」，乾象，陽動也，而兼言「壤」。「壤」，地也。老子所謂「至陽赫赫，赫赫發乎地」，於《易》則《復》之「見天地之心」也。見《易·復卦彖辭傳》。「名實不入」，不入於心也。「機發於踵」，即《大宗師篇》所云「真人之息以踵」者。「發」者，動也。故「機發於踵」，與「萌乎不震」文對，「名實不入」則與「不正」文對，所以表「應之」、「示之」之意也。「善者機」，猶言善之機。「善」者，易之元也。《易・乾・文言》云：「元者，善之長也。」機發爲元，則知杜機之爲貞矣。元亨利貞，卦之四德。見《易・乾卦（下）》。

「不齊」猶不定。「示之以太沖莫勝」，「太沖」猶太和也。老子曰：「萬物負陰而抱陽，沖氣以爲和。」沖氣者，中氣也。惟中則和，故太沖猶太和也。「莫勝」者，陰陽交融，莫適爲主。若地文，則陰爲主而藏於陽；天壤，則陽爲主而發於陰。陰爲主則陰勝，陽爲主則陽勝也。「衡氣機」者，「衡」之爲言平也。「氣」，陰陽之氣也。陰陽以交融而莫相勝，故曰衡也。是其於《易》則《既濟》之象，所謂「剛柔正而位當」者也。見《易・既濟卦彖辭傳》。

「鯢桓之審爲淵，止水之審爲淵，流水之審爲淵」，取譬於淵者，老子曰：「心善淵。」三者皆言心，故並託於淵以説之。「審」，審定而不移也。《徐無鬼篇》云「水之守土也審，影之守人也審，物之守物也審」是也。鯢桓以喻太沖莫勝。止水以喻地文。流水以喻天壤。知鯢桓之喻太沖莫勝者，鯢之爲言倪也。《寓言篇》曰：「天均者，天倪也。」均、衡一義。天倪爲天均，則鯢桓之爲衡氣機無疑。此其一。「桓」，磐桓也。《屯》之初九曰：「磐桓。」屯，剛柔始交之卦也，故「磐桓」爲欲進不進之象，此與「巽」爲進退之義通。巽爲進退，見《説卦》。《屯》之下卦《震》也，而通於《巽》，蓋兼地文、天壤而一之，非所謂太沖莫勝者乎？此其二。「止水」、「流水」文對，猶「地文」、「天壤」之文對也。止所謂不震，流所謂機發也。止水流水喻地文天壤，莫可移易，則鯢桓非指太沖莫勝而何！此其三。且以文章次序言，三淵接於衡氣機下，首及太沖莫勝，曰鯢桓，而後上溯地文曰止水，天壤曰流水，於序亦順，吾故斷以鯢桓之爲太沖也。

舊解多未合，幸讀者詳焉。至「淵有九名」，《列子·黃帝篇》詳言之。然於文於義，皆爲支節，可以無論。

「自失而走」者，其術已窮，不復可留也。「已滅矣，已失矣」，言滅又言失者，滅就季咸言，失就自己言，故繼之曰「吾弗及也」。疊三句以言之者，一以見季咸走之速，一以與上「死矣，弗活矣」等句相映成趣，文筆之妙也。

「示之以未始出吾宗」，「宗」即「大宗師」之宗。而曰「吾宗」者，人與天合，則天即吾也。此於《易》惟太極可以當之。陰陽未兆，動静未分，蓋一虚而已，故曰「吾與之虚而委蛇」。「委蛇」者，隨順也。「不知其誰何，因以爲弟靡，因以爲波隨」，此三句俱就季咸言。「弟靡」、「波隨」，並變動不居之貌。季咸不知其爲何，但見其變動不居，莫得而相，故逃也。「弟」本或作弚，音頹，而宋《類篇》「弟」字下即收有徒回反一音。弟之轉爲頹，猶隋之轉爲隳也。然則原是「弟」字，不必缺筆作弚也。「波隨」各本作波流，惟崔本作「隨」，兹從崔本。「蛇」古音讀它，「靡」古音讀摩，「隨」古音讀墮之平聲，故蛇、何、靡、隨相叶。又「委蛇」疊韻，委讀同倭。「波隨」疊韻，而「弟」讀頹音，疑亦從靡而變，則「弟靡」亦可以疊韻讀之也。

「三年不出」，不復與世亢也。「爲其妻爨，食豕如食人」，「食」同飤。不知有人物也。「於事無與親」，不知有事也。「彫琢復朴」，還其真也。「塊然獨以其形立」，所謂有人之形無人之情也。「封戎」各本作紛哉，兹改從崔本。《列子》亦作封戎，而張湛注引向秀曰：「封戎，真不散也。」秀有《莊子注》，湛所引當即《莊子注》之文，則向本亦作「封戎」也。且「封戎」疊韻，戎、哉形近，自是傳寫之譌。「紛而封戎」者，言在紛擾之中，而不失其常然也。「一以是終」，以是終其身也。

此節似與帝王無涉，而稱述之如此其詳者，蓋以發揮上文「立乎不測而游於無有」之弘旨也。申不害有言曰：「上明見，人備之。其不明見，人惑之。其知見，人飾之。其不知見，人匿之。其無欲見，人伺之。其有欲見，人餌之。」見《韓非子・外儲說右上》。而韓非亦云：「君無見其所欲。君見其所欲，臣將自雕琢。君無見其意。君見其意，臣將自表異。」見《韓非子・主道篇》。此雖法術之粗談，固亦參驗之至理，是故居南面之任者，可與天下以共見，而卻不可爲天下之所窺。與天下以共見者，公也。不爲天下之所窺者，密也。密以成其公，公以行其密。非聖人其孰能之！此所以外王必基於內聖，而內聖尤難於外王也。

無爲名尸，無爲謀府，無爲事任，無爲知主。體盡無窮，而游無朕。盡其所受乎天，而無見得，亦虛而已。至人之用心若鏡，不將不迎，應而不藏，故能勝物而不傷。

此一篇之主旨，亦一書之主旨也。聖人無名，故「無爲名尸」。聖人不謀，故「無爲謀府」。聖人無爲，故「無爲事任」。聖人不知，故「無爲知主」。然「無爲事任」，非不任事也，以事任之天下，天下各盡其職，而王者要其成，所以無不爲也。「無爲知主」，非不用知也，以知止於不知，知效其用，而不知操其棅，所以爲大知也。故曰「體盡無窮，而游無朕」。「體」者本體。

壺子所云「未既其實」，體即實也。盡無窮而游無眹，斯其爲知也，不亦大乎！斯其所爲也，不亦多乎！

無窮者言其終，無眹者言其始，終始皆一天也，合始終而言之，則曰「盡其所受乎天」。「無見得」者，不自見其有得，《秋水篇》云「至德不得」是也。夫是之謂虛，故曰「亦虛而已」。虛者無己，無己者至人也，故曰「至人之用心若鏡，不將不迎，應而不藏」。「不將」，則已去者不隨之去。「不迎」，則未來者不逆其來。「不藏」，則現在者亦不與之俱住。是則我與物兩無礙，應之而已。應者無迹，故以鏡之照物況之。「勝物而不傷」，「勝」讀平聲。「勝」者，堪其事也。「不傷」者，不害其心也。《知北游》云：「其用心不勞，其應物無方。」不勞所以不傷，無方所以能勝也。

南海之帝爲儵，北海之帝爲忽，中央之帝爲渾沌。儵與忽，時相與遇於渾沌之地，渾沌待之甚善。儵與忽謀報渾沌之德，曰：「人皆有七竅，以視聽食息，此獨無有，嘗試鑿之。」日鑿一竅，七日而渾沌死。

此承上「無爲知主」而言，並與篇首「不知」語意相應，欲人知而復於不知，老子所謂「歙歙爲天下渾其心」者，故設爲渾沌之鑿，以示其鑑戒焉。「儵」與「忽」，皆喻知，《楚辭·少司命》云「儵而來者忽而逝」。儵言知之來，忽言知之逝。一來一逝，迅如飄風，故名之以「儵」、「忽」也。來者其出也，象陽明，故曰「南海之帝」。逝者其入也，象陰晦，故曰「北海之帝」。「渾沌」，喻不知之體，居中以運其知者，故曰「中央之帝」。

人之知，恃其所不知而後知，語見《徐無鬼篇》。故曰「儵與忽時相與遇於渾沌之地，渾沌待之甚善也」。謀報渾沌之德，從而鑿之，而渾沌死矣。「鑿」者，穿鑿之，反乎自然者也。孟子曰：「所惡於智者，爲其鑿也。」見《離婁篇》。亦此意也。夫渾沌死，而知亦淩亂破碎，無復統紀。則賊渾沌者，亦即所以自賊其知，故外篇如《駢拇》《馬蹄》《胠篋》《在宥》諸篇，欲絶聖棄知，使人含其聰明，以不淫其性，不遷其德，蓋皆由此出矣。「七竅」，耳、目、口、鼻也，故曰「以視聽食息」。

莊子發微卷之二

外篇

外篇凡十五，曰《駢拇》，曰《馬蹄》，曰《胠篋》，曰《在宥》，曰《天地》，曰《天道》，曰《天運》，曰《刻意》，曰《繕性》，曰《秋水》，曰《至樂》，曰《達生》，曰《山木》，曰《田子方》，曰《知北游》。此郭象注本也。而司馬彪注，則内篇七、外篇二十八、雜篇十四，以外篇言，多於郭本者十有三。見陸德明《經典釋文·序録》。郭氏與司馬異同，今不可知，然有須辯者。世人以爲司馬彪所注即《漢書·藝文志》五十二篇之舊，則未然也。據《釋文》所列，彪本合内外雜篇亦只四十有九，外解説三，與爲音三卷同，自是彪所自爲，安得以是三篇充五十二篇之數哉？蓋五十二篇者，其中實多巧雜竄入，即司馬氏亦有併合删削者矣。今各本皆佚，惟郭本獨傳，則欲上窮莊叟之藴，固非郭本莫由，若其中義有未醇、辭或過當，大抵漆園門下之文，附之以傳者，以内七篇宗旨印之，何取何舍，必無差失。《釋文·序録》有云：「内篇衆家並同，自餘或有外而無雜。」是則外雜之篇，或有争議，若内七篇，則衆所同是，更無可疑，故讀三十三篇，以七篇爲本經，而以餘二十六篇爲羽翼，是乃不可易之準則。

明人烏程潘良耜（基慶）作《南華會解》，即以外篇之《繕性》《至樂》、雜篇之《外物》

《讓王》附之《消摇游》之後，以外篇《秋水》、雜篇之《寓言》《盗跖》附之《齊物論》之後，以外篇之《刻意》《達生》附之《養生主》之後，以外篇之《天地》《山木》、雜篇之《庚桑楚》《漁父》附之《人間世》之後，以外篇之《田子方》《知北游》、雜篇之《列御寇》附之《德充符》之後，以外篇之《駢拇》、雜篇之《徐無鬼》《則陽》附之《大宗師》之後，以外篇之《馬蹄》《胠篋》《在宥》《天道》《天運》及雜篇之《説劍》附之《應帝王》之後，而以《天下》一篇冠於册首，作爲莊子之自序，雖其割裂安排，不免牽强飣餖之失，而其意則固可取也，兹特標而出之，亦欲使學者知前人讀書，善觀其通，有如此者。

駢拇第八

此摘篇首二字爲題。外雜篇皆如此。或疑爲郭象所名，非也。古書命題，若是者多矣。若《詩》三百篇，若《論語》，若《孟子》，皆其例也。時至晚周，諸子著書，爲欲明標旨趣，於是乃有括一篇之義以爲題者，此蓋後起之事，然亦往往雜而用之。試以《荀子》言，其《勸學》《脩身》以至《解蔽》《正名》諸篇，皆以義名篇者也；然其間如《仲尼篇》，其後如《哀公》《堯問》諸篇，即皆以篇端爲篇名。莊子之書，蓋亦如此，雖曰内七篇爲本經，即篇名可以見義，然名生於義，而義初不由乎名。若以其篇名之無義，遂疑爲掇拾成篇，都無統紀，則亦淺率武斷之見也。

駢拇枝指，出乎性哉，而侈於德。附贅縣疣，出乎形哉，而侈於性。多方乎仁義而用之者，列於五藏哉，而非道德之正也。是故駢於足者，連無用之肉也；枝於手者，樹無用之指也。多方駢枝於五藏之情者，淫僻於仁義之行，而多方於聰明之用也。是故駢於明者，亂五色，淫文章，青黄黼黻之煌煌非乎？而離朱是已。多於聰者，亂五聲，淫六律，金石絲竹黄鍾大吕之聲非乎？而師曠是已。枝於仁者，擢德塞性，以收名聲，使天下簧鼓以奉不及之法非乎？而曾、史是已。駢於辯者，纍瓦結繩，竄句游心於堅白同異之間，而敝跬譽無用之言非乎？而楊、墨是已。故此皆多駢旁枝之道，非天下之至正也。

彼至正者，不失其性命之情。故合者不爲駢，而枝者不爲跂；長者不爲有餘，短者不爲不足。是故鳧脛雖短，續之則憂；鶴脛雖長，斷之則悲。故性長非所斷，性短非所續，無所去憂也。

「拇」，足大指，知爲足大指者，以下文云「駢於足」而知之也。「駢拇」，拇指連第二指也。「枝指」，手有六指也，指旁復生指，如木之有枝然，故曰枝指。是二者生而即然，故曰「出乎性」。「性」之爲言生也。「德」者，物得以生謂之德。非德之所當有，故曰「侈於德」。「侈」者，多也，過也。「附贅縣疣」發自本身，故曰「出乎形」，然非形生之本有也，故曰「侈於性」。「多方」猶多端。夫仁義一而已。今多端而用之，則必有失乎仁義之本原者，故曰「非道德之正也」，言仁義而曰列於五藏者何？肝之神仁，肺之神義，心之神禮，腎之神智，脾之神信，此醫家舊説，本乎《内經》。故康成注《禮記》「天命之謂性」，亦用是説之，知其所由來遠矣。

「離朱」，即《孟子・離婁篇》之離婁。朱、婁蓋一音之轉。白與黑間謂之黼，黑與青間謂之黻，古之絺繡用之。「青黄」即玄黄。古者玄衣而黄裳。「青黄黼黻」，《尚書・皋陶謨》所謂

「以五采彰施于五色作服」者。故先之曰「亂五色，淫文章」。「亂」言其雜，「淫」言其過盛也。「師曠」已見前注。「五聲」，宮、商、角、徵、羽，不言變宮變徵，省也。「六律」兼六呂言。何以知之？下言「黃鍾大呂」，黃鍾律之首，大呂則呂之首也。「枝於仁」，不言義者，舉仁以包義，猶舉律以包呂也。「擢德」，「擢」者拔而出之，孟子所謂「揠苗助長」。「塞性」，「塞」者，孟子所謂「今茅塞子之心」，是也。德性互文，德就仁言，性就義言，仁主施與，故曰擢，義主克制，故曰塞，一毗陽，一毗陰。要之，其失同也。「簧鼓」，猶今云鼓吹，言相與唱和而效之也。「不及之法」者，言非人性所能勝。「法」猶道也。「曾、史」，舊注曾參、史鰌也。「參」，孔子弟子。「鰌」，衛大夫，孔子所稱「直哉史魚！邦有道如矢，邦無道如矢」者也。見《論語·衛靈公篇》。

夫曾、史，世之所謂賢人也，而譏其「擢德塞性以收名聲」，不亦過乎！故王船山《莊子解》即以《駢拇》《馬蹄》數篇指爲淺薄虛囂之説，而欲削之。然吾嘗觀《外物篇》有曰：「聖人之所以駴天下，神人未嘗過而問焉。賢人所以駴世，聖人未嘗過而問焉。君子所以駴國，賢人未嘗過而問焉。小人所以合時，君子未嘗過而問焉。」故自下而望之，彼曾、史者，信所謂賢人矣，夫孰得而譏之貶之？若自上而視之，則二子亦所謂賢者過之者。「賢者過之」，語本《中庸》。雖欲不譏之貶之，不可得也。

且荀子固儒者之徒也，而其作《非十二子篇》，乃非及子思、孟軻。夫荀子何所挾而敢於非子思、孟子？彼所挾者，仲尼、子弓也。以仲尼、子弓而衡子思、孟子，則子思、孟子之有所不足也固宜。《非十二子篇》未嘗非及曾子，然於史鰌則有言矣，曰：「忍情性，綦谿利跂，苟以分異人爲高，足以欺惑愚衆，是陳仲、史鰌也。」中有省文。荀子之所謂「忍情性」，即此之所謂「擢德塞性」也；荀子之所謂「以分異人爲高」，即此之所謂「以收名聲」也；荀子之所謂「欺惑愚衆」，即此之所謂「使天下簧鼓以奉不及之法」也。然則此之所言，又寧有過乎？

或曰：史鰌則固然矣，若曾子則豈史鰌之倫？曰：曾子吾何敢議！然若以「擢德塞性」與夫「忍情性」之説而觀曾子，曾子亦即有相近者。曾子芸瓜而誤斬其根，曾皙怒，援大杖擊之，曾子仆地，有頃蘇，蹷然而起，退屏，鼓琴而歌，欲令曾皙聽其歌聲，知其平也。孔子聞之，告門人曰：「參來，勿内也。」曾子自以無罪，使人謝孔子。孔子曰：「汝聞瞽叟有子，名曰舜。舜之事父也，索而使之，未嘗不在側；求而殺之，未嘗可得。小箠則待，大箠則走，以逃暴怒也。今子委身以待暴怒，立而不去，殺身以陷父不義，不孝孰是大乎！汝非天子之民邪？殺天子之民，罪奚如！」見《説苑》等書。夫受父之大杖而不辭，死而復蘇而無怨悔，且鼓琴而歌，以安其父之心也，是非忍性之極，何以能此！然而孔子責之矣。何也？是非中道也，即所謂「奉不及之法」者也。此猶曾子少時事也。《禮記·檀弓》載曾子謂子思曰：「伋，吾執親之喪也，水漿不入於口者七日。」子思曰：「先王之制禮也，過之者俯而就之，不至焉者跂而及之，故君子之執親之喪也，水漿不入於口者三日。」夫禮，執親之喪，水漿不入口不過三日，而曾子乃至七日，是非「擢德塞性」而何！故雖子思學於曾子者，亦不得苟而同之。孔子責之，子思議之，後之儒者未嘗以爲非。而出自莊氏之徒，則遂駭怪以爲毁謗賢者，毋亦未察其類歟！

且君子立論，固有其主旨矣。此篇主旨在不失其性命之情，以不失其性命之情爲宗，是以上譏曾、史，而後刺伯夷，非譏曾、史而刺伯夷也，譏刺夫失其性命之情者也。讀書不求其宗趣所在，見夫一二語與舊持之見解不合，遂格格不入，欲起而奪其席杜其口，是又豈善於讀書者哉？此以下數篇，蓋自來聚訟之的，故不憚詳爲剖析之如此，實非有所偏袒也。

言仁義而又及於辯者，蓋本《齊物論》「大辯不言、大仁不仁」之言以爲說。知夫大辯不言，則知夫大仁不仁矣。知夫大仁不仁，則又何「枝於仁」、「多方乎仁義」之有？此其微意也。「纍瓦結繩」，並太古之民用以記事之法，此假以爲喻，以見其用力勞而所得寡也。「竄句」，司馬彪注云「穿鑿文句」，是也。「游心」猶蕩心。此「游」字與他處言「游」者字同而義異。《春秋傳》所謂「美惡不嫌同辭」，是也。「竄句」下，唐寫本多「棰辭」二字。「棰辭」，猶鍊辭也。若補入「捶辭」字，則「竄句捶辭」四字爲句，而「游心」當屬下讀。

「堅白同異」，已見前注。《墨經》有云：「堅白不相外也。」蓋所以反公孫龍子堅白不相盈之説。又云：「同，一，重體合類；異，二，不體不合不類。」《經説》解之云：「同，二名一實，重同也。不外於兼，體同也。俱遞於室，合同也。有以同，類同也。異，二必異，二也。不連屬，不體也。不同所，不合也。不有同，不類也。」則墨子於堅白同異之辯，有明徵矣。若楊朱，則其書不傳，《列子・楊朱》一篇，出於後人所輯，又多竄亂，無從考證。要之成一家之言，必有其立言之統，而非辯即無以濟之，故荀子亦曰：「君子必辯。」此談堅白同異之辯，而兼及楊墨，其必有所據依，非虛辭也。

「敝」，本亦作「蹩」，則「敝」與「蹩」通。「敝跬」，猶下篇之「蹩躠」也。兩者皆疊韻謰語。言其勞於行也，但「蹩跬」讀去聲，「蹩躠」讀入聲，爲微異耳。或以敝與跬分而釋之，非也。又有以「跬譽」字連讀，謂譽在半步之間，言其短暫，則尤非也。「譽」者，誇也，稱也。譽無用之言，與上「奉不及之法」，文正相對，意本明顯。而注家故亂之，異矣。

「至正者不失其性命之情」，「情」者實也。「至正」二字，舊作「正正」。郭注云：「以一正萬，則萬不正矣。故至正者，不以己正天下，使天下各得其正而已。物各任性，乃正正也。」其說不可謂不巧。然以文論，承上「至正」而言，「正正」自是「至正」之誤，「正」與「至」形極相近，傳寫而譌，固在情理之中。故焦弱侯《莊子翼》即欲正之，兹逕改作「至正」。讀者虛心求之，知不責其妄也。「枝者不爲跂」，焦氏以「跂」爲「歧」之誤。此則「跂」與「歧」通。古從足之字，亦多從止，如踵亦作歱，跱躇亦作歭⿰止著皆是，則跂即歧，不煩改字也。「性長非所斷，性短非所續」，言非所可斷，非所可續也。「無所去憂」，猶言無用去憂。蓋出乎性命之實者，本自無憂，何用去之！故曰「無所去憂」。郭注云：「知其性分，非可斷續而任之，則無所去憂，而憂自去矣。」所說亦贅，未得本意，不可從也。

意仁義其非人情乎？彼仁人何其多憂也？且夫駢於拇者，決之則泣；枝於手者，齕之則啼。二者，或有餘於數，或不足於數，其於憂一也。今世之仁人，蒿目而憂世之患；不仁之人，決性命之情而饕貴富。故意仁義其非人情乎？自三代以下者，天下何其囂囂也！

且夫待鉤繩規矩而正者，是削其性也；待繩約膠漆而固者，是侵其德也；屈折禮樂，呴俞仁義，以慰天下之心者，此失其常然也。天下有常然。常然者，屈者不以鉤，直者不以繩，圓者不以規，方者不以矩，附離不以膠漆，約束不以纆索。故天下誘然皆生，而不知其所以生；同焉皆得，而不知其所以得。故古今不二，不可虧也。則仁義又奚連連如膠漆纆索，而游乎道德之間爲哉？使天下惑也！夫小惑易方，大惑易性。何以知其然邪？自虞氏招仁義以撓天下也，天下莫不奔命於仁義，是非以仁義易其性與？

此言仁義，承上「多方乎仁義而用之」者言，所謂「失其性命之情」者，故曰：「意仁義其非人情乎？」此處當善看，若以爲其果排斥仁義，則未免誤會作者之旨。何也？使果排斥仁義，則彼不仁之人饕乎貴富者當是矣，何爲言其「決性命之情」哉？以不仁爲決性命之情，則仁義爲性命之所本有，彰彰明矣。抑孔子言仁者不憂，而此云「彼仁人何其多憂也」，一憂一不憂，是即一率乎性，一侈於性之判，故繼云「駢於拇者決之則泣，枝於手者齕之則啼」。以啼泣生於齕決，明憂之生于失其本情也。

「饕」，貪也。「蒿目」，猶云蓬心。此莊書文字之巧。舊注云「亂也」，意尚近之。訓詁家不解此，乃專求之聲音通假，展轉爲訓。如俞樾謂「蒿目」即是矐目，真成笑談矣。見俞氏《諸子平議》。又如「意仁義其非人情乎？」「意」，自是意度之辭，與下云「嘗試論之」用「嘗試」字一種筆法。而高郵王氏父子解「意」作抑，羣襲用之不敢違。不知解上句作抑尚可，下文「故意仁義其非人情乎」，若直以爲故抑，成何辭句？予故常言：不通訓詁不能讀《莊子》，而泥於訓詁更不能讀《莊子》，蓋謂此等也。

「囂囂」，言議論之多也。「待鉤繩規矩而正」，「待繩約膠漆而固」，本《德充符》「不斲惡用膠」、「無喪惡用德」爲說，亦即從老子「善閉，無關楗而不可開；善結，無繩約而不可解」來。「削其性」「侵其德」云者，言非徒無益，而又害之也。「屈折禮樂」，屈折其肢體以爲禮樂也。「呴俞仁義」，呴俞於辭氣以爲仁義也。「失其常然」，即「失其性命之情」，易言爲常然者，以見其人心之同，平平常常，非有何奇特殊異也。

「鈎」，半規也。「附離」之「離」同麗。《易·離卦彖》曰：「離，麗也。」是也。「纆」，索之三合者。「誘然」猶油然，生之盛也。「不可虧」，謂不可變易也。「連連」，粘結貌。知連連之爲粘結者，以其言「如膠漆纆索」可知之。粘結正游之反，故曰：又奚「游乎道德之間爲哉」？言其欲游而不能也。「使天下惑也」，猶云使天下惑耳。「也」之用有與耳同者。《論語》子曰：「由也升堂矣，未入於室也。」馬融注云：「升我堂矣，未入於室耳。」是也。亦見王引之《經傳釋詞》。「易方」，易鄉也。「招」，如《國語·周語》「國武子好多言以招人過」之招，音翹，舉也。「撓」，攪亂也。「奔命」，謂聞命而奔走。「命」，戰陣出師之命也。命莫急於戰陣出師，故奔命有不能寧居之義。《春秋》成七年《左氏傳》巫臣遺子重子反書，言「必使爾罷同疲。於奔命以死」。觀此，亦可知奔命之辭之嚴切矣。

此一段文字，即孟子「由仁義行，非行仁義」之意。語見《孟子・離婁篇（下）》。「由仁義行」，此所謂「常然」也，「故天下誘然皆生，而不知其所以生；同焉皆得，而不知其所以得」。若夫「屈折禮樂，呴俞仁義，以慰天下之心」，則所謂「行仁義」者，故曰「使天下惑」，又曰「以仁義易其性」也。然孟子言「由仁義行，非行仁義」，舉舜以爲典則，曰「舜明於庶物，察於人倫」。此言「多方乎仁義而用之」，則又歸其過於舜，謂之「招仁義以撓天下」，抑何其爲論之相違異歟？曰：孟子順俗之談，意主在立，《齊物論》之所謂因是也。莊書袪惑之作，意主在破，《齊物論》之所謂以明也。善讀者合而觀之，則於莊書之旨可以無疑，而孟子之言亦可以益徹矣。至於舜之爲舜，則初不以孟子之推稱，而莊書之貶斥，有所損益于其間也。

故嘗試論之，自三代以下者，天下莫不以物易其性矣。小人則以身殉利，士則以身殉名，大夫則以身殉家，聖人則以身殉天下。故此數子者，事業不同，名聲異號，其於傷性以身爲殉，一也。臧與穀，二人相與牧羊，而俱亡其羊。問臧奚事，則挾筴讀書；問穀奚事，則博塞以遊。二人者事業不同，其於亡羊均也。伯夷死名於首陽之下，盜跖死利於東陵之上。二人者所死不同，其於殘生傷性均也。奚必伯夷之是，而盜跖之非乎？天下盡殉也。彼其所殉仁義也，則俗謂之君子；其所殉貨財也，則俗謂之小人。其殉一也，則有君子焉，有小人焉。若其殘生損性，則盜跖亦伯夷已，又惡取君子小人於其間哉！

「小人則以身殉利」，此小人謂庶民，若農、工、賈皆是也。「殉」者，以身從之，至死而不卹，若殉葬然也。

「臧」，奴。「穀」，僮也。然此之取名亦有義：「穀」如《論語》「邦有道穀，邦無道穀」之穀，謂食粟而已，是飲食之人也；「臧」，善也，喻欲以善行自立者；故臧讀書而穀嬉遊也。「筴」與策同，謂簡策也。「博塞」一作簙簺，古之棊戲也。言「相與牧羊」者，「羊」之爲言養也，以喻養生。《達生篇》田開之述祝腎之言曰：「善養生者若牧羊然，視其後者而鞭之。」以彼通此，則知言牧羊非漫無意義，而固有所指已。

伯夷餓於首陽之下，民到於今稱之，見《論語・季氏篇》，故此云「死名」。實則伯夷求仁得仁，豈爲名哉！盜跖以盜名，猶輪扁以輪名、工倕以工名也。雜篇《盜跖》以跖爲柳下季之弟，蓋託言，非事實。《音義》引李奇《漢書注》曰：「跖，秦之大盜也。」奇之説當有所本。既爲秦人，其非柳下之弟明矣。而後之言跖者，遂强以跖爲柳下氏，過矣。「東陵」亦秦地，召平爲東陵侯，可證。李頤注謂即泰山，又或指爲山東章武之東陵山，並云上有跖塚，皆因《盜跖篇》而附會爲之説，不可信也。

「殘生傷性」，此「生」字蓋指身言，與言「養生」生字異。上云「傷性以身爲殉」，此云「殘生傷性」，可知殘生即以身爲殉之意。故殘生猶言殘身也。「其所殉貨財也，則俗謂之小人」，此小人與君子對稱，則與上「小人以身殉利」之小人亦微有別。「若其殘生損性，則盜跖亦伯夷已」，謂以殘生損性論，即盜跖與伯夷無二。其文省簡，宜善看，非謂盜跖果即伯夷也。「惡取君子小人於其間」者，言此中更無君子小人可分也。

且夫屬其性乎仁義者，雖通如曾、史，非吾所謂臧也；屬其性於五味，雖通如俞兒，非吾所謂臧也；屬其性乎五聲，雖通如師曠，非吾所謂聰也；屬其性乎五色，雖通如離朱，非吾所謂明也。吾所謂臧，非仁義之謂也，臧於其德而已矣；吾所謂臧者，非所謂仁義之謂也，任其性命之情而已矣；吾所謂聰者，非謂其聞彼也，自聞而已矣；吾所謂明者，非謂其見彼也，自見而已矣。夫不自見而見彼，不自得而得彼者，是得人之得，而不自得其得者也；適人之適，而不自適其適者也。夫適人之適，而不自適其適，雖盜跖與伯夷，是同爲淫僻也。余愧乎道德，是以上不敢爲仁義之操，而下不敢爲淫僻之行也。

「屬」即前《德充符篇》「眇乎小哉，所以屬于人也」之屬，郭注謂「係屬」，是也，而音則從徐邈讀燭。「屬」即著也。上文云「連連如膠漆纆索」，正「屬」字大好注脚。莊書最重在一游字。有所屬，即不能游。故於此反復言之也。「臧」即承上臧穀臧字說，此「臧」訓善，則知臧穀之臧，隱寓善意，非穿鑿之説也。「俞兒」，古之善爲味者，或曰黄帝時人。

既曰「非仁義之謂」，又曰「非所謂仁義之謂」，復重言以申之者，見世之所謂仁義非彼仁義之本真，二者當有所別。此立言之謹也。既曰「臧於其德」，又曰「任其性命之情」，復易言以釋之者，明德之爲性命，非於性命之外别有所謂德，二者不能相歧。此亦立言之謹也。人皆知莊書之文洸洋恣肆，而不知其謹嚴乃有如此者。

「自聞」、「自見」，本於老子歸根復命之旨，「自」即指德言、指性命言。故繼之曰「自得其得」、「自適其適」。「自得其得」者，德也。「自適其適」者，道也。故終之曰「余愧乎道德，上不敢爲仁義之操，而下不敢爲淫僻之行也」，「淫」者過也。「僻」者邪也。邪則不中，過則不庸。然則不爲仁義之操、淫僻之行，亦反之中庸而已矣。故上文既曰「至正」，又曰「常然」。曰正、曰常，即與中庸奚異哉？

馬蹄第九

《駢拇》就成己言，《馬蹄》就成物言。成己本而成物末，故《駢拇》先而《馬蹄》後也。天下固有戕賊人以爲仁義者，名曰成物，實則毁之。此《馬蹄篇》之所以作。

馬，蹄可以踐霜雪，毛可以禦風寒，齕草飲水，翹足而陸，此馬之真性也。雖有義臺路寢，無所用之。及至伯樂，曰：「我善治馬。」燒之，剔之，刻之，雒之，連之以羈馽，編之以皁棧，馬之死者十二三矣；飢之，渴之，馳之，驟之，整之，齊之，前有橛飾之患，而後有鞭筴之威，而馬之死者已過半矣。陶者曰：「我善治埴，圓者中規，方者中矩。」匠人曰：「我善治木，曲者中鉤，直者應繩。」夫埴，木之性，豈欲中規矩鉤繩哉？然且世世稱之，曰：「伯樂善治馬，而陶、匠善治埴、木。」此亦治天下者之過也。

篇名「馬蹄」連文，而正文則「馬」字當讀斷。以治天下託之於治馬者，牧馬童子所云：「夫爲天下者，亦若此而已矣，又奚事焉？」是也。見《徐無鬼篇》。「齕草」，食草也。「翹」，舉也。「陸」，陸梁，謂跳躍也。「義」同儀。「儀臺」，即《禮記·郊特牲》所謂臺門。築土爲臺，臺上架屋，當中爲門，因以爲宫室之儀，故謂之儀臺。後世衙署門稱儀門，蓋昉乎此。「路寢」，大寢也。古者居室皆曰寢。路寢，王公治事之所，非謂寢息地也。此舉「義臺路寢」，蓋總宫室之全言之。「無所用之」者，言宫室非馬之所需也。

「伯樂」，古之善治馬者。後秦穆公時，孫陽亦名伯樂。駕車用馬，非始於秦穆時，則此伯樂不得爲孫陽也。「燒」謂烙印。「剔」同鬄，謂翦毛。「刻之」，削其蹄。「雒」同絡，絡其首也。「羈」，勒。「馽」，絆。「皁」，槽。「棧」，栅也。云「連之」、「編之」者，聚衆馬而馴之養之也。「飢之，渴之」，馬爲人用，則食飲有定時，即不能無飢渴也。「馳」，走之疾。「驟」，則騰躍而行。今北人談馬者，尚云有走馬、跑馬之别，蓋走馬則用馳，跑馬則用驟也。「整之，齊之」者，一車四馬，馳驟遲疾，不得有不同也。故《六月》之詩曰：「比物四驪，閑之維則。」《車攻》之詩曰：「我馬既同，四牡龐龐。」皆言整齊也。「橛」，銜也。「飾」如錫鸞鑣幩之類。錫、鸞，皆鈴也，錫在馬頷，鸞在馬項。鑣，勒旁鐵。幩，所以纏之，後世謂之排沫者是。「筴」同策，馬檛也。

「陶者」，陶工。「埴」，土可以爲陶器者，今曰黏土。「匠人」，木工。「中」猶合也。讀若仲。「繩」，今云墨線。「應」亦中也。告子曰：「以人性爲仁義，猶以杞柳爲桮棬。」蓋僅知有矯揉之功，而不見夫自然之妙。夫人類自蒙昧以至文明，皆自然之發展，非待矯揉以就之也。使矯揉之説勝，則必有屈千里之驥以服鹽車，斲萬章之材以作榱桷者。故莊生主因任，而孟子言擴充，皆所以救俗説之偏，而開淺見之陋。余解《莊子》，每喜引孟氏之説以通之，意固在是也。

吾意善治天下者不然。彼民有常性，織而衣，耕而食，是謂同德；一而不黨，是謂天放。故至德之世，其行填填，其視顛顛。當是時也，山無蹊隧，澤無舟梁。萬物羣生，連屬其鄉；禽獸成羣，草木遂長。是故禽獸可係羈而游，烏鵲之巢可攀援而闚。夫至德之世，同與禽獸居，族與萬物並。惡乎知君子小人哉！同乎無知，其德不離；同乎無欲，是謂素樸。素樸，而民性得矣。及至聖人，蹩躠爲仁，踶跂爲義，而天下始疑矣；澶漫爲樂，摘辟爲禮，而天下始分矣。故純樸不殘，孰爲犧尊！白玉不毀，孰爲珪璋！道德不毀，安取仁義！性情不離，安用禮樂！五色不亂，孰爲五采！五聲不亂，孰應六律！夫殘樸以爲器，工匠之罪也；毀道德以爲仁義，聖人之過也。

「常性」，即《駢拇篇》之所謂常然。以古今不二言，則謂之常性；以智愚無別言，則謂之「同德」。德即性也。「一」，純一。「黨」，偏也。「天放」，崔本作天牧。此文「食」與「德」韻，「黨」與「放」韻，「填」與「顛」韻，「梁」與「鄉」「長」韻，則從「放」爲是。「天放」，猶《論語》子貢之稱孔子曰「固天縱之將聖」，言不可得而遏抑之、限制之也。前篇云「擢德塞性」，塞固非放，擢亦非放也。何者？擢者人，而非天也。「填填」，重遲也。「顛顛」，斂聚也。皆所謂「一而不黨」也。

「蹊隧」，皆山間道。「蹊」，孟子所謂「山徑之蹊間介然，用之而成路」者。「隧」則人工開鑿而成。此其異也。「澤」，川澤。「梁」，橋也。「山無蹊隧，澤無舟梁」者，言各安其居，各樂其俗，可以老死不相往來也。「萬物」言物，「羣生」言人。言人而先言物者，《秋水篇》所謂：「號物之數謂之萬，人處一焉。」是也。「連屬其鄉」者，鄉里相接，雞犬之音相聞，無復邦域之界也。「遂長」，遂其生而滋長無阻也。「烏鵲」各本作鳥鵲，鳥蓋烏之譌。《荀子·哀公篇》「烏鵲之巢，可俯而窺也」，《淮南子·氾論訓》「烏鵲之巢，可俯而探也」，並作烏不作鳥。鳥者共名，烏鵲者别名，共名不得與别名對舉，兹故正之。「闚」，窺一字。

「惡乎知君子小人」，言不知有君子小人之别。蓋名生于對立，人皆君子，則何有小人之名？既無小人之名，亦安取君子之號？所以云「惡乎知君子小人」也。「無知」、「無欲」，義本老子。「素樸」者，「素」言其不染汙，「樸」言其不雕琢。老子亦曰「見素抱樸」也。

「蹩躠」已見上。「踶跂」亦疊韻謰語。「踶」即下文「怒則分背相踶」之踶，今俗作踼，言舉足也。「跂」同企，言舉踵也。老子曰：「跂者不立，跨者不行。」此「踶跂」連言，蓋所謂蹺企以爲高者，不知其立之不安也。「澶漫」猶漫衍，《樂記》所謂「樂勝則流」者也。「摘辟」，「辟」同擗、同擘，言其擘析瑣細，《樂記》所謂「禮勝則離」者也。本有以「辟」作僻者，誤。「澶漫」、「摘辟」，亦皆謰語也。「天下始疑」，疑則非同德矣。「天下始分」，分則非一而有黨矣。

「犧尊」，祭祀所用，刻尊爲牛形也。「珪璋」，朝聘所執，鋭上方下曰珪，半珪曰璋。「道德不毀，安取仁義」，及「毀道德以爲仁義，聖人之過也」，即老子「道失而後德，德失而後仁，仁失而後義，義失而後禮」之説。《齊物論》曰：「道隱於小成，言隱於榮華。」蓋仁義之名立，則此見以爲仁者，彼見以爲義。相辯相爭，而道之全虧，人之情薄矣。道之全虧，人之情薄，天下於是乎多事。故老子曰：「大丈夫處其厚不處其薄，居其實不居其華。」審夫厚薄華實之分，於此論可無疑已。

夫馬，陸居則食草飲水，喜則交頸相靡，怒則分背相踶。馬知已此矣。夫加之以衡扼，齊之以月題，而馬知介倪闉扼，鷙曼，詭銜竊轡。故馬之知而能至盜者，伯樂之罪也。夫赫胥氏之時，民居不知所爲，行不知所之。含哺而熙，鼓腹而遊，民能已此矣。及至聖人屈折禮樂，以匡天下之形；縣跂仁義，以慰天下之心；而民乃始踶跂好知，爭歸於利，不可止也。此亦聖人之過也。

「陸居」，居於陸也，與前文「翹足而陸」陸字，字同而義異。「靡」同摩，謂相摩挲也。「馬知已此」者，馬之知止於此也。「衡」，轅上横木。「扼」同軛，加於服馬頸上，以駕車者。古者駕車，至少兩馬，是爲服馬；叁之則曰驂，四之則曰駟。「月題」，舊注謂馬雒上當顱，如月形者。若是，則「齊」字無義。考之《秦風・小戎》之詩曰「游環脅驅」，箋云：「游環在背上，無常處，貫驂之外轡，以禁其出。脅驅者，著服馬之外脅，以止驂之入。」詩又曰「鋈以觼軜」，傳云：「軜驂内轡也。」箋：「鋈以觼軜勒之觼，以白金爲飾也。」案觼乃環之有舌者。此云月題蓋指游環，軜觼之類，其形如月，而視之以爲控縱馳驅之節，因名曰月題，《小雅・小宛》之詩曰「題彼脊令」，傳「題，視也」，故題有視訓。是則所以齊駁馬，而與服馬調一者，故曰「齊之以月題」也。

「倪」，假借作輗。《説文》云：「輗，大車轅端所以持衡者。」「介」，閒也。「介倪」，言乘人之閒而不就衡。「闉」，曲也。「闉扼」，言曲其頸而不就軛。「詭銜」詭不受銜。「竊轡」，齧其轡。「介倪闉扼」，皆出之以强力，是之謂鷙。「詭銜竊轡」，則出之以詐巧，是之謂曼。故於四者之間插入「鷙曼」二字。「曼」者謾也。謾之訓欺。下云「馬之知而能至盜者」，合鷙力與詐欺，則盜之爲也。

「赫胥氏」，古帝王之號，詳見下《胠篋篇》。「居不知所爲，行不知所之」，所謂無知也。「含哺而熙，鼓腹而遊」，所謂無欲也。「哺」，食在口中。「熙」與嬉同。「鼓腹」，猶《消摇游》之云「腹猶果然」，謂腹如鼓也，是皆一飽之外無所求，故曰無欲也。「民能已此」言能，與上「馬知已此」言知，蓋互文也。

「匡」，正也。「禮樂」，動止屈伸皆有儀度，故曰「以匡天下之形」。「形」，形體也。上篇「屈折禮樂」下無此六字，蓋省文。不然，則傳寫者脱之也。「縣」，縣而望之。「跂」，跂而及之。曰「縣跂」者，言不可必得也。不可必得，故「民乃始踶跂好知，爭歸於利」。夫利者，仁義之反也。以仁義示民，而民反入於利者，求之不以情，應之必以僞。此亦自然之勢也。曰「聖人之過」者，「過」猶失也。

老子曰：「天下皆知美之爲，美斯惡已。「爲」字斷句也。下同。皆知善之爲，善斯不善已。」又曰：「不尚賢，使民不爭。賢猶勝也，如「夫子賢於堯舜」之賢。不貴難得之貨，使民不爲盜。」

又曰：「常使民無知無欲，使夫知者不敢爲也，則無不治。」各本「則無不治」上有「爲無爲」三字，乃他處竄入，羅卷本無之，據删。此篇所言，大要本乎此。夫民智既啟，世變日新，乃欲返之於無知無欲之古初，譬之障江河而使西流，是何可得！然而留此一段文字，俾爲天下者知夫用知之過，利起而害亦隨之，或害且加于利十倍、百倍而未止，因之慎用其術，不敢急一時之功，而貽長久之禍，則亦未爲無助也。若乃執滯於其説，信以爲今不逮古，有如郭子玄所云：「或者聞任馬之性，乃謂放而不乘；聞無爲之風，遂云行不如臥。豈亦將棄匠人不用，而甘於露處；屏陶器不使，而偏取抔飲哉！」是豈特失老、莊之旨，抑亦違生人自然之性者矣！

胠篋第十

此篇言「爲大盜積」、「爲大盜守」，又曰「聖人不死，大盜不止」，即從前篇「知而能至盜」一語而暢言之。大抵《駢拇》《馬蹄》《胠篋》三篇出於一人之手，故郭子玄刪訂此書時薈聚一處，蓋必有所據依焉。或疑其文與莊子不類，顧亦其門中高弟所作。論若稍激，而未嘗與七篇之旨背馳。孟子曰：「五霸，假之也。」此之所謂盜，即孟子之所謂「假」。天下大患，莫過於假名與盜名，非惟亂實，亦且啟爭；非惟啟爭，亦且重禍。然則其論之不得不激，抑可見諒於君子矣。

將爲胠篋探囊發匱之盜而爲守備，則必攝緘縢，固扃鐍，此世俗之所謂知也。然而巨盜至，則負匱揭篋擔囊而趨，唯恐緘縢扃鐍之不固也。然則鄉之所謂知者，不乃爲大盜積者也。故嘗試論之。世俗所謂知者，有不爲大盜積者乎？所謂聖者，有不爲大盜守者乎？何以知其然邪？昔者，齊國鄰邑相望，雞狗之音相聞，罔罟之所布，耒耨之所刺，方二千餘里；闔四竟之內，所以立宗廟社稷，治邑屋州閭鄉曲者，曷嘗不法聖人哉！然而田成子一日殺齊君而盜其國。所盜者豈獨其國邪？并與其聖知之法而盜之。故田成子有乎盜賊之名，而身處堯、舜之安；小國不敢非，大國不敢誅；十二世有齊國。則是不乃竊齊國，并與其聖知之法，以守其盜賊之身乎？

「將爲」之「爲」讀去聲，下「爲大盜積」、「爲大盜守」亦同。「胠」本義訓脅，從其脅而發之，亦曰胠。故司馬彪注云：「從旁開爲胠。」是也。「篋」，箱之狹而長者。「探」，探取也。「匱」，即今之櫃。「緘」、「縢」，皆繩也。直束之曰緘，縱横束之曰縢。「攝」，收也，謂結束之緊。「扃」，關鍵也。「鐍」，鍵之有舌者。扃、鐍皆今所謂鎖。「知」讀同智。「巨盜」即大盜。匱大，故負之。「負」，負於背。「揭」，舉也。「揭」、「擔」皆於肩。然篋之爲物也堅，故用「揭」。囊之爲物也輭，故用「擔」。古人文字未有隨便用者，不可不知也。「趨」，疾行。「固」，牢也。「鄉」同曏，或作嚮，猶昔也。「不乃」，猶無乃。「也」讀若邪。「積」謂積貨財，即指篋囊匱中之物。「守」承守備言，即所謂「攝緘縢，固扃鐍」也。

「鄰邑相望」，鄰與鄰相望，邑與邑相望也。《周官·遂人》「五家爲鄰」，《管子·制國》「五家爲軌」，軌即鄰也。又《制鄙》「三十家爲邑」。齊鄰邑之制，大抵如此。「罔」同網。「罔罟之所布」，謂山澤之地可以漁獵者也。「耒」用以耕，「耨」用以除草。「耒耨之所刺」，謂原隰之地可以耕種者也。「方二千餘里」，地勢奇衺不齊，裁而方之，可二千餘里也。「闔」猶合也。「竟」同境。「宗廟」，祖廟也。「社」，所以祀后土。「稷」，所以祀后稷。古凡有國者必備此，蓋皆不忘其本者也。「邑屋」者，邑以人言，屋以地言。畝百爲夫，夫三爲屋，屋三爲井，古井田之制如是，亦見《周官書》。「州閭」，猶州里。「閭」，里門也。里二十五家，州二千五百家。此舉大小兩端而言之。「鄉曲」者，邑屋州閭之所不數、散居於巖陬水澨者，則入之於此。鄉非五州爲鄉之鄉，亦非《管子·制國》以爲二十一鄉之鄉也。「曷嘗」猶何嘗。

「田成子」，田恒也。「一日」，各本作一旦。《釋文》云：「宋元嘉本作一日。」一日、一旦並通。然元嘉本最古，宜從之，茲改作一日。「齊君」，簡公壬也。田恒執簡公，弒之于舒州，事見哀公十四年《左傳》，孔子嘗請討之，見《論語》，曰：「陳恒弒其君。」陳、田古一音。《史記·田完世家》云：「敬仲如齊，以陳字爲田氏。」故後世或稱陳，或稱田，一也。恒，《世家》作常，蓋避文帝諱而改之。臣殺君曰弒，故《論語》與《左傳》並書「弒」。

「非」，非議也。「十二世有齊國」，舊注皆謂：「自田敬仲完至威王嬰齊，凡十有二世。」蓋本《世家》以爲説。然此云「田成子一日殺齊君而盗其國」，不應上溯至於敬仲。敬仲之由陳始奔齊也，官不過工正，一羈旅之臣耳。其後文子須無且嘗去齊矣。見《論語》。安得以有齊國之名加之！考田氏之謀有齊，實始於恒父僖子乞以小斗收賦税於民，而予民粟則以大斗，以是得齊人之心，而恒復效之。故乞得援立悼公陽生，而恒弒簡公，齊人不之討也。此論事，與史公作《世家》異。作《世家》必推其所自出，故不得不始於田完，猶後世作家譜，必自始遷祖敘起也。論事，則誅止於首禍，故乞且可以不論，況自乞以上乎？竊疑此文本作四世有齊國，謂自恒而襄子盤、而莊子白、而太公和。和始與魏文侯斯，會于濁澤，求爲諸侯。文侯乃爲之使，使言於周天子及諸侯，以田代姜，故曰四世有齊國。「有齊國」云者，謂自得而有之，非復曩者盗據之名矣。「四」字傳寫譌作「十二」，其形亦頗相近。《釋文》云：「自敬仲至莊子九世知齊政，自太公和至威王三世爲齊侯，故云十二世也。」不言注者姓氏，當是德明自注。則是作十二世，實始自唐矣。顧其傳已久，未有鑿據，不敢逕改。爰著其説于此，以俟後世知者詳焉。

「聖知之法」，當是指太公、管子之法。田齊之强，實由守此，是亦實録也。

嘗試論之，世俗之所謂至知者，有不爲大盗積者乎？所謂至聖者，有不爲大盗守者乎？何以知其然邪？昔者龍逢斬，比干剖，萇弘胣，子胥靡，故四子之賢，而身不免乎戮。

故跖之徒問於跖曰：「盗亦有道乎？」跖曰：「何適而無有道邪？夫妄意室中之藏，聖也；入先，勇也；出後，義也；知可否，知也；分均，仁也。五者不備，而能成大盗者，天下未之有也。」

由是觀之，善人不得聖人之道不立；跖不得聖人之道不行。天下之善人少，而不善人多，則聖人之利天下也少，而害天下也多。故曰：脣竭則齒寒，魯酒薄而邯鄲圍，聖人生而大盗起。掊擊聖人，縱舍盗賊，而天下始治矣。夫川竭而谷虚，丘夷而淵實。聖人已死，則大盗不起，天下平而無故矣。聖人不死，大盗不止。雖重聖人而治天下，則是重利盗跖也。爲之斗斛以量之，則并與斗斛而竊之；爲之權衡以稱之，則并與權衡而竊之；爲之符璽以信之，則并與符璽而竊之；爲之仁義以矯之，則并與仁義而竊之。

何以知其然邪？彼竊鉤者誅，竊國者爲諸侯，諸侯之門而仁義存焉，則是非竊仁義聖知邪？故逐於大盗，揭諸侯，竊仁義，并斗斛、權衡、符璽之利者，雖軒冕之賞弗能勸，斧鉞之威弗能禁。此重利盗跖而使不可禁者。是乃聖人之過也。故曰：「魚不可脱於淵，國之利器不可以示人。」彼聖知者，天下之利器也，非所以明天下也。

曰「至知」，曰「至聖」，蓋更進一步論之。龍逢、比干，已見前《人間世篇》。「斬」，腰斬。「剖」，剖心也。「萇弘」見《外物篇》，曰：「萇弘死於蜀，藏其血，三年而化爲碧。」考之《春秋左氏傳》及《國語》，萇弘爲周悼王、敬王大夫。其死也，以晋范中行氏之難，晋趙鞅以爲討，周人爲之殺萇弘，事在敬王二十八年，即魯哀公三年。蓋忠于周室，而爲霸國彊臣趙鞅所不容，因以屈死者。「胣」或作胣，刳腸也。「子胥」，伍員也，事吴王夫差，强諫，夫差賜之屬鏤之劍以死，遂投其尸於江。「靡」同縻，謂尸縻爛也。

舉此四賢「身不免乎戮」，與爲大盗積、爲大盗守何與？蓋桀之殺龍逢，紂之殺比干，周人之殺萇弘，吴王之殺子胥，固皆有其殺之之辭。其殺之之辭，若所謂好名、見《人間世篇》桀紂之所以責龍、比者。助叛、晋趙鞅之討萇弘，蓋以是。處以念惡，撓亂百度。見《國語・吴語》，夫差所以訊子胥者。念惡，猶今云蓄意不良也。豈非聖知之所大戒，而龍、比、萇弘、子胥服膺之無異言者哉！是故桀、紂、趙鞅、夫差之徒，得假之以塞四賢之口，而惑天下之聽，是其爲大盗積、爲大盗守，雖四賢至死有不自覺悟者矣。其文雖簡，其意固可推而知之。不然，「何以知其然」下横入此二十餘字，文氣幾不相銜接矣。

「何適而無有道」，言無往而非道也。「妄意室中之藏」，「藏」爲寶藏之藏，讀去聲。「意」同億，度也。「妄意」，謂無所依據而能度之，故曰「聖也」。「妄」取虚義，非亂義也。近人簡陽王叔岷作《莊子校釋》引《淮南子·道應訓》作「意而中藏」，讀中如《論語》「億則屢中」之中，以爲「室」、「之」二字爲後人所加，所見頗有理，似可從也。「知可否」者，知其時之可否也。「知也」之「知」讀智。或曰「可否」，如後世所云「劫富不劫貧，劫貪不劫廉」，亦通。

「善人不得聖人之道不立，跖不得聖人之道不行」，挈兩端而言之，可謂允當矣。而乃轉曰「天下之善人少，而不善人多，則聖人之利天下也少，而害天下也多」，且進而曰「聖人生而大盗起，掊擊聖人，縱舍盗賊，而天下始治矣」，則毋乃失之偏激歟？善夫《齊物論》之言曰：「辯也者有不見也。」聖人揭仁義以示天下，而不見仁義之爲盗有，是聖人之不見也。此文窮仁義之害天下，而不見天下之不善人得持此以集矢於仁義，以逞其不仁不義之暴，是亦莊氏之徒之不見也。故郭子玄之注曰：「聖人利天下少，害天下多，信哉斯言！斯言雖信，而猶不可亡聖者。天下之知未能都亡，故須聖道以鎮之也。羣知不亡，而獨亡聖知，則天下之害又多於有聖矣。然則有聖之害雖多，猶愈於亡聖之無治也。雖愈於亡聖，未若都亡之無害也。」子玄之言，信乎能融通此書之旨者矣。

顧余猶有進者。夫至則不論，論則不至。論之不能無偏，勢也。惟達者爲能齊之。齊之，則存其偏而用其是，是偏亦全也。不能齊之，則用其一而亡其一，雖全亦偏也。是以必徹於

《齊物》之旨，而後《胠篋》之文可讀也。不能徹於《齊物》之旨，豈唯《胠篋》之文，《莊子》全書皆毒藥也。

「脣竭則齒寒」，即所謂脣亡齒寒也。見僖五年《左氏傳》。「魯酒薄而邯鄲圍」，舊有二説，並見於《釋文》。一説、楚宣王朝諸侯，魯共公後至而酒薄，宣王怒，欲辱之，共公不受命，曰：「我周公之胤，長於諸侯，行天子禮樂，勳在周室。我送酒已失禮，方責其薄，無乃太甚！」遂不辭而還。宣王怒，乃發兵與齊攻魯。梁惠王常欲擊趙，而畏楚之救。楚以魯爲事，故梁得圍邯鄲，言事相由也。一説、楚會諸侯，魯、趙俱獻酒於楚王，魯酒薄而趙酒厚。楚之主酒吏求酒於趙，趙不與，吏怒，乃以趙厚酒易魯薄酒，奏之，楚王以趙酒薄故圍邯鄲也。按此言事之相因，有非始料所及。當以第一説爲是。

「聖人生而大盜起」，則聖人者其本源，而大盜者其末委，害必絶其本源，故曰「掊擊聖人，縱舍盜賊」。「縱舍」云者，謂其罪可以末減耳，非果欲置之不問也。此等處最宜善看。若果欲置盜賊不問，則其於田成子口誅筆伐一再而未已，又何爲者哉？「聖人已死」者，謂聖人之名與其説亡，非謂聖人之人死也。聖人之名與其説亡，則大盜無復有假借之資，故曰「則大盜不起」。《消摇游》言聖人無名，《齊物論》言聖人懷之，意蓋在是也。

「重聖人」之「重」訓絫，讀平聲。「重利盜跖」之「重」義與大同，讀去聲。「量之」「稱之」，義皆訓平。「量」猶劑也。「稱」即《易·謙卦》大象「稱物平施」之稱。「平」者，所以平人之爭。「符」，符節，破竹爲之。「璽」，印璽，刻玉爲之。「信」者，所以杜人之欺也。有斗斛、權衡、符璽，而人猶不免於爭與欺也。於是聖人乃有仁義之説，告之以爲人之道必當如是，故曰「矯之」。「矯之」爲言正也，正其前日之過也。乃若并仁義而竊之，而後聖人之道窮。窮則反本，是此文之所以作也。

「鈎」，孟子所謂「一鈎金」，亦即《達生篇》「以鈎注者憚」之鈎，蓋鑄金以爲鈎形，如後世銀錁之類。舊注謂帶鈎者，誤也。「竊鈎者誅」，得以盗賊之名加之者也。「竊國者爲諸侯」，不得以盗賊之名加之者也。不得以盗賊之名加之者，彼固曰：吾是乃爲仁義也。烏有爲仁義而乃名之盗賊者？故曰：「諸侯之門而仁義存焉。」夫仁義而存於諸侯之門，則仁義即非仁義矣。是言也，蓋痛哭流涕而出之。若視以爲嬉笑怒駡之辭，未爲能深體作者之心也。

「逐」者隨也。一大盗起，而天下紛紛隨之，故曰逐。「揭」，標舉之，言戴之以爲魁首也。黨與衆而風氣成，故「雖軒冕之賞弗能勸，斧鉞之威弗能禁」。《易·坤文言》所以云「非一朝一夕之故，其所由來者漸也」。「魚不可脱於淵，國之利器不可以示人」，本老子語。引前人語以證，是以加「故曰」字。「聖知」，各本皆作聖人，惟褚伯秀輯《南華義海纂微》，所附《管見》斷言「聖人」爲「聖知」之誤。按以文義論，此言器，非言人，自當作「聖知」，因據以改正。「非所以明天下」，猶言非所以明于天下。老子曰：「古之善爲道者，非以明民，將以愚之。」此用其意以起下文，故即用「明」字。或疑爲「明」字誤，或以爲「明」下脱「示」字，皆非也。

故絶聖棄知，大盗乃止；擿玉毁珠，小盗不起；焚符剖璽，而民樸鄙；掊斗折衡，而民不爭；殫殘天下之聖法，而民始可與論議；擢亂六律，鑠絶竽瑟，塞師曠之耳，而天下始人含其聰矣；滅文章，散五采，膠離朱之目，而天下始人含其明矣；毀絶鉤繩而棄規矩，攦工倕之指，而天下始人有其巧矣。故曰「大巧若拙」。削曾、史之行，鉗楊、墨之口，攘棄仁義，而天下之德始玄同矣。彼人含其明，則天下不鑠矣；人含其聰，則天下不累矣；人含其知，則天下不惑矣；人含其德，則天下不僻矣。彼曾、史、楊、墨、師曠、工倕、離朱者，皆外立其德，而以爚亂天下者也，法之所無用也。

此段言及聰明辯知、鉤繩規矩、師曠離婁、曾史楊墨，皆前兩篇文中所有，故此三篇意實相承，定以爲一人之作，是亦一證也。

「擿」讀同擲，謂投棄之。「樸」，誠。「鄙野」，鄙野之野，亦有美惡二義。子曰：「野哉由也！」此惡義也。子曰：「先進於禮樂，野人也。」此美意也。並見《論語》。老子曰：「衆人皆有以，我獨頑且鄙。」樸鄙之鄙，正頑鄙之鄙也。

「殫殘」，疊韻謰語，謂殘毁之，而不使有遺餘也。夫聖法既殫殘矣，所謂一法不立，又何所容其論議；若有論議，此論議者必且立以爲法。不獨立以爲法，且將以爲天下之法莫能過之，則是即一聖法也。何得云「殫殘天下之聖法」哉？推作者之意，蓋依據《齊物論》「不言之辯、不道之道」而爲之説，以爲忘言而始可與言耳。特《莊子》本文之辭圓，圓則無病。此文不能如《莊子》，遂不免自相矛盾，而轉爲後人指責之的。然此一段中，此二句者實爲其主旨所在。

要其通其意而無執於其文可也。

「擢」，抽也。六律六呂，隔八相生，抽其一，則亂矣，故曰「擢亂」。「鑠」，銷也。竽之成聲在簧，故銷之。瑟之成聲在絃，故絶之。「絶」，斷也，此用「絶」字本義，與上「絶聖棄知」絶訓絶滅，用引申之義者不同。「含其聰」，《駢拇篇》所謂自聞也。「含其明」，所謂自見也。自聞自見，聰明斯含矣。「膠」，謂合也。「攦」同㯕，謂束十指而併之。《達生篇》：「工倕旋而蓋規矩，指與物化而不以心稽。」謂倕以指畫圓，自然合規，初不用心計之也。其巧也如此。此云攦指，亦曰束其指而不用耳。舊注或曰折之，或曰撕之。夫駢於拇者尚不欲決，枝於手者尚不欲齕，安有取全形之指而撕之、折之者哉！此亦注者不考之過也。「倕」即《尚書·堯典》之垂。舜曰：「垂，女共工。」共讀供職之供。以號曰「工倕」。「人有其巧」，不曰含而曰「有」者，聰明在耳目，耳目可曰含，巧在手，手不可曰含，故易之曰「有」。「有」謂藏有之也。

「大巧若拙」，引用老子語。「玄同」，亦出老子。曰：「塞其兑、閉其門，挫其鋭、解其紛，和其光、同其塵，是謂玄同。」所謂塞兑閉門、挫鋭解紛、和光同塵，即此之塞耳膠目、含聰含明、藏有其巧之意。故以「天下之德始玄同矣」結之。若以本書通之，「同」即上篇「是謂同德」之同，而此曰「玄同」者，玄之爲言濳也，亦即含聰含明「含」字之義。惟玄而後能同，惟含而後能同也。

「不鑠」之「鑠」，與孟子言「非由外鑠我也」鑠字義同，與上言「鑠絶竽瑟」鑠字義同而用則別。「累」，負累也。「僻」，偏僻，即上篇「一而不黨」之黨，而「同」之反也。「外立其德」，則上篇所謂「得人之得而不自得其得」者。上之則以德自矜，下之則以德沽世。自矜者爲名，沽世者志利。天下紛紛，胥由乎此，故曰「以爚亂天下」。「爚」猶炫也。炫者亂之本。亂者炫之果也。上云「非所以明天下」，即不欲以是炫之耳。

「法之所無用」，「法」疑「治」字之譌。上云「掊擊聖人，縱舍盜賊，而天下始治矣」，此承前意而申言之，故曰「治之所無用」。謂治天下，無用乎是也。觀其下歷數容成氏、大庭氏以至伏戲、神農而總之曰：「若此之時，則至治已。」此一「治」字，正前後相關連，以與「法」字形近，傳寫致譌，是宜急正之者。著其說於此，以俟後人擇焉。

子獨不知至德之世乎？昔者容成氏、大庭氏、伯皇氏、中央氏、栗陸氏、驪畜氏、軒轅氏、赫胥氏、尊盧氏、祝融氏、伏戲氏、神農氏，當是時也，民結繩而用之，甘其食，美其服，樂其俗，安其居，鄰國相望，雞狗之音相聞，民至老死而不相往來。若此之時，則至治已。今遂至使民延頸舉踵，曰「某所有賢者」，贏糧而趣之，則内棄其親，而外去其主之事，足跡接乎諸侯之境，車軌結乎千里之外。則是上好知之過也。上誠好知而無道，則天下大亂矣。

何以知其然邪？夫弓弩畢弋機變之知多，則鳥亂於上矣；鉤餌罔罟罾笱之知多，則魚亂於水矣；削格羅落罝罘之知多，則獸亂於澤矣；知詐、漸毒、頡滑、堅白、解垢、同異之變多，則俗惑於辯矣。故天下每每大亂，罪在於好知。故天下皆知求其所不知，而莫知求其所已知者；皆知非其所不善，而莫知非其所已善者，是以大亂。故上悖日月之明，下爍山川之精，中墮四時之施。惴耎之蟲，肖翹之物，莫不失其性。甚矣夫，好知之亂天下也！自三代以下者是已，舍夫種種之民，而悦夫役役之佞；釋夫恬淡無爲，而悦夫啍啍之意。啍啍已亂天下矣！

「至德」，含其德而非外立者。容成氏以下十二氏，軒轅、祝融、伏戲、神農，皆嘗見於經傳，以是推之，其他八氏必有其人。十口所傳，不得遂以子虛烏有目之也。舊注云：皆古帝王名。若以今言之，則部落之酋之較大而賢者耳，決非唐虞以下帝王之比。

「結繩用之」至「老死不相往來」，皆用老子語。甘食美服，樂俗安居，所謂「自得其得」、「自適其適」，故無外求也。「鄰國相望，雞狗之音相聞，民至老死不相往來」，所謂「同乎無知」、「同乎無欲」，故無爭擾也。鄰國謂鄰近之國，與上文言鄰邑者不同。彼謂人口蕃庶，此謂彼此相安也。「則至治已」，猶言則至治也。有至德則有至治，言治根於德，以見治不根於知也。

「贏糧」，裹糧，儋糧也。「趣」同趨。「賢者」謂賢諸侯，如梁惠、齊宣之屬。此爲當時游士而發，故曰「足跡接乎諸侯之境，車軌結乎千里之外」。其後《韓非子·五蠹》之篇以文學、言談之士爲二蠹，而與私門之串御、斂財之商工並列，爲其不事力而衣食、無功而顯榮也。雖韓非所主在乎用法，與莊子之徒殫殘聖法者，處乎截然不同之兩端，然至于指斥游士之害，則固當時身受其禍者之所見聞，是以同符合揆若是，不得疑爲過言也。

上言「好知之過」，下又言「誠好知而無道，則天下大亂」者，蓋知而有道以節之，則知得其當，即知何害！知之爲害，在於過好，過好必無節，此所以曰「好知而無道」也。然則如何而得有道以節之？曰《齊物論》蓋嘗詔吾儕矣，曰：「知止其所不知，至矣。」至者非道乎？止者非節乎？夫言必有宗，《齊物論》者，亦此言之宗已。

「弩」，弓之發以機者。「畢」，網之有柄者，若今捕蟲網然，「畢」字正象其形。「弋」同隿，結繳於矢以射也。弓弩以及高遠，畢弋以取卑近。「機變」，則四者之外，如以黐黏、以媒誘，皆是也。「罟」、「罾」，亦網也。網用撒，罟用撩，罾用搬，則其別。「笱」，以竹爲之，故字從竹，用於魚梁，承其流而獲取之，《詩·齊風》所云「敝笱在梁，其魚唯唯」是也。「削格」，即《中庸》「驅而納諸罟擭陷穽」之擭，以竹或木之堅者削而施之，獸蹈其機，則中其足而不得脱。其大者可以捕獐豕。「削」亦作峭，左思《吴都賦》云「峭格周施」是也。「羅落」即羅網，「落」與「絡」通，《秋水篇》「落馬首」即絡馬首也。「罝」，兔罔。「罘」同罦，罝之有機括可以翻弄者，俗亦謂之翻車。「澤」，山澤也。

「知詐」之「知」讀智。「漸」，刻深也，讀平聲。「毒」，毒辣。「漸毒」又深於智詐。舊注以「漸毒」作一事釋之，謂爲漸漬之毒，或云深害，固未是。清之訓詁家謂「漸」亦詐也，引《荀子·正論》「上凶險則下漸詐矣」以證，亦非也。夫漸之不同於詐，猶凶之不同於險，安得等而一之哉！「頡滑」猶滑稽，並雙聲謰語。滑稽倒之而爲頡滑，猶蕩佚倒之而爲跌蕩，佚，古音與跌無别。瀰渺倒之而爲渺沔也。頡滑滑稽者，言其出之無窮也。「解垢」猶邂逅，不期而遇合曰邂逅，引申之，無因而造説亦曰邂逅。「逅」一作遘。《後漢書・隗囂傳》云「勿用傍人解構之言」，《竇融傳》云「亂惑真心，轉相解搆」，邂逅、解垢、解構、解搆，用字雖殊，取義則一也。《天下篇》之言惠施也曰：「南方有倚人焉，曰黄僚，問天地所以不墜不陷、風雨雷霆之故。惠施不辭而應，不慮而對，徧爲萬物説，説而不休，多而無已，猶以爲寡，益之以怪。」若此者，抑可謂解垢之説矣。然則頡滑、堅白、解垢、同異蓋皆有所本而言之，非虚説也。「求其所不知」，即指頡滑、堅白、解垢、同異之變言，所已知則人生日用之常道也。「非其所不善」，謂古人拙鈍僿野之俗。「所已善」則上之言「知詐漸毒」是也。

「爍」同鑠，銷也。「墮」同隳，廢也。「四時之施」，四時之行也。「惴」亦作喘，息也。「耎」同蝡，動也。「肖」之爲言小也。「翹」，舉也。「肖翹」，謂句萌也。從崔譔植物訓。「惴耎之蟲，肖翹之物」，皆舉其極小者言之，此且「莫不失其性」，則大者不待言矣。

「種種」猶憧憧，謂誠樸無知也。「役役」，奔走不息，上所謂「足跡接乎諸侯之境，車軌結乎千里之外」者是也。「佞」，巧。「恬淡無爲」，見後《刻意篇》。「啍啍」即諄諄。《天下篇》言「宋鈃尹文，周行天下，上説下教，强聒而不舍」，是所謂「啍啍之意」也。「役役之佞」，謂知也。「啍啍之意」，謂辯也。上言知、言辯，故此亦兩結之。而「啍啍已亂天下」，又獨以辯言者，夫彼其意豈不曰吾欲以救天下哉？而不知天下之亂乃反以是而益亟，故不得不提醒之。曰「諄諄已亂天下」，亦勸之反本之意也。

在宥第十一

此篇與上三篇意亦相因，然非出上三篇作者之手，而爲莊子所自作。何以斷之？文章有論有喻，又有引證，完全與内七篇同一格局。一也。「尸居龍見，淵默雷聲，神動天隨」，以至「與日無始，頌論形軀，合乎大同，大同而無己」之言，皆理趣宏深，非莊子不能道。二也。篇首非仁義，掊禮樂，極道無爲之盛，而末乃言「麤而不可不陳者法也，遠而不可不居者義也，親而不可不廣者仁也，節而不可不積者禮也」，本末精麤並舉不廢，不似三篇之偏重一端。三也。

然則其言性、言德、言聰明、言仁義，意乃相因，何耶？曰：是三篇之因襲此文，非此文之因襲三篇也。今外篇次第，乃郭象所定，非其本然，鄉使以此篇置前，而以三篇附後，則是疑不生矣。然而郭象編次，亦自有意，篇末無爲、有爲之論，實爲下《天地》《天道》兩篇發端，置之於此，則上結《駢拇》《馬蹄》《胠篋》之文，而下通《天地》《天道》《天運》之脈，貫串有序，是郭氏之意也。

聞在宥天下，不聞治天下也。在之也者，恐天下之淫其性也；宥之也者，恐天下之遷其德也。天下不淫其性，不遷其德，有治天下者哉！

昔堯之治天下也，使天下欣欣焉人樂其性，是不恬也；桀之治天下也，使天下瘁瘁焉人苦其性，是不愉也。夫不恬不愉，非德也；非德也，而可長久者，天下無之。人大喜邪，毗於陽；大怒邪，毗於陰；陰陽并毗，四時不至，寒暑之和不成，其反傷人之形乎！使人喜怒失位，居處無常，思慮不自得，中道不成章，於是乎天下始喬詰卓鷙，而後有盜跖、曾、史之行。故舉天下以賞其善者不足，舉天下以罰其惡者不給，故天下之大，不足以賞罰。自三代以下者，匈匈焉終以賞罰爲事，彼何暇安其性命之情哉？

而且説明邪，是淫於色也；説聰邪，是淫於聲也；説仁邪，是亂於德也；説義邪，是悖於理也；説禮邪，是相於技也；説樂邪，是相於淫也；説聖邪，是相於藝也；説知邪，是相於疵也。天下將安其性命之情，之八者，存可也，亡可也；天下將不安其性命之情，之八者，乃始臠卷傖囊而亂天下也。而天下乃始尊之、惜之，甚矣，天下之惑也！豈直過也而去之邪？乃齊戒以言之，跪坐以進之，鼓歌以儛之，吾若是何哉！

故君子不得已而臨莅天下，莫若無爲。無爲也，而後安其性命之情。故貴以身於爲天下，則可以託天下；愛以身於爲天下，則可以寄天下。故君子苟能無解其五藏，無擢其聰明，尸居而龍見，淵默而雷聲，神動而天隨，從容無爲，而萬物炊累焉。吾又何暇治天下哉！

「在」猶存也，存如孟子「存心養性」之存，存則不放矣。不放，故「不淫其性」。「淫」者泆也，泆者失也。「宥」同囿，謂範圍之也。《易・繫辭》曰：「範圍天地之化而不過。」彼言不過，此言不遷其性，其義一也。以不遷之義求之，則知宥之爲囿，而不得如舊注之訓爲寬矣。「在宥」如上醫之調人元氣，不使生疾。「治」則如常醫以藥攻病，病去而人亦傷，故曰：「聞在宥天下，不聞治天下也。」

「恬」，安也。「愉」，懌也。「不恬不愉，非德也」者，言非性之所本然也。「喜」根樂言，「怒」根苦言。「怒」，怨怒也。「毗」，偏也。「毗陽」、「毗陰」，即《人間世篇》所謂「陰陽之患」。「四時不至，寒暑之和不成」，皆就一身言，亦即《大宗師篇》所云「喜怒通四時」之反，是以「反傷人之形」也。「不自得」，不得其性也。「中道」，與「力不足者中道而廢」見《論語・雍也篇》。之中道同，「中」讀如字，謂半道也。「章」，樂之成也，故字從音從十。「不成章」，言其鮮克有終也。「喬詰卓鷙」，皆雙聲謰語。「喬」讀矯，「矯詰」者，刻意尚行，離世異俗者也，指下曾、史言。「卓鷙」者，心如湧泉，意如飄風，順其心則喜，逆其心則怒者也，指下盜跖言。蓋一則「忍情性」，一則「縱情性」，「忍情性、縱情性」，并荀子語，見《非十二子篇》。要之皆非德也。忍情性者，賞之所不能勸。縱情性者，罰之所不能沮。故曰「舉天下以賞其善者不足，舉天下以罰其惡者不給」，「不給」猶不足也。「匈匈」，喧擾不寧也。「終」猶既也。「性命之情」，謂性命之真，即上之所謂「德」也。

「淫於色」，「淫於聲」，明聰以淫言者，「淫」即「不淫其性」之淫。明聰不能離耳目之形，形之本曰性。以性言，故言淫也。「亂於德」，「悖於理」，理者德之理。悖理，即亂德也。仁義以德言者，「德」即「不遷其德」之德。仁義列於五藏，非如聰明之屬耳目之外也。等而進之，故不言性而言德；不言性而言德，則亂與悖即遷之意可知。《駢拇篇》言性而及德，言形而及性，其等釐然。依是求之，故知此言「淫」言「德」亦各當其位，而非漫然爲辭者也。

禮言「相於技」者，五射五御，皆有其禮，不獨周旋、揖讓而已，故禮近於技。「相」者，助也，即助長之謂。樂言「相於淫」者，「淫」如「《關雎》樂而不淫」之淫，樂之失淫也。聖言「相於藝」者，周公多材多藝，見《尚書·金縢篇》。孔子多能鄙事，又不試故藝，見《論語·子罕篇》。藝固聖者之事也。知言「相於疵」者，「疵」如「不女疵瑕」之疵，見僖七年《春秋左氏傳》。謂指謫人之短也。知者明於察物，易見人過，故曰「相於疵」。

「臠卷」同孿拳，司馬彪注云「不申舒之狀」，是也。「愴囊」同搶攘，言煩擾也。臠卷之病，忍情性者中之。愴囊之病，縱情性者中之。臠卷毗陰，愴囊毗陽，皆分而言之，不得一律觀也。「惜之」，猶言愛之。「過也而去之」，《天運篇》所云「仁義，天地之蘧廬，可以一宿，而不可以久處」者，今不能如是，故曰：「豈直過也而去之邪？」此「邪」字當讀「如」也。「齊」同齋。「齊戒以言之，跪坐以進之」，上所謂「尊之」也。「僊」者舞之異文。「鼓歌以僊之」，上所謂「惜之」也。「若是何哉」，猶言奈之何哉，謂無如天下何也。

君子「臨莅天下」，而曰「不得已」者，君子無必爲天下之心，迫而後起，感而後應。故曰

「不得已」也。「無爲」本上「在之」「宥之」言。在之、宥之，使天下不淫其性，不遷其德，是以能「安其性命之情」。然則「無爲」非無所事事明矣。「貴以身於爲天下」，「愛以身於爲天下」，皆倒文，直言之，當云「以身貴於爲天下」，「以身愛於爲天下」。「可以託天下」，「可以寄天下」，曰託曰寄，皆不有天下之謂。此四語本出老子，引之以明不得已之義也。

「解」，解散也。「無解其五藏」，則五性全，而德亦玄同矣。「無擢其聰明」，則耳目内，而形亦自正矣。「尸居」，如尸之居。尸謂祭祀之尸，端拱而坐，不言不動也。「龍見」，如龍之見。「尸居龍見」，《中庸》所謂「不見而章，不動而變」也。「淵默」，如淵之默。「雷聲」，如雷之聲。「淵默雷聲」，《易・繫辭》所謂「默而成之，不言而信」也。「神動天隨」，則《乾・文言》所謂「先天而天弗違也」。夫天且弗違，而況于人乎！故曰「從容無爲，而萬物炊累焉」。此文藏、明、聲爲韻，隨與累爲韻。「炊累」亦叠韻字。「炊」與吹同，故本亦作吹，吹言其動蕩。「累」與纍同，讀如《詩・南有樛木》「葛藟纍之」之纍，言其旋繞。動蕩故不息，不息則存，應上「在」字言。旋繞故不散，不散則定，應上「宥」字言。「何暇治天下」，應上「有治天下者哉」言。

崔瞿問於老聃曰：「不治天下，安臧人心？」老聃曰：「女慎無攖人心。人心排下而進上，上下囚殺，淖約柔乎剛强。廉劌彫琢。其熱焦火，其寒凝冰。其疾俛仰之間，而再撫四海之外。其居也淵而静，其動也縣而天。僨驕而不可係者，其唯人心乎！昔者，黄帝始以仁義攖人之心，堯舜於是乎股無胈，脛無毛，以養天下之形；愁其五藏，以爲仁義；矜其血氣，以規法度。然猶有不勝也，堯於是放讙兜於崇山，投三苗於三峗，流共工於幽都，此不勝天下也。夫施及三王，而天下大駭矣。下有桀、跖，上有曾、史，而儒、墨畢起。於是乎喜怒相疑，愚知相欺，善否相非，誕信相譏，而天下衰矣；大德不同，而性命爛漫矣；天下好知，而百姓求竭矣；於是乎釿鋸制焉，繩墨殺焉，椎鑿決焉。天下脊脊大亂，罪在攖人心。故賢者伏處大山嵁岩之下，而萬乘之君憂慄乎廟堂之上。今世殊死者相枕也，桁楊者相推也，刑戮者相望也，而儒、墨乃始離跂攘臂乎桎梏之間。意，甚矣哉！其無愧而不知恥也甚矣！吾未知聖知之不爲桁楊椄槢也，仁義之不爲桎梏鑿枘也，焉知曾、史之不爲桀、跖嚆矢也！故曰：「絶聖棄知，而天下大治。」

此蓋託爲老子之言。知其爲託言者，老子之時，尚無儒、墨之名，而曾子爲孔門最小之弟子，迨曾子成名，與史魚並稱曾、史，老聃之死久矣。由是言之，崔瞿其人亦出虚擬。「瞿」，向、崔本並作臞。臞之爲言，即下文「股無胈，脛無毛」，以及「愁其五藏」、「矜其血氣」之狀，言治天下之勞瘁有如是耳。

「安臧人心」者，「臧」，善也，言何以使人心之善。不知人心本善，其不善者，由有以撓亂之也，故曰「女慎無攖人心」。「攖」即《大宗師篇》「攖寧」之攖。夫攖而後寧者，惟古之真人能之。若夫恒人，攖則不寧矣。不寧，不善之所由生也。

「排下進上」者，排之則下，進之則上也。「排」猶抑也。排、進皆攖也。「上下囚殺」者，下則囚，上則殺。「囚」者遏其生機，「殺」者逞其暴行也。「淖約柔乎剛强」，承「囚殺」言。遏其生機者弱，施其暴行者强，弱者常屈於强者，故曰「淖約柔乎剛强」，此與老子書中所言「天下之至柔馳騁天下之至剛」義異。即「淖約」字，與《消摇游篇》姑射神人「淖約若處子」之淖約用亦不同。郭象注云：「言能淖約，則剛强者柔矣。」如此，不獨與上下文意不銜接，且於全篇在宥之旨亦無關涉。横插此議何爲乎？此其譌誤，固不難辨。而注家率從之，非也。

「廉劌」者，磨之使鋭；「彫琢」者，鑿之使巧。此更進一步言之。「熱焦火」而「寒凝冰」，則毗陰毗陽之病，《人間世篇》所謂「陰陽之患」也。「其疾俛仰之間，而再撫四海之外」，言人心之捷，聲響光景之所不能及，即孔子所云「出入無時，莫知其鄉，惟心之謂」也。見《孟子·告子篇》。「其居也淵而静」，操之則存也。「其動也縣而天」，舍之則亡也。「操存舍亡」，亦見同章。「縣」者，言其無所倚薄也。「僨」音奮，即僖十五年《左傳》「張脈僨興」之僨。「驕」，恣也。「僨驕而不可係者，其唯人心乎」，喻人心如馬之奔放，不可得而羈係也。然此乃廉劌彫琢以後之事，亦即攖之使然，非謂人心本如是也。若人心之本，則所謂「其居也淵而静」。淵静者寧也。人心本寧，而撓之使不寧，故曰「無攖人心」也。

《駢拇篇》言「自虞氏招仁義以撓天下」，此篇篇首亦只言「堯之治天下」。而今則更進而言「黄帝始以仁義攖人之心」者，意在貶斥仁義，初不爲黄帝、堯、舜作品隲也。《胠篋篇》言至德之世，中列軒轅氏，而在伏戲、神農之前，其非指黃帝軒轅氏甚明。

「胈」，毳膚皮也。「股無胈，脛無毛」，言奔走勤苦，膚毛爲之脱落也。「養天下之形」，養天下之民也。養天下之民，而曰養天下之形者，言知養其形，而不知養其心也。「愁」之爲言揫也。揫其五藏，五藏爲之不舒也。「矜」，盛也。盛其血氣，血氣爲之不平也。雖爲仁義、規法度，而不能改共工之庸違、驩兜之同惡、三苗之弗率。共工、驩兜、三苗並見《尚書·堯典》、《皋陶謨篇》。是猶有不勝也。「勝」讀平聲。「不勝」，猶不堪也。

「崇山」，南方之山，舊注云在湖南澧州。「三峗」亦作三危，西方之山，舊注云在甘肅天水。「幽都」即幽州。「三苗」謂三苗之君長。放之、投之、流之，《大學篇》所謂「屏諸四裔，不與同中國」也。事並見《尚書·堯典》。

「施」讀迤邐之迤，延也。「三王」，夏、商、周。「駭」，擾動也。「否」，不善也。「誕」，不信也。相疑在心，相欺在行。相非相譏，則在行亦在言。「衰」者，言非至德之世。「性命爛漫」者，爛傷於火，漫傷於水，即焦火凝冰之義，所謂失其性命之常然也。既言「性命爛漫」，而又言「天下好知，百姓求竭」者，總結其病根在於好知。惟好知，而欲乃無厭。「求竭」者，求滿其無厭之欲也。「釿」同斤。「釿鋸制焉」，釿鋸之制，制於此。「繩墨殺焉」，繩墨之殺，殺於此。「椎鑿決焉」，椎鑿之決，決於此。始以利器用之資，卒以爲殺傷之具，是固非好知者始料之所及已。「殺」如殺青之殺，削也。「決」，斷也。「脊脊」同藉藉，謂相陵藉也。《胠篋篇》言「天下每每大亂，罪在於好知」，而此云天下大亂「罪在攖人心」者，窮其好知之源也。

「大山」，「大」讀如字。「岩」一作巖，字同。「嵁巖」，險巖也。「憂慄」，憂苦而危慄也。「殊」，身首異處也。「桁楊」，長械，施於人之頸與脛，如後世連枷大鐐之類。多人而共一械，故曰「相推」。「刑戮」之「戮」同僇，謂辱也。如墨黥鞭笞之刑不傷及生命者，蓋自殊死等而下之，則知刑戮之爲輕刑，而非斬戮之謂矣。「乃始」猶乃方。「離跂」，闊步也。「攘臂」猶奮臂。「桎」，足械。「梏」，手械。「桎梏」正與「離跂攘臂」相對。人方桎梏，而已乃奮臂高步，故曰「無愧而不知恥也」。「意」同噫，歎辭。「甚矣哉」，猶言過矣哉，此「甚」字與下「甚矣」之甚別，不得作重複看。「椄槢」，小木。接之、槢之，以爲桁楊之柱楔者也。「鑿枘」，桎梏之筍牙。與鑿之圜枘相似，故以鑿枘名之，非謂用鑿枘以爲桎梏也。爲桎梏或須於鑿，若枘，則何用哉？「嚆矢」，向秀注云「矢之鳴者」，是也，後世謂之響箭。盜賊劫人，則先發響箭以爲號，故「爲桀、跖嚆矢」者，猶云爲桀、跖先聲云爾。

篇首云「未聞治天下」，而此云「絶聖棄知而天下大治」者，不治之而自治，是爲大治也。又此節發端謂「以仁義攖人之心」，結尾乃舍仁義而歸重於聖知者，仁義發自仁義，仁義未失爲仁義也。仁義而發自聖知，仁義乃不能無僞，而虛存仁義之名。至虛存仁義之名，而禍天下者起矣。故欲除天下之禍，反仁義之實，必自去知始。此莊子之微意也。若以爲仁義聖知必四名並舉，而後於文爲全，此後世文士之見，亦淺之乎知莊子矣。

黄帝立爲天子十九年，令行天下，聞廣成子在於空同之上，故往見之，曰：「我聞吾子達於至道，敢問至道之精。吾欲取天地之精，以佐五穀，以養民人；吾又欲官陰陽，以遂羣生。爲之奈何？」廣成子曰：「而所欲問者，物之質也；而所欲官者，物之殘也。自而治天下，雲氣不待族而雨，草木不待黄而落，日月之光益以荒矣。而佞人之心翦翦者，又奚足以語至道！」

黄帝退，捐天下，築特室，席白茅，閒居三月，復往邀之。廣成子南首而卧，黄帝順下風，膝行而進，再拜稽首而問曰：「聞吾子達於至道，敢問治身奈何而可以長久？」廣成子蹷然而起曰：「善哉問乎！來！吾語女至道。至道之精，窈窈冥冥；至道之極，昏昏默默；無視無聽，抱神以静，形將自正，必静必清；無勞女形，無摇女精，乃可以長生。目無所見，耳無所聞，心無所知，女神將守形，形乃長生。慎女内，閉女外，多知爲敗。我爲女遂於大明之上矣，至彼至陽之原也；爲女入於窈冥之門矣，至彼至陰之原也。天地有官，陰陽有藏，慎守女身，物將自壯。我守其一，以處其和，故我脩身千二百歲矣，吾形未嘗衰。」黄帝再拜稽首曰：「廣成子之謂天矣！」

廣成子曰：「來！余語女。彼其物無窮，而人皆以爲終；彼其物無測，而人皆以爲極。得吾道者，上爲皇而下爲王；失吾道者，上見光而下爲土。今夫百昌皆生於土而反於土，故余將去女，入無窮之門，以游無極之野。吾與日月參光，吾與天地爲常。當我，緡乎！遠我，昬乎！人其盡死，而我獨存乎？」

此節蓋示人以安其性命之情之道，而託之於廣成子之語黃帝也。「空同」一作崆峒，山名。《史記·五帝本紀》亦言「黃帝西至於空桐」，殆一地也，在今甘肅涼州。

「至道之精」，精微也。「天地之精」，精華也。兩字不同訓，不得混而一之。「官陰陽」，使陰陽不失其官，即《中庸》所謂「天地位」也。「羣生」對上「民人」言。「遂羣生」，即《中庸》所謂萬物育也。黃帝所問未嘗非也，而廣成不然者，蓋以中和未致而求天地位萬物育，是不揣其本而齊其末也，故曰「而所欲問者，物之質也；而所欲官者，物之殘也」。曰質曰殘，皆對上「至道之精」「精」字言。質則非精，殘又質之殘餘不全者也。

「而」同爾，下「自而治天下」，「而佞人之心」兩「而」字亦同。「族」同簇，聚也。「雲氣不待族而雨」，喻助長也。「草木不待黃而落」，喻速成也。「荒」如《詩·周頌》「天作高山，大王荒之」之荒，言大也。「日月之光益以荒矣」者，喻不能含其聰明，而用知之無已也，故曰：「而佞人之心翦翦者，又奚足以語至道！」「翦翦」與戔戔同，殘義，亦狹小義也。

「築特室，席白茅」，所以齋其心也。席用白茅者，白取其潔，茅則取其物薄而用重也。「物薄用重」，語本《易·繫辭傳》。「邀」通要。「要之」，求之也。「稽首」，首至地也。「順下風膝行而進，再拜稽首」，言其卑禮之至。蓋於是而「令行天下」之心，絲毫無復有存者矣。退而問「治身」。「治身」，治天下之本也。曰「奈何而可以長久」，則非助長速成之意，於是而性命之情可安矣，故廣成善其問，而卒語以至道也。

窈冥昏默，皆用知之反也。然而真知於是出焉。故《知北游》曰「昭昭生于冥冥」，原其始也。《齊物論》曰「知止乎其所不知」，歸其根也。「無視無聽」以下，言其用功之次。「抱神以靜，形將自正」，神爲形主也。形既正矣，而復曰「無勞女形」者，有一强爲正之之心，是即勞也；既「無視無聽」矣，而又曰「無摇女精」者，有一强爲「無視無聽」之心，是即摇也。故曰「必静必清」，形不勞則静矣，精不摇則清矣。及至「目無所見、耳無所聞、心無所知」，是自然之無見無聞無知，不獨不見外，亦不見内，不聞外，亦不聞内，不知外，亦不知内，内外兩忘而後形與神合，故曰「神將守形，形乃長生」也。「慎女内，閉女外，多知爲敗」，又復丁寧以戒之也。

「我爲女遂於大明之上矣」四句，答前「取天地之精」及「官陰陽」之問也。蓋既得其本，則其用不難識也。「爲女」猶與女。不獨語之，且與之實踐其境。惟黄帝閒居齋心三月之後，故可以領受之也。「遂」猶達也。至陽至陰，皆回原者，以別其非物之質而爲天地之精。若所謂「佐五穀，養民人，遂羣生」此遂爲成遂之遂，不得與「遂於文明」遂字混。者，皆其餘事，即皆其殘也。「天地有官」，天地自官也。「陰陽有藏」，陰陽自藏也。「藏」如府藏之藏，讀去聲。百物皆由陰陽以生，故曰「藏」也。「慎守女身」者，不爲陰陽天地之賊也。「物將自壯」者，五穀自生，民人自養，羣生自遂也。「守其一」，守天地之一。老子曰：「天得一以清，地得一以寧。」是天地亦此一也。「處其和」，處陰陽之和。「脩身千二百歲」，千二百歲無時而不脩身，此形之所以未嘗衰，故黄帝曰：「廣成子之謂天矣。」「天」者，四時行，百物生，運行無息，而不見其功者也。「彼其物」，「彼」承上兩「至彼」之「彼」言之。前陰陽分言，此陰陽合言，故曰「其物」。

「物」即老子「有物混成」，「道之爲物」之物，與上言「物之質」、「物之殘」之物異，彼麤而此精也。質言之，則此云「其物」，即「至道」之異名，故下即繼曰「得吾道」「失吾道」，知物與道非兩事也。上節云「施及三王，而天下大駭矣」，此乃云「得吾道者上爲皇而下爲王」，猶存王之一等者。王者治以仁義，仁義固不在道之外也。「見光」，「見」讀如現。《列御寇篇》所謂「形諜成光」者，此正神不守形之徵，而道之所不收也。若夫下爲土，則與百昌同生同死，烏有長久者哉！「百昌」猶百物也。「入無窮之門，以游無極之野」，猶《應帝王篇》言「游無何有之鄉，以處壙埌之野」也。「與日月參光」，「與天地爲常」，猶《齊物論》言「旁日月，挾宇宙，參萬歲而一成純」也。「緡」亦昏也。昏即「昏昏默默」之昏。司馬彪注：「緡、昏並無心之謂。」是也。「當我」，謂今問答時。「遠我」，謂將去女時。一以無心遇之，故曰「當我，緡乎！遠我，昏乎！」惟無心爲長生之道，故曰：「人其盡死，而我獨存乎！」

夫無心則無我，無我而曰我存，何也？不知無我，斯無往而非我，亦即無往而不存。若區區據一己而有之，是必死之道，人之所以盡死也。昔宰我問於孔子曰：「予聞諸榮伊，言黃帝三百年。請問黃帝者，人邪？抑非人邪？何以至於三百年乎？」孔子曰：「夫黃帝尚矣！撫萬民，度四方，以順天地之紀，幽明之故。勞心力、耳目，節用水人材物，生而民得其利百年，死而民畏其神百年，亡而民用其教百年，故曰三百年。」見《大戴禮記·五帝德篇》。中有節文。知黃帝三百年之說，則知廣成子千二百歲之說，而所謂長生者，非如神仙家之云「保其形骸而不委化也」。夫老子亦曰「死而不亡者壽」，讀《莊子》者可不曉此義乎！

雲將東游，過扶搖之枝，而適遭鴻蒙，鴻蒙方將拊髀雀躍而游。雲將見之，倘然止，贄然立，曰：「叟何人邪？叟何爲此？」鴻蒙拊髀雀躍不輟，對雲將曰：「游。」雲將曰：「朕願有問也。」鴻蒙仰而視雲將曰：「吁！」雲將曰：「天氣不和，地氣鬱結，六氣不調，四時不節。今我願合六氣之精，以育羣生，爲之奈何？」鴻蒙拊髀雀躍，掉頭曰：「吾弗知，吾弗知。」雲將不得問。

又三年，東游，過有宋之野，而適遭鴻蒙。雲將大喜，行趨而進，曰：「天忘朕邪？天忘朕邪？」再拜稽首，願聞於鴻蒙。鴻蒙曰：「浮游，不知所求；猖狂，不知所往。游者鞅掌，以觀无妄。朕又何知！」雲將曰：「朕也自以爲猖狂，而民隨予所往。朕也不得已於民，今則民之放也。願聞一言。」鴻蒙曰：「亂天之經，逆物之情，玄天弗成；解獸之羣，而鳥皆夜鳴，災及草木，禍及止蟲。意！治人之過也！」雲將曰：「然則吾奈何？」鴻蒙曰：「意，毒哉！僊僊乎歸矣！」雲將曰：「吾遇天難，願聞一言。」鴻蒙曰：「意，心養！汝徒處無爲，而物自化。墮爾形體，吐爾聰明，倫與物忘；大同乎涬溟，解心釋神，莫然無魂。萬物云云，各復其根；各復其根而不知，渾渾沌沌，終身不離；若彼知之，乃是離之。無問其名，無闚其情，物故自生。」雲將曰：「天降朕以德，示朕以默；躬身求之，乃今也得。」再拜稽首，起辭而行。

此與上節旨趣相似。舊訓「將」爲主，無義。「將」當訓行，讀平聲。「雲將」，即《易・乾象》「雲行雨施」之雲行也。知「將」當訓行者，下言「天氣不和，地氣鬱結」，以至「願合六氣之精以育羣生」云云，意實在行，雲固以行爲用者也。「扶搖」見《消搖游》，即「飈」之緩讀，蓋雲有形者也；風無形，而觸之如有物，則猶有迹也；至鴻蒙，則混然一氣，並迹而無之。此其寓言之次第也。扶搖言枝者，《易・說卦》言「風以散之」。散則由本而末，由大而小，斯枝之謂矣。

常以爲莊子最善體物，故一字一義無有不合於其物情者，如於鴻蒙下「拊髀雀躍」四字，仔細玩之，是四字施之於風則不似，施之於雲更不似，惟有天地之元氣，其運行也，鼓舞動蕩，徐徐然，悠悠然，本無迹也，而欲以有迹狀之，故不得曰鼓翼而曰拊髀，不得曰馬馳而曰雀躍，抑何其形容之深細耶！「倘然」猶忽然。「贄然」與《田子方篇》「慹然似非人」之慹然同，不動貌也。「倘然止，慹然立」，此於狀雲，亦可謂切矣。是故讀《莊子》更無一字可以輕易放過者，字字不放過，而更於上下文通其語脈，尋其宗趣。雖不能盡，亦思過半矣。

始稱鴻蒙曰「叟」，而後稱之曰「天」者，「叟」如《寓言篇》之叟叟，一作搜搜。向注云「動貌」，蓋以其動也而稱之。「天」則無爲之稱也，不知鴻蒙之動，未嘗有爲、未嘗非天也，故拊髀雀躍不輟，而對雲將曰：「游。」「游」者天游，「天游」，見《外物篇》。實無爲也。雲將不解，而更願有問，故鴻蒙仰而視之曰：「吁。」「吁」，如《書・堯典》「吁，咈哉」之吁，不然之辭也。雲將自稱曰「朕」者，《應帝王》曰「體盡無窮而游無朕」，雲將東游，亦游也，而非游無朕之游，故以「朕」名之。有朕則有迹，有迹則有我矣。

「天氣不和，地氣鬱結」者，天道不下濟，則地氣亦不上應也。「六氣不調，四時不節」者，「六氣」見《消摇游》，即天地之氣。天地不交，則寒暑温涼亦將錯亂也；寒暑温涼錯亂，而萬物蒙其害矣，故曰「我願合六氣之精以育羣生」。「爲之奈何」，願聞其方也。鴻蒙掉頭不顧，而連曰「吾弗知，吾弗知」者，非弗知也，真知出於無知，故先以弗知酬其問也。

「有宋之野」，宋於其時處天下之中，又莊子宋人，故託之於宋，以成其説焉。「浮游」以上下言，故曰「不知所求」。「猖狂」，謂放縱也，以四旁言，故曰「不知所往」。游與求爲韻，狂與往爲韻，亦與下掌、妄爲韻。「鞅掌」，《小雅·北山》之詩毛傳曰「失容也」。失容者，謂怱遽而不暇爲禮容也。本書《庚桑楚篇》曰：「擁腫之與居，鞅掌之爲使。」以鞅掌與擁腫並稱，則鞅掌自亦獷野無禮之義，正與毛傳義合。以獷野無禮形其不可規範，猶上以猖狂形其不可羈約也。舊解以自得釋之，非矣。夫自得者，可以不拘禮法。然自得之義與不拘禮法之義，則固截然爲二事也。至若王先謙《荀子集解》謂有鞅在掌，言出游也。以叠韻謰語義當求之於聲者，而以形求之，望文生義，其謬誤更不待言矣。「以觀无妄」者，「觀」，所謂「中正以觀天下，下觀而化也」。語見《易·觀卦彖傳》。「无妄」，則「天下雷行，物與无妄」。語見《易·无妄卦象傳》。无、無字同。「无妄」者物之本然，而更欲以无妄治之，所謂「无妄之藥不可試」，《无妄卦》九五象辭。天下之多事，率由乎是也。曰「朕又何知」者，既發「游者鞅掌以觀无妄」之言，是即有朕可循矣。有迹而復泯之於無迹，故言「朕又何知」也。

至是三年，雲將已進於前，曰「朕也自以爲猖狂」，則非復昔之「願合六氣之精以育羣生」者之自矜有我矣。而「民隨予所往，朕也不得已於民」，是雖忘我，而猶未能忘民也。伯昏瞀人之戒列御寇也，曰：「吾固告女曰：『人將保女。』果保女矣，非女能使人保女，而女不能使人無保女也。」「隨予所往」，即保女之説也。保，司馬彪注云「附也」，是也。「不得已於民」，即不能使人無保女之説也。以是比而觀之，則知今也「民之放」也，謂得解放於民。「民之放」，正如《馬蹄篇》「天放」之放，不得若郭子玄之訓爲倣效矣。其有訓放爲依者，誤亦同。蓋於是民我兩忘，我忘民，民亦忘我，雲將爲更進矣。夫然後鴻蒙乃可以告之。

「亂天之經」，「經」，常也。天有其常，亂之，而常失矣。「逆物之情」，物有其情，逆之，而情悖矣，此所以「玄天弗成」也。「玄天」二字並列，郭子玄注云：「情不逆而經不亂，玄默成而自然得也。」以玄與天分而釋之，是也。「解獸之羣」以下，極言亂經逆情之害。「止蟲」猶豸蟲也。宣十七年《左傳》「庶有豸乎」，謂亂庶有止也。彼以「豸」作「止」，此以「止」作「豸」，其爲通假一也。「豸」，蟲之無足者也。不知者乃改「止」爲「正」，失之矣。「意」同噫。「治人之過」，謂人之治之之過。夫知治之之過，則勿亂其經，勿逆其情足矣。而雲將猶有「吾奈何」之問，故曰：「噫，毒哉！」「毒」者，責其問之無已，猶今云困窘人也。「僊僊乎歸矣」者，勸之使歸，猶孟子告曹交，言歸而求之有餘師也。

「吾遇天難」，寓言達天德之難，若徒以難與鴻蒙相遇觀之，淺矣。「心養」，與《詩·鄘風·二子乘舟》言「中心養養」意同。毛傳云：「養養然，憂不知所定。」朱子《集傳》謂養養猶漾漾，則心養即心漾，非養心之謂也。若曰養心，則告之之辭，而非責之之辭，與「噫，治人之過！」「噫，毒哉！」語氣絶不相似，即不當以噫聲發端。且下云「解心釋神，莫然無魂」，心且不得而有，又何從而養之？抑養心而曰心養，毋乃失之不辭乎？馬其昶作《莊子故》，亦知「心養」之不辭也，於是連下「女」字爲句，而解「意」同億，曰「億，安也」，謂安心養女，是則求其説而不得，而强爲之辭，謬乃益甚矣。

「吐」同杜。「杜爾聰明」，塞爾聰明也。「倫」，類也。「倫與物忘」，倒文，言與物則忘其類也。「涬溟」即鴻蒙之别名。鴻蒙不得自舉其名，故易言曰「涬溟」也。「大同乎涬溟」，同於一氣之渾淪也。「解心」則無心，「釋神」則不神。不神之所以爲神也。「莫然無魂」者，漠然無營也。老子「載營魂」，王弼注曰「營，魂也」，是營魂可互訓也。「萬物云云，各復其根」，承上「而物自化」言，謂各復其本。各復其本者，各得其所也。老子亦有「夫物芸芸，各歸其根」之語，然其上言「萬物並作，吾以觀其復」，彼就觀之者言，此則就物之本身言，取義各異，不得據彼以解此。「云云」，猶種種也。「各復其根而不知」，物自不知也。惟不知而後能復，故曰「渾渾沌沌，終身不離」。「若彼知之，乃是離之」，「彼」者，彼萬物也。夫彼且自不知，而我乃欲問其名，闚其情，從而治之，可乎？故曰「無問其名，無闚其情，物故自生」。「物故自生」者，物本自生也。

「降朕以德」，原其受命之初也。「示朕以默」，感今復命之教也。孔子曰：「默而識之，學而不厭，誨人不倦。」見《論語·述而篇》。於學誨之前，特提默識，可見默固入道之機也。「躬身求之，乃今也得」，見求之之勤，而得之之不易也。「起辭而行」，「行」者，可以行其合六氣育羣生之始願，體立而用自彰也。

世俗之人，皆喜人之同乎己，而惡人之異於己也。同於己而欲之，異於己而不欲者，以出乎衆爲心也。夫以出乎衆爲心者，曷嘗出乎衆哉！因衆以寧所聞，不如衆技衆矣。而欲爲人之國者，此攬乎三王之利，而不見其患者也。此以人之國僥倖也，幾何僥倖而不喪人之國乎！其存人之國也，無萬分之一；而喪人之國也，一不成，而萬有餘喪矣。悲夫，有土者之不知也！夫有土者，有大物也。有大物者，不可以物。物而不物，故能物物。明乎物物者之非物也，豈獨治天下百姓而已哉！出入六合，游乎九州，獨往獨來，是謂獨有。獨有之人，是之謂至貴。

大人之教，若形之於影，聲之於嚮。有問而應之，盡其所懷，爲天下配。處乎無嚮，行乎無方；挈女適復之，撓撓以游無端；出入無旁，與日無始；頌論形軀，合乎大同，大同而無己。無己，惡乎得有有！睹有者，昔之君子；睹無者，天地之友。

賤而不可不任者，物也；卑而不可不因者，民也；匿而不可不爲者，事也；麤而不可不陳者，法也；遠而不可不居者，義也；親而不可不廣者，仁也；節而不可不積者，禮也；中而不可不高者，德也；一而不可不易者，道也；神而不可不爲者，天也。故聖人觀於天而不助，成於德而不累，出於道而不謀，會於仁而不恃，薄於義而不積，應於禮而不諱，接於事而不辭，齊於法而不亂，恃於民而不輕，因於物而不去。物者莫足爲也，而不可不爲。不明於天者，不純於德；不通於道者，無自而可；不明於道者，悲夫！何謂道？有天道，有人道。無爲而尊者，天道也；有爲而累者，人道也。主者，天道也；臣者，人道也。天道之與人道也，相去遠矣，不可不察也。

此節承上「大同乎涬溟」之言，更詳暢大同無己之旨，因以判分有無之等，有爲無爲之異，以見末不離本，精不廢麤。於是無爲而無不爲之用，乃該備而無滲漏矣。

首言「世俗之人喜人之同己而惡人之異己」者，此有己之害，而不能大同之根，故特抉發之也。「以出乎衆爲心」者，意在高出於衆人之上也。意在高出於衆人之上，乃反因衆人之同己，以安其所聞而堅其自信，是《大宗師》所謂「役人之役、適人之適」者。其不如衆人之技亦多矣，則何嘗出乎衆哉！此唤醒世人之語。郭子玄注曰：「衆皆以出衆爲心，所以爲衆人也。若我亦欲出乎衆，則與衆無異，而不能相出矣。」此説是也。而又曰：「吾一人之所聞，不如衆技多。故因衆則寧。若不因衆，則衆之千萬皆我敵也。」是則横生枝節，與上下文皆不連貫，且於「以寧」斷句，以「所聞」屬下，技非耳治之事，於文亦不辭，故不敢從也。

「而欲爲人之國」者，承上文而言，謂以喜同惡異之心爲人之國也。「攬乎三王之利」，利謂出衆。「而不見其患」，「患」謂「因衆以寧所聞」。夫居尊位，操生殺予奪之柄，其欲人之同己亦易矣。然而聖人不取此，必明四目，達四聰，周諮兼聽，執兩端以用中者，誠以衆同之未足恃，而是非之必衷於道也。若離道而取同，背公而信己，即不失之專斷，亦失之偏黨。以此爲國，其何能淑！故曰「以人之國僥倖」，「僥倖」者，嘗試之謂，如子産所云「操刀使割，其傷實多」者，見襄三十一年《左傳》。故曰：「幾何僥倖而不喪人之國乎！」

「一不成而萬有餘喪」，對「無萬分之一」言，言喪人之國，則非萬分之一之事，且過於萬數而有餘，極言其喪亡之不可免也。「悲夫，有土者之不知」，謂不知此患。「有土」即有天下也。老子曰「天下神器」，此曰「有土者，有大物也」。神器言其難爲，大物言其難任，欲其易任，莫若藐之，老子曰：「治大國若烹小鮮。」是也。故曰「不可以物」。「不可以物」者，不可以其爲大物而振矜之也。以爲大物而振矜之，則我爲物役，物爲主而我爲客，何以任之！故曰：「物而不物，故能物物。」此言「物」者，謂我則役物；「不物」者，謂不爲物所役。如是則我爲主而物爲客。「故能物物」者，謂能物此大物，亦即能任此大物也。舊以「不可以物物」爲句，兹斷後一「物」字屬下，於文則順，於義則愜，善讀者知不以爲妄也。

「物物者之非物」，與《齊物論》言「指非指」一義，蓋物不能物物，物物者人，然人常陷於物中，則人亦物也，安能物物！故此非物之云，當知不獨非物，亦且非人。非人者，喪己之功，而與天合德者也。故曰「出入六合，游乎九州，獨往獨來，是謂獨有」。「獨」即《養生主》所云「天之生是使獨」之獨，亦即《大宗師》「朝徹而後能見獨」之獨。獨則無耦，《齊物論》以喪我爲喪耦，則獨者無我，故知此是喪己之功。喪己則非人而天，故知與天合德。與天合德，貴孰貴于此，故曰「獨有之人，是之謂至貴」也。有此「至貴」，其於治天下百姓，曾不足當一瞥，尚何有同己出衆之心哉！

「大人」即獨有之人，而易名曰「大人」者，對上有大物言，在位之稱也。不曰治而曰教者，以德化天下，不以治也。「若形之於影，聲之於響」，「嚮」同響，此倒文，謂若影響之隨形聲，即《德充符》所云「和而不唱」者也。「有問而應之，盡其所懷」，如孔子「叩兩端而竭焉」之意。見《論語·子罕篇》。非僅應者必盡其理，亦使問者得盡其情也。「爲天下配」，「配」，對也。《大雅·皇矣》之詩所謂「以對于天下」也。「處乎無嚮」，「無嚮」與下文「無方」文對，則「嚮」從本訓。郭注「寂以待物」，非也。「挈女適復之」五字爲句，與「有問而應之」句同。「女」指所教之人。「挈」者提挈。「適」音敵，主也。「復」即上節「各復其根」之復。謂教者不過提挈之復其本有，非有他道，故曰「適復之」也。「撓撓」即《大宗師》之「撓挑」。彼云「撓挑無極」，此云「撓撓以游無端」，文義並同。故知「撓撓」當屬下爲句，一爲謰語，一爲重言，其訓非有二也。「無極」以終言，「無端」以始言，其旨亦非有二也。「出入無旁」，即上「出入六合」義。「無端」、「無旁」，正與上「無嚮」、「無方」文相應，亦可知「嚮」之爲「向」，不得同上聲響，以響釋之矣。「與日無始」，「無始」疑「無終」之譌。此一段影、嚮爲韻，懷、配爲韻，嚮、方、旁爲韻，兩「之」字亦爲韻，若「無始」爲「無終」，則與下「大同」「同」字爲韻，且郭注云：「與日新俱，故無始也。」推日新之義，似當言無終，不得言無始。成玄英疏云：「與日俱新，故無終始。」於「始」上加「終」字，儻亦於郭注不能無疑歟！兹不敢率改，特著其所見，以俟知者。

「頌」通誦，孟子言「頌其詩，讀其書」，即誦詩讀書也。見《萬章》下篇。「頌論」者言，「形軀」者形。上言教言應，皆頌論事。言處言行，言挈言游，皆形軀事，故兩舉之，而謂其「合乎大同」。章太炎解象作皃，即貌本字。解類作象，謂頌論、形軀一義。則是只有形之一邊，不獨於「大人之教」「教」字不相應，即於喜人同己、惡人異己之言，亦不相應。何也？同異皆由於頌論，觀「以寧所聞」之文可見也。近人解莊者，每每喜據之以爲説，殆不可解矣。「大同而無己」，大同則無己也。「無己惡乎得有有」，「惡」同烏。上「有」與「無」對，無之反。下「有」與「己」對，謂物也。故「惡得有有」，即云無物。無物者，不見有物也，即承上「不可以物，物而不物」而言之。不曰物而曰有者，欲與無對論，而無者更無可名，故不得已而易之曰有也。

「覩有者，昔之君子」，謂制禮樂、立法度者，上云三王是。「覩無者，天地之友」，謂官陰陽、合六氣者，則上云黄帝、廣成是也。然雖黄帝、廣成亦不能舍禮樂法度而爲治，故以高下之等言之，則天地之友信非君子所可企及。而以本末之道言之，則君子亦天地之友所依賴而不可缺少者。所以有下一段文字也。

「賤而不可不任者物」，「卑而不可不因者民」，先物而後民者，民恃物以生也。「匿而不可不爲者事」，「麤而不可不陳者法」，先事而後法者，法因事而立也。「匿」，微也，見《爾雅·釋詁》。非匿藏之謂。「遠而不可不居者義」，「親而不可不廣者仁」，義言遠而仁言親者，義以方外，見

《易・坤卦・文言》。故曰遠。「親親，仁也」，見《孟子》。故曰親。「居」者守也。「廣」者推也。先義而後仁，自遠而反諸近也。「節而不可不積者禮」，「中而不可不高者德」，禮取節文，故曰「節」。德貴中庸，故曰「中」。「不可不積」者，禮以配地，見《樂記》。積厚者地也。「不可不高」者，惟德配天，高明者天也。見《禮記・中庸》。「一而不可不易者道」，「神而不可不爲者天」，「易」，變易也。執一則非道，故「不可不易」。「爲」藉作譌，與上「不可不爲者事」「爲」字異。「譌」同訛。《堯典》「平秩南訛」，《史記・五帝本紀》引作「南譌」是其證也。訛者化也。神以化爲用，故不可不化也。《易・繫辭傳》曰：「窮神知化，德之盛也。」又曰：「知變化之道者，其知神之所爲乎？」孟子曰：「君子所存者神，所過者化。」並以神化對言，故知爲是化義。

「觀於天而不助」，《大宗師》所謂「不以人助天也」也。「成於德而不累」，《應帝王》所謂「盡其所受乎天而無見得」也。無見得，何累之有！「出於道而不謀」，《德充符》所謂「聖人不謀」也。「會於仁而不恃」，「會」者同也，《庚桑楚》所謂「至仁無親」也。無親，何恃之有！「薄於義而不積」，「薄」同溥。「積」如《天道篇》「運而無所積」之積。「不積」，謂不泥也。「應於禮而不諱」，「應」，肆應，「不諱」者，不以多忌諱爲禮也。「接於事而不辭」，「接」謂如理而應，故不辭避也。「齊於法而不亂」，「齊」讀去聲，同劑。謂以時調劑損益之，故不爲所亂也。「恃於民而不輕」，「不輕」，不以得民而輕用之也。「因於物而不去」，「不去」，不逐物而隨以去也。「物者莫足爲也，而不可不爲」，此「物」則總括自禮以下，重提以起下文，而歸重於天道。故曰「不明於天者，不純於德；不通於道者，無自而可」。「無自而可」者，無所之而不觸礙也，故曰「不明於道者，悲夫！」

「有爲而累者，人道也」，「累」謂勞累。有爲而累，即有爲而勞。郭注以有爲爲累，則是負累之義。以有爲爲負累，則人道臣道，羣將趨而避之矣，尚成何世界乎！此大非莊子之意也。曰「天道之與人道也，相去遠矣」，莊子之尊天道則有之，而未嘗有薄人道而不爲之意也。《大宗師》曰：「知天之所爲，知人之所爲，至矣！」非其明徵乎？至宣穎《南華經解》乃謂自「賤而不可不任者物也」以下，意膚文雜，不似莊子之筆。王先謙《集解》亦贊同其說。蓋以爲既言無爲，則不當更言有爲，不知本末精麤、相依爲用，此正一篇大關鍵處。若遂删之，豈徒於理不全，即文字亦無收煞。吾嘗歎莊子之學之晦，大率由注家晦之，若此者蓋不鮮，安得一一而爲之辯駁乎哉！

天地第十二

此下《天地》《天道》《天運》三篇，蓋自爲一類，而與上《在宥》之義相承，爲莊子自作無疑。

天地雖大，其化均也；萬物雖多，其治一也；人卒雖衆，其主君也。君，原於德而成於天，故曰：玄古之君天下，無爲也，天德而已矣。以道觀言，而天下之君正；以道觀分，而君臣之義明；以道觀能，而天下之官治；以道汎觀，而萬物之應備。故通於天地者，德也；行於萬物者，道也；上治人者，事也；能有所藝者，技也。技兼於事，事兼於義，義兼於德，德兼於道，道兼於天。故曰：古之畜天下者，無欲而天下足，無爲而萬物化，淵静而百姓定。《記》曰：「通於一，而萬事畢；無心得，而鬼神服。」

此承上篇而言君道同於天道也。「卒」，徒也；徒，衆也。「人卒」猶今云民衆。成玄英疏以「卒」爲隸卒，失之。《秋水篇》亦有「人卒九州」之語，則「卒」非隸卒可知也。「原於德」，推其始。「成於天」，究其終。天無爲，德亦無爲也，故曰：「玄古之君天下，無爲也，天德而已矣。」曰「玄古」者，遠古也，前所謂至德之世是也。或疑玄古之名不常見，因於「玄」字斷句，並引老子「同謂之玄」以説之。宋呂惠卿《莊子義》及褚伯秀《管見》皆如此，近人亦有從之者。不知此云「故曰：玄古之君天下」與下文「故曰：古之畜天下」者同一筆法，此可以「故曰玄」爲句，將下亦以「故曰古」句絶乎？且老子之書言道言名故可謂之玄，此文言君，君者人也，人安得謂之玄乎！是亦不思之甚矣。

「以道觀言」，謂觀名也。老子以道名對舉，而《齊物論》則以道言對舉。知莊書之「言」即老子之「名」矣。「觀言而天下之君正」者，君之名正也。君之名何以正？前篇所云「主者天道，天道無爲而尊者」，是此一篇之要旨也。「分」讀去聲。有名斯有分。君不能爲臣之事，猶臣不能爲君之事，此其分也，此分讀平聲。故曰「觀分而君臣之義明」。「能」者，技能。能治水者不必能教士，能典刑者不必能共工，工讀供。各因其能而任之，則事無不舉，故曰「觀能而天下之官治」。「天下之官」，即皆臣道也。又不獨是而已，五土異宜，五材異用，三農異産，百工異製，上之所以財成輔相，以左右民者，又非可執一以求也。故曰「汎觀而萬物之應備」，「汎觀」猶博觀也。

「通於天地者德」，總上「天地雖大」至「天德而已矣」一段言。「行於萬物者道」，總上「以道觀言」至「以道汎觀」一段言。「上治人者事」，「事」即百官之事也。「能有所藝者技」，「藝」者樹藝，猶今云生産。易能而曰技者，爲其有所專也。「技兼於事」，「兼」者，統也。技各有所專，此其長也。而專則不能相通。以不通之故，或至相妨相病，則其短也，故必待主其事者，爲之經畫而節制之，是所謂「技兼於事」也。「事兼於義」，「義」即上君臣之義。無君臣之義，則有如《天道篇》所云「上無爲下亦無爲，下有爲上亦有爲」者，而分亂矣。分亂，事惡得治！故於此又將「義」字特爲提出。前後文義甚明。或疑「通於天地者德」以下，言德言道、言事言技而未嘗言義，見宋道士陳碧虛注引江南古藏本作「故通於天者道也，順於地者德也，行於萬物者義也」，遂謂今通行本有闕文，當據古藏本補入。見近人王叔岷《莊子校釋》。不知郭注云：「萬物莫不皆得，則天地通。道不塞其所由，則萬物自得其行矣。」原文明明是「通於天地者德，行於萬物者道」，安得有「通於天者道、順於地者德、行於萬物者義」之説乎？所謂江南古藏本者，豈能先於郭象所見之本？蓋道士之不學者，不明文義，妄爲改竄，遂使上下文自相矛盾，是何可恃以爲據乎！

「義兼於德」，即謂「臣兼於君」。「德兼於道，道兼於天」，則所謂君道也。「畜」者，養也。易「君天下」而曰「畜天下」者，承上「德」字言。老子曰：「道生之，德畜之。」是也。「無欲而天下足」三句，與老子之文頗有異同。老子曰：「聖人云：『我無爲而民自化，我好靜而民自正，我無事而民自富，我無欲而民自樸。』」「正」與「定」一義。「富」、「樸」即「足」也。彼四句皆曰「民」，而此三句曰「天下」、曰「萬物」、曰「百姓」，分而言之者，以上言天下、言萬物，不僅言民，必如是而義始具備也。於此可見莊文雖曰洸洋自恣，而固未始不嚴謹有法也。

「記」者，古傳記之書，《音義》云「老子所作」，此出揣擬之辭，不足信。「通於一」，「一」者道也。「而萬事畢」者，道行於萬物也。「無心得」，「得」者德也。「而鬼神服」者，德通於天地也。以此益知古藏本之妄，而「通於天地，行於萬物」之文之萬無可易也。

夫子曰：「夫道，覆載萬物者也，洋洋乎大哉！君子不可以不刳心焉。無爲爲之之謂天，無爲言之之謂德，愛人利物之謂仁，不同同之之謂大，行不崖異之謂寬，有萬不同之謂富。故執德之謂紀，德成之謂立，循於道之謂備，不以物挫志之謂完。君子明於此十者，則韜乎其事心之大也，沛乎其爲萬物逝也。若然者，藏金於山，藏珠於淵；不利貨財，不近貴富；不樂壽，不哀夭；不榮通，不醜窮；不拘一世之利以爲己私分，不以王天下爲己處顯。顯則明，萬物一府，死生同狀。」

此及下文兩引夫子之言道以爲首節之證，蓋所謂重言者也。「夫子」，有以爲莊子者，司馬彪注是；有以爲老子者，《音義》所舉「一云」，而成玄英疏遵用之者也。案本書自内篇以至雜篇，稱莊子皆曰莊子，此不應獨曰夫子。若以爲出自莊子弟子之口，則此篇以文論、以義論，皆當爲莊子自作，未有顯證能斷其必出於弟子之筆，是司馬氏之注不可從也。以爲老子，似矣。而自内篇至雜篇，稱老子皆曰老聃，或曰老子，亦未有稱夫子者。其稱老聃爲夫子，如弟子曰：「非夫子之友邪？」見《養生主》。孔子曰：「夫子德配天地。」見《田子方》。皆述他人之言，而非莊子之稱之，不應於此忽用「夫子」之號，是「一云」與成疏亦不可從也。

然則「夫子」孰謂？曰：本文有明徵矣。後「夫子問於老聃，老聃曰『丘，予告若而所不能聞與而所不能言』」。彼「夫子」之爲孔子，既見孔子之名，孰得而疑之！今以彼證此，同在一篇之中，同一「夫子」之名，其不得爲兩人决也。宣穎《南華經解》獨以夫子爲孔子，是則有卓見。其所以疑非孔子者，蓋皆以爲莊子之學出於老聃，其所稱述，非老氏之言莫屬，故於前「記曰」，明明謂古傳記之書，而亦必曰老子所作。不知莊於孔門實有淵源，書中所稱引，出於七十子之徒傳述者不少，即不必定爲顔子之嫡傳，要之其尊信孔氏，則通全書觀之，固班班可考也。或又疑下節言「視乎冥冥，聽乎無聲」，與《論語》孔子之言不類，則曷不取《小戴禮記・孔子閒居》之篇而讀之？孔子告子夏以「三無五至」，即有「明目視之不可得而見，傾耳聽之不可得而聞」之語，與是所言有何異？聖人豈真不言有無者哉？「聖人不言有無。言有無，諸子之陋也。」張横渠先生語，見其所著《正蒙》。此非一名之爭，關乎莊子學術之本源者甚大，故不得不詳辯焉。

「刳心」猶盡心。刳心焉，謂刳心於道，非謂刳其心而去之。舊注自郭象以下，皆失其解，蓋淺而鑿之使深，反於文義悖戾矣。「無爲爲之之謂天」以下，皆本道爲説。道，一也，析而言之，則有十。十者，未嘗在道之外也。

「無爲言之」，與「無爲爲之」對舉，「言」謂教也。老子曰：「不言之教，無爲之益，天下希及之。」是則孔子與老子所主，未嘗有異者。若下言「愛人利物之謂仁」，案之老子「道失而後德，德失而後仁」之説，則不無逕庭。而與《論語》所記「志道，據德，依仁」以及其他言仁諸章，盛稱仁之爲德者，如出一揆。以是推之，此爲仲尼之言益可見矣。「不同同之」，謂能同彼不同，如《易・同人卦》所云：「能通天下之志者，是之謂大。」非曰以不同同之，如所謂不齊之齊也。郭注：「不引彼以同我，乃成大耳。」亦誤。「行不崖異」，即《戴記・儒行篇》所云：「忠信之美，優游之法，慕賢而容衆，毀方而瓦和，其寬裕有如此者。」是以謂之寬也。「有萬不同之謂富」，即《繫辭傳》所云「富有之謂大業」也。

「執德」，謂執此德以君天下。執得其要，故曰「之謂紀」。於「執德」上加「故」字者，上六者主言體，下四者主言用。從體起用，故以是而別之也。「德成之謂立」，「立」如孟子「中天下而立，定四海之民」之立，非謂立一己而已也。「循」一作脩，脩實「循」之譌。「循道」，謂率道而行也。「之謂備」者，「備」謂無應而不可也。「不以物挫志」，此「挫志」字甚細。如孟子所云「大行不加，窮居不損」，「不以加齊之卿相而動心」之類，故曰「之謂完」。「完」者，完其德而無缺也。十者終之以此。蓋雖德成道備，而猶有絲毫物之見存隱微之中，爲所摇撼，即與無爲之本體不相應，故君子爲學之功未嘗有一息之可懈，所以曰「不可以不刳心者」爲是也。

「韜」言包，容也。作「藏」解者非。「其爲萬物逝」，「爲」當讀去聲，猶與也。與萬物逝，即《齊物論》之所謂「物化」，《應帝王》之所謂「順物自然」，而上篇《在宥》之所謂「物而不物，故能物物」者也。「沛乎」言其無礙。孟子云「沛然誰能禦之」是也。郭注横加「德澤」字，而曰「德澤滂沛」，支矣。若合之上文，則「韜乎其事心之大」，言體之立。事心義見《人間世》。「沛乎其爲萬物逝」，言用之行也。

「藏金於山，藏珠於淵」，乃比況之辭。「藏」如《養生主》「善刀而藏」之藏，謂藏其用而不輕發也。何以知其爲比況之辭？下云「不利貨財」，不利則有之，貨財固未嘗無也。若果藏金而不開，藏珠而不采，試問貨財於何而生？不獨是也。下又云「不拘一世之利以爲己私分」，此即《禮運篇》所云「貨惡其棄於地，不必藏諸己」之弘義。試問爲一世興利，有藏金不開、藏珠不采者乎？郭注云：「不貴難得之貨。」珠或可謂難得，若金則五金，民生之所必需，不獨孔子，即依老氏之説，亦祇云「使民有什伯之器而不用」，未嘗謂於五材之中去金也。「拘」謂攬取之。「分」讀去聲。「私分」，猶言私有也。「王天下」，即上云「君天下」。「王」者，王讀去聲。天下之所歸往也。不以天下之所歸往「爲己處顯」，蓋推堯、舜猶病之心，「堯、舜猶病」，兩見《論語·雍也》與《憲問篇》。常歉然若不足，豈有榮名顯功之可居也。

「顯則明」者，「明」即上「明於此十者」之明，謂明此十者以達之於天下也，是則其顯功之所在，故曰「顯則明」也。「萬物一府」，道無物我也。「死生同狀」，道無死生也。「洋洋乎大哉」，必至是而始極，故卒言之。

夫子曰：「夫道，淵乎其居也，漻乎其清也。金石不得無以鳴。萬物孰能定之。夫王德之人，素逝而恥通於事，立之本原而知通於神，故其德廣。其心之出，有物採之。故形非道不生，生非德不明。存形窮生，立德明道，非王德者邪？蕩蕩乎，忽然出，勃然動，而萬物從之乎！此謂王德之人。視乎冥冥，聽乎無聲。冥冥之中，獨見曉焉；無聲之中，獨聞和焉。故深之又深而能物焉，神之又神而能精焉。故其與萬物接也。至無而供其求，時騁而要其宿。大小長短，脩遠。」

「居」，不動也。「淵」即上淵静之淵。「漻」同瀏，清貌，《詩·溱洧》「瀏其清矣」是也。「金石不得無以鳴」，言道雖清静，實爲萬物之主，舉金石之鳴由道而得，以見其餘皆然也。「萬物孰能定之」，承上「不得」二字言，意不得道，即萬物莫能定之。下文所謂「形非道不生」，雖事就人言，而萬物亦莫能外也。

「金石不得無以鳴」下，今各本皆有「故金石有聲，不考不鳴」九字，此乃郭子玄注誤入正文者。郭注本云：「聲由寂彰，故金石有聲，不考不鳴，因以喻體道者物感而後應也。」後人以注散入正文各句下，傳寫者偶未能明，遂成此誤，其迹甚顯。夫既言「金石不得無以鳴」，又言「金石有聲，不考不鳴」，已嫌重複，況加以「故」字，又如何連接得上！故斷然删去，以還其本。

「王德之人」，即有王天下之德之人。「素逝」之「逝」，即上「爲萬物逝」之逝。「素」如《中庸》「素其位而行」之素。彼以素行言，此以素逝言，一也。「素逝」者，雖與萬物皆逝而其素不改，即《知北游》所云：「與物化者，一不化者也。」

「恥通於事」，「恥」疑「胹」字之譌，《天下篇》「以胹合驩」，崔、郭、王並云「和也」，然則胹通於事，與《德充符》孔子告魯哀公「使之和豫通而不失於兑」「和豫通」之義正同。若如今本作恥通於事，以通事爲恥，此則山谷之士、避世之人或有之，豈王德者而出於是！不獨與孔子之學不合，即在莊子亦嘗深斥之矣，見《刻意篇》。且郭注云：「非好通於事。」恥與非好，中間懸殊甚遠。蓋亦心有所疑，不得不還就爲説。以後注家率依郭注敷衍其義，而不知其不可通也。惟平江蘇輿認「恥」字有誤，見王先謙《莊子集解》。可謂卓識，然亦未能指其誤之所由。考《天下篇》「以恥」之恥各本作聏，聏與恥字形甚相近，而亦有甦義，見《集韻》。則聏誤作恥，信有可能，非憑空妄構也。然此誤在郭前。郭本沿用已久，未敢率改，謹記其所見於此，以俟知者決焉。

「立之本原」，「本原」即指道。上云「素」，亦與本原一義，但「素」作虚字用耳。「知通於神」，則較聏通於事更進一步言之，極道其用之不可測，接曰「故其德廣」，德之廣由于用之神也。

「其心之出，有物採之」，言心與道一，本静本清，而物則採之。「採之」猶伐之也。舉此以見「立德明道」之不可緩，故此八字當合下文看，不當合上文看。「形非道不生」，推其受生之本。「生非德不明」，示之全生之方。「存形」謂保身，「窮生」謂盡性，身之不保，性之不盡，則物害之也。「立德」者，德立則物不能摇；「明道」者，道明則物不能惑。不摇不惑，則心以應物，非物以役心。是以「蕩蕩乎，忽然出，勃然動，而萬物從之」也。出曰「忽然」，動曰「勃然」，斯其出動由心不由物，明矣。如是，豈有物能採伐之者哉！聖人於應酬紛擾之中，而能養其生而不傷，率用是道也。

「視乎冥冥，聽乎無聲」，此「存形窮生」之功。「見曉」「聞和」，則「立德明道」之效。「深之又深而能物焉，神之又神而能精焉」，即《繫辭傳》所云「唯深也故能通天下之志，唯幾也故能成天下之務，唯神也故不疾而速，不行而至」者，此皆實際理地，常人思議之所不及，非夫夫子聰明聖知達天德者，語本《中庸》。其孰能發之乎！

「至無而供其求」，承「深之又深而能物」言，深則無迹，雖無迹而物來斯應，應之不窮，是「至無而供其求」也。「時騁而要其宿」，承「神之又神而能精」言，神則周行，「周行而不殆」，本《老子》語。雖周行而同於坐馳，未離其位，是「時騁而要其宿」也。「要」如要歸之要，讀平聲。「要其宿」者，歸於所止，無放失也。

「大小長短」句，言其可大可小，可長可短，不可以形象求也。「脩遠」二字爲句。「脩」，久也。猶云久矣遠矣，言其不可以時日窮也。《淮南子·原道訓》作「大小脩短各有其具」，蓋因安父名長避用「長」字，改作脩短，乃加四字以足其義。其意淺近，自非莊書原文。或乃欲援用《淮南子》於「脩遠」之下補入此四字，誤矣。

黄帝游乎赤水之北，登乎崑崙之丘而南望。還歸，遺其玄珠。使知索之，而不得。使離朱索之，而不得。使喫詬索之，而不得也。乃使象罔，象罔得之。黄帝曰：「異哉！象罔乃可以得之乎？」

此寓言也。託之於黄帝者，「黄」，中央之色，猶之《應帝王》言中央之帝也。「崑崙」猶混淪，混淪猶渾沌也。「赤」，離火之色。「水」，坎也。水而曰赤，則坎離合也。坎離合，是以有「崑崙之丘」焉。「玄」，水色。「珠」，水産也。水，北方之卦也，故「游乎赤水之北」而得之，「南望還歸」則遺失之矣。「南望」，鄉明也。以鄉明而失之，故使知索之而不得，使離朱索之而不得，使喫詬索之而不得，爲其愈用而愈遠也。「乃使象罔」，「象罔」恍惚之貌，《淮南子・人間訓》即作忽怳。斯與玄冥混淪爲近，故得之也。

「黃帝曰：異哉，象罔乃可以得之乎」，言「異」者，正明其非異，所謂正言若反者也。「喫詬」，即《胠篋篇》之解垢，故《初學記》引此即作「僻詬」，謂巧辯也。詳見《胠篋篇》注。「象罔」一作罔象。象罔之爲罔象，猶怳忽之爲忽怳，顛倒用之皆可，其名非有二也。

堯之師曰許由，許由之師曰齧缺，齧缺之師曰王倪，王倪之師曰被衣。堯問於許由曰：「齧缺可以配天乎？吾藉王倪以要之。」許由曰：「殆哉圾乎天下！齧缺之爲人也，聰明叡知，給數以敏，其性過人，而又乃以人受天。彼審乎禁過，而不知過之所由生。與之配天乎？彼且乘人而無天。方且本身而異形，方且尊知而火馳，方且爲緒使，方且爲物絯，方且四顧而物應，方且應眾宜，方且與物化，而未始有恒。夫何足以配天乎？雖然，有族有祖，可以爲眾父，而不可以爲眾父父。治亂之率也，北面之禍也，南面之賊也。」

「許由」見《消搖游》。「齧缺」、「王倪」見《齊物論》與《應帝王》。「被衣」即蒲衣子。被蒲一聲之轉，亦見《應帝王》。曰「師」云云，並寓言，非事實。不然，許由明揭齧缺之過，而乃從而師之，非自相矛盾乎？「配天」謂爲天子；然不曰爲天子而曰「配天」者，承上「天德」言，意謂其稱讀去聲。是天德否也。「藉王倪以要之」，「王倪」猶天倪也。惟藉天倪可達天德，此又文外意也。

「圾」同岌，故一本作岌。殆、岌，皆危也。言殆又言危，極言齧缺之不可使爲天下也。「叡知」，聖知也。「知」與智同。「給」，便給。便，讀平聲。「數」音朔，捷疾也。「敏」，敏鋭。「聰明叡知」言其智，「給數以敏」言其才，總之則曰「其性過人」。「過人」，則其求之於人也亦必過，而人將不堪矣。「而又乃以人受天」，「受」猶代也。以人代天，則必有如《胠篋篇》所云「上悖日月之明，下爍山川之精，中墮四時之施」者，而物亦將不堪矣。人不堪，物亦不堪，則過失必多矣。夫以彼「聰明叡知」，寧有不知者？以彼「給數以敏」，又寧有不能禁者？「而不知過之所由生」，正在於「聰明叡知」與「給數以敏」，不變其道，而惟以禁之之爲事，則滅於西而生於東，塞於前而壞於後。「聰明」、「給數」亦將有窮時，此所以云「殆哉圾乎天下」也。

然而其失不易見也，「與之配天」，「方且本身而異形」，「且」，將也；「異形」，變異其形，能柔能剛，能陰能陽也。「方且尊知而火馳」，「火馳」者，機應捷疾如火傳之速也。「方且爲緒使」，「緒」，絲端，言細微也。細微無有不到，無有不受其役使者，是曰「緒使」也。「方且爲物絯」，《集韻》「絯，大絲也」，正與上「緒」字相對。緒言其細，絯則言其大。綱紀萬物而攬其全，是曰「物絯」也。「方且四顧而物應，方且應眾宜，方且與物化」，舊注皆就不好處說，實則自「本身而異形」以下七句，皆言其才智之優，而前一句斷之曰「彼且乘人而無天」，後一句結之曰「而未始有恒」。「恒」者，天道。「未始有恒」，即從乘人無天來。惟其如是，以「配天」言，則其才智之優反成殆圾之禍，失之不易見者，茲乃昭然若揭矣，故曰「夫何足以配天乎？」

郭注「未始有恒」曰：「此皆盡當時之宜。然今日受其德，而明日承其弊矣，故曰未始有恒。」不知莊子之所謂「恒」乃貫萬事萬物之常道，歷萬古而不改者。若夫一設施、一舉措久而無弊，亦不過百年而止，以是爲「恒」之詮解，則亦淺矣。然而郭氏之言卻有可以爲後世戒者，分別觀之可也。

「有族有祖」，「族」者，一族之人，喻萬事萬物。「祖」者，一族之所自始，喻道。「可以爲衆父」，喻翳缺爲臣道而有餘。「而不可以爲衆父父」，喻翳缺爲君道則不足。「衆父父」，即祖也。「衆父」之名本於老子。老子言：「道之爲物，惟恍惟惚。」下云：「自今及古，其名不去，以閱衆甫。吾何以知衆甫之然哉？」以此衆甫與衆父，一也。

「治亂之率也」以下三句當連讀。「率」者準率。「禍」與過通，言爲北面而過，乃南面之賊。治亂之準，實在乎是也。北面之過、南面之賊，並指翳缺言。注家乃或牽引他事釋之，非也。此與上節皆言「知」與「道」相背，合前「視乎冥冥，聽乎無聲」之文觀之，當自曉然。

堯觀乎華。華封人曰：「嘻，聖人！請祝聖人，使聖人壽。」堯曰：「辭。」「使聖人富。」堯曰：「辭。」「使聖人多男子。」堯曰：「辭。」封人曰：「壽、富、多男子，人之所欲也，女獨不欲，何邪？」堯曰：「多男子則多懼，富則多事，壽則多辱。是三者，非所以養德也，故辭。」封人曰：「始也我以女爲聖人邪，今然，君子也。天生萬民，必授之職，多男子而授之職，則何懼之有！富而使人分之，則何事之有！夫聖人，鶉居而鷇食，鳥行而無彰，天下有道，則與物皆昌；天下無道，則脩德就閒；千歲厭世，去而上僊，乘彼白雲，至於帝鄉。三患莫至，身常無殃，則何辱之有！」封人去之。堯隨之，曰：「請問。」封人曰：「退已！」

無爲非厭事也，故上篇曰「賤而不可不任者物也，匿而不可不爲者事也」，又曰「物者莫足爲也而不可不爲」。此節引華封人之言，蓋在申明此義。初不爲富、壽、多男子說也。「觀」即《易・觀卦》大象所云「省方觀民」之觀，故得見封人也。「嘻，聖人」者，訝之之辭，故後曰「始也我以女爲聖人邪」，用「邪」不用「也」，依訓詁言，「邪」與「也」通；以文章言，則「邪」與「也」語氣固有別矣。「多男子則多懼」者，懼無以爲之養也，故曰「多男子而授之職」。「職」，業也。有業則人足以自養，如是，「何懼之有！」「富則多事」者，封殖經營皆事也，故曰「富而使人分之」。分之於人，則無經營封殖之勞，而享富有四海之名。如是，「何事之有！」「鶉居鷇食」，取其居食之無心。「鳥形無彰」，取其行動之無迹。是皆比況之辭，非有深切之義。若必執鶉無常居，謂宜野處，鷇食僅飽，便當減膳，則豈對堯之言，喻君之道？且使聖人富之謂何？天下有野處之王者而損食之富人哉？解書如此，亦太泥矣。「皆」同偕。「與物偕昌」，即孟子之「兼善天下」。「脩德就閒」，即孟子之「獨善其身」。「厭」讀如饜，飽也，足也。「厭世」，謂德業成就，經世願足，於是「去而上僊，乘彼白雲，至於帝鄉」，正老子所云「功成名遂身退，天之道」者。「千歲」、「上僊」云云，猶是禱祝之辭，非爲實語。而神仙家因之，便據以爲上僊不死之證，於是漆園之吏蒙受「南華真人」之號，或竟以老仙呼之，抑何可笑之甚也！「三患」，寒暑、飢渴、疾病也。注家或以水、火、風三災之説，出於釋典，中土豈有是哉？「身常無殃」，老子所謂「及吾無身，吾有何患」也。夫無身，非必身不存也。身在而忘其身，斯謂之無身已。故又曰「後其身而身先，外其身而身存」。此言「身常無殃」，蓋同此義。夫「壽則多辱」者，爲陰陽人事之患之逼也。若一以忘其身者應之，則陰陽調，人事順，「何辱之有！」

由是觀之，天下之事，莫不各有其當然之則。此當然之則，即所謂道也。故曰「以道汎觀而萬物之應備」。誠能執道以治事，即無事而不治，又何事之可厭哉！故前解「素逝而恥通於事」，斷然以「恥」爲「𦜐」之誤，亦以見夫事之當爲而不當拒。通《莊子》全書觀之，義固如是也。「退已」者，所言已盡，不煩更説，令之退求也。

堯治天下，伯成子高立爲諸侯。堯授舜，舜授禹，伯成子高辭爲諸侯而耕。禹往見之，則耕在野。禹趨就下風，立而問焉，曰：「昔堯治天下，吾子立爲諸侯。堯授舜，舜授予，而吾子辭爲諸侯而耕，敢問其故何也？」子高曰：「昔堯治天下，不賞而民勸，不罰而民畏。今子賞罰，而民且不仁，德自此衰，刑自此作，後世之亂自此始矣。夫子闔行邪？無落吾事！」俋俋乎耕而不顧。

此節承上兼明二義：一、譏禹德衰，亂將自此始。此本義。讀者皆知之矣。二、子高辭爲諸侯而耕在野，且對禹曰「無落吾事」。此隱義。不獨讀者，即注家亦鮮注意及之。孔子稱舜無爲而治，而孟子曰：「舜自耕稼陶漁以至爲帝，無非取於人者。」故無爲、有爲，一皆視乎其位。天下有能有爲而不能無爲者矣，未有能無爲而不能有爲者也。今子高去諸侯之君道，就耕夫之末業，豈徒見窮通貴賤之等觀，亦以表有爲、無爲之同迹，故曰「無落吾事」者。其在諸侯之位，則垂拱吾事，及耕而在野，則勞力吾事，無非事也，亦無非吾也，是真王德之人而配天之道也。

「立爲諸侯」，「立」，位本字，即位爲諸侯也。「刑自此作」，「作」，今各本皆作「立」，《呂氏春秋・長利篇》作「作」，《後漢書・馮衍傳》注、《李固傳》注亦並作「作」。「作」者行義，較「立」字義長。其作「立」者，蓋涉上文諸立字而誤，茲訂正。「闔」本亦作「蓋」，字同。「落」，敗也。「俋俋」猶抑抑，言事意也。意專，故不顧。舊以爲耕貌，或耕人行貌，皆非也。

泰初有無，無有無名；一之所起，有一而未形。物得以生，謂之德；未形者有分，且然無間，謂之命；留動而生物，物成生理，謂之形；形體保神，各有儀則，謂之性。性修反德，德至同於初。同乃虛，虛乃大。合喙鳴，喙鳴合。與天地爲合，其合緡緡，若愚若昏，是謂玄德，同乎大順。

「玄德」即天德也。不曰天德而曰玄德者，因上玄珠而言。玄珠示其象，此則申其理也。

「泰初有無」句。「無」對「有」言。既無矣，故曰「無有」。此「無有」猶云非有。既無有矣，故曰「無名」。「無有無名」，皆所以爲無之詮釋者也。或有讀「有無無」爲一句，「有無名」爲一句，分作兩截説者，非也。

抑此「無」非死物也，萬物實得之以生。老子云「有生於無」是也。物既得之以生矣，則不復得謂之無，於是名之曰「一」。老子又曰：「天得一以清，地得一以寧，萬物得一以生。」是也。

然無之與一，名固不同也。無何由而轉爲一？既可轉而爲一，何爲立無之名？爲破此疑，故曰「一之所起，有一而未形」。此九字當分兩層看。「一之所起」，言一起於無，無則非一也。無既非一，則一何由起？曰：無中實有一，特未形耳，以是故能起一。此破無何由而轉爲一之疑也。無雖一之所起，雖實有此一。而當其在無時，一固未形也。一既未形，自不得名之爲一。不得名之爲一，自不害有無之名。此破無轉爲一何爲而立無之名之疑也。

曰無曰一，皆推物之本源超於物以爲之名者。若就物言，則亦曰「物得以生謂之德」而已。「物得以生謂之德」，其言似甚簡易易知也，然析而言之，一何從有物？物何從有生？有生矣，又何爲有人物之異？則非簡易易知也。故於是又重溯其本源而詳説之。

「未形者有分，且然無間，謂之命」者，命非他，即上之所謂無所謂一也。無而一矣，則未形者將形，將形則有分。讀平聲。「分」即《齊物論》所云「其分也成也」之分。然有分而尚未分，則猶保其無間之本然，故曰「未形者有分，且然無間，謂之命」。「且然」猶云然且。「無間」謂無間斷也。宋儒好言「天命流行」，於「天命」下加「流行」二字，最説得好。此云「無間」，正即流行意也。「謂之命」，則就賦予於物而言之。非如曰無曰一、超於物外之名也。「留動而生物，物成生理，謂之形」者，「動」即流行也。流行之中而有留滯，則無間者卒有分矣，是物之所從生也。分者不一，則成亦不一，是物之所以有萬也，故曰「留動而生物，物成生理，謂之形」。此文「留」字最爲要義。或以《釋文》有「留或作流」之言，因謂「留」借爲「流」，以流動生物作解，誤之甚也。

又此所謂「物成生理謂之形」，尚就一切物言，未説到人上，至「形體保神，各有儀則，謂之性」，乃專就人説。蓋形體留滯者也，而神則非留滯者也，故以形體言，人與物未始有異；而以神言，則人與物迥然不同。是神也，即無間之命之粹然者也。以有是以爲一身之主，故不獨耳聰目明，手持足行，而肝仁肺義，心禮脾智，儼然備四時之氣，同陰陽之和，是「各有儀則謂之性」者，乃人之所得以生之德。故性與德，有時分言，有時通言，觀《駢拇篇》言「侈於德」，又言「侈於性」可見也。

雖然，人之性固特出於物，而是性之神又其命之粹然者矣。然既生而爲人，爲萬物之一，終是有分以後之體。與夫未形之前，所謂「天地與我並生，萬物與我爲一」之本源，不能無隔。此不必深論。觀夫常人於物之生殺榮枯，漠然若無關於己，已足知其陷於軀殼之小，而失其性命之全矣。故若欲還源返本，即非實下修之之功不可。何以修？亦率其性以上達夫其德而已矣。故曰「性修反德，德至同於初」。此言「德至」，與《繫辭傳》言「盡性以至於命」之至同。

「至」者上達，中間煞有層次，非謂一蹴而便至也。

「同乃虛」，同則一，虛則無也。言虛至矣，而又言「虛乃大」者，以見凡有皆小，惟無爲大。無之大，即道之大。所以上文夫子稱「道覆載萬物，而曰洋洋乎大哉！君子不可以不刳心」也。老子曰：「道生一。」又曰：「有物混成，先天地生，吾不知其名，字之曰道，强爲之名曰大。」夫不知其名者，本無名可加也。無名可加，故謂之無。合此二言觀之、無即指道可知。

大則合於天地，故曰「與天地爲合」。在「與天地爲合」上復有「合喙鳴，喙鳴合」二言者，此則插入一喻，與《齊物論》「喜怒哀樂，慮歎變慹，姚佚啟態，樂出虛，蒸成菌，日夜相代乎前，而莫知其所萌」一段文字相類。「喜怒哀樂」十二字，本直接「日夜相代乎前」，而以「樂出虛」六字橫隔其間，以見相代乎前者正與樂菌之出同爲無根。此莊子之文之奇詭處，讀者注者易爲之迷惑者也。此文亦然。合喙而鳴，喙鳴而合，兩「合」字與下文「與天地爲合」「合」字完全無涉。「合」猶同也。同喙而鳴，鳴出於無心。喙鳴而同，同亦出於無心。於鳥之鳴見無心感應之妙。無心者虛也，因以是爲「同乃虛、虛乃大」之注脚，猶是《齊物論》觳音作喻之比。注家乃率牽及下文，比類而釋之，支矣。

「緡緡」，合之密也。「若愚若昏」，見非知之所能至。「是謂玄德」，「玄德」者，修後之德。無而有，有而復反於無，有無並妙，所謂「玄之又玄，衆妙之門」者也，故曰「玄德」。「同乎大順」，「大順」者，無所往而不通，《易·大有卦》所謂「大有元亨」者也。玄德大順，亦本於老子。老子曰：「玄德深矣、遠矣，與物反矣，乃至於大順。」彼言「至」，究其終極而言之；此言「同」，溯其原始而言之，一也。此一節文字雖簡而義蘊深微，乃一書中最緊要處，故解釋特詳，然終慙學問淺薄，不足以發也。

夫子問於老聃曰：「有人治道若相放，可不可，然不然。辯者有言曰：『離堅白若縣寓。』若是，則可謂聖人乎？」老聃曰：「是胥易技係、勞形怵心者也。執留之狗成思，猿狙之便自山林來。丘，予告若而所不能聞，與而所不能言。凡有首有趾、無心無耳者，眾。有形者與無形無狀而皆存者，盡無。其動，止也；其死，生也；其廢，起也。此又非其所以也。有治在人。忘乎物，忘乎天，其名爲忘己。忘己之人是之謂入於天。」

此寓言，託於孔、老問答以明用智與忘己之異也。知其爲寓言者，當孔、老時尚未有離堅白之說，今問而引此，則非孔子之言可知也。孔子雖有「不曰堅乎？磨而不磷。不曰白乎？涅而不緇」之言，見《論語·陽貨篇》。然與公孫龍之論絶不相涉。「放」即《馬蹄篇》「一而不黨，命曰天放」之放。「放」者執滯之反也。「可不可，然不然」者，人皆可者必可，然者必然，不可者必不可，不然者必不然，而此則可而有所不可，然而有所不然，無執必之意，治道如此，近於無滯，故曰「若相放」也。舊注皆以「放」作倣，解爲倣效。夫曰相效則相效耳，無取於言「若」也。以此斷之，則「放」非倣效明矣。「寓」，宇之籀文。見《說文解字》。「離堅白若縣宇」者，言堅白相離，如懸之宇間，至昭晰也。此辯者之言。

引此者，以見「可不可、然不然」析理之精，與之無二。因假以爲比。非更舉辯者以爲問也。

「胥易技係、勞形怵心」，見内篇《應帝王》注。以是譏之者，爲其窮慮竭志，終不出名言物象之間。以是爲放，實則自縛耳。故曰「執留之狗成思，猿狙之便自山林來」，此二句乃互文。「執留之狗」，當如司馬彪第二注，言狗之被執留者。「留」讀如字，作獨作狸，皆非也。「執留」正對上「放」字説。「成思」者，思山林而不得也。「便」者便捷。「自山林來」，自山林而來，被執留也。如此解本甚明晰。注家因《應帝王篇》，有「虎豹之文來由，猨狙之便執斄之狗來藉」之文，牽率爲説，遂疑中有誤字，失之遠矣。

「告若而所不能聞與而所不能言」，「若」、「而」皆汝也。所不能聞所不能言，即超出乎名言物象之外者，下文所謂「無形無狀」者是也。「有首有趾」，自頂至踵，具夫人形者也。「無心無耳」，能言而不知言，能聞而不知聞，即不及夫「可不可、然不然」者，此世俗之人，故曰「衆」也。「可不可，然不然」，則聞所能聞，言所能言，可謂有心有耳矣。然所聞所言，猶是有形邊事。若夫「有形者與無形無狀而皆存者」，則「盡無」矣。不曰「無」而曰「盡無」，是在此之前尚有一等寡有之人，文中雖不指出，意在上文所問「治道若相放」可謂聖人之人可知也。

此文與《德充符》申徒嘉言「自狀其過以不當亡者衆，不狀其過以不當存者寡，知不可奈何而安之若命，唯有德者能之」，分作三等説，正相類似。彼一一敘説，此則但説兩頭，中間不説者，以中間已在所問，不待更説。注者未能細心尋究上下語脈，僅就逐句作解，宜其令讀者茫然，無從下手也。

「其動，止也」至「有治在人」二十三字，當作一氣讀，言人之動止、死生、廢起皆非其所自以而別有治之者。「有治在人」乃倒文，如云在人有治。此治人者何？即天是也。知其有天，而以爲吾依天而動可矣。存此一依天而動之心，即未免執天爲己；執天爲己，則依然是己而非天也，故曰「忘乎物，忘乎天，其名爲忘己。忘己之人是之謂入於天」。「入於天」則真放矣。「天」字正與「放」對，不可不知。

將閭葂見季徹曰：「魯君謂葂也曰：『請受教。』辭不獲命，既已告矣，未知中否，請嘗薦之。吾謂魯君曰：『必服恭儉，拔出公忠之屬，而無阿私。民孰敢不輯！』」季徹局局然笑曰：「若夫子之言，於帝王之德，猶螳蜋之怒臂以當車軼，則必不勝任矣。且若是，則其自爲處危。其觀臺多，物將往投迹者衆。」將閭葂覤覤然驚曰：「葂也汒若於夫子之所言矣。雖然，願先生之言其風也。」季徹曰：「大聖之治天下也，摇蕩民心，使之成教易俗。舉滅其賊心，而皆進其獨志，若性之自爲，而民不知其所由然。若然者，豈兄堯、舜之教民，溟涬然弟之哉？欲同乎德，而心居矣。」

「將閭葂」，「將閭」姓，而「葂」名也。「將」一作蔣，疑是不知者所改。「魯君謂葂也曰『請受教』」九字爲句。「中」猶當也。「薦」，陳也。「服」，行也。「公忠之屬」，言「屬」者，見君子與君子爲朋，物各有其類也。「拔出」，謂選擢而登之上位。「輯」，和也。「局局然」，笑聲，今言笑聲曰格格，即局局之音也。「軼」同轍。「猶螳蜋之怒臂以當車轍」，言雖竭其全力，卒無當於帝王之德，此當讀去聲。故曰「必不勝任也」。「自爲處危」句，「其觀臺多」句，「物將往投迹者衆」句。「觀臺」，即《周官·太宰》之「象魏」，古者縣象法之所。「觀臺多」者，喻言象法之多，如上所云「恭儉」、「公忠」之名皆是。「投迹」，謂飾行以投上之所好。《天運篇》曰：「夫迹履之所出，而迹豈履哉？」然則投迹非能踐其實者，皆趨名以邀利者耳。此其自爲處之所以危也。舊注以「觀臺」作通常之臺觀釋之，而於「投迹」迹字又率輕輕忽過，宜其誤也。

「覤覤」，震驚之貌。「汒」同茫。「汒若」猶茫然，謂惑而不明也。「風」即《天下篇》「道術有在於是，聞其風而説之」之風。願夫子之「言其風」，欲聞季徹之所稱述也。

「搖蕩」猶鼓舞也。「賊心」，謂如不公不忠以及飾行趨名之心，皆賊其本性者，故曰「賊心」，篇末云「趣舍滑心，使性飛揚」，正謂此也。「獨志」，則脱出於賊心之上者。「無」與「爲」對，故謂之「獨」。賊心之滅，即「獨志」之進。「舉」與皆，一也。「若性之自爲」，順性之自爲也。「不知其所由然」，與孟子言「民日遷善而不知爲之者」意同。「兄」同況，比也。「弟」，古次第字。「溟涬」即《在宥篇》之涬溟，謂一氣無別也。「豈兄堯、舜之教民，溟涬然弟之」者，言不比堯、舜之教民於本無分別之中，而爲之次第其高下也。此對上「拔出公忠之屬」及「民孰敢不輯」而言。公忠之屬與民既已不齊，曰「拔出」，曰「孰敢不輯」，又顯有差等，故有「弟之」之言。不知人本同德，何分高下！齊而視之，則無有不公，區而別之，即偏私以起，故進曰「欲同乎德而心居矣」。「居」者，止其所而不遷也。搖蕩者啟其新機，居止者復其本位，聖人之作用如是而已，豈能於人之德性有所加損哉！

子貢南游於楚，反於晉，過漢陰，見一丈人方將爲圃畦，鑿隧而入井，抱甕而出灌，搰搰然用力甚多，而見功寡。子貢曰：「有械於此，一日浸百畦，用力甚寡，而見功多。夫子不欲乎？」爲圃者卬而視之曰：「奈何？」曰：「鑿木爲機，後重前輕。挈水若抽，數如泆湯，其名爲槹。」爲圃者忿然作色，而笑曰：「吾聞之吾師：『有機械者必有機事，有機事者必有機心。機心存於胸中，則純白不備；純白不備，則神生不定；神生不定者，道之所不載也。』吾非不知，羞而不爲也。」子貢瞞然慙，俯而不對。

有間，爲圃者曰：「子奚爲者邪？」曰：「孔丘之徒也。」爲圃者曰：「子非夫博學以擬聖，於于以蓋衆，獨弦哀歌，以賣名聲於天下者乎？女方將忘女神氣，隳女形骸，而庶幾乎！而身之不能治，而何暇治天下乎？子往矣，無乏吾事！」子貢卑陬失色，頊頊然不自得，行三十里而後愈。

其弟子曰：「向之人何爲者邪？夫子何故見之變容失色，終日不自反邪？」曰：「始吾以爲天下一人耳，不知復有夫人也。吾聞之夫子：『事求可，功求成。用力少見功多者，聖人之道也。』今徒不然。執道者德全，德全者形全，形全者神全，神全者，聖人之道也。託生與民並行，而不知其所之，汒乎淳備哉！功利機巧，必忘夫人之心。若夫人者，非其志不之，非其心不爲。雖以天下譽之，得其所謂，謷然不顧；以天下非之，失其所謂，儻然不受。天下之非譽，無益損焉。是謂全德之人哉！我之謂風波之民。」

反於魯，以告孔子。孔子曰：「彼假脩渾沌氏之術者也，識其一，不知其二；治其内，而不治其外。夫明白入素，無爲復朴，體性抱神，以游世俗之間者，女將固驚邪？且渾沌氏之術，予與女何足以識之哉！」

此節與《論語》所記長沮桀溺、荷蓧丈人，頗相類而主旨不同。此於漢陰丈人極盡其褒美之辭，不獨子貢贊之，孔子亦推之，蓋意在表渾沌之德，申治身之要，故不惜屈孔子以揚其人。所謂寓言十九，貴在得意忘言，不得便作實事實論觀也。自郭子玄不明此意，誤解「假脩」「假」字，遂有假渾沌、真渾沌之説，而以子貢之迷没於丈人，比之於列子之心醉於季咸。其於推尊孔子則是矣，然而非莊子之旨也。惟宋道士羅勉道《莊子循本》解後段孔子之言所謂「明白入素，無爲復朴，體性抱神，以游世俗之間者」，即是指漢陰丈人。細詳上下文義，羅解實過於郭。又下文云：「且渾沌氏之術，予與女何足以識之哉！」與《齊物論》長梧子之答瞿鵲子曰：「是黄帝之所聽熒也，而丘也何足以知之！」雖一出孔子自言，一出長梧子之論，其文其義，正復相同，安得以「何足識之」爲薄之之辭哉！故兹依《循本》之辭，更爲詮釋如下。

「漢陰」，漢水之陰也。水南曰陰。「圃」即《論語》老農老圃之圃，今所謂菜園也。圃下加畦字者，分圃爲若干畦，中間作溝以通水，爲下抱甕出灌而發也。「隧」，道也。「甕」亦作瓮，字同，汲水器也。「搰搰」同滑滑，讀如汩汩。焦氏《易林》「湧泉滑滑」，即汩汩也。水自甕中出貌，字不從水而從手者，爲其抱甕而灌，故從手以表之。周秦古書用字往往如此，是所謂轉注也。舊注云「用力貌」，失之。「有械於此」，「械」，器也。「浸」亦灌也。《消摇游》云：「時雨降矣，而猶浸灌。」浸灌聯用，知其義同矣。「夫子不欲乎？」夫子稱丈人也。「卬」即仰字。曰仰而視之者，抱甕以灌，身正俯也。「機」，械之巧而能自動者。「挈水」謂提水而出之。「若抽」，若引也。「抽」，司馬、崔氏二本並作「流」。流、引義亦相近。「數」音朔，疾速也。「泆」一作溢。「湯」一作蕩。字並通。「數如泆湯」，言其速如水之自湧溢而蕩決也。舊注有解作如湯之沸溢者，《循本》亦從之，大非也。「槔」，桔槔，本亦作橋，橋即桔槔之合音。《曲禮》：「奉席如橋衡。」鄭注云：「橋，井上絜皋。」絜皋即桔槔也。

「忿然作色」句。「而笑」，乃笑也。先作色而後乃笑，是兩層。舊連讀亦非也。「吾師」特託辭。丈人不必有師，即有師亦不知何人。《釋文》云：「吾師謂老子。」附會，不足信也。「機械」，機巧之械。「機心」，機巧之心。「純白不備」，謂心本純白，有此染汙，遂損缺之也。「神生不定」，神之生不定也。或讀「生」如性。莊書言神者多矣，未有以神與性連言者，殆不然也。「道之所不載」，應上「道覆載萬物」言，謂道所屏棄也。「羞而不爲」，恥其爲機事機心，故不爲也。孟子亦曰：「爲機變之巧者，無所用恥焉。」蓋機巧能利人，即能害人，而在當時，以之利人者少，用之害人者多，故聖哲之士每爲危之，欲以杜人之賊心而啟其愧悔，亦應時之藥言也。「瞞」，目瞼低也。人慙則視下，故曰「瞞然慙」。舊云「慙貌」，未盡也。

「擬聖」，謂比於聖人。「於于」，「於」音烏，如《史記》「項王喑噁叱咤」之噁。「于」同盱，張目也，如《漢書》「王莽盱衡厲色」之盱。皆盛氣貌。司馬彪云「夸誕貌」，意亦近之而未的也。「獨弦哀歌」，言其唱而無和，蓋皆譏之之辭。「忘女神氣」，猶上篇鴻蒙之言「吐爾聰明」也。「墮女形骸」，猶鴻蒙之言「墮爾形體」也。「而庶幾乎」，言乃庶幾於道。此則教之之辭也。「而」字句。「身」對「天下」言。「乏」，空也。空，曠也。「無乏吾事」，猶云無曠吾事。「卑陬」，跼蹐不安也。處卑處陬，皆有跼蹐之形。「頊頊」，頭低垂也。《説文》：「頭頊頊，謹貌。」謹則非昂頭，故知爲低垂也。「不自得」，不自適也。「愈」猶復也。下云「不自反」，「反」亦復也。

「天下一人」謂孔子。「夫人」猶此人，謂丈人也。「今徒不然」，「徒」，但也，謂但今不然。「但今」而言「今但」，猶「乃今而後」言「而後乃今」，古人語法往往不必與後世同也。前篇曰「抱神以靜、形將自正」，先神而後形，此曰「形全者神全」，乃先形而後神者，對前「神生不定」言，此固以神爲主也。「託生與民並行」，謂與凡民無別。「而不知其所之」，謂莫測其所至，則與凡民不同也。「淳備」即純白之備，改言「淳」者，推其本而言之，見其本不得而染污也。「功利機巧必忘夫人之心」，「忘」同亡，謂是四者不存於其心也。「得其所謂」者，與其所謂相合。「失其所謂」者，與其所謂相反。「所謂」，即上「其志」「其心」，猶今言所認識所主張也。「謷」，同傲。「謷然不顧」，傲而不顧也。「儻」，忽也。「儻然不受」，忽而不受也。「風波之民」，言德不全者無定守，有如風波然也。

「假」，《循本》云：「託也。『假脩渾沌氏之術』，言託於脩渾沌之術。『識其一不知其二』，專一而無二也。『治其内不治其外』，得乎己自忘乎物也。是丈人者，明白而歸諸素，無爲而還之朴，體性抱神，以游於世俗者也，賜之學宜不及此，固將驚之矣。」案：《循本》説是也。「將固驚邪」，猶云固將驚邪，「邪」者歎辭，非反語。而郭注云「豈必使汝驚哉」，已失其語氣。王先謙《集解》更引俞樾《平議》之言以證之，謂「固讀爲胡，固、胡皆從古聲，故得通用」。不觀其全文，而專於一字上遷就爲訓，有清一代訓詁家，多不免此病，而至末期尤甚。以是塗塞學者耳目，導之入於乖離破碎。每一言及，未嘗不爲之三歎也。

諄芒將東之大壑，適遇苑風於東海之濱。苑風曰：「子將奚之？」曰：「將之大壑。」曰：「奚爲焉？」曰：「夫大壑之爲物也，注焉而不滿，酌焉而不竭，吾將游焉。」

苑風曰：「夫子無意於横目之民乎？願聞聖治。」諄芒曰：「聖治乎？官施而不失其宜，拔舉而不失其能，畢見其情事，而行其所爲，行言自爲，而天下化，手撓顧指，四方之民莫不俱至，此之謂聖治。」

「願聞德人。」曰：「德人者，居無思，行無慮，不藏是非美惡；四海之内，共利之之謂悦，共給之之爲安；怊乎若嬰兒之失其母也，儻乎若行而失其道也；財用有餘而不知其所自來，飲食取足而不知其所自從，此謂德人之容。」「願聞神人。」曰：「上神乘光，與形滅亡，此謂昭曠。致命盡情，天地樂而萬事銷亡，萬物復情，此之謂混冥。」

此之「諄芒」、「苑風」，猶上篇之鴻蒙、雲將，假立姓名，以文爲戲，所謂卮言日出者也。「諄芒」者，雲氣。李云：「望之諄諄，察之芒芒，故曰諄芒。」是也。「芒」一作汒，並與茫同。「大壑」，謂海也。「苑」有長養義。「苑風」，長養之風，謂東風也。「注焉而不滿」二語，見《齊物論》。彼云「此之謂天府」，然則大壑猶天府之比矣。

「橫目之民」，謂人。「橫」同衡。衡目，兩目平生也。「聖治」、「德人」、「神人」，雖分三問而意實貫通，不獨意相貫通，亦即理無二致。於「聖治」，曰「天下化」，曰「四方之民莫不俱至」。於「德人」，曰「四海之内共利之之謂悦，共給之之爲安」。於「神人」，曰「萬事銷亡，萬物復情」。其言始終不離天下萬物，此與《中庸》言「能盡其性則能盡人之性，能盡人之性則能盡物之性，能盡物之性則可以贊天地之化育」者，寧有異乎？特《中庸》混言之，此則分言之耳。故在説「聖治」中，最要一語曰「畢見其情事」。在説「德人」中，最要一語曰「不藏是非美惡」。在説「神人」中，最要一語曰「致命盡情」。「盡情」即畢見情事之充類至盡，而「致命」則不藏是非美惡之盛德極功也。自來解《莊子》者，專在無爲、自化上著眼，而不知無爲之中正有無限工夫在，故於是不得不一闡發之。

「手撓」猶手麾也。「顧指」猶目指也。手麾目指，四方之民莫不俱至，如帝舜之「從欲以治，四方風動」。見《古文尚書・大禹謨》。從欲者，非從其欲，乃從四方之欲也，是故「畢見其情事而行其所爲」，亦見天下之情事而行天下之所爲，如是，天下安有不化！四方之民安有不至者哉！

然欲見天下之情事，行天下之所爲，必自虛己、無己始，故於「德人」曰：「居無思，行無慮，不藏是非美惡。」無思無慮，乃無分別見之謂，非不用心之謂也。此與「不藏是非美惡」正是一連貫事，不得作兩截看。「四海之内共利之之謂悦，共給之之爲安」，謂爲一義。「給」，足也。共利、共給，是乃見天下情事、行天下所爲之本心，故以是爲悦、爲安也。「怊乎」以下，則是摹寫「德人」之容之言。「怊」與「惆」一聲之轉。「怊乎」猶悵然也。「儻乎」已見上。若嬰兒失母、行而失道，皆言其棲棲皇皇，憂天下之甚，與《史記・孔子世家》鄭人對子貢言「孔子纍纍若喪家之狗」意全相同。蓋既以四海共利爲悦、共給爲安，其有不得，自不免於憂苦徬徨也。「財用有餘」，與「飲食取足」對文。「取足」猶言粗足、纔足。「從」上各本無「自」字，惟焦竑《莊子翼》有之。「自來」與「自從」亦對文，於義當有，故從焦氏本補入。此言有餘纔足皆不問其所從來。蓋志在四海，自不以一己之貧富享用爲意也。

「上神乘光」，「光」即《庚桑楚篇》所云「生者德之光也」之光。「乘光」猶言乘神，《養生主》所謂官止而神行者也。不言神而言光者，於文不得曰「上神乘神」也。「與形滅亡」者，「形」謂物形。物過而神斂，是光與形俱滅也。《應帝王》曰「聖人之用心若鏡，不將不迎，應而不藏，故能勝物而不傷」，「與形滅亡」即「應而不藏」之意，實則神無滅無亡也。「昭曠」舊作照曠。姚鼐《莊子章義》云：「晋人諱昭，皆書作照。」是也。「昭」者明也。「曠」者空也。明而空，空而明。光如是，神亦如是，故曰「此謂昭曠」。「昭曠」與下「混冥」一例，皆叠用狀辭，作昭爲合，故改正。「天地樂」者，即下《天道篇》所云「與天和者謂之天樂」，言其與天地和也。「萬物銷亡」，言無事也。「萬物復情」，言萬物各還其本，各得其所也。「混冥」即「大同乎涬冥」之謂。「混」言同也，同則冥矣，故曰「混冥」。

門無鬼與赤張滿稽觀於武王之師。赤張滿稽曰：「不及有虞氏乎！故離此患也。」門無鬼曰：「天下均治，而有虞氏治之邪？其亂而後治之與？」赤張滿稽曰：「天下均治之爲願，而何計以有虞氏爲！有虞氏之藥瘍也，秃而施髢，病而求醫。孝子操藥以修慈父，其色燋然，聖人羞之。至德之世，不尚賢，不使能；上如標枝，民如野鹿；端正而不知以爲義，相愛而不知以爲仁，實而不知以爲忠，當而不知以爲信，蠢動而相使不以爲賜。是故行而無迹，事而無傳。」

此承上均利、均給以至混冥之文，而假赤張滿稽之言，以益暢其義也。「不及有虞氏」，言其生也後，不逮虞舜之盛也。「離」同罹，遭也。「此患」，即指武王征伐之師。征伐必有殺傷，故曰「患」也。「天下均治」至「亂而後治之與」，爲無鬼問辭。「與」讀如歟。

郭注云：「言二聖俱以亂故治之，則揖讓之與用師，直是時異耳，未有勝負於其間也。」此大失莊意。若然，則「不及有虞氏」之歎，豈妄發者邪？蓋滿稽前言乃即事論事之辭，後則所謂理想之語，故曰「天下均治之爲願」。觀一「願」字，其意可知。宣穎《南華經解》謂滿稽因無鬼之言而乃悟，亦非也。

「何計以有虞氏爲！」言未嘗計虞氏而以爲至也。「藥瘍」，「藥」爲動字，言下藥治病也，與療同。「瘍」，身創也。有瘍而後用藥，是亂而後待治也，故又設喻以明之，曰「禿而施髢，病而求醫」。「髢」，髲也，字同鬄，以其剔罪人之髮以爲之，故曰鬄，以其用之被於髮上，故曰髲。《詩・鄘風・君子偕老》之篇曰：「鬒髮如雲，不屑髢也。」是髮美者不用髢，故此云「禿則施髢」。「禿」，髮稀少也。「病而求醫」，猶之禿而施髢，是求醫非得已也，故「孝子操藥以修慈父，其色燋然」。「修」藉作羞，進也。「燋然」，憔悴貌。憂父之疾致然，如此可謂孝矣。然而聖人羞之者，爲其不能養親使不病也。「羞之」，恥之也。此喻均治則不待治，以起下文。

「不尚賢」，人均賢也，何賢之足尚？「不使能」，人皆能也，何能之當使！「上如標枝」，「標」，末也。標枝在木，未見其尊。「民如野鹿」，鹿在於野，亦未見其不自足也。義而不知以爲義，仁而不知以爲仁，忠而不知以爲忠，信而不知以爲信，蹈其實而忘其名也，相使不以爲賜，同乎物而忘乎己也。先言「蠢動」者，謂如豸蟲之動，信天而行，《庚桑楚篇》所謂「惟蟲能蟲，惟蟲能天」也。「行而無跡」，即上之所謂「昭曠」。「事而無傳」，即上之所謂「混冥」。「無傳」者，無可傳述于後，蓋無得而稱之意，非如郭注所云「各止其分，故不傳教於彼」也。

孝子不諛其親，忠臣不諂其君，臣子之盛也。親之所言而然，所行而善，則世俗謂之不肖子；君之所言而然，所行而善，則世俗謂之不肖臣。而未知此其必然邪？世俗之所謂然而然之，所謂善而善之，則不謂之道諛之人也。然則俗故嚴於親而尊於君邪？

謂己道人，則勃然作色；謂己諛人，則怫然作色。而終身道人也，終身諛人也。合譬飾辭聚衆也，是終始本末不相坐。垂衣裳，設采色，動容貌，以媚一世，而不自謂道諛；與夫人之爲徒通是非，而不自謂衆人，愚之至也。

知其愚者，非大愚也；知其惑者，非大惑也。大惑者，終身不解；大愚者，終身不靈。三人行而一人惑，所適者猶可致也，惑者少也；二人惑，則勞而不至，惑者勝也。而今也以天下惑，予雖有祈嚮，不可得也，不亦悲乎！

大聲不入於里耳，《折楊》皇荂，則嗑然而笑。是故高言不止於衆人之心，至言不出，俗言勝也。以二缶鍾惑，而所適不得矣。而今也以天下惑，予雖有祈嚮，其庸可得邪？知其不可得也而强之，又一惑也，故莫若釋之而不推。不推，誰其比憂！

此傷世俗之説勝而道德之論不見聽也，故於篇之將終而痛切言之。舉孝子忠臣之不諛不諂以發端者，見嚴莫嚴於親而尊莫尊於君。然而猶有諍臣諫子，而世俗亦知不諍不諫之爲不肖也。乃於世俗之議則不然，羣起而和之，莫敢相非，而未嘗謂之道諛之人，此真天下之惑也。故一則曰「未知此其必然邪？」言責子之於父、臣之於君則然，至其於世俗則不知責之矣。再則曰「俗故嚴於親而尊於君邪？」言其視世俗反尊嚴過於君親，其非人情也亦甚矣。「道諛」即諂諛。

「道」、諂一聲之轉。「故」與固同。

「勃然」、「怫然」，皆怒貌。「作色」，動色也。「合譬」，《禮》之所謂「雷同」。「飾辭」，《禮》之所謂「剿説」。「毋剿説，毋雷同」，並見《小戴禮記・曲禮》。「終始本末不相坐」，「坐」猶因也。謂既有「道人」、「諛人」之實，而不願受「道人」、「諛人」之名，是終不因始，末不因本，有是理乎？「采色」，與《人間世》言「采色不定」之采色同。「設采色」，猶云正顔色。「以媚一世」，即孟子所云：「同乎流俗，合乎汙世，閹然媚於世者。」自孔子惡鄉原，而孟子發揮之，莊子此論亦豈有異於孔孟哉！「與夫人之爲徒通是非而不自謂衆人」十五字連作一氣讀。「徒通是非」，言其僅知是之非之，是非與衆人同而不自謂衆人。道諛「以媚一世，而不自謂道諛」，此二者正屬一類，故以之爲比而同曰「愚之至也」。愚生于惑，下因言惑。

「終身不靈」，終身不悟也。「猶可致」，猶可使之至也。「勞而不至」，不得其路，故徒勞也。「祈」，報也，告也。「嚮」者方向。「祈嚮」，謂以方向告示人也。「里」同俚。「里耳」，謂俚俗之耳。「大聲」猶正聲，謂雅樂也。「荂」同華，故本一作華。古皇、黄通用。「皇荂」疑即黄華矣。《皇荂》《折楊》，皆當時俗曲之名。「嗌然」，各本作「嗑然」，惟《釋文》云「本又作嗌」。「嗌」，音同啞。《易・震卦》「笑言啞啞」，徐鍇《説文繫傳》引作「笑言呃呃」，則「嗌然」即《易》之「啞啞呃呃」。「嗑」當是「嗌」之譌字，故兹改從嗌。「高言」，謂異乎世俗之言。「至言」，則以上各節所論是也。「不出」，謂爲俗言所蔽不能顯出，非不出諸口也。「缶」、「鍾」皆樂器。此承上「大聲不入于里耳」二句言，鍾爲雅音，缶則俗樂。李斯《諫逐客書》所云「擊甕叩缶而歌呼烏烏，真秦之聲」者也。缶二而鍾一，缶足以亂鍾，故曰「以二缶鍾惑」。《楚辭・卜居》云：「黄鍾毁棄，瓦釜雷鳴。」意正略似。《釋文》謂「缶鍾」應作「垂踵」，固非。近人或引《小爾雅》以缶鍾爲量器，亦不然也。「强之」，謂强其必聽。强則非因物之道，故曰「又一惑也」。「釋之而不推」，置之更不推尋也。

「誰其比憂」，比如孟子「願比死者一灑之」之比，見《梁惠王篇》。猶言誰其爲憂，此似自解之辭，而實則憂世之切，不得已發爲慨歎。此老苦心，正當於言外求之也。此一節郭注全誤，至謂服物在於從俗，是豈莊旨！明眼人自能辨之，更不待駁。

厲之人夜半生其子，遽取火而視之，汲汲然唯恐其似己也。百年之木，破爲犧樽，青黄而文之，其斷在溝中。比犧樽於溝中之斷，則美惡有間矣，其於失性一也。跖與曾、史，行義有間矣，然其失性，均也。且夫失性有五：一曰五色亂目，使目不明；二曰五聲亂耳，使耳不聰；三曰五臭薰鼻，困惾中顙；四曰五味濁口，使口厲爽；五曰趣舍滑心，使性飛揚。此五者，皆生之害也。而楊、墨乃始離跂自以爲得，非吾所謂得也。夫得者困可以爲得乎？則鳩鴞之在於籠也，亦可以爲得矣。且夫趣舍聲色，以柴其内，皮弁鷸冠，搢笏紳脩，以約其外，内支盈於柴柵，外重纆繳，睆睆然在纆繳之中，而自以爲得，則是罪人交臂歷指，而虎豹在於囊檻，亦可以爲得矣。

「厲之人」，有癩疾之人也。「遽」，驟也。「汲汲然」，急也。「唯恐其似己」，恐其亦有是疾也。此三句各本皆連上節釋之，不知厲猶駢拇、枝指，皆失性而然，故以此爲下文發端，言己失其性，更不欲其子亦爾，而世人乃反以失性爲得，是不如厲之人猶爲能自知也，意亦與上「知其愚者非大愚，知其惑者非大惑」，遥遥相應。然後知雖上下各自爲節，而文仍脈絡相通，前所謂天德、聖治，亦但使人無失其性而已。是《莊子》一書之統宗會元也。

「破」猶剖也。「犧樽」，樽之刻爲犧牛之形，讀如字，今博物館中猶得見之。「青黄而文之」，加以青黄之文采也。「斷」者，斷餘之木。犧樽於祭器中爲最貴，又最華美，故曰「比犧樽於溝中之斷，則美惡有間矣」。「失性」，失其木之本性也。「跖與曾、史」，已見上《駢拇》等篇。「行」讀去聲。外之所爲曰行，心之所持曰義，合内外而言之，故曰「行義」。「均」猶一也。此以下皆言人之「失性」，雖列五名，而惟重在「趣舍滑心」。何以見之？下言楊、墨，墨子節用、非樂，其於聲色臭味皆所屏斥，是前之四者不足難彼，故知意在第五也。

「五色」，青、赤、黄、白、黑。「五聲」，角、徵、宫、商、羽。「五臭」，羶、焦、香、腥、朽。「五味」，酸、苦、甘、辛、鹹。並見《禮記·月令》。「困」，困苦。「惾」者，臭上衝逆也。「中」讀去聲。「中顙」，由鼻以中於顙也。舊解「困惾」爲刻塞不通，非是。既不通矣，安能上及於顙乎？「濁」謂使口不清。「厲」，病。「爽」，失。失其辨味之能也。「滑」音骨，亦亂義。「趣舍」，或取或捨也。「飛揚」，不守其舍也。「離跂」，闊步，已見《在宥篇》。

「困可以爲得乎」，「困」謂困於「趣舍聲色」，正消摇、天放之反，故不可以爲得。《養生主》曰：「澤雉十步一啄，百步一飲，不蘄畜乎樊中，神雖王，不善也。」故此以鳩鴞在籠爲比。

「鳩」即《消摇游》學鳩之鳩。「鴞」即《齊物論》「見彈而求鴞炙」之鴞。鴞亦鳩類。見前《齊物論》注。是以鳩鴞連言也。「趣舍聲色」，先趣舍而後聲色，即此亦可知趣舍爲重矣。「以柴其内」，用「柴」字，與言蓬心、蒿目一例，皆以實字作活字用。陸西星《南華副墨》謂「柴」有三義：一者藴祟，二者錯亂，三者梗礙。分析可謂至密。實則「柴内」即上「滑心」之變文，亦言其亂而不安而已。「皮弁」，武冠，以皮爲之，清時之瓜皮帽即弁形也。「鷸冠」，以鷸羽飾冠。「皮弁鷸冠」非常服，而此云云者，疑墨者之徒服之。墨之後流而爲任俠，宜其以武冠爲尚也。「笏」，手版。「搢」，插于帶間也。「紳」，大帶。「脩」，長也。「約」，約束之不得自肆也。「柵」音策，柴之編爲籬槅者。「支」，支撑。「盈」，充滿也。「纆」即《駢拇篇》「纆索」之纆。「繳」音皎，謂繳繞也。「纆繳」，即上「約」字之張大。「重」讀平聲，謂加也。「睆」，張目也。舊解「睆睆」爲窮視貌，正謂遭窮阸而張大其目以視，非云窮其視力也。「交臂」，謂縛其手。「歷」與櫪同。「櫪指」，謂以木柙其十指也。「檻」，圈也，所以捕虎豹者，以其可進而不可出，如囊然，故曰「囊檻」。或以「囊檻」作二物解，非也。

天道第十三

《在宥篇》末節云：「何謂道？有天道，有人道。無爲而尊者，天道也。有爲而累者，人道也。主者，天道也。臣者，人道也。」此篇蓋即其義而敷暢之。吾前言莊子不薄有爲，觀於《天道篇》，當益信。

天道運而無所積，故萬物成；帝道運而無所積，故天下歸；聖道運而無所積，故海内服。明於天，通於聖，六通四辟於帝王之德者，其自爲也，昧然無不静者矣。聖人之静也，非曰静也；善，故静也；萬物無足以鐃心者，故静也。水静則明燭鬚眉，平中準，大匠取法焉。水静猶明，而况精神！聖人之心静乎！天地之鑒也，萬物之鏡也。

夫虚静恬淡、寂寞無爲者，天地之平，而道德之至，故帝王聖人休焉。休則虚，虚則實，實者備矣。虚則静，静則動，動則得矣。静則無爲，無爲也則任事者責矣。無爲則俞俞，俞俞者憂患不能處，年壽長矣。

夫虚静恬淡、寂漠無爲者，萬物之本也。明此以南鄉，堯之爲君也；明此以北面，舜之爲臣也。以此處上，帝王天子之德也；以此處下，玄聖素王之道也。以此退居而閒游，江海山林之士服；以此進爲而撫世，則功大名顯，而天下一也。静而聖，動而王，無爲也而尊，樸素而天下莫能與之爭美。夫明白於天地之德者，此之謂大本大宗，與天和者也；所以均調天下，與人和者也。與人和者，謂之人樂；與天和者，謂之天樂。

莊子曰：「吾師乎！吾師乎！䪠萬物，而不爲戾；澤及萬世，而不爲仁；長於上古，而不爲壽；覆載天地，刻彫衆形，而不爲巧；此之謂天樂。故曰：『知天樂者，其生也天行，其死也物化。静而與陰同德，動而與陽同波。』故知天樂者，無天怨，無人非，無物累，無鬼責。故曰：『其動也天，其静也地，一心定，而王天下；其鬼不祟，其魂不疲，一心定，而萬物服。』言以虚静推於天地，通於萬物，此之謂天樂。天樂者，聖人之心以畜天下也。」

言帝道、聖道而先以天道者，帝道、聖道皆本乎天也。帝道與聖道分言者，帝固應聖，而聖則不必帝。下文有處上、處下、退居、進爲之分，蓋謂是也。「運」者，運行。「無所積」，無所滯也。「積」、滯一義，今醫家於病人運化不良猶謂之積滯，可見也。上篇云「留動而生物」，而此云「運而無所積，故萬物成」，或疑其言爲矛盾，不知自物言之，其生也，自是於天命流行之中有所留滯。不然，則物不成。而自天道言之，則終始一運行不息之機，更無停滯。若有停滯，生生之機亦息，何以成物！譬之漚與海水，海自運行，漚自留滯，豈相妨哉！

「辟」同闢。「六通四闢」，謂於帝王之德，無之而不通也。「昧然」，「昧」對「明」言。「無不静」，「静」對「運」言。蓋用明者昧，制動者静。故「昧然無不静」上加「其自爲也」四字，亦足見昧與静在己，而明動用之於物，非是一味偏主於静也。

「非曰静也」句。「善故静也」句。此與「萬物無足以鐃心者故静也」一樣句法，兩「故」字正相對成文。郭象讀「非曰静也善故静也」八字作一句。注云：「善之乃静，則有時而動也。」迂曲爲説，殊非莊旨。「非曰静也」者，謂聖人之静非若平常之所謂静也云爾。「善」即《應帝王》所云「善者機」之善，亦即《易・乾卦・文言》「元者善之長也」之善，蓋根上「運而無所積」説。惟有是生生活潑之機故静，不然，静真成槁木死灰矣。此義甚是緊要，而解者從來失之，可歎也。「鐃」借作撓，攪亂也。萬物無足以撓心者故静，明静非絶物也。内保生生之機，而外不絶物，於是静乃有體有用。吾故曰非是一味偏主於静。通前後文觀之，當知非妄説也。

「燭」猶照也。「中」讀去聲。「平中準，大匠取法焉」，即《德充符》所云「平者水停之盛，其可以爲法」者也。「聖人之心静乎」句。「鑒」、「鏡」字同。大可以鑒天地，細可以鏡萬物，兩言之，言人知聖人之心之静，而不知其功用乃如此，故以「乎」字喝起下文。莊子之文無一字虚下也。

「恬淡」，《刻意篇》作恬惔，「淡」本澹字之省便，以其言心，故亦轉而從心，六書所謂轉注者是也。一「静」字也而化爲「虚静恬淡、寂寞無爲」八字者，於其中而分析之，本末始終如是，乃可以盡其藴也。此觀於下文而可知。「休」者止也。「虛則實」者，如鏡本無物，而萬象畢涵，非「虛則實」乎？「備」各本作倫，陳碧虛《闕誤》引江南古藏本作「備」，「備」與下「得」「責」字協韻，而與「實」字意亦相承，「倫」、「備」形近易譌，「倫」自是「備」字之誤，故兹訂作「備」。「實者備」，猶實則備。古「者」、則字可通用。實則備，即《天地篇》所云「以道汎觀而萬物之應備」者也。「静則動」者，如車軸不動，而輪恃以行，非静則動乎？「動則得」，即《天地篇》所云「忽然出，勃然動，而萬物從之」者也。「任事者責」，謂任事者各責其成，即《天地篇》所云「天生萬民，必授之職」，與夫「官施而不失其宜」者也。「俞」同愉。愉愉即所謂恬淡也。《管子·心術篇》曰：「恬愉無爲，去智與故。」彼以恬愉連文，則知愉與恬義一矣。「憂患不能處」，謂憂患不能入居其心。《刻意篇》云：「憂患不能入。」或曰入，或曰居，意相通也。

「南鄉」猶南面。「鄉」同嚮，故本亦作嚮。「玄聖」，玄默之聖。「素王」，素白之王。《孔子家語》齊太史子輿見孔子，退而曰：「天將欲素王之乎！」蓋有王者之德，而無王者之位，是之謂素王，猶今云無冕帝王也。「撫世」猶云安世。《説文》：「撫，安也。」「無爲也而尊」，即《在宥篇》所云：「無爲而尊者，天道也。」「樸素」指道言，老子曰「道常無名」是也。「天下莫能與之爭美」，言天下之美無有過於道者。「此之謂大本大宗，與天和者也」，説道德之體。「所以均調天下，與人和者也」，説道德之用。「人樂」者，樂以天下。「天樂」者，樂天知命也，是所謂「俞俞者憂患不能處」也。

「吾師」以下六句，《大宗師篇》有之，以爲許由之言，而此作「莊子曰」者，彼許由本託名，許由之言實即莊子之言也。「戾」，暴也。彼作「義」。舉相對者言，則曰仁義；舉相反者言，則曰仁暴。彼末云「此所游已」，而此曰「此之謂天樂」。惟游故樂，亦惟樂天而後能游，意亦未始不相通也。「生也天行」，與天偕行。「死也物化」，與物偕化。「静」、「陰」以體言，故曰「同德」。「動」、「陽」以用言，故曰「同波」。「波」者，播也，播散之於萬物也。「無天怨」，不怨天。「無人非」，不尤人。「無物累」，不累於物。「無鬼責」，不責報於鬼神。惟不責報於鬼神，故「其鬼不祟」。「祟」，禍也。老子曰：「以道涖天下，其鬼不神。非其鬼不神，其神不傷人。」正同此義。惟不累於物，故「其魂不疲」。「推於天地」，應上「天地之鑒」言。「通於萬物」，應上「萬物之鏡」言。前但言静，而此言虚静者，虚者静之本，所謂虚則静者也。「聖人之心以畜天下」者，天下之大在聖人一心涵育之中，體用不分内外也。

夫帝王之德，以天地爲宗，以道德爲主，以無爲爲常。無爲也，則用天下而有餘；有爲也，則爲天下用而不足。故古之人貴夫無爲也。上無爲也，下亦無爲也，是下與上同德。下與上同德，則不臣。下有爲也，上亦有爲也，是上與下同道。上與下同道，則不主。上必無爲而用天下，下必有爲爲天下用，此不易之道也。

故古之王天下者，知雖落天地，不自慮也；辯雖彫萬物，不自説也；能雖窮海内，不自爲也。天不産而萬物化，地不長而萬物育，帝王無爲而天下功。故曰：「莫神於天，莫富於地，莫大於帝王。」故曰：「帝王之德配天地。」此乘天地，馳萬物，而用人羣之道也。本在於上，末在於下；要在於主，詳在於臣。三軍五兵之運，德之末也；賞罰利害，五刑之辟，教之末也；禮法數度，形名比詳，治之末也；鐘鼓之音，羽旄之容，樂之末也；哭泣衰絰，隆殺之服，哀之末也。此五末者，須精神之運、心術之動，然後從之者也。末學者，古人有之，而非所以先也。君先而臣從，父先而子從，兄先而弟從，長先而少從，男先而女從，夫先而婦從。夫尊卑先後，天地之行也，故聖人取象焉。

天尊地卑，神明之位也；春夏先，秋冬後，四時之序也；萬物化作，萌區有狀，盛衰之殺，變化之流也。夫天地至神，而有尊卑先後之序，而況人道乎！宗廟尚親，朝廷尚尊，鄉黨尚齒，行事尚賢，大道之序也。語道而非其序者，非其道也。語道而非其道者，安取道！

是故古之明大道者，先明天，而道德次之；道德已明，而仁義次之；仁義已明，而分守次之；分守已明，而形名次之；形名已明，而因任次之；因任已明，而原省次之；原省已明，而是非次之；是非已明，而賞罰次之；賞罰已明，而愚知處宜，貴賤履位，仁賢不肖襲情，必分其能，必由其名。以此事上，以此畜下；以此治物，以此修身；知謀不用，必歸其天。此之謂太平，治之至也。

故書曰：「有形有名。」形名者，古人有之，而非所以先也。古之語大道者，五變而形名可舉，九變而賞罰可言也。驟而語形名，不知其本也；驟而語賞罰，不知其始也。倒道而言，迕道而説者，人之所治也。安能治人！驟而語形名賞罰，此有知治之具，非知治之道；可用於天下，不足以用天下，此之謂辯士，一曲之人也。禮法數度，形名比詳，古人有之。此下之所以事上，非上之所以畜下也。

前者帝道、聖道並言，此下則專言帝王之德者。聖功之用本在于王道，觀内七篇終於《應帝王》亦可知也。「用天下而有餘」，無爲之至，上與天地精神往來，非徒治一世而已，故曰「有餘」。「爲天下用而不足」，有爲之弊，越尊俎而代庖，非敗壞其事不止，故曰「不足」。「不臣」者，失臣之德。「不主」者，失主之道也。「不易之道」，謂世有變遷，而此道則不可改易也。

「落」同絡。「絡天地」，包天地也。「彫」藉作周。周萬物，偏萬物也。「窮」，極也。極海内，猶冠海内也。然而「不自慮」，「不自説」，「不自爲」者，知用一己終不如用天下也。「萬物化」，「化」謂化生。「天下功」，「功」謂成功。《荀子·富國篇》亦曰「百姓之力待之而後功」，是功自可作成功用。或據郭注功自彼成，謂「功」下當有「成」字，非也。「馳萬物」，「馳」字根上「乘天地」説，蓋驅使之義。曰乘曰馳曰用，皆言其棅操自我也，是之謂本，是之謂要。本以御末，故曰：「本在上，末在下。」要以挈詳，故曰：「要在主，詳在臣。」「要」者綱要，

「詳」者細目也。

「三軍」，周制大國三軍，軍萬有二千五百人。「五兵」，戈、殳、矛、楯與弓矢也。「運」，運用。「德之末」者，德不能化而後用兵，故曰「德之末」。賞使民見其利，罰使民知其害，故曰「賞罰利害，五刑之辟」。「辟」，致法也。古以墨、劓、剕、宮、大辟爲五刑，前四者所謂肉刑，大辟則死刑也。「教之末」者，教所不行而後致法，故曰「教之末」。

「數度」各本作度數，而後「禮法數度，形名比詳，古人有之」，則作「數度」。考《天下篇》曰：「其明而在數度者，舊法世傳之。」亦作「數度」。又曰：「明於本數，係於末度。」是「數」在「度」前甚明，故茲訂作「數度」。蓋禮別爲法，「法出於禮」，見《管子·樞言篇》。法別爲數，數別爲度，此其次也。「數」者差等。《天下篇》云：「其數一二三四，百官以次相齒。」是也。「度」者制度。《易·節卦彖傳》曰：「節以制度。」節者，節約之使各不侵越也。後文於「形名」之前，言「分守」。即「分」與「數」相當，「守」與「度」相當，此又其別也。

「形名」詳後。「比詳」者，比校而推詳之。後文於「形名」之下言「因任原省」，是皆比詳之類也。曰「治之末」者，此皆治之具，而非治之道，故爲「末」也。「羽旄」，舞者所執。舞有進退俯仰之容，故曰「羽旄之容」。《樂記》曰：「樂者非謂黃鍾大呂、弦歌干揚也，樂之末節也。」與此説同。彼言干揚，揚，斧也。武舞所執。此言「羽旄」，則謂文舞也。「衰」同縗，喪服也。「絰」有首絰、腰絰之分。腰絰，象帶。首絰，象冠而缺頂，與縗同，皆製以麻。「隆殺之服」，「隆」謂加隆。《荀子·禮論》云：「至親，以期斷，何以三年也？曰：加隆焉爾也。」「殺」謂降殺，視親疎之等而服喪，至今鄉里猶有「五服之親」之語，即謂是也。五服者，斬衰、齊衰、大功、小功、緦麻，其詳在《儀禮·喪服傳》。「衰」者，喪禮主哀也。「末學」即指前「德之末」以下五者之學，而以治之末爲主。故後於「禮法數度，形名比詳」更詳論之。「聖人取象」，取尊卑先後之序，以爲治本也。

「神明之位」，「神」屬天言，「明」屬地言。《天下篇》曰：「神何由降？明何由出？」神言「降」，屬天可知。明言「出」，屬地可知。故「神明」者，天神而地明。「明」之爲言盛也。上云「莫神於天，莫富於地」。「明」、「富」皆盛義也。「化作」猶言化生。「萌區」，「區」同句，讀鉤，句、區一聲之轉。《月令》「季春之月，句者畢出，萌者畢達。」注云：「句，屈生者。」是也。「有狀」，言形狀各不同。「盛衰之殺」，謂由盛而衰，其降以漸。「變化之流」，總上三句言。「流」猶行也。宗廟所以合族，故「尚親」。朝廷所以序爵，故「尚尊」。鄉黨所以事老，故「尚齒」。「行事」，不言地而言事者，無往而非事，即無往而非尚賢。前三句爲賓，此則主也。孟子亦曰：「天下有達尊三：爵一，齒一，德一。朝廷莫如爵，鄉黨莫如齒，輔世長民莫如德。」德即賢也。孟子不言親者，親親尊尊，名義各殊，以達尊言，故不及親也。「語道而非其序」，則亂，故曰「非其道」。「語道而非其道」，則安，故曰「安取道」。「安取道」者，非道不可取。道而安，則不可用也。

「先明天而道德次之」者，道德本乎天也。「道德已明而仁義次之」者，仁義出乎道德也。「仁義已明而分守次之」者，有仁義而後有禮法，分守生於禮法也。「分守已明而形名次之」者，如有道德仁義、禮法分守種種之形，斯有道德仁義、禮法分守種種之名。言「形名」，猶言名實也，故公孫龍有《名實論》，而尹文著書，則稱形名。其在當時，或曰形名，或曰名實，一而已矣。形名既彰，各有責成，因而任之，不爲牽制，是曰「因任」。上云「無爲也，則任事者責矣」，任事者責，即所謂因任。循名考實，月比歲校，原情省功，無所假借，是曰「原省」。原省皆察也。名實當者是，名實違者非，是爲是非。是於是有賞，非於是有罰，是爲「賞罰」。「處宜」，處得其宜。「履位」，履當其位。「襲」，合也。「情」，實也。「襲情」，謂合於其實也。「必分其能」，人各有能，不能兼也。「必由其名」，能各有名，不容混也。「知同智。謀不用」，無相虞詐也。「必歸其天」，返於淳樸也。「此之謂太平」者，必如是而後謂之太平也。

「書」，時所傳之書。「有形有名」，書之言也。九者之中獨斷自形名而言之者，形名之説爲名法家所樂道。針對名法之弊，故於此尤致意焉。「古人有之」，亦因名法家言而姑爲是説，言古人未嘗不知此事，非謂古人已有此名也。故有以「書曰」。上「故」字連下「書」字，釋爲「古書曰」者，不敢苟同也。「五變而形名可舉，九變而賞罰可言」，名法之弊，至專以賞罰驅使天下，故於形名之後又更提賞罰也。司馬遷《史記·老莊申韓列傳贊》曰：「申子卑卑，施之於名實。申不害也。韓子引繩墨，切事情，明是非，其極慘礉少恩。韓非也。」雖其論申子爲莊書所不道，而韓非更在莊子之後，然以施於名實爲卑，明是非之極則慘礉少恩，實有合於莊子此章之意。蓋遷之父談嘗習道論於黃子，遷承其父之學，固宜其能見及此也。今録遷説，自非注書之體，然以是見莊之意在貶斥名法，亦未爲無助也。「驟」猶遽也。「迕」，逆也。「人之所治」，謂只可受人之治。「治」讀平聲，下「治人」之治亦同。「辯士」指名家言。「一曲」猶一端一隅，謂不能見其全也。餘文義可明，更不作釋。

昔者舜問於堯曰：「天王之用心何如？」堯曰：「吾不敖無告，不廢窮民，苦死者，嘉孺子，而哀婦人。此吾所以用心也。」舜曰：「美則美矣，而未大也。」堯曰：「然則何如？」舜曰：「天德而出寧，日月照而四時行，若晝夜之有經，雲行而雨施矣。」堯曰：「膠膠擾擾乎！子，天之合也；我，人之合也。」夫天地者，古之所大也，而黃帝、堯、舜之所共美也。故古之王天下者奚爲哉？天地而已矣。

此承上「明此南鄉堯之爲君，明此北面舜之爲臣」而言，見舜在臣位，而實有君德，堯之禪讓，爲能得其人也。舜問用心，不曰帝王而曰「天王」者，表王道本于天道，且爲下「天德」、「天合」發端也。

「敖」同傲。「無告」即窮民。孟子曰：「天下之窮民而無告者。」以其無告，則易於傲，故曰「不傲無告」。以其窮，則易於廢，故曰「不廢窮民」。「廢」謂閣置而不理也。不傲則將有以教之，不廢則將有以養之。不言教養，而但曰不傲不廢者，以舜問用心，故答亦及於用心而止也。郭注以無告爲頑民，意謂無可教告，非也。「苦死」者，苦謂哀苦之。「嘉孺子」，「嘉」謂善愛之。「哀婦人」，「哀」謂矜憐之也。舉窮民、死者、孺子、婦人爲言者，於無告者而猶若是，則他人可知，非謂用心僅在於四者也。

「天德而出寧」，以天德而出寧也。「出寧」與《易・乾卦彖傳》言「首出庶物，萬國咸寧」同。「寧」，安也。舜曰「未大」，「大」何在？「大」正在首出咸寧。郭注云「與天合德則雖出而静」，以寧爲静，亦非也。「日月照而四時行，若晝夜之有經」，於《乾彖》則「大明終始」一語盡之。「雲行雨施」，亦《乾彖》中語。然則此所謂「天德」，一乾德而已。莊子之學本於《易》，是亦一證也。

「膠膠擾擾」，言向之用心之過也。「膠膠」則非善，「擾擾」則非静也。「子，天之合」，言其合於天。「我，人之合」，則合於人而已。堯、舜之問答止此。以下則所以結上三節之文。「所大」謂所稱大。老子曰：「天大、地大、王亦大。」故王者法天地。

孔子西藏書於周室。子路謀曰：「由聞周之徵藏史，有老聃者，免而歸居。夫子欲藏書，則試往因焉。」孔子曰：「善。」往見老聃，而老聃不許。於是繙十二經以説老聃。中其説，曰：「太謾。願聞其要。」孔子曰：「要在仁義。」老聃曰：「請問：仁義，人之性邪？」孔子曰：「然。君子不仁則不成，不義則不生。仁義，真人之性也。又將奚爲矣？」老聃曰：「請問：何謂仁義？」孔子曰：「中心物愷，兼愛無私，此仁義之情也。」老聃曰：「意，幾乎後言！夫兼愛不亦迂乎！無私焉，乃私也。夫子若欲使天下無失其牧乎？則天地固有常矣，日月固有明矣，星辰固有列矣，禽獸固有羣矣，樹木固有立矣。夫子亦放德而行，循道而趨，已至矣。又何偈偈乎揭仁義，若擊鼓而求亡子焉？意，夫子亂人之性也！」

此爲「道德已明而仁義次之」句作詮釋也。周爲當時共主，列國兵爭之所不及，藏書於周，可以免於燬滅，孔子所以有西而藏書周室之意也。「子路」，孔子弟子仲由。「謀」，謀其所因也。「因」者，因之以通於其執事者。古者無因，則不得通焉。「徵」猶典也。「徵藏史」，典守藏室之史也。《史記·老子列傳》言聃爲守藏室之史，與此正同。此「藏」讀去聲，謂藏書之所。「免而歸居」，已解免史職而歸居於家也。「老聃不許」，不允爲之通也。「繙十二經以説老聃」句，「説」如游説之説，音税。「説」者，欲説而服之，俾知其有可藏者存也。舊於「説」字句絶，非也。

「十二經」，舊注有三説：一曰《詩》、《書》、《禮》、《樂》、《易》、《春秋》六經加六緯合爲十二經。案六經之名見於《天運篇》，未嘗兼緯而謂之十二經也。緯之名至漢始有之。諸子之書皆言六經，未有六緯之説。則此一説不可從。一曰《易》上下經並十翼爲十二。若然，則是一《易》也。但言繙《易》以説可矣，無爲張大之而曰十二經。則此一説尤不可從。一曰《春秋》十二公經也。吾今從此説。一，《詩》、《書》、《禮》、《樂》、《易》皆舊籍，聃之所知，不待孔子爲之陳述，惟《春秋》爲孔子所作，聃或有未盡曉者，故繙以説之。二，孔子作《春秋》，曰：「吾欲託之空言，不如見之行事之深切著明也。」莊子亦曰：「《春秋》經世，先王之志。」見《齊物論》。此篇論帝道王德而及於禮法數度、形名比詳，則繙《春秋》以説，於一篇之旨爲合。以是二義，故知第三説爲優矣。

或曰：孔子問禮於老聃，在未相魯之先，而《春秋》絶筆於獲麟，去夫子之卒纔兩年耳。

老聃雖老壽，計其時歿已久矣，安得有以《春秋》説老聃之事？曰：是固寓言也。豈特此爲寓言，即《天運篇》孔子謂老聃「丘治《詩》、《書》、《禮》、《樂》、《易》、《春秋》，以奸七十二君」者，亦寓言也。顧雖寓言，亦必忠於事實，言之成理。以其近於事理者求之，則舍夫《春秋》十二經之説，固未有能勝之者也。且「繙」者紬繹之謂。執《春秋》以通《詩》、《書》、《禮》、《樂》、《易》，合《詩》、《書》、《禮》、《樂》、《易》以説《春秋》，皆可謂之繙也。然則「西藏書」者，所藏爲六經。説老子者，所説爲《春秋》，兩義亦可兼備。與《天運篇》之言六經不相背觸，其非前二説所可比擬，斷斷然矣。此予所以獨採第三説也。

「中其説」者，孔子之説逸及半也。「謾」字從曼。曼，長也。《詩·魯頌》「孔曼且碩」，毛傳：「曼，長也。」「太謾」者，嫌其説之太長，是以「願聞其要」也。「仁」，春也，本以生物。「義」，秋也，本以成物。而此言「不仁則不成，不義則不生」者，生成互相爲用，錯綜之以見仁義之不可分，而同出於一性也。「又將奚爲」者，言舍仁義無爲也。

「中心」與「物愷」對文。「中心」以心言，「中」者言其不偏。「物愷」以物言，「愷」如「愷惻」之愷，言其於物常懷愷惻，惟恐傷之。舊注訓愷爲樂，非也。「兼愛」承「物愷」説。「無私」承「中心」説。「仁義之情」者，謂仁義之實也。

「意」同噫。「幾乎後言」，幾於失言也。「後言」何以謂失言？後者不及之義。言而過，失言也。言而不及，亦失言也。以兼愛爲「迂」者，「迂」，遠也。本無有不愛，何取於言兼愛？言兼愛則有兼之所不至者矣。是已落第二義，故曰遠也。「無私乃私」者，既以無私爲言，則有不合於我所者，皆將以無私責之。而私與無私對立，是於大公之中自生畛域。畛域者，正私之所由起，故曰「無私乃私」也。「牧」，養也。養者養其性，故「無失其牧」，亦即謂無失其性之常然者也。「放德而行」，任德而行也。「循道而趨」，遵道而趨也。「已至」者，不言仁義而仁義已至也。「偈偈」，用力貌。「揭仁義」，謂舉仁義之名以號召於天下。比之於「擊鼓而求亡子」者，「亡子」，逃人也。擊鼓求之，則聞鼓聲而愈逃愈遠耳。故由道德而仁義，其勢也順；由形名而仁義，其勢也逆。老、莊之掊擊仁義，蓋欲破仁義之名，以返仁義之實。是不可不知也。

「爲」各本作焉。案：「何」、「爲」二字相呼應，書中如此者甚多，爲、焉形近，是以譌舛，其跡甚顯，兹特改正。「亂人之性也」，猶云亂人之性耳。蓋針對上「仁義，真人之性」句而發。

士成綺見老子，而問曰：「吾聞夫子，聖人也。吾固不辭遠道，而來願見；百舍重趼而不敢息。今吾觀子非聖人也。鼠壤有餘蔬，而棄妹，不仁也。生熟不盡於前，而積斂無崖。」老子漠然不應。士成綺明日復見，曰：「昔者吾有刺於子，今吾心正卻矣，何故也？」老子曰：「夫巧知神聖之人，吾自以爲脱焉。昔者子呼我牛也，而謂之牛；呼我馬也，而謂之馬。苟有其實，人與之名而弗受，再受其殃。吾服也恒服，吾非以服有服。」士成綺雁行避影，履行遂進，而問修身若何。老子曰：「而容崖然，而目衝然，而顙頯然，而口闞然，而狀義然。似繫馬而止也。動而持，發也機，察而審，知巧而覩於泰，凡以爲不信。邊竟有人焉，其名爲竊。」

「士成」姓，「綺」名。「老子」，老聃也。不曰來見，而曰「來願見」，表其嚮慕之切也。「舍」如字，止舍也。古者行三十里（或三十五里）而一止舍，則「百舍」三千餘里也。「趼」，足生胝也，今俗云雞眼，即「趼」之緩讀。一作繭，則假借字也。「重」讀平聲，厚也。「鼠壤」，鼠穴口土也。「餘蔬」，鼠所竊食而棄於穴外者。言老子畜蔬之富如此，而「棄妹」不養，故謂之「不仁」也。

「妹」，女弟。郭注云「無近恩，故曰棄」，是也。《釋文》引劉熙《釋名》云：「妹，末也。」以「妹」爲末學之徒，謂「當慈誘，乃見棄薄，是不仁之甚」。案《釋名》云「妹，末也」者，見「妹」有末義，非「妹」即末也。且即曰末矣，何以見爲末學之徒？《釋文》之説牽强不可通，甚明。或乃逕以末爲抹殺，而連「棄」釋之，謂棄抹餘蔬而不惜，所以爲不仁。奚侗説如此。夫棄抹餘蔬不惜，特細過耳，何爲即加以不仁之名？且下云「積斂無崖」，方責其聚而不知散，安得有棄抹之事！其不通殆又過於《釋文》矣。又有讀「妹」爲昧者，如成玄英疏解作闇昧之徒，王先謙《集解》則解作散棄而佯不知，其謬亦與前等。推諸家所以宛轉曲折作如是解者，不過以爲老子之聖不當有棄妹之事耳。不知棄妹出之士成綺之口，其間豈無誤會？而老子不辯，且曰：「苟有其實，人與之名而弗受，再受其殃。」亦若有難言之隱者。大抵古人所見不同，雖在骨肉之間，不欲强合，若陳仲子避兄離母，處於於陵。其兄夫豈甚不肖者？見《孟子》。屈平好脩不變，而女嬃申申詈予，既不爲之諱，嬃亦殆非尋常女子也。見《離騷》。以是言之，即安知非妹棄聃而聃甘受棄妹之名而不辭？又何取於諱哉！

然郭注亦有誤者。「鼠壤有餘蔬」句，乃以翻起棄妹之文，而注云言其不惜物，於是一事分作兩截。後之解者以棄末連文，即未始不由此發其端，而不知「而」字語氣一轉，乃以兩層併爲直下，皆不察全文之過也。

「生熟不盡於前」，仍承上「蔬」字説。「積斂無崖」，無崖猶無涯，謂已有餘而仍斂之無已也，又反覆言之者。「蔬」，司馬彪讀作糈，曰「糈，粒也」。注家亦有從之者，以爲言糈與後「生熟」字較合，又穀粒於生活爲重，不若蔬之輕也。然此文蓋以輕見重，蔬且有餘，穀之多不言可知。改字殊無義，故兹仍讀依本文，以見聃之棄妹而不養，實以惜財之故。蓋老氏本主儉主嗇，因得以是坐其罪耳。

「漠然不應」，於「不應」上著「漠然」二字，不僅見聃之不介意於綺言，亦以表聃胸中虚而無物。上文所謂「虚静恬淡、寂漠無爲」者，並於此二字盡之。綺之心能正卻者，全因爲此氣象所感動，未可輕易放過也。

「卻」，退也。「正卻」者，言昔者疑刺之心已退聽也。「脱」猶免也。以綺前擬之爲聖人，故曰「夫巧知神聖之人，吾自以爲脱焉」。此即《消摇游》「聖人無名」之意，而於「神聖」之上加「巧知」二字者，明其爲巧知之屬，果不足重也。「呼我牛也而謂之牛，呼我馬也而謂之馬」，即《應帝王》「一以己爲馬，一以己爲牛」之意。「而」猶「則」也。言呼我牛則應之牛，呼我馬則應之馬也，實指棄妹之事説。「人與之名」，「名」指不仁之刺説。「再受其殃」者，棄妹已一殃，不受不仁之名又一殃。「殃」者咎也。「服」，郭注云：「容行之謂也。」是也。「吾服也恒服」二句，答綺「何故」之問。綺之問感於「漠然不應」，故告之吾之漠然之容之行乃恒常如是，而非以有所服而爲是也。郭注云：「有爲爲之，則不能恒服。」以「有服」爲有爲爲之，亦是也。惟云「不以毁譽自殃，故能不變其容」。專在毁譽上説，則不免失之於淺。若惟因不受毁譽而不變，是則猶出於有爲，而非恒服之道也。

「雁行避影」，側身斜行也。「履行遂進」，躡聃之後而卒進也。或以「履行」爲不脱履而行，非也。復見請問之時，便已升堂入室就席，豈容此時尚未脱履耶？「而問修身」者，退而返求諸己身也。

「而」，汝也。「崖然」猶岸然，不自下也。「衝然」，光暴，不内斂也。「頯」已見《大宗師》「其顙頯」注。此謂之「頯然」者，無其實而有其貌，故曰「然」也。「闞」如《詩·大雅·常武》「闞如虓虎」之闞，故郭注云：「虓豁之貌。」言常欲張動，口容不止也。「口容止」，爲《禮記·玉藻篇》文。「義然」亦見《大宗師》，是即《春秋公羊傳》所謂「義形於色」者也。以上分説。「似繫馬而止也」以下，乃總説。《在宥篇》曰：「僨驕而不可係者，其惟人心乎？」既已僨驕，如何可係？此曰「似繫馬而止」，亦衹見其强繫强止而已。故曰「動而持，發也機」。言本動而持之，其發也如機在括，時欲躍然上之。「崖然」、「衝然」是種種者，皆此機之發露者也。推是病之由，坐在「察而審，知巧而覩於泰」。老子之書曰：「俗人察察，我獨悶悶。」又曰：「棄知絶巧。」本云：「絶聖棄知，絶巧棄利。」此合而一之。蓋「察」者，知巧之所由生，而知巧亦即察察之所積。知巧與察，乃修身學道之大忌，故以是卒言之。「審」，悉也，審則是非明而責人苛。「泰」，驕泰，泰則己見深而偏信易。故又結之曰「凡以爲不信」。「不信」者，不誠也。凡非性命之本然，皆虚妄而非誠實者也。抑泰不曰泰，而曰「覩於泰」者，泰必外見。上云「發也機」，機之發即皆泰之覩也。

「邊竟有人焉，其名爲竊」，「竟」同境。守邊之人主於窺視，故謂之「竊」。「竊」有私義，亦有淺小義。《齊物論》云「竊竊然知之」是也。窺覗之智，必私必淺，故以是爲喻，欲其自爲體勘焉。

夫子曰：「夫道，於大不終，於小不遺，故萬物備。廣廣乎，其無不容也；淵淵乎，其不可測也。形德仁義，神之末也，非至人孰能定之！夫至人有世，不亦大乎，而不足以爲之累；天下奮棅，而不與之偕；審乎無假，而不與利遷；極物之真，能守其本；故外天地，遺萬物，而神未嘗有所困也。通乎道，合乎德，退仁義，賓禮樂，至人之心有所定矣。」

「夫子」，孔子也，説見前《天地篇》注。各本有作老子曰者，蓋用成疏「莊子師老子，故稱夫子」之言而改，非其本也。於此引夫子之言者，蓋一以結篇中先道德而後仁義之文，一以起下道不在形色名聲之論，或疑上孔子對老聃曰「要在仁義」，而此則云「退仁義，賓禮樂」，前後語不相類，因以是斷「夫子」決非孔子。夫「回忘仁義」，「回忘禮樂」，顔子嘗有是言矣，見《大宗師篇》。於弟子之言忘仁義、忘禮樂則無疑，於其師之言「退仁義，賓禮樂」則疑之，何也？若曰前後語不相類，則莊子嘗稱「孔子行年六十而六十化，始時所是卒而非之」。見《寓言篇》。先言「要在仁義」，而後曰「退仁義」，此正聖人學問變化之功，而始是卒非之證，又何傷於不相類乎？

抑吾以爲莊子安排孔子是前後不相類之語於一篇之中，特有深意。蓋藏書周室，原爲藉書以傳道，而道則有非書之可得而傳者，欲明斯旨，故於卒章設爲輪扁之對，而有書爲糟魄之言。然由輪扁發之，不如孔子自爲解之之尤見親切也。夫書之要在仁義，而今退仁義，即書之要失。非書之要失，吾已得夫書之所以爲書，則所存者糟魄耳，何要之有！故曰「非至人孰能定之！」又曰「至人之心有所定矣」，「定」者止也。止也者，止於是而無事他求也。《天地篇》引記曰「通於一而萬事畢」，是則真其要也，真其精華也。以此意求之，則一篇文義前後貫串，視彼支支節節、割裂而觀之者，不較愈乎！

「於大不終」，「終」，盡也，言大則無盡。「於小不遺」，「遺」，漏也，言小則無漏。「廣廣」猶恢恢。「淵淵」各本不疊字，兹依陳碧虛《闕誤》引江南古藏本加。「形德」猶後言「形色」。色就著於外者言，德就具於內者言。此「德」字義淺，固非道德之德，亦非德性之德，蓋謂一形之德，如耳之德聰，目之德明是，故與仁義竝言，而曰「神之末也」。

「有世」謂有天下。「不足以爲之累」，世不足爲其累也。「棅」同柄，謂權柄。奮柄，以權柄而奮爭也。「不與之偕」，不與奮棅者偕也。「審乎無假」至「能守其本」二句，亦見《德充符篇》。「利」，彼作「物」。「極物之真」，彼作「命物之化」。「能」，彼作「而」。「本」，彼作

「宗」。「能」與「而」通，「本」與「宗」一義。前云「大本大宗」，可見此以對末言，故曰「本」。言利不言物者，承上有世與奮柄言，是天下之大利而不爲之累、不與之偕，故曰「不與利遷」也。言「真」不言「化」者，意不在化而在真。化者物之變，真者物之實。物之實當盡其蘊，故曰「極」。「極」者，窮也。言至人有世，而又曰「外天地」，言極物之真，而又曰「遺萬物」者，意似相礙，而實不相礙。蓋有世而不爲之累，是即外天地；極物之真而守其本，是即遺萬物。即事離事，神之所以不困也。下言「退仁義，賓禮樂」，意亦若是。「賓」猶擯也。「退仁義」，所以「通乎道」；「賓禮樂」，所以「合乎德」。通道，則仁義在其中；合德，則禮樂在其中。若認爲仁義禮樂皆所不用，則前文所云本末要詳，與夫「道德已明而仁義次之」之言，豈皆戲論乎哉？

世之所貴道者，書也。書不過語，語有貴也。語之所貴者，意也，意有所隨。意之所隨者，不可以言傳也，而世因貴言傳書。世雖貴之哉，猶不足貴也，爲其貴非其貴也。故視而可見者，形與色也；聽而可聞者，名與聲也。悲夫，世人以形色名聲爲足以得彼之情。夫形色名聲果不足以得彼之情，則知者不言，言者不知，而世豈識之哉！

桓公讀書於堂上，輪扁斲輪於堂下，釋椎鑿而上，問桓公曰：「敢問公之所讀者何言邪？」公曰：「聖人之言也。」曰：「聖人在乎？」曰：「已死矣。」曰：「然則君之所讀者，古人之糟魄已夫！」桓公曰：「寡人讀書，輪人安得議乎！有説則可，無說則死。」輪扁曰：「臣也以臣之事觀之。斲輪，徐，則甘而不固；疾，則苦而不入；不徐不疾，得之於心而應於手，口不能言，有數存焉於其間。臣不能以喻臣之子，臣之子亦不能受之於臣，是以行年七十而老斲輪。古之人，與其不可傳也死矣，然則君之所讀者，古人之糟魄已夫！」

《易·繫辭傳》子曰：「書不盡言，言不盡意。」此之所論大率本之《易·繫辭傳》，而於「意」之上更進一層，曰「意有所隨」，「隨」者從也，謂意之所從來也。意之所從來者何？即上文所謂「精神之運、心術之動」，而《易·繫辭傳》所云「變而通之以盡利，鼓之舞之以盡神」者也。故曰「不可以言傳」。而世因「貴言傳書」，則所傳者三等之下也。故曰「世雖貴之哉，猶不足貴也」。「哉」字各本有作我，屬下讀者，非是。若曰我猶不足貴，則不足貴者由於我見，而非天下之公，其言亦淺矣。「爲其貴非其貴也」，「爲」讀去聲。貴在道，而今貴言，故曰「貴非其貴」。「形與色」指文字，「名與聲」指言語。「彼之情」，即前文所謂「物之真」。「物之真」且不可以形色聲名得之，而何況於道乎！「知者不言，言者不知」，二語見老子書，後《知北游篇》亦引之，而敘釋較詳，可以互參。「世豈識之哉！」謂豈識此不言不知之理也。

「桓公」，齊桓公小白也。「輪扁」，輪人名扁者。古者製車，爲輿與爲輪者分工。故《考工記》有輿人，有輪人。而孟子曰：「梓匠輪輿，亦别而稱之。」「斲輪」，斫削木以爲輪也。「椎」與「鑿」，皆爲輪之具。「釋」謂置之。「上」，上堂也。「何言」猶云何等言。「糟」，酒之渣滓。

「魄」借作粕，糟爛則爲粕。言「古人之糟魄」者，酒雖糟魄所自出，而糟魄非酒，以喻語言文字雖道之所寓，語言文字非道也。「有説則可，無説則死」，「説」謂解説也。

「臣之事」，斲輪之事也。「徐」言斲之細，「疾」言斲之完。「甘」者寛也，「苦」者緊也。此皆以輻之輳於輞，即俗云鬥筍處言之。故「不固」者，動摇而不牢。「不入」者，滯澀而難入。「得之於心而應於手」，謂心手如一，即《養生主》所云「官止神行」者。今各本多「心」、「手」二字互錯，「得心應手」已成民間習用之語。《北堂書鈔》所引，正「心」字在上、「手」字在下，是隋、唐舊本如此，足證各本之誤也。「數」，如今言心中有數之數，謂疾徐之際，自有一定分寸也。「喻」，曉喻。不能以喻臣之子，言不能舉此以告其子。而即告之，其子亦不能領會，故又曰「臣之子亦不能受之於臣」。「行年七十」，年且七十也。「老斲輪」，老於斲輪，而無以易其業也。古之人已死，斯其不可傳者亦與之俱死，故曰「古之人與其不可傳也死矣」。或有於「與」字斷句，而讀作「歟」者，非也。

此段文字，實從「世之所貴道者，書也」一句起。以其泥書以求道，故有古人糟魄之語，非謂書果可不讀也。郭注云：「當古之事，已滅於古矣，雖或傳之，豈能使古在今哉！古不在今，今事已變，故絶學任性，與時變化，而後至焉。」其云「絶學任性」，實大違莊子之旨。不獨違莊子之旨，亦與老子言「絶學無憂」意悖。老子明言：「執古之道，以御今之有。」夫「與時變化」，一皆自學而來，豈有絶學任性而能與時變化者哉！以其言不免貽誤學者，使執之以爲薄古之口實，故不能不辯焉！

天運第十四

此篇之意，全重在一「運」字。「運」者，上篇所云「天道運而無所積」、「帝道運而無所積」、「聖道運而無所積」是也。故雖以天運發端，而所論皆帝道、聖道之事，如莊子答太宰蕩之問仁、黄帝告北門成之問樂、老聃之兩語孔子，皆論聖道之運；師金之答顔淵、老聃之語子貢，則論帝道之運也。而帝道、聖道非有兩事，一皆本之天道，故以孔子之「與化爲人」終焉。「與化爲人」，即與天爲人。而不言天而言化者，化則兼天與運二義而有之。天道之活潑潑地，於是乎全盤托出。讀者可不加細玩乎哉！

天其運乎？地其處乎？日月其爭於所乎？孰主張是？孰維綱是？孰居無事而推行是？意者其有機緘而不得已邪？意者其運轉而不能自止邪？雲者爲雨乎？雨者爲雲乎？孰隆施是？孰居無事淫樂而勸是？風起北方，一西一東，有上彷徨，孰噓吸是？孰居無事而披拂是？敢問何故？巫咸祒曰：「來，吾語女！天有六極五常，帝王順之則治，逆之則凶。九洛之事，治成德備，監照下土，天下載之，此謂上皇。」

「處」對「運」言，謂静止而不動也。古人依其所見，皆以天爲動而地爲静，故莊子云然。然地統於天，天運則地亦隨之而運，此理古人亦知之，故《易·坤卦彖辭》曰：「牝馬地類，行地無疆。」夫地類猶行，則地之行可知矣。是以下文曰「推行」，曰「有機緘而不得已」，曰「運轉而不能自止」，皆兼天地而言之，不以地爲在運之外也。此意讀者不可不知。日月言「爭於所」者，以其更相出入，而時先時後，有不相讓之象，故曰「爭」也。

「而推行是」，今各本作「推而行是」，蓋誤倒。郭注云：「無事而推行是者誰乎？」以「推行」連文，可證也。「主張」、「維綱」、「推行」，分三層説。「推行」，有迹可見。而「主張」、「維綱」，則從可見之迹推言之。「主張」猶言主宰，「維綱」猶言維繫。主宰維繫，其用不可得而見也。不可得見者，所謂無爲、無事也。故「推行」上著「居無事」三字，是非閒文也，此意亦不可不知也。

「雲者爲雨乎？雨者爲雲乎？」不知雲雨孰爲先後，故曰「孰隆施是？」「隆」，興也，就雲言，《詩》所謂「興雲祁祁」也。見《小雅·大田》之篇。今各本作「興雨」。「雨」爲「雲」之誤。「施」，行也，就雨言，《禮》所謂「大雨時行」也。見《小戴禮記·月令篇》。俞樾《諸子平議》云：「隆借爲降，謂降施此雲雨也。」不知雨可云降施，雲不可云降施。隆降誠可通，然非所語於此。注家多有從之者，吾不敢苟同也。「淫樂」猶言湛樂。「勸」，助也。助而曰湛樂者，見其鼓舞而非出於强勉，猶上言「不得已」「不能自止」之意也。

「有上彷徨」，或上彷徨也。「彷徨」一作旁皇，字同。徬徨者，不西不東，盤繞迴翔於上，故司馬彪注云：「旁皇，飇風。」蓋即《消搖游》所云「搏扶搖而上者」也。「噓吸」，猶《齊物論》云「大塊噫氣」。「披拂」，則如老子之言「橐籥」，老子：「天地之間其猶橐籥乎？」王弼注云：

「橐籥，冶鑄所用致風之器。」蓋即今風箱也。謂鼓排也。

「敢問何故」，欲窮其所以然也。然此其故，殆未有能對者，故託而問之於巫咸，此與《離騷》云「巫咸將夕降兮，懷椒糈而要之」同一用意。「招」，宣穎《南華經解》以爲招之訛。竊疑「招」與詔通。詔之爲招，猶稷之爲禝，媒之爲禖，從示，以表其神也。巫咸乂王家，見《尚書·君奭篇》，在殷中宗太戊時，而後世從而神之，故王逸《離騷注》曰：「巫咸，古神巫也。」《釋文》引李頤《集解》，謂：「巫咸，殷相，招，寄名也。」夫「咸」即其名，何爲復有寄名之説？則李氏之解誤也。

「六極」，上下四方也，與言六合同。下文云：「充滿天地，苞裹六極。」六極即六合可知。「五常」謂五行。《小戴禮記·禮運篇》云：「五行之動，迭相竭也。」竭如後世云生剋義。下舉五聲、五味、五色，並言其還相爲質。是以五行之運爲常道，古人所見正復如此，故莊子言之。

「九洛」，蓋古帝王之號，如羅泌《路史》所稱「九頭紀」之類。成玄英疏云：「九洛之事，九州聚落之事也。」以「洛」爲聚落，一無根據，其誤易知。至呂惠卿《莊子義》以「洛書」「九疇」當之，明楊慎、清郭嵩燾皆有是説。然非襲自呂惠卿也。則其説甚巧，故注家獨喜用之，而不知亦誤也。何以言之？上文云「帝王順之則治，逆之則凶」，而下云「治成德備」，兩「治」字相對，明此所舉即「順之則治」帝王之事。此其一。又云「監照下土，天下載之」，「載」與戴通，故本亦有作戴者。戴者，戴其人。「九洛」爲帝王之號，故言戴。若「九洛」爲「九疇」之書，則何以言天下戴之？此其二。至末云「此謂上皇」，其明明指人言，更不待釋。是以的然知

「九洛」爲古帝王也。或疑「九洛」爲古帝王，於他書無徵。則《胠篋篇》所舉容成大庭，伯皇中央，以至赫胥、尊盧諸氏，亦未見他書也。抑「洛出書」，見《易・繫辭傳》，「九疇」，見《尚書・洪範篇》。以「洛書」爲「九疇」，始於《尚書》僞孔傳，其説蓋本之劉歆，而後儒如林之奇輩即多不信之。然則解「九洛」爲即「洛書」「九疇」，其無徵亦與吾指「九洛」爲古帝王之號等。而以前後文義論，則帝王之號可通，作「洛書」「九疇」便處處窒礙。其孰去孰從，識者想必能辨之也。

又巫咸之對，與所問似不相應，仔細玩之，緊要全在一「順」字。蓋能順其運行之機，則於所以運行之故，自有相默契而不待於言説者。觀「監照下土」云云，實有欛柄在我之意。竊望讀者能於此着眼也。

商大宰蕩問仁於莊子。莊子曰：「虎狼，仁也。」曰：「何謂也？」莊子曰：「父子相親，何爲不仁？」曰：「請問至仁。」莊子曰：「至仁無親。」大宰曰：「蕩聞之：『無親則不愛，不愛則不孝。』謂至仁不孝，可乎？」莊子曰：「不然。夫至仁尚矣。孝固不足以言之。此非過孝之言也，不及孝之言也。夫南行者至於郢，北面而不見冥山，是何也？則去之遠也。故曰：『以敬孝易，以愛孝難；以愛孝易，而忘親難；忘親易，使親忘我難；使親忘我易，兼忘天下難；兼忘天下易，使天下兼忘我難。』夫德遺堯、舜而不爲也，利澤施於萬世，天下莫知也。豈直大息而言仁孝乎哉！夫孝悌仁義，忠信貞廉，此皆自勉以役其德者也，不足多也。故曰：『至貴，國爵并焉；至富，國財并焉；至願，名譽并焉。』是以道不渝。」

「商」，宋也，宋爲商後，故亦稱「商」，其都商丘，見《人間世篇》。「大宰」，官名，「大」讀太。「蕩」，人名。舊用司馬彪注，以「蕩」爲字，非也。下云「蕩聞之」。古人自稱皆以名，不以字也。

「父子」，指虎狼之父子，此「父」實兼母言。雖虎狼，父母未有不親其子，子未有不親其父母者，此即仁之根源，故曰「虎狼，仁也」。「至仁無親」，「無親」者無往而不親，即《禮運篇》孔子所云「天下一家，中國一人」者。如是，則親疎之名不立，故曰「至仁無親」也。大宰不達莊子之旨，故有「至仁不孝」之疑。夫孔子言「不獨親其親，不獨子其子」。亦見《禮運篇》。不獨親其親，正從親其親來。不獨子其子，正從子其子來。若曰：不親其親而親天下之親，不子其子而子天下之子，是無源之水，無根之木，可假飾於一時，豈能久哉？莊子之意正與孔子同，故答曰「不然」。「不然」者，不然其無親不愛、不愛不孝之説也。

「尚」同上。「至仁尚矣」，猶云至仁貴矣。「孝固不足以言之」，謂孝不足以盡仁也。「此非過孝之言，不及孝之言也」，此即指前「至仁無親」語。「非過孝」者，非以孝爲過，猶云非以孝爲不當。「不及孝」者，以孝爲不及，猶云孝有所未盡，即上「孝固不足以言之」之意也。下以喻明之。「南行」，謂自宋之楚。「郢」，楚都，在今湖北江陵。「冥山」，即《春秋》所云「冥阸之塞」，在今河南信陽。舊注以爲北極之山，非也。若北極之山，何必至郢而後始北面不見耶？冥山以喻孝。郢以喻至仁。至郢而不見冥山，猶至仁而不言孝。「去之遠」者，喻仁與孝大小懸殊也。

「以敬孝易」，敬可勉强，故易。「以愛孝難」，愛出自然，故難。「以愛孝易而忘親難」，「忘親」者，忘其孝也。「忘親易，使親忘我難」，「親忘我」者，親亦不見我之孝也。此以上就孝言。以下則入仁言。「使親忘我易，兼忘天下難」，「兼忘天下」者，不見天下之爲天下也。人於天下而有不仁，皆由視天下爲天下，即視天下在我之外，是即强爲施仁，終非萬物一體之量，故曰「兼忘天下難也」。「兼忘天下易，使天下兼忘我難」，「天下兼忘我」者，天下亦不見我之仁也。使天下見我之仁，則我之仁爲有迹；有迹者終有限，不能如天之生萬物而物不感，死萬物而物不怨也，故曰「使天下兼忘我難」。「德遺堯、舜而不爲」，以堯、舜爲不足爲，是兼忘天下者也。「利澤施於萬世，天下莫知」，是使天下兼忘我者也。如是不特孝不足言，即仁亦不足言，故曰「豈直大息而言仁孝乎哉！」」「直」與值同。豈值猶言何須。「大」讀太。太息猶歎息也。

「自勉以役其德」，「勉」，勉力。「役其德」，謂役於其德。德由是八者而修，故八者爲德之役。「不足多」者，不得以是而自滿也。《秋水篇》云：「方存乎見少，又奚以自多？」多對少言，故有滿義。「至貴，國爵并焉，至富，國財并焉」，「并」，兼也，合也。言貴爲一國之君，則爵莫非其爵，財莫非其財，如《大學》言「未有府庫，財非其財」者也，故曰「國爵并」「國財并」。「并」自當從本訓。郭注「并者，除棄之謂」，讀「并」同屏棄之屏，非莊書義也。此二爲喻，

「至願，名譽并焉」，則其主旨所在。「願」謂誓願。「名譽并」者，一切善名合歸於是，即下文所謂道也。故終之曰「是以道不渝」。「渝」與踰同，過也。道者，貫孝悌仁義忠信貞廉而一之。是八者莫有能出於道之外者，故曰不踰也。

北門成問於黄帝曰：「帝張咸池之樂於洞庭之野，吾始聞之懼，復聞之怠，卒聞之而惑；蕩蕩默默，乃不自得。」

帝曰：「女殆其然哉！吾奏之以人，徵之以天，行之以禮義，建之以大清。夫至樂者，先應之以人事，順之以天理，行之以五德，應之以自然，然後調理四時，大和萬物。四時迭起，萬物循生；一盛一衰，文武倫經；一濁一清，陰陽調和，流光其聲；蟄蟲始作，吾驚之以雷霆；其卒無尾，其始無首；一死一生，一僨一起；所常無窮，而一不可待。女故懼也。

「吾又奏之以陰陽之和，燭之以日月之明；其聲能短能長，能柔能剛，變化齊一，不主故常；在谷滿谷，在阬滿阬；塗郤守神，以物爲量。其聲揮綽，其名高明。是故鬼神守其幽，日月星辰行其紀。吾止之於有窮，流之於無止。子欲慮之，而不能知也；望之，而不能見也；逐之，而不能及也。儻然立於四虚之道，倚於槁梧而吟。『目知窮乎所欲見，力屈乎所欲逐，吾既不及已夫！』形充空虚，乃至委蛇。女委蛇，故怠。

「吾又奏之以無怠之聲，調之以自然之命。故若混逐叢生，林樂而無形；布揮而不曳，幽昏而無聲；動於無方，居於窈冥；或謂之死，或謂之生；或謂之實，或謂之榮；行流散徙，不主常聲。世疑之，稽於聖人。聖也者，達於情而遂於命也。天機不張，而五官皆備，此之謂天樂，無言而心説。故有焱氏爲之頌曰：『聽之不聞其聲，視之不見其形，充滿天地，苞裹六極。』女欲聽之而無接焉，而故惑也。

「樂也者，始於懼，懼故祟。吾又次之以怠，怠故遁；卒之於惑，惑故愚；愚故道，道，可載而與之俱也。」

此藉言樂以明道也。「北門成」與「黃帝」，蓋皆託名。「黃帝」者，中央之帝爲渾沌者是。「北門成」，則艮象也。艮於卦位居東北，故曰「北」。艮爲門闕，故曰「門」。成言乎艮，故曰「成」也。「成」者，萬物之所成終而所成始也。並見《易·説卦傳》。成終成始，周流不息，是之爲運。此明天道聖道之運，故取象於艮也。

「張」，設也。「咸池」，黃帝樂名，取「咸池」爲言者，「咸」者感也，「池」者澤也。《咸卦》下《艮》而上《兑》，二氣感應以相與。並見《易·咸卦傳》。兑爲澤也。樂之感人，有似於是。又樂莫備於咸池，《禮記·樂記》曰：「咸池備矣。」則咸又有備義。故言樂獨取「咸池」也。「洞庭之野」，取其空洞而廣大，非必果在今之洞庭也。

「始聞之懼」者，「懼」者震象，《震卦》言「震來虩虩」是也。《象》曰：「震來虩虩，恐致福也。」虩虩爲恐懼。傳文甚明。故下文言「蟄蟲始作，吾驚之以雷霆」。「雷霆」即震也。《説卦》云：「震爲雷。」震者艮之反，於卦位則震繼艮而首出。艮之成始，成始乎震也，故言樂始乎此，入道亦始乎此，子思作《中庸》，所以首言「戒慎恐懼」也。

「復聞之怠」者，「怠」者豫象，《雜卦》言「謙輕而豫怠」是也。「豫」者，雷出地奮，先王所以作樂崇德也。見《豫卦大象傳》。故此「怠」非怠惰之謂，乃奮豫之至，力無所着，形爲此象。故下文言：「目知窮乎所欲見，力屈乎所欲逐，吾既不及已夫！」蓋入道之久，情移形釋，往往有此境界，此顔子所以有「既竭吾才，欲從末由」之歎也。見《論語・子罕篇》顔淵喟然歎曰章。

「卒聞之而惑」者，「惑」非迷惑之謂。蕩蕩而無所倚，默默而無可名，此於《易》象，則非一卦之所主，所謂變動不居，周流上下，不可爲典要，而唯變所適者。見《繫辭傳》。故下文言「動於無方，居於窈冥」，「行流散徙，不主常聲」，此孔子所以自稱「無可無不可」，而孟子所以曰：「可以速而速，可以久而久，可以處而處，可以仕而仕，孔子也。」見《孟子・萬章篇》。道至於此，何處復容有我？故曰「乃不自得」。「不自得」者，艮之「不獲其身」，見《易・艮卦彖傳》。而《齊物論》所言「今者吾喪我也」。

「帝曰：女殆其然哉！」喜其如此，而又慮其未遽如此，故曰「殆」。「殆」者，庶幾也。言「奏之以人」，復言「徵之以天」者，「徵」，成也。奏之在人，而非天則不能成也。《釋文》

云：「徵，古本多作徽。」徵、徽古亦通用。「行之以禮義」者，「禮」言其有節文，「義」言其有裁制也。「建之以大清」者，「大」讀太。太清，天之清氣，老子曰：「天得一以清，地得一以寧。」《鶡冠子》則曰：「聖人之德上及太清，下及太寧。」是言太清猶言天也。茲以清氣言者，剋就樂言，故加氣字。後世樂家所謂元聲，《齊物論》謂之天籟。是爲五音之源，而節文裁制皆不能離此，故對「行」而言「建」。「建」者，建之以爲本也。

「夫至樂者」以下至「調理四時，大和萬物」三十五字，蘇氏轍謂爲郭注誤入正文，故各本有徑删之者。然觀今郭注云：「由此觀之，知夫至樂者，非音聲之謂也，必先順乎天，應乎人，得於心而適於性，然後發之以聲，奏之以曲耳。」正本「應之以人事」四句而言，則是非郭注也。子由所以疑其非正文者，不過因其言人事天理、五德自然，與上文似犯複耳。不知此非複也。上言人、言天、言禮義、言大清，乃言奏樂時，是言樂；此言人事、言天理、言五德、言自然，則言奏樂前，是言德。必有是德而後有是樂，因樂而及德，正不可或少之文。此觀一「先」字，更觀「然後調理四時，大和萬物」句，此大讀如字。和，與調理字對。乃動辭也。可以知之。下言「四時迭起，萬物循生」，亦正承此文而言。蓋惟平時德能調理四時，故樂應之而四時迭起。平時德能大和萬物，故樂應之而萬物循生。子貢言聞其樂而知其德者，語見《孟子·公孫丑篇》。蓋謂是也。故今一仍其原文，並著所見於此，以俟識者擇焉。

「一盛一衰，文武倫經」，言舞。「盛衰」，舞之容。舞有文舞，有武舞，見前《天道篇》「羽旄之容」注。「倫經」，猶經綸。「經」者，舞之行綴之分。「綸」者，舞之行綴之合也。「一濁一清，陰陽調和，流光其聲」，言聲。聲有清濁，故曰「一濁一清」。「陰陽」謂律呂，律陽而呂陰也。「光」通廣。「流光」，流動而充廣也。此以上蓋總言之。「蟄蟲始作，驚之以雷霆」者，《月令》所謂：「雷乃發聲，始電，蟄蟲咸動，啟户始出。」春分之候，而《易》云「帝出乎震」時也。爲下「懼」字發端。「其卒無尾，其始無首，一死一生，一僨一起」，並承「雷霆」言。雷霆之來也驟，其過也亦速，故曰「始無首，卒無尾」。一雷霆過，一雷霆又來，故曰「一死一生，一僨一起」。「僨」，仆也。大樂之奏，其始也以鐘鼓，此以雷霆爲喻者，蓋鐘鼓之音也。「所常無窮」，所以爲常在也，而實無窮。「一不可待」，所以爲一也，而實不可待。直是無下手處，是以懼也。

「又奏之以陰陽之和，燭之以日月之明」者，如雷霆之後，天地清朗，光景暄麗，故曰和曰明。以樂言之，則鐘鼓之後，堂上琴瑟，堂下笙管，更起迭奏，其聲一變，故曰「能短能長，能柔能剛，變化齊一，不主故常」。言變化又言齊一，變化之中自有條理，是之謂「齊一」。又雖齊一，而時變化，故又曰「不主故常」。不故，言其日新。不常，言其不測也。「在谷滿谷，在阬滿阬」，「阬」如坳堂之類。谷大而阬小。言大小無不充塞，即上云「流光其聲」者也。「塗卻守神」，「卻」同隙，謂人耳目之竅也。「塗卻」，如《人間世》孔子言「聽止於耳」。「守神」，如言「心止於符」。「塗」者，塞也。此謂樂之入人也深，使人能黜聰明而內守如此。「以物爲量」者，隨其所得之深淺，而樂之用亦如之，如在谷則滿谷，在阬則滿阬，故曰「以物爲量」也。「其聲揮綽」，以琴瑟言。「揮綽」者，揮散而綽緩也。「其名高明」，以歌者言。歌則有言文，有意義，故曰「名」。「高明」者，高亢而明亮也。「鬼神守其幽，日月星辰行其紀」，皆比況之辭。《書·堯典》所云：「八音克諧，無相奪倫。」《禮·樂記》所謂「論倫無患」與「安其位而不相奪」者也。「止之於有窮」，止乎其所不得不止，「流之於無止」，行乎其所不得不行，即上言「順之以天理，應之以自然」者也。

「子」，謂北門成。各本有作「予」者，誤也。此以下皆爲「怠」字發端。「欲慮之而不能知，望之而不能見，逐之而不能及」，慮之、望之、逐之，皆言其致力之甚，正與顏子言「仰之彌高，鑽之彌堅，瞻之在前，忽焉在後」同一景象，故余以「怠」爲豫怠之怠，知其是進而非退，蓋以此也。「儻然」猶儻然。「四虛之道」，言其力無所着。「槁梧」，謂琴也。於此言「倚於槁梧而吟」者，以其當堂上弦歌之時，因比類而説之。「吟」猶歎也。下三句即代爲所吟之詞。故曰「吾既不及已夫！」「吾」者，吾北門成也。注家不明，以爲是黄帝自吾，遂改上「子」字爲「予」，誤由是生矣。「目知窮乎所欲見」，言目又言知者，合「慮之不能知，望之不能見」二句而言之。「力屈乎所欲逐」，則謂逐之不能及。「屈」猶竭也。「形充空虛」，承「立於四虛之道」言，謂其形爲空虛所充滿，非謂樂滿於空間也。「乃至委蛇」，「委蛇」即《應帝王》壺子曰「吾與之虛而委蛇」之委蛇。然彼爲動辭，故注云「隨順」，此則爲狀辭，與《國風·羔羊》之詩「退食自公，委蛇委蛇」之義爲近，蓋舒緩寬閒之貌，故曰「女委蛇，故怠」也。

「又奏之以無怠之聲，調之以自然之命」，自然言「命」者，謂此天命之流行也。此以下則合樂之時。知其爲合樂者，曰「故若混逐叢生」，以混然相逐、叢然並生爲喻，非合樂而何？

「林樂而無形」，「林」如林林總總之林，謂衆也。「林樂」承「叢生」言。「無形」者，合衆音而爲一音，不能爲之形狀，故曰「無形」也。「布揮而不曳」，承「混逐」言。「布」者布散，「揮」者揮動。「不曳」者，前音繼後音，繹如之中而皦如不亂。「繹如皦如」，見《論語》子語魯太師樂章。若未嘗引續然者，故曰「不曳」。「曳」，引也。「幽昏而無聲」，合上二句而言之。「幽」言其深，「昏」言其淡，深且淡焉，故謂之「無聲」。非無聲也，心耳之所領取，不在於聲，有似無聲云爾。「動於無方」，言樂之用。「居於窈冥」，言樂之體。以其體之窈冥也，故「或謂之死，或謂之生；或謂之實，或謂之榮」。此「死生」與前言「一死一生」異。前「死生」謂生滅，以聲音言，其語淺；此「死生」猶言動静，以樂理言，其語微。「榮實」猶言文質，謂之不同者，由見之不齊也。以其用之無方也，故「行流散徙，不主常聲」。此「不主常聲」，與前言「不主故常」亦稍異。前言聲，乃分言；此言樂，則總言也。

「世疑之，稽於聖人」者，《樂記》云：「知聲而不知音者，禽獸是也；知音而不知樂者，衆庶是也。唯君子爲能知樂。」「聖人」者，君子之進焉者也。故「稽於聖人」，以聖人之知樂也。樂所以通萬物之情而順自然之命，故曰「聖也者，達於情而遂於命」。「遂」者，遂成之也。「天機不張」，所謂遂命。「不張」猶不動也。「五官皆備」，所謂達情，此之謂天樂。《天道篇》云：「與人和者謂之人樂，與天和者謂之天樂。」人樂必本之天樂，故前云「吾奏之以人，徵之以天」，此前後文之相呼應，不可不知也。「無言而心説」，「説」同悦，心之悦非言可傳，故曰「無言」也。於此言「無言」者，欲人於上之言，能求之於言語之外，《外物篇》所云「安得夫忘言之人而與之言」者也。「有焱氏」，「焱」讀若焰，本或作炎。「爲之頌」者，頌此咸池之樂也。引此以爲稽之聖人之證。取有焱氏爲言者，「焱」，火華也。於離卦爲火。離，南方之卦也，以與北門成對。「聽之不聞其聲」以下四句，爲頌辭。「苞」同包。雖不聞不見，而充滿天地，包裹六極。「充滿天地」，言其無所不入。「包裹六極」，言其無所不包也。夫如是，是豈耳力之所及！故曰「女欲聽之而無接焉」。聽之而無接，故惑，故又曰「而故惑也」。「而故惑」，猶言乃所以惑也。

「懼故祟」，此「祟」與《天道篇》「其鬼不祟」之祟不同。彼「祟」訓禍，此「祟」取警義。徐鍇《説文繫傳》曰：「祟，神出以警人。」是也。「怠故遁」，「遁」即《遯卦》之遯。遯，遁之本字。《易》兩言「遯世無悶」，一見於《乾卦》初九之文言，一見於《大過卦》之大象。惟無悶者能遯，故言「怠故遁」也。「惑故愚」，「愚」，老子言之多矣，不待釋。「愚故道」者，惟愚乃合於道也。「道可載而與之俱也」，「道」字當略頓，言與道合，然後可載而與之俱行。載而與之俱行，蓋謂運也。

孔子西游於衛，顏淵問師金曰：「以夫子之行爲奚如？」師金曰：「惜乎，而夫子其窮哉！」顏淵曰：「何也？」師金曰：「夫芻狗之未陳也，盛以篋衍，巾以文繡，尸祝齊戒以將之。及其已陳也，行者踐其首脊，蘇者取而爨之而已。將復取而盛以篋衍，巾以文繡，游居寢卧其下。彼不得夢，必且數眯焉。今而夫子，亦取先王已陳芻狗，取弟子游居寢卧其下。故伐樹於宋，削迹於衛，窮於商、周。是非其夢邪？圍於陳、蔡之間，七日不火食，死生相與鄰，是非其眯邪？夫水行莫如用舟，而陸行莫如用車。以舟之可行於水也，而求推之於陸，則没世不行尋常。古今非水陸與？周、魯非舟車與？今蘄行周於魯，是猶推舟於陸也，勞而無功，身必有殃。彼未知夫無方之傳，應物而不窮者也。且子獨不見夫桔槔者乎？引之則俯，舍之則仰。彼人之所引，非引人也，故俯仰而不得罪於人。故夫三王五帝之禮義法度，不矜於同，而矜於治。故譬三王五帝之禮義法度，其猶柤梨橘柚邪！其味相反，而皆可於口。故禮義法度者，應時而變者也。今取猨狙而衣以周公之服，彼必齕齧挽裂，盡去而後慊。觀古今之異，猶猨狙之異乎周公也。故西施病心而矉其里，其里之醜人見而美之，歸亦捧心而矉其里。其里之富人見之，堅閉門而不出；貧人見之，挈妻子而去之走。彼知矉美，而不知矉之所以美。惜乎，而夫子其窮哉！」

此藉孔子以發其古今不同而禮法必變之論，信所謂寓言也。何以言之？考《史記·孔子世家》，孔子游衛者凡五次：一在去魯司寇時，最早；一在匡圍之後，由蒲往（蒲，衛之西邑也）；一自陳往；一西見趙簡子，臨河而返，復入於衛；一自楚往。自蒲、自河皆東行。自陳、自楚皆北行。今曰「孔子西游於衛」，則是始去國時也。始去國，而道及「伐樹於宋，削迹於衛，窮於商、周，圍於陳、蔡之間」，是皆未來之事，則其非實言可知矣。

抑孟子稱孔子爲「聖之時者」。見《孟子·萬章篇》下。孔子自言，則曰：「殷因於夏禮，所損益可知也。周因於殷禮，所損益可知也。其或繼周者，雖百世可知也。」見《論語·爲政篇》。繼周而當有損有益，其非守周之成法而不變，甚明。即安得有「行周於魯」之事！況莊子深於《易》者，《易》「窮則變，變則通，通則久」，孔子繫《易》之辭也，莊子寧不知此？而乃有此文？是意在申其所見，以譏夫儒家之泥古者耳，初非爲孔子發也。然則謂莊子貶斥孔子，以爲非聖無法者，固非。因此疑莊子之學，尊老而排孔，與孔子爲兩塗者，亦未爲能知莊子者也。

「師金」，《釋文》引李頤《集解》曰「師，魯太師。金，其名也」，殆出臆測。吾以爲此亦「天根」「雲將」之類，言其言可師，如金之不可磨滅，未必真有是人也。「而夫子」，汝夫子。「窮」，言不通、不遇也。

「芻狗」，如芻靈，以茅草紮作人形，以殉葬，則謂之芻靈；以祭祀，則謂之芻狗。後世畫神像於紙，以竹爲骨而張之，謂之紙馬，即芻狗之變。紙馬非馬，知芻狗非狗矣。李頤云：「結芻爲狗。」非也。王弼注《老子》「以萬物爲芻狗」，分芻與狗爲兩事。曰：「地不爲獸生芻，而獸食芻，不爲人生狗，而人食狗。」其説尤爲荒繆。蓋自秦以後，芻狗之制已不存。故魏、晉間人已不知芻狗爲何物，而各以其意説之。不知狗之爲言苟也，以其暫製而用之，故謂之苟，豈象狗形者哉？「陳」，謂祭時陳列之。「盛」讀成，謂盛受也。「篋衍」疊文，猶言篋笥。「巾」者，覆蓋之物，此作動辭用，即謂覆蓋之。「文繡」，布之有文與繡者。「尸祝」，見《逍遥游》注。「齊」同齋，《人間世》所謂祭祀之齊，是齋者齊其念慮。「戒」，則謂不飲酒、不茹葷、不宿於内，事皆在祭前。「將之」謂奉之。

「行者」，行道之人。「踐」謂踐踏。已陳之後，芻狗棄置於地，故行人得以踐踏之。「蘇」爲樵蘇之蘇。取薪曰樵，取草曰蘇。「芻」，草也。故言「蘇者」。「爨」，謂納之竈下，用以炊也。「數」讀入聲，屢也。「眯」藉作寱。寱亦省作寐，讀寐，魘也。「彼不得夢，必且數眯」者，言縱不得惡夢，亦將屢遭驚魘。

「先王已陳芻狗」，喻過時之禮法。「取弟子」之「取」讀作聚，古聚、取音同也。「伐樹於宋」，謂「孔子適宋，與弟子習禮大樹下，宋司馬桓魋欲殺孔子，孔子微服而去，魋因伐其樹」。「削迹於衛」，謂「孔子去魯適衛，衛靈公致粟如魯，後有譖之者，乃使公孫余假一出一入，公孫余，衛大夫名。假者假借。名曰護衛，實監視之。於是孔子去衛」。「削迹」，謂不容留迹，即被逐意也。「商」即宋也，已見前注。「窮於商、周」，謂往來周、宋兩地，而遭困窮也。「圍於陳、蔡」，謂「孔子時在陳、蔡之間，楚使人聘孔子。陳、蔡大夫懼楚用孔子，而不利於陳、蔡之用事者也，因發徒役，圍孔子於野」。《論語》所稱「在陳絶糧，從者病，莫能興」，即此事也。故曰「七日不火食，死生相與鄰」，「鄰」者，近也。「是非其夢」、「是非其眯」，承上言之。此芻狗一喻也。

水行用舟，陸行用車，爲第二喻。「沒世」猶言終身。「尋」，八尺。倍尋曰「常」，則十六尺也。「蘄」同祈。「殃」，禍也。「無方之傳」，承上水陸舟車言，謂驛傳也。「傳」讀去聲。「無方」者，無定方，言諸方皆可通也。「應物」之「物」，謂水陸以至山陵藪澤皆是。成疏解「傳」爲轉，謂千轉萬變，隨機應物。意未嘗不是，而於文則與上不相應。此文前後皆以喻説之，不得離喻別作解也。

「桔槔」爲第三喻。或曰槔，見《天地篇》。或曰桔槔，一也。「俯仰而不得罪於人」，對上「身必有殃」言，謂欲免禍，莫若如桔槔，爲人引而不引人也。

「三王五帝」，各本作「三皇五帝」。案：下文子貢言「三王五帝之治天下者不同」，作三王，則此「皇」自是「王」之聲譌，因改歸一律。「不矜於同而矜於治」，起下「柤梨橘柚」第四喻。「矜」者尚也。「柤梨橘柚」，已見《人間世篇》。「味相反」者，柤柚酸而梨橘甘也。「可於口」，適於口也，今俗尚有可口之説。

猨狙第五喻。「衣」讀去聲。服不必周公，而云「周公之服」者，仍承上「行周於魯」言。周之禮法皆周公旦所制定，故此特提周公也。齕，齧以口。挽，裂以手，「挽」猶今言撦也。撦，俗省作扯。「慊」者快也。

西施、醜人第六喻。西施已見《齊物論》。「病心」，俗所云心口痛，實則胃氣也。「矉」通作顰。「矉其里」者，見里人而皺其眉也。「美之」，以之爲美也。「歸亦捧心而矉其里」，今通云「東施效顰」，蓋本乎此。「挈」，提携也。富人閉門不出，貧人挈妻子而去之走，皆言惡見之也。「彼」謂醜人。「矉之所以美」，言美不在矉，而在西施之容。連用六喻，正《天下篇》所云「不爲莊語」者。文章之妙，至是止矣。

孔子行年五十有一，而不聞道，乃南之沛見老聃。老聃曰：「子來乎？吾聞子北方之賢者也。子亦得道乎？」孔子曰：「未得也。」老子曰：「子將惡乎求之哉？」

曰：「吾求之於度數，五年，而未得也。」老子曰：「子又惡乎求之哉？」曰：「吾求之於陰陽，十有二年，而未得也。」

老子曰：「使道而可獻，則人莫不獻之於其君；使道而可進，則人莫不進之於其親；使道而可以告人，則人莫不告其兄弟；使道而可以與人，則人莫不與其子孫。然而不可者，無佗也，中無主而不止，外無正而不行。由中出者，不受於外，聖人不出；由外入者，無主於中，聖人不隱。名，公器也，不可多取；仁義，先王之蘧廬也，止可以一宿，而不可以久處，覯而多責。古之至人，假道於仁，託宿於義，以游消摇之虚，食於苟簡之田，立於不貸之圃。消摇，無爲也；苟簡，易養也；不貸，無出也。古者謂是采真之游。以富爲是者，不能讓禄；以顯爲是者，不能讓名；親權者，不能與人柄，操之則慄，舍之則悲。而一無所鑒，以闚其所不休者，是天之戮民也。怨、恩、取、與、諫、教、生、殺，八者，正之器也，唯循大變無所湮者，爲能用之。故曰：『正者，正也。』其心以爲不然者，天門弗開矣。」

此下四節，皆記孔子受教於老子之事。孔之嘗受教於老，不必諱。而此其所言，是否盡信，則實難説。孔子自言「五十而知天命」，此乃云「孔子行年五十有一而不聞道」，是明與聖言相悖也。意者莊子故留此隙，以啟後世之疑邪？郭注云：「此皆寄孔、老以明絶學之義。」則即子玄亦不信此爲實然矣。要之此等但當通其意而不泥其文，斯爲善讀耳。

「沛」，今江蘇沛縣。老子本陳國相人，據漢邊韶所作《老子碑》。相在今河南鹿邑縣東，去沛非甚近。而《寓言篇》亦有「陽子居南之沛，邀老子於郊」語，則是老子嘗居沛也。「惡乎求之」，「惡」讀烏，問於何求之也。「求之於度數，五年而未得」，生數極於五而止。又《易・繫辭》曰「天數五，地數五」，故云「五年」也。「求之於陰陽，十二年而未得」，陽律六，陰呂六，合之爲十二；又十二年爲一紀，故云「十二年」也。求之於度數未得，求之於陰陽未得，老子首發「惡乎求之」之問，則所以告孔子者，當告以於何求之。而不然，但言道不可獻、不可進、不可以告人、不可以與人，此不可不深長思也。

《天地篇》引孔子之言曰「夫道覆載萬物者也」。道既覆載萬物，則度數陰陽即何莫非道？然則云求之於度數、陰陽者之未是，未可也。既非求之於度數、陰陽者之未是，則其未得道也。病將安在？曰：病不在度數、陰陽，而在於求。蓋所以求者，以爲有可以應其求者也。可以應其求者，惟是獻、進、告、與之數塗。至知獻、進、告、與之不可，而後乃知求之之非。知求之之非，則知道在天地間，無之而非是。而向之區區於度數、陰陽求之者，之所以不得也。若告以於何求之，即上窮之於冥漠，下推之於萬物，亦豈能愈於求之於度數、陰陽者哉？

然又曰「中無主而不止，外無正而不行」，何也？曰：此言不可以獻、進、告、與之故，即言不可以求之故也。求不於外即於中。求之於度數，求於外也；求之於陰陽，求於中也。《人間世篇》以陰陽之患與人道之患對舉，又曰：「朝受命而夕飲水，我其内熱與！吾未至乎事之情，而既有陰陽之患矣。」以陰陽之患爲由於内熱，故知説陰陽是説人身中之陰陽。而道者合外内之道，「合外内之道」，語本《中庸》。偏求之於外非也，偏求之於中亦非也。故「中無主而不止」者，言使道在外，不得中以爲之主，道不得而止也。「外無正而不行」者，言使道在中，不得外以爲之正，道亦不得而行也。是以「由中出者，不受於外，聖人不出」。「者」字當讀斷，「不受於外」連下爲句。下句亦同。「不受於外」即是外無正。外無正，則内施而外不應。故曰「不受於外」。如是，雖出無益，故「聖人不出」也。「由外入者，無主於中，聖人不隱」，「隱」，藏也，納也。「無主於中」，雖納不久，故聖人不隱。不出，就獻、進、告、與者言。不納，就求者言。故「聖人不隱」猶云聖人不求也。

「名，公器也，不可多取」，此於文爲賓。「仁義先王之蘧廬也，止可以一宿，而不可以久處」，是爲主文。「蘧」同遽。《説文》：「遽，傳也。」傳讀去聲。故郭注云：「蘧廬猶傳舍也。」傳舍者，行旅暫宿之舍，故曰「止可以一宿，而不可以久處」。

仁義如是，故曰「古之至人，假道於仁，託宿於義，以游消摇之虚，食於苟簡之田，立於不貸之圃」。其間復言「覯而多責」者，「覯」，見也，謂以仁義之名見，則以仁義責之者多。蓋又合主賓之文總而言之，以見名不可多取，即仁義亦然也。消摇、苟簡、不貸，皆以説道。「消摇，無爲」者，道本無爲也。「苟簡，易養」者，即《易·繫辭》「易知、簡能」之義，道本易簡也。「貸」，假也。「不貸」，與《德充符》言「審乎無假而不與物遷」之無假同。道者自本自根本不俟假貸也。郭注云：「不貸者，不損己以爲物。」蓋與司馬彪同以「貸」爲施與。信如注言，則老子同於楊朱之爲我，其害理亦甚矣。試以老子書證之，曰：「聖人不積，既以爲人，己愈有。既以與人，己愈多。」何爲有「不損己以爲物」之説哉？不貸曰「無出」者，因上「聖人不出」而云然。道既非可假貸而有，是以於告人則曰「無出」。不然，老子之書曰「虚而不屈，屈同竭。動而俞出」，將何以解之？「無出」與「無爲」對，即「立」與「游」對。「立」言其體，「游」言其用。中間言「食」者，易簡所以爲養，故曰「田」也。不貸曰「圃」者，古者圃皆以自給，知「圃」之義爲自給，則知不貸之爲無假無疑矣。「采真之游」，「采」者采取意，謂真者取之而已，不待求也。郭注以「采」爲采色，支矣。

以上言得道。以下則因「無正不行」之語，順言正物，以盡道之大用。常人以爲正物不可無權，不知惟權是親，則念念爲權所役，其中已亂，何以正物？故曰「以富爲是者，不能讓禄；以顯爲是者，不能讓名；親權者，不能與人柄」。不能與人柄，則必自操之。「操之則慄」者，其力不足以勝，故憂懼而戰慄也。至於憂懼戰慄，則欲託之於人以自逸；託之於人，又慮人之得權而背我也，故「舍之則悲」。「悲」者，惶惑而悲詫也。「一無所鑒」者，都無所鑒戒也。「以闚其所不休者」，「闚」藉爲規，謂規取之。曰「其所不休者」，權之大者愈欲其大，權之重者愈欲其重，無有滿足休止時也。「是天之戮民」者，患得患失，自纏自縛，如日在徽纆桎梏之間，即與刑戮之民何異！故謂之「戮民」也。

「怨恩」猶言愛惡。「取與」猶言予奪。止非曰「諫」。勸善曰「教」。從諫教則生，不從諫教則死，是爲「生殺」。此八者皆係於權，曰「正之器」者，謂權之所在焉爾。「唯循大變無所湮者，爲能用之」，「循大變無所湮」，謂死生大變當前而不爲之湮其神明，《德充符》曰：「死生亦大矣，而不得與之變。」故知大變爲言死生。蓋得道者如是。「能用之」者，能用此八者之器，即能用此權也。

「正者，正也」，上「正」爲正物之正，下「正」則正之字義，言惟正乃可以正物，非如常人以權爲能正物也。「其心以爲不然者」，「然」猶是也，承上「以富爲是」「以顯爲是」兩「是」字言。以富顯親權爲是，則必以上所言爲不然矣。「天門弗開」者，《達生篇》云：「不開人之天，而開天之天。開天者德生，開人者賊生。」言天與人殊塗也。如富、顯、親權者，皆賊也。賊生矣，而望天門之開，何可得歟！天門不開，道之所以不止也。

孔子見老聃而語仁義。老聃曰：「夫播穅眯目，則天地四方易位矣；蚊虻噆膚，則通昔不寐矣。夫仁義，憯然乃憒吾心，亂莫大焉。吾子使天下無失其朴，吾子亦放風而動，總德而立矣。又奚傑傑然若負建鼓而求亡子者邪？夫鵠不日浴而白，烏不日黔而黑。黑白之朴，不足以爲辯；名譽之讙，不足以爲廣。泉涸，魚相與處於陸，相呴以溼，相濡以沫，不若相忘於江湖。」

此節與《天道篇》「孔子西藏書於周室」節論仁義語略相近。然彼但言仁義之亂性，此則從仁義窮究到人之性上，意謂苟全其性，即仁義不待言。失性而言仁義，用力雖勞而無功。其曰「無失其朴」，「朴」，本質，意即性也。

「播穅眯目」，「穅」今作糠，米皮也。「眯」讀如本字，音米，謂物入目而視爲病，故曰

「天地四方易位」也。「蚊虻」一作蚉蝱，已見《人間世篇》。「噆」讀咂，與孟子言「蠅蚋姑嘬之」之嘬同義。「昔」同夕。「通夕不寐」，通夜不眠也。「憯」讀慘。「憯然」，痛切貌。「憒」各本作憤。《釋文》云「本又作憒」。案：下云「亂莫大焉」，「憒」正心亂之義，則作「憒」爲長，故改正。

「放風而動」，「風」如《論語》孔子言「君子之德風」之風。放以「動」言，自是縱放。其解作依者，非也。「總德而立」，「總」以「立」言，總持之義也。「傑」各本不疊字，惟唐寫本、陳碧虛《闕誤》引張君房本並作「傑傑」。「傑傑」與《天道篇》之「偈偈」同音同義，則疊字者是也，故據補。「建鼓」，鼓之以柱貫其中可樹立者。蓋殷之制如此，以與周之懸鼓別，故曰「建鼓」，「建」猶立也。「建鼓」者大鼓，別有小鼓，曰應鼓。故此言「負建鼓」者，特取其大，故曰「負」，又曰「傑傑然」，極寫其用力之勞耳。

「鵠」，今所謂天鵝也。《釋文》云：「本又作鶴。」鶴古音讀如確，故鵠、鶴通用。孟子引《靈臺》之詩云「白鳥鶴鶴」，鳥之白者莫如鶴，故以鶴鶴爲之形容。「不日浴而白」，言其白出乎性也。「不日黔而黑」亦同。「烏」，烏鴉也。「黔」謂染黑。「黑白之朴，不足以爲辯」，言出乎性者，黑白皎然，不待辯説而知。「讙」各本作觀，《釋文》云司馬本作「讙」。案：《説文》：「讙，譁也。」汲汲於名譽，正所謂「譁衆取寵」者，則作「讙」爲長。「觀」疑即「讙」之假借，故茲改從「讙」。「名譽之讙，不足以爲廣」，言名譽僅乃讙譁於外，不足以廣大其身之德也。

「泉涸」以下二十三字，已見《大宗師篇》。此以仁義比之呴溼濡沫，而「無失其朴」比之相忘於江湖，與《大宗師》以喻譽堯非桀不如兩忘而化其道者，取義不同。蓋彼重在「兩忘」二字，而此則重在呴溼濡沫與相忘江湖之分。細玩上下文，當自知之也。

孔子見老聃歸，三日不談。弟子問曰：「夫子見老聃，亦將何規哉？」孔子曰：「吾乃今於是乎見龍。龍，合而成體，散而成章，乘乎雲氣，而養乎陰陽。予口張而不能嗋，予又何規老聃哉！」子貢曰：「然則人固有尸居而龍見，雷聲而淵默，發動如天地者乎？賜亦可得而觀乎？」遂以孔子聲見老聃。

老聃方將倨堂而應，微曰：「予年運而往矣，子將何以戒我乎？」子貢曰：「夫三王五帝之治天下不同，其係聲名一也。而先生獨以爲非聖人，如何哉？」老聃曰：「小子少進！子何以謂不同？」對曰：「堯授舜，舜授禹，禹用力，而湯用兵。文王順紂而不敢逆，武王逆紂而不肯順，故曰不同。」老聃曰：「小子少進！余語女三王五帝之治天下，黃帝之治天下，使民心一，民有其親死不哭，而民不非也；堯之治天下，使民心親，民有爲其親殺其殺，而民不非也；舜之治天下，使民心競，民孕婦十月生子，子生五月而能言，不至乎孩而始誰，則人始有夭矣；禹之治天下，使民心變，人有心而兵有順，殺盜非殺人，自爲種而天下耳，是以天下大駭，儒、墨皆起。其作始有倫，而今乎婦女，何言哉！余語女：三王五帝之治天下，名曰治之，而亂莫甚焉。三王之知，上悖日月之明，下睽山川之精，中墮四時之施。其知憯於蠣蠆之尾、鮮規之獸，莫得安其性命之情者，而猶自以爲聖人，不可恥乎？其無恥也？」子貢蹴蹴然立不安。

「三日不談」，「不談」亦作不言。非言談所能表，故不談不言也。「亦將何規哉？」「規」，摹也。問將何以摹狀之。「乃今於是乎見龍」，「龍」者難見之物而得見之，故曰「乃今於是」，慶幸之意盡吐露於此四五字間。《史記·老子列傳》曰：「吾今日見老子，其猶龍邪？」蓋從此出。姚鼐《莊子章義》謂此文淺於《史記》，且斥之爲非莊子之文，蓋未嘗詳審也。「合而成體，散而成章」，言其變化不測。「乘乎雲氣，養乎陰陽」，言其隱見無時。「養乎陰陽」，順陰陽之理而以自養也。成疏解作養物，於文義支矣。「口張而不能嗋」，驚歎之甚，至不能合其口也。「予又何規老聃哉！」言無得而規摹之。然見龍一喻，規摹之妙，殆無以加。子貢會此而未能信，故欲親一觀以驗之。「尸居龍見、雷聲淵默」，已見《在宥篇》。「發動如天地」，即「神動天隨」之意，而兼天地言之者，天動而地靜，合動靜而言之也。「賜」，子貢名。「以孔子聲見」，謂用孔子之名以爲之介也。

「倨」同居。「應」謂應見。「方將居堂而應」，言將見子貢於堂上。「微」如「微見其意」之微，連下「曰」字爲句。意子貢來時意氣甚盛，故曰「予年運而往矣，子將何以戒我乎？」「年運而往」，謂行年老邁也。故作謙辭以誘之，是以謂之「微曰」。舊以「倨堂而應微」作一句，訓「倨」爲踞，解「微」爲應聲微細。古人未有踞見賓客之禮，原壤於孔子爲故人，可以脱略形迹，故夷俟以待孔子，而尚不免叩脛之責。老氏固達於禮者，且在堂上，安得踞以見子貢哉！若曰應聲微細，則當曰「微應」不得曰「應微」。且以「應」爲應對之應，子貢尚未發問，何爲有應！成疏曰：「物感斯應，微發其言。」「微發其言」之説，是也。然「物感斯應」，與「微發其言」分而釋之則可，併作一處則不辭矣。故兹斷以「應」字屬上，「微」字屬下，識者當知非有意立異也。

「三王」本或作「三皇」。下文言禹、言湯、言文武，自是三王，非三皇也。後亦有作「三皇」者，蓋皆聲誤，並改正。「聲名」即治之名，曰「名」又曰「聲」者，以文字言曰「名」，以言語言則曰「聲」，故「其係聲名一也」，猶云其係於治一也。其解「聲名」作名聞音問。者，蓋失之。「先生」，長者之稱，故稱老聃爲先生。「獨以爲非聖人」，成疏云：「排三王爲非聖。」案：下文云「舜之治天下，使民心競」，是舜亦在非聖之中，不得云獨排三王也。「獨」者，對衆之言。謂衆皆以三王五帝爲聖，而老子獨不然。「如何」猶奈何，詰責之辭，非問辭也。

「少進」者，稍進也。「使民心一」，「一」者，無分别也。無分别，故有「親死不哭」而不之非也。「使民心親」，「親」者，無睽異也。無睽異，故「有爲親而殺其殺」而亦不之非也。「殺」者降殺之殺，讀鎩。獨隆其親，餘所欲降殺者，則降殺之，是爲「殺其殺」。「使民心競」，「競」，彊也。彊則不一不親矣。孕婦十月生子，常也。「子生五月而能言，不至乎孩而始誰」，則俗所謂早慧，是彊之效也。「孩」者孩提。謂知孩笑而在提抱中者。「誰」者誰何。「不至乎孩而始誰」，謂未至孩提，而已開始分別人與物也。早慧者往往不壽，故曰「人始有夭矣」。「使民心變」，「變」謂機變。至機變，則不一不親愈甚，而爭端起矣。

「人有心而兵有順」，下「有」字與爲通。孟子曰：「人之有道也，飽食煖衣逸居而無教，則近於禽獸。」見《滕文公篇》有爲神農之言者許行章。「人之有道」，即人之爲道也。故此「兵有順」者，即兵爲順。兵爲順，謂以用兵爲順乎天理而非不當也。下云「殺盜非殺人」，即所引以爲證者。《墨子・小取篇》曰：「愛盜，非愛人也。殺盜，非殺人也。」此文下云「儒、墨皆起」，則所引正《墨子》之言無疑。舊以「人」字屬下，而讀「殺盜非殺」爲句，誤也。古者刑統於兵，故曰：「刑罰不可廢於國，征伐不可偃於天下。」語見《吕氏春秋・蕩兵篇》。言兵者每以兵刑竝論，至班固《漢書・刑法志》猶然。此上言「兵」，而下及「殺盜」，正其例矣。

「自爲種而天下耳」，「種」猶類也。「爲」如上「爲其親」之爲，讀去聲。「天下」上蓋省曰字或以爲字，古人文字此例甚多，如孟子言「吾君不能謂之賊」、「吾身不能居仁由義謂之自棄也」，皆若此。故此亦謂名爲其類，而乃曰爲天下耳。孟子曰：「人有恒言，皆曰天下國家。」可見當時羣相以天下爲標榜，而真能爲天下者，幾人哉！故舉此以譏之。各注解「天下」字，皆未諦當。實則意本明顯，而自陷于晦塞，故愈解愈支也。

「天下大駭」，「駭」，擾動也。「儒、墨皆起」，當老子時，尚無儒、墨之名，而云然者，意在掊擊儒、墨，而託之老子之言。《人間世篇》所云：「其言，古之有也，非吾有也。若然者，雖直不爲病。」蓋藉以免爭而已矣。「作始有倫」，「倫」亦類也。「今乎婦女」，謂丈夫而有女子之行。如孟子言：「以順爲正者，妾婦之道也。」郭注云：「以女爲婦，上下悖逆。」夫以女爲婦，雖極淫亂之世，亦不一二見，莊子安得有此言！其失明矣。「何言哉」，謂不足言也。

「亂莫甚焉」者，亂莫甚於此也。「三王之知」，「知」讀智。提一智字，以結前文，言三王之治天下而不免於亂者，皆機變之智以爲之害也。「上悖日月之明」三句，已見《胠篋篇》。惟「睽」字爲異。「睽」者，乖也。「其知憯於蠇蠆之尾，鮮規之獸」十二字爲一句。「蠇、蠆」皆蠍之異名，其毒在尾，故以尾言。「鮮規」猶云規鮮，謂規取生物以爲食者，如虎豹之類。蠇蠆舉其小，鮮規之獸舉其大，兩者本對言。注家誤以「鮮規之獸」屬下爲文，因有小蟲小獸之説，不知下文「莫得安其性命之情者」，乃專就民人言，與《胠篋篇》截然不同，何與於小蟲小獸之事乎！既言「不可恥乎？」又言「其無恥也？」「也」讀若邪，乃反詰子貢之辭。是以「子貢蹴蹴然立不安」也。於今之蹴蹴不安，則知來時固挾有盛氣者矣。

孔子謂老聃曰：「丘治《詩》、《書》、《禮》、《樂》、《易》、《春秋》六經，自以爲久矣，孰知其故矣。以奸者七十二君，論先王之道，而明周、召之迹，一君無所鉤用。甚矣夫！人之難説也？道之難明邪？」老子曰：「幸矣，子之不遇治世之君也！夫六經，先王之陳迹也，豈其所以迹哉！今子之所言，猶迹也。夫迹，履之所出，而迹豈履哉！夫白鶂之相視，眸子不運而風化；蟲，雄鳴於上風，雌應於下風而風化；

類自爲雌雄，故風化。性不可易，命不可變，時不可止，道不可壅。苟得其道，無自而不可；失焉者，無自而可。」孔子不出三月，復見曰：「丘得之矣。烏鵲孺，魚傅沫，細要者化，有弟而兄啼。久矣夫，丘不與化爲人！不與化爲人，安能化人！」老子曰：「可。丘得之矣。」

《論語》曰：「子所雅言：《詩》、《書》，執禮。」「子曰：興於詩，立於禮，成於樂。」不言六經也。《禮記·王制》曰：「樂正崇四術，立四教，順先王《詩》、《書》、《禮》、《樂》以造士。」亦不言六經也。六經之名，蓋起於孔子殁後，子夏輩傳經之所加。則治《詩》、《書》、《禮》、《樂》、《易》、《春秋》六經，其非孔子之言明矣。孔子歷聘，不過齊、衛、陳、宋諸國，西不至秦、晉，南不至吳、越，其所見之君，不過魯定、魯哀、齊景、衛靈等數人，則「以奸者七十二君」，其非實事又明矣。莊子雖託之寓言，而必留其隙以示後人，吾於是見此老之苦心焉。

「孰」同熟。「孰知其故」，猶後世言習於故事也。「奸」假借作干，謂干謁也。「周、召」，周公旦、召公奭也。《詩經·國風》首《周南》《召南》，以爲王化之始基。孔子亦嘗言：「人而不爲《周南》《召南》，其猶正墻面而立也與。」見《論語·陽貨篇》。故此於論先王之道外，特云「明周、召之迹」也。「鉤」，鉤引。「無所鉤用」，言無有引用之者。「人之難説也？道之難明邪」，「也」與邪同。言不知是人之難説，抑道之難明也。「説」讀去聲。「甚矣夫」，歎其遇之不幸也。故老子應曰：「幸矣，子之不遇治世之君也。」「幸矣」，正針對「甚矣」言，言若遇治世之君而用之，適所以亂天下，蓋猶是前章非三王之意也。

「陳迹」，舊迹也。「所以迹」，謂當時應變設宜，自有其所以然之故。此非執其迹者所能知也。故曰「夫迹，履之所出，而迹豈履哉」，以譬六經聖人之所作，不得聖人之意，即六經亦糟魄，執以爲聖人之道在是，則不然矣。

「白鶂」，水鳥，以其雌雄常相睨，故取名爲「鶂」。「眸子」，目睛也。定睛注視，故曰「不運」。「風」如《尚書·費誓》「馬牛其風」之風，謂交配也。「化」言孕育。雄鳴上風，雌應下風，如《召南·草蟲》之詩云：「喓喓草蟲，趯趯阜螽。」故先言鳴應，後言風化，與白鶂之先言相視，後言風化者同。郭子玄不察，以爲視鳴則化，遂有不待合而便生子之説，並將「風」字略去，實誤也。「類自爲雌雄」，則因鶂蟲而推言之，言凡蟲豸之類，各自有其雌雄，惟有雌雄之合，而後可以化育。此觀於「風化」之上下一「故」字可見。郭注云：「夫同類之雌雄，各自有以相感。相感之異，不可勝極。苟得其類，其化不難。故乃有遥感而風化也。」其言遥感而風化雖誤，而以「類」爲同類，則是也。而《釋文》引或一説，乃謂「類」爲鳥獸之名，據《山經》説之，言其自相牝牡。夫動物之中，一體而具雌雄二性者，信有之，然惟蚯蚓之類低等動物則然，若鳥與獸寧有是者！《山海經》志怪之書，何可據哉！諸子之書，摹狀物情，率皆精審，蓋親從觀察中得之，而注家僅就文字推測擬議，又不詳求上下文，以是多違失原意，迷罔讀者，可歎也！

細玩此文，接云「性不可易，命不可變，時不可止，道不可壅」，可知言及蟲鳥之風化者，意在感應之機存乎時性，故强以性之所本無，與夫時之所未宜，即皆不能不與物相鑿枘，所以解孔子「人之難説、道之難明」之疑，而尤重在「命不可變、道不可壅」二語。「壅」者壅滯，即《天道篇》「運而無所積」積字之義。道之不可壅，實由命之不可變而來。蓋命者天命之流行。流行之理不變，往過來續，無有停止。道欲與之相應，即安得有所壅滯哉！故曰「苟得其道，無自而不可，失焉者，無自而可」。「得其道」者，得夫無所壅滯之道也。《天運》一篇，全發明運行之義，故於篇末更一醒之。

「烏鵲」，烏與鵲也。「孺」謂伏卵而孚。「沫」，精也。「傅沫」，雄魚以精傅於子上。其有作「傳」者，則「傅」之譌字也。「細要」之「要」，通腰，指蒲盧蜾蠃之屬。「化」者，不待孚而自化也。此三者，蓋從上鶂蟲之譬推類而得之。至「有弟而兄啼」，則説明人事遞嬗之理。弟生而兄讓者，是道之自然也。若既有弟，而復與之爭父母之愛憐，而至於啼泣，是爲不知化。故與上三者義別，特作反語，以起下文「久矣夫，丘不與化爲人」。注家率與上連類釋之，非也。「不與化爲人者」，不能隨化而爲人。意即人而不能與化俱也。此「化」蓋合「天」與「運」二字而有之。專以造化爲釋，似猶未能盡其意。「不與化爲人，安能化人」者，謂自不能化，安能令人化也。夫苟知化，則《詩》、《書》、《禮》、《樂》、《易》、《春秋》有何不可用！即道有何不可明！故老子許之，曰：「可，丘得之也。」

莊子發微卷之三

刻意第十五

此與下《繕性篇》，類掇拾《在宥》、《天地》、《天道》、《天運》四篇之文與義而爲之，其非莊子之作，而出諸門下之手，無疑。《繕性篇》尚有精闢之語，此篇則一意爲文。始舉爲亢、爲修、爲治、無爲、爲壽之五者，盛張聖人之德，謂爲不刻意而高，無仁義而修，無功名而治，無江海而閒，不道引而壽，立論可謂美矣、大矣。而後之所言，則僅及於養神，唯神是守，不虧其神而止，終不免偏於壽考、閒散一邊，首尾未能相稱，其與本師之言合天德、聖功、王道而一之者，相去遠矣。

刻意尚行，離世異俗，高論怨誹，爲亢而已矣；此山谷之士、非世之人、枯槁赴淵者之所好也。語仁義忠信，恭儉推讓，爲修而已矣。此平世之士、教誨之人、游居學者之所好也。語大功，立大名，禮君臣，正上下，爲治而已矣；此朝廷之士、尊主彊國之人，致功并兼者之所好也。就藪澤，處閒曠，釣魚閒處，無爲而已矣；此江海之士、避世之人、閒暇者之所好也。吹呴呼吸，吐故納新，熊經鳥申，爲壽而已矣；

此道引之士、養形之人、彭祖壽考者之所好也。若夫不刻意而高，無仁義而修，無功名而治，無江海而閒，不道引而壽，無不忘也，無不有也，澹然無極，而眾美從之。此天地之道，聖人之德也。

「刻意」，刻削其意，如荀子之所謂「忍嗜欲」。見《非十二子篇》。「尚行」，如《易・蠱卦》之所謂「不事王侯，高尚其事」。「行」讀去聲。「離世異俗」，謂不同乎流俗、不合乎污世。「高論怨誹」，謂持論高峻，怨憤刺譏。「亢」，高也。觀下云「不刻意而高」可見。此變文言「亢」者，避與上「高論」之高相犯也。「山谷」，謂隱於深山窮谷，作形容辭用。下朝廷、江海亦同。「非世」，不以世爲然也。「枯槁赴淵」，若狐不偕、務光、紀他、申徒狄之徒是。見《大宗師》《外物》《讓王》等篇。刻意之極，至於枯槁無復生意，則沈水赴淵以死。言「好」者，彼固自甘之，故蹈之而不悔也。

「仁義忠信」上加「語」字，言其言；「恭儉推讓」，言其行，此互文也。「修」謂修身。「平世」，對上山谷下朝廷言，謂守分安常，與世並處，故名之「平世之士」。或解「平」爲平治天下之平，非也。上文明云「爲修而已矣」，其道僅於修身而止，豈得言及平世乎！「教誨之人」，謂以教誨後學爲事者。「游居學」，或游學，或居學也，此蓋指仲尼之門，如游、夏之徒，散處往來，講學傳業者皆是。

「語大功」，以非常之功相標榜，而游説於當世。若有用之者，則功就名立，故復曰「立大名」。曰「語」曰「立」，亦分言與行言。「禮君臣，正上下」，謂正君臣上下之禮。以對舉成文，故以「禮」字置於「君臣」字上，即下文所云「尊主」義也。「朝廷之士」，謂意在居朝廷之位，以行其說者。「致功」之「功」，讀如攻，謂攻取弱亂之國而并兼其土地，故與「并兼」連言。此蓋指當時兵家、法家言，如商鞅、申不害以及孫武、吳起之徒皆是。

「藪澤」，水草之地。言藪澤江海，皆對上朝廷言。藪澤曰「就」者，謂退而就是，猶後世云退居草野，非本在藪澤草野也。「閒曠」，謂人所不居之地。「閒」如《禮記・主制篇》「以爲閒田」之閒，猶空也，下「閒處」「閒暇」，則優閒之閒，兩義不同，不可不知。「閒暇」，謂優閒而暇逸也。此如許由、巢父以及《論語》所載荷蕢荷蓧丈人之輩皆是。

「呴」與欨同。老子曰：「或欨或吹。」出氣緩者欨，出氣急者吹也。「呼」，出氣。「吸」，入氣。「吐故」，呼濁氣。「納新」，吸新氣也。「吹呴呼吸，吐故納新」，今之所謂深呼吸者似之。「熊經」，效熊懸樹而引其頸。「申」同伸。「鳥申」，如鳥臨風而展其翼。華佗以之爲五禽之戲，見《後漢書・方伎・佗傳》。一曰虎，二曰鹿，三曰熊，四曰猨，五曰鳥。其曰熊曰鳥，即此熊經鳥申也。今之柔軟操與太極拳似之。「道引」之名，見醫經，《素問・異法方宜論》作「導引」是。其術由來已久，謂通導氣血，柔和肢體，可以引年也。「養形」，見後《達生篇》。「彭祖」，已見《消搖游》《大宗師》。「壽考」，老壽也。

「無不忘」，「忘」與「有」對，蓋借作亡，讀若無。「無不亡」，謂刻意、仁義、功名、江海、道引五者皆無之。「無不有」，謂高、修、治、閒、壽五者皆有之。「澹然無極」承「無不亡」言。「澹」，淡之本字。「極」者限義。「無極」，謂不限於一名。「眾美從之」承「無不有」

言。「衆美」，即高、修、治、閒、壽五者。「美」者，善也。是惟聖人能之。故曰「此天地之道，聖人之德也」。言「聖人之德」，先之以「天地之道」者，「聖人之德」一本乎天地也。

故曰：夫恬惔寂漠，虚無無爲，此天地之平而道德之質也。故聖人休焉，休則平易矣，平易則恬惔矣。平易恬惔則憂患不能入，邪氣不能襲，故其德全，而神不虧。故曰：聖人之生也天行，其死也物化；静而與陰同德，動而與陽同波；不爲福先，不爲禍始；感而後應，迫而後動，不得已而後起。去知與故，循天之理。故無天災，無物累，無人非，無鬼責。其生若浮，其死若休。不思慮，不豫謀。光矣而不耀，信矣而不期。其寢不夢，其覺無憂。其神純粹，其魂不罷。虚無恬惔，乃合天德。故曰：悲樂者，德之邪；喜怒者，道之過；好惡者，德之失。故心不憂樂，德之至也；一而不變，静之至也；無所於忤，虚之至也；不與物交，惔之至也；無所於逆，粹之至也。

「恬惔寂漠，虚無無爲」，《天道篇》作「虚静恬淡，寂寞無爲」，虚静在前，而此則恬惔在前者。下篇《繕性》云：「以恬養知，以知養恬。」意固重在恬惔，而即此亦可證二篇出於一人之手，無疑也。以「虚無」换「虚静」字，後雖有云「一而不變，静之至也」，又云「静一而不變」，然虚静自是兩義，其義較備。虚無併歸一件，又偏在無上，雖加補充，其與《天道》之文亦有間矣。「道德之質」，「質」，《天道篇》作「至」，此作「質」者，「質」者實也，對前「刻意爲亢」以下五者説，見彼之非其本真。是則因文爲義，改之允當者也。

「故聖人休焉」，「故」下各本多「曰」字，此乃涉上下「故曰」之文而衍。又下文「休則平易矣」，「休」字倒在「焉」字上，皆證之《天道篇》可知其誤，故并改正。「平易」字從「天地之平」平字出。「平易」者，不偏不倚之謂。下篇《繕性》云「禮樂偏行，則天下亂矣」，亦正根「平易」爲論。此從「恬惔」上推極其本説，故接云「平易則恬惔矣」，「恬惔」上增「平易」字，似枝蔓，而實非枝蔓也。「憂患不能入」，即《天道篇》所云「憂患不能處」，下又云「邪氣不能襲」者，意在保身盡年。觀開端五者以彭祖壽考列之最後，亦可見也。「德全」，承「憂患不能入」言。「神不虧」，承「邪氣不能襲」言。神爲形主，保身盡年，必先神不虧損。下云「養神」，云「唯神是守，與神爲一」，云「聖人貴精」，皆發乎此。予所以譏其偏於壽考、閒散，而有異乎莊子之聖功、王道並舉者，亦由乎此也。

「生也天行」四句，已見《天道篇》。「不爲福先，不爲禍始」，即老子「不爲天下先」之意。「不得已」，見《人間世篇》，曰「一宅而寓於不得已」，又曰「託不得已以養中」，雜篇《庚桑楚》亦曰「有爲也欲當，讀去聲。則緣於不得已。不得已之類，聖人之道」。《莊子》一書言「不得已」者多矣。然莊子之言活，此篇之言窒。其曰「感而後應，迫而後動，不得已而後起」，與《天下篇》慎到之「推而後行，曳而後往」頗相似，不知此正莊子所云「豪傑相與笑之，曰：慎到之道，非生人之行，而至死人之理」者也。即「不爲福先，不爲禍始」，意雖本乎老子，而亦未能全明老子之意。《天下篇》之論老子，有云：「人皆求福，己獨曲全，曰苟免於咎。」夫曰

「曲全」，曰「苟免」，則迫於時勢使然，非以是爲即天下之至道也。今論道德之質，論聖人之德，而必曰「不爲福先，不爲禍始」，則真成荀子所云：「有後而無先，則羣眾無門者。」見《荀子・天論篇》。天下又何貴乎有聖人哉！即此亦可知其決非莊子之作也。

「去知與故」，亦見《管子・心術篇》。彼「知」作「智」，知、智字通。「故」者習也。孟子曰：「天下之言性也，則故而已矣。」以故對性言；本書《達生篇》曰：「始乎故，長乎性，成乎命。」以故對性命言；即《管子・心術篇》「去智與故」上亦云「人者，立於强，謂强勉也。讀去聲。務於善，本於能，「能」即孟子之所謂「良能」。今各本「本」字作「未」，蓋形誤，因改正。動於故」者也，以故對能言。合而觀之，可知當時言「故」猶言「習」矣。性本自天，習起於人。起於人則不能自然，而非故加之意不可，故曰「故」，今世俗猶有「故意」之言，是即「故」之本義。荀子以「僞」對「性」。僞者人爲，則僞亦故也，習也。注家解故爲巧、爲詐，失之矣。「循天之理」，即循乎自然也。「無天災」四句，亦見《天道篇》，但「災」作「怨」，而以「天怨」「人非」對文、「物累」「鬼責」對文。彼蓋本諸己而言之，故以「知天樂」發端。則「無天怨」者，無怨天；「無人非」者，無非人。與孔子言「不怨天，不尤人」同意，其義切。此則以自外至者言之，則是天不爲災，物不爲累，人不之非，鬼不之責而已，其義淺矣。

「生若浮，死若休」，出於《大宗師》之「生爲附贅懸疣，死爲決疣潰癰」。「不思慮」，出於《天地篇》之「居無思，行無慮」。「不豫謀」，出於《德充符》之「聖人不謀」、《大宗師》之「不謨士」。「光而不耀」，語本老子「信而不期」，即不必信義。「言不必信」，孟子語。見《離婁篇》。

哀十六年《左傳》：「期死，非勇也。」杜注云：「期，必也。」《論語》：「毋意，毋必。」見《子罕篇》。朱子《集注》亦云：「必，期必也。」是「期」與「必」同訓。「其寢不夢」二句，已見《大宗師》。「其神純粹」，義見下。「其魂不罷」，「罷」借爲疲，《天道篇》正作「其魂不疲」。

「虛無恬惔，乃合天德」，言欲合天德，惟虛無恬惔乃能之，故下文於悲樂喜怒好惡一概絶之，曰「悲樂者，德之邪；喜怒者，道之過；好惡者，德之失」。又曰「心不憂樂，德之至也」。是與魏之何晏論聖人無喜怒哀樂何異！見《三國志·王弼傳》注。《齊物論》言「不喜求」，未嘗言不喜也，《大宗師》言「不知説生，不知惡死」，未嘗言不説不惡也。且言「喜怒通四時」，亦見《大宗師》。是明明有喜怒矣。言「其好之也一，其弗好之也一」，亦見《大宗師》。是明明有好惡矣。《德充符》末結以有人之形，無人之情，而旋即自解曰：「吾所謂無情者，言人之不以好惡内傷其身，常因自然而不益生也。」夫不以好惡内傷其身，常因自然而不益生者，即《中庸》「喜怒哀樂發而中節」之謂。喜怒哀樂發乎本性，是即自然，是即天理，豈有以悲樂喜怒好惡不問其中節與否，而悉指爲「德之邪、道之過」者哉！違其師説，悖乎通道，是非小疵而已也。

《天道篇》云「靜則動，動則得矣」，此云「一而不變，靜之至」，則靜而不能動。《天道篇》云「虛則實，實者備矣」，此云「無所於忤，虛之至」，則虛而不能實。至「不與物交，惔之至」，則是絶物也。「無所於逆，粹之至」，則是逃世也。於文則巧，於道則支矣。

故曰：形勞而不休則弊，精用而不已則勞，勞則竭。水之性不雜則清，莫動則平；鬱閉而不流，亦不能清，天德之象也。故曰：純粹而不雜，靜一而不變，淡而無爲，動而以天行，此養神之道也。夫有干越之劍者，柙而藏之，不敢用也，寶之至也。精神四達並流，無所不極，上際於天，下蟠於地，化育萬物，不可爲象，其名爲同帝。純素之道，唯神是守；守而勿失，與神爲一；一之精通，合於天倫。野語有之曰：「衆人重利，廉士重名，賢人尚志，聖人貴精。」故素也者，謂其無所與雜也；純也者，謂其不虧其神也。能體純素，謂之真人。

「弊」與敝通。司馬談《論六家要旨》歸重於道家，其曰「神大用則竭，形大勞則敝」，大讀太，見《史記・自序》。蓋本於此。而「弊」作敝，敝謂疲敝，正與勞對。「勞則竭」，「竭」謂枯竭。獨以勞爲言者，太史公所謂：「神者生之本，形者生之具，精竭而神亡，神亡而形隨之。」故此文前後言神，意固仍在形也。「水之性不雜則清」數語，在此文中最爲精覈。而「鬱閉而不流，亦不能清」云云，尤爲能闡發運而無所積之義。其曰「天德之象」，曰「動而以天行」，亦皆與《天道》、《天運》等篇不悖。而下言「有干越之劍者，柙而藏之，不敢用也，寶之至也」，則意終偏於静，於上下文皆不免齟齬。《養生主》亦言善刀而藏，然其藏在動刀甚微、躊躇滿志之後，所謂用則行、舍則藏者，非一味以藏爲貴也。且如下云「精神四達並流，無所不極，上際於天，下蟠於地，化育萬物，不可爲象，其名爲同帝」，曰「達」曰「流」曰「際」曰「蟠」曰「化育」，皆動之、用之而後至，豈柙而藏之而能若是乎？大抵此文醇雜不一，精粗迭見，猶未若《駢拇》《馬蹄》《胠篋》之作者自伸其說，而前後爲能一貫也。

「干」，司馬彪注云：「干，吴也。吴越出善劍。」是也。蓋「干」本國名，後爲吴滅，字亦作邗。哀九年《左傳》「吴城邗溝，通江淮」，是吴因邗以通於中國，故中國稱之爲干。《荀子·勸學篇》亦有「干越夷貉之子」之説，則吴越稱干越，固當時語也。「柙」同匣。「並流」猶旁流。「極」，至也。「蟠」，委也。《禮記·樂記》「及夫禮樂之際乎天蟠乎地」，鄭康成注：「蟠，委也。」「不可爲象」，言不可得而迹象之。「同帝」，謂同乎天也。「純素」即上云「純粹」。「純素之道」變「粹」言「素」者，「素」有本質義，蓋兼寓返本還源之意焉。「唯神是守」，專守其神使不外馳也。「守而勿失，與神爲一」者，守之之久，形與神一，即《在宥篇》廣成子告黄帝「神將守形，形乃長生」者也。「精通」之精，與《易·乾卦·文言》云「純粹精」之精同，非上文「精用而不已則勞」之精也。「精通」，猶言通精，謂造乎純粹之極，故能「合於天倫」。「倫」猶理也。上言「循天之理」，猶我是我，天理是天理。此言「合於天倫」，則我與天理爲一。由與神爲一而與天爲一，是其次第也。

「野語」，謂諺語也。「聖人貴精」，「精」即精通之精。注家或以精神之精釋之，非也。「能體純素，謂之真人」，「體」如《天地篇》云「體性抱神」之體。「體純素」者，謂以純素爲之體也。《大宗師》説古之真人，至費數百字而未已，此僅以「能體純素」四字盡之，可謂簡矣。然在彼不覺其繁，而在此惟覺其略，何也？有體而無用，則偏而不全；有表而無裏，則似而不真。其病則雖言養神，終是爲形而養。吾斷其偏於壽考、閒散一邊，非苛論也。

繕性第十六

此篇要旨，全在「復初」二字。「復初」者，復其性也，觀「無以反其性情而復其初」語可見。故文中「性」字「初」字交錯叠出。

繕性於俗學，以求復其初；滑欲於俗思，以求致其明；謂之蔽蒙之民。古之治道者，以恬養知；生而無以知爲也，謂之以知養恬。知與恬交相養，而和理出其性。夫德，和也；道，理也；德無不容，仁也；道無不理，義也；義明而物親，忠也；中純實而反乎情，樂也；信行容體而順乎文，禮也。禮樂偏行，則天下亂矣。彼正而蒙己德，德則不冒，冒則物必失其性也。

「繕」謂補繕。性本無缺，有，復之而已，何須於補？曰「繕性」，斯其爲俗學可知矣。「俗」字舊重。「俗學」「俗思」對文，於文義不當重，因校删。「滑」同汩，謂汩没也。「欲」與「性」對。《禮記·樂記》曰：「人生而静，天之性也。感於物而動，性之欲也。」此欲正與彼同，乃感於物而動之性，與常言私欲之欲别。欲本有其明，致之而已矣。何爲自汩？汩而求明，是反鏡而索照也。即此便是「俗思」，不必如後文「溺情軒冕」方謂之俗思也。「謂之蔽蒙之民」，「蔽」者蔽於俗，「蒙」者蒙其本明，「民」猶人也。

「治道」猶言爲道。「恬」即《天道篇》「虚静恬淡」之恬，從上「復其初」「初」字出。人性之初，本虚静恬淡，故《樂記》亦言「人生而静」也。「知」從「致其明」「明」字出。若以中庸通之，恬則誠也，知則明也。「以恬養知」，所謂自誠明也。「以知養恬」，所謂自明誠也。「生而無以知爲」者，「生」讀如性，謂任其性之自然，用知而與不用同，故曰「無以知爲」也。孟子曰：「如智者若禹之行水也，行其所無事，則智亦大矣。」義與此同。舊本有重「知」字，而作「知生」者，疑不知者臆增，非其本也。「知與恬交相養」，所謂誠則明矣，明則誠矣。知恬，誠明，雖分二名，實則一性而已，故接云：「和理出其性。」和出於恬，理出於知也。「理」者條理之謂。

「德，和也；道，理也」，見道德本乎性也。「德無不容，仁也；道無不理，義也」，見仁義本乎道德也。本乎道德，亦即本乎性也。「義明而物親，忠也」，兼仁義而言之，所謂合外内之道也。「中純實而反乎情，樂也」，「純實」猶充實，「樂」言「反乎情」者，《樂記》所云「樂盈而反，以反爲文」者也。「信行容體而順乎文，禮也」，「禮」言「順乎文」者，《樂記》所云「禮減而進，以進爲文」者也。「信行」之「行」讀如字，謂信行乎容體也。信行乎容體，容體之所以斂飭也。樂盈而反，是樂中有禮也；禮減而進，是禮中有樂也。禮樂之相爲用，猶仁義之不可分也，故接云：「禮樂偏行，則天下亂矣。」「偏」舊作徧，徧、偏古亦通，然作「偏」較明，因改正。

「彼正而蒙己德」，「蒙」即蔽蒙之蒙，言物本各正，而乃自蒙其德。此「德」爲「德性」之德，與上「德」與「道」對言者不同，觀下文「德則不冒，冒則物必失其性也」，以「性」與「德」交説可知。「冒」承「蒙」言。「德則不冒」者，言果得乎性，則必不冒。《説文》云：「冒，冡而前也。」冡，蒙本字。言蒙則僅覆蓋義，言冒則兼不明義，故變蒙而言冒也。「冒則物必失其性也」者，言惟不致其明，所以不復其初也，此正文字前後照應處，注家不知，訓前蒙爲蒙昧，而訓後蒙爲蒙被，以冒爲强加於人，失之甚矣。

古之人在混芒之中，與一世而得澹漠焉。當是時也，陰陽和静，鬼神不擾，四時得節，萬物不傷，羣生不夭，人雖有知，無所用之，此之謂至一。當是時也，莫之爲而常自然。逮德下衰，及燧人、伏羲始爲天下，是故順而不一。德又下衰，及神農、黄帝始爲天下，是故安而不順。德又下衰，及唐、虞始爲天下，興治化之流，澆淳散朴，離道以善，險德以行，然後去性而從於心。心與心識知，而不足以定天下，然後附之以文，益之以博；文滅質，博溺心，然後民始惑亂，無以反其性情而復其初。

首節之言，大抵本諸六經，故精粹而明暢。此節稱太古而卑唐虞，與《在宥》《天運》諸篇爲近，則老氏之緒論。蓋莊子本兼祧孔、老兩家，故其門下亦復爾爾也。「混芒」猶渾沌，後文所云「淳朴」是也。「澹漠」即恬惔寂漠之省文。「與一世」，「與」讀若舉，謂舉世無不然也。「人雖有知，無所用之」者，無可用知之地，則以知養恬而已矣。「此之謂至一」，「一」者，一於性而不離也。

「逮」，及也。「燧」，木燧，用以鑽木取火者。燧人氏始爲此，以教民火食，故稱之曰「燧人」。「伏羲」已見《人間世篇》。《大宗師篇》作伏戲，他書亦作庖犧。羲、戲、犧字通。始教民養犧牲以供庖膳，故稱之曰「庖犧」或「伏羲」也。曰「始爲天下」，則非莫之爲而一任自然者。「順」者，順乎性而不逆也。曰順乎性，則已與性離矣，故云「順而不一」。「安」，如「知其不可奈何而安之若命」之安。惟逆而後須安之，故曰「安而不順」。

「唐、虞」，堯、舜也。興治化而曰「流」者，言非其源也。「⿰氵梟」一作澆，「淳」一作醇，字並同。淳者而薄之，是爲澆淳。「朴」同樸。樸者而斯之，是爲「散朴」。「離道以善」，則善而失其理。「險德以行」，則行而失其和。「險」之爲言不易也。不易，斯不和矣。「去性而從於心」，即去性而從於知也，故曰「心與心識知」。言知又言識者，「識」者，識人之心。識人之心，而後又起一知以應之。《人間世》云：「知也者爭之器也。」蓋謂是也。「附之以文」，「文」謂禮文。「益之以博」，「博」謂博學。「文滅質」，則去復初也益遠矣。「博溺心」，則求致明也益難矣。故曰「然後民始惑亂，無以反其性情而復其初」。「惑亂」應「蔽蒙」言，蔽則未有不惑，蒙則未有不亂者也。

由是觀之，世喪道矣，道喪世矣。世與道交相喪也，道之人何由興乎世，世亦何由興乎道哉！道無以興乎世，世無以興乎道，雖聖人不在山林之中，其德隱矣。隱故不自隱。古之所謂隱士者，非伏其身而弗見也，非閉其言而不出也，非藏其知而不發也，時命大謬也。當時命而大行乎天下，則反一無迹；不當時命而大窮乎天下，則深根寧極而待；此存身之道也。古之存身者，不以辯飾知，不以知窮天下，不以知窮德，危然處其所而反其性，己又何爲哉！

「喪」，敗也。世愈下而道益漓，所謂「世喪道」也。道益漓而世愈難復於古，所謂「道喪世」也。「世與道交相喪」句，喝起下文。「道之人」，謂明道之人，即下云聖人也。聖人不興於世，則世皆俗學，「世亦何由興乎道哉！」「聖人不在山林之中而其德隱」者，世不足以知聖人，非聖人必不使人知也，故曰「隱故不自隱」。「故」與固通。

「隱士」承上而言，即聖而隱者，以別於當時山谷江海之士，故曰「古之所謂隱士」也。「時命大謬」，言悖乎時而遭命之窮也。就世言之，則謂之時；就己言之，則謂之命。「當時命而大行乎天下」，道之行也。道行而天下反於一德，莫見其功，是爲「反一無迹」。「不當時命而大窮乎天下」，道之窮也。道窮，而不改其恬惔之故，是爲「深根寧極而待」。「深根」者固其本，「寧極」者安其中。極，如《尚書·洪範》「皇極」之極，故訓爲中。曰「根」曰「極」，皆謂性也。「待」者，待時命之遷移也。

「存身」，即《養生主》所云「保身」，而《易·繫辭傳》所云「安身」也。此對上「非伏其身而弗見」說，意謂不必伏其身而身自可存。「不以辯飾知」，對上「非閉其言而不出」說，謂出言皆自中理，不必待辯以爲之飾。「不以知窮天下，不以知窮德」，對上「非藏其知而不發」言，謂知雖時發，而未嘗以此困天下，亦未嘗以此自困其德也。「危然」，如《論語》「危言危行」之危，見《憲問篇》。蓋特立不倚之貌。「處其所」，猶云止其所。「反其性」，即復其初也。「己又何爲哉」，所謂莫之爲而常自然也。

道固不小行，德固不小識；小識傷德，小行傷道。故曰：正己而已矣。樂全之謂得志。古之所謂得志者，非軒冕之謂也，謂其無以益其樂而已矣。今之所謂得志者，軒冕之謂也。軒冕在身，非性命也；物之儻來，寄也。寄之，其來不可圉，其去不可止。故不爲軒冕肆志，不爲窮約趨俗，其樂彼與此同，故無憂而已矣。今寄去則不樂，由是觀之，雖樂未嘗不荒也。故曰：喪己於物，失性於俗者，謂之倒置之民。

「道固不小行」，故寧窮而不肯自貶。「德固不小識」，故寧隱而不求人知。「小識」，與孔子言「君子不可小知」之小知同，語見《論語·衛靈公篇》。非「賢者識大，不賢者識小」之比也。識大識小，見《論語·子張篇》。夫聖人所以不自貶損而求售者，非獨爲存身也，亦所以保道德之全之純，故曰「小識傷德，小行傷道」。「正己而已矣」者，己正而物正，初不待强加之人也。孟子曰：「有大人者，正己而物正者也。」見《盡心篇》。「樂全之謂得志」者，德全者性全，性全者樂全。學之初志如是，而今得之，故謂之得志也。

「軒」，車也。得位則乘軒而服冕。「古之所謂得志，非軒冕之謂」者，志本不在乎軒冕高位也。志本不在乎軒冕高位，則得之於其樂何所益，故曰「謂其無以益其樂而已矣」。此「謂」字與「爲」同。爲讀去聲。《史記·李廣傳》「士卒咸樂謂之死」，《漢書》作「士卒亦佚樂爲之死」，是古「謂」、「爲」通用，至漢猶然也。「軒冕在身，非性命也」，「非性命」，猶言非性命之比。「物之儻來寄也」，「儻」者，或然之辭。「儻來寄」，猶言偶來寄。「寄之」，猶言寄者。讀時於「之」字當略頓。「圉」與禦同。來不可禦，去不可止，是所謂寄也。兩「不爲」「爲」字，皆去聲。「肆」，放也，荒也。「不爲軒冕肆志」者，不因得位而荒其志。注家多以「得志」、「肆志」解作得意、快意，不免將「志」字看輕矣。「約」與「不仁者不可以久處約」之約同。見《論語·里仁篇》。「窮約」，即窮困也。「不爲窮約趨俗」者，不因困窮變而從俗。「其樂彼與此同」，謂在彼與在此同。彼者軒冕，此者窮約，樂本不關於窮通貴賤，故視之一如。若曰樂軒冕與樂窮約同者，則是軒冕猶有可樂，與今之得志者何別！非其旨矣。「故無憂而已矣」者，樂在無憂。有憂即非真樂。「今寄去則不樂」，是寄去則憂，故「雖樂而未嘗不荒也」。「荒」者，當其樂時，患得患失之心往來攪擾，無復寧静，終是憂多而樂少，是以謂之荒也。

不正己，則喪己於物矣；不反性，則失性於俗矣。故結曰：「喪己於物，失性於俗者，謂之倒置之民。」「倒置」者，本末易位，輕重失所也。始於蔽蒙，終於倒置，其勢有必然者，言之可謂痛切矣。

秋水第十七

此篇河伯、海若問答一章，實撮内七篇之精藴而熔鍊以出之，且有發七篇所未發者，自是莊子經意之作，而惜乎雜入公孫龍問於魏牟及惠子相梁兩段，意既淺露，文亦迫隘，不僅瑜中之瑕，幾等佛頭之糞，當由門弟子模擬而附益之，欲以尊其師，而不知適所以淺視其師也。文出於學，豈易爲哉！

秋水時至，百川灌河，涇流之大，兩涘渚崖之間不辨牛馬。於是焉，河伯欣然自喜，以天下之美爲盡在己。順流而東行，至於北海，東面而視，不見水端，於是焉，河伯始旋其面目，望洋向若而歎，曰：「野語有之，曰：『聞道百，以爲莫己若』者，我之謂也。且夫我嘗聞少仲尼之聞而輕伯夷之義者，始吾弗信，今我睹子之難窮也，吾非至於子之門，則殆矣。吾長見笑於大方之家。」

北海若曰：「井魚不可以語於海者，拘於虚也；夏蟲不可以語於冰者，篤於時也；曲士不可以語於道者，束於教也。今爾出於涯涘，觀於大海，乃知爾醜，爾將可與語大理矣。天下之水，莫大於海，萬川歸之，不知何時止而不盈；尾閭泄之，不知何時已而不虚；春秋不變，水旱不知。此其過江河之流，不可爲量數。而吾未嘗以此自多者，自以比形於天地，而受氣於陰陽，吾在天地之間，猶小石小木之在大山也，方存乎見少，又奚以自多！計四海之在天地之間也，不似礨空之在大澤乎？計中國之在海內，不似稊米之在大倉乎？號物之數謂之萬，人處一焉；人卒九州，穀食之所生，舟車之所通，人處一焉；此其比萬物也，不似豪末之在於馬體乎？五帝之所運，三王之所爭，仁人之所憂，任士之所勞，盡此矣。伯夷辭之以爲名，仲尼語之以爲博，此其自多也，不似爾向之自多於水乎？」

此第一問答，即《消摇游》「小知不及大知」之説也。「秋水」，孟子所云「七八月之間雨集，溝澮皆盈」者。見《離婁篇》。「時至」，以時而至也。「涇」與徑通，崖譚本作徑，曰「直度曰徑」是也。其作涇者，以其言水，故改而從水，此正古轉注法也。「兩涘」，河兩岸。「渚」，河中小洲。「崖」與涯通，故字又作涯，就水言之曰涯，就山言之曰崖，一也，觀下言「涯涘」可見。「之間」，兼上兩涘、渚崖二者而言，謂兩涘之間與渚崖之間也。「不辨牛馬」，牛馬皆大物，而不能別，以見涇流之大如此。

「河伯」，河神，即《大宗師篇》之「馮夷得之以游大川」者。稱之伯者，河爲百川之長，故號曰伯，馮夷則其名也。「欣然」，自喜貌。「以天下之美爲盡在己」，水而言美者，爲下聞道語道發端也。「北海」，渤海也。「東面」，面東也。「不見水端」，謂不見水之所際，言端猶言邊也。「旋其面目」，轉變其欣喜之面目也。「望洋」一作盳洋，望、盳聲通，蓋茫然自失貌。唐孫樵《罵僮志》「忽怳乎若病酲之未醒，盳洋若癡人之冥行」，以「盳洋」與「忽怳」對用，其義可知。故以望洋解作望海者，固非；謂之遠望與仰視者，亦非也。「若」，海神，海神謂之若者，若有若無，猶南海之帝爲儵，北海之帝爲忽，儵忽之義也。「聞道百以爲莫己若」，百與若叶韻。由一而十而百而千而萬，百居數之中，以百望一、十則多，以百望千、萬則少。聞道止此，而以爲天下莫能如己，語蓋譏其淺小。曰「我之謂」，謂己正蹈此譏也。「少」亦輕也。「聞」謂多聞。孔子當時以博學多識著，故云「仲尼之聞」。此文意重在此，若伯夷之義，則以作陪襯耳。「方」即《天下篇》「方術」之方。「大方」對「小道」言，今人稱能書畫、能詩文者輒曰「大方家」，失其義矣。

「井魚」，各本作「井鼃」，王引之《經義述聞》據《太平御覽》引作魚，而以《釋文》至後「埳井之鼃」始出「鼃」字，以證《御覽》之是而各本之非，其説確鑿有徵，故玆改作魚。井得有魚者，古井如今所云土井，往往與溝瀆相通連，故《易·井卦》九二爻云「井谷射鮒」，是有魚之證也。「虚」本亦作墟，墟後起字。「拘於虚」，猶云拘於地也。「夏蟲」，如《消摇游》蟪蛄之屬，經秋則死或藏者。「篤」，篤守。「篤於時」，猶云守於時也。「曲士」，即《天道篇》所云一曲之人，《天下篇》則曰「不該不徧，一曲之士」也。老子言「曲則全」，曲者全之反，故不該不徧謂之一曲之士。此「曲士」對上「大方之家」言。「束於教」，「教」謂所受學也。「醜」對上「以天下之美爲盡在己」美字言。知醜則知不足。知不足，則非舊學所可束縛，故曰「將可與語大理矣」。荀子曰：「蔽於一曲而闇於大理。」見《解蔽篇》。「可語大理」，則非曲士矣。

「尾閭」，叚人體以爲名，言海水所從宣渫之處。或以《玄中記》沃焦當之，謂在東海中，海水灌之而即消。此明言渫，豈沃焦之謂乎！誤顯然矣。「渫」與泄同。「不可爲量數」，「爲」讀去聲，猶以也，見王引之《經傳釋詞》。言不可以量計。「自多」，自以爲多，猶自滿也。「比」借作庀。「比形」，具形也。「大山」，「大」讀太，即泰山。「見少」，見其少。「礨」即礧字，讀雷。「空」讀去聲。「礧空」者，轉石所成之孔也。「稊米」，稊稗之米。不取常米而取稊米爲喻者，極欲以形其小也。「大倉」，「大」亦讀太，謂國倉也。「號物之數謂之萬，人處一焉」，此人對物言，人於萬物居其一，謂人類也。「人卒九州，穀食之所生，舟車之所通，人處一焉」，此人對人卒言。「人卒」者，人衆也，亦即人類。《天地篇》云：「人卒雖衆，其主君也。」此人卒正同。「九州」，鄒衍之所謂大九州，非《禹貢》之九州也。九州之地，凡穀食所生，舟車所通，人衆布焉。於此而居其一，謂中國之一人也。兩「人」字，名同而義不同，注家混而一之，非也。「此其比萬物也，不似豪末之在於馬體乎？」此指中國之人言，於萬物之中而有人，於人之中而有中國之人，今以中國之人與萬物比，故似豪末之在於馬體也。「豪」同毫。毫而曰末，則小之又小矣。

「五帝之所運」，「運」今各本作連，惟陳碧虛《闕誤》引江南古藏本作運，連蓋運字之缺，茲據改。「運」者運轉，謂遞相授受，如堯、舜之禪讓，是故用以與「爭」字對舉也。「仁人」指儒家言。「任士」指墨家言。儒家亟言仁，不待釋。知任士爲墨家者，《墨經》云：「任，士損己而益所爲也。」爲讀去聲。《經說》曰：「任，爲身之所惡，以成人之所急。」爲讀平聲。他家未有專以任爲教者，而墨子獨然，故任士之稱惟墨家足當之。莊子每以儒、墨並言。任士爲墨，則仁人爲儒可知也。「盡此」者，其所運、所爭、所憂、所勞不能出此中國之人之外也。「伯夷辭之」，辭孤竹之君而不爲也。「仲尼語之」，語五帝三王之道欲以爲治也。伯夷何嘗以爲名，仲尼何嘗以爲博，又何嘗自多，而云然者，於仲尼、伯夷且有所未足，則餘者自檜以下可以無譏焉爾。此微意也。

河伯曰：「然則吾大天地而小豪末，可乎？」北海若曰：「否。夫物，量無窮，時無止，分無常，終始無故。是故大知觀於遠近，故小而不寡，大而不多，知量無窮；證於曏今，故遥而不悶，掇而不跂，知時無止；察乎盈虚，故得而不喜，失而不憂，知分之無常也；明乎坦塗，故生而不説，死而不禍，知終始之不可故也。計人之所知，不若其所不知；其生之時，不若未生之時；以其至小求窮其至大之域，是故迷亂而不能自得也。由此觀之，又何以知豪末之足以定至細之倪！又何以知天地之足以窮至大之域！」

此第二問答，即《齊物論》之旨，而分「量」、「時」、「分」與「終始」四者言之。「量」與「時」，就宇宙言。「分」與「終始」，就人事言。言終始而及死生，則窮至人生之究竟，於是與《養生主》《大宗師》之篇亦有溝通者焉。「量無窮」，空無盡也。「時無止」，時不停也。「分無常」，「分」者分際，讀去聲。「無常」，言隨時空而變也。「終始無故」，「故」借作固。「無固」，言遷轉往復，無得而固定也。郭注曰「日新也」，則以故爲舊故。此於「無故」可通，於下文「終始之不可故」則不可通矣。馬其昶《莊子故》因郭注之不通，乃改而訓故爲端。然其於下句之不可通，亦與郭注同。今作固釋之，則於上下文既皆無窒，而與無窮、無止、無常之義亦復一貫，余所以敢守之而不疑也。

「觀於遠近，故小而不寡，大而不多」，此「故」字用與「則」字同，下三「故」字亦然。「小而不寡」，即小而不小；「大而不多」，即大而不大。言小不小、大不大，而先之以觀於遠近者，蓋大者而遠觀之，則大者亦小；小者而近觀之，則小者亦大，以此知小而可大、大而可小、小有更小、大有更大，故曰「知量無窮」。

「證於曏今」，各本皆作「證曏今故」，案：《釋文》引崔譔注云「曏，往也」，則曏今即往與今。言曏今，猶言今昔今古也。「今」下「故」字，自是涉下「故遥而不悶」故字而誤重。不知何時「證」下脱「於」字，郭子玄乃以「證曏今故」爲句，而訓曏爲明，合上證字，以爲連文。夫上言「觀於遠近」，下言「察乎盈虚」、「明乎坦塗」，皆用一字，不應此獨用連文也；且一證字意已足，又焉用明字以益之？今特補「於」字，而删「故」字，以還其舊。「證於曏今」，則「遥而不悶，掇而不跂」者，「遥」，遠也。謂古而以今證古，則古猶今也，未嘗不明也。「悶」如老子「其政悶悶」之悶，猶昧也。「掇」謂可掇取者，近也。而以古證今，則刹那刹那不停，今且古矣，不可得而跂及也，故曰「知時無止」。

「察乎盈虚」，則「得而不喜，失而不憂」者，盈者有時而虚，虚者有時而盈，是得或失之，失或得之，何喜何憂之有！故曰「知分之無常也」。「明乎坦塗」，則「生而不説，死而不禍」者，《大宗師》曰：「死生，命也。命，謂天命之流行。其有夜旦之常，天也。」以死生爲夜旦，是則所謂「坦塗」也。明乎此則生有何可説！同悦。死有何可禍之有！故曰「知終始之不可固也」。

「計人之所知，不若其所不知；其生之時，不若未生之時」，即《養生主》「生也有涯，而知也無涯」之説。「以其至小求窮其至大之域」，所謂「以有涯隨無涯殆已」者，「是故迷亂而不能自得也」。「倪」，端也。「又何以知豪末之足以定至細之倪」，謂豪末不必小，《齊物論》所以言「天下莫大於秋豪之末」也。「又何以知天地之足以窮至大之域」，謂天地不必大，《大宗師》所以言「狶韋氏得之以挈天地」也。

河伯曰：「世之議者，皆曰：『至精無形，至大不可圍。』是信情乎？」北海若曰：「夫自細視大者不盡，自大視細者不明。夫精，小之微也；垺，大之殷也。故異便，此勢之有也。夫精粗者，期於有形者也。無形者，數之所不能分也；不可圍者，數之所不能窮也。可以言論者，物之粗也；可以意致者，物之精也；言之所不能論，意之所不能察致者，不期精粗焉。是故大人之行，不出乎害人，不多仁恩；動不爲利，不賤門隸；貨財弗爭，不多辭讓；事焉不借人，不多食乎力，不賤貪汚；行殊乎俗，不多辟異；爲在從衆，不賤佞諂；世之爵禄不足以爲勸，戮恥不足以爲辱。知是非之不可爲分，細大之不可爲倪。聞曰：『道人不聞，至德不得，大人無己。』約分之至也。」

此第三問答，由大小而説到是非，即從宇宙而歸之人事，然後知《齊物論》乃所以爲《養生主》《人間世》以至《德充符》廓清塗徑，立之根基，窮理即所以盡性，而非如名家之辯者窮極微渺，終不免强於物而弱於德也。「强於物、弱於德」，語見《天下篇》。「是信情乎」，「情」實也，「信」亦實也。然情實之實，乃言實際理地，其義實；信實之實，僅謂實然與否，其義虚，故用之不同也。

「自細視大者不盡」，如觀太空不能盡其邊際。「自大視細者不明」，如觀微蟲不能辨其毛裏。以視有不盡，因謂之至大。視有不明，因謂之至精耳。此洞極理窟之談，而出以尋常日用之語，使愚夫孺子聞之者無不可以解會。人知莊子之文奇詭恣肆，而不知其樸實説理處乃明白簡易如此也。「小之微」者，謂小中之微，猶言小之至。「垺」同郛，謂郛郭，即不可圍圍字義。「大之殷」，謂大之至。「殷」者盛也。「便」讀去聲。「異便」，言大小各有所便。便異則勢異，故曰「此勢之有也」。「勢之有」，猶言勢之然。「期」如期必之期。「精粗期於有形」者，謂必有形而後可言精粗也。「數」者形之所起，故無形者數之所不能分。「不可圍者，數之所不能窮」，「窮」謂盡也。「可以言論」，謂見之語言。「可以意致」，謂得之想像。「致」，推致也。「意之所不能察致」，「致」上加「察」字者，《徐無鬼篇》云：「辯士無談説之序則不樂，察士無淩誶之事則不樂。」意致者，察士之所長，以是爲察士之事，故加「察」字以顯之也。「察士」即名家，見後注。

「不期精粗」者，謂不能必其精粗，即精粗之名，皆不可得而加也。

「大人之行」，「行」讀去聲。「不出乎害人」，言其利人。「不多仁恩」，不以仁恩自多，無仁恩之見存也。「動不爲利」，「爲」讀去聲。「門」，門子。「隸」，徒隸。「門隸」皆爲利而動者，而不賤之，無義利之見存也。「貨財弗爭，不多辭讓」，無爭讓之見存也。「事焉不借人」，謂不借人力以從事。「不多食乎力」，謂不使食浮於力。皆言其廉也。而「不賤貪污」，無貪廉之見存也。「辟」同僻。「僻異」猶言矯異。「行殊乎俗而不多矯異」，則非有意與俗相違也。「佞諂」謂佞上諂上。爲在從衆而不賤佞諂，則非有意阿衆取悦也。凡此皆任理而動，不獨無人己之見存，亦無同異之界隔，故「爵禄不足以爲勸，戮恥不足以爲辱」也。

「知是非之不可爲分」，總結「大人之行」以下文字。「細大之不可爲倪」，總結「不期精粗」以上文字。「倪」者端倪，端倪並有極限義，故「不可爲倪」猶言不可爲限也。

「聞」者，聞諸古聖人也。「道人不聞」，聞道如不聞也。「至德不得」，得德如不得也。「大人無己」，即《消摇游》之至人無己。此變至人爲大人者，以論大小發端，對小而言，故曰大也。上言「大人之行」，稱大人亦然。「約分之至也」，釋所聞三言之義。「分」者性分，與孟子言「君子所性，大行不加，窮居不損，分定故也」之分同。「君子所性，雖大行不加焉，雖窮居不損焉，分定故也」，見《孟子·盡心篇》上。「約」如「約我以禮」之約，「約我以禮」，顔子語，見《論語·子罕篇》。謂要約也。要讀去聲。故此「約分」猶言盡性。盡性而得其要，以至無己，是爲「約分之至」也。

河伯曰：「若物之外，若物之內，惡至而倪貴賤？惡至而倪小大？」北海若曰：「以道觀之，物無貴賤；以物觀之，自貴而相賤；以俗觀之，貴賤不在己。以差觀之，因其所大而大之，則萬物莫不大；因其所小而小之，則萬物莫不小；知天地之爲稊米也，知豪末之爲丘山也，則差數覩矣。以功觀之，因其所有而有之，則萬物莫不有；因其所無而無之，則萬物莫不無；知東西之相反而不可以相無，則功分定矣。以趣觀之，因其所然而然之，則萬物莫不然；因其所非而非之，則萬物莫不非；知堯、桀之自然而相非，則趣操覩矣。昔者堯、舜讓而帝，之、噲讓而絕；湯、武爭而王，白公爭而滅。由此觀之，爭讓之禮，堯、桀之行，貴賤有時，未可以爲常也。梁麗可以衝城，而不可以窒穴，言殊器也；騏驥驊騮，一日而馳千里，捕鼠不如狸狌，言殊技也；鴟，夜撮蚤，察豪末，晝出，瞋目而不見丘山，言殊性也。故曰：『蓋師是而無非，師治而無亂乎？』是未明天地之理、萬物之情者也。是猶師天而無地、師陰而無陽，其不可行明矣。然且語而不舍，非愚則誣也。帝王殊禪，三代殊繼。差其時、逆其俗者，謂之篡夫；當其時，順其俗者，謂之義之徒。默默乎，河伯！女惡知貴賤之門、小大之家！」

此第四問答，因大小而論及貴賤，而斷之曰「貴賤有時，未可以爲常也」。提出一「時」

字，便將《應帝王》「應」字、《天運篇》「運」字一齊紐串，要之一《齊物論》之「物化」而已。

「惡至而倪貴賤？惡至而倪小大？」「惡」讀同烏，問貴賤小大以何爲端始，故曰「惡至」。言「惡至」，猶言奚自也。

「以道觀之，物無貴賤」者，道通於萬物，行於萬物者道也，語見上《天地篇》。物性平等，本無貴賤可言也。「以物觀之，自貴而相賤」者，物我對立，畛域斯分，則貴己而賤彼，貴賤本起於主觀也。「以俗觀之，貴賤不在己」者，貴賤雖起於主觀，而一夫唱之，衆人和之，以俗之貴爲貴，俗之賤爲賤，忘己而從俗，則貴賤由人，故曰「不在己」也。此三者，略等於《齊物論》之「以明」。以下則《齊物論》「因是」之説也，觀其皆以「因」字發端可知。

「以差觀之」，「差」如今云比較。自小觀大，是因其所大而大之，故曰「則萬物莫不大」。自大觀小，是因其所小而小之，故曰「則萬物莫不小」。「知天地之爲稊米」者，自太虛空觀之，世界無量，天地非稊米乎？「知豪末之爲丘山」者，自彼細菌之類觀之，微塵刹土，豪末非丘山乎？「差數覩」，猶言差數明也。「以功觀之」，「功」如今云功用。萬物皆有其用處，故曰「因其所有而有之，則萬物莫不有」。萬物亦皆有其無用處，故曰「因其所無而無之，則萬物莫不無」。置其無用而用其有用，則萬物無不可用者，故曰「知東西之相反而不可以相無」，無東則無西，無西則無東，亦猶無無用則不見有用之可貴也。「功分定」者，功各有其分際，踰其分際而求之，則功或轉爲無功，故曰「功分定」。「定」，言其有定限也。「以趣觀之」，「趣」如今云趨向。

趨向於公者，則其所然必公而後然之。而私者反是。趨向於私者，則其所非凡公必皆非之。而公者反是。故曰「因其所然而然之，則萬物莫不然；因其所非而非之，則萬物莫不非」。堯爲公，爲讀去聲，下句同。桀爲私，故堯之所然，桀之所非；堯之所非，桀之所然也。「知堯、桀之自然而相非，則趣操覩」者，所趨向在是，則所操守亦在是，故即其然非而可知其趣操，是之謂「趣操覩」也。

「之、噲」，謂燕相子之與燕王噲。噲讓其國於子之而顧爲臣，三年，國大亂，將軍市被與太子平攻子之，圍公宮，不克，數月，死者數萬人。齊因而伐燕，殺子之，王噲亦死，事見《史記・燕世家》及《孟子》。「白公」，楚故平王太子建之子勝也，初隨建亡在鄭，鄭殺建，勝走入吴。惠王立，令尹子西公子申也。召勝於吴，以爲巢大夫，號曰「白公」。「白」，其封邑名也。後六年，白公與勇力死士襲殺子西及司馬子期於朝，劫惠王，王亡走昭夫人宮，白公自立爲王。月餘，葉公沈諸梁自蔡入討，與國人攻白公。白公入山自縊死，事見哀十六年《左傳》與《史記・楚世家》。燕噲讓非其人，楚勝爭不以道，其絶其滅，似不得歸罪於讓與爭。然使燕噲不讓，楚勝不爭，則亦不得有絶滅之禍。由是言之，雖謂罪在爭讓可也。且莊子特假此以明爭讓之有時，不可執一耳。若其人之賢愚、事之類否，初所不計。不然堯之與桀，豈可相提並論者！此等處固當善體其意，而無泥其文可也。

「麗」，棟也，與梁一類，已見前《人間世篇》注。「可以衝城」者，古城皆用土版築，故用大木可撞陷之也。「窒」，塞也。「騏驥驊騮」，皆駿馬名，別而言之，則「騏」青黑色，文如博綦者，「騂」後世所謂桃花馬，「騮」紫黑色，皆以毛色爲之名；「驥」則冀地所産，以地名者也。「狸狌」，狸與狌也，見前《消摇游篇》注。「鵋」，各本作鵋鵂，然《釋文》不出鵂字，曰：「崔云：鵋，鵂鶹。」以鵂鶹釋鵋，即鵋下無鵂字，明矣。其作鵋鵂者，蓋因誤讀《釋文》而衍，王引之、吴汝綸説皆云然，兹據删。「蚤」，今所謂跳蚤。「撮」者，爪取之也。「瞋目」猶怒目，謂目張大也。鵋，夜出之鳥，晝不見物，故曰「瞋目而不見丘山」。「瞋」本或作瞑，蓋形似而譌。郭慶藩《莊子集釋》乃反疑作「瞑」爲是。夫瞑者合目，合目則自不見，又何待言！郭氏亦太不詳審矣。曰「殊器」、曰「殊技」、曰「殊性」，實則皆爲功分作發揮。蓋功分之分，即性分之分。知功分之有定，則知性分之有定。三者以言性終，意可知已。

「師是而無非，師治而無亂」，兩「而」字用與「則」字同，謂以是者爲師，則可無非；以治者爲師，則可無亂也。「蓋」者，大都之辭；或讀作盍，非也。不知是不必盡是，是中有非；治不必永治，治中有亂。若必謂是而無非，治而無亂，則是道無變通，而物無改易，則天地亦幾乎熄矣，故曰「是未明天地之理、萬物之情者也」。夫天之與地，陰之與陽，人知其不可缺一也，故又曰「是猶師天而無地，師陰而無陽，其不可行明矣」。「語而不舍」，猶云語而不休。「非愚則誣」者，「愚」爲不知，「誣」則知而妄言，自欺以欺人也。

帝者傳賢，王者傳子，故云「帝王殊禪」。「禪」猶傳也。夏尚忠，而殷繼之以尚質；殷尚質，而周繼之以尚文。故云「三代殊繼」。「差其時、逆其俗者，謂之篡夫」，如子之、白公是也。「當」，合也，讀去聲。「當其時、順其俗者，謂之義之徒」，如舜、禹、湯、武是也。「默默乎河伯」，戒其勿言，而實欲其默識也。「女惡知貴賤之門、小大之家」，小大云「家」者，對上「大方之家」言；貴賤云「門」者，對上「至子之門」言。蓋於是而一齊掃却矣。

河伯曰：「然則我何爲乎？何不爲乎？吾辭受趣舍，吾終奈何？」北海若曰：「以道觀之，何貴何賤，是謂反衍；無拘而志，與道大蹇。何少何多，是謂謝施；無一而行，與道參差。嚴乎若國之有君，其無私德。繇繇乎若祭之有社，其無私福。泛泛乎若四方之無窮，其無所畛域。兼懷萬物，其孰承翼？是謂無方。萬物一齊，孰短孰長？道無終始，物有死生，不恃其成；一虛一滿，不位乎其形。年不可舉，時不可止；消息盈虛，終則有始。是所以語大義之方，論萬物之理也。物之生也，若驟若馳，無動而不變，無時而不移。何爲乎？何不爲乎？夫固將自化。」

此第五問答，歸結到一「化」字，「化」即《齊物論》「物化」之「化」。故曰「物之生也，若驟若馳，無動而不變，無時而不移。何爲乎？何不爲乎？夫固將自化」。「若驟若馳，無動而不變，無時而不移」者，此天道之運而無所積也。「何爲乎？何不爲乎？夫固將自化」者，此聖道與帝道之運而無所積也。聖人明於天，因於道，順其自然而與之變化，是爲自化。自化之中，固有許多財成輔相之功在。財與裁同。「財成輔相」，見《易·泰卦象辭》。若以自化爲聽其自然，則是一天道足矣。聖道、帝道何事乎？《陰符經》曰：「聖人知自然之道不可違，因而制之。」「因而制之」之因，即《齊物論》「因是」之因。彼言制，此言化者，以「何爲乎」言，則曰化；以

「何不爲乎」言，則曰制，其義未始不同也。世之讀《老》《莊》者，不會《老》《莊》之旨，每以無爲爲無所事事，其於自化也亦然，故特著而辯之。

「然則我何爲乎？何不爲乎？」蓋以上言無貴賤、無小大，則行無準的，故疑而發問也。又曰「吾辭受趣舍，吾終奈何」者，「趣」與趨同。物可無貴賤、無小大，而人不能無辭受、無趨捨也。有辭受趨捨，則即有貴賤小大矣。曰「吾終奈何」者，此反詰之辭，與何爲、何不爲之爲問辭者語氣有異，不可不知也。

「何貴何賤，是謂反衍」者，貴可反而爲賤，賤可衍而爲貴。貴賤無常，則貴賤之判泯矣。「衍」與延通，進之義也。「何少何多，是謂謝施」者，多可謝而爲少，少可施而爲多。多少非定，則多少之判亦泯矣。「謝」者，代謝之謝。「施」者，易施之施，移也，見前《人間世篇》「哀樂不易施乎前」注。「施」古音亦讀如拖，故與多、差差古音讀蹉。叶韻。「無拘而志」，「無一而行」，上句言志，下句言行，蓋互文。「拘」猶執也。曰拘曰一，合之則執一也。「而」與汝同。此戒河伯無執一。所以然者，執一則非道，故曰「與道大蹇」、「與道參差」。「蹇」者，阻塞難行。「參差」者，齟齬而不合也。

「嚴」讀儼。「儼乎」猶儼然，言其敬也。「繇繇」與由由同。由由乎，言其和也。「國之有君」、「祭之有社」，皆眾之所共戴也。故曰「無私德」、「無私福」。「福」謂降福。「德」猶惠也。「泛泛乎」，普徧之貌。「四方」，言天之所覆也。「無所畛域」，無限隔也，此以天之形言。「兼懷萬物，其孰承翼」，此以天之德言。「兼懷」者，兼在懷抱之中。「承」，後承前也。「翼」，上翼下也。「孰承孰翼」，無上下、無前後也。「翼」與域、福、德叶韻。德福懷，仁也。無私、無畛域，公也。必仁必公，豈無所事事之謂乎！

「是謂無方」，結上以起下文。「無方」對「執一」言。執一者死法，無方者活法也。「萬物一齊，孰短孰長」，重申所以無方之故。「一齊」者，一皆齊也。「道無終始，物有死生，不恃其成」，「成」者不變也，「恃」猶持也。不持其不變，是一無方也。「一虛一滿，不位乎其形」，「位」猶守也。不守乎其形，是亦一無方也。「年不可舉」，古舉、與字通。「舉」如《論語》「歲不我與」之與，言不可與之偕也。人不可與年而偕往，更不能挽之使待我，故又曰「時不可止」。「消息」承「死生」言。息者生而消者死也。「盈虛」承「虛滿」言。「終則有始」承「道無終始」言。「消息盈虛」者，物也。「終則有始」者，道也。終而復始，則無終始矣。前屢言「以道觀之」，即自無終始者觀之也。既無終始矣，復何有貴賤多少哉！故曰「是所以語大義之方，論萬物之理也」。曰「大義」，猶曰大理大道也。

「物之生也，若驟若馳」，是化之速也。「無動而不變，無時而不移」，是化之密而隱也。於此而能應之不失其機，處之不違其則，方得謂之與化合符，方得謂之自化。然則非夫運而無所積之聖人，其孰能之！曰「何爲乎？何不爲乎？」是即無可無不可之深旨，無可無不可，語見《論語·微子篇》。而乃淺視之、易言之，不亦謬乎！

河伯曰：「然則何貴於道邪？」北海若曰：「知道者必達於理，達於理者必明於權，明於權者不以物害己。至德者，火弗能熱，水弗能溺，寒暑弗能害，禽獸弗能賊。非謂其薄之也，言察乎安危，寧於禍福，謹於去就，莫之能害也。故曰：『天在內，人在外，德在乎天。』知天人之行，本乎天，位乎得，蹢躅而屈伸，反要而語極。」曰：「何謂天？何謂人？」北海若曰：「牛馬四足，是謂天；落馬首，穿牛鼻，是謂人。故曰：『無以人滅天，無以故滅命，無以得殉名。』謹守而勿失，是謂反其真。」

此第六問答。「何謂天？何謂人？」以下，只是上「天人之行」之注釋，故不復分焉。前二問答，言「帝王殊禪，三代殊繼」，以及「無所畛域，兼懷萬物」，蓋與《應帝王》爲近。此云「天人」，言「反真」，則直揭《大宗師》之要，由外王而復返之内聖，觀夫「反要語極」之言亦可見也。

「知道者必達於理」，道者理之總名，理者道之別相。知總而不知別，則是儱侗而無分析也。「達於理者必明於權」，理者所以觀常，權者所以制變。達常而不達變，則是篤守而無機用也。「不以物害己」者，役物而不役於物。役於物，則害中於己，此不明於權之過也。「至德」者，即知道者。上文云：「道人不聞，至德不得。」以聞道言，則謂之道人。以得道言，則謂之至德。其實非有二也。「火弗能熱，水弗能溺，寒暑弗能害，禽獸弗能賊」，所謂不以物害己。「非謂其薄之也」，「薄」猶迫也。《陰符經》曰：「沈水入火，自取滅亡。」是則薄之者，故曰非謂此也。「言察乎安危，寧於禍福，謹於去就，莫之能害也」，安危言察，禍福言寧，蓋互文。「寧」

爲寧静之寧，不以禍福之來而驚擾，是之謂寧。惟寧始能察，亦惟察而後能寧，故用是分言之。郭注云：「知其不可逃也，安乎命之所遇。」訓寧爲安，大誤。若果安之而不避，則無爲言「謹於去就」矣。「莫之能害」，實由「謹於去就」，而「謹於去就」，又由「察乎安危，寧於禍福」。一部《周易》，以吉凶悔吝教人，蓋全在此，故《繫辭傳》曰：「剛柔者，立本者也；變通者，趨時者也；吉凶者，貞勝者也。」貞勝云者，謂能以正勝夫吉凶，而非一聽吉凶之安排也。其要存乎變通趨時。變通趨時，即此之所謂權。而上二節言時言化，意亦貫注夫此。故此「秋水」一大段文字，直攝取《大易》之精微，而託之海若之口以出之。不通乎《易》，而以尋常安命之説作釋，宜其悖也。

「天在内，人在外」，此云内外，猶《易·泰卦彖傳》言「内陽而外陰、内健而外順、内君子而外小人」，謂以天爲體而以人爲用也。又云「德在乎天」者，應上「至德」爲説，以見至德之德即天德之德也。「知天人之行」，「行」讀去聲。《大宗師》首云：「知天之所爲，知人之所爲，至矣。」天人合言，此《莊子》一書之要旨。褚伯秀《南華義海篹微》附有《管見》，乃謂「天」當是「夫」，音符。或者更以陳碧虚《闕誤》引江南古藏本作「乎」，以證褚説之是，不知古藏本「乎」實「天」字之譌，褚氏不詳上下文義，欲改「天」作「夫」，特一時誤見，豈可據以爲是乎！下云「本乎天」，正承「天」字言。「本乎天」，所謂天在内也。「位乎得」，「得」者中也。中讀去聲。中謂中權，承上「人」字言，所謂「人在外」也。或以「得」爲與「德」通，直解作德，亦誤也。「蹢躅」與躑躅字同，猶《養生主》言躊躇也，蓋審慎之義。「蹢躅而屈伸」，所謂「謹於去就」也。「反要」，猶老子言「歸根」，亦即下文之「反真」。「要」言其約，「真」言其實也。「語極」者，極窮盡也。至此則言語之所不能及，故曰「語極」，禪師家所謂「言語道斷」者也。

注家以「語極」與「反要」爲對文，不知「要」可云「反」，「極」不可言「語」也。郭注云：「常不失其要極。」輕輕將「語」字抹過。成疏云：「所有語言皆發乎虚極。」知「語」字不可抹過矣。然以「語極」解作「語言發乎虚極」，不獨於義不順，於文亦不可通。且前有云：「可以言論者，物之粗也；可以意致者，物之精也；言之所不能論，意之所不能察致者，不期精粗焉。」夫至於要，則正言之所不能論，意之所不能察，故曰「語極」。謂言語至是而窮，於本文有明徵矣。而奈何注家無一注意及此者，不亦異乎！

「落馬首」，「落」與絡同，即《馬蹄篇》「刻之雒之」之雒。落、雒皆假借字也。馬則絡首，牛則穿鼻，隨物而施，是因之道也。故「無以人滅天」，非謂人可無也，但不以之滅天耳。「無以故滅命」，非謂故可無也，但不以之滅命耳。郭注曰：「人之生也，可不服牛乘馬乎？服牛乘馬，可不穿落之乎？牛馬不辭穿落者，天命之固當也。苟當乎天命，則雖寄之人事，而本在乎天也。」推子玄之意，殆以莊子有是天非人之心，而以落馬首、穿牛鼻爲即滅天滅命，故乃宛轉爲説，冀以彌縫莊子之失，而杜責難者之言。實則莊子無此心也。若果有是心也，則必不曰「天在内，人在外」矣，亦必不曰「知天人之行」，而以天人相提並論矣。吾嘗怪荀子言「莊子蔽於天而不知人」未能真知莊子之學。莊子特以當時人知日强，而天知日損，故發爲「無以人滅天，無以故滅命」之論，以指其過而矯其偏，此其救世不得已之苦心。以子玄深入莊子之室而尚有誤會其旨者，則宜乎後之學者疑莊子爲欲盡廢人事而返之洪荒者矣。

「無以得殉名」，「得」即上「位乎得」之得，「名」爲形名之名，非名譽之謂也。「殉名」，則守常而不知通變。守常而不知通變，則不得矣，故曰「無以得殉名」也。《齊物論》曰：「唯達者知通爲一，爲是不用而寓諸庸。庸也者用也。用也者通也。通也者得也。適得而幾矣，因是已。」此兩言得，皆根《齊物論》「通也者得」而言，與「德本乎天」之德，一言體，一言用，不容混也。「謹守而勿失」者，守夫「天人之行」而内外之判也。若是則即用即體，人與天合，故曰「是謂反其真」。或解作守此「無以人滅天」之三言者，亦未然也。

夔憐蚿，蚿憐蛇，蛇憐風，風憐目，目憐心。夔謂蚿曰：「吾以一足趻踔而行。予無如矣。今子之使萬足，獨奈何？」蚿曰：「不然。子不見夫唾者乎？噴則大者如珠，小者如霧，雜而下者不可勝數也。今予動吾天機，而不知其所以然。」蚿謂蛇曰：「吾以衆足行，而不及子之無足，何也？」蛇曰：「夫天機之所動，何可易邪？吾安用足哉！」蛇謂風曰：「予動吾脊脅而行，則有似也。今子蓬蓬然起於北海，蓬蓬然入於南海，而似無有。何也？」風曰：「然。予蓬蓬然起於北海，而入於南海也。然而指我則勝我，鰌我亦勝我。雖然，夫折大木，蜚大屋者，唯我能也。故以衆小不勝爲大勝也。」爲大勝者，唯聖人能之。

此節發明天機之用，亦即發明權之用也。何以知其爲發明權之用？權之用，在夫「謹於去就」，莫之能害而已，此云「以衆小不勝爲大勝」。衡夫大小之間，去小而就大，是以物莫能勝，非權之大用乎！然發明權之用，而先之以天機者何？權之用在不測，不測之謂神；若有心而用之，不窒則險，其能中者鮮矣，更何神之云！夫天機者，無心也。故此文言「風憐目，目憐心」，而文至於風而止，於目於心更不著一字，蓋有深意焉。將以不見之見言目，無心之心言心，此非言語文字所可爲也，故留此一空白，以待讀者之自參，而又慮夫讀者不能會及此意也，因於上文下一語，曰「予動吾天機，而不知其所以然」。知權之出乎天機而不知其所以然，則知夫以機變巧詐爲權，以行險僥倖爲權者之徒，冒乎權之名，而實爲權之賊也，故卒曰「爲大勝者，唯聖人能之」，明夫唯聖人爲能用權，非他人所可得而僞託也，此莊子之微意也。

「夔」，如牛，無角而一足，見《山海經·大荒東經》。「蚿」，馬蚿，蟲之多足者，俗亦謂之百足。「憐」，愛羨也。「跉踔」與踸踔同，行不安也。「無如」爲無如何之省。言一足而難使已如此，故於蚿之使萬足，而問其獨奈何也。蚿足不能及百，而云萬足者，極言其多耳。「唾」猶噀也，謂以口含水而噴之，故下云「噴則大者如珠，小者如霧，雜而下者不可勝數也」，若以欬唾之唾解之，則誤矣。「勝」讀平聲。「數」，算也。「不可勝數」，謂算之不能盡也。「今予動吾天機」，指動其衆足，猶《齊物論》「蛇蚹蜩翼」之説，故曰「不知其所以然」。天機之所動何可易者，天機雖一，而其動不同，則不得以彼易此，是蓋與《駢拇篇》云「性長非所斷，性短非所續」一意，故曰「吾安用足也」。「動吾脊脅而行，則有似」者，脊脅非足，而動之以行，猶有類夫足者，故曰「有似」也。「蓬蓬然」者，風起則蓬隨之而飛轉。風無形，不得不假有形者以狀之，故云「蓬蓬」，成疏云「塵動貌」，近之。又曰「風聲」，則非也。「似無有」者，似無物也。「䲡」，《釋文》云「本又作蹭」，蹭與蹴同，䲡其假借字也。「指我則勝我，蹴我亦勝我」，言有手指足蹴者，風不與之爭也。若夫大木大屋，則折之、蜚之，唯風爲能矣，故曰「以衆小不勝爲大勝也」。風之言止此。「爲大勝者唯聖人能之」，此因風之言而推及聖人，見聖人用權之不測，亦如風之無物。繳此一筆，文便收煞，則知不言目心非遺脱矣，而姚惜抱《莊子章義》必以爲此文有殘缺，何哉！「蜚」與飛通。

孔子游於匡，宋人圍之數帀，而弦歌不惙。子路入見，曰：「何夫子之娱也？」孔子曰：「來，吾語女！我諱窮久矣而不免，命也；求通久矣而不得，時也。當堯、舜而天下無窮人，非知得也；當桀、紂而天下無通人，非知失也。時勢適然。夫水行不避蛟龍者，漁父之勇也；陸行不避兕虎者，獵夫之勇也；白刃交於前，視死若生者，烈士之勇也；知窮之有命，知通之有時，臨大難而不懼者，聖人之勇也。由處矣，吾命有所制矣。」無幾何，將甲者進，辭曰：「以爲陽虎也，故圍之。今非也，請辭而退。」

此舉孔子匡國之事，以爲「察乎安危，寧於禍福，謹於去就，而莫之能害」之榜樣也，蓋緊承上節「爲大勝者唯聖人能之」而言，故不曰聖人之權，而曰聖人之勇。《易·繫辭傳》曰

「巽以行權」，而《巽卦彖傳》則曰「剛巽乎中正而志行，柔皆順乎剛，是以小亨」。又初爻，其主爻也，其辭曰：「進退，利武人之貞。」以是觀之，則行權雖用柔，而剛武實主之。此文引孔子之言，由智而歸之於勇，其意正與《易》合，以是知莊子於《易》深矣。

「孔子游於匡」，「游」非游玩之謂。古者學於異國曰游學，仕於異國曰游宦，故子曰「父母在，不遠游；游必有方」。見《論語・里仁篇》。「游」者，適於異國之辭也。《論語》亦有「子畏於匡」之言。畏者，有戒心也。見《子罕篇》。「有戒心」，乃朱子注語。《史記・孔子世家》云：「去衛，將適陳，過匡，顏刻爲僕，以其策指之曰：『昔吾入此，由彼缺也。』匡人聞之，以爲魯之陽虎；陽虎嘗暴匡人。匡人於是遂止孔子，孔子狀類陽虎，拘焉。」曰畏、曰止、曰拘，即此所云「圍之數帀」。「帀」，周也。惟司馬彪注云：「宋當作衛。匡，衛邑。」注家多從之。而司馬貞《史記索隱》則云：「匡，宋邑也。」考衛與宋爲鄰國，當時疆埸之邑，一彼一此，語見昭九年《左傳》。所屬不常，亦即難定指以爲屬衛，當依本文作宋，無爲率改也。「惙」藉作「輟」，止也，故《釋文》云「本又作輟」。

「子路」，孔子弟子仲由也。「見」音現，見於孔子也。「娱」，樂也。「諱」，忌也。「窮」，困也。「通」，泰也。命與時對言，則此命謂所遭之會，古人云遭命者是也。堯、舜之時，人各得盡其才，故曰「無窮人」。桀、紂之時，人不得遂其業，故曰「無通人」。「知得」「知失」兩「知」字皆讀同「智」。「時勢適然」，然指窮通言，窮通由於時勢，不關智力，故曰非知得知失也。「蛟」，龍屬而無角。「兕」，今所謂河馬也，滇、越交界處尚有之。「由處矣」者，「處」，止也。蓋子路欲與匡人鬥，故孔子止之。「吾命有所制矣」，言命制自天，不在匡人也。《論語》曰：「文王既没，文不在兹乎？天之將喪斯文也，後死者不得與於斯文也。天之未喪斯文也，匡人其如予何！」命有所制，蓋是之謂。

「無幾何」，無幾時也。「將甲」，《釋文》云：「本亦作持甲。」將、持一義。圍時著甲，今解圍，故脱甲而持之，以示不戰。「進辭」者，進而辭謝也。孔子履危而安，履險而夷，此所謂「莫之能害」也。故老子亦曰：「善攝生者無死地。」

公孫龍問於魏牟曰：「龍少學先王之道，長而明仁義之行；合同異，離堅白；然不然，可不可；困百家之知，窮衆口之辯。吾自以爲至達已。今吾聞莊子之言汒然異之。不知論之不及與？知之弗若與？今吾無所開吾喙，敢問其方。」

公子牟隱机大息，仰天而笑，曰：「子獨不聞夫埳井之鼃乎？謂東海之鼈曰：『吾樂與！吾跳梁乎井幹之上，入休乎缺甃之崖；赴水則接腋持頤，蹶泥則没足滅跗；還虷蟹與科斗，莫吾能若也。且夫擅一壑之水，而跨跱埳井之樂，此亦至矣。夫子奚不時來入觀乎！』東海之鼈左足未入，而右膝已縶矣。於是逡巡而卻，告之海曰：『夫千里之遠，不足以舉其大；千仞之高，不足以極其深。禹之時，十年九潦，而水弗爲加益；湯之時，八年七旱，而崖不爲加損。夫不爲頃久推移，不以多少進退者，此亦東海之大樂也。』於是埳井之鼃聞之，適適然驚，規規然自失也。且夫知不知是非之竟，而猶欲觀於莊子之言，是猶使蚉負山、商蚷馳河也，必不勝任矣。且夫知不知論極妙之言而自適一時之利者，是非埳井之鼃與？且彼方跐黄泉而登大皇，無南無北，奭然四解，淪於不測；無西無東，始於玄冥，反於大通。子乃規規然而求之以察，索之以辯，是直用管窺天、用錐指地也，不亦小乎！子往矣。且子獨不聞夫壽陵餘子之學行於邯鄲與？未得國能，又失其故行矣，直匍匐而歸耳。今子不去，將忘子之故，失子之業。」公孫龍口呿而不合，舌舉而不下，乃逸而走。

此文東海之鼈一段，純爲摹擬海若口吻而作，故當是莊子門下文字攙入之者。「公孫龍」，辯者之魁，《齊物論》中嘗引用其指非指、馬非馬之説，而發爲天地一指、萬物一馬之論，雖《天下篇》譏其爲辯者之囿，要亦道術之散，自爲一家。彼方且與莊子爭鳴於時，安有聞魏牟之言，「口呿而不合，舌舉而不下，乃逸而走」者乎！誣詆如是，不過欲力尊其師，而不知實誖乎其師之意也。「龍」，趙人，嘗爲平原君客。《史記·孟子荀卿列傳》云：「趙亦有公孫龍，爲堅白異同之辯。」是龍爲趙人無疑。「魏牟」，魏公子牟也，故下文亦稱公子牟。《讓王篇》云：「魏牟，萬乘之公子也，其隱巖穴也，難爲於布衣之士，雖未至乎道，可謂有其意矣。」意牟亦負一時之盛名者，故假其言以抑龍而揚莊也。

同異堅白，然不然、可不可，注並已見前。「百家之知」，「知」讀智，下「知之弗若」亦同。「達」，通也。「汒然」猶茫然。「異」，怪也。「無所開吾喙」，「喙」，口也，謂開口不得。

「敢問其方」，問所以解之之術也。

「机」同几。「大」讀太。「大息」，歎聲也。「仰天而笑」，笑之甚也。「埳井」，井之陷者。「鼃」本又作蛙，古今字也。「鼈」亦作鱉。「樂與」之「與」讀歟。「跳梁」，見《消摇游》注。或曰跳梁即跳踉也。「井榦」，井欄也，古以木爲之，故曰榦曰欄，皆從木。「甃」，井壁塼也。井已壞，故曰缺甃，言殘破也。「崖」同涯。「接」與挾通。「接腋」，挾其兩腋也。「持」，承也。「頤」，頷也。「持頤」，以前肢承其頷也。此寫鼃游泳之狀，亦可謂維妙維肖矣。「蹶」如「材官蹶張」之蹶，（「材官蹶張」，見《史記·申屠嘉傳》。）踏也。「跗」讀同蹼，趾間幕也。「没」、滅一義。「還」音旋，顧也。「虷」，蚧蛤之屬，故與蟹並稱；舊以爲井中赤蟲，非其倫矣。「科斗」即鼃之子。「莫吾能若」，無能如我之樂也。「擅」謂專有之。「壑」，坑也。「跨跱」猶盤踞也。「且夫」至「之樂」十四字當作一句讀。「此亦至矣」，謂樂之至也。「奚不時來入觀」，欲其及時而來觀。

「左足未入而右膝已縶」者，言井小不足以容。「縶」者絆也。「逡巡」，不進貌；「却」，退也；合之則謂倒退。「告之海」，以海之大告之也。「極其深」，窮其深也。「潦」同澇，雨大而水淹也。「旱」，不雨。「崖」，岸也。「水弗爲加益」，「崖不爲加損」，兩「爲」字皆讀去聲，因也。「頃久」猶久暫。「推移」謂改變。「多少」，言雨水多少也。「進退」即謂益損。「適」音敵，「適適」猶切切也。「規規」，局促也。「自失」，不自得也。

「知不知是非之竟」，上「知」讀智，下「知」如字；「竟」謂究竟，或解作境，非也。「是非之竟」，即下文所云「極妙之言」。非平常是非之域所限，故謂之曰「竟」，猶云其至也。「使蚉負山」，語本《應帝王》。「商蚷」，司馬彪注云：「蟲名，北燕謂之馬蚿。」然則商蚷即上文夔憐蚿之蚿，蚿也而謂之商蚷，此亦與上文非出一手之證也。「蚷」，陸地之蟲，而使之馳於河上，鮮有不溺者，故與使蚉負山同謂之不勝任也。「勝」讀平聲。「自適一時之利」，謂取一時之便也。

「跐」，蹈也，今俗用踹字，讀如柴之上聲。「黄泉」，地深處，今所云地下水層也。「大」讀如太。「皇」者，皇天之皇。「太皇」，天高處。「跐黄泉而登大皇」，猶《刻意篇》言「精神上際於天、下蟠於地」也。「奭然」，盛貌。「淪」猶入也。「奭然四解」言其充，「淪於不測」言其密，「始於玄冥」言其微，「反於大通」言其遠。「無南無北」、「無西無東」，猶《刻意篇》言「四達並流，無所不極」也。「無西無東」，各本皆作「無東無西」，王念孫云：「北、測爲韻，東、通爲韻，東、西字誤倒。」是也，因據改。「索」亦求也。察以心言，辯以口言，故辯士亦謂察士，《荀子·不苟篇》曰「説不貴苟察」，即指惠施、鄧析所謂名家者言之，兩相勘比，可知當時言察之義矣。「用管窺天」，不能見天之大也；「用錐指地」，不能量地之大也，故曰「不亦小乎！」

「壽陵」，地名，成疏云「燕邑」，或有所據。「邯鄲」，趙之都也。「餘子」，孟子所謂餘夫，蓋未成丁之少年也。「學行」，他書引用皆作學步，言步言行，一也。「國能」，猶云一國之能。「故行」，謂舊行也。「匍匐」，伏地而行。「直匍匐而歸」者，極言其不堪也。「呿」讀去之平聲，張口也。「舉」，上也。「逸」猶逃也。

案《列子・仲尼篇》云：公子牟悦趙人公孫龍，樂正子輿之徒笑之，謂公孫龍佞給而不中，中讀去聲。漫衍而無家，好怪而妄言。公子牟曰：「智者之言，固非愚者之所曉。」又曰：「子不諭至言諭同喻。而以爲尤也，尤其在子矣。」文多節略。似此，魏牟方盛推崇龍，與此文乃大相反。《列子》雖出晉人纂輯，而所據亦先秦古籍，非其私撰。由是言之，則此文不獨誣莊子，亦且誣魏牟矣，吾所以始終於此文無取焉。

莊子釣於濮水。楚王使大夫二人往先焉，曰：「願以竟内累矣。」莊子持竿不顧，曰：「吾聞楚有神龜，死已三千歲矣，王巾笥而藏之廟堂之上。此龜者，寧其死爲留骨而貴乎？寧其生而曳尾於塗中乎？」二大夫曰：「寧生而曳尾塗中。」莊子曰：「往矣！吾將曳尾於塗中。」

此莊子之「謹於去就」也。原文當直接孔子匡圍之後，以見己與孔子雖出處不同，而「察乎安危，寧於禍福，莫之能害」，則一也。「濮水」，在今山東濮縣，莊子時隱於此。「楚王」，楚威王也。《史記・莊子列傳》云：「威王聞莊周賢，使使厚幣聘之，許以爲相。」此言「願以竟内累」，「竟」同境，蓋即指爲相事。使二人往先者，先往宣示此意也。

「持竿不顧」，「竿」，釣竿；言不爲之動也。「不顧」，如今云不理睬。「神龜」，謂用以占卜、決事如神者。「巾笥」，包之以巾，藏之於笥也。「廟堂」，宗廟之堂。「寧」者願辭。「塗中」，泥塗之中。言爲龜計者，願貴而死乎？願困而生乎？「吾將曳尾於塗中」，喻貧困可以遠害也。《史記》所載莊子語與此不同，而云：「子亟去無汙我。」即此「往矣」之言。又云：「我寧游戲汙瀆之中自快。」與此言「曳尾塗中」亦略髣髴。蓋史公采之他書，故與此文不盡合也。

惠子相梁，莊子往見之。或謂惠子曰：「莊子來，欲代子相。」於是惠子恐，搜於國中，三日三夜。莊子往見之，曰：「南方有鳥，其名爲鵷鶵，子知之乎？夫鵷鶵發於南海，而飛於北海，非梧桐不止，非練實不食，非醴泉不飲。於是鴟得腐鼠，鵷鶵過之，仰而視之曰『嚇！』今子欲以子之梁國，而嚇我邪？」

以莊、惠相交之厚，惠子豈有不知莊子之輕視萬乘者，而乃疑其欲奪之相位乎？且云「搜於國中三日三夜」，使搜而得之，而莊子果有相梁之意，將遂加害於莊子乎？惠子雖貪戀相位，諒必不至此，然則搜之何爲？即此亦可知其爲虛構矣，吾故斷以爲莊子之徒造爲此文，而以附入之者。且以此列於下文莊、惠問答之前，殊覺不類，欲徑删之，而格於體例，有所未可，幸讀者能知其意，是所望焉。

「搜」，大索也。莊子，宋人，於梁爲南，故以南方之鳥設喻。「鵷鶵」蓋鸞鳳之類，《詩·大雅·卷阿》卷讀如拳。之篇曰：「鳳凰于飛，于彼高岡。梧桐生矣，于彼朝陽。」此云鵷鶵非梧桐不止，蓋本諸此。「練」同楝，今謂之苦楝，其實如小鈴，可用以練絲，故謂之練。《淮南子·時則訓》「七月，其樹楝」，高誘注云：「其實鳳皇所食。」是也。成疏以練實爲竹實，注家多從之，非也。「醴泉」，甘泉也，《小戴禮記·禮運篇》曰「天降膏露，地出醴泉」，言難得也。「腐鼠」，死鼠也。「鵷鶵過之」，過其上也。故鴟仰而視之曰「嚇」。「嚇」者，恐其奪己，故怒其聲以驚去之也。《大雅·桑柔》之篇曰：「反予來嚇。」「嚇」一作「赫」，鄭箋：「以口距人曰嚇。」今鴟之鳴聲正類此，因借此字以形之，「欲以子之梁國嚇我」者，比梁相於腐鼠，言豈將亦如鴟之向鵷鶵作此嚇聲乎？

莊子與惠子游於濠梁之上。莊子曰：「儵魚出游從容，是魚之樂也。」惠子曰：「子非魚，安知魚之樂？」莊子曰：「子非我，安知我不知魚之樂？」惠子曰：「我非子，固不知子矣；子固非魚也，子之不知魚之樂，全矣。」莊子曰：「請循其本。子曰『女安知魚樂』云者，既已知吾知之而問我，我知之濠上也。」

此節與上「夔憐蚿」節相應。言「魚樂」者，即言天機也。《中庸》説「君子之道費而隱」，引《詩》云：「『鳶飛戾天，魚躍于淵。』言其上下察也。」朱子注曰：「子思引此詩，以明化育流行、上下昭著，莫非此理之用，所謂費也。」又引程子之言，曰：「此一節子思喫緊爲人處，活潑潑地。」莊子此文蓋即《中庸》引《詩》之意，正所謂「化育流行、上下昭著」與夫「活潑潑地」者也。

「濠」，水名，在今安徽鳳陽縣北，有莊子墓在焉。「梁」者，以石絶水，後世所謂堰也。「儵」藉作儵，讀如條，今俗謂之蒼條魚，身窄小而有條文，故名。「從容」，自得之貌。前文云

「蹢躅而屈伸」，從容與蹢躅、屈伸意亦相近，蓋得之天者，必不迫切。迫切惟勉强爲然，此天與人之别也。向來讀者於「從容」字多忽略過去，不知魚樂正從其從容處體勘得來，故爲指點出之。

《天下篇》舉惠施之説有曰：「汎愛萬物，天地一體也。」以是言之，則人魚同體，安得有「子非魚，安知魚之樂」之言乎！而施云然者，蓋以勝人爲心，亦遂自悖其宗旨而不覺矣。「子之不知魚之樂，全矣」者，謂即我不知子之言，足證子之不知魚之樂。「全」，言其不可破也。「請循其本」，「循」，從也。「本」，指首先發問之辭。「既已知吾知之」，當讀斷。「而問我」句，連下「我知之濠上也」成文。「知之濠上」者，謂即其出游從容而知之。濠上濠下，同是一片天機。魚樂人亦樂，豈有間哉！知此，則知反要、反真矣，故以此終篇焉。

至樂第十八

此篇除「名止於實，義設於適」，及「萬物皆出於機，皆入於機」數語外，無甚深義，當是莊子門下之文。

天下有至樂無有哉？有可以活身者無有哉？今奚爲奚據？奚避奚處？奚就奚去？奚樂奚惡？

夫天下之所尊者，富貴壽善也；所樂者，身安、厚味、美服、好色、音聲也；所下者，貧賤、夭惡也；所苦者，身不得安逸，口不得厚味，形不得美服，目不得好色，耳不得音聲。若不得者，則大憂以懼。其爲形也亦愚哉！夫富者，苦身疾作，多積財而不得盡用，其爲形也亦外矣。夫貴者，夜以繼日，思慮善否。其爲形也亦疏矣。人之生也，與憂俱生，壽者惛惛，久憂不死，何之苦也！其爲形也亦遠矣。

烈士爲天下見善矣，未足以活身。吾未知善之誠善邪？誠不善邪？若以爲善矣，不足活身；以爲不善矣，足以活人。故曰：「忠諫不聽，蹲循勿爭。」故夫子胥爭之，以殘其形；不爭，名亦不成。誠有善無有哉？

今俗之所爲，與其所樂，吾又未知樂之果樂邪？果不樂邪？吾觀夫俗之所樂，舉羣趣者，誙誙然如將不得已，而皆曰樂者，吾未之樂也，亦未之不樂也。果有樂無有哉？

吾以無爲誠樂矣，又俗之所大苦也。故曰：「至樂無樂，至譽無譽。」天下是非果未可定也。雖然，無爲可以定是非。至樂活身，唯無爲幾存。請嘗試言之。天無爲以之清，地無爲以之寧，故兩無爲相合，萬物皆化。芒乎芴乎，而無從出乎！芴乎芒乎，而無有象乎！萬物職職，皆從無爲殖。故曰：「天地無爲也，而無不爲也。」人也孰能得無爲哉！

「活身」，謂全生保身也。避處，就去，樂惡，皆以相反成文，而以「奚爲」、「奚據」總之，「爲」以動言，「據」以静言，「據」猶言所安也。

「尊」，尚也。「下」，賤也。「好色」之「好」讀上聲。「大憂以懼」，「憂」者，不樂；「懼」者，懼無以活身也。以此謀身而實以傷其身，故曰「其爲形也亦愚哉」。「形」即指身言，「爲」讀去聲，下言「爲形」皆同。

「苦身疾作」，言其勞也。「多積財而不得盡用」，言其吝也，此富者之愚也。「夜以繼日，思慮善否」，言其貪位保禄，患得患失，此貴者之愚也。「壽者惽惽，久憂不死」，言其貪生戀世，忘其所歸，此壽者之愚也。「惽惽」，神識不清貌。「何之苦」，猶言何其苦。曰外、曰疏、曰遠，皆言失其本也。

「爲天下見善」，言爲天下所見稱也。「烈」一作列，字通。言「烈士」者，所謂烈士殉名者也。「未足以活身」，言殺其身也。「吾未知善之誠善邪？誠不善邪？」又曰「誠有善無有哉？」是非模棱之語也。推作者之意，蓋必活人、活身兩全而後得謂之善；若天下所尊之善，則不免有刻意矯行以成其亢直者，故不之然也。「忠諫不聽，蹲循勿爭」，蓋引古訓。「蹲循」即逡巡，謂卻退也。子胥事見《胠篋篇》，死而投尸江中，故曰「殘其形」。「殘」猶毀也。

「吾觀夫俗之所樂」以下，當讀至「而皆曰樂者」爲句。「舉羣趣者」，「舉」，皆也，謂羣皆趨之。「誙誙」同硜硜，堅定而不移也。「不得已」猶不可已，謂止之不得也。言「吾未之樂」，又言「亦未之不樂」者，未之樂，乃排俗之辭，未之不樂，則即理之論。蓋若但言未樂，則樂與未樂猶成相對，與後言無爲無樂之旨不免違迕，故必兼帶而舉之也。

「吾以無爲誠樂」者，無爲則平易，平易則恬惔，無爲之樂實恬惔之樂也。恬惔之樂，則無樂之樂，故曰「至樂無樂」。言「至樂無樂」，又言「至譽無譽」者，應上「烈士爲天下見善」而言，以見有譽則非善之至也。「無爲可以定是非」者，無是非之執，則得是非之權，此本《齊物論》以爲言，故曰「至樂活身，唯無爲幾存」，言唯無爲庶幾有至樂，唯無爲庶幾可以活身也。「兩無爲相合」，天地相合也。「萬物皆化」，萬物化生也。「芒」，《釋文》云：「李音荒，又呼晃反。」則芒芴即老子云「道之爲物，惟怳惟惚」之怳惚也。芴芒即老子云「無物之象，是謂惚怳」之惚怳也。「無從出」者，「無」謂無爲，言無爲從此出也。「無有象」者，言無爲則有象也。或以「無從」、「無有」連讀者，非是。「萬物職職」，萬物各受其職，是爲職職。「皆從無爲殖」，皆從天地之無爲而生長蕃息也。故曰「天地無爲也，而無不爲也」。「人也孰能得無爲」者，欲人之法乎天地也。

莊子妻死，惠子弔之。莊子則方箕踞，鼓盆而歌。惠子曰：「與人居，長子老身，死不哭亦足矣，又鼓盆而歌，不亦甚乎！」莊子曰：「不然。是其始死也，我獨何能無槩然！察其始而本無生，非徒無生也而本無形，非徒無形也而本無氣。雜乎芒芴之間，變而有氣，氣變而有形，形變而有生，今又變而之死，是相與爲春秋冬夏四時行也。人且偃然寢於巨室，而我噭噭然隨而哭之，自以爲不通乎命，故止也。」

此以下三節，皆言生死之一致，蓋《大宗師》之緒餘也。「箕踞」，今所謂盤膝而坐，因兩膝張開如箕然，故謂之箕踞。古坐屈兩膝，以臀著於足跟之上，今日本之坐正如此，若箕踞則非禮也。著此二字，見莊子欲藉放恣以解憂戚，非言其傲也。「盆」，瓦缶。「鼓」猶叩也。叩盆，所以爲歌聲之節。

「與人居」，「居」謂居室，孟子云「男女居室，人之大倫」，是也。「長子」，子已長。「老身」，身已老也。皆言其夫婦相處之久，故曰「死不哭已足矣，又鼓盆而歌，不亦甚乎！」「甚」謂太過也。

「始死」，謂初喪妻時。「槩」藉作慨，故司馬彪注云「感也」。「察其始而本無生」，此始言人生之始，與上「始死」之始不同。《易・繫辭傳》云「原始反終，故知生死之説」。此自無生而推至無形，自無形而推至無氣，又由氣而形，由形而生，由生而死，即「原始反終」四字足以盡之。故曰「是相與爲春秋冬夏四時行也」，言生死亦如四時之代謝，是乃天命之流行，其來不能卻，其去不能止。故又曰「人且偃然寢於巨室，而我噭噭然隨而哭之，自以爲不通乎命，故止也」。「偃然」猶安然。「巨室」，謂天地之間。「噭」同叫。「噭噭然」，哭聲也。「止」者，止而不哭。

支離叔與滑介叔觀於冥伯之丘、崑崙之虛，黄帝之所休。俄而柳生其左肘，其意蹷蹷然惡之。支離叔曰：「子惡之乎？」滑介叔曰：「亡，予何惡！生者，假借也；假之而生，生者塵垢也。死生爲晝夜。且吾與子觀化，而化及我，我又何惡焉！」

「支離」，注已見《人間世篇》。「滑介」，成疏云「猶滑稽也」，是也。「冥伯之丘」，「冥」者冥漠，喻死者丘墓所在，故曰丘也。又云「崑崙之虛」者，人死返於混淪，故謂之崑崙之虛。《天地篇》曰「黄帝游乎赤水之北，登乎崑崙之丘」，此言「黄帝之所休」，亦謂黄帝亦休息乎此，非必據《天地篇》而言也。

「柳」通瘤，言瘤生其左肘者，即《大宗師》「生爲附贅縣疣」之旨，以啟下生者假借塵垢之言也。「蹷」音憒，「蹷蹷然」，驚而意動也。「惡」，嫌惡也。「亡」讀若無，猶否也。始者蹷蹷然惡之，而今云「予何惡」者，猶上節言始死不能無慨然，察之而通乎命，則止而不哭。蓋惟有情而後待於理遣，若本無情，則同於木石，即理命之説皆無所用之，而人道亦幾乎息矣！「生者假借」，《大宗師》所謂「假於異物，託於同體」也，故曰「假之而生，生者塵垢」，此指柳生而言。「假借」之上而復有此，即與微塵點汙何異，故曰「塵垢」也。「死生晝夜」，即死生夜旦之説。「觀化」，「化」謂造化，與上云「通乎命」之命，名異而實則同，故曰「而化及我，我又何惡焉！」

莊子之楚，見空髑髏，髐然有形，撽以馬捶，因而問之，曰：「夫子貪生失理，而爲此乎？將子有亡國之事，斧鉞之誅，而爲此乎？將子有不善之行，愧遺父母妻子之醜，而爲此乎？將子有凍餒之患，而爲此乎？將子之春秋故及此乎？」於是語卒，援髑髏，枕而卧。

夜半，髑髏見夢，曰：「子之談者似辯士。諸子所言，皆生人之累也，死則無此矣。子欲聞死之説乎？」莊子曰：「然」。髑髏曰：「死，無君於上，無臣於下；亦無四時之事，從然與天地爲春秋。雖南面王樂，不能過也。」莊子不信，曰：「吾使司命復生子形，爲子骨肉肌膚，反子父母、妻子、閭里、知識，子欲之乎？」髑髏深矉蹙頞曰：「吾安能棄南面王樂，而復爲人間之勞乎！」

《大宗師》有云「大塊載我以形，勞我以生，佚我以老，息我以死」，此文即從彼化出，觀末句「吾安能棄南面王樂，而復爲人間之勞乎」一語可見也。然彼則接云「故善吾生者乃所以善吾死也」。善生善死並提，意仍重在生上，故下語圓而無弊。此則以死比之南面王樂不能過，而視生人之累避之唯恐不及，不獨意偏，揆之内篇《人間世》安命正身之大義，亦矛盾甚矣，吾所以疑其非莊子自作也。

「髑髏」音獨樓，頭顱骨也。「髐然」，空骨貌。「有形」，謂有似生人之形也，與《秋水篇》蛇謂風曰「予動吾脊脅而行，則有似也」「有似」之云，同一取義。舊解作有枯形，非也。下文「因而問之」，以及髑髏見夢，皆從「有形」二字生發，若作枯形看，則成無意義語矣。「撽」讀敲，去聲，義同。「馬捶」，馬杖也，讀垂，去聲。「貪生」謂縱慾。「失理」，失其生之常理也。「亡國之事」，謂遭喪亂。「斧鉞之誅」，則犯罪而受刑也。「遺」，貽也。「有不善之行，愧遺父母妻子之醜而爲此」，謂羞憤自殺者。「凍餒之患」，凍餓以死也。「春秋故及此」，「故」與固同。「春秋」謂年壽也。壽盡而死，人之常然，故曰固及。以上數者，皆不當死而死，故曰「爲此」。「爲」之爲言，非其自然也。「援」，引也。

「見夢」，現夢也。「諸」猶凡也。舉死之説，獨曰「無君於上、無臣於下」者，對上亡國之事、斧鉞之誅而發。有君臣，則有爭戰刑戮；無君臣，則無此矣。「四時之事」，兼包疾病、凍餒而言。「從」讀若縱。縱然謂自放也。「與天地爲春秋」，即與天地同老之意。「與」，各本皆作「以」，惟成玄英疏云：「與二儀同其年壽。」是成本作「與」，《藝文類聚》卷一七、《事文類聚》後集卷二十引此亦作「與」，案「以」、「與」義本通，而作「與」較顯，故茲從「與」。「南面王」者，古王者朝則南面也。「司命」，主人生死之神，《周官·大宗伯》云：「以槱燎祀司命」，

《小戴禮記·祭法》云：「王爲羣姓立七祀，第一曰司命。」《楚辭·九歌》亦有大司命、少司命，皆謂此。「反子父母、妻子、閭里、知識」，「反」猶還也。「閭里」即鄉里。「知識」，謂素相知識之人。「子欲之乎」，詢其願否也。「矉」，皺眉，已見《天運篇》注。「深矉」者，矉之甚也。言「深矉」，又言「蹙頞」者，極寫其不願之狀也。

顔淵東之齊，孔子有憂色，子貢下席而問曰：「小子敢問：回東之齊，夫子有憂色，何邪？」孔子曰：「善哉女問！昔者管子有言，丘甚善之。曰：『褚小者不可以懷大，綆短者不可以汲深。』夫若是者，以爲命有所成，而形有所適也，夫不可損益。吾恐回與齊侯言黄帝、堯、舜之道，而重以燧人、神農之言。彼將内求於己而不得，不得則惑，人惑則死。且女獨不聞邪？昔者海鳥止於魯郊，魯侯御而觴之於廟，奏九韶以爲樂，具太牢以爲膳。鳥乃眩視憂悲，不敢食一臠，不敢飲一杯，三日而死。此以己養養鳥也，非以鳥養養鳥也。夫以鳥養養鳥者，宜栖之深林，游之壇陸，浮之江湖，食之鰌鰷，隨行列而止，委蛇而處。彼唯人言之惡聞，奚以夫譊譊爲乎！咸池九韶之樂，張之洞庭之野，鳥聞之而飛，獸聞之而走，魚聞之而下入，人卒聞之，相與還而觀之。魚處水而生，人處水而死，彼必相與異其好惡，故異也。故先聖不一其能，不同其事。名止於實，義設於適，是之謂條達而福持。」

此節要義，只在「命有所成」、「形有所適」，與「名止於實，義設於適」兩言。其謂顏淵之齊，將與齊侯言黄帝、堯、舜之道，重以燧人、神農之言，蓋託爲是説，藉以暢其旨趣，猶之援引魯侯觴海鳥于廟，僅用作文字波瀾，意初不在是也。首節末云「人也孰能得無爲哉」，「義設於適」，惟無爲者得以知之，得以用之，此與前文照應處。而下節自「種有幾」以下，亦即根「命有所成形有所適」以爲説，故以此節置之是間，以通上下之脈。若執定回見齊侯之事，以爲是言説人之法，則與此篇全旨更無關涉，而於兩與髑髏語之中插此一段文字，亦爲不類矣。

齊在魯北而地偏東，故曰「東之齊」。「下席」，降席也。「管子」，管仲。「褚」，盛衣之囊也。成三年《左傳》：「荀罃之在楚也，鄭賈人有將寘諸褚中以出。」中可以寘人，此褚之大者，故曰「褚小者不可以懷大」。「懷」猶藏也。「綆」，汲井繩也。此二語不見今《管子》書，蓋逸之矣。「命有所成」，「成」者一成不變之謂。「形有所適」，「適」者宜也。「夫不可損益」，謂是不可損益也。前《駢拇篇》云「鳧脛雖短，續之則憂；鶴脛雖長，斷之則悲。故性長非所斷，性短非所續」，此不可損益之例也。「重」猶益也、加也。「内求於己而不得」，即《孟子》齊宣王云「反而求之不得吾心」者。見《梁惠王篇》。「不得則惑」，「惑」，惶惑也。「人惑則死」，謂惶惑不解，人且以此致死，此自是指齊侯言，觀下引海鳥爲喻，言眩視憂悲三日而死可見。成疏乃云：「心生疑惑，於是忿其勝己，必殺顏子。」宣穎《經解》從之，亦云將加人以刑，皆大謬也。

「海鳥」謂爰居也。爰居亦作鶢鶋。《國語·魯語》曰：「海鳥曰爰居，止於魯東門之外，三日，臧文仲使國人祭之。」事雖發自文仲，必請於魯侯而行之，故此云魯侯，義不相觸也。「御」讀如迓，迎也。「觴之」，謂饗之。「廟」，宗廟也。「韶」，舜樂，樂有九章，《尚書・皋陶謨》云「簫韶九成」是也，故謂之九韶。「太牢」，牛羊豕三牲具也。「眩」，視之惑也。「臠」，塊切肉。「以己養養鳥」，謂魯侯以其自養者養鳥，喻顏淵以其自學者教齊侯，必格格不入也。

「壇」之爲言坦也，如今言廣場。「陸」，平陸也。「鰌」，泥鰌，今亦作鰍。「鯈」即儵也。「食」讀飤。「委蛇」，隨順也。「唯人言之惡聞」，「唯」讀如雖，「惡」去聲，謂雖人言亦惡聞之。「奚以夫譊譊爲」，「以」猶用也，謂何用此譊譊乎。「譊譊」，聲喧雜也，指九韶之樂言。「咸池」、「洞庭」，已見前《天運篇》。「下入」，沈入也。「人卒」，見前《天地篇》。「還」同環。「還而觀之」，謂環繞而觀之。「相與異其好惡，故異也」，下「異」謂生死之異，言以好惡之異，故一生一死。好惡之異，即適之與否。適則好，否則惡也。

「先聖不一其能，不同其事」，謂能之不一，則聖人用之亦不同。「事」猶使也。「名止於實」，承「不一其能」言，謂有何等之實則與以何等之名，如孔子稱「由也果、賜也達、求也藝」之類，見《論語・雍也篇》。名不過其能也。「義設於適」，承「不同其事」言，如孔子稱「孟公綽爲趙、魏老則優，不可以爲滕、薛大夫」之類，見《論語・憲問篇》。惟適乃能盡其用也。「義設於適」者，義存乎適也。「是之謂條達而福持」，「條達」者，通乎條貫。「福」有備義，《小戴禮記・祭統篇》云「福者備也」是也。「福持」者，握其備要。合之，即《秋水篇》知道、達理、明權之義。「條達」所謂達理明權，「福持」所謂知道也。

列子行食於道，從見百歲髑髏，攓蓬而指之曰：「唯予與女，知而未嘗死、未嘗生也。若果養乎？予果歡乎？」種有幾，得水則爲㡭；得水土之際，則爲鼃蠙之衣；生於陵屯則爲陵舄。陵舄得鬱棲則爲烏足。烏足之根爲蠐螬，其葉爲胡蝶，胡蝶胥也。化而爲蟲，生於竈下，其狀若脱，其名爲鴝掇。鴝掇千日爲鳥，其名爲乾餘骨。乾餘骨之沫爲斯彌，斯彌爲食醯。頤輅生乎食醯，黄軦生乎九猷，瞀芮生乎腐蠸。羊奚比乎不箰久竹生青寧，青寧生程，程生馬，馬生人，人又反入於機。萬物皆出於機，皆入於機。

列子已見《消摇游篇》。「行」謂旅行。「食於道」，中塗造飯而食也。「從」猶因也。髑髏而曰「百歲」者，言其久也。「攓」同搴，拔取之也。「女」、「若」皆謂髑髏。「而」猶乃也。「知而未嘗死、未嘗生」者，予生而未生，女死而未死，故云而也。「養」如《在宥篇》「心養」之養，與「歡」對文，謂憂而心不定也。知生死之一致，則死而何憂！生而何樂！故曰「若果養乎？予果歡乎？」此以下推言物類變化，實即《大宗師篇》鼠肝蟲臂、尻輪神馬之旨，故結之以「萬物皆出於機，皆入於機」。「機」即《天運篇》所云「機緘」之機。機緘猶言機括，動者爲機，止者爲緘。云機者，專就動而不止者言之也。

「種有幾」，「幾」者，微也。《説文解字》云：「幾，微也，故從𢆶。」此幾字之本訓。即上莊子云「雜乎芒芴之間，變而有氣」者，是物之種不同，而其始於芒芴之間則無不同，故特提出「種有幾」三字。《寓言篇》云：「萬物皆種也，以不同形相禪。」意亦與此相似。但彼言種，此則於種之中又別爲幾，則義更密矣。郭注讀作幾何之幾，曰「變化種數不可勝計」，固誤。其有解「幾」爲即「機」字者，亦非也。

「得水則爲𢇁」，「𢇁」，今所謂水綿也，斷之則復長如故，故曰「𢇁」。「𢇁」者，繼也。「得水土之際，則爲鼃蠙之衣」，「蠙」，蚌屬。鼃蚌隱藏其下，故名「鼃蠙之衣」，蓋浮萍蘊藻之類。「生於陵屯則爲陵舄」，「陵屯」，高地。「陵舄」，舊注云「車前」，當是也。然此謂同一幾也，而所遭之地不同，故爲𢇁、爲鼃蠙之衣、爲陵舄亦隨之不同，即上節所云「命有所成而形有所適」者。故變者幾，而非種之變也。舊解謂𢇁變爲鼃蠙之衣，鼃蠙之衣變爲陵舄，又如胡適之徒以此視同生物進化之論，皆非莊書之意也。是故下文所云皆當準此意釋之。

「陵舄得鬱棲則爲烏足」者，「鬱棲」，李頤云「糞壤」是也。「烏足」亦草名。言即此陵舄之幾，其得糞壤而生之，則爲不同種之烏足。其根或爲蠐螬所寄，因又曰「烏足之根爲蠐螬」。「蠐螬」，今所謂地蠶也。其葉爲胡蝶之蛹所棲，則化爲胡蝶，因又曰「其葉爲胡蝶」。「胡蝶胥也」，《釋文》云：「蝶一名胥。胥者疏也。」蝶又名胥者，言其翅文采疏疏然也。

「化而爲蟲」，不承胡蝶言，直承上「種有幾」言。蓋自𢇁至烏足，皆所謂植物，即蠐螬與胡蝶，亦烏足根葉所爲，不以蟲視之也，故此特云「化而爲蟲」，以見與上者異。不然，蠐螬、胡蝶皆蟲也，胡爲至此始言化而爲蟲耶？「生於竈下，其狀若脱，其名爲鴝掇」，此蓋乾餘骨之幼蟲。「脱」者，孵化而出，若剥脱然也。

「鴝掇千日爲鳥，其名爲乾餘骨」，鳥者蜚蟲之異名。《夏小正》之書曰：「丹鳥羞白鳥。」丹鳥謂螢也，白鳥謂蚉蚋也，是古蜚蟲亦稱鳥也。「乾」讀干。以「乾餘骨」之義推之，其蟲殆地鼈之類、甲蟲之屬，然而不可考矣。「沫」如《天運篇》「魚傅沫」之沫。蟲之生子，有以黏液包裹之者，如桑螵蛸，即螳蜋子也，是之謂沫。舊注以爲鳥口中汁，誤之甚也。

「乾餘骨之沫爲斯彌，斯彌爲食醯」，「食醯」，醋也。意斯彌經久變而味酸，故云「頤輅生乎食醯」。「頤輅」則所謂醯雞也，亦曰蠛蠓。「黄軦生乎九猷」，「猷」通作酋，《説文》云：「酋，繹酒也。」「九」之爲言久也。「九猷」蓋繹酒之過時者，故黄軦生焉。「瞀芮」當是蝥蚋之藉。「蠸」同貛。古虫傍、豸傍可通用。《説文》曰：「貛，豕也。」豕肉之腐者，則蝥蚋生之。黄軦蝥蚋，皆蠛蠓之類，而一生於醯，一生於酒，一生於腐肉，故三者竝言之。

「羊奚比乎不箰久竹生青寧」十一字爲句。「不箰久竹」，竹老而不生箰者也。「箰」同筍。「羊奚」疑即竹蓐，一名竹菰。《本草》云：「竹蓐生朽竹根節上，似木耳而色赤，可作食用及藥用。」故此云「比乎不箰久竹」，「比」者，比合而生也。此蕈類，司馬彪以爲草名，殆未詳也。「青寧」，舊云竹根蟲。蓋竹朽而蕈蝕之，因之蟲復生焉。「青寧生程」，成玄英疏云「亦蟲名」，宋道士陳碧虛《南華經解》則引《尸子》之文，謂越人呼豹曰程，皆爲難信。竊疑「程」字從禾，應是野生禾類，故青寧化後程得生之。「程生馬」者，馬食程而生也。「馬生人」者，人食馬乳以生也。要之，此「生」字非生産之生。注家或據《搜神記》「秦孝公時有馬生人」，以及京房《易傳》云「上無天子，諸侯相伐，厥妖馬生人」，以爲此文之證，不知此文所言，皆道物類變化之常，若秦孝公時事、京房《易傳》之言，皆怪異一類，豈可以之竝論！馬而産人，特其形與人略似，其生必不久，安得接云「人又反入於機」耶？此通觀上下文，可以知其必不然者，而奈何不之察也。

至《列子》後出之書，其《天瑞篇》於《莊子》文外又多附益，大率襲自他書，如鷂之爲鸇，田鼠爲鶉，並見於《月令》，亶爰之獸自孕而生，見於《山經》，班班可考。注家或欲據《列子》之文爲《莊》書校補，尤可不必已。

達生第十九

「生」兼兩義：一生死之生，一「生之謂性」之生。生之謂性，本告子語，見《孟子·告子篇》。此自古訓，不可廢也。前於《養生主篇》已發之，此篇「生」字亦當如是分别理會，或義取在性，或義取在生，各有偏重，不得一視之也，與《養生主篇》合看，自明。

達生之情者，不務生之所無以爲；達命之情者，不務知之所無奈何。養形必先之以物，物有餘而形不養者，有之矣；有生必先無離形，形不離而生亡者，有之矣。生之來不能卻，其去不能止。悲夫！世之人，以爲養形足以存生；而養形果不足以存生，則世奚足爲哉！雖不足爲，而不可不爲者，其爲不免矣。夫欲免爲形者，莫如棄世。棄世則無累，無累則正平，正平則與彼更生，更生則幾矣。事奚足棄，而生奚足遺？棄事則形不勞，遺生則精不虧。夫形全精復，與天爲一。天地者，萬物之父母也，合則成體，散則成始。形精不虧，是謂能移；精而又精，反以相天。

「達」如《秋水篇》「知道者必達於理」之達，謂通徹也。「情」者，實際理地。「生之情、命之情」，即生之所以爲生、命之所以爲命也。「生之所無以爲」，性分以外之事。「知之所無奈何」，知力不及之地。「不務」者，不役心於是也。「養形必先之以物」，「物」謂飲食衣服、一切資生之具皆是。「物有餘而形不養者」，如《至樂篇》所云：「富者苦身疾作，多積財而不得盡用；貴者夜以繼日，思慮善否。」是豈不足於物，而形固未嘗能養也。「有生必先無離形」，謂生不能離形而獨存。「離」者脱離，讀去聲。「形不離而生亡者」，如《田子方篇》所云：「哀莫大於心死，而人死次之。」人在而心先死，是非形未嘗離而生已亡者乎？「生之來不能卻，其去不能止」，此言命也。賦命有厚薄，故顏子短折而榮生壽考，榮，啟期也。非榮生之養優於顏子也。由是推之，知存生不關乎養形，而世人乃汲汲以養形爲事，所以可悲也。「則世奚足爲」者，言世之所爲不足爲也。

然「雖不足爲，而不可不爲」，何也？人稟形以生，即形亦有當養之道，特不可過於求厚耳，故曰「其爲不免矣」。孟子曰：「飲食之人，則人賤之矣，爲其養小以失大也。飲食之人無有失也，則口腹豈適爲尺寸之膚哉！」此文之意正與《孟子》相同，故不可免者，養形之事；而不可存者，爲形之心。爲讀去聲。一有爲形之心，即不免養小而失大，是以繼之曰：「夫欲免爲形者，莫如棄世。」棄世非絶世也，棄夫世俗之見，即上文「以爲養形足以存生」者，故曰「棄世則無累」。「無累」者，不爲一切衣食資生之事所累也。「無累則正平」，「正平」者，《刻意篇》所謂「平易恬惔」也。平易恬惔，則憂患不能入，邪氣不能襲，故曰「正平則與彼更生」。「彼」指形言。世人以形爲主而生爲客，今則以生爲主而形爲客，生養而形亦隨之而養，是之謂「更生」。郭注曰：「更生者，日新之謂也。」以「日新」釋「更生」，其義雖精，而辭則不切，吾故無取焉。「更生則幾矣」者，「幾」謂近於道也。

「事奚足棄而生奚足遺？」復設爲問端以啟下文。棄事即棄世。又更言遺生者，人之不能棄世，實爲生死一念所中，疑懼纏繞，不得灑然，故内篇如《養生主》《大宗師》於生死之際皆不惜反復陳説，破人迷惘，而此篇亦以生命並提，以見知不能與命爭。然則惟遺生乃可以存生，其理昭然甚顯。老子曰：「後其身而身先，外其身而身存。」蓋此之謂矣。「棄事則形不勞」，「形不勞」者，五官百骸得其理，非不勞動之謂也。「遺生則精不虧」，「精不虧」者，精神心性安其所，非不發用之謂也。「形全精復，與天爲一」者，形神並受之天，還其本然，自與天合德也。

「天地者，萬物之父母」，言天復言地者，乾以資始，坤以資生，見《易》乾、坤兩卦彖辭。坤統乎乾，地承乎天，分言合言，義無有二也。「合則成體」，「體」謂萬物。「散則成始」，「始」謂天地。得之於天地，復還之於天地也。「形精不虧，是謂能移」，「移」猶化也。化而曰能者，柄操自我，化而有不化者在也，故曰「精而又精，反以相天」。此「精」如《易·乾文言》「純粹精也」之精，謂不虧之極至，與上「精」字指精神言者有別。「相」者助也。「相天」，《中庸》所謂「贊天地之化育」也。由「與天爲一」，而至「反以相天」，則天即我，我即天，於此而言存生，已嫌其隘，而況養形乎哉！此一篇之總冒，後文皆由此引申，舉例以爲之證耳。

子列子問關尹曰：「至人潛行不窒，蹈火不熱，行乎萬物之上而不慄。請問何以至於此？」關尹曰：「是純氣之守也，非知巧果敢之列。居，吾語女！凡有貌象聲色者，皆物也。物何以相遠？夫奚足以至乎先？是色而已。則物之造乎不形，而止乎無所化，夫得是而窮之者，物焉得而止焉！彼將處乎不淫之度，而藏乎無端之紀，游乎萬物之所終始。壹其性，養其氣，合其德，以通乎物之所造。夫若是者，其天守全，其神無郤，物奚自入焉！夫醉者之墜車，雖疾不死。骨節與人同，而犯患與人異，其神全也。乘亦不知也，墜亦不知也，死生驚懼，不入乎其胸中，是故遻物而不慴。彼得全於酒，而猶若是，而況得全於天乎！聖人藏於天，故莫之能傷也。復讎者不折鏌干，雖有忮心者不怨飄瓦，是以天下平均，故無攻戰之亂，無殺戮之刑者，由此道也。不開人之天，而開天之天，開天者德生，開人者賊生。不厭其天，不忽於人，民幾乎以其真！」

本書於列子或稱子，或稱名，其稱子者，如內篇《消摇游》《應帝王》是，其稱名者，如外篇《田子方》、雜篇《列御寇》是，惟此則稱「子列子」，《讓王篇》亦然。依《春秋》公羊家説，凡以子冠於氏上而稱子某子者，乃弟子所以稱其本師。莊子於御寇，無授受之誼，其作此稱甚可異。考此節文見於《列子》書《黄帝篇》，《讓王篇》文則見《説符篇》，皆稱「子列子」。今《列子》書雖晚出，要當有所據依，非盡僞撰，其稱「子列子」者，自是其門下記述師説，故有此稱。意此節與《讓王篇》所引，皆原《列子》書之舊，襲其本文，未加改易，故亦云「子列子」，無他意也。「關尹」者，關令尹喜也，詳見後《天下篇》注。

「潛行不窒」，喻言虚也。「不窒」，猶不礙。「蹈火不熱」，喻言清也。「行乎萬物之上而不慄」，喻言静定也。

「是純氣之守」，猶言是守氣之純。「純」者專壹也。孟子曰：「孟施舍之守氣又不如曾子之守約也。」見《公孫丑篇》。守氣蓋當時通語。成疏以純氣連讀，謂乃保守純和之氣，失之矣。老子曰：「專氣致柔。」此於「守氣」上加「純」字，正與「專氣」一義。不窒不熱，疑有知巧。不慄，疑於果敢。故又曰「非知巧果敢之列」。「知」讀同智。「列」猶數也，讀如字，《釋文音例》云「本或作例」，並非也。

「貌象」猶形象。「物」有兩義：一者外物，一者耳目鼻舌以至手足形體，亦皆物也。故孟子曰：「耳目之官不思而蔽於物。物交物，則引之而已矣。」見《告子篇》。此言物蓋與孟子同。故曰「物何以相遠」，謂形體耳目與外物既同爲物，中間豈復有所縣異！一本作「物與物何以相遠」，則意尤明。「夫奚足以至乎先」，「先」者，未始有物之際，故曰「先」也。「是色而已」，「色」者，貌象聲色之略文。謂充其所至，亦不能出乎聲色形象之外也。「物之造乎不形而止乎無所化」，此「物」謂氣，與上「物」字義迥別，不可不知。氣本非物，然無以名之，不得不藉用物字以相指，猶老子云：「道之爲物。」道豈物之類乎！「造乎不形」，則非貌象聲色之物也。「止乎無所化」，則非與物俱化者也，是所謂「先」也。「得是而窮之」，「窮」者極也，即謂守之之純。「物焉得而止焉」，言一切外物於此皆將無所託足，氣之與物相遠者，蓋在乎是。

「彼將處乎不淫之度」，「彼」，彼至人也。「不淫」，不過也。以不過故曰「度」。「藏乎無端之紀」，「無端」，無首也。以無首故曰「紀」。「游乎萬物之所終始」，與萬物相終始，故曰

「游」。曰處曰藏言其靜，曰游言其動。靜則其體，動則其用也。「壹其性」，所以守也。「養其氣」，守之之不懈。「合其德」，守之之專壹，是所謂純也。「以通乎物之所造」，「造」猶至也。以是而通乎物之所造，則至乎先矣，故曰「夫若是者，其天守全，其神無郤，物奚自入焉」。「郤」同隙。無隙，以見其守之全。守曰天守，氣與天合也。「物奚自入」，物不入於其神也，是所以不窒、不熱、不慄之故也。

「醉者墜車」以下，則設事以明之。「雖疾不死」，言墜雖急而不至死。成疏云：「雖復困疾，必當不死。」以疾解作傷損之義，誤也。此要在「死生驚懼不入乎其胸中」一句。蓋神不傷者則身亦可不傷，故接云「是故遻物而不慴」。「遻」同遌，《爾雅》云：「忤也。」「遻物」，謂與物相觸忤。「慴」之爲言震也。「不慴」，言不受其震駴。不受其震駴，所謂得全於酒也。舊注訓慴爲懼。上云驚懼不入其胸，玆復云不懼，豈獨意複，亦甚不辭矣。「得全於天」，即天守全。守者守氣，故藏於天亦謂純氣之守，守氣所以致虛。老子曰：「致虛極，守靜篤。」以致虛、守靜並言，知守氣即所以致虛矣。虛者無心，故復舉「復讎者不折鏌干，雖有忮心者不怨飄瓦」二事，以申前義。「鏌干」者，莫邪、干將二劍也。鏌干殺人，而復讎者報其人不報其器。人有心，器無心也。飄瓦傷人，人雖有忮心，怨不及瓦。瓦之飄起於風，亦非有心也。故無心則爭不起。爭不起，則刑兵可以不用。「天下平均」者，天下無爭心也，故曰「無攻戰之亂，無殺戮之刑者，由此道也」。

「不開人之天，而開天之天」，復由是而推言之。「人之天」，《大宗師》所謂「知之所知」

也。「天之天」，《大宗師》所謂「知之所不知」。曰氣曰神，皆知之所不知也；知之所知，則心與知巧。是故「開天者德生，開人者賊生」，賊夫人者，皆心與知巧爲之也。「不厭其天」，不塞其德也。「厭」讀如掩。掩之，壓之也。「不忽於人」，謹防其賊也。「民幾乎以其真」，言不必至人，即凡民而能若是，亦將任夫真宰而行。云「幾」者，無不可以幾及之也。首節言「精」，此節言「氣」言「神」，後之道家以精、氣、神爲三寶，殆昉於此矣。

仲尼適楚，出於林中，見痀僂者承蜩，猶掇之也。仲尼曰：「子巧乎！有道邪？」曰：「我有道也。五六月，累丸二而不墜，則失者錙銖；累三而不墜，則失者十一；累五而不墜，猶掇之也。吾處身也，若厥株拘；吾執臂也，若槁木之枝；雖天地之大，萬物之多，而唯蜩翼之知。吾不反不側，不以萬物易蜩之翼，何爲而不得！」孔子顧謂弟子曰：「用志不分，乃疑於神，其痀僂丈人之謂乎！」

此孔子應楚昭王聘而適楚時所見也。「林中」當是地名，以其地有林，故稱之林中，非謂通常之林野也。「痀」之爲言句也，讀鉤、讀劬，皆可。「僂」，屈也。「痀僂」，蓋因病而背脊句屈者，如是而承蜩猶掇之，極見其難能也。「承蜩」，竿頭著膠以黐蜩也。不曰黐而曰承者，承者自下而接上之辭。「掇」，俯拾之也。「巧乎」，嘆其巧。「有道邪」，問其所以至此之術也。「累」同纍，讀上聲。「累丸」，累之於竿頭也。「錙銖」皆重量名，一兩三分之爲錙，一錙八分之爲銖，用此喻言其少也。「十一」，十分之一。累丸自二而三而五而不墜，平時習之之術也。「株」謂樹身。「拘」者止而不動。「厥」猶其也，即指當下蜩所棲之樹言。處身若株，執臂若枝，斯其取蜩於林，如此枝移之彼枝，蜩所以不覺也。《列子·黄帝篇》改「厥」作「橛」，注者依而釋之，非也。「唯蜩翼之知」，言專注意於蜩翼也。於蜩獨言翼者，黐則黐其翼也。「不反不側」，不翻覆也。已言「唯蜩翼之知」，又言「不以萬物易蜩之翼」，以見承蜩時審慎謹密，未嘗以其能而稍怠恣，孔子所以稱其「用志不分」也。「乃疑於神」者，「疑」與儗通，謂比於神也。下節云「津人操舟若神」，又「梓慶削木爲鐻」節「見者驚猶鬼神」，皆與此同意。今《列子》文亦作「疑」，不知者乃或改「疑」爲「凝」，失之甚矣。

顔淵問仲尼曰：「吾嘗濟乎觴深之淵，津人操舟若神。吾問焉，曰：『操舟可學邪？』曰：『可。善游者數能。若乃夫没人，則未嘗見舟而便操之也。』吾問焉而不吾告，敢問何謂也？」仲尼曰：「善游者數能，忘水也。若乃夫没人之未嘗見舟而便操之也，彼視淵若陵，視舟之覆猶其車卻也。覆卻萬方陳乎前而不得入其舍，惡往而不暇。以瓦注者巧，以鉤注者憚，以黄金注者殙。其巧一也，而有所矜，則重外也。凡外重者内拙。」

水流之有漩洑者稱「淵」，著其難濟也。淵深而形似觴，故曰「觴深之淵」。成疏云「淵在宋國」，當有所據。「津人」，津濟之人。「操舟若神」者，出入淵中而無礙也。「數」，疾也，見《爾雅·釋詁》。讀入聲。「善游者數能」，言其能之速也。注云「數習則能」，非是。數習則未有不能者，何待善游者乎！「没人」，能久没水中者，不獨善游而已，故「未嘗見舟而便操之」。「未嘗見舟」，與《養生主》言庖丁「未嘗見牛」一樣筆法，謂視舟若無然。或解作向未見舟，見舟便能操之，失其意矣。顔子未會津人之旨，疑其未答，故曰「吾問焉而不吾告」，以此復問於夫子也。

「忘水」，言與水習也，習則相忘矣。「陵」，陵陸。「視淵若陵」，則視江河猶平地也。「視舟之覆猶其車卻」，「卻」者退也。車遇陵而卻，車無傷也，視舟之覆似之，則舟亦無傷可知，故曰「覆卻萬方陳乎前而不得入其舍」。「舍」者，神明之舍。「萬方」猶萬端也。覆卻言萬端者，變故無窮，覆卻不足以盡之也。「惡往而不暇」，「暇」，暇豫從容也。一以從容處之，此所以學之易能也。

「以瓦注」以下，設譬以明之。「注」，賭博所下注也。「以瓦注」，今小兒戲尚有之。「鉤」，帶鉤。瓦注勝負無所惜，故其博常巧，言多中也。鉤注則希勝而畏負，故其博常憚。憚者氣餒，氣餒者易負也。若以黄金注者，則可勝不可負，是念隱主於中，於是震悚失措，即鮮有不負者，故謂之曰「殙」。「其巧一」者，言憚者、殙者其巧與瓦注者本無異也。「矜」者，楊雄《方言》云：「秦晉或言矜，或言遽。」是矜、遽一義，謂恖遽惑亂也，即指「憚」與「殙」言，故曰「而有所矜，則重外也」。「重外」者，重夫鉤與黄金也。「凡外重者内拙」，回應上文「無往而不暇」。所以暇，爲其忘水忘舟。忘水忘舟，是外輕也。外輕而内惡有不巧者乎！舊解「矜」作矜惜、矜持，與「重」字義混，未敢苟同也。

田開之見周威公。威公曰：「吾聞祝腎學生，吾子與祝腎游，亦何聞焉？」田開之曰：「開之操拔篲以侍門庭，亦何聞於夫子！」威公曰：「田子無讓，寡人願聞之。」開之曰：「聞之夫子曰：『善養生者，若牧羊然，視其後者而鞭之。』」威公曰：「何謂也？」田開之曰：「魯有單豹者，巖居而水飲，不與民共利，行年七十而猶有嬰兒之色，不幸遇餓虎，餓虎殺而食之。有張毅者，高門縣薄，無不走也，行年四十而有内熱之病以死。豹養其内，而虎食其外；毅養其外，而病攻其内。此二子者，皆不鞭其後者也。仲尼曰：『無入而藏，無出而陽，柴立其中央。三者若得，其名必極。』夫畏塗者，十殺一人，則父子兄弟相戒也，必盛卒徒而後敢出焉，不亦知乎！人之所取畏者，衽席之上、飲食之間，而不知爲之戒者，過也。」

「田」，姓，「開之」，名。「周威公」，西周桓公之子，《史記·周本紀》云：「考王封其弟于河南，是爲桓公，以續周公之官職。桓公卒，子威公代立。」是也。《釋文》謂崔本作周威公竈，然則威公名竈歟？「祝腎」，當是以官爲氏，如祝鮀之比，「腎」其名也。「學生」者，以養生爲學也。「與祝腎游」，猶云從祝腎游。威公欲知祝腎養生之説，故問於開之，詢其何聞。「拔」讀如拂。「篲」，帚也。拂與帚二物皆所以去塵。「操拔篲以侍門庭」，言供掃除之役而已，不足與聞道，故曰「亦何聞於夫子！」

「田子無讓」，請其無辭也。善養生若牧羊然，取譬於牧羊者，羊之性柔而狠，柔則易退，狠則輕進，故於卦巽爲羊，又爲進退，意可知也。郭注云：「鞭其後者，去其不及也。」不知不及於此者，實由過於彼。如單豹不知防虎，其不及也，而根在離羣而獨處，故「不與民共利」，則其過也。張毅不知慎疾，其不及也，而根在媚世而卑損，故「高門縣薄」，過無不趨，則其過也。是故「視其後者而鞭之」，去其不及者，正所以救其過也。當合二義觀之始全，下引仲尼之言尤顯。「入而藏」者，一意於退者也。「出而陽」者，一意於進者也。「陽」如《人間世》云「以陽爲充」之陽，謂發露也。「入而藏」，單豹似之。「出而陽」，張毅似之。「柴立其中央」，則無過不及而守中之謂也。云「柴立」者，立如槁木，《中庸》之所謂中立而不倚也。「三者若得」，得於入、得於出，復能得其中也。「其名必極」，謂必得大名也。

「夫畏塗者」以下，則開之針對威公之病而言之者。「衽席之上」，謂男女也。當時，侯王君公縱欲敗度，非厚味腊毒，即女蠱喪志，故舉飲食男女二者以戒之，而比之畏塗，言其足以殺人，其可畏不減伏戎于莽也。注家多斷「仲尼曰」以下别爲一節。如是則開之對威公之言爲未盡，而衽席飲食云云，更不知意何所指，兹故并而釋之。

單豹言「魯」而張毅不言者，從上可知，不待言也。「單」音善。「巖居水飲」，言其淡泊也。「不與民共利」，言其絶世也。行年七十而有嬰兒之色，亦可謂有得於養矣，而遇餓虎殺而食之，故著「不幸」字，所以惜之也。「高門」謂大家。「縣」同懸。「薄」同箔，席也。掛席以蔽門，謂貧户也。「無不走」者，過之必趨，言其於貴賤貧富無有不恭，故《吕覽·必己篇》、《淮南子·人間訓》皆云：「張毅好恭，好讀去聲。門閭帷薄聚居衆無不趨，以定其身。」高注：

「定，安也。」注家或以走爲往，謂毅奉貴富無不至門，大誤也。「内熱」，見《人間世篇》所謂陰陽賊之者也。「行年四十而有内熱之病以死」，蓋又遜於豹矣。

「畏塗」一作畏途，指道路不安靖言。「卒徒」猶徒衆。「盛卒徒而後敢出」，謂聚衆而行。「出」者，出於其塗也。「不亦知乎」，「知」讀同智。「取畏」，猶言取患。謂畏在自取，非自外至也。「爲之戒」，「爲」讀去聲。「過」者失也。

祝宗人玄端以臨牢筴，説彘曰：「女奚惡死？吾將三月㹕女，十日戒，三日齊，藉白茅，加女肩尻乎彫俎之上，則女爲之乎？」爲彘謀，曰：「不如食以糠糟，而錯之牢筴之中。」自爲謀，則：「苟生有軒冕之尊，死得於腞楯之上、聚僂之中，則爲之。」爲彘謀則去之，自爲謀則取之，所異彘者何也？

上節爲周威公輩爲君者言，此節則泛爲當時爲臣者言也。「祝」，大祝、小祝。「宗人」，都宗人、家宗人也。並見於《周官書·春官》下，皆掌祭祀禱祠之官。「玄端」，齋服也，其色玄，端正而無殺，殺謂殺縫。故曰「玄端」。「牢」，豕牢。「筴」通作栅，牢欄也。「彘」本亦作豕，彘、豕一也。「説」音税。「説彘」云云，特設爲之辭以起下文，所謂卮言者也。「惡」讀去聲。「㹕」同豢，謂飼之以穀類也。「齊」同齋，注見内篇《人間世》。齋必有所戒，如不飲酒、不茹葷之類，故先言戒後言齊也。「藉白茅」，以白茅爲藉，示潔淨也。「俎」載牲之器。曰「彫俎」者，俎有彫繪之飾，見其貴也。曰「加女肩尻」者，肩前而尻後，舉肩尻以表其全體也。「則女爲之乎？」意其甘之也。

「爲彘謀」，爲彘計也。「爲」讀去聲。「食」讀若飼。「糠」，米糠。「糟」，酒糟。「錯」亦作措，謂置而舍之也。「軒冕之尊」，乘軒而戴冕，謂卿大夫之位也。死而曰得，得其屍也。「腞」讀如篆，畫也。「楯」同盾。畫盾，即《詩·秦風》所云「蒙伐有苑」者。宋羅勉道《莊子循本》説即如此。此蓋因爭戰而死，故以畫盾載其屍也。「聚」讀如藂。「藂」字之或體。「僂」讀如襤褸之褸。「聚僂之中」，猶後世所云藁葬，蓋死於刑戮者也。生慕其尊，而死受其酷，如是而爲之，故曰「所異彘者何也」。譏其智乃同於彘之蠢然也。莊子寧爲泥中曳尾之龜，而不受楚大夫之聘，意正若此。

王念孫讀腞爲輇，讀楯如輴，以爲載柩之車，而以聚僂爲柩車之飾，且引《曲禮》等書以實之。若然，則生榮而死哀，其自爲謀正得也，何爲譏之乎！故諸注家多用王説，而予獨不然，非故立異也，以爲考文詳理，必如上解，乃與書旨無悖。何去何從，是在讀者。

桓公田於澤，管仲御，見鬼焉。公撫管仲之手曰：「仲父何見？」對曰：「臣無所見。」公反，誒詒爲病，數日不出。齊士有皇子告敖者，曰：「公則自傷，鬼惡能傷公！夫忿滀之氣，散而不反，則爲不足；上而不下，則使人善怒；下而不上，則使人善忘；不上不下，中身當心，則爲病。」桓公曰：「然則有鬼乎？」曰：「有。沈有履，竈有髻。戶内之煩壤，雷霆處之；東北方之下者倍阿，鮭蠪躍之；西北方之下者，則泆陽處之。水有罔象，丘有莘，山有夔，野有彷徨，澤有委蛇。」公曰：「請問委蛇之狀何如？」皇子曰：「委蛇，其大如轂，其長如轅，紫衣而朱冠，其爲物也惡，聞雷車之聲，則捧其首而立。見之者殆乎霸。」桓公辴然而笑曰：「此寡人之所見者也。」於是正衣冠與之坐，不終日，而不知病之去也。

「桓公」，齊桓公小白也。「田」，田獵。「澤」，藪澤。《呂覽・有始篇》及《淮南子・墬形訓》墬即地字。舉九藪，皆言齊之海隅，當即其地。海隅者，沿海之地。中多異物，未之經見，故以爲「見鬼焉」。「御」，御車。「仲父」，桓公稱管仲也。「反」同返。「誒詒」音騃獃，失魂魄貌。「皇子告敖」，「皇」姓，「告敖」字。稱「子」，尊其賢也。言「公則自傷」者，病生於疑懼，傷其神也。「鬼惡能傷公！」「惡」讀若烏，言病非鬼之爲也。「忿」通作憤，發動之義，非謂忿怨也。「滀」與蓄同，積聚也。忿滀之氣，人所當有，故云「散而不反，則爲不足」。舊以陰陽逆氣解之，非也。「善怒」，恒怒也。「善忘」，恒忘也。「中身當心則爲病」者，欲發動則不得，積聚而無所容，心受其害，是以病也。

公問有鬼，直應曰有，而不破之者，欲祛其疑懼，當巧言以釋之，不在直折也。「沈」，汙水所積也。「煩壤」，塵壤所積也。「倍」同培。「倍阿」，培塿之阿也。「東北方之下者倍阿」，八字作一氣讀。下「西北方之下者」，亦指倍阿言，以見於上文，故不重複，覦下一「則」字，即意可知也。舊以倍阿亦爲鬼物之名者，誤。「莘」亦從山作嶭。自「履」「髻」以下，皆造爲鬼物之名，不必實有也。

公獨問委蛇者，以云「澤有委蛇」，公所見正在澤也。大如轂，長如轅，以公見之在車中，故就車以形容之。「其爲物也惡」，「惡」者醜也。「惡」字句絕。舊連下讀，誤。「聞雷車之聲，則捧其首而立」，曰「雷車」者，車聲如雷駭也。上云「紫衣而朱冠」者，特以身紫而首赤，故爲是説，以神其爲鬼物耳，不得直認作有衣有冠也。「見之者殆乎霸」，此語蓋深窺桓公之隱而中之，故公聞之而笑，正衣冠與坐，不終日而不覺病之去也。蓋急於求霸者公之心，以有是心遂生忿滀之氣，見鬼而疑其不成，懼其將死，氣爲壅滯，所以病也。皇子惟神於知人，故能方便權巧，以起桓公之病。若徒執於其辭，以爲是乃博物君子，善言鬼神之情狀，未爲真知皇子者也。

紀渻子爲王養鬭雞。十日，而問：「雞已乎？」曰：「未也。方虛憍而恃氣。」十日又問。曰：「未也。猶應嚮景。」十日又問。曰：「未也。猶疾視而盛氣。」十日又問。曰：「幾矣。雞，雖有鳴者，已無變矣，望之似木雞矣，其德全矣，異雞無敢應者，反走矣。」

「王」，司馬彪注云「齊王」，是也。「紀渻子」，蓋紀國之後。據《春秋》，紀爲齊滅，故紀渻得爲王養鬭雞。「養」猶馴也，謂養而教之。《列子·黄帝篇》作爲周宣王養鬭雞，周當是齊字之誤。「鬭雞」者，以雞相鬭也，其事始見於《春秋左傳》，在昭公二十五年，曰：「季、郈之雞鬬，季氏介其雞，郈氏爲之金距。」至戰國，而鬬雞走狗成習矣。故以史跡證之，「王」爲齊王無疑也。

「已乎」，猶言「成乎」。《列子》「已」上有「可鬬」二字，或以此疑《莊子》文有脱誤，未必然也。「方虚憍而恃氣」，「憍」即驕字。「虚憍」者，無實而自驕滿也。無實而自驕滿，則不免挾氣以脅敵，故曰「恃氣」也。「猶應嚮景」者，「嚮」同響，「景」同影。言有影響之來觸，猶不能不爲之動也。「疾視」，與孟子言「撫劍疾視」之疾視同。「撫劍疾視」見《梁惠王篇》下。趙岐注：「惡視瞋目。」是也。「疾視盛氣」者，心雖不動，而氣猶未斂也。「幾」，庶幾也。「雞」，即下所云「異雞」。「鳴」者，所以挑敵。「無變」者，不爲動也，故云「望之似木雞矣」。「德全」者，氣專而神全也。故「異雞無敢應者，反走矣」。「無敢應」，無敢敵也。

此言養雞，以喻養德。養德，所以應世，故内篇《養生主》後繼之以《人間世》。養生不離人事，可知矣。王陽明將之南贛，其友王司輿語其門人曰：「陽明此行，必立事功。」問其故，曰：「吾觸之不動矣。」見黄宗羲《明儒學案·姚江學案·王陽明傳》附。其言不動，蓋即木雞之意乎？

孔子觀於吕梁，縣水三十仞，流沫四十里，黿鼉魚鼈之所不能游也。見一丈夫游之。以爲有苦而欲死也，使弟子竝流而拯之。數百步而出，被髮行歌，而游於塘下。孔子從而問焉，曰：「吾以子爲鬼，察子則人也。請問蹈水有道乎？」曰：「亡。吾無道。吾始乎故，長乎性，成乎命。與齊俱入，與汩偕出，從水之道，而不爲私焉。此吾所以蹈之也。」孔子曰：「何謂始乎故，長乎性，成乎命？」曰：「吾生於陵而安於陵，故也；長於水而安於水，性也；不知吾所以然而然，命也。」

「呂梁」，在今江蘇銅山縣東南，所謂呂梁洪者是也。酈道元《水經注》云：「泗水過呂縣南，呂縣，漢置隋廢，在銅山縣北。水上有石梁，謂之呂梁。」案：泗水發源於陪尾山而入於淮。孔子生於曲阜，泗水所經，與呂梁正在一水之上。呂梁地當時屬宋，孔子嘗過宋，故得觀焉。《列子·說符篇》言：「孔子自衛反魯，息駕乎河梁而觀焉，有縣水三十仞，圜流九十里，魚鼈弗能游，黿鼉弗能居。有一丈夫方將厲之。」其事與此相類，故注家往往以呂梁爲河梁，司馬彪注云：「河水有石絕處也。今西河離石西有此縣絕。」其誤殆由於此。《列子》書係後人纂輯而成，不能不有錯亂。《黃帝篇》載此文與《莊子》同，亦云觀於呂梁，可知《說符篇》所記乃一事，而傳聞有訛，因呂梁誤作河梁，遂附益之以自衛反魯之說。據誤文以爲注釋，自不可從也。

「縣」同懸。七尺曰仞。「三十仞」，蓋高二十餘丈也。「沫」，泡沫也，字從末不從未。「流沫四十里」，言甚遠而流急猶不能定也。「黿」，似鼈而大者。「鼉」則鱷類也。「苦」，憂苦。「有苦而欲死」，疑其欲自殺也。「竝流」，夾流也。「拯」，救也。「數百步而出」，「出」者，此丈夫自出也。「被髮」，披髮。「行歌」，行且歌也。「游於塘下」，此「游」與上「游」字異，上「游」，游泳，此「游」同遊，謂遊遨也。「塘」，堤岸也。

「從而問焉」，就之而問也。言「以子爲鬼」者，見出入急流之中，非人之所能也。「察」，詳察。「蹈」，踐也，踏也。「蹈水」即謂游水。「有道乎？」問其何術也。「亡」讀若無，猶言否也。「故」者素習。「始乎故」者，起於習也。「長」讀去聲。「長乎性」者，習久則若生性然也。「成乎命」者，「命」如諺言命根子。由性而入於命，斯其習之成也。「齊」同臍，謂石磨之臍也。水漩入處，有似於磨臍，故亦謂之臍。「汨」，水冒出也。「從水之道」者，從水之性也。「俱入偕出」，不以己意加於其間，是之謂「不爲私」，《應帝王篇》曰：「順物自然而無容私焉。」正此意也。「此吾所以蹈之」，言蹈水之道特在於此。夫惟從水之道，是故曰「吾無道」也。

「生於陵而安於陵」，「陵」，陵陸。此以陸喻水。「生於陵而安於陵」，則生於水而安於水可知。不言水而言陵者，人本陸居，且以避下文之複也。宣氏穎《南華經解》以陵爲指呂梁峻處。呂梁峻處，豈生人之所！此不得其意而强爲之辭也。「不知吾所以然而然，命也。」言自然而然，孔子所謂「安而行之」，孟子所謂「行所無事」也。此語於此文中爲最精，而亦最要。一切學問，不至此境地，皆不得謂之成，《易傳》所以言「盡性必以至於命」也。此篇首兩節言精、言氣、言神，此節言故、言性、言命，皆《大易》之精蘊，而養生之要訣，讀者特宜加意焉。

梓慶削木爲鐻，鐻成，見者驚猶鬼神。魯侯見而問焉，曰：「子何術以爲焉？」

對曰：「臣工人，何術之有！雖然，有一焉。臣，將爲鐻，未嘗敢以耗氣也。必齊以静心。齊三日，而不敢懷慶賞爵禄；齊五日，不敢懷非譽巧拙；齊七日，輒然忘吾有四枝形體也。當是時也，無公朝，其巧專而外骨消；然後入山林，觀天性；形軀至矣，然後成；見鐻，然後加手焉；不然則已。則以天合天，器之所以疑神者，其是與！」

「梓慶」，梓人名慶也，俞樾《諸子平議》謂《春秋左傳》襄四年匠慶即此人。梓匠雖異官，而同爲木工，俞氏説或然也。「鐻」同簴，簴亦作虡。簨簴也，所以縣鐘鼓者，以木爲之，故曰「削木爲鐻」。《考工記》曰：「梓人爲筍虡。」舊注以鐻爲樂器，云似夾鍾。若然，則金工之事，非梓人所得爲也。《史記·始皇本紀》云：「收天下兵，聚以爲鍾鐻。」鐻與鍾一類，故曰鍾鐻，銷兵以爲之，其非木製明矣。「鐻成，見者驚猶鬼神」者，簴有種種花紋，驚其刻鏤之巧也。

「何術以爲焉」，猶言何術以爲之。「有一」者，有一術也。「秏氣」，謂虚秏之氣。「秏氣」與「静心」對文。心静則氣充，故不以秏氣，則必齊以静心也。「齊」讀如齋，齋之爲言齊也。見《小戴禮記·祭統篇》下。齊讀如字。故齋以静心，亦言齊以静心爾已。「三日而不敢懷慶賞爵禄」，無慶賞爵禄之心也。「五日不敢懷非譽巧拙」，「非」同誹。無誹譽巧拙之心也。「七日輒然忘吾有四枝形體」，「輒然」即輒也。輒然之爲輒，猶猶然之爲猶。見《消摇游》「宋榮子猶然笑之」注下。成疏以輒然爲不敢動貌，王念孫以輒與埝讀捻。聲近義同，云「静也」，皆穿鑿之説，不可從也。「忘有四枝形體」，心静之至，遺其身也。

「無公朝」，因齋而不公朝也。「無公朝」與「入山林」同，皆言實事，郭注云「視公朝若無，則跂慕之心絶矣」，亦非本書之意也。「骨」藉爲滑，故本亦作「滑」。「其巧專而外骨消」，承上而結言之。慶賞爵禄、非譽巧拙，皆所以擾亂其心，是皆外滑也。「入山林，觀天性」，觀木之性也。「形軀至矣，然後成」，此「形軀」者，木之形軀。「至」者，至其度。「成」者，成其材也。「見鐻然後加手焉」，見有足稱爲鐻者然後爲之。言「加手」者，因其本材而加之彫鏤，不强作也，故曰「不然則已」。舊讀「見」爲現，而以「然後成見鐻」爲句，非也。

心静專而氣不秏，是己之天也。形軀至而材足爲，是鐻之天也。若是而爲鐻，是之謂「以天合天」。「以天合天」，即《養生主》所謂「依乎天理，因其固然」者也。「器之所以疑神者，其是與」，「與」讀歟，言神蓋在是也。

東野稷以御見莊公，進退中繩，左右旋中規。莊公以爲文弗過也，使之鉤百而反。顔闔遇之，入見曰：「稷之馬將敗。」公密而不應。少焉果敗而反。公曰：「子何以知之？」曰：「其馬力竭矣，而猶求焉，故曰敗。」

「東野稷」，姓東野，名稷也。《荀子·哀公篇》、《韓詩外傳》二、劉向《新序·雜事篇》及《孔子家語·顔回篇》並作東野畢，畢、稷一音之轉，而莊公作魯定公，顔闔作顔淵，惟《吕氏春秋·適威篇》與此同。考《論語》孔子稱顔子「一簞食，一瓢飲，在陋巷」，又曰「屢空」，孔子攝行相事在定公十四年，不數月而魯受齊女樂，孔子去魯。明年，定公亦薨矣。似顔子不得有見魯定公之事，則此篇與《吕覽》作顔闔者是也。《人間世篇》有「顔闔將傅衛靈公太子」語。靈公太子蒯聵，後得國，謚莊公，此云「見莊公」，蓋先爲之傅，後遂臣之，故《釋文》亦引或云「當是衛莊公也」。

「御」同馭，使馬行車也。「中」讀去聲。「中繩」者，與繩合，言其直。「中規」者，與規合，言其圓。「左右旋」者，或左旋，或右旋也。「以爲文弗過」，謂組織之文不能過也。《吕覽》作「以爲造父弗過也」。吴汝綸據此，謂「文」字當是「父」字之誤，又脱「造」字，所言頗近理，然於他書無徵，未敢率改。「造父」，周穆王之御也。「鉤百而反」，百周而反也。「反」與返同。《馬蹄篇》：「匠人曰：我善治木，曲者中鉤，直者應繩。」言中鉤猶言中規，故鉤百猶旋百。旋百，百周也。章炳麟《莊子解故》以百爲阡陌之陌，鑿矣。「敗」，敗駕，謂馬僵而車壞也。「密」與默通。默而不應，不然其言也。「馬力竭」，馬力盡也。「而猶求焉」，馳之驟之，責進而不已也。力盡而責進不已，未有不僨事者，故曰「敗」，言簡而意則深矣。牧羊視其後者而鞭之，爲不知進者言也。東野稷之馬敗，爲不知止者言也。不知止，猶不知進也。斯理也，非明道者其孰知之！

工倕旋而蓋規矩，指與物化，而不以心稽，故其靈臺一而不桎。忘足，履之適也；忘要，帶之適也；知忘是非，心之適也；不内變，不外從，事會之適也；始乎適而未嘗不適者，忘適之適也。

「倕」與垂同，《尚書・堯典》僞《古文尚書》則《舜典》。「舜曰：垂汝共工」，即其人也，故謂之工倕。「旋而蓋規矩」，謂以指旋轉自能中規。「蓋」者掩蓋之義，猶言合也。言規又言矩者，特連類而及之，無他深義也。《釋文》無「規」字，蓋誤脱。郭注云：「雖工倕之巧，猶任規矩，此言因物之易也。」則原有「規」字甚明。「指與物化」，「物」即指規矩言。「而不以心稽」，「稽」者度也。謂雖指可爲規而終用規矩，不恃心爲之計度，故下一「而」字爲轉語。郭注以因物爲説，實得莊旨。因物者，即《齊物論》之「因是」、《天道篇》之「因任」也。惟因物而不任心，「故其靈臺一而不桎」，此正反證東野稷之任心而竭馬力，所以至於敗駕也。「桎」與窒通，謂塞也，滯也。一則易滯，一而不滯，虚而任物之效也。故下舉「忘足，屨之適；忘要，帶之適」，以陪起「知忘是非，心之適」。「知忘是非」者，知亡是非也。惟亡是非而後可以用是非，《人間世篇》云「虚而待物」者，蓋謂是也。

人心原以應物，故《莊子》一書言心未嘗離事，此文亦然，言「知忘是非，心之適也」，即接曰「不内變，不外從，事會之適也」。「事會」二字連文，與「心」字對。或讀「不外從事」爲句，誤也。「不内變」，不變於内，承上文「不桎」言。「不外從」，不從乎外，承上文之「一」言。或疑「不外從」與因物之義矛盾不相容，不知因物者，我用物；外從者，我爲物用。此中界限，如鴻溝之不可逾越。《知北游篇》曰「與物化者，一不化者」也。以與物化言，則曰因物；以一不化言，則曰不外從，其義正相待而成，非相反也。「始乎適而未嘗不適者，忘適之適也」，又進一步言，蓋必忘適而始真虚，亦必真虚而始真適也。

有孫休者，踵門而詑子扁慶子曰：「休居鄉不見謂不修，臨難不見謂不勇；然而田原不遇歲，事君不遇世，賓於鄉里，逐於州部，則胡罪乎天哉？休惡遇此命也？」扁子曰：「子獨不聞夫至人之自行邪？忘其肝膽，遺其耳目，芒然彷徨乎塵垢之外，消摇乎無事之業，是謂爲而不恃，長而不宰。今女飾知以驚愚，修身以明汙，昭昭乎若揭日月而行也。女得全而形軀，具而九竅，無中道夭於聾盲跛蹇而比於人數，亦幸矣。又何暇乎天之怨哉！子往矣！」孫子出。扁子入。坐有間，仰天而歎。弟子問曰：「先生何爲歎乎？」扁子曰：「向者休來，吾告之以至人之德，吾恐其驚而遂至於惑也。」弟子曰：「不然。孫子之所言是邪？先生之所言非邪？非固不能惑是。孫子所言非邪？先生所言是邪？彼固惑而來矣，又奚罪焉！」扁子曰：「不然。昔者有鳥止於魯郊，魯君説之，爲具大牢以饗之，奏九韶以樂之，鳥乃始憂悲眩視，不敢飲食。此之謂以己養養鳥也。若夫以鳥養養鳥者，宜棲之深林，浮之江湖，食之以委蛇，則平陸而已矣。今休款啟寡聞之民也，吾告以至人之德，譬之若載鼷以車馬，樂鴳以鐘鼓也。彼又惡能無驚乎哉！」

此文與篇首「達命之情」義相應，蓋惟忘命而後能安命，若知其爲命而猶有所未忘，則是未能達命，即宜其不安，如孫休者是也。「踵門」，足至門也。古人之相見也必以介，不介而親叩見，是爲踵門。故《孟子·滕文公篇》亦言「許行自楚之滕，踵門而告文公」也。「詫」，怪而問之也。稱「子扁慶子」者，猶前稱子列子之比，蓋記者尊其本師之辭。「扁慶」爲複姓，而下云「扁子」者，猶南宮亦稱南，墨胎亦稱墨，從其省略也。「休」，自斥其名也。「田原」謂耕稼。「事君」謂仕宦。「不遇世」，不遇時也。「賓」同擯，謂見擯棄也。「逐」，放逐。「州部」，州邑也。韓非有「宰相起於州部」語，由是可以推知當時稱州邑亦曰州部也。「胡罪乎天」，何罪於天也。「惡」讀烏。烏遇此命，何以遭此命也。

「至人之自行」，言「自行」者，盡其在我，不問其所遭云何也。「忘肝膽，遺耳目」四句，並見前注。「無事」猶無爲也。「爲而不恃，長而不宰」，語本老子，「長」讀上聲，言爲民長上也。「不恃」者，不恃其能。「不宰」者，不主其功。皆言因人事之自然，而無容心乎其間也。「知」讀智。「飾智以驚愚」，矜其智也。「修身以明汙」，炫其修也，故曰「昭昭乎若揭日月而行」，則是其行皆以爲人，非所謂自行者也。夫驚愚則愚者畏之，明汙則汙者忌之，非所以自全養生之道也，故曰「汝得全而形軀，具而九竅，無中道夭於聾盲跛蹇而比於人數，亦幸矣」。「幸」，徼幸也。「而」同爾。「跛」，足偏廢。「蹇」，艱於行也。「比於人數」，謂列於人之數也。「天之怨」，倒文，言怨天也。「往矣」者，止其毋再言也。

「有鳥止於魯郊」，已見上《至樂篇》。「食之以委蛇」句，有缺誤，俞樾《諸子平議》曰：「當如《至樂篇》云：『食之以鰌鰷，委蛇而處』。如此，方與下句『則平陸而已矣』文義相屬。無『相處』二字，下文便不貫矣。」案俞説似矣，而未盡是也。「平陸而已矣」句，「平陸」下接「而已」字，實不可通，疑此文本作「食之以鰌鰷，則委蛇平陸而已矣」，傳寫者脱「鰌鰷」字，後人因移「委蛇」字於上以補之，於是上下句皆成費解，必如是校正，乃始妥善耳。「欸」與竅通。「啟」，開也。「欸啟」，謂開一隙，所見小也。小見，正與寡聞對。「鼷」，鼷鼠。「鴳」即《消摇游》所云「斥鴳」，字亦作「鷃」。「惡能無驚」，言其不足承受也。

山木第二十

此内篇《人間世》之羽翼也。文中稱莊子爲夫子，則是漆園弟子所記。

莊子行於山中，見大木枝葉盛茂，伐木者止其旁而不取也。問其故，曰：「無所可用。」莊子曰：「此木以不材得終其天年。」夫子出於山，舍於故人之家。故人喜，命豎子殺雁而亨之。豎子請曰：「其一能鳴，其一不能鳴，請奚殺？」主人曰：「殺不能鳴者。」

明日，弟子問於莊子曰：「昨日山中之木，以不材得終其天年；今主人之雁，以不材死；先生將何處？」莊子笑曰：「周將處夫材與不材之間。材與不材之間，似之，而非也，故未免乎累。若夫乘道德而浮游則不然。無譽無訾，一龍一蛇，與時俱化，而無肯專爲；一下一上，以和爲量，浮游乎萬物之祖；物物而不物於物，則胡可得而累邪！此神農、黄帝之法則也。若夫萬物之情，人倫之傳，則不然。合則離，成則毁，廉則挫，尊則議，有爲則虧，賢則謀，不肖則欺，胡可得而必乎哉！悲夫，弟子志之！其惟道德之鄉乎！」

嚮讀《人間世》「匠石之齊」與「南伯子綦游乎商之丘」兩段文字，極贊不材之用，竊用疑之，以爲稂莠因害稼而見鋤，桑苧以益人而廣植，即安見材之必殘而不材之必存耶！後見此篇，疑乃冰釋，蓋材與不材因時爲用，故《人間世》卒云「天下有道，聖人成焉」，此取乎材者也；又曰「天下無道，聖人生焉」，此取乎不材者也。然則言者有言，當通其意，不材之説爲遭亂世而發，若僅執其辭以求之，則必有失乎作者之用心者矣。抑此篇末引陽子之言云：「行賢而去自賢之行，安往而不愛哉！」以是又知所言不材者非真不材之謂，特有材而不自見，以是同於不材耳。不然，其真不材也，則值天下無道，將何以生！而又何以與天下有道成其治理者同稱之爲聖人哉！是故讀《人間世》必取《山木篇》合讀之，而後其義足，其旨亦明。外篇之所以爲内篇羽翼者，蓋坐是也。

「夫子」者，弟子稱莊子之辭。「舍」，宿也。「豎子」謂童僕。「雁」，鵞也，野生者雁，人飼者鵞，稱鵞爲雁，從其本名也。「亨」讀同享，享者饗也，王念孫以《釋文》讀烹爲誤，是也。今各本俱刻作「烹」，則因《釋文》而改。《釋文》雖讀烹，字固作亨也。

「先生將何處」，詢其所以自處之道也。始言「周將處夫材與不材之間」，繼又言「材與不材之間似之而非」者，「材與不材之間」，孟子所謂「子莫執中」者也。夫執中無權，猶執一也，故曰「似之而非」也。「未免乎累」者，或以材累，或以不材累，其爲累一也。

「乘道德而浮游」，「浮」者不陷，「游」者不滯也。「無譽無訾」，即《坤卦》六四之「無咎無譽」也。「一龍一蛇」，用之則爲龍，不用則爲蛇也。「與時俱化」，隨時而變。「無肯專爲」，不主於一也。「一下一上」，原作「一上一下」，姚鼐曰：「上字與量字爲韻，上下字當互易。」俞樾説同，因據正。「以和爲量」，「量」猶期也，期於中節而止，故上下無常也。《中庸》曰：「發而皆中節謂之和。」中節則和，和必中節，故此以中節釋和。「萬物之祖」，未始有物之先也。「物物而不物於物」，以我役物而非役於物也。役物而不役於物，是非超乎萬物之先者不能，故先言「浮游乎萬物之祖」也。「胡可得而累」者，言無足以累之也。曰「神農、黄帝之法則」者，猶《人間世》「心齋」之下言「禹、舜之所紐，伏羲、几蘧之所行終」，一以見其事有徵，一以見其造匪易，所以堅學者之信而防其慢也。

「傳」讀如轉，轉者轉變。「人倫之傳」，謂人事之變也。「合則離」，有合即有離。「成則毀」，有成即有毀。此二者就萬物之情言之也。「廉則挫，尊則議」，廉與尊對，謂窮約也。《陰符經》云「至樂性餘，至静性廉」，以廉對餘言，即廉有不足之義，故知爲窮約也。窮者上之所抑，故曰「廉則挫」；尊者下之所誹，故曰「尊則議」。廉、尊相對，猶賢、不肖之相對也。賢則人忌而謀之，故曰「賢則謀」；不肖者人狎而欺之，故曰「不肖則欺」。此四者就人倫之變言之也。「有爲則虧」，則合萬物之情、人倫之變而兼言之。「有爲」者，無爲之反；「虧」者，全之反。見非無爲無得全之道也，故曰「胡可得而必乎哉」。「胡可得而必」，無之而可必其免夫累也。

「志之」者，欲其識之而勿忘也。「鄉」讀如向。「其惟道德之鄉」者，言惟趨向於道德，是可必之道。上云「乘道德而浮游」，此改言「道德之鄉」者，乘而浮游，非弟子之所驟能，示以入門之徑，故曰「鄉」也。

市南宜僚見魯侯，魯侯有憂色。市南子曰：「君有憂色，何也？」魯侯曰：「吾學先王之道，修先君之業，吾敬鬼尊賢，親而行之，無須臾離，居然不免於患。吾是以憂。」市南子曰：「君之除患之術淺矣。夫豐狐文豹，棲於山林，伏於巖穴，靜也；夜行晝居，戒也；雖飢渴隱約，猶且胥疏於江湖之上而求食焉，定也；然且不免於罔羅機辟之患。是何罪之有哉？其皮爲之災也。今魯國獨非君之皮邪？吾願君刳形去皮，洒心去欲，而游於無人之野。南越有邑焉，名爲建德之國。其民愚而朴，少私而寡欲；知作，而不知藏，與，而不求其報；不知義之所適，不知禮之所將；猖狂妄行，乃蹈乎大方；其生可樂，其死可葬。吾願君去國捐俗，與道相輔而行。」

君曰：「彼其道遠而險，又有江山，我無舟車，奈何？」市南子曰：「君無形倨，無留居，以爲君車。」君曰：「彼其道幽遠而無人，吾誰與爲鄰？吾無糧，我無食，安得而至焉？」市南子曰：「少君之費，寡君之欲，雖無糧而乃足。君其涉於江而浮於海，望之而不見其崖，愈往而不知其所窮。送君者皆自崖而反，君自此遠矣！故有人者累，見有於人者憂。故堯非有人，非見有於人也。吾願去君之累，除君之憂，而獨與道游於大莫之國。方舟而濟於河，有虛船來觸舟，雖有惼心之人不怒；有一人在其上，則呼張歙之；一呼而不聞，再呼而不聞，於是三呼邪，則必以惡聲隨之。向也不怒，而今也怒；向也虛，而今也實。人能虛己以游世，其孰能害之！」

「宜僚」姓熊，其曰「市南宜僚」者，舉其所居以爲號，猶《論語》稱東里子産也。哀十六年《左傳》記楚白公之亂，曰：「市南有熊宜僚者，若得之，可以當五百人矣。」即其人也。「魯侯」，魯哀公蔣。知其爲哀公者，以時言，則宜僚與哀公同時；以事言，則哀公畏三桓之逼，欲藉越人之力以伐之。三桓亦患公作難，二十七年乃合而攻公，公遂奔衛，如鄒如越。此云魯侯有憂色，正指君臣交惡事也。又孔子自衛返魯，哀公頗尊事之，觀《禮記·哀公問》諸篇可見也。故此云「學先王之道，脩先君之業」，「敬鬼尊賢，親而行之」，實於哀公爲合。宜僚與之極言道德之奥，欲其「去國捐俗」，而「虛己以游世」，儻亦爲其質美而可以言歟！

「親而行之」，即親行之也。「無須臾離」句，「居然」連文，屬下「不免於患」爲句，與《大雅·生民》之詩言「居然生子」者同。應免於患而竟不能免，故曰「居然」也。《釋文》：崔本無「離」字，以「居」字連上讀。蓋崔本偶脱，不足據也。

「豐狐」，狐之厚毛者。「文豹」，俗所謂金錢豹也。「静也」者，言其不妄動也。「隱約」謂窮困。昭二十五年《左傳》「隱民皆取食焉」，杜注曰「隱約，窮困」，是也。注家或以隱藏斂約釋之，誤矣。「胥疏」猶趑趄也，蓋有所瞻顧，行而不進之義，故曰「定也」。定之爲言止也，慎之至也。胥疏本疊韻謰語，義存乎聲，不得析而釋之。故舊注訓胥爲須、爲相，訓疏爲菜、爲草，固非。而如郭嵩燾説訓作疏遠，以爲「江湖之上乃舟車之所輳，廛閈之所都。故豐狐文豹未嘗求食江湖之上，言足跡所不經也」，則求其解而不得而强爲之辭，謬尤甚矣。夫本文明言「胥疏於江湖之上而求食」，而謂未嘗求食江湖之上，可乎？且狐、豹不求食江湖之上，又將焉所求食？其事甚顯，其理甚淺，而繳繞字句之間，以爲創解，説者或尊而信之，不亦可笑乎哉！

「罔」與網同。「機辟」即機括，見《消摇游》注。「其皮爲之災」者，其皮爲之害也。「刳」，剖也。「刳形去皮」，欲公之不有其國也。「洒」同洗。「洒心去欲」，欲公之不有其身也。「游於無人之野」，離人而合於天也。

「南越有邑焉」以下，設爲是説，猶《消摇游》之言藐姑射之神人也。曰「建德之國」者，歸本於德也。「知作而不知藏」，不欲貨之藏諸己也。「與而不求其報」，一切同之乎人也。「不知義之所適」，適乎義而忘其爲義。「不知禮之所將」，行乎禮而忘其爲禮也。「猖狂妄行」，所謂從心所欲也。「蹈乎大方」，所謂不踰矩也。「從心所欲不踰矩」，孔子之言，見《論語·爲政篇》。古注有解「從」作「縱」者，縱心所欲，於猖狂義尤近。「生可樂，死可葬」，言生於是、死於是，無往而不自得也。「去國」之「去」與「去皮」之「去」同讀上聲，謂舍去之，非曰離去也。「捐俗」，遺世也。「與道相輔而行」，道不可須臾離也。

公不悟宜僚之意，謂南越實有其國也，故以其道遠險而無舟車辭。「有江山」者，言有江山之阻隔也。宜僚答之曰「無形倨」，無以形而自驕。「無留居」，無自安於所處。「形」謂勢。「居」謂位也。「以爲君車」者，不戀戀於勢位，則固游行而無礙，是所謂車者也。

公又以無糧無食辭。言無糧又言無食者，「糧」以所携言。孟子云「行者有裹糧」。見《梁惠王（下）篇》。本書云：「適百里者宿舂糧，適千里者三月聚糧。」是也。「食」則謂取之當地，承其「道幽遠無人，誰與爲鄰」言，故曰「無食」。「無食」者，無食之者也。

「少費」，費者物。「寡欲」，欲者心。費少根於欲寡，故言「少費」，復言「寡欲」，即上文「洒心去欲」意也。「無糧乃足」者，德備於己，本不資乎外物也。「涉江浮海」，根上南越言，亦設辭。「不見其崖」，「崖」，涯也。「愈往而不知其所窮」，愈進而德愈遠，無有盡境也。「送君者皆自崖而反」，此「崖」訓岸。常人不能捐俗忘身，故及岸而止。「反」與返同。郭注云：「民各反守其分。」非也。「君自此遠矣」者，孤詣獨造，人欲從而莫由，故曰「遠」也。

「有人者累」，「有」者，私之以爲己有也。「人」謂人民。私其人民，亦即私其國。上文云「魯國獨非君之皮」者是也，故曰「累」。既私民以爲己有，則民自亦責望於其上。責望之而不得，小之則怨，大之則叛，於是而憂危以生，故又曰「見有於人者憂」。「見有於人」者，爲人所有，而己不得自遂其志也。「堯非有人，非見有於人」者，堯公天下而不私，是「非有人」也；天下各安其俗，各樂其業，而忘乎堯之爲治，如《擊壤》之歌所云「帝力何有於我」者，是「非見有於人」也。《擊壤》之歌，出晉皇甫謐《帝王世紀》，其全文曰：「日出而作，日入而息，鑿井而飲，耕田而食，帝力何有於我哉！」於此而引堯以爲言，則知欲公之去國捐俗者，非真謂讓國委民而遯遁於荒野也，特以國公之國人，而己以無爲治之而已。如是，則何累何憂之有！

「獨與道游於大莫之國」，「莫」同漠。「大莫」，猶廣莫也。「廣莫之野」，見《消摇游篇》。變前文「無人之野」而曰「大莫之國」者，見道之廣大，以形魯之狹小，則舍彼取此，公當知所擇焉。下文特提倡一「虛」字。虛者無己，無己則無爲，無爲則無累，無累則亦無患、無害矣，所以總括上文也。

「方舟」，併兩舟也。濟河而併兩舟者，河水急難濟，併兩舟所以保安全也。「虛船」，船空無人也。「惼」同褊，謂褊急也。「呼張歙之」，呼來船或張或歙也。「張」，今俗所謂撑開。「歙」，今俗所謂合攏也。「於是三呼邪」，於是而三呼也。邪、也本一聲，輕之則讀「也」，重之則讀「邪」，故「也」、「邪」有時而用同也。實對虛言，謂有人也。「向也不怒而今也怒，向也虛而今也實」，謂向不怒而今怒者，以向虛而今實也。此以上，喻人能「虛己以游世」。「其孰能害之」，出本意。「游世」，謂游於世也。

北宮奢爲衛靈公賦斂以爲鐘，爲壇乎郭門之外，三月而成高下之縣。王子慶忌見而問焉，曰：「子何術之設？」奢曰：「一之間，無敢設也。奢聞之：『既彫既琢，復歸於朴。』侗乎其無識，儻乎其怠疑；萃乎芒乎，其送往而迎來；來者勿禁，往者勿止；從其彊梁，隨其曲傅，因其自窮，故朝夕賦斂，而毫毛不挫，而況有大塗者乎！」

「北宮氏」，出自衛成公，以所居爲號，蓋衛之世大夫，「奢」其名也。「靈公」已見前《人間世篇》。「爲之賦斂以爲鐘」，賦斂鐘材，非賦斂財也。昭二十九年《左傳》云：「晉趙鞅、荀寅帥師城汝濱，遂賦晉國一鼓鐵，以鑄刑鼎。」鼓，量名，當一斛。彼鑄鼎賦鐵，此爲鐘，自是斂銅。注家有以賦斂爲即後世之募捐比者，非也。「壇」者，鼓鑄之所。《釋文》引李頤説「爲壇以祭禱」，亦非也。「縣」，懸之本字。云「上下之縣」者，蓋鐘有十二，按十二律以爲之，懸之於虡，則上下各六，是即所謂編鐘者也。「三月而成」，言其速也。

「王子慶忌」，王族而名慶忌也，或周大夫來使於衛，或即仕於衛者，無得而考已。「子何術之設」，問奢賦斂之方。「設」有驅迫義，設字從言從殳，徐鍇《説文繫傳》解之曰：「殳，所以驅遣使人也。」故曰設有驅迫義。蓋疑其有所强勉也，故答曰「無敢設」。後文云「送往迎來」，「因其自窮」。「自窮」者，自盡也。自盡正表其非强勉，針對「設」字而發。注家率於「設」字忽略過去，故特爲點明。「一之間」，猶云一心之間，謂舍此更無他也。「彫琢復朴」，語本老子，故云「奢聞之」。「朴」者誠也。根「一之間」「一」字説。惟誠故一，亦惟一故誠也。誠者不以知見，故曰「侗乎其無識」。誠者不以氣魄，故曰「儻乎其怠疑」。「侗」者，視物一同，不知分別也。「儻」，道藏《義海纂微》本、《循本》本並作「倘」，實與儻、惝字同，即惝怳義也。「怠疑」同佁儗。《集韻》：「佁儗，固滯貌。」蓋即今俗云呆、獃字，於其聲可以知之。疑、儗皆讀礙之平聲。「萃」，聚也。「萃乎」形其衆。「芒」同汒。「芒乎」形其廣。對下「送往而迎來」説，皆言其人之多也。「强梁」，謂倔强不服從者。「曲傅」，謂委曲傅近己者。「從」、「隨」，皆謂聽任之。「毫毛不挫」，略無所損傷也。「大塗」，承上「郭門之外」言。郭門當往來之衝，經行者衆，其賦斂也尤易，故下「而況」字。此仍就本事説，非別有指。注家率以「大塗」爲大道釋之，則反文矣。

孔子圍於陳、蔡之間，七日不火食。大公任往弔之，曰：「子幾死乎？」曰：「然。」「子惡死乎？」曰：「然」。任曰：「予嘗言不死之道。東海有鳥焉，其名曰意怠。其爲鳥也，翂翂翐翐而似無能；引援而飛，迫脅而棲；進不敢爲前，退不敢爲後；食不敢先嘗，必取其緒。是故其行列不斥，而外人卒不得害，是以免於患。直木先伐，甘井先竭。子其意者飾知以驚愚，脩身以明汙，昭昭乎若揭日月而行，故不免也。昔吾聞之大成之人曰：『自伐者無功』，『功成者墮，名成者虧，孰能去功與名，而還與衆人！』道流而不明居，得行而不名處；純純常常，乃比於狂；削迹捐勢，不爲功名。是故無責於人，人亦無責焉。至人不聞，子何喜哉？」孔子曰：「善哉！」辭其交游，去其弟子，逃於大澤；衣裘褐，食杼栗；入獸不亂羣，入鳥不亂行。鳥獸不惡，而況人乎！

圍於陳、蔡之間，已見上《天運篇》。「不火食」，謂不舉火也。「大公」，長者之稱，與呂望之號太公望同。「任」取放任自在之意，蓋託名，非實有其人也。「弔」，慰問之也。「幾死」，殆死也。「惡死」，以死爲嫌也。

「嘗言不死之道」，試言免死之道也。「意怠」與下文鷾鴯皆謂海燕也。燕又得名意怠、鷾鴯者，古謂燕謂乙，或作鳦。意怠、鷾鴯，即乙、鳦之音而變者也。怠從台聲。台一讀怡。試以乙聲緩讀之，則爲意怠矣。然此名意怠，亦兼取上怠疑義，故曰「其爲鳥也，翂翂翐翐而似無能」。「翂翂」猶紛紛。「翐翐」猶秩秩。「引援而飛」，言其能羣，所謂紛紛也。「迫脅而棲」，言其有序，所謂秩秩也。「迫脅」者，互相偎倚，非如《釋文》引李頤所云「迫脅在衆鳥中，纔足容身而宿」之謂。李氏以「迫脅」解作脅迫，宜其誤也。「進不敢爲前」，慎於進也。「退不敢爲後」，勇於退也。「食不敢先嘗，必取其緒」，「緒」謂殘餘，互相讓也。「行列不斥」，「斥」如斥候之斥。「不斥」，謂不伺望以爲備也。雖不備，人亦莫害之，故曰「而外人卒不得害」。王先謙《莊子集解》用蘇輿之説，以斥爲排斥，言爲衆鳥所容，此其誤與李頤同。燕與燕爲羣，「行列」即燕之行列，安得以爲他鳥耶！「是以免於患」，是總上「而似無能」以下，言要之不爭不炫而已。「飾知以驚愚」三句，已見上《達生篇》。

「大成之人」，謂成德之人，猶下云「至人」也。「自伐者無功」，語見老子。「功成者墮」四句，語見《管子·白心篇》，蓋皆十口相傳，古之遺訓。成玄英疏謂「大成之人」即老子，拘矣。「墮」與隳同。隳、虧爲韻。「還與衆人」，謂還同衆人也。人、名爲韻。「道流而不明居」爲句。舊讀「明」字句絶，失之。此文與下「得行而不名處」正相對。「得」即德也。「流」、「行」皆變動不拘之義。故曰「不明居」、「不名處」。「不明」謂不可見，「不名」謂無以稱之，居、處則流、行之反。見且不可得，安得而居之！名且不可有，安得而處之！非如一般注家所云「不顯居之」與「不處其名」也。「純純」，言不雜也。「常常」，言不異也。「乃比於狂」，猶上宜僚言「猖狂妄行，乃蹈乎大方」，世人視以爲狂，非其真狂也。「削迹」，不見迹。「捐勢」，不作勢。「不爲功名」，即《消揺游》所謂「聖人無名，神人無功」也。是則道德之至，而人自化之，故曰「無責於人，人亦無責焉」。「至人不聞」，「聞」者，名聞之聞，謂世不傳聞其名也，與《秋水篇》言「道人不聞」義異。注家或舉彼以明此，非也。「子何喜哉？」「喜」承上「聞」字説，謂何爲以聞爲喜。「直木先伐，甘井先竭」，名聞乃招禍之端，則何足喜也。

辭交游，去弟子，逃於大澤，孔子寧有此事！其爲寓言不待説。「裼」，毛布。「衣」讀去聲。「杼」與《齊物論》「狙公賦芧」之芧同，從木從草，一也。「不亂羣、不辭行」，與鳥獸狎而鳥獸不驚也。「惡」去聲。「不惡」，不嫌也。

孔子問子桑雽曰：「吾再逐於魯，伐樹於宋，削迹於衛，窮於商、周，圍於陳、蔡之間。吾犯此數患，親交益疏，徒友益散，何與？」子桑雽曰：「子獨不聞殷人之亡與？林回棄千金之璧，負赤子而趨。或曰：『爲其布與？赤子之布寡矣。爲其累與？赤子之累多矣。棄千金之璧，負赤子而趨，何也？』林回曰：『彼以利合，此以天屬也。』夫以利合者，迫窮禍患害相棄也；以天屬者，迫窮禍患害相收也。夫相收之與相棄，亦遠矣。且君子之交淡若水，小人之交甘若醴；君子淡以親，小人甘以絶。彼無故以合者，則無故以離。」孔子曰：「敬聞命矣。」徐行翔佯而歸，絶學捐書，弟子無挹於前，其愛益加進。異日，桑雽又曰：「舜之將死，其命禹曰：『汝戒之哉！形莫若緣，情莫若率。』緣則不離，率則不勞；不離不勞，則不求文以待形；不求文以待形，固不待物。」

「子桑虖」，即《大宗師篇》之子桑户也。「户」、「虖」一音之轉，《釋文》音户，是也。桑户一作桑虖，猶宋鈃一作宋榮，南郭子綦一作南伯子綦。當時人之名字，口口相傳，聲近之字皆得通用，不足異也。《釋文》云：「虖本又作雩。」雩即「禮大雩」「雩」字之别體。古吁、呼音亦相近，則作雩、作虖一也。惟刻本有作「雫」者，「雫」乃「虖」之形誤，字書無此字，唐寫本、宋刻本並作「虖」，可案也。

「再逐於魯」者，孔子初爲魯委吏乘田，當昭公時。昭公欲去季氏不得，出奔，魯亂，孔子去之齊。此一事也。後相定公，齊人饋女樂，季桓子受之，不朝，孔子去之衛。此又一事也。故曰「再逐」。其下數事，已見《天運篇》注。

「犯」猶冒也。「徒友」謂門弟子。「散」，離散也。《論語》子曰：「從我於陳、蔡者，皆不及門也。」下章彙記顔淵、閔子騫、冉伯牛、仲弓等十人，分爲四科。意當時從者必不止此十人，則此云「益疏」、「益散」，亦當是寓言非實事，讀者若信以爲真，則誤矣。

「殷人」本作「假人」，而司馬彪注下林回曰：「林回，殷之逃民姓名。」吴汝綸據之以爲「假」乃「殷」字之譌。案：殷、假形極相近，他書又未有以假爲國名者，吴氏之説是也，兹故從以改正。「亡」，逃亡。「趨」，急行也。「布」者泉布之布。言布猶言貨也。「或曰」以下，或人問林回之言。「彼」指璧，「此」指赤子。「天」謂天德、天性。「以天屬」，謂以性情相連繫也。注家多解天爲天倫、爲天親，此以説林回之父子則可，以説孔子師弟之間則有不通，決非桑户之意，故知當以天德、天性之訓爲正也。「迫」，逼近也。「窮禍患害」四字連文。「窮」，窘困也。

林回答辭只二句。「夫以利合者」以下，爲桑户之言。「相收之與相棄亦遠矣」，「遠」謂二者相距之甚也。「君子之交淡若水」四句，亦見《小戴禮記·表記》。彼文曰：「君子之接如水，小人之接如醴。君子淡以成，小人甘以壞。」曰交曰接，一也。「醴」，甜酒之帶糟者。「絶」謂離絶也。「彼」者，外之之辭。「無故」猶言無因、無謂。相交無性情道義之契，泛泛然而合，亦泛泛然而離，是所謂「無故」也。此正答孔子「親交益疏、徒友益散」之問。郭注云：「夫無故而自合者，天屬也。合不由故，則故不足以離之也。然則有故而合，必有故而離矣。」郭説雖巧，然而於原旨則悖矣。

「翔佯」猶徜徉。「絶學」，本老子「絶學無憂」之言，謂脱迹於學，非廢學而不講也。「捐書」亦然。「挹」猶損也。《荀子·宥坐篇》云：「此所謂挹而損之之道也。」楊倞注曰：「挹亦退也。挹而損之，猶言損之又損。」然則「挹」有損義，故《後漢書·光武紀》中元元年羣臣奏有「陛下情存損挹，退而不居」之言，即以「損挹」連文。「弟子無挹於前」，亦謂弟子視前無有減損，是以下接云「其愛益加進」。「挹」與「加進」，文正相對，義甚明也。《釋文》引李頤注，訓挹爲無所執持，固爲費解。宣穎《南華經解》説爲無可挹取於前。推其意，蓋以爲學絶書捐，故弟子遂無所弋獲，望文生訓，使書旨本明者反以晦昧。諸家競從之，尤可怪也。

「其命」舊作「真泠」。《釋文》云：「真，司馬本作直。泠或爲命，又作令。」案：泠、命形近。既本有作「命」者，則「泠」爲譌字無疑，故自焦竑《莊子翼》、方以智《藥地炮莊》皆以「真泠」當作「其命」。真、其亦形似而譌，茲故據以改正。至楊慎以「真泠」爲即「丁寧」，王引之謂「直」當爲「迺」、「迺」譌爲「直」、「直」又譌爲「真」，其説迂曲，不敢從也。

「形莫若緣，情莫若率」，即《人間世》「形莫若就，心莫若和」之説。「緣」者隨順之謂，故曰「緣則不離」。「不離」，與物不離異也。「率」如《中庸》「率性」之率，任情而動，故曰「率則不勞」。「不勞」，其神不勞悴也。「不求文以待形」，即《繕性篇》所云「信行容體而順乎文」者。其有文也，出乎自然，故曰「不求文」也。此句本當云「不待形以求文」，以欲與下文「不待物」相對爲句，故移「待形」二字於下。形即「形莫若緣」之形，《繕性篇》所云「容體」也。文雖見於容體，而實發自中誠，故曰「不待形」。或有解作不重在形式者，非也。形且不待，自不待物。物如衣冠俎豆，以至筐篚玉帛，凡以爲交際之儀文者，皆是。此則可以形式説之。成疏云：「當分各足，不待於外物。」以物爲一般之物，亦未然也。

莊子衣大布而補之，正緳係履，而過魏王。魏王曰：「何先生之憊邪？」莊子曰：「貧也，非憊也。士有道德不能行，憊也；衣敝履穿，貧也，非憊也；此所謂非遭時也。王獨不見夫騰猿乎？其得柟梓豫章也，攬蔓其枝，而王長其間，雖羿、蓬蒙不能眄睨也。及其得柘棘枳枸之間也，危行側視，振動悼慄，此筋骨非有加急而不柔也，處勢不便，未足以逞其能也。今處昏上亂相之間，而欲無憊，奚可得邪？此比干之見剖心徵也夫！」

此文上下皆説孔子，而以莊子之憊一文厠於其間，蓋其弟子欲以周比之孔子，所以推尊其師之微意也。

「衣」讀去聲。「衣大布而補之」，後文所謂「衣敝」，惟「敝」故加「補」也。「緳」，司馬彪注云「帶也」，是也。緳得爲帶者，緳與絜同。《人間世篇》「見櫟社樹，絜之百圍」，謂環繞而度之，帶所以環繞其身，故亦可言絜也。「正緳」與「係履」對文，是兩事，郭嵩燾合爲一事，引《説文》「絜，麻一端也」，謂「整齊麻之一端，以束其履而係之」，非也。若以麻係履，則直言用麻可耳，無爲加「正」字也。古人見國君必脩容，莊子衣敝履穿，何容可脩，故於此著「正緳」二字，以見雖如此而禮自未廢，所以下文有「士有道德不能行，憊也」之言也。至言「係履」者，所以別於曳縰。縰與屣通，見《讓王篇》。見國君不得不履也。郭氏泥於「憊也」之文，以爲正帶係履即不得爲憊，可謂知其一不知其二矣。

「魏王」，梁惠王也。「過」讀平聲。莊子，宋人，經魏而見魏王，故曰「過」也。「憊」猶病也。《釋文》云：「司馬本作病。」《讓王篇》子貢見原憲曰：「先生何病？」原憲曰：「憲聞之：『無財謂之貧，學而不能行謂之病。』今憲貧也，非病也。」與此文正相似，則知言憊、言病一也。「非遭時」者，不遭時也。

「騰」與騰同，故本亦作騰。曰「騰猿」者，見其能騰躍異於常猿也。「豫章」，今所謂樟樹。「柟」，今俗或作楠。「梓」亦名楸，見《人間世》。此三者皆大木也。「攬」，把也。「蔓」與曼同，引也。「王」讀去聲。「長」讀上聲。「王長其間」，謂莫之能上也。「蓬蒙」，《孟子》作逢蒙，曰：「逢蒙學射於羿，盡羿之道，思天下惟羿爲愈己，於是殺羿。」見《離婁篇》。蓋皆古之善射者。「眄」本或作睥。謂睨而視之，猶今云瞄準也。「柘」，桑屬。「棘」，似棗樹而小。枳、枸皆橘屬。「枸」音苟，俗云狗橘者是。讀作矩音者，非。《詩・小雅》云：「南山有枸。」陸璣《毛詩草木疏》云：「枸樹高大如白楊，子長數寸，噉之甘美如飴，蜀以作醬。亦書作蒟。」與此之枸非一木也。「柘棘枳枸」四者皆小木而多刺，故猿處之「危行側視，振動悼慄」。「振」與震同。「悼」，懼也。「急」猶緊也。筋緊則屈伸難，故曰「筋骨非有加急而不柔也」。加之爲言，謂甚於前時也。「逞其能」，盡其能也。

「處昏上亂相之間」，所謂「非遭時」也。或疑當惠王之前，不當斥言「昏上」，疑其語非實，不知莊子自是泛論當時各國之君，今方見梁王，則梁自不在所指之內，復何嫌之可避耶！「而欲無憊，奚可得邪！」此「憊」承惠王「何先生之憊邪」「憊」字説，與己言「貧也非憊也」「憊」字義異，不得混而同之。不然，則前後之言自相矛盾矣。

「此比干之見剖心徵也夫」，「徵」謂徵兆。「見」者，先已見其兆也。《括地志》云：「比干見微子去、箕子狂，乃歎曰：『主過不諫，非忠也；思死不言，非勇也；過則諫，不用則死，忠之至也。』進諫不去者三日。紂問何以自持，比干曰：『脩善行仁，以義自持。』紂怒曰：『吾聞聖人心有七竅，信諸？』遂殺比干，刳視其心也。」見《史記・殷本紀正義》所引。然則比干自知其必死，而諫而不去，故曰「見剖心徵也」。引比干云云者，言死有所不能免，不獨窮困而已。然而君子不改其操者，道德所在，君子不敢不行也。莊子雖不爲比干，而於比干之死即未嘗不敬之哀之，故其言如此。蓋猶孔子稱「殷有三仁」之意。觀「也夫」字，可見爲哀之之辭。注家率解「徵」作徵驗，謂不便而强爲之，則受戮矣，是以比干之死爲鑑戒，則「見」者旁人之見比干，不當云「比干之見」也，於文不順，即知其義必不然矣。

孔子窮於陳、蔡之間，七日不火食，左據槁木，右擊槁枝，而歌焱氏之風。有其具而無其數，有其聲而無宮角，木聲與人聲，犁然有當於人心。顔回端拱，還目而窺之。仲尼恐其廣己而造大也，愛己而造哀也，曰：「回，無受天損易，無受人益難。無始而非卒也，人與天一也。夫今之歌者其誰乎？」

回曰：「敢問無受天損易。」仲尼曰：「飢渴寒暑，窮桎不行，天地之行也，運化之泄也，言與之偕逝之謂也。爲人臣者，不敢去之。執臣之道猶若是，而況乎所以待天乎！」

「何謂無受人益難？」仲尼曰：「始用四達，爵禄竝至而不窮，物之所利，乃非己也，吾命有在外者也。君子不爲盜，賢人不爲竊。吾若取之，何哉！故曰：鳥莫知於鷾鴯，目之所不宜處，不給視；雖落其實，棄之而走。其畏人也，而襲諸人間，社稷存焉爾。」

「何謂無始而非卒？」仲尼曰：「化其萬物而不知其禪之者，焉知其所終？焉知其所始？正而待之而已耳」。「何謂人與天一邪？」仲尼曰：「有人，天也；有天，亦天也。人之不能有，天性也。聖人晏然體逝而終矣。」

「槁木」謂几也。「槁枝」謂杖也。知槁木爲几者，以「據」字知之。知槁枝之爲杖者，《大宗師》云：「師曠之枝策也。」枝策即杖，以是知之。蓋以杖叩地而歌也。「猋氏之風」，與《天運篇》言「猋氏之頌」同。「猋氏」，或云即炎帝神農氏，未敢定，要之古聖王之號也。本或作焱，其爲譌字無疑，故據《天運篇》改正。「無其數」者，凡樂器修短大小皆有數度，此不成器，是無數也。「無宮角」者，歌不中律，如子桑之歌有不任其聲者，見《大宗師篇》。故曰「無宮角」，舉宮與角以概五聲也。「犁然」猶釐然，言條理分明也。「當於人心」，中於人心也。中讀去聲。

「端拱」，端立而拱手也。「還」讀如旋。「還目」猶轉目。「窺之」者，聞其聲而更欲察其意也。「廣己」謂自寬。寬則自放，故曰「造大」。「造」者造作。《馬蹄篇》曰：「一而不黨，命曰天放。」放不出之於天，而强自開拓，是「造大」也。「造哀」亦然。孔子告子夏以「五至」，曰：「志之所至，詩亦至焉；詩之所至，禮亦至焉；禮之所至，樂亦至焉；樂之所至，哀亦至焉。」詳見《小戴禮記·孔子閒居篇》。以「哀至」爲五至之終者，哀則斂，斂則藏，哀所以返其本也。然而造作爲之，則亦自戕而已。孔子恐顔子墮此二失，所以告之以天人之故也。「愛己」猶言貴己、重己，亦非愛惜其身之謂。注家率以常情測之，殆非本書之旨也。

曰「回」者，呼其名而語之。「無受天損」，謂困於陳、蔡而不變。此眼前之事，知顔子已能之，故曰「易」。「無受人益」，「益」如《德充符篇》末言「益生」之「益」，非性分所本有，而用人力以加之，是謂之「人益」。如「造大」「造哀」皆益也，豈僅爵禄功名之來自身外者哉！此則疑顔子或有所未能，故曰「難」。「無始而非卒」，《齊物論》所謂「方生方死」，言造化之無一息之停也。「人與天一」，《應帝王》所謂「與造物者爲人」，言人而合於天也。「夫今之歌者其誰乎？」發此一問，欲顔子當下體勘是人是天，正喫緊語，讀者試以南郭子綦論天籟、人籟之意，通之於此，亦可思過半也。

「敢問無受天損易」，唐寫本無「易」字，後「何謂無受人益難」，亦無「難」字。觀下文但説「無受天損」「無受人益」義，於「難」「易」義無一字道及，疑唐寫本無者是也。然今本行之已久，「難」「易」字存之亦無大礙，因仍其舊，不便臆删，姑述其所疑，以俟識者擇焉。「窮桎」之「桎」與「窒」通，謂塞也。「不行」猶不通也。「運化」之「化」，各本皆作「物」，惟陳碧虚《闕誤》引江南古藏本作「化」。案：「天地之行」與「運化之泄」爲對文，天地以形體言，運化以功用言，「運」者運轉，「化」者變化，義正相當。今改「化」爲「物」，「物」與「運」義既不相屬，且下文言「泄」，「泄」者發泄，惟運轉變化可以言泄，若物則固定而有迹，覩體可見，何言泄耶！以是知作「化」義長，而作「物」義誖，故斷從古藏本作「化」也。「言與之偕逝之謂也」，此正答「無受天損」之問。若曰「無受天損」者，言與之偕逝之謂也，則「言」字自當從本訓，爲言説之言。《釋文》用毛公《詩傳》之訓，曰：「言，我也。」通《莊子》全書，無有以「言」爲「我」者，大非也。「與之偕逝」，謂順從而不逆也，故下以人臣事君爲況。「不敢去之」，謂不敢違之也。《説文》：「去，人相違也。」又《禮記・表記》：「事君三違而不出境。」鄭注曰：「違猶去也。」《論語》「違之，之一邦」注同。以此知「去」爲違義，非曰離去也。

「始用」，始見用於世也。「四達」，無往而不通也。通者窮之反。故接曰「爵禄並至而不窮」。「並至」者，連至也。「物之所利乃非己」者，言仕而達，可因以利物，其利在物，若於己則一無關涉也。何也？「吾命有在外者也」，「命在外」者，非吾自操之。《繕性篇》云：「軒冕在身，非性命也，物之儻來寄也。」猶是意也。「君子不爲盗，賢人不爲竊」，則又推廣而言之。凡非己性分之所有，取諸外而益之，皆謂爲盗竊，非專指盗竊禄位説也。「吾若取之，何哉！」猶云吾若何取之哉。「若何」即如何。「不取」則不受矣。「鷾鴯」已見上。「目之」猶見之。「不宜處」，不可止也。「不給視」，不暇視也。「落」通絡，《秋水篇》「落馬首」，以落爲絡，此云「落其實」，正與彼同。絡者，謂包抄而獲之。「實」如《易・頤卦》「自求口實」之實。燕以飛蟲爲食，而不食果，故知實不得爲果實，而落亦不得爲墜落也。「棄之走」者，爲避禍而畏人也。「襲」，因也。因，託也。畏人而託諸人間。「社稷存焉爾」者，藉燕喻人，人非國無以自保，即不能去國而獨生，故曰「社稷存焉」，蓋承上執臣之道一意説下，意在人不在燕也。或有以爲燕築巢於社稷，如櫟社樹之寄於社以得全者。不知古社稷之祀但有壇場，惟亡國之社則屋之。無屋，燕之巢將築於何所邪？至郭子玄以《庚桑楚》之「社而稷之」説此，意尤迂曲難解，其謬固不待詳辨而可知也。

「化其萬物而不知其禪之者」，「禪」即《寓言篇》「萬物以不同形相禪」之禪，謂更代也。顧此不曰其萬物化，而曰「化其萬物」者，若言萬物化，則是萬物各自爲化，不相統一。言「化其萬物」，則萬物悉此一化之所鼓盪。物雖有萬，化只一源。所以下文可云「人與天一」也。此文雖傳於莊子之門人，而其來必有所本，不獨義精，辭亦嚴覈，因特點出，以見孔、顏授受之際，其微言奥旨，因莊書而傳者，固不少也。「正而待之」，謂守正以待其變也。

「有人」，謂人事之變。「有天」，謂天道之行。是皆天也，而非人之所能與，故曰「人之不能有」。「不能有」者，不能得而把握之也。雖不能得而把握，然天非在外也，亦只在人性分之中，故又曰「天性也」。夫「人與天一」，惟知性、知天而後能一之，故此「天性也」三字，實爲此一段文字之肯綮。自注家失其句讀，合「人之不能有天性也」八字爲句，而義亦失矣，兹故釐而正之。「聖人晏然體逝而終矣」，「體」者，體此性也。體此性，亦即體此天。天常行而不息，體之者亦常行而不息，故曰「體逝」。「終」者，返其始也。「晏然」，安然也。

莊周游乎雕陵之樊，覩一異鵲自南方來者，翼廣七尺，目大運寸，感周之顙，而集於栗林。莊周曰：「此何鳥哉？翼殷不逝，目大不覩。」蹇裳躩步，執彈而留之。覩一蟬，方得美蔭而忘其身；螳蜋執翳而搏之，見得而忘其形；異鵲從而利之，見利而忘其真。莊周怵然曰：「噫！物固相累，二類相召也。」捐彈而反走。虞人逐而誶之。莊周反入，三日不庭，藺且從而問之：「夫子何爲頃間甚不庭乎？」莊周曰：「吾守形而忘身，觀於濁水，而迷於清淵。且吾聞諸夫子曰：『入其俗，從其俗。』今吾游於雕陵，而忘吾身，異鵲感吾顙。游於栗林，而忘真，栗林虞人以吾爲戮。吾所以不庭也。」

「陵」，大阜，「雕」其名也。「埜」，古野字，本或作「樊」，今各本皆用之。樊，藩也。園或有樊，然可言游於園，不得言游於樊，且下云「覩一異鵲自南方來」，於野得見之，若於樊内則不得見也，故斷從「埜」字爲正。「異鵲」，鳥之似鵲者，非鵲也，故曰「異鵲」。「翼廣七尺」，翼之長也。「目大運寸」，目之大也。王念孫云「運寸猶徑寸」，是也。「感」藉作撼，觸也，撞也。「顙」讀桑上聲，額也。

「此何鳥哉」三句，怪之之辭。「殷」，大也。「不逝」，司馬彪注云「曲折曰逝」，不曲折，謂不知避讓，以故感周之顙也。「蹇」藉作褰。「褰裳」，提其裳也。「躩」如《論語·鄉黨篇》「足躩如也」之躩。「躩步」，謂躡足而行，不欲驚動之；或注云疾行，非也。「留之」，伺其便也。

「翳」，螳臂，前有鋸齒，其形有似於舞者所執之翳，故亦名爲翳也。「搏」，擊也。「忘其真」，指不逝、不覩言。能逝能覩，其本真也。今見利而不逝不覩，是忘其真也。「怵然」猶惕然。「噫」，歎辭。「物固相累」，謂蟬累於美蔭，螳蜋累於蟬，而異鵲復累於螳蜋也。「物」，外物也。「二類相召」，謂利之與害，禍之與福。利召害，福召禍，利與害爲類，福與禍爲類，推之，樂之與苦，喜之與憂，皆然。二類者，相反而成爲類也。

「虞人」，蓋掌栗林者。《周官·地官》所謂「山虞」是也。「誶」，詈也。司馬彪注云：「以周爲盗栗也。」以周爲盗栗，故從而詈之。「誶」本又作訊，訊與誶同。《詩·陳風》「歌以訊之」，即歌以誶之也。郭注以誶爲問，《釋文》以訊爲問，並失之。

「反入」，歸而入其室處也。「庭」，直也。「不庭」，不直，猶不快也。「三日」，一本作「三月」。下文藺且問：「夫子何爲頃間甚不庭乎？」若三月之久，則不得爲「頃間」矣，足知「三月」「月」字乃「日」字之譌，作「日」爲正也。「藺且」，周弟子名也，「且」，讀如穰苴之苴。

「守形」，與《在宥篇》「神將守形」之「守形」同。静知守形，而動則忘身，故曰「守形而忘身」。「形」亦就己身言，觀上云螳蜋「見得而忘其形」可見。王先謙《集解》謂「守物形而忘己之身」，誤也。「觀於濁水」句，爲譬喻之辭，言於惑者知鑒，而於不惑者反迷也，蓋所以自責者深矣。「聞諸夫子」，此「夫子」，周自稱其師也。「入其俗，從其俗」，如古詩云：「君子防未然，不處嫌疑間。瓜田不納履，李下不整冠。」栗林所在，必亦有其禁。今周不知嫌，而褰裳躩步，致犯虞人之疑，則不明其俗之過也，故引此言説之。《曲禮》曰「入國而問禁，入竟而問俗」，是固禮之所宜守也。

「今吾游於雕陵，而忘吾身，異鵲感吾顙」，嚮以感顙歸過於鵲，今則以感顙歸過於己者，鵲不避己，己獨不可避鵲乎！反身原物，此真平恕之道也。「游於栗林而忘真，栗林虞人以吾爲戮」，「忘真」，忘其靈明之真性也。此節兩言「忘真」，上就鵲言，尚輕，尚是陪位；此就己言，則重，則是主旨所在。蓋「真」即真君真宰之真。人之得爲真人者，以此真知也，此而忘之，何恃而游於人間之世哉！故鄭重而申言之，讀者幸勿忽焉。「戮」，辱也。「以吾爲戮」，謂受辱於虞人也。大抵人情有所著必有所忽，而禍即生於所忽之中，如見近而遺遠，見小而遺大，反之見遠而遺近，見大而遺小，即皆蔽也。惟葆其靈明者，可以無蔽。觀於此文，莊子之旨遠矣。

陽子之宋，宿於逆旅。逆旅人有妾二人，其一人美，其一人惡，惡者貴，而美者賤。陽子問其故，逆旅小子對曰：「其美者自美，吾不知其美也；其惡者自惡，吾不知其惡也。」陽子曰：「弟子記之！行賢而去自賢之行，安往而不愛哉！」

「陽子」，楊朱也，詳見《應帝王篇》注中。「逆旅」，客舍。「逆旅人」，客舍主人也。後云「逆旅小子」，則因其年少而目之，其實一也。「惡」，醜也。「惡者貴而美者賤」，醜者見愛，而美者見斥也。對曰「美者自美」，自以爲美則驕亢，驕亢則招憎，美爲憎掩，故不知其美。「惡者自惡」，自知其醜則謙和，謙和則得憐，惡爲憐掩，故不知其惡也。「行賢」，「行」讀平聲。「自賢之行」，「行」讀去聲。「去自賢之行」者，無自矜其賢之心，則見於外者自無炫其賢之爲也。「安往而不愛」，言無往而不見愛重也。

首節云「弟子志之，其唯道德之鄉乎！」此節云「弟子記之，行賢而去自賢之行，安往而不愛哉！」文正相對，蓋欲鄉於道德，必自不滿不矜始。所謂不材者，正謂不自見其材也。故全篇以此節終焉。

田子方第二十一

此篇十一節，多深徹道體之言，蓋與内篇《德充符》《大宗師》爲近，讀者要在神會，若索於文字之間，則失之遠矣。韓愈以爲田子方之後流而爲莊周，子方出卜子夏之門，以是見孔子之道大而能博，至其後，原遠而末益分。見韓集《送王塤秀才序》。退之據此篇，謂莊子之學出於子方，自是孤證不足信。然其言莊子淵源自孔子，則不得不謂之卓見，惜乎未深考也。

田子方侍坐於魏文侯，數稱谿工。文侯曰：「谿工，子之師邪？」子方曰：「非也，無擇之里人也。稱道數當，故無擇稱之。」文侯曰：「然則子無師邪？」子方曰：「有。」曰：「子之師誰邪？」子方曰：「東郭順子。」文侯曰：「然則夫子何故未嘗稱之？」子方曰：「其爲人也真，人貌而天，虚緣而葆真，清而容物。物無道，正容以悟之，使人之意也消。無擇何足以稱之！」子方出，文侯儻然終日不言，召前立臣而語之曰：「遠矣，全德之君子！始吾以聖知之言、仁義之行爲至矣，吾聞子方之師，吾形解而不欲動，口鉗而不欲言。吾所學者，直土梗耳，夫魏直爲我累耳！」

「魏文侯」名斯，梁惠王罃之祖也。《史記·魏世家》云：「太子擊逢文侯之師田子方於朝歌，引車避，下謁。」擊後立爲武侯。又載李克之言曰：「東得卜子夏、田子方、段干木，此三人者，君皆師之。」是子方爲文侯之所尊禮，故《釋文》引李頤注云：「子方，魏文侯師也。」子方自稱曰「無擇」，則「無擇」名而「子方」字。「擇」古與斁通。《孝經》「口無擇言」，即口無斁言也。故此「擇」當讀如斁，當故反。「數」音朔，屢也。「谿工」，人名。「里人」，言所居同里也。「稱道」之「道」，與孟子「道性善」之「道」同。「稱道」猶稱説也。「當」讀去聲，中也，謂中於理。

「東郭」以所居爲氏，猶南郭子綦之號南郭也，「順」其字。曰「順子」，則子方之稱之也。「其爲人也真」，即《大宗師》之所云「真人」也。「人貌而天」，即《德充符》之所云「有人之形，無人之情，謷乎大哉，獨成其天」也。「虛緣」者，緣於虛。「葆真」者，葆其真也。此文真、天、真爲韻。俞氏樾讀「虛」字上屬，以「天虛」與「人貌」爲對文。如是，則「緣」成單辭，文義不完，大非也。《養生主》云：「緣督以爲經。」《庚桑楚》云：「有爲也欲當，則緣於不得已。」統《莊子》全書，未有專用一「緣」字成文者。惟「葆真」故清，惟緣虛故能容物。「清而容物」，是於物無迕也。「物無道，正容以悟之，使人之意也消」，則物亦自不與我迕。言「正容以悟之」，如孟子云「大人者正己而物正」，謂不假辭説也。「使人之意消」者，如孟子云「君子所過者化，民日遷善而不知爲之」者，謂誠之所感也。其德如此，非善言德行者不能狀述，故曰「無擇何足以稱之！」

「儻然」猶儻然，已見前注。「前立臣」，當時侍前之臣也。「全德之君子」，稱東郭順子。

「遠矣」者，言其不可企及也。「聖知」之「知」讀如智。「行」讀去聲。「形解而不欲動」，即所謂儻然。「解」者解散，猶言鬆弛也。「鉗」同拑。「口鉗」，謂如有物拑其口，不得張也。「土梗」猶土苴。「所學直土梗耳」，悔其嚮之所學至粗至陋，於道無當也。又言「夫魏直爲我累」者，此與堯見四子藐姑射之山窅然喪其天下意同。「所性不存」，語見《孟子·盡心篇》。則自覺爲累耳。

温伯雪子適齊，舍於魯。魯人有請見之者，温伯雪子曰：「不可。吾聞中國之君子，明乎禮義，而陋於知人心，吾不欲見也。」至於齊，反舍於魯，是人也又請見。温伯雪子曰：「往也蘄見我，今也又蘄見我，是必有以振我也。」出而見客，入而歎。明日見客，又入而歎。其僕曰：「每見之客也，必入而歎，何邪？」曰：「吾固告子矣：中國之君子，明乎禮義，而陋於知人心。昔之見我者，進退一成規，一成矩，從容一若龍，一若虎。其諫我也似子，其道我也似父，是以歎也。」仲尼見之而不言。及出，子路曰：「吾子欲見温伯雪子久矣，見之而不言，何邪？」仲尼曰：「若夫人者，目擊而道存矣，亦不可以容聲矣。」

「温」，姓，稱「伯」者，伯，長者之號也，「雪」，其字。「温伯」稱「雪子」，猶東郭稱順子。「子」者，人之稱之也。成疏以伯爲名，而以「雪子」二字爲字，誤也。温伯雪子，疑《莊子》託爲之名。「温」言其和，「雪」言其清，皆所以表德，未必實有其人也。言「適齊，舍於魯」者，見其自南方來。南，離明之象也，故曰「吾聞中國之君子，明乎禮義而陋於知人心」。禮義者德之末，而心則其本也。「陋」猶淺也。明於末而淺於知本，是非明也。「中國」，謂當時東起魯、西至周一帶之地，故孟子亦言「陳良悦周公、仲尼之道，北學於中國」。疏以爲中國專指魯言，亦誤也。

「舍」，過宿也。「蘄」同祈，已見《消摇游》注。「振」如振興之振。「振我」，謂將有以興起我也。「歎」者，歎客之嫻於禮義。進退成規成矩，從容若龍若虎，是儀容之嫻也；諫我似子，道我似父，是辭令之嫻也，皆禮義之類也。「道」與導同，謂訓導也。縷縷叙此者，凡所以反起下文仲尼之「見之而不言」也。見之不言，不待於言也，故曰「若夫人者，目擊而道存矣，亦不可以容聲矣」。「擊」猶觸也，謂目觸之而道已在此，根上文「見之」言。「目擊」之者，孔子之目擊之也。司馬彪注云：「見其目動而神實已著。」以目擊屬温伯雪子，説失之。「不可以容聲」之「容」，如《應帝王》「無容私」之「容」，言其間不能有所羼雜；若羼雜以聲音言語，則即失其實矣。此根上文「而不言」言。郭注云：「無所容其德音。」以「無所」易「不可」字，意反失之輕與淺矣。

顔淵問於仲尼曰：「夫子步，亦步；夫子趨，亦趨；夫子馳，亦馳；夫子奔逸絶塵，而回瞠若乎後矣。」夫子曰：「回，何謂邪？」曰：「夫子步，亦步也；夫子言，亦言也；夫子趨，亦趨也；夫子辯，亦辯也；夫子馳，亦馳也；夫子言道，回亦言道也；及奔逸絶塵，而回瞠若乎後者，夫子不言而信，不比而周，無器而民滔乎前，而不知所以然而已矣。」

仲尼曰：「惡！可不察與！夫哀莫大於心死，而人死亦次之。日出東方，而入於西極，萬物莫不比方，有目有趾者，待是而後成功，是出則存，是入則亡。萬物亦然，有待也而死，有待也而生。吾一受其成形，而不化以待盡，效物而動，日夜無隙，而不知其所終；薰然其成形，知命不能規乎其前，丘以是日徂。吾終身與女，交一臂而失之，可不哀與！女殆著乎吾所以著也。彼已盡矣，而女求之以爲有，是求馬於唐肆也。吾服女也甚忘，女服吾也亦甚忘。雖然，女奚患焉！雖忘乎故吾，吾有不忘者存。」

「步」、「趨」以自行爲喻，「馳」與「奔逸」以車行爲喻。「絶塵」，則以見奔逸之疾，猶舟行言破浪也。「瞠」，音掌，張目直視也。「瞠若」猶瞠然。「後」，落後也。後世言望塵莫及，蓋本乎此。「不言而信」，《中庸》亦有是言，謂不假辭説，而人自信服之也。「不比而周」，「周」，周浹，謂不待親比，而人情意自周浹也。「器」，如成二年《左傳》「唯器與名不可以假人」之器，謂禄位也。「滔」如《書·堯典》「浩浩滔天」之滔，猶言擁也。「無器而民滔乎前」，與《德充符》「無君人之位以濟人之死，無聚禄以望人之腹，且而雌雄合乎前」義同。各本「滔」有作蹈者，傳寫者臆改，非其本也。「不知所以然」，言發乎自然，如《大雅·皇矣篇》云「不識不知，順帝之則」也。此段宜與《論語》「顔淵喟然歎曰：仰之彌高，鑽之彌堅」一章合看。見《子罕篇》。彼下「喟然」字，此言「瞠若」，皆傳神之筆，最耐玩味者也。

「惡」，歎聲，一字句，亦不然之辭。孟子曰：「惡，是何言也！」是也。此不然者，不然顔回「亦步」、「亦趨」、「亦馳」之云也，觀後「女殆著乎吾所以著也」語可見。蓋規規而爲之，則執著拘滯，失夫天理流行自然之妙，非所謂活潑潑地者，故曰「哀莫大於心死，而人死亦次之」。此「死」非澌滅之謂，亦言其不活而已。

「日出東方」以下，設喻以明之。「萬物莫不比方」者，「比」猶從也。「方」，方向，謂從日之所向也，如葵藿向日即其比也。「有目有趾者」，指人言。「待是而後成功」，謂待日以成其事功。《尚書・無逸篇》曰：「文王卑服即康功田功。」細之則田功，大之則康功，是皆功也。「是出則存，是入則亡」，此「存」、「亡」與孟子引孔子之言「操則存，舍則亡」同。「存」者功得，「亡」者功喪，謂隨日之出入而功有得喪也。舊注以存亡解作生死者，非。「萬物亦然，有待也而死，有待也而生」，三句當作一氣讀。此方説及生死。謂萬物死生，其有所待，亦如待日而成功者然。此所待，蓋謂造化也。

「吾一受其成形，而不化以待盡」，此言「不化」，與《齊物論》言「一受其成形，不亡以待盡」爲義迴别。彼就常人分上説，故曰「不亡以待盡」，以常人執此身爲常，因破之曰：自以爲不亡，而不知實則待盡耳；此孔子就己分上説，雖亦待盡，而卻有其不化者存，故曰「不化以待盡」。此云「不化」，正與文末「女奚患焉！雖忘乎故吾，吾有不忘者存」意相照射。向來注者率與《齊物論篇》一例作解，失之甚也。「效物而動」，即《齊物論》「物化」之意，亦即《應帝王》「順物自然而無容私」之説，如孟子説舜「象憂亦憂，象喜亦喜」正如此。蓋惟無我之至，而後能與造化同流，有此境地，非泛語也。「日夜無隙」至「知命不能規乎其前」，言造化之無息，此當與《論語・子罕篇》「子在川上曰：逝者如斯夫，不舍晝夜」章參看。「不知其所終」，無終也。「知命不能規乎其前」，無始也。「規」，測度。「薰然」，言生機也。「丘以是日徂」，與之偕逝之謂也。天道無息，聖人之功亦無息。《中庸》曰：「《詩》云：『維天之命，於穆不已』，蓋曰天之所以爲天也，『於乎不顯，文王之德之純』，蓋曰文王之所以爲文也，純亦不已。」夫文王如是，孔子何獨不然！

「吾終身與女」句。羅勉道曰：「與，即『吾無行而不與二三子』之與。」是也。「交一臂而失之」，如俗云當面錯過，此對「奔逸絶塵，回瞠乎其後」言。「可不哀與！」所以惜之也。「彼」，指「吾所以著」言，即大化之自然也。「已盡」者，化一過而不留也。「求之以爲有」，是所謂著。「肆」，馬肆。「唐」如荒唐之唐，謂空也。「服」，服習。「忘」，如「魚相忘於江湖，人相忘於道術」之忘。《大宗師篇》有云：「相與於無相與，相爲於無相爲。」是所謂「甚忘」也。「忘乎故吾」，謂日新也。日新則無息，故曰「吾有不忘者存」。

孔子見老聃，老聃新沐，方將被髮而乾，慹然似非人。孔子便而待之，少焉，見，曰：「丘也眩與，其信然與？向者先生形體掘若槁木，似遺物離人而立於獨也。」老聃曰：「吾游心於物之初。」孔子曰：「何謂邪？」曰：「心困焉而不能知，口辟焉而不能言，嘗爲女議乎其將。至陰肅肅，至陽赫赫；肅肅出乎天，赫赫發乎地；兩者交通成和而物生焉，或爲之紀，而莫見其形。消息滿虛，一晦一明，日改月化，日有所爲而莫見其功。生有所乎萌，死有所乎歸，始終相反乎無端，而莫知乎其所窮。非是也，且孰爲之宗！」

孔子曰：「請問游是。」老聃曰：「夫得是，至美至樂也。得至美而游乎至樂，謂之至人。」孔子曰：「願聞其方。」曰：「草食之獸，不疾易藪；水生之蟲，不疾易水；行小變而不失其大常也，喜怒哀樂不入於胷次。夫天下也者，萬物之所一也。得其所一而同焉，則四支百體，將爲塵垢，而死生終始，將爲晝夜，而莫之能滑，而況得喪禍福之所介乎！棄隸者若棄泥塗，知身貴於隸也，貴在於我，而不失於變。且萬化而未始有極也，夫孰足以患心已！爲道者解乎此。」孔子曰：「夫子德配天地，而猶假至言以修心，古之君子，孰能脱焉？」老聃曰：「不然。夫水之於汋也，無爲而才自然矣。至人之於德也，不修，而物不能離焉。若天之自高，地之自厚，日月之自明，夫何修焉！」

孔子出，以告顔回，曰：「丘之於道也，其猶醯雞與！微夫子之發吾覆也，吾不知天地之大全也。」

「被髮」即披髮也，故被衣亦作披衣，知其字同矣。「乾」或作干，謂燥也，字亦通。「慹然」，不動貌，司馬彪注是也。《齊物論》「慮歎變慹」，以慹與變對文，慹者不變，不變即不動也。「非人」，《養生主》所謂：「天也，非人也，天之生是使獨也。」故下文孔子以「遺物離人而立於獨」言之，而老聃亦自言爲「游心於物之初」。「物之初」，不與物對，故謂之曰「獨」。「獨」者，絶對待之謂也。《傳燈録》百丈懷海示人曰：「靈光獨耀，迥脱根塵。」彼云「獨耀」，亦是義也。「便而待之」，「便」借爲屏，去聲。謂屏蔽於隱處，不欲使老聃見之也。「少焉見」「見」字句絶，音現。「掘若槁木」，與《齊物論》顔成子游問「形固可使如槁木」義同。「掘」與倔通，獨立貌也。

「辟」同闢。「口辟」，口開而不合也。「議乎其將」，不能知而欲知之，不能言而欲言之，故曰「議乎其將」。「將」者，且然而未必然之辭，猶《知北游篇》云「將爲女言其崖略」也。「肅肅」，陰之縮也。「赫赫」，陽之顯也。「肅肅出乎天」，陰根於陽也。「赫赫發乎地」，陽根於陰也。故曰「交通成和」。「物生焉」者，物生於和，《中庸》所謂「致中和，天地位而萬物育」也。「或爲之紀」，「紀」謂綱紀之紀。紀之者，即彼在夫物之初者也。「滿虚」，疑本作「盈虚」，漢人避孝惠帝諱所改。《易·豐卦彖辭傳》曰：「天地盈虚，與時消息。」漢荀爽以消息説《易》，蓋據乎此。「晦」、「明」猶陰陽也。「日改月化」，言其新新不已，即乾之不息，坤之無疆也。「萌」，始也。「始終相反乎無端」，《易·繫傳》所謂「原始反終，故知死生之説」，是以曰「生有所乎萌，死有所乎歸」也。此一段全本《大易》以爲説，不通乎《易》，未能明也。「莫見其形」，「莫見其功」，「莫知其所窮」，並申言心困而不能知、口辟而不能言之由。「非是」之「是」，指「物之初」言。若以《易》明之，則所謂《易》有「太極」者，故曰：「非是也，且孰爲之宗！」「宗」即《大宗師》之宗，謂主也。

「願聞其方」，願聞其道也。「藪」，藪澤，草生之地也。「疾」猶患也。「易」猶移也。「小變」者，下文所謂「死生終始」、「得喪禍福」也。「大常」者，下文所謂「天下也者，萬物之所一也」。夫死生亦大矣，而此云「小變」者，對大常言。常爲大，則死生之變爲小矣。《德充符篇》仲尼曰：「死生存亡，窮達貧富，賢與不肖毁譽，飢渴寒暑，是事之變，命之行也，日夜相代乎前，而知不能規乎其始者也，故不足以滑和，不可入於靈府。」此老聃云「喜怒哀樂不入於胸次」，又曰「夫天下也者，萬物之所一也。得其所一而同焉，則四支百體將爲塵垢，而死生終始將爲晝夜，而莫之能滑，而況得喪禍福之所介乎」。「滑」即滑和，義蓋無不同也。「得其所一而同」，猶《大宗師》言「藏天下於天下而不得所遯」。遯，失也。故此繼云「貴在於我而不失於變」。「不失於變」者，不以變而失之也。此曰「大常」，《大宗師》曰「是恒物之大情」，一也。「隸」，屬也。凡隸於一身者，若宮室貨財之屬皆是，如恒言所謂「身外之物」，不必指僕隸言也。「若棄泥塗」，言賤視之也。「未始有極」，未始有窮也。「夫孰足以患心已」，至「已」字絶句，或有以「已」字連下「爲道者解乎此」讀之，非也。

「至言」，承上「至人」而言，謂至美至樂之言也。「假至言以修心」，謂其有待於修爲也。「脱」，免也。老聃曰「不然」者，有修則有對，有對則有變，非所謂獨與大常之道也。「汋」猶酌也，酌酒則從酉作酌，酌水則從水作汋。《音義》李云「取也」，是也。水之所在，人自酌取之，猶德之所在，物自不能離焉，故曰「無爲而才自然矣」。「才自然」者，水之才本所以供飲食也。「不修而物不能離」，見有修則物或有離之者矣。「醯雞」，醯上所生之飛蟲也，酒亦有之，蓋蠛蠓之類。「覆」猶蔽也。發覆謂祛其蔽。「大全」即大常。對變言曰常，對曲言則曰全也。

莊子見魯哀公。哀公曰：「魯多儒士，少爲先生方者。」莊子曰：「魯少儒。」哀公曰：「舉魯國而儒服，何謂少乎？」莊子曰：「周聞之：『儒者，冠圜冠者知天時，履句屨者知地形，緩佩玦者事至而斷。』君子有其道者，未必爲其服也；爲其服者，未必知其道也。公固以爲不然，何不號於國中曰：『無此道而爲此服者，其罪死！』」於是哀公號之。五日，而魯國無敢儒服者，獨有一丈夫，儒服而立乎公門。公即召而問以國事，千轉萬變而不窮。莊子曰：「以魯國，而儒者一人耳，可謂多乎？」

「魯哀公」，見前《德充符篇》。莊子與梁惠王、齊威王同時，後於哀公殆百二十年，此云「見魯哀公」，蓋寓言也。下云，「以魯國而儒者一人耳」，「一人」意指孔子。上節近於貶抑孔子，故此節特張大之，而亦隱寓所願則學孔子之微意。「冠圜冠」，上「冠」讀去聲，「圜」同圓。冠圓象天，故曰「知天時」。「句」音矩，方也。屨方象地，故曰「知地形」。「玦」似環而有缺，義取於決，故曰「事至而斷」。佩言緩者，「緩」者寬綽有餘之義。斷宜果決，而事之未至，則當從容暇豫以處之，是乃寬急相濟之道，故特以「緩」言之。或改作綬，而以縧之穿玦者釋之，失其旨矣。「號」，號令也。「千轉萬變而不窮」，言其應對如響，是所謂知天、知地、事至而斷者也。

百里奚爵禄不入於心，故飯牛而牛肥，使秦穆公忘其賤，與之政也。有虞氏死生不入於心，故足以動人。宋元君將畫圖，衆史皆至，受揖而立，舐筆和墨，在外者半。有一史後至者，儃儃然不趨，受揖不立，因之舍。公使人視之，則解衣般礴贏。君曰：「可矣，是真畫者也。」

此承前「喜怒哀樂不入胸次」言。列舉三事，自爵禄以至死生，以見能應物者，皆其超然於物與一身之得失者也。

百里奚相秦穆公，見《春秋左氏傳》。孟子言百里奚舉於市，《史記·商君傳》有「百里奚舉於牛口之下」之語，則奚飯牛之事固亦有之。而劉向《説苑》記其對秦穆公：「牛所以肥，謂食之以時，勞之以節。」所語尤詳，可以參看。

「有虞氏」，謂舜也。以死生言者，蓋指瞽瞍與象欲殺舜、完廪浚井之事，見《孟子·萬章篇》。「動人」者，《書》所云「克諧以孝，烝烝乂，不格姦」，及「瞽亦允若」是也。

「宋元君」名佐，平公之子，亦見雜篇《外物》。「畫圖」，當是畫爲宫室之圖。成玄英疏謂「欲畫國中山川土地圖樣」，疑不然也。「史」即畫師也。「受揖而立」，古者臣拜，君以揖答之。「立」謂就位。「立」本古「位」字也。「舐筆」，以唾潤筆。「舐筆和墨」，言其急於自見也。「在外者半」，言畫師之衆，以反見能者之少也。「儃儃」猶坦坦，舒緩貌也。古者受君命必趨，此不趨者，言其寧静而退讓也，故不就位而之舍。「舍」，館舍也。「般」，字亦從衣作褩。以字義求之，「般礴」當即解衣之狀，故接云曰「羸」。「羸」與裸同，謂袒也。袒者便於執事，於禮有之，非形倨也。司馬彪注以「般礴」爲箕坐，舊皆從之。然以箕坐用於解衣與裸袒之間，於辭爲不順；且在館舍，亦無箕坐之理，兹故正之。「是真畫者」，元君可謂能知人矣。故當時元君以明慧聞於列國，蓋有由也。

文王觀於臧，見一丈人釣，而其釣莫釣，非持其釣有釣者也，常釣也。文王欲舉而授之政，而恐大臣、父兄之不安也；欲終而釋之，而不忍百姓之無天也。於是旦而屬之夫夫曰：「昔者寡人夢見良人，黑色而頓，乘駁馬而偏朱蹄，號曰：『寓而政於臧丈人，庶幾乎民有瘳乎！』」諸大夫蹵然曰：「先君王也。」文王曰：「然則卜之。」諸大夫曰：「先君之命，王其無它，又何卜焉！」遂迎臧丈人而授之政。典法無更，偏令無出。

三年，文王觀於國，則列士壞植散羣，長官者不成德，鍈斛不敢入於四境。列士壞植散羣，則尚同也；長官者不成德，則同務也；鍈斛不敢入於四境，則諸侯無二心也。文王於是焉，以爲大師，北面而問曰：「政可以及天下乎？」臧丈人昧然而不應，泛然而辭，朝令而夜遁，終身無聞。顔淵問於仲尼曰：「文王其猶未邪？又何以夢爲乎？」

仲尼曰：「默，女無言！夫文王盡之也，而又何論刺焉！彼直以循斯須也。」

此節亦寓言也，蓋藉太公之事而文飾之。「丈人」，各本作丈夫，《釋文》云：「本或作丈人。」案：作「丈人」是也，兹改正。其稱「臧丈人」者，「臧」之爲言藏也，觀後云「朝令而夜遁，終身無聞」可見。必欲求其地以實之，如成疏云「地近渭水」，迂矣。「其釣莫釣」，用表爲無爲之義。若有釣，則屬有爲矣，故曰「非持其釣有釣者也」。又曰「常釣」者，無爲者常德，故云「常釣也」。注家或依王念孫説，謂「兩其釣釣字，皆指鈎言，當讀爲鈎」，實背書旨，不可從也。「終而釋之」，謂遂舍之。「無天」，謂無所依仰。

「屬」如《孟子・梁惠王篇》「太王屬其耆老而告之」之「屬」，猶會集也。「夫夫」，衆大夫也。人之多數者曰「人人」，大夫之多數者曰「夫夫」，其用一也。「昔」與夕通。「昔者」，昨夜也。「良人」猶君子也。《吕氏春秋》「良人請問十二紀」，注云：「良人，君子也。」是也。「頔」與髯同，謂多髯。「駁馬」，馬之雜色者。「偏朱蹄」，一蹄赤也。「號」，令也。「寓而政於臧丈人」，謂託爾政於臧之丈人也。「瘳」，病起，喻民困得蘇也。「蹙然」，驚動貌。「先君王」，謂王季歷，文王之父，故曰「先君王」也。「它」同他。「無他」，謂無他疑。不疑何卜，故曰「又何卜焉！」「授之政」，以政授之也。「典法無更」，「更」讀平聲，不改舊憲也。「偏」借爲篇，唐寫本即作篇。「篇令無出」，不尚文誥也。

「觀於國」，觀政於國中也。「植」如植黨之植。「壞植散羣」，謂無私黨，故曰「則尚同」也。此「尚同」與《墨子・尚同篇》義同，謂一致也。郭象注云「所謂和其光，同其塵」，失之矣。「長官」，謂各官之長。「長」讀上聲。「不成德」，不自成其德，故曰「則同務也」，如《尚書·皋陶謨》云「同寅協恭和衷」是也。「斔」如《論語》「與之庾」之庾。斔、斛皆量器，各國量不必同。「不敢入於四境」，是諸侯信而畏之，故曰「則諸侯無二心也」。「大」讀太。「以爲大師」，尊而師之也，故「北面而問」。《禮記·學記》曰：「君之所不臣於其臣者二：當其爲尸，則弗臣也；當其爲師，則弗臣也。大學之禮，雖詔於天子，無北面，所以尊師也。」是其制也。「政可以及天下乎？」欲由一國推之天下也。「昧然」猶嘿然。「泛然」，與《德充符》「氾而若辭」之氾同，意不屬也。「朝令夜遁，終身無聞」，《養生主》所謂「善刀而藏」也。「斯須」，俄頃之間，喻幾微也。「循斯須」，謂察其幾而順應之，是乃聖哲之事，故曰「文王盡之也」。

列御寇爲伯昏無人射，引之盈貫，措杯水其肘上，發之，適矢復沓，方矢復寓。當是時，猶象人也。伯昏無人曰：「是射之射，非不射之射也。嘗與女登高山，履危石，臨百仞之淵，若能射乎？」於是無人遂登高山，履危石，臨百仞之淵，背逡巡，足二分垂在外，揖御寇而進之。御寇伏地，汗流至踵。伯昏無人曰：「夫至人者，上闚青天，下潛黃泉，揮斥八極，神氣不變。今女怵然有恂目之志，爾於中也殆矣夫！」

「列御寇」，見《消摇游篇》。「伯昏無人」，見《德充符篇》。「引」，引弓。「盈貫」，言滿彀也。「肘」，左肘。「措」，置也。置杯水肘上，言其停審，能使水不傾也。「發之」，發矢也。「適」，《列子·黄帝篇》作鏑，且引郭象注云：「箭鏑去，復歃沓。」案：適矢、方矢，文正一律。各本《莊》注皆作「箭適去復歃沓」也。《列子》作鏑，疑張湛誤也。「適矢」之「矢」，承上「發之」言，注云「矢去也」，是也。「方矢」之「矢」，承上「復沓」言。「沓」，用朱韋爲之，所以韜右手中三指，以利於控弦發矢者。此云「復沓」，即謂以矢控於弦上，故郭注云「歃沓也」。「方矢」之「矢」自亦然，特易「沓」言「矢」，正文之互相補也。「復寓」，注云：「箭方去，未至的，復寄杯於肘上，言其敏捷之妙也。」其云「箭方去未至的」雖誤，而以「寓」爲寄杯肘上，則確然不移。宋范無隱《講語》、羅勉道《循本》竝以郭注爲非，而謂「寓」者寓矢弦上。若然，則「寓」與「沓」，「適矢」之「矢」與「方矢」之「矢」奚以別乎？後之注家，或有從范、羅之説者，吾不敢苟同也。「象人」猶偶人。

「射之射」，即上文所言。「不射之射」，謂事有在於射之外，而其用則射所不能離者，觀下文可知。成疏云「忘懷無心」，《列子》張湛注「忘其能否」，皆非其旨也。「嘗」，試也。「若」與女同。「逡巡」，進退不得也。「足二分垂在外」，言趾懸空中，下臨深淵，危之至也。「揖御寇而進之」，古射禮：耦射升降及物，必相揖，見《儀禮·鄉射》及《大射儀》。故此云然，以見無人之不改常禮，而從容暇豫爲難能也。「伏地」，不能立也；「汗流至踵」，駭而不能自持也，以見御寇怖懼之極。

「闚」與窺同。「上窺青天」，言凌虛也。「下潛黄泉」，言縋深也。「揮」如指揮之揮。「斥」

如拓斥之斥。「揮斥八極」，言因應八方，縱橫無不如志也。「神氣不變」，靜定如無事也。「怵然」猶惕然。「恂」藉爲眴，讀如瞬。「眴目」，目動而無措也。「志」猶意也。「爾於中也殆矣夫」，「中」謂心也。不曰心而曰中者，以見御寇之射所務在外，未得其本也。

肩吾問於孫叔敖曰：「子三爲令尹，而不榮華；三去之，而無憂色。吾始也疑子，今視子之鼻間栩栩然，子之用心獨奈何？」孫叔敖曰：「吾何以過人哉！吾以其來不可卻也，其去不可止也，吾以爲得失之非我也，而無憂色而已矣。我何以過人哉！且不知其在彼乎？其在我乎？其在彼邪，亡乎我；在我邪，亡乎彼。方將躊躇，方將四顧，何暇至乎人貴人賤哉！」仲尼聞之，曰：「古之真人，知者不得説，美人不得濫，盜人不得劫，伏戲、黄帝不得友。死生亦大矣，而無變乎己，況爵禄乎！若然者，其神，經乎大山而無介，入乎淵泉而不濡，處卑細而不憊，充滿天地，既以與人，己愈有。」

「肩吾」，見前《消摇游》與《大宗師篇》。「孫叔敖」，見《史記·循吏傳》，楚莊王時爲令尹。「令尹」，楚相之稱也。《循吏傳》云：「三得相而不喜，知其材自得之也。三去相而不悔，知非己之罪也。」與此言「三爲令尹而不榮華，三去之而無憂色」合。然《論語》：「子張問曰：令尹子文三仕爲令尹，無喜色；三已之，無愠色。」子文爲鬭穀於菟，實楚之宗族，見於《左傳》；其爲令尹，在楚成王時。又與叔敖之爲處士者異。《史記》云：「孫叔敖，楚之處士也。」孟子亦言：「孫叔敖舉於海。」可以互證。其爲兩人甚明。注家或混而一之，非也。

「始也疑子」，疑其或出於僞飾也。「視其鼻間栩栩然」，則《大宗師》所謂「真人其息深深」者，非真有以自得不能至此，故因以問其「用心」也。「栩栩然」，輕適貌。息之深者必輕，輕則適也。

「其來」、「其去」，「其在彼」、「其在我」，數「其」字皆指榮華言。榮華在令尹，則與我無與讀預。；榮華在我，則與令尹無與，故曰「其在彼邪亡乎我，在我邪亡乎彼」。「亡」者在之反，猶言不存也。「躊躇」，徘徊。「四顧」，瞻顧。徘徊瞻顧者，思所以稱其職而盡其在我也。蓋惟不自滿假，懼無以稱，故不以貴賤攖其心。觀上兩云「吾何以過人」，及此兩「方將」字與下句「何暇」字，叔敖用心之慎之勤，分明可見。若如郭注云：「謂無可無不可。」及成疏云：「躊躇是逸豫自得，四顧是高視八方。」則是叔敖深自矜詡，與「何以過人」之語相背馳矣。古人之注，多有貌若允洽，而實非精當者，毫釐之間，不可不辨也。

「知者不得説」，非言辭所動也。「美人不得濫」，非聲色所移也。「盜人不得劫」，非暴力所屈也。「伏戲、黄帝不得友」，非帝王所可覊係也。「友」如「天子不得臣，諸侯不得友」之友。不言臣而言友者，友且不得，則不得臣不待言。此觀下接云「死生無變乎己，況爵禄乎！」斯「友」字之義，固與尋常交友之友迥不侔矣。「其神經乎大山而無介」，「大」讀同太。「介」讀同界，無界猶無限，疏云「無障礙」是也。「入乎淵泉而不濡」，「不濡」，不沾滯也。「處卑細而不憊」，「不憊」，不困病也。「既以與人，己愈有」，語本老子。老子云：「聖人不積，既以爲人，己愈有。既以與人，己愈多。」蓋爲人、與人，即所以充廓其德之量，故曰「己愈有」、「己愈多」。老子云「不積」，本自具足，不待積也。此云「神」不云「德」者，德之流行，固有待夫精神之運也。

楚王與凡君坐，少焉，楚王左右曰凡亡者三。凡君曰：「凡之亡也，不足以喪吾存。夫凡之亡也不足以喪吾存，則楚之存不足以存存。由是觀之，則凡未始亡，而楚未始存也。」

「楚王」不言何王，成玄英疏謂「楚文王與凡僖侯同坐，論合從會盟之事」，疏説不知何所依據。但細玩原文，此事自在凡國既亡之後。古者諸侯失國，託於諸侯，謂之寓公。見《孟子》與《禮・喪服傳》。凡君在楚，蓋所謂寓公者，安得復有論及合從會盟之事乎！則疏説自是臆測，不可信也。僖二十四年《左傳》有曰：「凡蔣邢茅胙祭，周公之胤也。」《春秋》隱公七年：「天王使凡伯來聘。」是時凡伯爲王卿士，國固自在，其亡當在春秋中葉以後，其地則在今河南輝縣西南，唐曾置凡城縣。凡城，即以凡國得名者也。

「楚王左右曰凡亡者三」者，蓋嫌楚王與亡國之君竝坐，故數言之，以爲王戒。郭注言有「三亡徵」。曰「亡徵」，則是國尚未亡，亦非也。「凡之亡也，不足以喪吾存」，所存者道，不關乎有國與否也。此言「存」，正與篇首孔子稱温伯雪子「目擊道存」語相應。道既不存，國亦虛國，故又曰「楚之存不足以存存」，而凡未始亡，楚未始存也。

知北游第二十二

「知」音智，明也，明則陽也。北方晦也，陰也。「知北游」者，明復於晦，陽潛於陰。《齊物論篇》所謂「知止乎其所不知」，而老子「歸根復命」之道也。《莊子》外篇之次，多經郭子玄改訂，然外篇以是爲殿，或仍因其舊文。北游，實與内篇《消摇游》首言「圖南」相應。圖南者離，鄉明而治之象。（鄉明而治，語見《易·説卦傳》。）北游者坎，「不失其信」之符也。（「不失其信」，見《坎卦彖辭傳》。）陰陽代用，坎離迭運，貞之則既濟，通之則未濟。《易》上經終於坎離，下經終於既、未濟，故漢魏伯陽《參同契》曰：「《易》謂坎離。坎離者乾坤二用。」以《易》勘《莊》，以《莊》合《易》，參同之説，蓋亦古義矣。

知北游於玄水之上，登隱弅之丘，而適遭無爲謂焉。知謂無爲謂曰：「予欲有問乎若：何思何慮則知道？何處何服則安道？何從何道則得道？」三問，而無爲謂不答也。非不答，不知答也。

知不得問，反於白水之南，登狐闋之上，而睹狂屈焉。知以之言也，問乎狂屈。狂屈曰：「唉！予知之，將語若。」中欲言，而忘其所欲言。

知不得問，反於帝宮，見黄帝而問焉。黄帝曰：「無思無慮始知道，無處無服始安道，無從無道始得道。」知問黃帝曰：「我與若知之，彼與彼不知也，其孰是邪？」黃帝曰：「彼無爲謂真是也，狂屈似之，我與女終不近也。」

夫知者不言，言者不知。故聖人行不言之教。道不可致，德不可至。仁可爲也，義可虧也，禮相僞也。故曰：「失道而後德，失德而後仁，失仁而後義，失義而後禮。禮者，道之華，而亂之首也。」故曰：「爲道者日損，損之又損之，以至於無爲。無爲，而無不爲也。」今已爲物也，欲復歸根，不亦難乎！其易也，其唯大人乎！生也死之徒，死也生之始，孰知其紀！人之生，氣之聚也。聚則爲生，散則爲死。若死生爲徒，吾又何患！故萬物一也。是其所美者爲神奇，其所惡者爲臭腐；臭腐復化爲神奇，神奇復化爲臭腐。故曰：「通天下一氣耳。」聖人故貴一。

知謂黃帝曰：「吾問無爲謂，無爲謂不應我，非不我應，不知應我也。吾問狂屈，狂屈中欲告我而不我告，非不我告，中欲告而忘之也。今予問乎若，若知之，奚故不近？」黃帝曰：「彼其真是也，以其不知也；此其似之也，以其忘之也；予與若終不近也，以其知之也。」狂屈聞之，以黃帝爲知言。

天地有大美而不言，四時有明法而不議，萬物有成理而不説。聖人者，原天地之美，而達萬物之理，是故至人無爲，大聖不作，觀於天地之謂也。今彼神明至精，與彼百化，物已死生方圓，莫知其根也，扁然而萬物自古以固存。六合爲巨，未離其內；秋豪爲小，待之成體。天下莫不沈浮，終身無故；陰陽四時，運行各得其序。惛然若亡而存，油然不形而神，萬物畜而不知。此之謂本根，可以觀於天矣。

此一大段，夾叙夾議，一篇之旨在是，非分別觀之不能明也。自「知北游於玄水之上」，至「黄帝曰：『彼無爲謂真是也，狂屈似之，我與女終不近也』」，託爲知與無爲謂、狂屈、黄帝應對之辭，以明「知者不言，言者不知」之義，蓋寓言之類，是叙也。於文當接下「知謂黄帝曰『吾問無爲謂，無爲謂不應我』」云云，而横插入「夫知者不言，言者不知」，以至「聖人故貴一」一段議論，此自莊子之言，非述黄帝之語，觀叠下數「故曰」字可見。且其語皆本之老子，是則所謂重言者，故曰夾議夾叙也。至「狂屈聞之，以黄帝爲知言」，文似盡矣，而復接云「天地有大美而不言」，至「可以觀於天矣」一段，向來注家，胥莫不分「天地有大美」以下別爲一節，不知言「大美不言」、「明法不議」、「成理不説」，乃承上「知者不言，言者不知」爲説，而末云「此之謂本根」，亦即指點上文「欲復歸根」歸根之所在。使釐而爲二，不獨義不相通，且文亦不屬矣，是皆不明古人之文有夾叙夾議之例，但循文字表面，求其界劃，致有此失，今合而釋之，達者必不以爲非也。

「玄」即「玄同」、「玄德」之玄，語本於老子之「玄之又玄」，此與「白」對言，蓋取黑爲義。漢揚雄作《太玄》擬《易》，而其《解嘲》之作，則有「玄之尚白」之語，亦以「玄」與「白」對。又曰「知玄知默，守道之極」，即此意可知也。「玄水」，北也。「知」以水言者，知屬於水也。「隱」之爲言藏也。「弅」，墳起也。隱而墳起，言其充足自彰顯也。以「丘」言者，即取蘊藏之義。「無爲謂」，無所用其言説也。「服」如服膺之服。「何道」之「道」，謂行也。「白」者玄之反，於方位爲南，故曰「反於白水之南」。「狐闋」不言丘者，據上而言，從可知也。「闋」即《人間世》「瞻彼闋者，虛室生白」之闋，義取於開明。闋言「狐闋」者，狐者多疑之獸，惟能疑而後能明，明生於疑也。又丘者狐之所穴，故曰「狐闋」也。「狂屈」之「屈」一作詘。詘者不伸，蓋亦取退藏之義。屈而曰狂者，衆之所以爲狂，《山木篇》所謂「猖狂妄行，乃蹈乎大方」者也。「之言」猶此言。「唉」，歎辭。「欲言而忘其所欲言」，無以爲答，故以「唉」出之。《音義》以爲膺聲，非也。

「帝宮」，黄帝之宮。黄者，中央土色。此言玄水白水，而終反於帝宮，與《應帝王篇》言南海之帝、北海之帝而卒會於中央之帝之所者，實同一機杼，亦一心而已矣。「無思無慮始知道」者，道不待思慮而知也。「無處無服始安道」者，道不待處服而安也。「無從無道始得道」者，道不待從道而得也。何也？道本現成，不離即是；有意求之，其去道反遠矣。是故後文云：「天地有大美而不言，四時有明法而不議，萬物有成理而不説。」「大美」者，顯美也。其美自顯，何事於言！其法自明，何取於議！其理自成，何俟於説！「不言」、「不議」、「不説」，而道自呈露，則觀於天地足矣，何思慮、處服、從道之有！故曰「知者不言，言者不知」。此以下皆引老子之言而暢明之。

「道不可致」，道在體之而已。「德不可至」，德在自得而已。「仁可爲」者，可强勉也。「義可虧」者，可虧損也。義以裁製爲用，故以虧損言之。「禮相僞」者，禮待文飾而行。文飾則僞之所由生也，故曰「禮者，道之華而亂之首」。「首」者始也。「爲道日損」，「損」者，損華僞也。損僞則無爲，損華則歸根。歸根者，返其璞也。璞散則爲器，器成於璞，而器非璞也。物出於道，而物非道也。故曰「今已爲物也，欲復歸根，不亦難乎」。歸根之難也，難在於復。「大人」者，無往而不復者也，故曰「其易也，其唯大人乎」。「大人」即真人也。真人者，不以死生變乎己，故下因論生死而歸於一氣，曰「萬物一也」，曰「通天下一氣耳」。信知其一也，則無器而非璞、無物而非道，亦即無華而非根，無往而非復矣，故曰「聖人故貴一」。

「死生爲徒」，死生一類也。以一物言，有生有死；合萬物言，則無生無死也，故曰「今彼神明至精，與彼百化，物己死生方圓，莫知其根也，扁然而萬物自古以固存」。「神明」承「天地」言。《天下篇》曰：「神何由降？明何由出？」又曰：「配神明，醇天地。」以「神明」與「天地」對言，而神曰降，明降自天也；明曰出，明出自地也。則「神明」者，天地之精英，故曰「神明至精」。「與彼百化」者，化而爲彼百物也。「物己」者，物各爲物。對他物言，則稱「己」。「方圓」者，象天者則爲圓，象地者則爲方也。「莫知其根」者，莫知其所由來也。「扁」藉爲平。「平然而萬物自古以固存」者，《秋水篇》所謂「物無貴賤，故曰平也」。物無貴賤，亦無小大。「六合爲巨，未離其内」，言無大也。「秋毫爲小，待之成體」，言無小也。無小大，亦無新故，故又曰「天下莫不沈浮，終身無故」。「沈浮」猶升降也。「惛」同湣，音泯。湣然，無際畔也。「油然」，無迹象也。「萬物畜而不知」，「畜」，養也，待其養而不自知也。「此之謂本根」，歸根，歸於此而已矣。上曰「莫知其根」，此曰「若亡而存」，「不形而神」，「畜而不知」，

「此謂本根」，然則歸根之道，亦「知止其所不知而已」矣。故無爲謂真是也，以其不知也。狂屈似之，以其忘之也。黄帝與知之終不近也，以其知之也。雖然，知其不近也，則其近也不難矣。

齧缺問道乎被衣。被衣曰：「若正女形，一女視，天和將至；攝女知，一女度，神將來舍。德將爲女美，道將爲女居，女瞳焉若新生之犢，而無求其故。」言未卒，齧缺睡寐。被衣大説，行歌而去之，曰：「形若槁骸，心若死灰，真其實知，不以故自持。媒媒晦晦，無心而不可與謀。彼何人哉！」

此舉被衣之教齧缺，以爲惟不知可以入道之一證也。「齧缺」、「被衣」，見前《天地篇》。「被」一作披，披、被一義。《應帝王篇》則作蒲衣子，蒲亦披、被之音轉也。「正形」、「一視」，外之一也。「攝知」、「一度」，内之一也。「德」承「天和」言。《德充符》曰「德者成和之修也」，是也。「爲女美」者，充實之謂美。孟子語。美在其中，而暢於四支也。《易・坤卦・文言》。「道」承「神」言。「神」者，神明至精也。「道將爲女居」者，身不離道，以道爲安宅也。「瞳」，《音義》引李頤云「未有知貌」，是也。《淮南子・道應訓》亦有此文，曰「惷乎若新生之犢」。惷者愚無知。「瞳」、惷聲近，義固當同也。「犢」，牛子。「新生」，初生也。「無求其故」，循其自然，不以知巧自鑿也。「齧缺睡寐」者，遺耳目，墮肢體，守神抱一，迹若睡寐然也。「説」同悦。「行歌而去之」，教已領悟，不煩更有辭説也。「形若槁骸」以下，爲歌辭。骸、灰、知、持、媒、晦、謀、哉爲韻。「槁骸」，枯骨，猶言槁木也。「真其實知」，不知之知，是爲真知，非同虛矯，故又曰「實」也。「不以故自持」，不強自操持也，「故」即上「無求其故」之「故」。郭注云「與變俱也」，則是以「故」爲「新故」之「故」，失之矣。「媒媒」猶嘿嘿也，《道應訓》作「墨墨」可證。「不可與謀」，不可與思慮言説也。「彼何人哉」，深許之之辭也。

舜問乎丞曰：「道可得而有乎？」曰：「女身非女有也，女何得有夫道！」舜曰：「吾身非吾有也，孰有之哉？」曰：「是天地之委形也。生非女有，是天地之委和也；性命非女有，是天地之委順也；子孫非女有，是天地之委蜕也。故行不知所往，處不知所持，食不知所味。天地之彊陽氣也，又胡可得而有耶！」

此言道不可得而有，即上「道不可致」之訓釋也。「問乎丞」，「丞」者，虞、夏、商、周皆有疑丞之丞，見《小戴禮記・文王世子篇》。以官名，非人名也。言道不可得而有，而必窮之於身非女有，生非女有，性命非女有，乃至子孫非女有者，如此，乃能證「通天下一氣」之理，而道在是矣。此《莊》書之微意，不可不知也。

「委」，寄也。「天地之委形」，寄其形於吾身也。「天地之委和」，寄其和於吾生也。「天地之委順」，寄其順於吾性命也。「天地之委蜕」，寄其蜕於吾子孫也。曰寄者，暫託於此，其根固必有在矣。生曰「和」者，陰陽交通成和，而後物得以生也。性命曰「順」者，《易》言順性命之理，見《易・説卦》。不順不得以爲性命也。子孫曰「蜕」者，形形相禪，猶蟲豸之蜕然也。「行不知所往」，有致之者也。「處不知所持」，有持之者也。「食不知所味」，有主之者也。孰致之、持之、主之，則「天地之彊陽氣也」。「彊」同强。强者不息，陽者自動；動而不息，以是日徂，則「胡可得而有」之！「子孫」各本皆作「孫子」，惟成疏云「陰陽結聚，故有子孫」，是成本作「子孫」，陳碧虚《闕誤》引張君房本亦作「子孫」，因據正。

孔子問於老聃曰：「今日晏閒，敢問至道。」老聃曰：「女齊戒，疏瀹而心，澡雪而精神，掊擊而知。夫道，窅然難言哉！將爲女言其崖略。夫昭昭生於冥冥，有倫生於無形，精神生於道，形本生於精，而萬物以形相生，故九竅者胎生，八竅者卵生，其來無迹，其往無崖，無門無房，四達之皇皇也。邀於此者，四枝彊，思慮恂達，耳目聰明，其用心不勞，其應物無方。天不得不高，地不得不廣，日月不得不行，萬物不得不昌，此其道與！且夫博之不必知，辯之不必慧，聖人以斷之矣。若夫益之而不加益，損之而不加損者，聖人之所保也。淵淵乎其若海，魏魏乎其終則復始也。運量萬物而不匱，則君子之道，彼其外與！萬物皆往資焉而不匱，此其道與！中國有人焉，非陰非陽，處於天地之間，直且爲人，將反於宗。自本觀之，生者，喑醷物也，雖有壽夭，相去幾何！須臾之説也，奚足以爲堯、桀之是非！果蓏有理，人倫雖難，所以相齒。聖人遭之而不違，過之而不守。調而應之，德也；偶而應之，道也。帝之所興，王之所起也。人生天地之間，若白駒之過卻，忽然而已。注然勃然，莫不出焉；油然漻然，莫不入焉。已化而生，又化而死。生物哀之，人類悲之。解其天弢，墮其天袠，紛乎宛乎，魂魄將往，乃身從之，乃大歸乎！不形之形，形之不形，是人之所同知也，非將至之所務也，此衆人之所同論也。彼至則不論，論則不至。明見無值，辯不若默。道不可聞，聞不若塞。此之謂大得。」

「晏閒」，安静而閒暇也。「女齊戒」三字爲句。下云「疏瀹而心，澡雪而精神，掊擊而知」，三者皆齊戒之功也。將告以至道，而先要之以齋戒者，此與《人間世篇》孔子語顔子曰「齊，吾語若」同意，宋儒所謂先打掃田地乾净也。「瀹」同瀹。「疏瀹」，疏導之使清也。「澡雪」，滌濯之使明也。「掊擊而知」，「知」同智。私智則壅遏之使心不清、汙濊之使神不明者，故須掊擊而去之也。

「窅然」，言其無形，不可得而見聞也。「崖略」猶匡廓也。「有倫」，與《中庸》末章言「毛猶有倫」一義，謂其有倫類可以比擬也。「形本」，形體也。「精」即精神之精。複言之，則曰精神；單言之，或曰精或曰神，一也。「胎生」，人、獸類。「卵生」，禽、魚、昆蟲類。萬物雖曰「以形相生」，而原其所由生，則道與精神實爲之主，故接云「其來無迹，其往無崖」。「其」之爲言，指道與神，非指形也。注家於此，率含混而爲之説，故讀者滋惑，因明點而出之。「無崖」猶無涯，謂無畔岸也。「房」猶室也，取其與皇皇爲韻，故不言室而言房。「無門」謂無所限隔。「無房」謂無所藏隱。「四達之皇皇」者，廣大而無所不通也。《説文》：「皇，大也。」叠言之，則「皇皇」亦大也。

「邀」，遮留也，承上「四達」言。於四達之中，遮而留之，故謂之曰「邀」。於此用遮留義者，《天地篇》所謂「留動而生物，物成生理謂之形」者也。「四枝彊」，「彊」上疑脱一字，觀下皆四字句可知。「恂」通徇，謂敏也。《墨子・公孟篇》云「身體强良，思慮徇通」，即作「徇」。「應物無方」，言不執滯也。以上言邀於道者，其效如此。以下又推而言之，自天地日月以至萬物，皆恃道而後成，因曰「此其道與」，以見信乎道之四達而無不在也。

「博」，博學也。「博之不必知」，知在於守約，不在博也。「辯之不必慧」，慧在於默識，不在辯也。「以」同已。聖人已斷之者，《老子》書所謂「絶學無憂」、「多言數窮，不如守中」者也。「益之而不加益，損之而不加損」，道者充滿天地，不可得而損益也。「聖人之所保」者，保在於此，所以斷夫博辯也。「淵淵乎其若海」一句，爲益不加益、損不加損注脚。海無損益，《秋水篇》言之甚詳。而又言「終則復始」者，當其終，似有損矣，而不知其終之爲始也；當其始，似有益矣，而不知其始之爲終也，則何損益之有！「若海」，横言之，《秋水篇》所謂量無窮也。「終則復始」，豎言之，《秋水篇》所謂「時無止，分無常，終始無故」也。「淵淵」者深。「魏」同巍。巍巍者高。高者超出於天地萬物之表，而莫之與並者也。「運」，運用。「量」，計量。運用物者，必其能計量夫物者也，故合而言之曰「運量」。「量」當讀平聲。《音義》音亮，且曰「任物自動運，物物各足量」，非也。「不匱」，不窮也。「運量萬物而不窮」，其智固有過人者，然役於物、勞於用，比之用心不勞、應物無方者，則有間矣，故曰「此君子之道，彼其外與」。「外」者，外於道也。「萬物皆往資焉而不匱」者，物自來取資於我，不待我之運之量之也，故同一「不匱」也。前之「不匱」者勞，後之「不匱」者逸。勞出於强勉，逸本於自然。自然者道，故曰「此其道與」。兩言「此其道」而皆用「歟」爲未定之辭者，正以見道之難言，僅能舉其崖略如是云爾。

「中國有人焉」以下，注家多別爲一節，然細玩上下文語氣，實相銜接。末云「此之謂大得」，「得」者，得道也。前作未定之辭，而後於「辯不若默」、「聞不若塞」之外，乃作決辭，曰「此謂大得」者，蓋道必於離言語絕見聞處契入，惟是爲得之最真，此「昭昭生於冥冥」之旨。老子之教孔子，肯要在是，離而絕之，不獨於文爲不完，於理亦有缺矣，是不可不正也。

「中國」，如孟子言「中天下而立」，謂當國之中也。言當國之中者，大之也。大之者，以異於上所云之「君子」也。「非陰非陽」，合陰陽以爲德，則陰陽不得而名之也。「直且爲人」，「且」之爲言暫也，曰特暫爲人者，人而將反於天也。《天下篇》曰「以天爲宗」，「宗」即天也，故曰「將反於宗」。《天下篇》又曰：「不離於宗，謂之天人。」既天人矣，則豈尋常之君子所可比倫，故吾曰「中國有人焉」，所以大之而異於君子者，非臆爲之説，於文固有足徵矣。

「自本觀之」，「本」承「宗」言。於反則言「宗」，言其有所歸也；於生則言「本」，言其有所始也。「生者，喑醷物」者，「喑」借爲醅。醅醷，猶醞釀也。《易·繫辭傳》曰：「天地絪緼，萬物化醇。」醇即取譬於酒，此亦當同之。就造化本義言，曰絪緼；就取譬於酒言，曰醅醷，一也。舊注自郭子玄以下，皆以聚氣釋之，以「喑醷」爲聚氣，蓋據首節人之生氣之聚也，臆測比附之以爲説，而不知其非也。釀造之物不能久持，如酒變爲酢是也。人生亦然，故曰「雖有壽夭，相去幾何」，上壽不過百歲，較之天折，數十年之間耳，以天地論之，曾不足以當一瞬，故曰「須臾之説也」。於此須臾之頃，而斷斷然校量於堯、桀之是非，是豈務其大者之所事，故曰「奚足以爲」也。

「果」，木實。「蓏」，草實。「理」，分理。分讀去聲。「有理」，猶言有別也。「人倫雖難」，言人難爲之倫類。「雖」與惟通。惟其難，所以不得不爲之齒叙。齒叙，言有等也。上言「奚足以爲堯、桀之是非」，此乃云人有差等者，《達生篇》所云「雖不足爲而不可不爲者，其爲不免」者也，故言「奚足以爲」者，所以破其執；言「所以相齒」者，所以定其分亦去聲。，義相成而非相悖也。

「聖人遭之而不違」，「遭」，遭其生也，《養生主》所謂「適來夫子時也」。安時，故不違。「過之而不守」，「過」，生則逝也，《養生主》所謂「適去夫子順也」。處順，故不守。合而言之，則《大宗師》所謂「翛然而往，翛然而來」而已矣。「調」，調和。「調而應之，德也」者，德主於和也。「偶」者，耦之借。耦，通也。《淮南子·要略》：「所以應待萬方，覽耦百變也。」高注曰：「耦，通也。」是也。「通」本有作「近」者，誤也。「偶而應之，道也」者，道主於通也。「帝之所興，王之所起也」者，帝王之道，不過「調而應之」、「偶而應之」之兩端，觀夫《應帝王篇》可以見也。

「白駒」，馬也，必取其「白」者，爲其易辨識也。「郤」亦作隙，字同。《盗跖篇》云：「天與地無窮，人死者有時。操有時之具，而託於無窮之間，忽然，無異騏驥之馳過隙也。」彼言騏驥，此言白駒，義正相類，故或以白駒爲日者，誤也。「注然」，如水之湧。「勃然」，如苗之生。「油然」，如雲之散。《孟子》曰：「天油然作雲。」注：「油然，雲興貌。」雲興曰油然，散亦可曰油然者，往來飄忽之狀同也。「漻然」，如潦之收。「出」喻「生」，「入」喻「死」也。死生之際，不獨人類，凡鳥獸蟲魚皆知悲戀，故分生物與人類而兩言之，見人之知亦不能殊於彼鳥獸蟲魚也。

惟聖人則知生死之一如，哀傷之多事，故「解其天弢」，自解之也，「墮其天袠」，自墮之也。「弢」同韜，弓衣也。「袠」同帙，書衣也。皆取纏縛之義。「墮」通隳，毁也。「紛」，散也。「宛」通苑，讀如蘊，積也。紛、宛一韻。言散又言積者，散積無端，下文所云「形之不形」、「不形之形」者也。「魂魄將往，乃身從之」，雖死而魂魄相抱，死生一由乎己，故曰「乃身從之」。若是，則有所歸，故曰「乃大歸乎」。聖人之死所以不同於常人者，此也。此其理人皆知之，然不能至。若至者，則務進其道，不於知上求也，故曰「非將至之所務」。「將」如《詩·周頌》「日就月將」之將，進也。不進則不至，故先至而言「將」。「將至」，猶今言進行也。舊以「將」爲且將之將，失其義矣。「至則不論，論則不至」，要歸於「至」者，要歸於實踐也。「明見無值」，猶云明見無見。「值」通直。《說文》：「直，正見也。」其有「正」義者，以其從十從目。其云「見」者，以其從目也。此則單取目義，故曰明見無見也。「聞不若塞」，「塞」者𡫳之借，實也，篤也。故默者默識，𡫳者篤守。默識而篤守，是真有得者也。故以「此之謂大得」結之。然則道不在言論明矣。

東郭子問於莊子曰：「所謂道，惡乎在？」莊子曰：「無所不在。」東郭子曰：「期而後可。」莊子曰：「在螻蟻。」曰：「何其下邪？」曰：「在稊稗。」曰：「何其愈下邪？」曰：「在瓦甓。」曰：「何其愈甚邪？」曰：「在屎溺。」東郭子不應。莊子曰：「夫子之問也，固不及質。正獲之問於監市履狶也，每下愈況。女唯莫必，無乎逃物。至道若是，大言亦然。周、徧、咸三者，異名同實，其指一也。嘗相與游乎無何有之宫，同合而論，無所終窮乎！嘗相與無爲乎！澹而静乎！漠而清乎！調而閒乎！寥已吾志，無往焉而不知其所至，去而來而不知其所止，吾已往來焉而不知其所終，彷徨乎馮閎，大知入焉而不知其所窮。物物者，與物無際，而物有際者，所謂物際者也；不際之際，際之不際者也。謂盈虚衰殺，彼爲盈虚非盈虚，彼爲衰殺非衰殺，彼爲本末非本末，彼爲積散非積散也。」

此節言「道無所不在」，即承上「無門無房，四達皇皇」之文而發揮之。「東郭子」與前《田子方篇》之東郭順子爲兩人，特亦以居東郭而得名耳。「惡」音烏。「惡乎在？」問何在也。曰「無所不在」，此語極要，蓋道不離物，若使有一物在道之外者，則道爲虚器，而體亦不全矣。「期」，必也，與下「女唯莫必，無乎逃物」八字一義。期必者，必欲指名所在也。曰「在螻蟻」，螻蟻尚有知也，若稊稗則無知矣；稊稗無知，而尚有生氣也，若瓦甓則並生氣而無之矣；然瓦甓無生氣而非臭腐也，若屎溺則臭且腐矣。此東郭子所以訝其「愈下」、「愈甚」而卒

「不應」也。「不應」者，心非之以爲不足論也。

「固不及質」者，「質」，實也，正也。始欲指名，及指名所在而又怪其賤穢，是前後自相違，故曰「不及質也」，此如《秋水篇》莊子與惠子辯論魚樂而曰「請循其本」，所謂語不得離宗也。「正獲」，《釋文》引李頤云：「正，亭卒，獲其名也。」是也。或引《儀禮·鄉射·大射》之文，以「正」爲司正，「獲」爲司獲。夫《射禮》之司正、司獲何與於監市之事！此似是而非之説，不足從也。「監市」猶市監。亭卒與市監職相近而事相聯，故得以問及「履豨」也。「豨」，大豕。「履」，踐也。踐之而視其肥瘠也。「況」，比也。「每下愈況」者，豕肥當視其股脚，愈下則愈足爲比較，故曰「每下愈況」，以證上之曰「在螻蟻」以至「在屎溺」者正以況道，非苟而言也。「女唯莫必，無乎逃物」者，必則有限，有限則物有所遺，有所遺則非道矣，故《大宗師篇》曰「聖人將游於物之所不得遯而皆存」，言遯言逃，其旨一也。

「大言」，言道之言也。「大」者，無所不包，故以「周、偏、咸三者」言之。下云「同合而論」，曰同曰合，亦即「周、偏、咸」之謂，而先之以「游乎無何有之宫」者，曰「無何有」，斯無所不有矣。又云「無爲」者，無爲斯無不爲矣。「澹而静」、「漠而清」、「調而閒」，皆無爲之狀也。

「寥已吾志」句。「寥」如《大宗師篇》「入於寥天一」之寥。「寥」者虚寂，寂則無何有，虚則無不包無不有也。「無往焉而不知其所至」，「無」字當是衍文。往不知所至，來不知所止，文正相對，一也。下文「吾已往來焉而不知其所終」，「往來」正承上文言。若此云「無往」，則彼言「往」爲無根，二也。又云「去而來」，「去」即往也。言去而來，則非無往之説矣，三也。綜此三證，「無往」之「無」爲衍文無疑，惟郭注云：「志苟寥然，則無所往矣。無往焉，故往而不知其所至。」是自郭本以來即作「無往」，故仍其舊文不改，而著其所見於此，以俟識者擇焉。「吾已」之「已」同以。「吾已往來焉」，猶言吾以是往來焉爾。「彷徨乎馮閎」，「彷徨」，即《消摇游》「彷徨乎無爲其側」之彷徨。彼「彷徨」與「消摇」相對，猶徜徉也。「馮閎」，謂高大而虚廓也。「大知入焉而不知其所窮」，「窮」，極也。不知其所極者，不得而盡其涯際也，故下以「物際」言之。

物則有際，所謂「物際」者也。「物際」者，物於虚空中所佔有之區域也，小則毫釐，大至數百數千萬里，皆可用數以表之。數可得而表者，則終有際矣，故曰「物際」。若夫「物物者」，物大則從而大，物小則從而小，如前文所云：「六合爲巨，未離其内；秋豪爲小，待之成體。」大小無常，是非數之所能定也。數所不能定，則是無際也，故曰「物物者，與物無際」。夫「物物者」何也？曰：道也。「物物」，下「物」者萬物。上「物」，所以物之，意謂成其爲物也。雖然，道無際，而其見於物也則有際。見於物雖有際，而有際者物，若道則終始無際也，故曰「不際之際，際之不際者也」。「際之不際」，猶云際而不際也。

「謂盈虚衰殺」，以盈虚衰殺明之也。盈與虚反，衰亦與殺反。「衰」讀如等衰之衰，與差同。「殺」者降殺，音鎩。等衰有定，而因而降殺之則無定，此觀於《儀禮》之《喪服》可見。故衰殺與盈虚同，亦相對而相反也，本末、積散亦然。舊讀「衰」爲盛衰之衰，讀「殺」如字。

以「衰殺」爲一事者，實大誤也。「彼爲盈虛非盈虛，彼爲衰殺非衰殺，彼爲本末非本末，彼爲積散非積散也」，「彼」並指「物物者」言，即指道言。道所以爲盈虛而道無盈虛，道所以爲衰殺而道無衰殺，道所以爲本末而道無本末，道所以爲積散而道無積散，故曰：「彼爲盈虛者非盈虛，彼爲衰殺者非衰殺，彼爲本末者非本末，彼爲積散者非積散也。」

婀荷甘與神農同學於老龍吉。神農隱几闔户晝瞑，婀荷甘日中奓户而入，曰：「老龍死矣！」神農擁杖而起，嚗然投杖而笑，曰：「天。知予僻陋慢訑，故棄予而死。已矣！夫子無所發予之狂言而死矣夫！」弇剛弔，聞之。曰：「夫體道者，天下之君子所繫焉。今於道，秋豪之端，萬分未得處一焉，而猶知藏其狂言而死，又況夫體道者乎！視之無形，聽之無聲，於人之論者，謂之冥冥，所以論道，而非道也。」

「婀荷甘」、「神農老龍吉」、「弇剛」，皆假名，此蓋寓言而兼卮言者。「老龍吉」意指伏戲。昭十七年《春秋左氏傳》載郯子之言曰：「大皞氏以龍紀，故爲龍師而龍名。」大皞氏即伏戲，以其以龍紀，龍師而龍名，故稱之曰老龍吉。「神農」繼伏羲而王，故曰「學於老龍吉」。神農始教民稼穡。「婀荷甘」，意取於稼穡。《書・洪範傳》「稼穡作甘」，是也。婀荷謰語，義取其聲。「弇剛」者，弇其剛也，剛之義取於乾龍，此皆可以類求之者。故舊注云若者爲姓，若者爲名，皆出臆測，不足信也。

「晝瞑」，晝眠也，古「眠」字亦作「瞑」。「奓户而入」，排户而入也。「奓」音哆，車上聲。

「擁杖而起」，始聞之而驚也。「嚗」音剥。「嚗然」，投杖聲。「投」亦作「放」，而「投」字意足，故從「投」。「投杖而笑」，旋悟夫死生之一致，故易驚而失笑也。「擁杖」上舊有「隱几」二字，蓋涉上文而誤衍，《北堂書鈔》卷一百三十三及《昭明文選・王簡棲頭陀寺碑文》注引皆無「隱几」字可證。即成玄英疏云「神農聞吉死，是以擁杖而驚」，不言「隱几」，則成疏本亦當無此二字也，故用删削。

「天」一字句，稱老龍也。稱老龍爲天者，至人之死，則反於天也。「慢誕」之「誕」舊作「訑」，蓋傳寫而失之，《書鈔》卷一百三十三、《白孔六帖》卷八十八引竝作「漫誕」。「慢誕」與「漫誕」同，亦謰語，猶云荒唐也。《音義》於「訑」下云「徒旦反」，又云「郭音但」。案：訑，從也，不得有「但」音，則「訑」爲「誕」譌，尤顯然有據，是以改正。曰「僻陋」、曰「謾誕」，皆言其殊異於世人。「棄予而死」句。「已矣」二字句。「無所發予之狂言而死矣夫」，言老龍死而予之狂言更無所發，蓋倒文也。

「弇堈弔」，「弔」如《養生主》「秦佚弔之」之弔，以神農喪師而來弔也。「聞之」，聞神農之所言也。「體道」，與道合體也。「君子所繫焉」者，言君子之所憑依也。「秋豪之端，萬分未得處一」者，言其於道所得至微也。所得至微而猶知藏其狂言而死，則其得道之大全者其不取於多言明矣。故曰「又況夫體道者乎！」此言「體道」，較前文言「將至」、言「大得」，蓋益親切矣。故「視之無形」，視於無形也；「聽之無聲」，聽於無聲也；「於人之論者，謂之冥冥」，忘言冥契，而相喻於無言之表也。夫知「所以論道而非道」，則會道不在於論，而亦未嘗不可於論而會道。不然，即此神農、弇剛之言皆爲剩語矣。

於是泰清問乎無窮曰：「子知道乎？」無窮曰：「吾不知。」又問乎無爲。無爲曰：「吾知道。」曰：「子之知道亦有數乎？」曰：「有。」曰：「其數若何？」無爲曰：「吾知道之可以貴可以賤，可以約可以散，此吾所以知道之數也。」泰清以之言也，問乎無始，曰：「若是，則無窮之弗知與無爲之知，孰是而孰非乎？」無始曰：「不知深矣，知之淺矣；弗知内矣，知之外矣。」於是泰清卬而歎曰：「弗知乃知乎！知乃不知乎！孰知不知之知？」無始曰：「道不可聞，聞而非也；道不可見，見而非也；道不可言，言而非也。知形形之不形乎！道不當名。」無始曰：「有問道而應之者，不知道也。雖問道者，亦未聞道。道無問，問無應。無問問之，是問窮也；無應應之，是無内也。以無内待問窮。若是者，外不觀乎宇宙，内不知乎大初。是以不過乎崑崙，不游乎大虛。」

此猶是首節之旨，變知言「泰清」者，「泰」同太，據知之清明而言之也。以「於是」發端者，承上「所以論道而非道」之文也。「無窮」與「無始」對。自其初言之，則曰「無始」；自其終言之，則曰「無窮」，要之一「無」而已，無可名也。若無爲，則名已立矣。名立而義生，所以無爲曰「吾知道」也。義之所在，比而目之，是之謂「數」。「數」者，名之詳也。故泰清問道及數，而無爲告以道「可以貴可以賤，可以約可以散」。「約」猶斂也，斂、散相對。前文言「彼爲積散非積散」，惟非積散，是以可約可散。貴與賤對。前文云「彼爲衰殺非衰殺」，惟非衰殺，是以可貴可賤。前者原其本，此則表其用也，故言無爲而爲在其中矣。

「之言」，此言也。「知之外矣」，「外」即上「君子之道彼其外與」之外，猶今云表面也。「内」則今言中心矣。「卬」同仰。此云「卬而歎」，與《庚桑楚篇》「南榮趎仰而歎」之文正同。各本作「中」者，與「卬」形近而誤也。惟《音義》云「崔本作卬」，猶可考見，因據以改正。「孰知不知之知」，此一節要義，亦即一篇要義，故歸結於此。「不知之知」，謂不知乃真知也。

「形形之不形」，合前「有倫生於無形」與「萬物以形相生」而言。「萬物以形相生」，是「形形」也。而就源頭上説，則形形者原本無形，故曰「知形形之不形乎！」惟「形形之不形」，故不可聞、不可見、不可言也。「道不當名」者，謂名與道不相當，即一落名言，便不足以盡道。老子曰：「道可道，非常道；名可名，非常名。」正此之所本也。

「道無問」，道不可得而問也。「問無應」，問不可得而應也。「問窮」者，「窮」謂無所有。「無内」者，「内」猶今云内容也。惟無内，故有問而應之曰「不知道」。惟問窮，故雖問道亦未聞道也。子貢曰：「夫子之言性與天道，不可得而聞也。」見《論語·公冶長篇》。亦此意也。「外不觀乎宇宙」，不見其大也。「内不知乎大初」，不窮其本也。「不過乎崑崙」，「崑崙」者混淪也。《天地篇》曰：「黄帝游乎赤水之北，登乎崑崙之丘而南望。還歸，遺其玄珠。」遺其玄珠，喻知之反於不知也，而惟造乎混淪者能然。即彼證此，則此之「不過乎崑崙，不游乎大虛」義可知已。「大初」「大虛」，「大」皆讀「太」。

光曜問乎無有曰：「夫子有乎？其無有乎？」光曜不得問，而孰視其狀貌，窅然空然，終日視之而不見，聽之而不聞，搏之而不得也。光曜曰：「至矣！其孰能至此乎？予能有無矣，而未能無無也；及爲無有矣，何從至此哉！」

「無有」，所謂「形形之不形」者也。「光曜不得問」者，道無問也。「孰視之」，「孰」與熟同，謂詳審也。「窅然空然」，皆無有之狀。

「搏」，各本皆作「搏」，《音義》亦言音博。案：《老子》書云：「視之不見，名曰夷。聽之不聞，名曰希。搏之不得，名曰微。」此云「視之」、「聽之」、「搏之」正與彼同，則自作「搏」不作「搏」。「搏」如《禮記·曲禮》「毋搏飯」之搏。「搏」者，以手團之也。惟以手團之，故可云「不得」，可名曰「微」，若搏則不必然矣。兹故定作「搏」。

「予能有無」者，能有夫無也。「及爲無有」者，爲無所有也；爲無所有，是滯於無；滯於無，則不能無夫無，故曰「何從至此哉！」此謂無有也。光曜無質，亦可曰無，故云「能有無」，然不若無有之竟無也，故曰「未能無無」。

大馬之捶鈎者，年八十矣，而不失鈎芒。大馬曰：「子巧與！有道與？」曰：「臣有守也。臣之年二十，而好捶鈎，於物無視也，非鈎無察也，是用之者，假不用者也以長得其用，而況乎無不用者乎！物孰不資焉！」

此爲前文「萬物皆往資焉而不匱」作注脚也。「大馬」，大司馬也，《淮南子·道應訓》作大司馬可證。「捶」，鍛也。「鉤」，劍之曲者。《漢書·韓延壽傳》「鑄作刀劍鉤鐔」，章懷注：「鉤，兵器，似劍而曲，所以鉤殺人也。」鮑照樂府云：「錦帶佩吴鉤。」杜甫《後出塞》云：「少年各有贈，含笑看吴鉤。」「吴鉤」，吴地所出之鉤也。司馬掌兵，捶鉤自其所屬，故得而問之。舊注以「鉤」爲帶鉤，或以爲釣鉤，皆非是。「鈎芒」各本作「豪芒」，蓋因郭注有「無豪芒之差」語而誤。惟唐寫本作「鉤芒」，《淮南子·道應訓》亦作「鉤芒」。「芒」與鋩通，鋩者鋒鋩之鋩，謂刃端也。鉤之用全在鋩，故云「不失鉤芒」，以見其鍛捶之精，而於劍鋩有獨到也。自郭注以「芒」爲豪芒，而其義盡失，並正文亦改之矣，是不可不正也。

「巧與」，所以贊之。「有道與」，則問之之辭。「有守」，有所守也。下文云「於物無視」、「非鉤無察」，即其所守。王念孫以爲「守」音與「道」同，遂解「有守」爲「有道」，鑿矣。「二十而好捶鉤」，至八十而不失，是終身不改其守，一「守」字正文之緊要處，可輕改乎？「用之者」，承「非鉤無察」言。「假不用者也以長得其用」，承「於物無視」言。「用之者」，技也；「不用者」，道也。此與庖丁言「臣之所好者道也，進乎技矣」，語不同而義則同。夫抱一技者，尚假道以濟其用，又況夫體道者。安往而非道，則亦安往而不得。至此更不須守，故曰「而況乎無不用者乎！物孰不資焉！」「無不用」者，不用而無不用，猶無爲而無不爲也。

冉求問於仲尼曰：「未有天地可知邪？」仲尼曰：「可。古猶今也。」冉求失問而退。明日復見，曰：「昔者吾問：『未有天地可知乎？』夫子曰：『可。古猶今也。』

昔日吾昭然，今日吾昧然，敢問何謂也？」仲尼曰：「昔之昭然也，神者先受之；今之昧然也，且又爲不神者求邪？無古無今，無始無終，未有子孫而有孫子，可乎？」冉求未對。仲尼曰：「已矣。末應矣！不以生生死，不以死死生。死生有待耶？皆有所一體。有先天地生者物邪？物物者非物。物出不得先物也，猶其有物也。猶其有物也無已。聖人之愛人也終無已者，亦乃取於是者也。」

「冉求」字有，孔子弟子，《論語》稱「求也藝」。見《雍也篇》。藝謂多才能也。問「未有天地可知邪？」以知相求，蓋猶是藝能邊事，夫子答以「可。古猶今也」。則超越凡情之論，惟體道者能會之，所以冉有「失問而退」也。「失問」者，不得其所問，謂夫子之答與己意相違也。然雖不得所問，而聞夫子之言，以冉有之才，亦自有其觸發領解之處。惟是以意見推尋、知解湊泊，斯觸發之機旋以窒塞，而領解所及轉成迷惑，故明日復見，而有「昔日吾昭然，今日吾昧然」之説。夫子應病與藥，特爲提一「神」字。「神」者，不知之知也。以不知之知受之，《人間世》所謂「惟道集虚」，是以昭然。「且又爲不神者求」，「且」猶將也，「爲」讀去聲。「爲不神者求」，則以知見附益，《外物篇》所謂「顧塞其竇」，安得而不昧然乎！此所以教冉有者，蓋至深切矣。

「無古無今，無始無終」二句，爲「古猶今也」之言揭其藴。「未有子孫而有孫子可乎」句，爲「未有天地可知」之問破其疑。知子孫、孫子之以一形代嬗，則知天地、地天之以一氣運行，理無有二，即無終而知無始，即無今而知無古，而未有天地之先，可默而識也已。「冉求未對」，欲對而未發也。「已」，止也。「末應」者，無答也。「末」，各本多作「未」，誤。成玄英疏云「末，無也」，則原作「末」可知。冉求欲對而夫子止之，令其無答者，蓋有又將出其知見以應，故禁遏之，以免其轉迷也。

「不以生生死」，死不以有生而死。「不以死死生」，生亦不以有死而生也。夫生則有死，死則有生，此世之常談也，而茲云然者，欲以見死生相待而不相待，以明夫無生無死之道，而後與上「無古無今，無始無終」之義爲相契合也。故曰「死生有待耶？皆有所一體」。「皆有所一體」者，皆體夫一也。郭注云「死與生各自成體」，失之矣。

「有先天地生者物邪？」此與「死生有待邪」一種文法，皆以喝起下文。言無有物先於天地者。注者或引老子「有物混成，先天地生」之語以釋之，非仲尼此文之旨也。「物物者非物」，猶「形形之不形」，何者？「物出不得先物」也。物出不得先物，何也？「猶其有物也」。「有物」猶云爲物。孟子曰：「人之有道也，飽食、煖衣、逸居而無教，則近於禽獸。」人之有道，即人之爲道。古「有」、「爲」字可通用也。猶其爲物者，謂先物之物則猶是物也。以上層層推闡，猶剥筍然。剥至無可剥處，然後一轉曰「猶其有物也無已」，言是爲物之物，亦始終遞化而無窮，則即夫此物之無窮，而物物者之無終亦且無始，不更較然易見乎哉！此不獨理精，文亦極靈極妙，蓋全然一神之所爲。讀者能以神受，斯得之矣。

又曰「聖人之愛人也終無已者，亦乃取於是者也」，言未有天地可知，言古猶今也，雖足窮宇宙之奧，而於人事終遠，今以聖人之愛人無已，乃由取於是而然，則道不孤虛，歸之實際，然後天人一揆，理事玄同。此篇以仲尼兩答弟子之問爲之收煞，其亦有微意也歟！

顔淵問乎仲尼曰：「回嘗聞諸夫子曰：『無有所將，無有所迎。』回敢問其游。」仲尼曰：「古之人，外化而內不化；今之人，內化而外不化。與物化者，一不化者也。安化安不化，安與之相靡，必與之莫多。」狶韋氏之囿，黄帝之圃，有虞氏之宫，湯、武之室，君子之人，若儒、墨者師，故以是非相韲也，而況今之人乎！聖人處物不傷物。不傷物者，物亦不能傷也。唯無所傷者，爲能與之相將迎。山林與！皋壤與！使我欣欣然而樂與！樂未畢也，哀又繼之。哀樂之來，吾不能禦，其去弗能止。悲夫，世人直謂物逆旅耳！夫知遇而不知所不遇，知能能而不能所不能。無知無能者，固人之所不免也。夫務免乎人之所不免者，豈不亦悲哉！至言去言，至爲去爲。齊知之所知，則淺矣。

「將」、「迎」義，見《應帝王篇》。「敢問其游」者，問所以游夫此之術也。此「游」字，正與篇首「知北游」「游」字相應。《莊子》一書，大抵脱不了一「游」字。必能游而後能無將無迎，亦必能化者而後能游。化者，不滯；游者，出入自在也，故孔子以「古之人外化而內不化」語答之。奚侗乃謂「游」借作由，「敢問其游」者，敢問其由也，於文固顯，而於義則悖矣。

言外化而必言內不化者，外化所以順物，內不化者，靈明以爲之主也。若夫失其靈明，則逐物而遷，將迎之心起，於物反昧其輕重本末之序，以爲順物，而實與物之本則相違，如人每盛言客觀，而卒則師心自用者，其病大率由此，故又反而戒之曰「今之人内化而外不化」也。由是論之，則必有一不化者在，而後可與物化。夫化與不化，相對待者也。若進而推其本，則體用一源，理絶對待，何有化與不化之名！所以總結之曰「與物化者，一不化者也，安化安不化」。「安化安不化」者，無有夫化，亦無有夫不化者也。「安與之相靡」承「安化」之文而釋之。「靡」即《齊物論》「與物相刃相靡」之靡，「靡」，傷也。夫無有化，則物何從而傷之！故曰「安與之相靡」。「必與之莫多」承「安不化」之文而釋之。「多」，侈也，過也。夫無有不化，則因物付物，各如其則而止，烏有過侈之事，故曰「必與之莫多」也。抑此乃變文言「必」者，蓋應物之時，病生於不及者少，而生於過者恒多。曰將曰迎，皆過者之爲也。孔子曰：「不逆詐，不億，不信，抑亦先覺者，是賢乎！」見《論語・憲問篇》。逆詐、億、信，賢者往往以是爲能，故從而破之，曰不逆不億而能先覺是則賢也。即此以觀，非病多生於過乎！故曰「必與之莫多」者，力戒之之辭也。

「狶韋氏」，古帝王，見《大宗師篇》。圃小於囿，宫小於圃，室又小於宫，遞下而愈小者，言世降而德衰，所居益狹，而所游益淺也。「君子之人」，世之所稱爲君子者。「儒墨者師」，儒墨之師也。《漢書・藝文志》言「儒家者流」、「墨家者流」，兩書「者」字正相同矣。「故」猶舊也。「韲」如《大宗師篇》「韲萬物而不爲義」之韲，毁傷之意。儒之所是，墨之所非；墨之所非，儒之所是，即《齊物論》所云「故有儒墨之是非，以是其所非，而非其所是」者，其來也久，故曰「故以是非相螫也」。舊已如此，今乃益甚，故曰「而況今之人乎！」「故」與「今」對文。郭注云：「螫，和也。夫儒墨之師，天下之難和者，而無心者猶故和之，而況其凡乎！」全失書旨，不可不知也。

「聖人處物不傷物」，即是「與物化」。「物亦不能傷」，則由有一不化者存，哀樂不入於胸次，物焉從而傷之！「唯無所傷者，爲能與之相將迎」，上言「無有所將，無有所迎」，此乃言「與之相將迎」者，不將之將，不迎之迎，即《論語》言「不逆，不億，而抑亦先覺者」也，蓋惟無所將是以能將，無所迎是以能迎，理雖深微，實亦簡易，虛心以玩上下文，不難解也。「與之」之「之」，各本作人，兹從唐寫本改。「山林與」以下，舉平時山澤之游，以見人傷於物之易，曰「直謂物逆旅」者，「謂」與爲通，各本亦或作爲。物舍於人心，而人乃日與物相將迎而不得休止，猶逆旅主人之爲客役然也。「遇」，遭也。遭之則知之，不遭則不知，如穴居之民不知宮室，漁獵之人不識耒耜，耕種之農不通貿易，摶埴之工不明鍛冶，皆所不遇故也。所知如是，所能亦然，故曰「無知無能者，固人之所不免也」。知之爲知之，不知爲不知；能之爲能之，不能爲不能；則於己無不足，而於物無所戾。《養生主篇》曰：「吾生也有涯，而知也無涯。以有涯隨無涯，殆已！」《達生篇》曰：「達生之情者，不務生之所無以爲；達命之情者，不務命之所無奈何。」蓋皆此旨。故曰「夫務免乎人之所不免者，豈不亦悲哉」！務之爲言强求而力遑，是賊生傷性之道也，故曰「至言去言，至爲去爲」。「去言」者，去其不得言而强言。「去爲」者，去其不能爲而强爲也。夫言與爲，皆本於知。言有所不得言，爲有所不能爲，則知亦有夫其不可知，故《齊物論篇》曰：「知止其所不知，至矣。」不知乎此，而惟於知之所知求之，以是爲之齊，是則淺矣。「齊」者等也。《音義》：「齊，才細反，又如字。」讀平讀去，其義一也。篇末仍歸於「知」字，以與篇首相應。全篇脈絡通貫，體例謹嚴，非莊子自作，決不能有此。

又案此節孔子之言，當於「必與之莫多」句而止，自是以下則莊子因夫子之論而發揮之者，何以見之？尊狶韋而卑湯、武，如《在宥》諸篇所談，是莊子之見，而非聖人所恒言，此其一。墨翟後孔子殆百年，當孔子時未有儒、墨之名，孔子口中安得有「儒、墨者師，故以是非相䪺」之語！此其二。然因是而遂疑顏淵之問、夫子之答皆出漆園僞託，即亦恐其不然，是在識者辨之。

莊子發微卷之四

雜篇

郭象所訂《莊子》，雜篇凡十有一，曰《庚桑楚》，曰《徐無鬼》，曰《則陽》，曰《外物》，曰《寓言》，曰《讓王》，曰《盜跖》，曰《説劍》，曰《漁父》，曰《列御寇》，曰《天下》，其先後之序，羌無統緒，推其意，所以名之爲雜篇者，殆在此。王夫之《莊子解》云：「雜篇唯《庚桑楚》《徐無鬼》《寓言》《天下》四篇爲條貫之言，《則陽》《外物》《列御寇》三篇皆雜引博喻，理則可通，而文義不相屬，故謂之雜。」而又云：「外篇文義雖相屬，而多浮蔓卑隘之説；雜篇言雖不純，而微至之語較能發内篇未發之旨。」其以外篇爲「多浮蔓卑隘」，誠未能厭於人心，然知取於雜篇「微至之語能發内篇未發之旨」，則此老卓見獨詣，非淺窺謏聞之士所能及也。至蘇子瞻（軾）欲删去《讓王》《盜跖》《説劍》《漁父》四篇，而以《列御寇篇》續於《寓言篇》下，合爲一篇，則未免武斷。此四篇自是學於漆園者之所爲，文固譾俴，然藉此亦可察知莊學末流之失，正亦學術有關文字，何可廢哉！何可廢哉！

庚桑楚第二十三

《釋文》題無「楚」字，云：「以人名篇，本或作《庚桑楚》。」然正文庚桑楚下則引司馬彪注云：「楚名，庚桑姓也。」以《莊》書之例求之，有「楚」字爲是，故兹從或本。「庚桑」，《史記·老子列傳》作亢桑，《列子·仲尼篇》則作亢倉，此猶宋牼之作宋銒、宋榮，陳恒之作田常，當時口口相傳，但在音同，不在文同也。《史記》謂「畏累虚亢桑子之屬，皆空語無事實」，信如其言，則庚桑楚者實無其人。顧莊子之書虚虚實實，執以爲真固非，若謂盡屬寓言，即亦不然。《漢書·古今人表》有老子，有南榮疇，顔師古注：「即南榮趎也。」而無庚桑楚，當因史公之言故不採入，然既有其師，又有其弟子，而獨無庚桑，意爲去取，果足據乎？老子在當時，卓然爲道術之宗，豈得無弟子能傳其學者！今鄭重書之，曰：「老聃之役，有庚桑楚者，偏得老聃之道，以北居畏壘之山。」玩其語氣，似非假託者比。竊以爲庚桑楚亦與列御寇同，稱之或有增飾，若其人，則非虚無也。觀其「藏身不厭深眇，亦幾於聖人無名」者，而於南榮趎，自言：「吾才小，不足以化子。」勉其南見老子，又何其秉謙執下，非廓然無一毫之私己，而能若是哉！王而農極稱雜篇多微至之論。何必微至之論，若此等處，學者能仔細體會，其獲益也亦多矣。至若世傳亢倉子之書，明出唐人僞造，殆不足論。

老聃之役，有庚桑楚者，偏得老聃之道，以北居畏壘之山，其臣之畫然知者去之，其妾之挈然仁者遠之；擁腫之與居，鞅掌之爲使。居三年，畏壘大壤。畏壘之民相與言曰：「庚桑子之始來，吾洒然異之。今吾日計之而不足，歲計之而有餘。庶幾其聖人乎！子胡不相與尸而祝之，社而稷之乎？」庚桑子聞之，南面而不釋然。弟子異之。庚桑子曰：「弟子何怪於予？夫春氣發而百草生，正得秋而萬寶成。夫春與秋，豈無得而然哉？天道已行矣！吾聞至人，尸居環堵之室，而百姓猖狂不知所如往。今以畏壘之細民，而竊竊焉欲俎豆予於賢人之間，我其杓之人邪！吾是以不釋於老聃之言。」弟子曰：「不然。夫尋常之溝洫，巨魚無所旋其體，而鯢鰌爲之制；步仞之丘陵，巨獸無所隱其軀，而孽狐爲之祥。且夫尊賢授能，先善與利，自古堯、舜以然，而況畏壘之民乎！夫子亦聽矣！」

庚桑子曰：「小子來！夫函車之獸介而離山，則不免於罔罟之患；吞舟之魚碭而失水，則螻蟻能苦之。故鳥獸不厭高，魚鼈不厭深。夫全其形生之人，藏其身也，不厭深眇而已矣。且夫二子者，又何足以稱揚哉！是其於辯也，將妄鑿垣牆而殖蓬蒿也。簡髮而櫛，數米而炊，竊竊乎又何足以濟世哉！舉賢則民相軋，任知則民相盜。之數物者，不足以厚民。民之於利甚勤，子有殺父，臣有殺君，正晝爲盜，日中穴坏。吾語女：大亂之本，必生於堯、舜之間；其末存乎千世之後；千世之後，其必有人與人相食者也。」

南榮趎蹵然，正坐曰：「若趎之年者已長矣，將惡乎託業以及此言邪？」庚桑子曰：「全女形，抱女生，無使女思慮營營。若此三年，則可以及此言也。」南榮趎曰：「目之與形，吾不知其異也，而盲者不能自見；耳之與形，吾不知其異也，而聾者不能自聞；心之與形，吾不知其異也，而狂者不能自得。形之與形亦辟矣，而物或間之邪？欲相求而不能相得。今謂趎曰：『全女形，抱女生，無使女思慮營營。』趎勉聞道達耳矣。」庚桑子曰：「辭盡矣。」曰：「奔蜂不能化藿蠋，越雞不能伏鵠卵，魯雞固能矣。雞之與雞，其德非不同也，有能與不能者，其才固有巨小也。今吾才小，不足以化子。子胡不南見老子？」

此段文長，因分兩節解之。司馬彪注：「役，學徒弟子也。」學徒弟子而乃稱「役」者，古者弟子從事灑掃應對，如《論語》「闕黨童子將命」，及此書《達生篇》田開之言「開之操拔篲以侍門庭」，是皆役也，故得以役稱。又如《論語》載樊遲御、冉有僕。僕、御亦皆服役之事。《晉書·隱逸傳》：「陶潛有脚疾，乘籃輿，令一門生二兒共轝之。」則門生充役，此風至晉猶然。「偏得」者，獨得也。成疏云：「老君大聖，弟子極多，門人之中，庚桑最勝，故稱偏得也。」其云老聃弟子極多，雖無依據，而釋「偏得」之義則確不可移。注家或謂「偏」與徧通，且引唐寫本作「徧」爲證。夫道一而已，安取於徧！是非老、莊之旨也。

「畏」同嵔，故《釋文》云「本或作嵔」。「畏壘」，高峻而不平也。言「北居」者，老子陳人，楚亦陳人。見《列子·仲尼篇》。陳在南，去陳而居畏壘，則畏壘之山在北也。《釋文》：「或云：畏壘在魯。又云：在梁州。」案下文云「南榮趎贏糧七日七夜至老子之所」，若在梁州，梁州至陳，豈七日七夜所得達哉！《史記·老莊列傳》索隱引郭象云：「畏累，今東萊也。」今郭注本無此注，《釋文》亦不言郭注有此。案：東萊本萊子國，滅於齊，要之山在齊、魯之地較爲近之。若《史記正義》又言在深州，不知何本，存而不論可也。

曰臣曰妾，猶曰役也。《論語》子路使門人爲臣，雖遭夫子呵責，然子路豈全不知禮者！民生於三，事之如一，門人固有爲臣之道矣，故漢人猶每以門生、故吏並列，以是斷之，知王先謙《集解》云「其地之人敬愛庚桑，願爲臣妾」王説實出於成玄英疏，而較詳明。者，大非也。「畫」音獲，「畫然」，言其有畛域也。「挈」猶揭也。「挈然」，《山木篇》所謂「昭昭乎如揭日月而行」者。「去之」，去庚桑子也。「遠之」，遠庚桑子也。此言其門下有意於好知爲仁者，疑於庚桑子之非仁非知而遠去之也。《集解》云：「其中有畫然好明察爲智者，有挈然自標舉爲仁者，庚桑皆遠去之。」此説亦出於成疏。如《集解》之説，則是庚桑子先爲畛域而立異於人，豈所謂「藏其身也不厭深眇」者哉！以此而測庚桑，固淺；以是而讀《莊子》，亦疏矣。

「擁腫」已見《消摇游篇》。彼云「擁腫而不中繩墨」，以不中繩墨之義推之，則知其非畫然而知者矣。「鞅掌」見《小雅·北山》之詩，曰：「或王事鞅掌。」毛傳：「鞅掌，失容也。」失容云者，王事敦迫，倉遽之間不能爲禮容也。若如後世之説，則所謂草野不恭者。以是義推之，則知其非挈然而仁者矣。郭注云：「擁腫，朴也。鞅掌自得。」此言擁腫，固在見其朴；言鞅掌，固在形其自得。然而擁腫非朴，鞅掌非自得也，不可不辯。參看《在宥篇》「游者鞅掌以觀无妄」句注文。「與居」者，與庚桑相居。「爲」讀去聲。「爲使」者，爲庚桑所使也。「壤」借作穰，故《釋文》云「本亦作穰」。「大穰」，歲大熟也，是即《消摇游篇》連叔所稱「藐姑射山之神人，其神凝，使物不疵癘而年穀熟」者。然則如近人《莊子》注，解「偏得」爲「未得老子之全」，其誤不待駁正可知矣。

「異之」而曰「洒然」者，「洒」，濯也，見所未見，耳目一新，如經浣濯者然，故曰「洒然」。舊注但云驚貌，未能盡其義也。「日計之而不足」，三年之前，日望其有所施爲，而不見施爲，故云「不足」。「歲計之而有餘」，三年之後，物不疵癘，而年穀豐足，無爲之施，乃異於尋常，故曰「有餘」也。不直曰「聖人」，而猶云「庶幾」者，鄉曲之民本不知聖人爲何等，出之揣度，故言「庶幾」。「尸而祝之」者，古者有功德於民，民則祀之。義見《小戴禮記·祭法篇》。而祀必有尸有祝，觀《消摇游篇》云尸祝不越樽俎而代庖人，可見也。「社而稷之」者，配祭於社、配祭於稷也。蓋畏壘之民欲祀楚以爲神，故楚有「竊竊焉欲俎豆予於賢人之間」之語，而各家注釋皆云將奉之以爲君。奉以爲君，安得云俎豆於賢人之間邪！其不考亦甚矣。

「南面而不釋然」，此云「南面」，因「不釋然」者在老聃之言，老聃居南，故下「南面」字，與上「北居」之文相對。注家乃作君人南面之意解會，故前後皆誤也。「萬寳」，元嘉本作萬實。「天道」，《釋文》本作大道。細案之，「寳」字「天」字是也，故兹從「寳」、從「天」。

「正得秋」，猶云得正秋。《易·説卦》：「兑，正秋也。」此倒用作狀辭耳。「豈無得而然哉？」「得」，謂得天道也。故接之云「天道已行矣」。「尸居」，見《在宥篇》，猶端居也。「堵」，司馬彪注云：「一丈曰堵。環堵之室，面各一丈，言小也。」「猖狂」，屢見前，實亦消摇義。「不知所如往」，如、往一義，言相忘也。「竊」，私也。重言之，則曰「竊竊」。「細民」，小民也。「俎豆」，宣穎《南華經解》釋爲奉祀，是也。「杓」，《釋文》云：「郭音的。又匹么反。又音弔。」音異而義則同。郭注：「不欲爲物標杓。」標杓者，翹異於衆，衆所指向，如望之有標、射之有的也。言「我其杓之人」者，蓋老聃嘗有是語以教戒楚，今乃有負師訓，是以不能釋然。所謂老聃之言，即是指此。郭子玄不知，注云：「聃云：功成事遂，而百姓皆謂我自爾。今畏壘反此，故不釋然。」成疏因之，又引老子「功成弗居，長而不宰」之言以爲之説，是皆枝而不切，未能詳玩上下文意者也，故特辯正。

「尋常之溝洫」，各本皆無「洫」字，惟《太平御覽》引文有之。《釋文》云：「八尺曰尋，倍尋曰常。尋常之溝，則《周禮》『洫澮之廣深』也。洫廣深八尺，澮廣二尋、深二仞也。」疑《釋文》「溝」下本有「洫」字，後人寫脱之，此案其文意可以見也，因據《御覽》增補。「還」同旋，回旋也。「鯢」，魚之小者。别有一種，聲如小兒啼，俗名娃娃魚，是則山間谿澗所産，非溝洫之物也。「鰌」已見《齊物論篇》。「爲之制」，謂專制於此，如《秋水篇》埳井之鼃所謂擅一壑之水，而跨跱埳井之樂者。《釋文》引王云「制謂擅之也」，是也。而自説則據《廣雅》云「制，折也」，謂「小魚得曲折也」。是則與下文「爲之祥」，義不相當，知其不然矣。「步」

六尺，「仞」七尺。「孽」猶妖也。「爲之祥」，言依之作妖祥也。巨魚、巨獸以喻庚桑，鯢鰌、孽狐以喻畏壘之民，言細民所識者淺，亦易於滿足也。「尊賢授能，先善與利」，皆對文。「與」如《易・咸卦彖傳》「二氣感應以相與」之與。「與利」者，謂有利於己則親附之也。「以」同已。「以然」，已如是也。「聽之」，謂任從之。

「函」，容也，包也。「函車」與「吞舟」文對，言其大可以包容車也。「介」，獨也。揚雄《方言》：「獸無耦曰介。」無耦即獨，言失其羣也。「罔罟」屢見前。「碭」同蕩。「碭而失水」，謂爲潮汐所蕩激，因以離水而閣於岍也。「螻蟻」，各本無「螻」字，據《白帖》《太平御覽》引文補。「眇」，遠也。「藏身不厭深眇」，即老氏「良賈深藏若虛，君子盛德若愚」之旨，謂不自彰顯，非必遠遯屏迹，不與俗諧也。「二子」指堯、舜。「辯」同辨，謂分別也。「尊賢授能，先善與利」，皆分別所由起，故以辯言之。「妄」通亡。亡，無也。王引之云「將妄與將無同，也與邪同」，是也。「鑿垣墻而殖蓬蒿」，言其勞而多事也。「簡髮而櫛，數米而炊」，言其遺大體而理瑣務，故曰「竊竊乎何足以濟世」也。「竊竊」本言私，私則小，小則煩苛，義相引申，可以推而得之。「舉賢則民相軋」，老氏所以云：「不尚賢使民不爭。」「任知則民相盜」，「盜」謂欺詐，老氏所以云「智慧出，有大僞」、「絶聖棄智，民利百倍」也。「之數物」，謂賢能善利。「之」猶此也。「民之於利甚勤」，特舉「利」言之者，下云「殺父」、「殺君」，「爲盜」、「穴坏」，皆以利而然也。「穴坏」，猶《論語》《孟子》言穿窬。「坏」者，土塊。古人版築，故曰「穴坏」。《淮南子・齊俗訓》：「顏闔鑿阫而遯。」坏、阫一字。言「正晝」、「日中」者，極言其無所顧忌也。堯、舜之世，不得謂亂，亂在末流。然末由本起，故曰「大亂之本必生於堯、舜之間，其末存乎千世之後」。言「必」者，決其語之非妄也。「千世之後，其必有人與人相食」者，與《孟子》言「人將相食」同。然則言「千世之後」，猶爲辭之緩耳。

「南榮趎」，庚桑子弟子。「蹵然」二字當略頓，因聞大亂及人與人相食之言而不安也。「正坐」，則因將請問而正容以示敬。「及」，逮也。「此言」，即「藏身不厭深眇」之言。「惡」讀烏。「業」謂學業。問將憑託何學而可以能藏身，逮此境地也。「全女形」，不傷其身。「抱女生」，不失其性。「無使女思慮營營」，不鑿其智。三語中此語最要。蓋身之傷，性之失，皆因於智之鑿也，故特曰「無使」。「使」者，自使之也。「營營」，勞而不知休息貌。期之以三年，不久則不熟，不熟則不固也。

「目之與形」至「形之與形」四「與」字，並與「於」同。王引之《經傳釋詞》解《書·康誥》「告女德之說于罰之行」爲告女德之說與罰之行，《多方》「不克敬于和」爲不能敬與和，竝以「于」爲「與」，是也。于、於一字。「于」可作「與」用，則「與」亦可作「于」與「於」用。是皆當以聲求之，不在字形也。「狂」者聖之反，後世所謂不慧也。上三句爲設喻。「形之於形」句，則就當時自身言。此總言形者，兼耳目與心而言之也。「辟」如《論語》「能近取辟」之辟，與譬同，比也，類也。謂己身與楚身同類。同類者聲入心通，理當相得。今乃「欲相求而不能相得」，故疑其「物或間之」也。「間」猶隔也。郭注以「辟」爲「闢」，云：「未有閉之。」後之注家知「辟」即「譬」字，而作曉喻解，則與郭氏意亦相近，皆失之。「勉聞道達耳」者，聞道而不能自得於心，故曰「達耳」也。

「辭盡」者，無可以加也。又著「曰」字，以表下爲更端之辭。蓋見告之以「辭盡」，而南榮仍不能反求，故勸其南見老子也。「奔蜂」即蜾蠃，生子，則採桑上青蟲養之。《詩·小雅·小宛》之詩曰：「螟蛉有子，蜾蠃負之。」桑蟲羽化，則爲螟蛉。傳注謂蜾蠃養桑蟲以爲己子，是古人不細察之故也。「藿蠋」，爲豆藿上大青蟲，非蜾蠃力所能負走者，故此云「奔蜂不能化藿蠋」也。「鵠」，雁之大者。越雞小，故不能伏其卵；魯雞大，則能之。「其德非不同」，此「德」即《天地篇》「物得以生謂之德」之「德」，猶言性非不同。而又云「有能與不能，其才固有巨小」者，譬猶人性皆同，而有智愚之別，是則關乎材質，材質亦何嘗不出於性，然欲區而論之，即不能不分才、德爲二，所以孟子論性亦有時變而説才説心，惟學者善會之，則無滯礙矣。「吾才小不足以化子，子胡不南見老子」，將假老子之教而進之。於此亦可見古者成人之心之切。

南榮趎贏糧，七日七夜至老子之所。老子曰：「子自楚之所來乎？」南榮趎曰：「唯。」老子曰：「子何與人皆來之衆也？」南榮趎懼然顧其後。老子曰：「子不知吾所謂乎？」南榮趎俯而慙，仰而歎，曰：「今者吾忘吾答，因失吾問。」老子曰：「何謂也？」南榮趎曰：「不知乎？人謂我朱愚。知乎？反愁我軀。不仁，則害人；仁，則反愁我身。不義，則傷彼；義，則反愁我己。我安逃此而可？此三言者，趎之所患也。願因楚而問之。」老子曰：「向吾見若眉睫之間，吾因以得女矣，今女又言而信之。若規規然若喪父母，揭竿而求諸海也。女亡人哉！惘惘乎，女欲反女情性而無由入，可憐哉！」

南榮趎請入就舍，召其所好，去其所惡。十日自愁，復見老子。老子曰：「女自洒濯孰哉！鬱鬱乎！然而其中津津乎，猶有惡也。夫外韄者不可繁而捉，將内揵；内韄者不可繆而捉，將外揵。外内韄者，道德不能持，而況放道而行者乎！」

南榮趎曰：「里人有病，里人問之，病者能言其病，病者猶未病也。若趎之聞大道，譬猶飲藥以加病也。趎願聞衛生之經而已矣。」老子曰：「衛生之經乎？能抱一乎？能勿失乎？能無卜筮而知凶吉乎？能止乎？能已乎？能舍諸人而求諸己乎？能翛然乎？能侗然乎？能兒子乎？兒子終日嗥而嗌不嗄，和之至也；終日握而手不掜，共其德也；終日視而目不瞚，偏不在外也。行不知所之，居不知所爲，與物委蛇而同其波。是衛生之經已。」

南榮趎曰：「然則是至人之德已乎？」曰：「非也。是乃所謂冰解凍釋者能乎！夫至人者，相與交食乎地，而交樂乎天，不以人物利害相攖，不相與爲怪，不相與爲謀，不相與爲事，翛然而往，侗然而來。是謂衛生之經已。」曰：「然則是至乎？」曰：「未也。吾固告女曰：『能兒子乎？』兒子動不知所爲，行不知所之，身若槁木之枝，而心若死灰。若是者，禍亦不至，福亦不來。禍福無有，惡有人災也！」

「羸糧」已見上《胠篋篇》。「羸糧七日七夜至老子之所」，可見古人求道之心之急。「皆」同偕，各本亦有作「偕」者。「與人偕來之衆」，郭注云：「挾三言而來故也。」實則不必待下三言。庚桑教趎曰：「無使女思慮營營。」「思慮營營」，趎之病根已爲指出，特不如老子錐劄之聳切耳。「懼然」即瞿然，驚而舉其目也。「俯而慙，仰而歎」，「慙」者，慙其不達老子之意；「歎」者，歎老子之能直中其隱也。

「不知乎」、「知乎」，兩「知」字皆讀「智」。「朱」與趎同一字，於一文中作兩體書者，古書多有之矣。此稱「我朱」，與下稱「我身」、「我己」一例。愚、軀爲韻，人、身爲韻，彼、己爲韻。「愁」猶苦也。王念孫據《淮南子·齊俗訓》「其兵戈銖而無刃」高誘注「楚人謂刃頓爲銖」，云：「朱愚即銖愚。」章太炎則云：「銖、朱並假借字，《説文》本作錭，云鈍也，音變爲銖爲朱，猶侏儒轉爲周饒矣。」蘇輿又云：「朱愚猶顓愚。朱、顓雙聲字。顓，蒙也。」不知愚與知對，一字已足，無爲復更言鈍言蒙，是皆知求之於訓詁而忘探索文義之過也。若阮毓崧《莊子集注》直以「義則反愁我」爲句，讀己爲已，引王引之説，云「已」是歎詞，别斷爲句。阮氏於《莊子》一書，凡有韻者一一列出，而獨失之於此，尤不可解也。

南榮趎輾轉於人我利害之間，而莫知所出，故云「安逃」，云「所患」。即此，其思慮之營營可知。老子得之於其眉睫之間，蓋思慮擾於内，則愁苦見於外，顰蹙憒眊，望而可得，非必有異術也。「言而信之」者，因此三者證其所見之非妄也。「若眉睫之間」，「若規規然」，兩「若」

字並同女。「若喪父母」，如喪父母也。「規規」，已見《秋水篇》。「揭竿而求諸海」，海之深廣，非揭竿所可探測，喻言求之非其道也。「亡人」，流亡之人。「惘惘」猶茫茫，言莫知所適也。「欲反女情性而無由入」，此言指點最爲親切。後趎「願聞衛生之經」，實由此啟發而來。其所以「無由入」者，皆外求而內反之未至也，故提一「反」字示以改轍之途。

「請入就舍」，就居弟子之舍也。「召其所好」，「好」謂情性。「去其所惡」，「惡」謂思慮。「十日自愁」者，用功勤苦，未能適安也。「女自洒濯孰哉」，許其能自洗滌其思慮也。「孰」同熟，此細熟之熟，非謂其已成熟也。「鬱鬱乎」，指其自愁，所以勞其勤苦也。「津津」，滲出於不自覺也。「猶有惡」，雖曰去其所惡而未能盡也。「惡」與前「好惡」字皆讀去聲。或讀此爲入聲，而作善惡之惡解，非也。「韄」，《釋文》本作「獲」，云「字本作韄」。又引《三蒼》云：「韄，佩刀靶韋也。」案，許氏《說文》：「韄，佩刀絲也。」古纏刀靶或用絲，或用韋，靶者把也。故二說不同。纏之蓋所以護之，此文實用護義，其作「獲」者，亦韄與護之借字也。向來注家取李頤說，解「韄」爲「縛」，失之。何謂「外韄者不可繁而捉」？護於外者，利害之來也紛繁，無得而把捉之，於是關其內，以爲之拒，故曰「將內揵」。何謂「內韄者不可繆而捉」？護於內者，念慮之興也繆結，亦無得而把捉之，於是關其外，以絕其緣，故曰「將外揵」。如趎之召好去惡，皆用此術者也。故老氏以此戒之。注家或以內揵外揵爲用功之道當如是，大非也。觀下文云「外內韄者道德不能持」，亦可見之。其云外內韄，而不更言內外揵者，承上而言，文有省略耳。「持」者守也。其於道德，守且未能，「而況放道而行者乎！」持守猶有待於用力，若放道而行，則一任自然，更不見著力之迹，故分兩層言之。向秀以「放」爲依倣，已嫌其淺，若成疏云「放散元道，專行此惑」，則尤爲誖謬。《天道篇》云：「夫子亦放德而行，循道而趨，已至矣。」放道、放德，一也，豈放散之謂哉！

「病者猶未病也」，上「病」爲疾病之病，下「病」爲病甚之病，謂能言其病者，其病猶未甚也。各本此句上有「然其病」三字。「其病」二字，乃傳寫誤重。「然」字，則後人就文義加之。古鈔卷子本無三字，是其證，兹據删。飲藥加病者，喻聞老子之言而惑滋甚也。「願聞衛生之經而已矣」，「衛生之經」，保身全生之術也。曰「而已矣」，於辭似有未足，而於道則實爲切近，如《在宥篇》黄帝問於廣成子，始問至道之精，廣成子斥以爲佞人；三月復往，問治身奈何而可以長久，廣成子蹷然而起，曰：「善哉問乎！」正與此相髣髴，是以下文老子爲反復陳之也。

始言「抱一」、「勿失」，思慮營營，所謂多知爲敗也。欲祛多知，莫如「抱一」，故首教之以此。又言「無卜筮而知凶吉」者，吉凶之端，要在自察，不待卜筮而後知。若必有待於卜筮，則思慮環起，而營營者愈甚，《易·蒙卦彖傳》所謂「再三瀆，瀆則不告」，即卜筮亦無益矣。「凶吉」各本皆作「吉凶」，蓋傳寫誤倒，一、失、吉爲韻，因正之。次言「能止」、「能已」、「舍人而求諸己」者，不止不已，則不能一；不舍人而求己，則亦不能止、不能已也。又次言「能兒子」者，無思無慮，抱一勿失，惟兒子爲能然。《道德經》云：「專氣致柔，能嬰兒乎。」此言「兒子」，取與上止、已、己相協。言「兒子」，猶言嬰兒也。「翛然」見《大宗師篇》，無拘絆也。「侗然」，無知識也。「嘷」本亦作號，字相通假。「嗌」即《大宗師篇》「嗌言若哇」之嗌，咽喉也。「嗄」，啼極無聲也，音夏。今人每言喉嚨沙了，沙即嗄之音訛。「握」，握固也。「挽」音藝，痙攣也。「瞑」各本作「瞚」，「瞚」與「瞬」同，目搖動也。目不動搖，與上言「嗌不嗄」、「手不挽」義不相當。《釋文》云：「本或作瞑。」瞑者，目不明，視不審也，即昏昧義。終日視而目不昏，正「不嗄」、「不挽」之比，其義較合，故改從「瞑」。「和之至」者，《在宥篇》云：「守其一以處其和。」言和，即以見其一也。「共其德」者，「共」爲「恭」之本文。《小戴禮記·玉藻篇》云：「手容恭。」《論語》：「子路拱而立。」拱者，兩手相抱，正亦握固之象，故曰「共其德」，猶言其德恭耳。「偏不在外」者，睛光内斂，不偏於外也。「委蛇」屢見，謂隨順也。「同其波」，與《道德經》言「同其塵」一意。自「行不知所之」以下，謂任天而動，與物無忤。是前三者工夫到處，其效如此，故結曰「是衛生之經已」。

「是乃所謂冰解凍釋者能乎」，各本無「能乎」二字，而郭注云：「能乎，明非自爾。」於注不應有此二字，蓋即正文而誤入注中者，覆宋本作「是乃所謂冰解凍釋者能乎」，下有二字，是其證，兹故補正。「冰解凍釋者能」，猶云冰解凍釋之能，謂但如冰解凍釋，化其癥結，非能便復其情性之真也。「交食乎地」「交樂乎天」，兩「交」字，並徼之叚借。下《徐無鬼篇》云：「吾與之邀樂於天，邀食於地。」與此文異義同。古字只作「徼」，作「邀」者後出字，俞樾説如是，是也。然此云「徼食乎地」、「徼樂乎天」，實孟子「上下與天地同流」而莊子「獨與天地精神往來」之義，義不獨在食與樂也。孟子語見《盡心篇》，莊子語見《天下篇》。「不以人物利害相攖」

四句，乃鍼對南榮病痛而發。其前知仁義三問，即以「人物利害相攖」者也。若問及至人之德，便不免有求異於人之心，故下三句首以「不相與爲怪」言，而亦即庚桑子藏身深眇之教，仍總歸之衛生之經者，道術根源實在於此，觀《養生主篇》以養生爲主，可以見也。迨南榮問「然則是至乎？」則又以「能兒子」爲言，於此上更無所加益。説者謂此特師家作用，轉換人耳目，令其無所住著耳。宋褚伯秀《南華義海纂微》後附《管見》説如此。竊以爲有至與不至之心存，便將自畫而不進，故提醒之曰「未也」，而其言兒子，即又進而推致於「身若槁木」、「心若死灰」。夫兒子豈有身槁木而心死灰者哉！亦以見道無盡，學亦無盡，於道則日損，於學則日益，必一切放下，然後一切不著，故曰「若是者，禍亦不至，福亦不來。禍福無有，惡有人災也！」卒以禍福人災爲言者，所以釋南榮三言之疑，使知患有不生之道，而初不在於逃也。此平坦説理，又何嘗欲轉换人之耳目哉！

宇泰定者，發乎天光。發乎天光者，人見其人。人有修者，乃今有恒。有恒者，人舍之，天助之。人之所舍，謂之天民；天之所助，謂之天子。學者，學其所不能學也；行者，行其所不能行也；辯者，辯其所不能辯也。知止乎其所不能知，至矣；若有不即是者，天鈞敗之。備物以將形，藏不虞以生心，敬中以達彼，若是，而萬惡至者，皆天也，而非人也，不足以滑成，不可内於靈臺。靈臺者有持，而不知其所持，而不可持者也。不見其誠己而發，每發而不當，業入而不舍，每更爲失。爲不善乎顯明之中者，人得而誅之；爲不善乎幽閒之中者，鬼得而誅之。明乎人，明乎鬼者，然後能獨行。券内者，行乎無名；券外者，志乎期費。行乎無名者，唯庸有光；志乎期費者，唯賈人也，人見其跂，猶之魁然。與物窮者，物入焉；與物且者，其身之不能容，焉能容人！不能容人者，無親；無親者，盡人。兵莫憯於志，鏌鋣爲下；寇莫大於陰陽，無所逃於天地之間。非陰陽賊之，心則使之也。

自此以至篇末，皆莊子之言，所以發明上節衛生之經之旨，而亦間引《消摇游》《齊物論》之文以申説之。以其文繁，分爲三節作釋。

「宇」者，眉宇，與上「眉睫之間」之文相應。「泰定」，大定也，正「思慮營營」之反。「發乎天光」者，《中庸》所謂「誠則形，形則著，著則明」，《孟子》所謂「充實之謂美」，充實而有光輝也。《大宗師》云「其顙頯」，頯者高露發美之貌。見《天道篇》注，説詳《大宗師篇》「其顙頯」句下。此云「發乎天光」，與高露發美語雖不同，其形容有道者「睟面盎背」之氣象，則一也。「睟面盎背」，語本孟子，見《盡心篇》。然雖有此氣象，而自常人視之，即亦與他人無異，蓋不自表襮，常人又安得識之！故曰「人見其人」。「乃今有恒」者，「恒」如《大宗師》「此恒物之大情」之恒，老子所謂「歸根曰静，静曰復命，復命曰常」者也。「人舍」之「舍」，與捨同，如庚桑楚之居畏壘，其民欲尸祝社稷之，則是未能捨於人者。推其所以未能之故，實由「洒然異之」而起，亦即不能使「人見其人」，是以庚桑有藏身不厭深眇之歎也。注家多解「舍」爲舍止之舍，謂人來依止之，斯與上文義實相悖，故知其誤矣。《大宗師》孔子告子貢曰：「人之小人，天之君子。人之君子，天之小人也。」《天道篇》堯謂舜曰：「子，天之合也。我，人之合也。」並以天人相反立論。然則此曰人舍、天助，固亦其類，「故人之所舍，謂之天民」，「謂之天民」者，人不得而民之也。「天之所助，謂之天子」，「謂之天子」者，天則以子畜之也。《人間世》顔子曰：「與天爲徒者，知天子之與己，皆天之所子。」此云「天子」，正「天之所子」之義，與常言天子諸侯以爵位言者迥别。郭象注曰「出則天子，處則天民」，非書旨也。

「學者，學其所不能學」，何也？是所云恒者，乃命之於天，人所本有，不待學而後能，故孟子亦曰「人之所不學而能者，其良能也；所不慮而知者，其良知也」，夫曰不學而能，則是非所能學者矣。而學者即學夫此，故曰「學者，學其所不能學也」。推之於行、於辯，皆然。故曰「行者，行其所不能行；辯者，辯其所不能辯也」。又曰「知止乎其所不能知」，何也？曰學、曰行、曰辯，皆根於知，故總歸之於不能知。「不能知」者，不知之知，蓋孟子所言不慮而知良知者也。「止」者，艮止之止。謂止於其所，非不知爲不知，止而不求其知之謂也。「即」，就也。「不即是」，猶言不止於是。「天鈞」即天均，見《齊物論》。「天鈞敗之」者，敗其天鈞也。敗其天鈞者，敗其天也。以其光輝發外，謂之「天光」；以其居中而持平，謂之「天鈞」，其實一「天」而已。

「備物以將形」，庚桑所云「全女形」也。「物」如孟子言「物交物」之物，完其耳目之物，而不爲外物所摇惑也。「將」者，養也。「藏不虞以生心」，庚桑所云「抱女生」也。「虞」，虞度。「不虞」，猶孟子言「不慮」。藏於不慮之地，以生其心，若是，則神寧而氣壹，心不勞而生亦不虧矣。又言「敬中以達彼」者，「中」者心也，「彼」者形也。敬於心而達於形，若上之宇泰定而發乎天光，即其效也。「萬惡」之「惡」，與上「召好去惡」之「惡」同，讀去聲，意指災禍。「皆天也，而非人」者，謂非人事之不修，而天命流行，適遭乎此，如孟子言「莫之爲而爲者，天也；莫之致而至者，命也」，故「不足以滑成，不可內於靈臺」。《德充符》言「不足以滑和」，而此言「不足以滑成」者，德者成和之修，語見《德充符》。曰成曰和，一也。《德充符》言「不可入於靈府」，而此言「不可內於靈臺」者，「內」讀納，亦入也。靈府者，言其爲衆理之所聚；靈臺者，言其高臨萬物之上。取義各有當耳，非謂二物也。「靈臺者有持」，「持」謂有主。「而不知所持」，謂行之以無心，不假思慮，故曰「不知」。若以有心行之，則是把持，與前云「內揵」「外揵」同病，故特料簡之，曰「而不可持者也」。

「誠己」者，誠之於己也。自上「備物」以至「敬中」云云，皆納之於一「誠」字中，而不曰不誠己而發，特加入一「見」字，曰「不見其誠己而發」者何？見者，靈臺見之；不見，則靈臺失其職也。靈臺失其職，於是發爲妄發，故曰「每發而不當」。夫不當而能改，猶未爲甚害也。若屢發而不改，則習爲故事，入於其心而膠著不解，是之謂「業」。「業」者，習之成也。至「業入而不舍」，則無往而不過矣，故曰「每更爲失」。「更」讀平聲。「每更爲失」者，每變而逾甚也。於是不止於不當，亦不止於失，而直爲惡矣，故曰「爲不善乎顯明之中者，人得而誅之；爲不善乎幽閒之中者，鬼得而誅之」。「誅」者，責也。「幽閒」者，隱僻之地，人所不見，而已之所忽也。「明乎人」，明乎人非也；「明乎鬼」，明乎鬼責也。明乎人非，則不敢失於顯明；明乎鬼責，則不敢失於幽閒。幽、顯兩俱無失，則靈明漸復，而可以致其誠矣，故曰「然後能獨行」。不曰「誠」而曰「獨」者，獨成其天，斯之謂誠也已矣。獨成其天，語見《德充符》。荀子有曰：「不誠則不獨。」又曰：「夫誠者，君子之所守也。操之則得之，舍之則失之。操而得之則輕，輕則獨行，獨行而不舍，則濟矣。」見《荀子·不苟篇》。荀與莊，學雖不同，若此其言，則若合符節，蓋修己之功，固未有能逾乎是者也。

「券」與「契」同，契者合也。「券內者」，求合乎內。「行乎無名者」，陰行其德而不居其名也。「券外者」，求合於外。「志乎期費者」，「費」如《中庸》「君子之道費而隱」之費，蓋隱之反，而顯用於外之義。「期」，要也，求也。意在求顯求用，故曰「志乎期費」也。「唯庸有光」，但行常道而自有光輝也。「唯賈人也」，猶云特賈人耳。以其急於求售，故以賈人比之。「人見其跂，猶之魁然」，此別一喻，與上賈人文不相屬。「魁然」，言其魁岸高大。然跂足以爲高，非真高也，故曰「人見其跂」。「見其跂」者，見其無實也。

「與物窮者」，《中庸》所謂「能盡人之性」，「能盡物之性」，本上「誠」字而言。誠能動物，故「物入焉」。「入」者，融浹而無間也。「與物且者」，「且」，苟且，《中庸》所謂「不誠無物」，故曰「其身之不能容，焉能容人」。「無親者盡人」，「盡」猶空也。有人若無人然，故曰空人，謂不得人之力與用也。郭注云：「盡是他人。」本是他人，語將何別，知其義非當矣。

「憯」與「慘」同，毒也。「鏌鋣」，吴之良劍。兵莫慘於志，就賊人一邊言；「寇莫大於陰陽」，就自賊一邊言。賊人者，其終則自賊，故上句賓而下句主。言「無所逃於天地之間」者，陰陽之患存乎身心，夫將奚逃！故曰「非陰陽賊之，心則使之也」，義見《人間世篇》。

道通。其分也，成也；其成也，毁也。所惡乎分者，其分也以備；所以惡乎備者，其有以備。故出而不反，見其鬼；出而得，是謂得死。滅而有實，鬼之一也。以有形者象無形者而定矣。出無本，入無竅。有實而無乎處，有長而無乎本剽，有所出而無竅者，有實。有實而無乎處者，宇也；有長而無本剽者，宙也。有乎生有乎死，有乎出有乎入，出入而無見其形，是謂天門。天門者，無有也，萬物出乎無有。有不能以有爲有，必出乎無有，而無有一無有。聖人藏乎是。

古之人，其知有所至矣。惡乎至？有以爲未始有物者，至矣，盡矣，弗可以加矣。其次以爲有物矣，將以生爲喪也，以死爲反也，是以分已。其次曰始無有，既而有生，生俄而死；以無有爲首，以生爲體，以死爲尻；孰知有無死生之一守者，吾與之爲友。是三者雖異，公族也，昭、景也，著戴也，甲氏也，著封也，非一也？有生，黬也，披然。曰移是。嘗言移是，非所言也。雖然，不可知者也。臘者之有膍胲，可散而不可散也；觀室者周於寢廟，又適其偃焉，爲是舉移是。請嘗言移是。是以生爲本，以知爲師，因以乘是非；果有名實，因以己爲質；使人以爲己節，因以死儐節。若然者，以用爲知，以不用爲愚，以徹爲名，以窮爲辱。移是今之人也，是蜩與學鳩同於同也。

「道通」二字爲句。《齊物論》曰：「道通爲一。」「道通」者，道一而已，言通猶言一也。「分」者，分合之分，讀平聲。郭注云：「成毀無常分。」《釋文》從郭，音符問反，非也。各本「其分也」下無「成也」二字，惟古鈔卷子本有之，然據《齊物論》則有者爲是，因補。分而後成物，故曰「其分也成也」。物成則有毀，故曰「其成也毀也」。分者，道之所不能免也。自執其分者，以爲道之備在是，而道始散矣，故曰「所惡乎分者，其分也以備」。抑道無不在，即一體以指其全，未始不可也。而執其全者，則以爲此外無道，欲取備者必於是，而道乃狹矣，故曰「所惡乎備者，其有以備」。曰「有以備」，則有不備者矣。「出而不反」，是執其分而不知通者也，故曰「見其鬼」。「出而得」，出而自以爲有得，是有以備而自隘其知見者也，故曰「是謂得死」。此兩言「出」，皆承上「券外」而言。學道之大忌，莫過於外馳而不反，故再三言之。「滅而有實，鬼之一」者，此泛言鬼，意謂人知滅而有實者爲鬼，而不知此特鬼之一種。實則人無時而不自陷於鬼趣之中也。《中庸》言鬼神之德，曰「視之而弗見，聽之而弗聞，體物而不可遺」。此云「滅」，即視而弗見、聽而弗聞。此云「有實」，即「體物而不可遺」也。

「以有形者象無形者而定矣」，「定」即「宇泰定者」之定。「有形」謂人與物，「無形」謂道也。「象」者，法而像之也。自此以下，皆根無形者言。「出無本」，「無本」猶無始也。「入無竅」，竅通徼，老子：「常有欲以觀其徼。」徼本或作竅，知相通矣。徼者邊際，「無徼」猶無終也。舊注作孔竅釋之，非是。「有實」之「實」對虛言，與上「滅而有實」之實同，言其非無而已，非真有實體也，而無一定之方所，故曰「有實而無乎處」。「長」讀平聲，「長」者久也。「剽」同標，《釋文》云：「本亦作標。」作摽者誤。標者末也。以其無有始終可言，故曰「有長而無乎本剽」。《墨經》云：「久，彌異時也。宇，彌異所也。」彌者充滿。以其充滿，故曰「有實」。曰「無本剽」，語雖異而義則同矣。

中間插入「有所出而無竅者有實」一句，似爲「有實」二字作注釋，而實非也，此蓋就當人切己處而指點之意，不獨外之宇宙如是，人之一念一慮，乃至一呼一吸，其有出有入，皆其無始無末，而實而非虛者也。曰有所出不言無本，曰無竅不言入，上下錯舉，互備成文。吕惠卿《莊子義》謂其「文義不全，宜曰：有所出而無本者有長，有所入而無竅者有實」，章太炎《莊子解故》又以「有實」二字爲涉下「有實」而衍，皆未會莊子之意者也。觀下文「有乎生有乎死，有乎出有乎入，出入而無見其形」，備言生死出入，即因此文而發，則知此非單言出而不言入者矣。惟其有實，故曰「無見其形」。「無見其形」者，非無形也。前後文正針對，則知「有實」二字非衍文矣。

「是謂天門」，「天門」字與上天光、天鈞相應。謂之「門」者，就其出入之義而名之者也。實則出入爲强名，而天門亦虛號，故曰「天門者無有也」。蓋惟無有，斯無所不有。故萬物出乎無有。若既有矣，則一有一不有，如分則不備，成則有虧，何能生乎萬物！故曰「有不能以有爲有，必出乎無有」。然若執此無有以爲實體，則無有亦即與有何別？故窮究其極，曰「而無有一無有」，是即《齊物論》「未始有夫未始有物」之義。必如是，而後刀刮水洗，纖毫不立，外內並捐，天光畢露。曰「聖人藏乎是」者，《易·繫辭傳》所謂「以此洗心，退藏於密」。心藏而身無不藏，然後知庚桑言藏身不厭深眇者，猶未爲能窺乎其至也。

「古之人」以下，擇取《齊物論》《大宗師》之説而衍之，以明死生之一致，仍是「有形者象無形者而定矣」之旨。「以生爲喪」「以死爲反」，所謂「予惡乎知惡死之非弱喪而不知歸者」。語見《齊物論》。「喪」謂失其居宅也，是則與一視死生者猶爲有間，故曰「是以分已」。「分」者，謂其不能通也，故以爲次。「以無有爲首，以生爲體，以死爲尻」，見《大宗師篇》。彼「無有」二字作「無」，「體」作「脊」。「尻」者尾也。有首有尾，則猶有本末終始之見存，故又次之。「有無死生之一守者」，有無死生雖異，而守之則一也。《大宗師》作「死生存亡之一體」，而此變文言「守」者，「守」者持也，以見工夫之有所在，非漫無意也。注家或以「守」與道音相同，道從首得音，古讀如首。因即以道釋之，未爲然也。「三者」，上三説也。「公族也」者，取公族以爲喻也。「昭景」，昭氏、景氏。「著戴」者，著其所戴之宗也。「著封」者，著其所封之邑也。三氏雖異，其爲公族則一，故曰「非一也」。「也」讀如邪。先列其次，而終許其一，以見道之分無不可通也。

「黬」，司馬彪注讀作黶，云：「黶有疵也。」以有生爲黶，與《大宗師》以「生爲附贅縣疣」蓋同一義。「披然」，分散貌，二字當頓，連上爲義。黶有蔓延之性，故云「披然」。若彪云「有疵者欲披除之」，則非是矣。「移」者，如《大宗師篇》子犁所云「偉哉造化！又將奚以女爲，將奚以女適」，「以女爲鼠肝，以女爲蟲臂」之類，移此而之於彼也。「曰移是」者，猶《齊物論》言「因是」。《齊物論》由是非而論及於生死，此則由生死而論及於是非，明乎生死之不一而一，則亦可知是非之不齊而齊也。「嘗言」者，試言之也。「非所言」者，言之所不能及也。又轉曰「不可知者」，猶《齊物論》云：「其所言者特未定也。」及與不及，亦視乎言之者如何耳，非必不可言者也，故下文設譬以明之。

「臘」，臘祭也。「膍」，牛肚，義取其比。比者列也。「胲」，頰肉，《漢書·東方朔傳》「樹頰胲」是也，義取其該。比列而該備之，以示祭禮之盛，故曰「可散而不可散也」。「可散」者，膍自爲膍，胲自爲胲；「不可散」者，散則義失，而禮亦闕矣。此一譬也。「觀室者」，觀居室之制也。室有東西廂曰廟，無東西廂有室曰寢。見《爾雅·釋宮》。寢廟皆人所居處，故虞人之箴曰：「民有寢廟，獸有茂草，各有攸處，德用不擾。」見《春秋》襄四年《左氏傳》。非如後世以廟專爲宗廟、神廟之稱也。「周」者，無所不歷也。「偃」借作匽，圊圂也。又適其匽者，雖下至便溺之所，亦所不遺也。此又一譬也。兩譬皆以見同異分合之相待。明乎此，然後可以言「移是」，故以「請嘗言移是」接焉。

「以生爲本」，是生死邊事。「以知爲師」，則是是非邊事。「知」讀如字。然知之所由起，莫不據其本身之生死利害以爲迎拒取捨，故連累而言之，而曰「以生爲本」也。「因以乘是非」者，「乘」猶御也，謂是非左右在我，如御之於車馬然也。「果有名實」，言「果」者，因實立名，因名求實，信夫其不可誣也。至此爲止，其於是非未甚離其本也，進而「以己爲質」，則純是己見從事。「質」者質正，謂莫不以己見爲之衡量也。「使人以爲己節」，「節」如孟子「若合符節」之節，謂使人必符同於己也。「以死償節」者，「償」猶殉也，謂雖死而不易其所執。此文疊用三「因以」字，每進而益歧。是非之所以淆亂，而爭軋之所以繁興也。「以用爲知」，「知」讀如智。「以徹爲名」，「徹」者通也。若是，則所爭在顯晦、知愚、窮通、榮辱，而是非且屏而不論矣。夫「移」者，本以求其通也，今則愈移而愈分，且反以離其本，故曰「移是今之人也」，謂今之人移是則然，古之人不如此也。「蜩與學鳩」，並見《消搖游篇》。「是蜩與學鳩同於同」者，言今之人其見直與蜩鳩相等，知同之爲同，而不知集異以爲同之大也。

蹍市人之足，則辭以放驁，兄則以嫗，大親則已矣。故曰：至禮有不人，至義不物，至知不謀，至仁無親，至信辟金。

徹志之悖，解心之謬，去德之累，達道之塞。富貴顯嚴名利，六者，悖志也；容動色理氣意，六者，謬心也；惡欲喜怒哀樂，六者，累德也；去就取與知能，六者，塞道也。此四六者，不盪胸中則正，正則靜，靜則明，明則虛，虛則無爲而無不爲也。

道者德之欽也，生者德之光也，性者生之質也。性之動謂之爲，爲之僞謂之失。知者，接也；知者，謨也；知者之所不知，猶睨也。動以不得已之謂德，動無非我之謂治，名相反，而實相順也。

羿工乎中微，而拙乎使人無己譽。聖人工乎天，而拙乎人。夫工乎天而俍乎人者，唯全人能之。唯蟲能蟲，唯蟲能天。全人惡天，惡人之天，而況吾天乎人乎！一雀過羿，羿必得之，或也；以天下爲之籠，則雀無所逃。是故湯以庖人籠伊尹，秦穆公以五羊之皮籠百里奚，是故非以其所好籠之而可得者，無有也。兀者拸畫，外非譽也；胥靡登高而不懼，遺死生也。夫復謵不餽而忘人，忘人，因以爲天人矣。故敬之而不喜，侮之而不怒者，惟同乎天和者爲然。出怒不怒，則怒出於不怒矣；出爲無爲，則爲出於無爲矣。欲静則平氣，欲神則順心，有爲也欲當則緣於不得已。不得已之類，聖人之道。

此以下承上「道通」「移是」之文，而復歸結於藏身、衛生之要，觀其辭似若雜亂，而義則前後聯貫，一線到底，且有發内外篇所未發者。竊嘗疑郭象外篇、雜篇之分不能無失，反復此篇，乃益信所疑之非過也。

「蹍」，踐蹋也。「市人」，市中之人。「驁」通敖。放敖，猶放肆也，謂失於禮。「辭」者，辭謝之。「嫗」，煦嫗，但出聲問慰之而已。「大親」，謂父母。「已」，止也。知其愛子，必能明恕，若慰則不恭，謝反非情，故並止而不爲也。成疏以爲父蹋子足，若是，則等兄而下之，非文序也。「至禮有不人」者，不以人爲之儀文爲重也。「至義不物」者，不以物爲厚薄也。此「人」、「物」字皆以實字作虚字用。郭注云：「不人者，視人若己。」又云：「各得其宜，則物皆我也。」並失之。「至知不謀」，不待謀也。「知」讀如智。「至仁無親」，無待親也。「至信辟金」，金之堅不足爲比。「辟」者，屏棄之也。

「徹」與撤同。「悖」，亂也，本或作勃，勃者叚借字，兹從其正。「謬」一作繆，繆亦叚借字。成疏以繆爲繫縛，不知悖謬文對，非繫縛之謂也。「累」，累贅。「塞」，不通也。「顯」，榮顯。「嚴」，尊嚴。「富貴顯嚴名利」，常人志每在是，故以志言之。「容」，容貌；「動」，舉動；「色」，顏色；「理」，辭理；「氣」，氣息；「意」，志意：是皆心之所發，故以心言之。夫容貌顏色，動作辭氣，皆禮經之所講求，君子之所致謹，故曾子曰：「君子所貴乎道者三：動容貌，斯遠暴慢矣；正顏色，斯近信矣；出辭氣，斯遠鄙倍矣。」見《論語·泰伯篇》。而此乃以六者爲「謬心」，何也？曰：是言夫致飾於外，作僞以媚世者耳。不然，前文云：「敬中以達彼。」又云：「與物且者，其身之不能容，焉能容人！」則豈恣肆怠傲，不謹於言動儀容者哉！是當求其意之所在，不得專就文字觀之也。「惡」讀去聲，「惡欲」猶好惡也。「去就取與知能，六者爲塞道」，何也？曰：道貴乎通。有去有就，有取有與，則墮於一偏，其非通明矣。若夫知、能，有知則有不知，有能則有不能，是故並之四者而同爲塞道也。「盪」一作蕩，字通，謂摇蕩也。「正、静、明、虚」，屢見前文。「無爲而無不爲」，與上「萬物出乎無有」義相應，細玩可知。

「道者德之欽」者，「欽」猶尊也，仰也。謂德之所尊仰者，道也。俞樾以「欽」爲廞之叚字，引《小爾雅》「廞，陳也」，釋曰：「所以生者爲德，陳列之則爲道。」其言甚似，而實非也。如俞氏所釋，則是先有德而後有道。案之莊子之書，大相徑庭矣。《天地篇》曰：「德兼於道，道兼於天。」《知北游篇》曰：「道不可致，德不可至。」且引老子「道失而後德」之言以爲之説，其先道而後德甚明。若此文，由道而德，由德而生，由生而性，由性而爲，其次第尤較然不紊，安得以道爲德之所陳列乎！注家多有用俞説者，不得不辯也。雖然，俞氏云「所以生者爲德」，是則較成疏「道是所修之法，德是臨人之法」，及引「天地之大德曰生」云云爲有依據。《天地篇》曰：「泰初有無，無有無名，一之所起，有一而未形，物得以生謂之德。」是俞氏之所本也。故此文言德者二：一即此「德之欽」、「德之光」之德，一則下「動以不得已之謂德」之德。上之德，就人生之初言，故曰「生者德之光也」。「德」者天德。「德之光」，即天光也。若一落形質，則謂之性，故接曰「性者生之質也」。莊子言性，有納性於生之中，即合生與性而言之者，如《養生主》之生是；有分生與性而言之者，如此文是。要之生之謂性，性與生義本相通，是又不可不知也。「性之動謂之爲」，爲出乎性之自然，所以爲而無以爲也。「爲之僞謂之失」，「僞」如荀子「人之性惡，其善者僞也」之僞，人爲之義，非虚僞義也。爲而出於人爲，則不能無爲，而爲所以失也。「失」者，失其性也。下接言知者，知亦性之動，而爲之一也。

「知者接也」者，「接」謂接觸，如目之視色、耳之聞聲，接觸外物而知之，今常言感性認識者是也。「知者謨也」者，「謨」猶謀也，謂謀慮量度，即就所接觸者從而分析之、綜合之，以歸於一是，今常言理性認識者是也。「知者之所不知猶睨也」者，淺之則接，深之則謨，要同有一靈明者爲主於内，以爲接之、謨之之運，是則知之所不能知。上文言「知必止乎其所不知」者，蓋指乎此，此無爲而無不爲之根，不反乎此，未有不以動之僞而失者也，故特指點出之，而以「猶睨也」爲譬者，「睨」如《中庸》云「執柯以伐柯，睨而視之」之睨。睨在取則，而不在觀物，是正靈明之所寓，而不偏不倚，無有一絲思慮雜乎其間，故郭象注曰「目之能視，非知視而視也。不知視而視，不知知而知耳，所以爲自然。若知而後爲，則知僞也」，下語雖未切當，而大意不離。若宣穎《南華經解》執著「睨」字，謂如目斜視一方，則所見不多，於《莊》書本旨適得其反。後之注家，率遵用宣説，不可解也。

「動以不得已之謂德」，此「德」就人生之後學之所造就者言，《天地篇》所謂「性脩反德，德至同於初也」。「不得已」者，性之所發，而不容已者也，詳見《人間世篇》。「動無非我之謂治」，曰「我」者，誠於己而不徇於物。曰「治」者，則悖志、謬心、累德、塞道之反也。又曰「名相反而實相順」者，「順」，從也。如「動以不得已」，所謂天也，無爲也。「動無非我」，則人也，有爲也。天之與人，無爲之與有爲，於名則相反也。然人以成其天，無爲而有爲，於實則相從也。上文云「虛則無爲而無不爲也」，觀此可益信矣。

「羿」，古之善射者。「工乎中微」，羿之能也。「拙乎使人無己譽」，則羿之短也。言此者，以見顯名之爲悖志，非所以藏身之固也。故南宮适曰：「羿善射，奡盪舟，俱不得其死然。」見《論語·憲問篇》。豈獨羿哉，雖聖人亦然。庚桑之擁腫與居，鞅掌爲使，可謂工乎天矣，而不能使畏壘之民不尸祝而社稷之，則亦拙乎人者也。是以「工乎天而俍乎人者，唯全人能之」。「俍」同良，善也。「全人」猶至人。「唯蟲能蟲」，蟲之人也。「唯蟲能天」，蟲之天也。故若蟲者，爲能全其德也。「全人惡天」，非惡其天也，惡天而遺夫人也，故曰「惡人之天」。人之天者，人而天也。人而天，則天矣，而人不得而人之。上文云「發乎天光者，人見其人」。人見其人，是佷乎人者也，今反是，全人所以惡之也。夫天而遺人，全人尚猶惡之，則斷斷於天人之間見其相反，而不知其相順者，其失爲何如，故曰「而況吾天乎人乎！」

「一雀過羿」，「過」各本皆作「適」，《韓非子·難三》有此文，則作「過」，《藝文類聚》引《莊子》亦作「過」，「過」字義長，故兹改從「過」。「或」各本皆作「威」，惟《釋文》云：「威也，崔本作或也。」案：「或」，古域字。域者，局限之意，與下「則雀無所逃」相對成文。雀過則必得，其不過者不能得也，是猶有局限，故曰「或也」，若作「威」則無義，故此依崔本改作「或」。「以天下爲之籠」，則天下之雀皆在籠内，不必得之而無不得也，故曰「則雀無所逃」。此一喻也，以見道之通無不包也。

「庖」本一作「胞」，字通。「湯以庖人籠伊尹」，不以其爲庖人而遺之；「秦穆以五羊之皮籠百里奚」，不以其爲飯牛而遺之，可謂善於籠天下之士矣。然而士得而受其籠者，中之以所好也，「是故非以其所好籠之而可得者，無有也」。此一喻也，以見藏身之固者，無所見於外，雖有如湯與秦穆者，亦不得籠而取之也，故下以「外非譽」「遺死生」言之。

「兀」各本作「介」，崔本作「兀」，義同，兹用崔本，庶與《德充符》一律。「畫」者則也，謂規矩禮法，讀如劃。「拸」，棄也。刖者支體殘毀，進退周旋，不復可以禮繩之，故拸畫，崔云「不拘法度」是也。「胥靡」，刑徒人也。「登高」，謂從事勞役，如秦、漢之城旦。驅之乘危，生死已置度外，故不懼也。夫兀者與胥靡尚能如是，況學道者乎！故曰：「夫復謵不餽而忘人，忘人，因以爲天人矣。」「謵」同習。「餽」借作愧，《釋文》云「一音愧」，元嘉本作「愧」，是其證也。「復謵不愧」者，熟習夫道，而内無疚於己也。「忘人」者忘夫人事，如非譽死生皆是也。「因以爲天人」者，《天下篇》所謂「不離於宗謂之天人」者也。

「敬之而不喜，侮之而不怒」，承「忘人」言。「唯同乎天和者爲然」，承「天人」言。「同乎天和」，猶曰同乎天德。不曰德而曰和者，敬不喜、侮不怒是和之事也。「出怒不怒」，此「出」謂超出也，超出怒與不怒二者之外，則雖怒而實與未嘗怒同，是「怒出於不怒」也，此「出」則從出之出矣。「出爲無爲則爲出於無爲」句，亦同。歸結於「爲出於無爲」者，此一篇之要旨，藏身衛生之道，胥不離於是也。「欲静則平氣」，以氣言。氣平則静也。「欲神則順心」，以心言。心順則神也。要之曰平曰順，皆和之功也。「有爲也欲當則緣於不得已」，「緣」者因也，因於不得已，則無爲之用也。惟無爲之用神而體静，聖人之道如是，故曰「不得已之類，聖人之道」。上文推全人而抑聖人，此乃言聖人不言全人者，義在乎聖而不在乎全。因文而施，不可得而執泥也。「當」讀去聲，允當也。

徐無鬼第二十四

此篇頗多精闢之論，其大旨則在解惑，觀於篇之首尾可見也。《天地篇》曰：「知其愚者，非大愚也；知其惑者，非大惑也。大惑者終身不解，大愚者終身不靈。三人行而一人惑，所適者猶可致也，惑者少也。二人惑，則勞而不至，惑者勝也。而今也以天下惑，予雖有祈嚮，不可得也，不亦悲乎！」是亦幾於絶望於世矣。而此篇曰：「以不惑解惑，復於不惑，是尚大不惑。」終冀惑者之復於不惑也。此老爲人，直是老婆心切，孰謂莊生非仁者哉！

徐無鬼因女商見魏武侯，武侯勞之曰：「先生病矣！苦於山林之勞，故乃肯見於寡人。」徐無鬼曰：「我則勞於君，君有何勞於我！君將盈耆欲，長好惡，則性命之情病矣；君將黜耆欲，掔好惡，則耳目病矣。我將勞君，君有何勞於我！」武侯超然不説。

少焉，徐無鬼曰：「嘗語君：吾相狗也。下之質，執飽而止，是狸德也；中之質，若視日；上之質，若亡其一。吾相狗，又不若吾相馬也。吾相馬，直者中繩，曲者中鉤，方者中矩，圓者中規，是國馬也，而未若天下馬也。天下馬有成材，若卹若失，若喪其一，若是者，超軼絶塵，不知其所。」武侯大説而笑。徐無鬼出。

女商曰：「先生獨何以説吾君乎？吾所以説吾君者，横説之則以《詩》《書》《禮》《樂》，從説之則以《金版》《六弢》，奉事而大有功者，不可爲數，而吾君未嘗啟齒。今先生何以説吾君，使吾君説若此乎？」徐無鬼曰：「吾直告之吾相狗馬耳。」女商曰：「若是乎？」曰：「子不聞夫越之流人乎？去國數日，見其所知而喜；去國旬月，見所嘗見於國中者喜；及期年也，見似人者而喜矣。不亦去人滋久，思人滋深乎？夫逃虚空者，藜藿柱乎鼪鼬之逕，踉位其空，聞人足音跫然而喜矣，而況乎昆弟親戚之謦欬其側者乎！久矣夫，莫以真人之言謦欬吾君之側乎！」

「徐」姓，「無鬼」名，魏之隱士也。《釋文》云：「司馬本作緡山人徐無鬼。」案：緡山即緜山，介子推避晉文公處，在今山西平定縣，正魏之境内。「女商」，魏臣。「女」音汝。春秋，晉大夫有女叔齊，見《左氏傳》，「商」殆其後也。「武侯」，文侯子，惠王父，名擊，都安邑。「勞之」之「勞」讀去聲，慰勞也，下「勞於君」、「勞於我」並同。「山林之勞」讀平聲，劬勞也。「病」，病困，非謂疾病也。「耆」讀嗜。「盈」謂滿足也。「長」，增長之長，讀上聲。「性命之情」，性命之真也。「掔」音慳，摒去也。「超」通怊，《天地篇》云「怊乎若嬰兒之失其母」，怊然、怊乎，並悵然義。「不説」，不悦也。或有作「不對」者，誤也。《釋文》出「不説」，云：「音悦。下文大説同。」知無有作「對」者。「少焉」，猶少頃。「嘗」，試也。語武侯以相狗、相馬者，先投其所好也。「執飽而止」，

「執」，捕也。捕獸得飽則止，故曰「下之質」。「質」猶材也。「是狸德」者，「狸」，貓也，言其特與貓等。「若視日」，瞻高而矚遠也，故以爲「中之質」。「若亡其一」者，如有所失然，此形容其神氣之專一，猶《天地篇》言德人之容而曰「怊乎若嬰兒之失其母，儻乎若行而失其道也」。彼設喻以説之，此則並於一言，義則同也，是「上之質」也。《釋文》云：「一，身也。謂精神不動，若無其身也。」下文「若喪其一」，則云「言喪其耦也」。以「一」爲身，於訓詁無所依據。若耦，則尤不得以一比，故不從也。

相馬「直者中繩，曲者中鉤，方者中矩，圓者中規」，直曲方圓並以馬之馳驟合法言。《達生篇》云：「東野稷以御見莊公，進退中繩，左右施中規，莊公以爲文弗過也，使之鉤百而反。」雖彼言御，此言相馬，義各有在，然以彼證此，亦可知相馬相在德力，不在形體。注家率用司馬彪之説，謂直謂馬齒，曲謂背上，方謂頭，圓謂目，此於後世之相馬經或有之，然實皮相之論，以是相馬，其不失者殆鮮矣。且下文云「超軼絶塵，不知其所」，亦正以馬之奔馳言。前後相照，益信彪之説爲泥而不合矣。

「國馬」、「天下馬」，猶孟子言「一國之善士」、「天下之善士」，謂其冠於一國、冠於天下也。「有成材」，言其材素成也。「材」亦作才，字同。「卹」，憂也。「若卹」，若有憂思然，言其矜重也。「失」同佚，司馬本正作佚。「若佚」，若將奔佚然，言其竦動也。「若喪其一」，則《達生篇》所謂「望之似木雞」者，蓋純氣之守乃能若是。雖説相馬，而意在論道，武侯亦若有所領會，所以「大説而笑」也。「絶塵」，見《田子方篇》。「不知其所」，不知其所止也。

「説吾君」以下數「説」字，皆如字，或讀稅，音義同。「從」通縱。「金版」、「六弢」，各説不同，謂二者爲《周書》篇名者，崔譔也。「弢」又作韜，謂「六韜」爲太公作文、武、虎、豹、龍、犬之《六韜》者，或説也。案：太公《六韜》，班固《漢書·藝文志》所不載，其書是否出於太公，六者之名是否如「或者」之説，俱不可知，然要之《金版》、《六弢》爲論兵之書，而非如崔譔所云《周書》之篇名，則可決。何以見之？以其對《詩》、《書》、《禮》、《樂》而言見之。且武侯好武，女商之説武侯，自亦不得不取於兵法之書也。「奉事」，奉武侯之命而執事也。「數」讀上聲。「不可爲數」者，言其有功不可以計數也。「啟齒」，微笑貌。「使吾君説若此」，指「大説而笑」言，「説」讀悦。

「吾直告之吾相狗馬耳」，「直」猶特也，但也，言但如上所云耳。「若是乎」者，疑其言之淺而何以動人之甚也。「越」，即《消摇游》宋人資章甫而適諸越之越，謂越地。越雖亡於楚，而其名固自在也。《釋文》云：「越，遠也。」非是。「流人」，流放之人也。「去國」，去其本國也。「知」，知交。「嘗見於國中者」，但曾見之，非相知者也。「旬月」，或經旬或經月也。「期年」，周年也。「似人」，似其國人，不必曾見之也。「去人滋久，思人滋深」者，「滋」，益也，久而欲見其國人益甚也。

「逃虚空者」，畏罪而逃於無人之地者也。「虚」同墟。井邑廢而爲丘墟也。「藜」、「藋」一類，但藋色帶赤。「藋」音掉，土名灰條菜者。條即藋之音變也。「鼪」、「鼬」亦一類，或從犬作狌狖，俗所謂黄鼠狼也。言「逕」者，鼪鼬之所往來。言「柱」者，挺生其中，無人排除之也。「踉」，踉蹌，局蹐不安之貌，本或作良，字通。「位其空」者，居於藜藋之空處也。此「空」當讀去聲。「跫」音窮，人行聲。「聞人足音跫然而喜」者，逃居無人之境，故得人足音便喜，又不必其爲國人矣。「親戚」，父母也。《韓詩外傳》云：「曾子親戚既没，欲孝無從。」此由昆弟推而上之，知其指父母言，無疑也。「謦欬」，喉中出聲也。《列子・黄帝篇》：「惠盎見宋康王，康王蹀足，謦欬疾言。」於「疾言」之前而加「謦欬」字，則「謦欬」非言也。蓋於人言聞足音而喜，則見其人不待言；於昆弟親戚言謦欬其側而喜，則相與談笑不待言。此皆文章深一層寫法，漆園之文之妙在此，若如各注以「謦欬」爲即言笑，意反淺矣。

「久矣夫，莫以真人之言謦欬吾君之側乎」，真人之言，豈有他哉，亦言之真者而已。言之真，亦即性命之真也。此一語，不獨解武侯之惑，且亦足解女商横説《詩》《書》《禮》《樂》，從説《金版》《六弢》之惑。觀其曰「奉事而大有功者不可爲數」，一心在有功，胸中擾擾如此，豈復能葆其真哉！不葆其真，夫焉往而不惑！

徐無鬼見武侯。武侯曰：「先生居山林，食芧栗，厭葱韭，以賓寡人久矣。夫今老邪？其欲干酒肉之味邪？其寡人亦有社稷之福邪？」徐無鬼曰：「無鬼生於貧賤，未嘗敢飲食君之酒肉，將來勞君也。」君曰：「何哉？奚勞寡人？」曰：「勞君之神與形。」武侯曰：「何謂邪？」徐無鬼曰：「天地之養也一，登高不可以爲長，居下不可以爲短。君獨爲萬乘之主，以苦一國之民，以養耳目鼻口，夫神者不自許也。夫神者好和而惡姦。夫姦，病也，故勞之。唯君所病之，何也？」武侯曰：「欲見先生久矣。吾欲愛民，而爲義偃兵，其可乎？」徐無鬼曰：「不可。愛民，害民之始也；爲義偃兵，造兵之本也。君自此爲之，則殆不成。凡成美，惡器也。君雖爲仁義，幾且僞哉！形固造形，成固有伐，變固外戰。君亦必無盛鶴列於麗譙之間，無徒驥於錙壇之宫，無藏逆於得，無以巧勝人，無以謀勝人，無以戰勝人。夫殺人之士民，兼人之土地，以養吾私與？吾神者其戰，不知孰善？勝之惡乎在？君若勿已矣，脩胸中之誠，以應天地之情而勿攖。夫民死已脱矣，君將惡乎用夫偃兵哉！」

「芧」與杼同，字亦作柔。《山木篇》作「食杼栗」，從木、從艸一也。《齊物論》「狙公賦芧」，亦從艸。芧，今所謂橡子也。「厭」讀如饜，飽食也。「賓」讀如擯。「擯寡人久矣」，猶云棄寡人久矣。「夫今老邪」，猶云其今老邪。「夫」字屬下讀。舊連上，以「久矣夫」爲句，誤也。「干」，求也。「社稷之福」，意謂無鬼將出而仕，與聞國政，社稷因以蒙其福也。此特門面陪襯語，本意實在上句，故無鬼置此不答，而但答前語，云「未嘗敢飲食君之酒肉」也。「將來勞君」，猶云來將勞君。

「何哉」，詫怪之辭。「奚勞寡人」，方是問語。「神形」義，見下文。「天地之養也一」，言天地之於萬物，使皆得其養，無有厚薄不均也。「登高」以喻在上位，「居下」以喻處卑賤。「不可以爲長短」，猶云不可以爲優劣。「耳目鼻口」，形也。形之主爲神。「夫神者不自許也」，不言天地不許，亦不言人不許，而云神不自許，此與孟子與齊宣王語，處處啟發其不忍之心，皆善爲説辭者，篇末所謂「以不惑解惑，復於不惑也」。「好和而惡姦」，「和」者和於德，「姦」者悖於道，皆切其本身言。悖於道，則未有不困者，故曰「夫姦，病也，故勞之」。「勞」者，勞其形與神忤，而神失其養也。「唯君所病之，何也」，反詰之辭。「所」猶所以，「病之」謂病於此，意即詰其何故自蹈此病也。

「欲見先生久矣」，語氣全變，殆武侯悔心之萌也。「吾欲愛民」，應上「以苦一國之民」語，而接曰「爲義偃兵」，則仍侈心之發，惑之不易解，於此可以見之。故無鬼決然告之曰「不可」。「愛民，害民之始」者，古者有所興革，其始未嘗不曰出於愛民也，而往往一利興，利在於上，民無與焉，至利興而弊生，民則實受其弊。若是者多矣，豈非「愛民，害民之始」乎！「爲義偃兵，造兵之本」者，齊桓、晉文之霸，蘇秦、張儀合從、連衡之説，豈不曰：若是而天下可以無兵革哉！然自有霸之名，而爭霸者出；有合從之説，而連衡以起，天下紛紛擾擾，戰日益烈，而禍日益甚。其最著者，春秋襄二十七年宋之盟，固以弭兵爲標榜者，其議倡於向戌，晉、楚皆許之矣；而及其會也，楚人衷甲，其盟也，晉楚爭先，其時殆哉岌岌乎，以晉趙武之不競，始免於決裂耳。詳見《春秋左氏傳》。然由是諸小國僕僕於晉、楚兩大國之間，竭其貨賄以供，乃重益困矣。弭兵之利又安在哉！

曰「君自此爲之，則殆不成」者，「此」指爲義言。義而曰爲，則非出於義，而出於爲名也。《左傳》曰：「宋向戌欲弭諸侯以爲名。」武侯之心，蓋猶是向戌之心也。出於爲名，則實假之以遂其私也。故曰「君雖爲仁義，幾且僞哉！」「幾」亦殆也。僞生於爲，爲則未有不流而爲僞者也。其曰「凡成美，惡器也」，何也？爲之而不成，不過不成已耳，其害猶淺；若成而得美名，則惡將隨之，其害愈深。故曰：「成美，惡器也。」老子曰：「天下皆知美之爲，美斯惡矣；天下皆知善之爲，善斯不善矣。」此二句皆當於「爲」字句絶。美之爲、善之爲，所謂成美也。蓋此意也。

「形固造形」者，「形」者形勢。爲義偃兵，一形勢也。因偃兵而兵以起，又一形勢也。形勢之演變無極，斯所謂「形固造形」也。「固」與故通，下兩「固」字同。「成固有伐，變固外戰」者，成與變對文。偃兵而果成也，則天下有不欲偃兵者，我且聲其罪以伐之，是「成故有伐」也。其不成而有變也，則與我者叛，敵我者張，國境之外，戰且四起，是「變故外戰」也。凡言此者，皆以見「爲義偃兵」，其爲「造兵之本」，勢有必然也。注家多捨正文，別自爲解，如以「伐」爲矜伐，或據《説文》讀「伐」爲敗，以爲成必有敗，其離本意遠矣。

「鶴列」，陳名，取義於如鶴之列，猶春秋鄭有魚麗之陳也。見桓五年《左氏傳》。「麗譙」謂樓觀也。門上爲高樓以望遠曰「譙」。「麗」者兩也。知其爲兩者，以言「麗譙之間」而知之。然則「麗譙」猶兩觀矣。《春秋》定二年：「雉門及兩觀災。」「徒驥」與鶴列對，「鶴列」當是步卒。《荀子·議兵篇》曰：「齊之技擊，不可以遇魏之武卒。」則魏固以步卒見長，故先言之。「徒驥」殆用車乘，故以「驥」名。「徒」者衆也。「錙壇之宮」，宮名。宮内有壇曰「錙壇」，因以壇名其宮。凡上所舉軍陳與宮觀之名，皆當時魏制如此，但今則不可詳考耳。麗譙之間非陳兵之所，錙壇之宮尤非馳騁之地，其言此者，亦以戒武侯廟堂之上、宮廷之中，無事用兵之籌畫云爾。

故接言之曰「無藏逆於得」，「得」借作德，司馬彪本作德可證。外曰爲義，而内實爭雄，是「藏逆於德」也。「藏逆」者，首則用巧，次則仗謀，終則決戰，故曰「無以巧勝人，無以謀勝人，無以戰勝人」。至「以戰勝人」，則必殺人之士民，兼人之土地。其若是者，不過以養其私而已。然私得其養，而神則不受也，故曰「以養吾私與」。「與」讀如歟。此喝起下文。

「吾神者其戰」，謂神與私戰也。舊解皆讀「以養吾私與吾神」，至「者」字句絶，而以「其戰」屬下「不知孰善」爲句。今知其不然者，上文云「神者好和而惡姦」，夫好和而惡姦，則養之當以和，若以殺人士民、兼人土地爲養，是以姦養也，可曰養神乎哉！且「不知孰善」云者，兩相比較之辭也。如舊解，則只一殺人士民、兼人土地之戰，無所謂兩也。今惟分而讀之，外則吾與人戰以養其私，内則神與私戰以受其病，兩者相衡，取養私歟？取受病歟？是以曰「不知孰善」也。抑戰則勝人，而神屈於戰，是神負也。神者吾神也。吾神負吾乃獨勝乎？故又曰「勝之惡乎在也？」私意此文當如是作解，然後前後文乃不齟齬，惟識者詳焉。

「君若勿已矣」，「勿已」，與孟子言「無以則王乎」「無以」意同。以同已。見《梁惠王篇》。郭注云「若未能已，則莫若修己之誠」，是也。「誠」與上「幾且僞哉」「僞」字相應。誠曰「胸中之誠」者，誠不在外也。「以應天地之情而勿攖」，「天地之情」，即上所謂「天地之養」，一也。使一國之民皆得天地之養而不擾之，是所以「應天地之情」也。「民死已脱」者，民已得免於死也。「君將惡乎用夫偃兵哉」，言兵不偃而自偃，偃兵之説無所用之也。

黄帝將見大隗乎具茨之山，方明爲御，昌寓驂乘，張若謵㢋前馬，昆閽滑稽後車。至於襄城之野，七聖皆迷，無所問塗。適遇牧馬童子。問塗焉，曰：「若知具茨之山乎？」曰：「然。」「若知大隗之所存乎？」曰：「然。」黄帝曰：「異哉小童！非徒知具茨之山，又知大隗之所存。請問爲天下。」小童曰：「夫爲天下者，亦若此而已矣，又奚事焉！予少而自游於六合之内，予適有瞀病，有長者教予曰：『若乘日之車，而游於襄城之野。』今予病少痊，予又且復游於六合之外。夫爲天下，亦若此而已，又奚事焉！」黄帝曰：「夫爲天下者，則誠非吾子之事。雖然，請問爲天下。」小童辭。黄帝又問，小童曰：「夫爲天下者，亦奚以異乎牧馬者哉！亦去其害馬者而已矣！」黄帝再拜稽首，稱天師而退。

此寓言也。「大隗」以喻大道。「大」讀太，司馬、崔本作泰隗可證。「具茨」，喻道之無所不具，而又次第井井也。「方明」，明也。「昌寓」，盛美也。《齊風·猗嗟》之詩：「猗嗟昌兮。」毛傳：「昌，美好也。」「寓」同宇。「張若」，張大也。「謵㢊」，所習者廣也。「㢊」音侈，今各本並作「朋」。《釋文》作「㢊」，云：「崔本作㢊。」㢊，㢊一也，兹從崔本。《釋文》又云：「本亦作朋。」案：作「朋」者，古文「多」字作「𡖋」，形與「朋」相似而誤也。「昆閽」，守其混同也。《說文》：「昆，同也。」昆又與混同。閽，守門者，故用作守義。「滑稽」，言辭辯捷不窮屈也。「驂乘」謂車右。古乘車者居中，御者在左，一人陪乘在右，因曰車右。得車右而一車乃有三人，故又曰「驂乘」。「乘」讀去聲。「驂」者參也。「前馬」，在馬前爲導。「後車」，在車後相從也。

「襄城之野」，「襄」之義取於反。《小雅·大東》之詩：「跂彼織女，終日七襄。」毛傳曰「襄，反也」，是也。「至於襄城之野，而七聖皆迷，無所問塗」者，喻言惑而不知反也。故後文稱「黄帝再拜稽首，稱天師而退」，更不言見大隗之事，蓋反則得之，言退而不言進，其意固較然也。

「童子」，喻赤子之心。「牧馬」，喻養生。「塗」與途同。「夫爲天下者，亦若此而已矣」，「此」即指牧馬。先不明出，至後乃曰「夫爲天下者，亦奚以異乎牧馬者哉！」此如《論語》或問禘之説，子曰：「知其説者之於天下也，其如示諸斯乎！」指其掌。先説「示諸斯」，而後出「指其掌」，同一文章之妙。自郭象以下，率捨牧馬本文，而别爲作解，皆失也。「又奚事焉」者，言無取於有事有爲也。「六合之内」，喻人境也。游於人境，因有「瞀病」矣。「瞀」者，眩瞐，亦惑義也。「長者」謂先覺也。「乘日之車」，乘乾而自彊不息也。「游於襄城之野」，反其本也。反其本者，反其天也。故曰「今予病少痊，予又且復游於六合之外」。此處著一「復」字，則「襄城」之襄取義於反，亦可由是窺而得之，非無據矣。「又奚事焉」上各本多一「予」字，此涉上兩「予」字而衍。「爲天下亦若此而已」，乃答黄帝之問，非言己事，於文不當有「予」字以重叠上文。上文無「予」字，此何得獨增！因删正。

「小童辭」者，言盡於上，無取費辭也。以黄帝未悟，故爲點出，曰「亦去其害馬者而已矣」。去其害而已矣，《德充符》所謂「常因自然而不益生」。爲道只有損而無益，故《易·損卦》言「懲忿窒欲」。《益卦》言「見善則遷，有過則改」，亦猶是《損卦》之意，無所加也。

「害馬」之事，詳見《馬蹄篇》，不復釋。「稽首」，首至地，禮敬之至也。

知士無思慮之變則不樂，辯士無談説之序則不樂，察士無淩誶之辭則不樂，皆囿於物者也。招世之士興朝，中民之士榮官，筋力之士矜難，勇敢之士奮患，兵革之士樂戰，枯槁之士宿名，法律之士廣治，禮樂之士敬容，仁義之士貴際。農夫無草萊之事則不比，商賈無市井之事則不比，庶人有旦莫之業則勸，百工有器械之巧則壯。錢財不積，則貪者憂；權勢不尤，則夸者悲。勢物之徒樂變，遭時有所用，不能無爲也。此皆順比於歲，不物於易者也。馳其形性，潛之萬物，終身不反，悲夫！

思慮言「變」，不變不成其爲思慮也。談説言「序」，無序不成其爲談説也。《易・艮卦》六五爻曰：「艮其輔，言有序，悔亡。」談説而無序，悔尤之招也。淩誶言「辭」，離於辭無以見其爲淩誶也。今各本「辭」皆作事，惟陳碧虛《闕誤》引文如海、成玄英、張君房諸本作「辭」。《荀子・解蔽篇》云：「傳曰析辭而爲察，言物而爲辯，君子賤之。」然則察士之爲察，其用正在於辭，「辭」字較實與切，兹故改正從「辭」。

「察士」者，當時名家之稱也。《荀子・脩身篇》曰：「夫堅白同異、有厚無厚之察，非不察也，然而君子不辯，止之也。」《不苟篇》曰：「君子説不貴苟察。山淵平，天地比，齊、秦襲，入乎耳出乎口。鉤有須，卵有毛，是説之難持者也，而惠施、鄧析能之。然而君子不貴者，非禮義之中也。」《儒效篇》曰：「慎、墨不得進其談，惠施、鄧析不敢竄其察。」以察專屬之惠施、鄧析堅白同異、有厚無厚等論，此名家爲察士之確證也。注家泛以明察或察察釋之，去實遠矣。

「淩誶」，舊注以「淩」爲淩轢，「誶」與訊同。此望文生義，非正解也。《列子・力命篇》有云：「⿰犭翏⿰忄牙、情露、讓極、淩誶四人相與游於世，胥如志也，窮年不相曉悟，自以爲才之得也。」《列子》此文列舉四名，並兩兩相反。「淩誶」者，讓極之反。讓與謇同，難於言也，極，窮也，謂辭之窮。故張湛注云：「此皆訥澀辯給之貌。」以「淩誶」爲辯給，較爲近之，然亦未盡。於《易・蹇》之反對卦爲解，以是義求之，讓極爲凝滯，則淩誶爲解析。又讓極爲否塞，則淩誶爲通貫。蓋察士之於辭，人之所混而同者，則析而別之。如墨家云「堅白不相外」，見《墨經》。而察士則謂堅白不相盈。不相盈，即堅白離是也。見《公孫龍子・堅白論》。又人之所畫而分者，則貫而通之。如墨家畫分同異，同有重體合類四者，異即有二不體不合不類四者，見《墨經》。而察士則謂萬物畢同畢異。畢同畢異，即合同異是也。見本書《天下篇》。然則「淩」如淩虛、淩雲之淩，謂抽而出之，超然於物象之上也。「誶」通萃，謂併而一之，歸納於理道之中也。言「淩誶」，猶之言離合矣。

由智士而辯士，由辯士而察士，淺深內外之次，亦有不可紊者，而總括之曰「皆囿於物者也」，則致慨於察士者尤至。蓋察士歷物之意，語見《天下篇》。自以爲能物物者，而不知其知不出乎物也。

「招」讀如翹。「招世之士」，謂翹異於世者。「興朝」，興於朝廷也。成疏以「招」爲招致，失之。「中」讀如字。此文「中民」與「招世」相對，「中民」猶中人，謂無異材殊能者，故曰

「榮官」。「榮」通營，謂營於一官，非曰以官顯榮也。「矜難」，以能禦難自矜許也。「奮患」，遇患則奮起也。「患」、「難」互文，「難」讀去聲。「樂戰」，不以征戰爲苦也。「枯槁」，見《刻意篇》。「宿名」，「宿」猶守也，謂以高名自守。「廣治」，「治」讀去聲，謂以治術自廣。「敬容」，「容」所謂禮容也，「敬」者重也，與「貴際」之「貴」文對。「際」，交際，如《孟子·萬章篇》「敢問交際何心也」，指士與諸侯之交際言。《釋文》謂「際」爲盟會。盟會諸侯之事，非士之所得主，其説固非。而如《莊子集釋》郭氏之説以交際爲尋常人與人之交際，即亦未是。仁義之士欲行其道，不得不周旋於列國之間，是所謂「貴際」也。自「筋力之士」以下七者，各以其類言之，與上「招世」、「中民」以其等言者異。

「草萊之事」，謂闢草萊而爲田畝也。「市井」即市易，成疏云「古者因井爲市，故謂之市井」，是也。「比」者親也。不親者，不與之習近也。「庶人」，庶民也，此與《周官》書所謂「閒民」相當，在農工商之外，無常職而轉移執事，見《天官·太宰》。故曰「有旦暮之業則勸」。「旦暮之業」，謂一日之計。「勸」，勉也。「器械之巧」，謂爲器械而能盡其工巧。「壯」，氣壯也。貪夫殉財，故「錢財不積則貪者憂」。夸者死權，故「權勢不尤則夸者悲」。「尤」，異也，謂特異於衆。

「勢物之徒樂變」，此一句總結前文。「勢」即權勢之勢，「物」即囿於物之物，非囿於物則牽於勢，故曰「勢物之徒」。「樂」即上三「不樂」之樂，「變」即「思慮之變」之變。不獨思慮之變爲變也，自「談説」以下，以至積財、攬權，皆變也。變者，一之反，定之賊也。觀篇末

「知大一」以至「知大定」之言，可以喻此節之文之意矣。舊注以「勢物之徒」與上之知士、辯士、察士，後之貪者、夸者比類而齊觀，失書恉矣。「遭時有所用」，不没其長也。「不能無爲」，致惜於其短也。「順比於歲，不物於易」，乃設譬。此「比」如《論語》「義之與比」之比，從也。「易」如《尚書·堯典》「平秩南訛，平在朔易」之易，變易，變化也。「物」如《周官·草人》「掌土化之法以物地」之物，見《地官·司徒》。物而制之也，謂但順從於歲時之推移，而不能坐制其變化，蓋所謂受役於物而不能役夫物者，故曰「馳其形性，潛之萬物，終身不反，悲夫！」「潛」猶没也。此與《天下篇》傷惠施「逐萬物而不反」用意正同，故下文遂論及於惠施。

莊子曰：「射者非前期而中，謂之善射，天下皆羿也，可乎？」惠子曰：「可。」莊子曰：「天下非有公是也，而各是其所是，天下皆堯也，可乎？」惠子曰：「可。」莊子曰：「然則儒、墨、楊、秉四，與夫子爲五，果孰是邪？或者若魯遽者邪？其弟子曰：『我得夫子之道矣，吾能冬爨鼎，而夏造冰。』魯遽曰：『是直以陽召陽，以陰召陰，非吾所謂道也。吾示子乎吾道。』於是乎，爲之調瑟，廢一於堂，廢一於室；鼓宫宫動，鼓角角動，音律同矣。夫或改調一弦，於五音無當也。鼓之，二十五弦皆動，未始異於聲，而音之君已。且若是者邪？」惠子曰：「今夫儒、墨、楊、秉且方與我以辯，相拂以辭，相鎮以聲，而未始吾非也，則奚若矣？」莊子曰：「齊人蹢子於宋者，其命閽也，不以完；其求鈃鍾也，以束縛；其求唐子也，而未始出域，有遺類矣！夫楚人寄而蹢閽者，夜半於無人之時而與舟人鬬，未始離於岑，而足以造於怨也。」

「期」，約也。「前期」者，先共指定以某爲鵠的也。不有前期，射無不中，斯射無不善矣，故曰「天下皆羿也」。「可乎」者，以是問惠子也。而惠子以爲「可」者，可不可、然不然，《天下篇》所謂「以反人爲實」者也。「公是」，下文《則陽篇》云「合異以爲同」，又云「大人合并以爲公」，是公是之所生也。莊子齊物，以明、因是、兩行，故雖泯是非而未嘗廢是非，此其與惠子異者。莊書屢云「故有堯、桀之是非」，等堯於桀，似各是所是天下皆堯之説，未嘗不可以立也，故以是問惠子，而惠子曰「可」。然惠子知其一而未知其二也。是非之齊，正爲是非之公而發，若曰公是而可以無也，則黑白混淆，而形名失其用，天下且大亂矣。夫察士之察，欲以破世人之惑也，而孰知以察爲惑，惑乃更甚於世人。莊子所以屢與惠子辯者，諄諄之意蓋在於此。故此節之文，於一篇大旨甚關緊要。顧注家自郭子玄以下，輕輕以「自以爲是」四字將惠子抹倒。若然，則莊子乃費如許脣舌，不亦多餘乎哉！是必於莊、惠兩家學術通觀其全，然後判其同異，庶幾得之，未可籠統蓋過也。

「儒、墨」，屢見前。「楊」，楊朱。「秉」，成玄英謂是公孫龍字，不知何據。《列子釋文》有此語，而《莊子釋文》無之。竊疑公孫子與惠子同爲察士。《天下篇》列舉惠子之説，云：「惠施以此爲大，觀於天下而曉辯者，天下之辯者相與樂之。」復舉卵有毛、雞三足諸説，云：「辯者以此與惠施相應，終身無窮。」然後云：「桓團、公孫龍，辯者之徒，飾人之心，易人之意，能勝人之口，不能服人之心，辯者之囿也。」一則曰「天下之辯者相與樂之」，再則曰「辯者以此與惠施相應」，龍之於施，其先後與學所自出，雖不能詳考，至其爲同一流派，則彰彰明甚。安得躋龍於儒、墨、楊氏之列，而與施對抗邪？故洪頤煊《讀書叢録》謂「秉」字爲宋之譌。「宋」者，宋銒。《漢書·藝文志》有《宋子》十八篇，書雖不傳，其説見於莊子、荀子之書，自是當時顯學之一。秉、宋字形亦略似，洪氏所考，頗爲近之。梁玉繩《瞥記》亦有是説。要之，「秉」非公孫龍，則斷斷然也。

「魯遽」一喻，蓋有深旨，當分三層看。「以陽召陽，以陰召陰」，以喻同於己則是之，異於己則非之，是所謂「小知閒閒」者，故魯遽曰「非吾所謂道」。若「鼓宮宮動，鼓角角動」，則以喻所應非一，近於能兼是者，故曰「音律同矣」。「同」者，所謂合異以爲同也。是其教弟子者，自是高弟子一等，而注家乃以魯遽夸其弟子，實與弟子無二，殆失之矣。「夫或改調一弦」以下，乃莊子因魯遽之爲而更進一解，此細玩下語用「夫或」字可以見也。「於五音無當」，「當」讀去聲。雖於五音無當，而鼓之則二十五弦皆動，則此改調之一弦，實總制夫二十五弦，故曰「未始異於聲而音之君已」。曰「音之君」云者，以喻是非不齊，亦自有其宗主，即所謂公是者。故此文「果孰是邪」爲一詰，「或者若魯遽者邪」爲一詰，「且若是者邪」又爲一詰。每詰而愈進，所以引惠子於當道，非僅譏刺之而已也。「冬爨鼎而夏造冰」，蓋譬喻語，謂能用陰陽，而不爲陰陽所移耳。「廢一於堂，廢一於室」，「廢」猶置也。置一瑟於堂、一瑟於室也。

「音律同」，則「鼓宮宮動，鼓角角動」，今物理聲學所謂共鳴者也。

「與我以辯」，「與」同舉。舉我以辯者，謂以辯推我也。「相拂以辭，相鎮以聲」，「拂」讀如弼，矯也；「鎮」如鎮壓之鎮，謂加其上也。「聲」與「辭」對，猶云言也。或以「聲」爲名聲、聲譽，誤也。「而未始吾非」，「非」謂非難，言無以難我。「吾」者，惠子自吾也。郭注云「未始吾非者，各自是也」，與上文「與我以辯」，下文「則奚若矣」語氣皆不合，其失不待辯而可知。而後之注者，率沿用其説，不謂之麤疏不得也。

「齊人蹢子於宋者」以下，皆事之所不能有，以喻惠子有其辭而無其實。「蹢」讀如謫，責也。齊人而子在於宋，安從而罪責之！此一喻也。「閽」，守門户者。「完」謂完其管籥之事。令守門户而不曰完其管籥，有是事乎？此又一喻也。「鈃」音刑，似鍾而長頸。「鍾」同鐘。「鈃鍾」皆樂器，求得而束縛之，則何從而考擊？是失鈃鍾之用也。此又一喻。「唐子」，《釋文》謂失亡子也。求失亡之子而不出其境域，求安可得！則求如不求也。此又一喻。凡此四喻，皆自相矛盾者，故總曰「有遺類矣」。夫「遺類」云者，謂失其倫類也。舊讀「夫」字屬下「楚人」爲句，俞樾連上讀，是也，兹從之。「寄」謂寄居他國。寄居他國，豈得有閽者而謫之！夜半非濟渡之時，何爲入舟！且曰無人矣，而又云「與舟人鬭」。是所謂狂舉也。「狂舉」，語出《公孫龍子》。言其語詩也。此二喻亦前四者之類。前四者意在刺其「相拂以辭」，此二者則意在刺其「相鎮以聲」，故曰「蹢」，又曰「鬭」。「岑」，《説文》云：「山小而高。」以喻諸家所造似高而實小，今惠子亦未免此，故曰「未始離於岑」。彼此爭辯，小之謫，大之鬭，能勝其口，不能服其心，故曰「而足以造於怨也」。其所以教惠子者，亦可謂至切矣。

抑此文曰「不以完」，是所守者殘闕也。曰「以束縛」，是自梏其靈明也。曰「未始出域」，「未始離於岑」，是自不能縱觀而玄覽也。蓋皆隱有微旨，注家類以淺語視之，從而作解，至以爲賤子而貴器，自是而怒人，莊子之言乃庸猥如是邪？昔梁時有傅大士者，名翕，作偈曰：「空手把鋤頭，步行騎水牛，人從橋上過，橋流水不流。」見《五燈會元》。彼乃説禪，自非此比，然若語言之妙，則莊生、大士實乃同符。予因讀大士之偈，有所會悟，故詮釋此節，盡翻前人之説，别爲新解，其然其否，以俟深於莊學者。

莊子送葬，過惠子之墓，顧謂從者曰：「郢人堊漫其鼻端，若蠅翼，使匠石斲之。匠石運斤成風，聽而斲之，盡堊，而鼻不傷，郢人立不失容。宋元君聞之，召匠石，曰：『嘗試爲寡人爲之。』匠石曰：『臣則嘗能斲之。雖然，臣之質死久矣。』自夫子之死也，吾無以爲質矣，吾無與言之矣。」

上節指摘惠子之病，一無寬假，兹乃謂「自夫子之死，吾無與言」者。惠子之才，實非常倫，儻能解其惑而進於道，則内聖外王之學有傳人，非徒朋友之好而已，此莊子之深心也。「郢」，楚都。「堊」，白堊。「漫」一作慢，並槾之叚借，圬也，塗也。「若蠅翼」，極言其薄而小也。「匠石」，已見前。以其善斲，故使斲之。「運斤成風」，言其速也。「聽而斲之」，目之所不能見，故廢視而用聽，耳之用則神也。「盡堊而鼻不傷」，匠石之能。「立不失容」，郢人之定也。「宋元君」，見《田子方篇》。「嘗試爲寡人爲之」，上「爲」讀去聲。「嘗」、「試」一意，欲一觀其技之妙也。「臣則嘗能斲之」，此「嘗」，曾也，謂曾能爲之。「臣之質死久矣」，「質」指郢人。時郢人早死也，稱之爲「質」者，質對斤言，又有當義，言足以當其斤斲也。「夫子」，莊子以稱惠子。「無以爲質」，猶言無以爲對當也。

管仲有病，桓公問之，曰：「仲父之病病矣。可不諱云，至於大病，則寡人惡乎屬國而可？」管仲曰：「公誰欲與？」公曰：「鮑叔牙。」曰：「不可。其爲人，絜廉善士也，其於不己若者，不比之人；一聞人之過，終身不忘；使之治國，上且拘乎君，下且逆乎民。其得罪於君也，將弗久矣。」公曰：「然則孰可？」對曰：「勿已，則隰朋可。其爲人也，上忘而下畔，愧不若黄帝而哀不己若者。以德分人謂之聖，以財分人謂之賢。以賢臨人，未有得人者也；以賢下人，未有不得人者也。其於國有不聞也，其於家有不見也。勿已，則隰朋可。」

此舉隰朋以賢下人，蓋爲惠子好勝人作反鑑也。「諱」，今各本作謂。王引之據《列子·力命篇》以「謂」爲「諱」之譌，是也，因改正。「可不諱云」，猶曰可不諱言也。引之又稱其父念孫之説，謂「可不」爲「不可」誤倒，「云」猶如也，當屬下讀，以《管子·戒篇》、《小稱篇》並作「不可諱」爲證。不知各書文不必盡同，必强爲一之，則泥矣，是以不從。「仲父」，桓公以稱管仲。「病病」者，上「病」，疾病；下「病」，病甚也。「至於大病」，言不起也。「惡」

讀烏。「惡乎屬國而可」，問可以付屬國政之人。「公誰欲與」乃倒文，仲問公欲與誰也。《列子》「與」作歟。二書不同，可各行，不必改也。

「鮑叔牙」，姓鮑，名牙，字叔，故又稱鮑叔，舊奉桓公奔莒，因以入國，後薦管仲爲相，蓋公之舊臣而仲之良友也。「絜」同潔，不受污也。惟其潔，故於「不己若者不比之人」。「不比之人」，謂不比於人數也。「廉」者有圭角之稱。惟其廉，故「一聞人之過，終身不忘」。「人」各本作又，屬下讀，兹從《列子》改。人、又形近，「又」自是「人」之譌字也。「治國」之「治」讀平聲。「上且拘乎君」，「拘」，拘束，一作鉤，「拘」本字，鉤則叚借也。桓公寵内而好侈，拘束非其所能受，故曰「得罪於君將弗久矣」。「下且逆乎民」，「逆乎民」，不爲民之所戴，則公罪之，而民無復有非之者，叔之得罪，益無可免，故管仲阻公之相叔，亦所以爲叔計也。

「隰朋」，「隰」姓，「朋」名，齊之公族大夫也。「上忘」，與上相忘。「下畔」，與下若離也。《列子》「畔」作叛，上有「不」字。彼謂「居上則忘其尊，居下則不叛乎上」，與此義别。若曰下不叛之，則自是下之事，與「其爲人」之文不合矣。此亦當兩存而各行，不得改此以從彼。「愧不若黄帝」，愧己之不若黄帝之德溥。「哀不己若者」，於不如己者則哀矜之而不敢輕也。「以德分人」以下四句，乃泛論。「財」與才同。孟子亦曰：「有成德者，有達財者。」見《盡心篇》。財德對舉，固當是才。「以德分人」、「以才分人」者，謂不自專其德與才，而與人共之，其有德有才者，則分而任之，其無德無才者，則從而教之也。故曰「以賢臨人，未有得人者；以賢下人，未有不得人者也」。「賢」，猶勝也，謂勝於人也。「其於國有不聞也，其於家有不見也」，此復論及䧄朋。「有不聞也」，聞其大者，細者則置之。「有不見也」，見其大者，小者則遺之。前言上忘下畔，此正與之相應，皆極形其渾厚而不事察察也。《書》曰：「如有一介臣，斷斷猗無他技，其心休休焉，其如有容。人之有技，若己有之。人之彥聖，其心好之，不啻如自其口出，是能容之。」若䧄朋者，庶幾近之矣。故曰「勿已，則䧄朋可」。

吴王浮於江，登乎狙之山。衆狙見之，恂然棄而走，逃於深蓁。有一狙焉，委蛇攫條，見巧乎王。王射之，敏給，搏捷矢。王命相者趨射之，狙執死。王顧謂其友顏不疑曰：「之狙也，伐其巧，恃其便以敖予，以至此殛也。戒之哉！嗟乎，無以女色驕人哉！」顏不疑歸，而師董梧，以鋤其色。去樂辭顯，三年，而國人稱之。

「浮」，泛舟也。「狙」已見《齊物論篇》。「狙之山」者，山多狙，因以狙名也。「恂」如《大學》「恂慄也」之恂，怖懼也。「棄」者，棄其所處。「蓁」同榛，小栗樹也。「委蛇」，曲行貌。「攫條」，攀條而上下也。「條」各本作「搮」。「搮」即今「抓」字。《釋文》云：「司馬本作條。」兹從司馬本。「見」讀現。「見巧」，示巧也。「給」如《論語》「禦人以口給」之給，與敏同義。舊讀「敏給」屬上「王射之」爲句，俞樾以屬下讀，曰：「敏給當以狙言。謂狙性敏給，能搏捷矢也。」俞説是也。惟又云：「捷讀爲接。捷與接聲近義通。」則未然。成疏云：「搏，接也。」既言「搏」，無爲再言「接」矣。且惟能「搏捷矢」，故以「敏給」加之。然則郭注訓「捷」爲速，未可易也。「王命相者趨射之」，「相者」，王之左右。「趨」讀如促，謂急射之也。

「執死」，見執而死也。

「顏不疑」，姓顏，名不疑。「之狙」，是狙也。「伐」，矜也。「便」謂敏給，當讀平聲。「敖」同傲。「殛」，死也。「以至此殛」，謂死由自致也。「無以女色驕人哉！」「色」即驕人之色，《列子》曰「色盛者驕」，是也，見《列子·説符篇》。觀後文云「以鋤其色」可知。「鋤」如鋤草然，不使稍有存留也。本亦作「助」，與鋤同。「董梧」，吴之有道之士。師於有道故能去其矜驕。「去樂」，就貧苦也。「辭顯」，甘淡漠也。貪於顯樂，驕之所由起，故以「去樂辭顯」卒言之。「三年而國人稱之」，言其久而後有成也。

南伯子綦隱几而坐，仰天而噓。顏成子入見，曰：「夫子，物之尤也。形固可使若槁骸，心固可使若死灰乎？」曰：「吾嘗居山穴之中矣。當是時也，田禾一覩我，而齊國之衆三賀之。我必先之，彼故知之；我必賣之，彼故鬻之。若我而不有之，彼惡得而知之？若我而不賣之，彼惡得而鬻之？嗟乎！我悲人之自喪者，吾又悲夫悲人者，吾又悲夫悲人之悲者，其後而日遠矣。」

「南伯子綦」，即南郭子綦，已見前《齊物論篇》。「顏成子」，即顏成子游。此文上半略與《齊物論》同，而取義則異。其云「形若槁骸、心若死灰」，但以見不自炫露已耳，未若「嗒焉喪耦」之深至也。「夫子，物之尤」者，言其異於人也。不知稍有以異於人，即於道不相入，故下文子綦之言乃針對此而發，所以切教子游，非只悔其前行也。「田禾」即齊太公和。一見子綦

「而齊國之眾三賀之」者，賀其能得賢而下之也。人見其賢，則雖居山穴之中，曾不足以晦其迹，故曰「我必先之，彼故知之；我必賣之，彼故鬻之」。「鬻」者，賣之借字，買也。「若我而不有之」，「有」如老子「爲而不有」之有。彼「有」謂自有其功，此「有」謂自有其德。自有其德，則炫露於不自覺，是以老子曰「上德不德」也。「我悲人之自喪者」，「自喪」之「喪」，與「喪我」之「喪」，文若同而指則判若天壤。「喪我」者，喪其情識之我。「自喪」者，喪其性命之真也。又曰「悲夫悲人」與「悲夫悲人之悲者」，蓋鞭辟近裏，層層自反，不欲有一毫情識之存，而後本體始完始粹，故曰「其後而日遠矣」。至於日遠，斯可謂喪我也已。

仲尼之楚，楚王觴之，孫叔敖執爵而立，市南宜僚受酒而祭，曰：「古之人乎！於此言已。」曰：「丘也聞不言之言矣。未之嘗言，於此乎言之。市南宜僚弄丸，而兩家之難解；孫叔敖甘寢秉羽，而郢人投兵；丘願有喙三尺。」

彼之謂不道之道，此之謂不言之辯。故德總乎道之所一，而言休乎知之所不知，至矣。道之所一者，德不能同也；知之所不知者，辯不能舉也。名若儒墨，而凶矣。故海不辭東流，大之至也。聖人並包天地，澤及天下，而不知其誰氏。是故生無爵，死無謚，實不聚，名不立，此之謂大人。狗不以善吠爲良，人不以善言爲賢，而況爲大乎！夫爲大，不足以爲大，而況爲德乎！夫大備矣，莫若天地，然奚求焉，而大備矣？知大備者，無求、無失、無棄，不以物易己也。反己而不窮，循古而不摩，大人之誠。

此寓言也。孫叔敖爲楚莊王相，時孔子尚未生。市南有熊宜僚者，可以當五百人，見哀十六年《春秋左氏傳》，則孔子已於是年四月死矣。宜僚未嘗仕於楚，孔子亦無由見之。孫叔敖曾見《田子方篇》。宜僚見《山木篇》。殆以楚昭王嘗召孔子至楚，或有觴之之事，因衍爲此一段文字，以爲不道之道、不言之辯，描寫生色耳。《莊子》書中如是者不尠。馬其昶《莊子故》乃謂：「此所云執爵而立，亦如優孟爲孫叔敖衣冠，抵掌談語爲樂。人象叔敖，而非真叔敖。」然此以解叔敖尚可，又何以解於宜僚！竊所不取也。

「觴」者，置酒以歆之，古所謂燕禮也。「爵」，酒器，受一升。「宜僚受酒而祭」者，古者飲食之先，必祭於豆間，所以不忘先代始爲飲食之人也。「曰古之人乎，於此言已」者，養老乞言，遵古之制，意謂古之人皆然，以是誘孔子使言也。「養老乞言」，見《小戴禮記・文王世子篇》及《詩・大雅・行葦序》。「丘也聞不言之言矣」，「聞」謂聞之古人。「不言之言」，謂言不在於言也。「未之嘗言，於此乎言之」，兩「之」字，皆指此「不言之言」而言，謂今欲我言之，亦惟此「不言之言」一語而已。下引宜僚弄丸、孫叔秉羽兩事，即就當人本事，以爲「不言之言」作證。「兩家之難解」，當時宜僚爲人排難解紛，事當有之，今已不可攷。注家自司馬彪以下，皆以宜僚不從白公作難殺令尹子西、司馬子期之事，牽合爲說。若然，何得云兩家難解乎！「丸」，今毬也。「羽」，羽扇。「甘寢」，安寢也。《淮南子・主術訓》亦云：「昔孫叔敖恬卧，而郢人無所用其鋒。用，各本皆作害，據王念孫説改正。市南宜僚弄丸，而兩家之難無所關其辭。」關如關説之闕。恬卧即「甘寢」。「投兵」，投棄兵刃，即無所用其鋒也。「丘願有喙三尺」者，鳥之長喙者皆不善鳴，故假以自況。《莊子故》因司馬彪有「三尺匕首劍」語，謂：「唯口興戎故以劍喻，猶言舌鋒也。有者保有之有。」雖曲爲之説，而以是爲孔子之辭，亦太誣聖人矣。

「不道之道」，不言道而道存也。「彼」謂孫叔與宜僚，「此」謂孔子。自此以下，皆莊子藉上事而發揮之言。「總」謂要歸也。「休」，止也。「德不能同」，德不能比也。「名若儒墨而凶」者，「而」猶則也。德蕩乎名，名立而爭起，故儒、墨相非不已，是則凶也。「而不知其誰氏」，老子所謂「功成事遂，百姓皆謂我自然」。不知歸功於聖人，故亦不知聖人之爲誰氏也。「生無爵」，不必爲天子諸侯也。「死無謚」，不必有堯、舜、文、武之號也。「實不聚」，不斂其實也。「名不立」，不居其名也。「此之謂大人」，「大人」即聖人。顧不謂之聖人，而謂之大人者，猶孔子稱「大哉！堯之爲君！惟天爲大，惟堯則之」。故下文亦云「夫大備矣，莫若天地」。蓋一大爲天，以天爲況，因謂之大人也。孟子亦曰：「有大人者，正己而物正者也。」正己而物正，固不在得位與否也。

又曰「爲大不足以爲大」，何也？大者盛德之所致，非有心勉强而爲之者也。有心勉强而爲之，是僞也，非誠也。非誠而可以法天乎哉！又曰「而況爲德」，何也？「德」者天德，非有他也。「奚求焉而大備」者，大本自有，不待外求也。夫既爲自有，則亦不自失之棄之已耳，故曰「無失無棄」。顧所以有失棄者，則以徇外逐物之故，故又曰「不以物易己也」。不以物易己，是爲反己。「反己則不窮」，「反己」者古之道也。「循古則不摩」，「摩」，滅也。「不摩」者，德成而已成，無有消滅時也，故曰「大人之誠」。《中庸》曰：「至誠無息。」無息不摩，一也。

子綦有八子，陳諸前，召九方歅曰：「爲我相吾子，孰爲祥？」九方歅曰：「梱也爲祥。」子綦瞿然喜，曰：「奚若？」曰：「梱也將與國君同食，以終其身。」子綦索然，出涕，曰：「吾子何爲以至於是極也！」九方歅曰：「夫與國君同食，澤及三族，而況於父母乎！今夫子聞之而泣，是禦福也。子則祥矣，父則不祥。」子綦曰：「歅！女何足以識之，而梱祥邪？盡於酒肉入於鼻口矣，而何足以知其所自來？吾未嘗爲牧，而牂生於奥；未嘗好田，而鶉生於宎，若勿怪，何邪？吾所與吾子游者，游於天地。吾與之邀樂於天，吾與之邀食於地。吾不與之爲事，不與之爲謀，不與之爲怪。吾與之乘天地之誠，而不以物與之相攖；吾與之一委蛇，而不與之爲事所宜。今也，然有世俗之償焉！凡有怪徵者，必有怪行。殆乎！非我與吾子之罪，幾天與之也。吾是以泣也。」無幾何，而使梱之於燕，盜得之於道，全而鬻之則難，不若刖之則易，於是乎刖而鬻之於齊，適當渠公之街，然身食肉而終。

「子綦」即南伯子綦，承上文而言，故不著其姓氏。成玄英疏謂是楚司馬子綦。綦與期同。子期爲楚公族，其子與國君同食，乃事之宜然，何足爲異，而曰：「以至於是極邪！」玄英亦未之思已。「九方歅」，《淮南子·道應訓》作九方堙，伯樂之徒，善相馬者。子綦以其善相馬，因推而使相其子也。

「孰爲祥」者，孰爲吉善也。「梱也爲祥」，「梱」，子綦子名，言惟梱爲祥也。「瞿然」一作矍然，謂奮然而喜也。「奚若」猶何如也。「與國君同食」，食與國君同也。「索然」，如俗云索然寡味。前喜而今盡，故曰「索然」。讀之當略頓，不與下「出涕」相屬。舊注以爲涕下貌，非也。「以至於是極」，「極」如《書・洪範》「五福六極」之極，福之反，亦祥之反，謂凶惡也。「三族」，父族、母族、妻族也。「禦福」，謂福來拒而不受，故曰「子則祥矣，父則不祥」。「歅」，呼其名也。「何足以識之」，何足以知之也。「而梱祥邪」，「而」與乃同。梱乃祥邪，不然之辭也。「盡於酒肉入於鼻口」，「盡」猶止也，謂不過酒肉入於鼻口而止耳。「而何足以知其所自來？」此「而」與爾、汝同，謂汝何足以知酒肉之所自來也。「奥」，室之西南隅。「宎」音杳，室之東南隅。「牂」，牝羊也。「田」，田獵。牂鶉言生於奥宎者，「生」，出現也。此因上酒肉之文而爲言，指既成肴饌之牂鶉，非謂活羊活鶉也。不牧何從得羊？不獵何從得鶉？不當得而得之，是當驚異。故曰「若勿怪，何邪？」「勿」猶無也。

「邀樂於天」、「邀食於地」，兩「邀」字並同徼，要求也，見上《庚桑楚篇》注。「不與之爲事」，不造作也，非不事事之謂。「不與之爲謀」，不營謀也。「不與之爲怪」，不爲怪異非常之行也。「與之乘天地之誠，而不以物與之相攖」，循乎天地真實之理，而不以物欲淩犯之也。「與之一委蛇，而不與之爲事所宜」，此「委蛇」謂隨順。「一」，壹是也。一皆隨順乎人事，而不圖己之所宜，《人間世》所謂不擇地而安之，不擇事而安之也。

「然有世俗之償」，「然」猶若是，此倒文，謂有世俗之償若是，謂「將與國君同食以終其身」也。「怪徵」，「徵」如《洪範》休徵、咎徵之徵。「徵」，驗也。「怪行」，「行」讀去聲。「殆乎」，二字句，承「怪徵」言，言危殆也。「非我與吾子之罪，幾天與之也」，承「怪行」言。本不爲怪，則非其父子之罪。「幾天與之」者，殆天與之也。「吾是以泣」，泣非其罪而獲咎於天也。

「無幾何」，無多日也。「之於燕」，往於燕。「盜得之於道」，塗中爲盜所略得也。「鬻」，賣也。全則可逃，故賣之難。「刖」，刖其足。足殘則無逃理，故曰「易」也。「鬻之於齊」，鬻於齊國也。「渠公之街」，蓋街名，而爲齊君出入之道。「適當渠公之街」者，齊因其刖而使之主街，如清之巡街御史下鋪房然也。成疏用《釋文》或説，以「渠公爲齊之富室，爲街正，買椢以自代」。若然，則與上「與國君同食」之語不相符。宣穎《南華經解》則謂：「渠公爲齊所封國，如楚葉公之類。適當君門之街爲閽者，故曰與國君同食。」齊有渠公，於載籍無徵。若果有之，則亦薛公之比，自有其國，當云鬻之於渠，不得混言之曰鬻於齊。且爲閽者，直曰爲渠公之閽可矣，何取而謂「當渠公之街」云乎！以是斷知「渠公之街」爲街名無疑也。此節蓋言儻來之名位，不足爲福，以竟上大人不必得位之義，而亦以解世人貪取名位之惑也。

齧缺遇許由，曰：「子將奚之？」曰：「將逃堯。」曰：「奚謂邪？」曰：「夫堯畜畜然仁，吾恐其爲天下笑。後世其人與人相食與！夫民不難聚也，愛之則親，利之則至，譽之則勸，致其所惡則散。愛利出乎仁義，捐仁義者寡，利仁義者衆。夫仁義之行，唯且無誠，且假夫禽貪者器。是以一人之斷制天下，譬之猶一覕也。夫堯知賢人之利天下也，而不知其賊天下也，夫唯外乎賢者，知之矣。」

「齧缺」、「許由」，並已見前。「逃堯」，避堯而他往也。「奚謂」猶何爲。「畜畜然仁」，「畜畜」猶汲汲，言不能爲之而無以爲也。上仁爲之而無以爲，見《老子》。故曰「恐其爲天下笑」。「後世其人與人相食」，「其」猶將也，已見《庚桑楚篇》。

「譽之則勸」，「譽」謂獎譽之。「勸」，勉也。「致其所惡則散」，「惡」讀去聲。反言以證愛之利之則聚，故曰「民不難聚也」。「愛利出乎仁義」，此與《墨經》言「仁，體愛也；義，利也」說相似。《墨子·兼愛篇》言「兼相愛交相利」，蓋即本仁義以爲說，然其源則出於《易》。《乾卦·文言》曰：「君子體仁足以長人，利物足以和義。」以利說義，固《大易》之要旨也，是故謂莊子之言與墨子有相通則可，謂此即摭取墨子之說而以爲自墨家出，則失之矣。「捐仁義者寡，利仁義者衆」，捐與利相對爲文，則「捐」者謂不以仁義爲利，取其實而不取其名，非曰舉仁義而棄捐之也。

「仁義之行」，「行」讀平聲。故郭注曰：「仁義既行，將僞以爲之。」仁義既行者，仁義之名既行也。《釋文》云「行，下孟反」，讀作去聲，非是。「唯且無誠」，「且」，將也，郭云「將僞以爲之」，是也。「且假夫禽貪者器」，此「且」爲而且之且。「禽」如禽荒之禽，謂田獵也。「禽荒」，見《古文尚書·五子之歌》。田獵者無不貪於多獲，故曰「禽貪」。《傳》曰「唯器與名不可以假人」，見成二年《春秋左氏傳》。《胠篋篇》亦曰「國之利器不可以示人」，蓋既以示之，則必有假之者矣。此曰「假夫禽貪者器」，亦謂禽貪者得假之以爲私耳。

「一人之斷制天下」，言以一人而斷制天下，所謂專斷專制，故曰「譬之猶一覕也」。「覕」，郭注云：「割也。萬物萬形，而以一劑割之，則有傷也。」故「一覕」者，非曰一割之而已，謂割之不問精麤大小，惟用一法，則宜其有害也。郭以「覕」爲割者，章太炎《莊子解故》云：「覕借爲邲。《說文》：『邲，宰之也。』宰、割同義。」是也。各本「斷制」下有「利」字，唐寫本無之。案：郭注云：「若夫仁義各出其情，則其斷制不止於一人。」成疏云：「榮利之徒，負於仁義，恣其鴆毒，斷制天下，向無聖迹，豈得然乎！」注疏皆僅言「斷制」，不及於「利」，明「利」涉上「制」字而誤衍。後人以上文言「愛利」言「利仁義」，遂以爲「利」字所本有，不敢删之，而不知其非也，兹據唐寫本删去。

「外乎賢者」之「外」，與「捐仁義者」之「捐」一義，内其實而外其名，如是，則天下只蒙其利而不被其害，故曰「夫唯外乎賢者知之矣」。「知之」者，知夫利害之實也。

有暖姝者，有濡需者，有卷婁者。所謂暖姝者，學一先生之言，則暖暖姝姝，而私自説也，自以爲足矣，而未知未始有物也，是以謂暖姝者也。濡需者，豕蝨是也，擇疏鬣長毛，自以爲廣宫大囿；奎蹏曲隈，乳間股脚，自以爲安室利處；不知屠者之一旦鼓臂布草操煙火，而己與豕俱焦也。此以域進，以域退，此其所謂濡需者也。卷婁者，舜也。羊肉不慕蟻，蟻慕羊肉，羊肉羶也。舜有羶行，百姓説之，故三徙成都，至鄧之虛，而十有萬家。堯聞舜之賢，舉之童土之地，曰冀得其來之澤。舜舉乎童土之地，年齒長矣，聰明衰矣，而不得休歸，所謂卷婁者也。

是以神人惡衆至，衆至則不比，不比則不利。故無所甚疏，無所甚親，抱德煬和，以順於天，此謂真人。於蟻棄知，於魚得計，於羊棄意。以目視目，以耳聽耳，以心復心。若然者，其平也繩，其變也循，古之真人。以天待人，不以人入天，古之真人。

此因上「賢人賊天下」之文，舉世之所謂賢者三等，以見賊天下者亦以自賊，雖至於舜，且有不周不利之患，徒勤衆事而野死，舜勤衆事而野死，見《小戴禮記・祭法篇》。則何如「以天待人，不以人入天」，己與人相忘於道術者之爲愈哉！

「暖」借作媛。「媛」、「姝」，皆女子美好貌。孟子曰：「以順爲正者，妾婦之道也。」學一先生之言，而不敢少逾其範圍，是亦以順爲正者，故名之爲「媛姝」。「媛媛姝姝而私自説」，「説」讀如悦。此與婦人之搔首弄姿何異？故知「暖」者媛之借。《釋文》云：「暖，柔貌。」「暖」從日，何從有柔義？解作柔貌，則固以嬋媛之媛視之矣。「自以爲足」，正《消搖游》所謂「小知不及大知」者，故曰「而未知未始有物也」。「未始有物」者，虛也。虛則無有足時矣。

「濡」、「需」，皆懦耎義。此蓋隱以刺夫當時之俗儒。何以見之？「儒」之字從「需」，故許氏《説文》曰：「儒，柔也。」康成鄭氏《小戴禮記目録》於《儒行篇》曰：「儒之言優也，柔也。」又曰：「儒者，濡也。」此之所詮，皆爲古訓，則儒之取名，原從濡、需得義，以「濡需」指儒，於文字有明徵矣。此其一。康成於「儒者，濡也」下接云：「以先王之道能濡其身。」此則康成崇儒之意，别爲之説，以爲儒者文飾，非儒之名儒之本義，故略而不録。《荀子·儒效篇》云：「有俗儒者，有雅儒者，有大儒者。……逢衣淺帶，解果其冠，略法先王，而足亂世術，繆學雜舉，不知法後王而一制度，不知隆禮義而殺詩書；其衣冠行僞僞同爲。已同於世俗矣，然而不知惡者；猶云惡之。其言議談説已無以異於墨子矣，然而明不能别；呼先王以欺愚者，而求衣食焉，得委積足以揜其口，則揚揚如也；隨其長子，此猶墨家之鉅子，蓋其類之魁率。事其便辟，舉其上客，舉與譽通。僡然若終身之虜，而不敢有他志：是俗儒者也。」今試以此文「自以爲廣宫大囿」、「自以爲安室利處」，與「以域進，以域退」之言，與《荀子》「呼先王以欺愚者」以下之説兩兩對照，則抑何其辭意之相似也。是當時儒之假託者多，而真修者寡，故《田子方篇》莊子即有「魯國而儒者一人」之歎，此以文義與情事推之，知「濡需」之隱刺俗儒，鑿鑿有據。又其一也。

或疑莊子剽剥儒墨，都無顧忌，何獨於此而隱之？曰：辭雖隱而義則顯矣。且比之豕蝨，較於顯刺，不尤有甚焉者乎！竊意莊子於此蓋有隱痛焉。儒術之衰，鄉原得志，是以委曲其文而出之，即與垂泣涕而道無異。若如注疏之説，以是爲指偷安一時之利、流俗寡識之人，則置之「學一先生之言」者之後，而「舜有羶行」之前，亦幾於非類矣。惟讀者詳之。

各本「疏鬣」下無「長毛」二字，而張君房本有之，成疏云：「擇疏長之毛鬣。」「鬣」，毛之生於領者，舉鬣不得包毛，是成本亦當有是二字，因據補。「奎」，兩髀之間。「曲」，隱曲。

「限」，邊隅也。「奎蹄曲限」，疑爲「奎曲蹄限」之誤，與「乳間股脚」爲對文。然則「股脚」，亦謂股之下耳，非曰股之與脚，上已言蹄，無爲再言脚矣。「利處」猶善處。「鼓臂」猶攘臂。「布草操煙火」，所以爇豕毛而去之，故曰「已與豕俱焦也」。「以域進，以域退」，謂進退不逾其域，《秋水篇》所謂「拘於墟，束於教」者也。

「卷」讀如拳。「婁」借爲僂。「卷婁」，謂拳曲傴僂，極形其勞瘁而不得休息也。「卷婁者舜」，舉舜以爲此一類之表，非專爲舜言也。「舜有羶行」，「行」讀去聲。舜雖未嘗招徠百姓，而其行昭著，使百姓慕而説之，爭歸於舜，此無異於羊肉之以羶致蟻，故曰「有羶行也」。「説」讀悦。「三徙成都」，事詳《史記·五帝本紀》，曰：「一年而所居成聚，二年成邑，三年成都。」《春秋穀梁傳》曰：「民所聚曰都。」下云「十有萬家」者，十又萬家，是所謂「都」也。「鄧」，地名。「虚」同墟。始至鄧無居人，故云「虚」也。「舉之童土之地」，即孟子云「舜發於畎畝之中」，謂其無尺土之階。向秀以地無草木爲「童土」，非也。「冀得其來之澤」，冀其來，澤及於天下也。舜生三十徵庸，見《尚書·堯典》。五十攝行天子事，六十一代堯踐帝位。踐帝位三十九年，南巡狩，崩於蒼梧之野。見《史記·五帝本紀》。故曰「年齒長矣，聰明衰矣，而不得休歸」。蓋傷其殘生損性，是以謂之「卷婁」也。「殘生損性」，語見《駢拇篇》。

「神人惡衆至」，「惡」讀去聲，謂不欲也。「衆至則不比」者，「比」，周也。謂有至者，必有不至者，人不可以盡合，是不周也。「不比則不利」者，既有不周，則不能無傷害，是不利也。《庚桑楚篇》曰「至仁無親」，以無親爲至仁，則有親即非仁之至。此言衆至則不比、不利，蓋言有親之不仁，以申「至仁無親」之旨，觀下文曰「無所甚疏，無所甚親」可見也。今各本「無所甚親」句在「無所甚疏」句上。案：《淮南子·精神訓》云：「是故無所甚疏，而無所甚親，抱德煬和，以順於天。」即襲用此文。又《文子·守虛篇》文亦同。此文「親」與「天」與「人」協韻，則「無所甚親」句自當在下，故據《淮南子》改正。又「以順於天」，今各本皆作「以順天下」，惟唐寫本作「以順天」，無「下」字，合之《淮南子》，則作「天下」者實誤，故並據改。「煬和」，奚侗曰「煬假作養」，是也。抱德養和，則不復彰顯於外，故曰「以順於天，此謂真人」。

「於蟻棄知」者，不慕於外也。「於羊棄意」者，無意於行也。「於魚得計」者，人相忘於道術，如魚相忘於江湖，自適其適，而不必適人之適，是計之得，故曰「得計」也。「以目視目」，目不外視也。「以耳聽耳」，耳不外聽也。「以心復心」，心不外馳也。「抱德煬和以順於天」者蓋如是。「其平也繩」，平對變言，謂平常也。「繩」者直也。直行其道，無迂曲也。「其變也循」，「循」者順也。順乎變以推移，無矯强也。「以天待人」，「人」舊作之。宣穎《南華經解》曰：「之當作人。」案：郭注云：「居無事以待事，事斯得成。」玄英疏云：「用自然之道，虛其心以待物。」下文「不以人入天」，注云：「以有事求無事，事愈荒。」疏云：「不用人事取捨，亂於天然之知。」明其文正相對。「人」與「之」字極易相亂，「之」爲「人」誤無疑，因改正。「以天待人」，化人而爲天也。「不以人入天」，不使天爲人所攖也。兩言「古之真人」，贊歎之不容已也。

得之也生，失之也死；得之也死，失之也生，藥也。其實，堇也，桔梗也，雞癰也，豕零也，是時爲帝者也，何可勝言！句踐也，以甲楯三千棲於會稽，唯種也，能知亡之所以存；唯種也，不知其身之所以愁。故曰：「鴟目有所適，鶴脛有所節，解之也悲。」故曰：「風之過，河也有損焉；日之過，河也有損焉。請只風與日相與守河，而河以爲未始其攖也，恃源而往者也。」故水之守土也審，影之守人也審，物之守物也審。故目之於明也殆，耳之於聰也殆，心之於徇也殆。凡能，其於府也殆，殆之成也不給改。禍之長也茲萃，其反也緣功，其果也待久，而人以爲己寶，不亦悲乎！故有亡國戮民無已，不知問是也。故足之於地也淺，雖淺，恃其所不蹍而後善，博也；人之於知也少，雖少，恃其所不知而後知，天之所謂也。知大一，知大陰，知大目，知大均，知大方，知大信，知大定，至矣。大一通之，大陰解之，大目視之，大均緣之，大方體之，大信稽之，大定持之。盡有天，循有照，冥有樞，始有彼，則其解之也，似不解之者；其知之也，似不知之也，不知而後知之。其問之也，不可以有崖，而不可以無崖。頡滑有實，古今不代，而不可以虧，則可不謂有大揚搉乎！闔不亦問是已，奚惑然爲！以不惑解惑，復於不惑，是尚大不惑。

此首以藥譬：用之宜，則可以回生；用之不當，則可以致死，故曰：「得之也生，失之也死；得之也死，失之也生，藥也。」十八字當作一句讀。「得」者得藥，「失」者失藥，文義甚明。郭注曰：「死生得失，各隨其所居耳。於生爲得，於死或復爲失。未始有常也。」若然，於文當曰「生也得死也失，死也得生也失」，不得倒生死字於得失下也。後之注家沿襲郭説，展轉作解，愈失愈遠，不可不察也。

「其實，菫也，桔梗也，雞廱也，豕零也」，舉藥之四名，曰「其實」者，猶曰其物也。「桔梗」，今常用藥。「菫」，烏頭也，今謂之附子。「豕零」，一名猪苓。「雞廱」，《釋文》引司馬彪注云即雞頭，一名芡。案：芡謂之雞頭者，以形似得名。若雞廱則非雞頭之比，似非芡也。《淮南子·主術訓》有云：「天下之物，莫凶於雞毒。」疑雞廱、雞毒一類。惟高誘注曰：「雞毒，烏頭也。」此已有菫，不當雞廱復是烏頭。案之「得之也死，失之也生」之文，雞廱必爲烈性之藥，若雞頭可充常食，不得列之於此。古藥名，今不能辨者多矣，姑著其所見，以俟識者考焉。「是時爲帝者」，「帝」者主也，如今醫家處方有君臣佐使，以時加減，各有所主用也。「何可勝言」，言非言之所能盡也。

「種」，越大夫文種也，爲句踐行成於吴，以臣事吴王夫差，退而守越，十年生聚，十年教訓，二十年而卒沼吴，故曰「唯種也能知亡之所以存」。而功成之後，不知越王之可以共患難而不可以共安樂，不能偕范蠡俱去，卒爲句踐所誅以死，故曰「不知其身之所以愁」。「愁」者苦也。事詳《吴越春秋》。種之爲句踐謀也，可謂「得之則生」也；而其自爲謀，則所謂「得之則死」者。何也？不審夫時，失其進退也。

「鴟」，鵂鶹也，目明於夜而晝則不見。「鶴」，長脛，宜於涉，而不能游，故曰「有所適，有所節」。「節」亦「適」也。鴟鶴並以比種。「解之也悲」者，「解」即後文「解惑」之解。惑者自惑。解之則有所不堪，故曰「解之也悲」。悲與愁對。如種得范蠡書，終疑而不能自決，是蓋深爲種痛也。

「風之過，河有損焉」者，風以散之，水爲之耗也。「日之過，河有損焉」者，日以爇之，水亦爲之耗也。「請只風與日相與守河」，「只」猶是也。《詩·小雅》：「樂只君子。」鄭箋曰：「只之言是也。」「守」者，守之而不去。謂風日時時散之爇之，如是，「而河以爲未始其攖」，謂河不覺其侵擾，雖耗而不減。所以能然者，河有其源，更無竭理，故曰「恃源而往者也」。源以譬天，以譬道，人能本天遵道以行，則固無往而有失也。

「水之守土也審」三句，前二句皆爲後一句發端，言物之守物，如水之守土、影之守人然。「審」者，定而不移也。上「物」謂外物，下「物」謂耳目，與孟子言「耳目之官不思而蔽於物。物交物，則引之而已矣」正同。「故目之於明也殆，耳之於聰也殆」，惟明與聰所以與物交，而爲所引，故曰「殆也」。又曰「心之於殉也殆」，何也？「殉」者從也，謂從耳目也，心從耳目，則孟子所謂「從其小體」而非「從其大體」者，故亦曰「殆」也。此三「守」字，從上「風日相與守河」「守」字來，則「守」自非佳語，與言「唯神是守」、「純氣之守」見《刻意篇》、《達生篇》。諸「守」者不同。注家率謂水當守土，影當守人，物當守物，則與上下文全不連屬，亦不考之甚矣。

「凡能其於府也殆」，「能」承上「耳目」言，「府」承上「心」言。「府」即《德充符篇》所謂「靈府」。此總一筆，謂不獨耳目，凡五官之能皆足以危及其靈明也。及殆已成，則改之有不暇給，故曰「殆之成也不給改」。始止於殆，繼則爲禍矣，故曰「禍之長也兹萃」。「長」讀上聲。「兹」同滋，益也。「萃」，聚也。禍皆中於靈府，故謂之「萃」。「萃」，《釋文》作莘，云：「本又作萃。」案：萃與殆、改、久爲韻，作「莘」非是，故不從。殆成禍長而欲反之，則非大著功力不可，故曰「其反也緣功」。「緣」，由也。雖著功力，亦必歷久始收其效果，故曰「其果也待久」。蓋極言敗之易而救之難也。「而人以爲己寶」，以聰明與能爲己之寶，而不知其爲殆禍之階也，故曰「不亦悲乎！」

天子諸侯以是亡其國，匹夫則以是戮及其身，故曰「有亡國戮民無已」。「無已」者，迭出而不止也。「不知問是」，「是」者内之之辭。曰「問是」，猶曰自反也。自反者，反之於真，反之於天也。故下文先以「足之於地」爲喻，而後言「人之於知」，歸本於天之所謂，其意可見已。

「足之於地也淺」，「淺」舊作踐。俞樾曰：「踐當作淺，或字之誤，或古通用也。足之於地，止取容足而已，故曰：足之於地也淺。」案：俞氏説是也，然而未盡。「足之於地也淺」，與「人之於知也少」相對爲文。「淺」猶狹也。草書足傍與水傍極近，故以致誤，非通用也。「雖淺，恃其所不蹍而後善」，「蹍」，踐也；「善」言安善。「博也」二字爲句，不連上讀，於文當重云「恃其所不蹍而後善，博也」，省文，遂不復重耳。後《外物篇》曰：「夫地非不廣且大也，人之所用容足耳。然則厠足而塹之致黄泉，人尚有用乎？」此云「博」，與彼「廣大」同。《中庸》曰：「博厚配地。」「博」，自言地，非言足也。

「人之於知也少」，各本或無「於」字，誤脱也。「於知也少」，非謂知少。「雖少，恃其所不知而後知」，譬之用財，用者雖少，而所不用者正多。因有彼不用之多，是以能有此用者之少。惟知亦然。謂之靈府，府者府庫也。府庫積而不用，所以用之不竭，是所謂「恃其所不知而後知」，猶「河之恃源而往」也。下文亦當重云：「恃其所不知而後知，天之所謂也。」因循文可知，故不復重，舊以「天之所謂」連上讀，遂失書旨，不可不察也。「天之所謂也」者，乃倒文，猶云「是所謂天也」。《齊物論》曰：「此之謂天府，注焉而不滿，酌焉而不竭，而不知其所由來。」此文上云「府」，兹云「天」，合之即天府。天府、靈府，一也。

一天府也，分之則得七名：曰「大一」，言其不貳也；曰「大陰」，言其不顯也；曰「大目」，大目非目也，猶大明云爾，言其不昧也；曰「大均」，言其無偏也；曰「大方」，言其無隅也；大方無隅，語見老子書。曰「大信」，言其無妄也；曰「大定」，言其無亂也。上云「恃其所不知而後知」，而此大一、大陰、大明、大均、大方、大信、大定之七者，皆以知言者，蒙上「不知而後知」之文，所謂不知之知，非通常之所謂知也，此觀下文「則其解之也，似不解之者；其知之也，似不知之也；不知而後知之」之言，亦可見也。

大一曰「通之」者，道通爲一。見《齊物論篇》。惟一爲能通之，即孔門言「一貫」之旨也。大陰曰「解之」者，「解」者解惑，惑多起於欲自顯，惟陰爲能解之。陰者坤也，即老子守歸藏之學也。大目曰「視之」者，如《古文尚書・太甲篇》之言：「視遠惟明。」以承目言，故言「視」，實則其視非目之能也。大均曰「緣之」者，「均」即「天均」之均，「緣」則「緣督」、「緣於不得已」之緣。「緣督」，見《養生主篇》。「緣於不得已」，見《人間世篇》及上《庚桑楚篇》。「均」本取陶均爲義。陶均之用在旋轉，故以「緣」言之，謂其圓轉而無礙也。大方曰「體之」者，「體」如《中庸》「體物不遺」之體。若有所遺，即是體之未盡。故由通而解，由解而視，由視而緣，猶是以我應物，物自物，我自我，至於體之，則會萬物爲一己，觸處是道矣。蓋前猶爲悟邊事，此則由悟到證，其中次第不可不知也。大信曰「稽之」者，「稽」者稽考，考其所體無妄，則大信矣。大定曰「持之」者，考之無妄，則惟定以守之而已。

至是而其功盡矣，故曰「盡有天」，所謂上達乎天德也。上達乎天德，則循天德以爲用，故曰「循有照」，所謂照之於天也。「照之於天」，見《齊物論篇》。照之於天，則雖冥冥之中自有樞軸，故曰「冥有樞」，所謂「樞始得其環中，以應無窮」者也。亦見《齊物論篇》。既以應夫無窮，則未始有始者，於是而有始，未始有物者，於是而有物；有始有物，於是而彼是起矣，並見《齊物論篇》。故曰「始有彼」。

此獨言「彼」者，「彼」者外之之辭。上曰「問是」，以對「是」言，故曰「彼」。此「彼」蓋指惑說，故下云「解之也」。《莊子故》用姚鼐之說，以「則其解之也」「解」字屬上，讀「盡有天循」爲句，「有照冥」爲句，「有樞始」爲句，「有彼則」爲句。天循、照冥、樞始、彼則諸名，既於《莊》書無徵，而解「彼則」爲因彼爲則，與上下文義尤不連屬，其誤甚顯，未敢苟從也。

「其解之也，似不解之者」，惑解而忘其爲解，故曰「似不解之」。不解之解，是乃真解。何則？若認以爲解，有解之見存，則是解即足以蔽其知，亦一惑矣。「其知之也，似不知之也」，下「也」字讀與「者」字同。知惑而忘其爲知，故曰「似不知之」。不知之知，是乃真知。何也？若執以爲知，有知之見存，則是知亦足以蔽其天，猶一惑也，故曰「不知而後知之」。「不知而後知之」，所以貴乎「問是」也。

「其問之也，不可以有崖」者，「崖」猶涯也。「有涯」則在物一曲，而非大方之道，「在物一曲」，見下《則陽篇》。故不可也。又曰「而不可以無崖」者，無涯則漫無統紀，而非大一之道，故亦不可也。「頡滑」猶滑稽，言其出之無窮，詳見前《胠篋篇》。但彼指名家之説言，此則指問是之是言。大方之道如是。「有實」，言其中有實理，大一之道如是。出之無窮，故「古今不代」。「代」與貸通，「不代」者，不相假貸也。中有實理，故「不可以虧」。「不可以虧」，不可與易也。《駢拇篇》曰：「古今不二，不可虧也。」義蓋與此同。

「則可不謂有大揚搉乎！」案：《釋文》引許慎云：「揚搉，粗略法度。」《淮南子·俶真訓》「物豈可謂無大揚搉乎」，高誘注曰：「揚搉猶無慮。大，數名也。」《廣雅》曰：「揚搉，都凡也。」王念孫因之，遂曰：「大揚搉者，猶言大略也。」竊以爲「都凡」「無慮」云者，並有賅備之義，釋作總持，總持，字出釋典，此借用之。較爲近之。且此曰「大揚搉」者，實與上大一、大陰、大目、大均、大方、大信、大定諸「大」字相應。彼析之爲七，此合之爲一，故曰「大揚摧」，猶云大總持也。大總持，釋典亦有是名。如是，則其名重而褻，於上下文爲稱。若曰大略，不獨義輕，亦與原旨爲悖矣。今注家多用王説，故特爲辯之。

「闔不亦問是已」，「闔」通盇，亦通曷。「闔不」猶「何不」也。「闔不亦問是已」，猶孟子云「蓋亦反其本矣」，蓋讀盇。盇，緩讀之則爲何，急讀之則爲何不。所以誘導之。「奚惑然爲」，「惑然」猶惑焉，所以開示之，皆非詰責之之辭也。故曰「以不惑解惑，復於不惑，是尚大不惑」。「尚」者，庶幾也。不惑而曰「大」者，歆動之之辭。《天地篇》云：「知其惑者，非大惑也。大惑者終身不解。」今知其惑而解之，則非大惑矣。非大惑，則謂之「大不惑」，孰曰不宜！

則陽第二十五

王夫之《莊子解》謂《則陽篇》雜引博喻，文義不相屬。今詳玩之，一篇之義，盡於「道者爲之公」一語。以是求之，則前後自相貫串，且與上二篇有足相發明者。郭象以三篇相次，或亦沿其舊歟？

則陽游於楚，夷節言之於王，王未之見，夷節歸。彭陽見王果曰：「夫子何不譚我於王？」王果曰：「我不若公閱休。」彭陽曰：「公閱休奚爲者邪？」曰：「冬則擉鼈於江，夏則休乎山樊，有過而問者，曰：『此予宅也。』夫夷節已不能，而況我乎！吾又不若夷節。夫夷節之爲人也，無德，而有知不自許，以之神其交。固顛冥乎富貴之地，非相助以德，相助消也。夫凍者假衣於春，暍者反冬乎冷風。夫楚王之爲人也，形尊而嚴；其於罪也，無赦如虎。非夫佞人正德，其孰能橈焉！故聖人其窮也，使家人忘其貧；其達也，使王公忘爵祿而化卑；其於物也，與之爲娱矣；其於人也，樂物之通而保己焉。故或不言而飲人以和，與人竝立而使人化。父子之宜。彼其乎歸居，而一閒其所施。其於人心者若是其遠也。故曰：待公閱休。」

「則陽」姓彭，先出其名，後曰「彭陽」，則姓名竝見，司馬彪注云「名則陽，字彭陽」，恐未然也。「游於楚」，因游宦而入楚也。「夷節」，《釋文》云「楚臣」，然以下「夷節歸」之文推之，則似未嘗仕於朝者。「王」，不知何王，成疏以爲楚文王。下王果云：「夫楚王之爲人也，形尊而嚴；其於罪也，無赦如虎。」即於文王不類，而與靈王爲近，然亦無確據，竊謂此等處闕之可也，若必欲指實之，徒爲附會而已。「王果」，司馬彪云：「楚賢人。」「公閱休」，《釋文》云：「隱士也。」謂之賢人，謂之隱士，並從本文推詳而得，不必有他證也。「夫子何不譚我於王？」「譚」本亦作談。欲其薦己於王也。「公閱休」，公閱爲姓，此如《孟子》之公明高、公都子，《墨子》之公輸般，「休」則其名也。問公閱休「奚爲者」，以爲其人見重於王，必有大過人者也。而王果但曰：「冬則擉鼈於江，夏則休乎山樊，有過而問者，曰：『此予宅也。』」注者讀者皆不免疑其太略，不知詳在下文，此特發端，而一頓便轉入夷節、楚王，以見王不易説，然後公閱休之德足以化及於王，爲王所重，乃真覺不可及，而其曰「我不若公閱休」者，始不爲空言也。此正王果之善於爲辭，亦莊子之妙於爲文處，非細心玩之，不易得也。

「擉」與簎同。《周禮·天官·鼈人》「以時簎魚鼈龜蜃」注：「簎謂以杈刺泥中搏取之。」是也。「樊」，《詩》所謂樊圃也。見《國風·齊風》。山有林圃果蔬之類，足以取給，故夏休乎山樊。舊解「山樊」爲山邊山陰，意不明矣。曰「此予宅」者，言其能安之。故後文「聖人其窮也，使家人忘其貧」，乃直接此文，若非聯貫看之，則後文爲突兀，而此爲語氣未完矣。「吾又不若夷節」與「我不若公閱休」文兩兩相對。先言「夷節已不能，而況我」者，答則陽「何不譚我於王」之求，告以謝之之故也。

「夫夷節之爲人也」一段，舊解咸謂其交結人主，情馳富貴；司馬彪注語。任知以干上，苟進，故德薄而名消。郭象注語。此蓋誤會下「佞人正德」之語，以夷節爲便佞之輩，故以種種惡辭加之，即陸德明斷夷節爲楚臣，亦由於此。不知春秋戰國時，「佞」實非惡名，《論語》或曰：「雍也仁而不佞。」若「佞」如後世之所謂巧佞，則不佞正所以稱之，何以孔子曰：「焉用佞！」爲雍作辯護邪！且子曰：「禦人以口給，屢憎於人。」明明説「佞」是口才便給，以是取憎於人，亦非謂其諂媚也，故《説文·人部》「佞」下云：「巧讇，高材也。」讇與諂同。其曰巧讇，則當時之義；曰高材，則古訓也。明乎此，庶幾可以論夷節矣。

曰「無德」、曰「非相助以德」者，既以正德歸之公閱休，則夷節自不須以德稱，非其人果有悖德之行也。「有知不自許」，此其視挾智以傲於人者，高下何若？而郭子玄乃責其任知，非相誣之甚邪？「以之神其交」，「交」自是交於侯王。然交而曰「神」，其中有多少妙用，豈當時以事君爲容悦者所可比擬！而司馬彪乃詆其交結人主，情馳富貴，不又誣之甚邪！惟坐其情馳富貴，故解「顛冥」爲迷惑。司馬云：「顛冥猶迷惑也。」見《釋文》。不知夷節果迷惑於富貴，則其人復何所可取！王果何爲而有「吾又不若夷節」之言！王果之自視，果如是之卑邪？竊意此言「顛冥」，猶《山木篇》之言「猖狂妄行」。「顛」有狂義，「冥」則妄行，言其視富貴如無有，是以掉臂游行，往來自在，不獨於己如此，於人亦然，雖不能有德及人，而可令人消其鄙吝之心，故曰「非相助以德，相助消也」。「消」即《田子方篇》「使人之意也消」之消。若如郭注「德薄而名消」，是則則陽一己之事，何言「相助」？毋乃不辭之甚乎！惟夷節爲人如此，是以足當高材佞人之名，又不在以口給稱也。抑不獨夷節已也，即則陽之游楚，亦非營營於富貴者。何以見之？若則陽專爲富貴來也，則以王果之賢，直拒之而已，何爲曰「待公閱休」乎！然則郭注云「欲其釋楚王而從閱休，將以静泰之風鎮其動心」云云，其誤解「待」字，失原書之指，不辯而可明也。

「凍者假衣於春，暍者反冬乎冷風」，此如《楚辭》云：「吉日兮辰良。」韓愈《羅池廟碑》云：「春與猿吟兮，秋鶴與飛。」乃顛倒爲對。「反冬乎冷風」，猶曰反冷風乎冬。「反」之爲言復也。暍者病暑，得冷風而舊疾自平，故曰「反」也。是爲後文「非佞人正德孰能橈焉」「橈」字作喻。「橈」同撓，謂矯而正之。凍而得春，暍而得風，皆反也，即皆矯也。言「假衣」者，比之於挾纊也。挾纊，見春秋宣十二年《左氏傳》。

「楚王之爲人也」，與「夷節之爲人也」，亦兩兩相對。「形尊而嚴」，言其威。「其於罪也，無赦如虎」，言其暴。威而暴，則言不易入，而勢易相屈。故曰「非夫佞人正德，其孰能橈焉！」玩一「橈」字，即夷節之佞非夫望顔色承意志，如當時阿諛逢迎者之所爲，亦可見也。

「聖人」謂公閱休，顧不斥名公閱休，而混曰「聖人」者，公閱休窮則有之，而不得謂之達，今欲窮達兼言，曰「聖人」，則可該休，曰「公閱休」，則不足以盡聖人，故不得不易其辭也。「忘爵禄而化卑」，忘其爵禄而與卑賤者同化也。「於物也，與之爲娱」，猶言「與物爲春」也。「與物爲春」，見《德充符篇》。「於人也，樂物之通而保己焉」，猶言「命物之化而守其宗」也。

「命物之化而守其宗」，亦見《德充符篇》。「不言而飲人以和」，「飲」讀去聲。飲和猶《詩·大雅·既醉篇》言「飽德」，此初不待於言語，故曰「不言而飲人以和」也。三國時，程普謂「與周公瑾交，如飲醇醪，不覺自醉」，蓋略似之。「與人竝立而使人化」，「竝立」言不待共處之久。「父子之宜」，猶言父子是宜，漢時嚴遵與父言慈，與子言孝，蓋略似之。此文和、化、宜爲韻。郭注以「父子之宜」連下「彼其乎歸居」作解，郭注：「使彼父父子子，各歸其所。」固非。或以之連上，讀作「使人化父子之宜」，宋羅勉道《莊子循本》曰：「與人並立，而化爲父子之親。」亦誤也。「彼其乎歸居，而一閒其所施」，「彼其」叠言，猶彼也。「乎」者，贊歎之辭。「歸居」，謂隱居而不出。「施」謂施及於物。「一閒」者，一出之於閒暇從容，若無事然也。「其於人心者若是其遠也」，此總結上説。「遠」猶深也。謂其入於人心如是之深，斯其進言於王，必見聽用，故曰「待公閲休」也。

聖人達綢繆，周盡一體矣，而不知其然，性也。復命搖作，而以天爲師，人則從而命之也。憂乎知，而所行恒無幾時，其有止也若之何！生而美者，人與之鑑，不告則不知其美於人也。若知之，若不知之，若聞之，若不聞之，其可喜也終無已，人之好之亦無已，性也。聖人之愛人也，人與之名，不告，則不知其愛人也。若知之，若不知之，若聞之，若不聞之，其愛人也終無已，人之安之亦無已，性也。舊國舊都，望之暢然；雖使丘陵草木之緡，入之者十九猶之暢然。況見見聞聞者也，以十仞之臺縣衆間者也。冉相氏得其環中以隨成，與物無終無始，無幾無時。日與物化者，一不化者也，闔嘗舍之！夫師天而不得師天，與物皆殉，其以爲事也若之何？夫聖人未始有天，未始有人，未始有始，未始有物，與世偕行而不替，所行之備而不洫，其合之也若之何？湯得其司御門尹登恒，爲之傅之，從師而不囿，得其隨成，爲之司其名。之名嬴法，得其兩見。仲尼之盡慮，爲之傅之。容成氏曰：「除日無歲，無内無外。」

此莊子因上王果之言從而引申之，以明聖人未嘗自聖，雖曰「以天爲師」，而亦與天相忘，無有天之見存，蓋必至是而後情識俱遣，獨露本真。其間雜舉冉相以至容成諸聖，皆以證明此事，與内篇《齊物論》《人間世》《大宗師》《應帝王》皆足相發明者也。

「綢繆」猶纏綿，謂人情之不容已處。「達」者通也。惟通乎此，所以能「周盡一體」。「周盡一體」者，視萬物爲一體，而無有不到也。此爲下文「聖人愛人無已」發端。舊注以「綢繆」爲轇轕，釋作通達事理，則前後文不相應，不知此以性言，不以理言，故曰「不知其然，性也」。「不知其然」者，發於自然者也。自然之謂命，故曰「復命摇作」。作而曰「摇」者，作於不得不作，如有摇之者然。「摇」者，鼓盪也。命本於天，故又曰「以天爲師」。「以天爲師」，即以天爲宗。「以天爲宗」，見《天下篇》。曰師曰宗，一也，合之則曰大宗師。「人則從而命之」者，「命」，名也。聖人無名，人則名之聖人，非聖人意也，故曰「憂乎知而所行恒無幾時」。「憂乎知」者，憂乎人之知之，如庚桑楚聞畏壘之民將尸祝社稷之而不釋然，是也。舊讀「知」

爲智，誤也。「所行恒無幾時」者，「幾」如《詩・小雅・楚茨》「如幾如式」之幾，謂期也。「無幾時」，與下文云「無幾」、「無時」正同。蓋雖不欲人知，而行之則未嘗稍有間歇，故曰「恒無幾時」也。「其有止也若之何」，係倒文，若之何其有止，言不可止也。「有止」與下「無已」文對。無已者聖人，有止則非聖人矣。

「生而美者」一段，設譬以明之，以見出於性者，若知若不知，人雖告之，亦若聞若不聞，此就聖人一邊言。舊國舊都之譬，則就人之嚮往聖人一邊言。「雖使丘陵草木之緡」，郭注「緡，合也」，是也。「入之者十九猶之暢然」，九字爲句。「十九猶之暢然」，言暢然者猶十人而九也。望之者如彼，入之者如此，則親見親聞者可知，故曰「況見見聞聞者也」。「見見聞聞」者，見所見、聞所聞也。以舊國舊都喻聖人者，「聖人先得人心之同然」，語見《孟子・告子篇》。故見聖人識其本心，則如返其故里也。「以十仞之臺縣衆間者也」，此喻聖人雖不欲人知，而其德行顯著，如高臺縣聳於衆人之間，無有不見之知之者。舊注讀「間」作「閒静」之閒，非也。

「冉相氏」，古聖人名。「環中」已見《齊物論篇》。「隨成」者，隨順於物，因而成之也。「與物無終無始」，是爲環中；與物「無幾無時」，是爲隨成。惟隨成，故「日與物化」。惟得其環中，故「一不化」。「闔嘗舍之」者，「闔」與盍同。「嘗」，試也。化與不化，本乎自然，執之則滯，滯則墮於一邊，故欲其捨之也。「夫師天而不得師天」，八字爲句。「而」猶則也。言有心師天，則師天反不得矣。師天不得，斯其於物非是隨順，而爲從逐，故曰「與物皆殉」。殉則失其不化，而非環中以應無窮者矣。推其由來，全坐有心，有心是有爲也，是有事也，故曰「其以爲事也若之何」。《消搖游篇》言藐姑射之神人也曰：「孰肯以物爲事。」又曰：「孰弊弊焉以天下爲事。」此云「爲事」與彼兩「爲事」同義。「若之何其以爲事」，言不可有事有爲，《天地篇》所謂「無爲爲之之謂天」也。

「未始有天，未始有人」，天即人，人即天，天人非有二也。「未始有始，未始有物」，物即始，始即物，物始非有二也。「與世偕行而不替」，「不替」者，無偏廢也。《天地篇》所謂「不同同之之謂大，行不崖異之謂寬」也。「所行之備而不洫」，「洫」借作邺。「不邺」者，無憂也。《天地篇》所謂「循於道之謂備，不以物挫志之謂完」也。上言「以天爲師」，此則云「未始有天」，上言「憂乎知」，此則云「不洫」，節節進則節節舍，以見道之無止也。「其合之也若之何」，我所本有，不待於合，一也；本非有二，何言乎合，二也。故曰「若之何其合之」。

三「若之何」皆爲學者指點親切，是文中眼目，最爲緊要處。郭注於後二者曰：「雖師天，猶未免於殉，奚足事哉！」曰：「都無，乃冥合。」尚於書旨不悖，而於前一者曰「任知而行，則憂患相繼」，則全失之。然即亦未嘗以「若之何」爲發問之辭，至章太炎《莊子解故》乃云「設此三難」，並援用釋典作解。其援用釋典當否且置，而使讀者迷於辭句，並文章之義法而亂之，誤人實甚，不可不辯也。

「湯得其司御」，「司御」之名，他篇所不見，以文義推之，與「得其環中」、「得其隨成」、「得其兩見」，正同一例，則亦謂道之要可以主天下，《玉篇》：「司，主也。」御萬物，而湯得之，名之「司御」而已。《釋文》於此無説。郭注有曰：「司御之屬，亦能順物之自成。」則已以「司御」爲衆官之稱，於是本以指道者成爲指人。宋道士林疑獨承之，遂與「門尹」齊觀，斷作官名。見疑獨《莊子注》。後之注家沿用不改，而不知其非也。「門尹登恒」，《釋文》引向秀云：「門尹，官名。登恒，人名。」「門尹」之爲官名無疑。若「登恒」，則以下文「仲尼之盡慮，爲之傅之」例之，疑言門尹者登於恒道云爾。舉其官不必定舉其名也。《大宗師篇》云：「是知之能登假於道也。」彼言「登假於道」，此言「登恒」，文有繁簡，義自相類。

「爲之傅之」，成疏云「爲師傅」，此以釋門尹之爲之傅之，或可通，以釋仲尼之爲之傅之，則窒礙而非理。仲尼去湯千餘年，安得曰爲之傅邪！且本文云「爲之傅之」，上「爲」讀去聲。見《釋文》。「爲之傅之」，與「爲之傅」，於文相去亦遠矣，而玄英混之，其誤甚顯，乃無有正之者，真不可解也。郭注於「仲尼之盡慮爲之傅之」下，曰：「以輔萬物之自然。」亦不得解而强爲之辭。竊疑「傅」或「傳」字之譌。不然，則「傅」如「傅籍」之傅，言爲之傅著於簡册耳。《漢書·高帝紀》「蕭何發關中老弱未傅者悉詣軍」。顔注曰：「傅，著也。言著名籍，給公家徭役也。」案：《周官書》天官以八成聽邦治，已有傅别之説，則著於文字謂之「傅」，其由來尚矣。且下文云「爲之司其名」。「司其名」者，掌其名字也。是亦一證。門尹固不必與湯同時也。若如是解，則「從師而不囿」，直是門尹以湯爲師，而不爲師説所囿，因以得其隨成。注家反以門尹爲湯師傅，傎矣。

「之名嬴法」，「之名」者，是名也。名者實之賓，得其實，則名爲多事，故曰「贏法」。「嬴」與贏通。贏法者，剩法也。「得其兩見」，「兩見」如《齊物論》之言「兩行」。見其實以名顯，是一；見其名不盡實，又一，故曰「兩見」也。「得其兩見」，蓋謂仲尼也。以連「之名嬴法」言，故倒之在上。子曰：「有鄙夫問於我，空空如也，我叩其兩端而竭焉。」見《論語·子罕篇》。「兩端」猶「兩見」。「空空如」，則所謂盡慮。「盡慮」者，子所云「何思何慮」也。見《易·繫辭傳》。是故在冉相氏則謂之環中，在湯則謂之司御，在門尹則謂之隨成，在仲尼則謂之兩見，其實一而已。

「容成氏」，黄帝時造曆者。歲者日之所積，故曰「除日則無歲」。外者内之所運，故曰「無内則無外」。外者物，内者心也。此引容成氏之説，以總結上文。注者或以「無内無外」平看，不獨與「除日無歲」之文不相對，亦與上文了無關涉，吾知其非已。

魏罃與田侯牟約，田侯牟背之。魏罃怒，將使人刺之。犀首聞而耻之，曰：「君爲萬乘之君也，而以匹夫從讎！衍請受甲二十萬，爲君攻之，虜其人民，係其牛馬，使其君内熱發於背，然後拔其國。亡也出走，然後抶其背，折其脊。」季子聞而恥之，曰：「築十仞之城，城者既十仞矣，則又壞之，此胥靡之所苦也。今兵不起七年矣，此王之基也。衍亂人，不可聽也。」華子聞而醜之，曰：「善言伐齊者，亂人也；善言勿伐者，亦亂人也；謂伐之與不伐亂人也者，又亂人也。」君曰：「然則若何？」曰：「君求其道而已矣！」

惠子聞之，而見戴晉人。戴晉人曰：「有所謂蝸者，君知之乎？」曰：「然。」

「有國於蝸之左角者，曰觸氏，有國於蝸之右角者，曰蠻氏，時相與爭地而戰，伏尸數萬，逐北旬有五日而後反。」君曰：「噫！其虛言與？」曰：「臣請爲君實之。君以意在四方上下，有窮乎？」君曰：「無窮。」曰：「知游心於無窮，而反在通達之國，若存若亡乎？」君曰：「然。」曰：「通達之中有魏，於魏中有梁，於梁中有王。王與蠻氏有辨乎？」君曰：「無辨。」客出，而君惝然若有亡也。客出，惠子見。君曰：「客，大人也，聖人不足以當之。」惠子曰：「夫吹筦也，猶有嗃也；吹劍首者，吷而已矣。堯、舜，人之所譽也；道堯、舜於戴晉人之前，譬猶一吷也。」

「罃」，魏惠王名。「田侯牟」，司馬彪云：「齊威王也。」案：威王名因齊不名牟。彪以「田侯」爲威王者，特以威王曾有伐魏之師，與背約之言相應耳。《史記·田齊世家》惠王父桓公名午，其字與牟相近。據《年表》，惠王十三年當桓公十八年。是時齊未爲王，故稱田侯。「牟」或是午字之譌。不然，則《史記》作「午」乃牟字之殘也。當時各國有約而背者多矣，此所言當有其事，不必見之史册一一可徵也。

「犀首」，魏官名，官名「犀首」者，司馬彪云「若今虎牙將軍」，是也，時公孫衍爲此官。「聞而恥之」句絶。「曰」者，言之於惠王也，下並同。「以匹夫從讎」，指使人刺田侯言。「從讎」者，從事於報讎也。「內熱發於背」，謂怒而火動，中於背，發而爲癰疽也。「拔其國」，拔其國都也。「亡也出走」，亡而出走也。今各本「亡」皆作忌，《釋文》云「忌畏而走」。夫既已拔其國矣，復何言於「忌畏」？又云「元嘉本忌作亡」。古「忘」與「亡」通，則似是作「忘」，誤而爲「忌」耳。兹從元嘉本，以還其舊。其注家有以「忌」爲齊將田忌者。將而兵敗，非死則虜，不得以「出走」言也。且下云「抶其背，折其脊」，皆謂田侯，何從而中間横入一「忌」，以是益知作「亡」爲是，斷斷然也。「抶」音秩，擊也。

「季子」亦魏臣。「城者既十仞矣」，「城者」，謂爲城者。爲城多用刑徒，故壞之爲胥靡所苦也。「胥靡」見《庚桑楚篇》。「此王之基」，「王」當讀去聲，謂王天下之基也。

「華子」，當即《讓王篇》之子華子，時客於魏也。「醜」亦耻也。「善言」猶好言，謂一意主張也。言「伐齊者亂人」，爲用兵也。言「勿伐者亦亂人」，爲求王也。用兵，勝心也。求王，亦勝心也。「謂伐之與不伐亂人也者又亂人」，則華子自謂。欲齊人之是非，必先自齊其是非；欲祛人之勝心，必先自祛其勝心也。「君求其道而已矣」者，求其道，則勝心自祛，而是非自齊也。

「惠子聞之而見戴晉人」，「見」讀現，謂引見於王。「戴晉人」，魏之賢者也。「蝸」，蝸牛。「曰觸氏」，言其抵觸而不寧。「曰蠻氏」，言其蠻野而不文也。「伏尸數萬」，言殺傷之衆。「逐北旬有五日而後反」，言爭戰歷時之久而涉地之遠也。凡此皆所謂卮言，漫衍支離，故君以「虚言」斥之。「臣請爲君實之」者，以今事證之，則虚言爲實録矣。

「以意在四方上下」，「在」之爲言察也。「反在通達之國」，「在」義亦同。「通達之國」，謂舟車所至、人力所通之諸國，若山林未啟，荒服之地，固所不及。舊注以爲四海之内，尚嫌含混未清也。「若存若亡」，言其不足數。「於魏中有梁」者，惠王由安邑遷都於梁，「魏」以國言，「梁」以都言也。「王與蠻氏有辨乎」，「辨」，別也。比魏於蠻氏者，魏在齊之右也。「惝」與儻同。「若有亡」，若有失也。

「客出，惠子見」，重言「客出」者，明客一出而惠子即見，非衍文也。「大人」，即所謂「達綢繆，周盡一體」者，顧不以聖人稱客，而進而稱之曰「大人」者，聖以表智，大則所以表德也。「吹筦者猶有嗃也，吹劍首者吷而已矣」，「筦」同管。「嗃」音囂，吹管聲。「劍首」，劍環頭小孔也。「吷」音血，亦音缺，吹劍首聲。嗃聲長而過緩，故曰「猶有嗃也」。吷聲促而過疾，故曰「吷而已矣」。嗃、吷皆當以聲求之，不勞作釋。「道」，稱道。「道堯、舜於戴晉人之前，譬猶一吷」者，言過耳而不留，聞如未聞也。

孔子之楚，舍於蟻丘之漿。其鄰有夫妻臣妾登極者，子路曰：「是稯稯，何爲者邪？」仲尼曰：「是聖人僕也。是自埋於民，自藏於畔。其聲銷，其志無窮，其口雖言，其心未嘗言。方且與世違，而心不屑與之俱，是陸沈者也。是其市南宜僚邪？」子路請往召之。孔子曰：「已矣！彼知丘之著於己也，知丘之適楚也，以丘爲必使楚王之召己也，彼且以丘爲佞人也。夫若然者，其於佞人也，羞聞其言，而況親見其身乎！而何以爲存？」子路往視之，其室虛矣。

「蟻丘」，地以丘名。「漿」，賣漿之家。「舍」，止也。「登極」，《七月》之詩所謂「亟其乘屋」，因葺屋而登其極。「極」，屋脊也。司馬彪云「升之以觀」，非是。彼方且避孔子不及，豈有登屋以觀者哉！「臣妾」，已見《庚桑楚篇》，蓋從之游學者，故後有「是聖人僕也」之言。稱「僕」，猶庚桑之稱「老聃之役」也。「稯稯」一作總總。衆聚而有秩，如禾束之整列然，故子路怪而問之。

「自埋於民，自藏於畔」，乃互文。「畔」，田壠之間。言隱於田畝而甘爲農民也。「其聲銷」，不自彰顯也。「其志無窮」，志存乎大也。「其口雖言，其心未嘗言」，言以順物，心無黏滯，故如未嘗言然也。「方且與世違」，方欲避世也。「而心不屑與之俱」，心不屑與俗同也。「是陸沈者」，不離世而避世，如在陸而沈於水，故曰「陸沈」也。「市南宜僚」，已見前，疑即其人，故曰「是其市南宜僚邪？」

「子路請往召之」者，以爲既知其人，可召與相見也。「已矣」，「已」，止也。止勿往召。「彼知丘之著於己也」，「己」指宜僚，代宜僚自言，故稱「己」。「著」，明也，謂明識之。「以丘爲必使楚王之召己也」，此「己」亦與上同。謂疑孔子將薦之於王，而使召己也。「彼且以丘爲佞人也」，此「佞」與《論語》微生畝謂孔子「無乃爲佞乎」之「佞」同，見《憲問篇》。猶後世言阿世、媚世，與「不屑」意正反，觀孔子對微生畝言「非敢爲佞也，疾固也」，以「佞」與「固」對，可見也。「羞聞其言」，「言」即指使楚王召己之言。見之則疑於請屬，故曰「而況親見其身乎！」既不可得見，則「何以爲存」。「存」者，存問。「何以爲存」，猶云何以問爲。此申上止勿往召之意。成疏以「存」爲「在」，云「汝何爲謂其猶在」，逆探下文「其室虛矣」之云，而爲之解，大非也。

「子路往視之」，往探之也。「其室虚矣」，與《論語》記荷蓧丈人，「使子路往見之，至則行矣」，見《微子篇》。是一樣文字。當時隱遯者往往有之，不必盡寓言也。

長梧封人問子牢曰：「君爲政焉勿鹵莽，治民焉勿滅裂。昔予爲禾，耕而鹵莽之，則其實亦鹵莽而報予；芸而滅裂之，其實亦滅裂而報予。予來年變齊，深其耕而熟櫌之，其禾繁以滋，予終年厭飧。」莊子聞之，曰：「今人之治其形，理其心，多有似封人之所謂。遁其天，離其性，滅其情，亡其神，以衆爲。故鹵莽其性者，欲惡之孽，爲性萑葦，蒹葭始萌，以扶吾形，尋擢吾性，並潰漏發，不擇所出，漂疽疥癕、内熱溲膏，是也。」

「長梧封人」，當即是長梧子，已見上《齊物論篇》。「子牢」即子琴張，見上《大宗師篇》。封人爲守封疆之官，無人民政事之責，而子牢似亦未仕；即仕，封人亦不得稱之爲君。則此之所言，合是泛論當時國君之所爲，非封人教子牢，亦非子牢教封人也。明乎此，乃知以「問」字發端，正示彼此互作商量之語。注家或有欲改「問」字作「謂」字者，蓋未嘗就文與事而細詳之也。

「爲政勿鹵莽，治民勿滅裂」，係互文，「鹵莽」如今云草率，「滅裂」如今云胡亂。「爲禾」，猶爲稼也。「耕而鹵莽」，土不發，禾不易長，故「其實亦鹵莽而報予」，「實」者秋實，謂穡也。

「芸」借作耘，除草也。「芸而滅裂」，草未去，禾則已傷，故「其實亦滅裂而報予」。「變齊」，「齊」讀如劑，司馬彪注「謂變更所法」，是也。「深其耕」，則非鹵莽矣。「熟耰之」，則不滅裂矣。「熟」者細也。「耰」者，鋤其草而覆之，即用以壅禾，所謂覆種也。「其禾繁以滋」，「繁」言其盛，「滋」言其堅好也。「既堅且好」，見《小雅·大田》之詩。「終年厭飧」，「厭」讀如饜，謂終歲飽食也。

「今人之治其形，理其心，多有似封人之所謂」，本言爲政治民，而莊子乃引歸之治形理心者，内外無二理。且身不治、心不理，未有能爲政治民者也。「遁」，失也。遁天離性，鹵莽之爲也。滅情亡神，滅裂之致也。「以衆爲」者，逐物徇人，紛紛而無有止也。本鹵莽滅裂兼言，而云「鹵莽其性」，獨側重於鹵莽者。有先之鹵莽，必有後之滅裂。言鹵莽，則滅裂不待言也。

「欲惡之孽，爲性萑葦」，「欲惡」猶好惡。「孽」者，言其非正也。「爲性萑葦」，猶孟子言「茅塞子之心」，譬喻之辭也。「萑」，今謂之荻，字本作「雚」，作萑者，省也。「葦」，今謂之蘆。葦粗而萑細。「蒹葭始萌，以扶吾形，尋擢吾性」，「蒹葭」即雚葦，《説文》：「雚，亂也。蒹，雚之未秀者。」又：「葦，大葭也。葭，葦之未秀者。」則長大者爲萑爲葦，長讀去聲。其幼小者爲蒹爲葭，今以「始萌」言，故變萑葦而曰蒹葭，非萑葦自萑葦，蒹葭自蒹葭也。俞樾《諸子平議》以郭象爲失讀，而讀「爲性萑葦蒹葭」六字爲句。若然，則萑葦蒹葭爲四物。漢學家最守《説文》，不知於此何以失之。後之注家，反信俞而改郭，蓋未深考也。「扶」如扶養之扶。始以養形，繼以傷性，故曰「尋擢吾性」。俞氏謂：「尋與始相對爲義，尋之言寖尋也。」此則是也。「擢」即《駢拇篇》「擢德塞性」之擢，孟子所謂「揠苗助長」者。性傷，而形亦隨之而傷。鹵莽之終，遂成滅裂，可以見矣。「並潰漏發」，「並」與旁通，謂四潰而漏發，故曰「不擇所出」。「漂疽疥癕」，則發之於外者。「内熱溲膏」，則漏之於内者。歷歷言之，所以深致其痛惜也。「漂」本亦作瘭，「瘭」其本字，「漂」則叚借也。瘭亦疽類，其來忽然，故曰「漂」。「癕」，癰字之别體。《大宗師篇》曰「決疣潰癰」，則作癰。「癕」之爲言壅也，氣血壅塞而不通，發爲毒瘡也。「疥」，瘙疥。「内熱溲膏」，詳見《人間世》「葉公子高將使於齊」下。

柏矩學於老聃。曰：「請之天下游。」老聃曰：「已矣！天下猶是也。」又請之，老聃曰：「女將何始？」曰：「始於齊。」至齊，見辜人焉，推而彊之，解朝服而幕之，號天而哭之，曰：「子乎子乎！天下有大菑，子獨先離之。曰莫爲盜，莫爲殺人。榮辱立，然後覩所病；貨財聚，然後覩所爭。今立人之所病，聚人之所爭，窮困人之身，使無休時，欲無至此，得乎！古之君人者，以得爲在民，以失爲在己；以正爲在民，以枉爲在己；故一形有失其形者，退而自責。今則不然，匿爲物，而愚不識；大爲難，而罪不敢；重爲任，而罰不勝；遠其塗，而誅不至。民知力竭，則以僞繼之；日出多僞，士民安得不僞！夫力不足則僞，知不足則欺，財不足則盜。盜竊之行，於誰責而可乎？」

此正言當時爲政之鹵莽、治民之滅裂也。上節引以修己，此節則推之天下。本末先後，次第鳌然矣。「柏矩」，柏姓矩名也。曰「學於老聃」，則亦老子之弟子也。「請之天下游」，欲以行其所學也。知其志在行之者，以下「解朝服」語而知之，惟見國君乃備朝服，否則無取於是也。老聃曰「天下猶是」者，見道必不行，故沮之也。

「始於齊」，齊大國，且天下之士之所聚也。「見辜人焉」，「辜」如《周官·大宗伯》「以疈辜祭四方百物」之辜，謂披磔罪人之尸而張之以示衆。《漢書·刑法志》云：「諸死刑皆磔於市。景帝中二年，改磔曰棄市，勿復磔。」然則在戰國時，磔人爲常事矣。磔者豎立，故「推而彊之」。「彊」借作僵，仆也。磔者露尸，故「解朝服而幕之」，「幕」者，覆也。「號天而哭之」，呼天而哭之也。

「菑」同災。災莫大於僇死，故曰「天下有大菑」。「離」通罹，遭也。曰「子獨先罹之」者，見遭刑者衆，後之繼之者將不絶也。「曰莫爲盜，莫爲殺人」，國之常法所詔如是也。「榮辱立，然後覩所病」，病夫在上者榮，在下者辱。干進而不得，則變而爲倍亂矣。「貨財聚，然後覩所爭」，爭夫求生之厚，食税之多。厚積而不施，則激而爲攘奪矣。故曰：「今立人之所病，聚人之所爭；窮困人之身，使無休時，欲無至此，得乎！」此謂爲盜與殺人也。

「古之君人者，以得爲在民，以失爲在己；以正爲在民，以枉爲在己」，湯所謂「萬方有罪，罪在朕躬」，武王所謂「百姓有過，在予一人」也。見《論語·堯曰篇》。「一形有失其形者，退而自責」，禹思天下有溺者由己溺之，稷思天下有飢者由己飢之也。見《孟子·離婁篇》。「一形」猶言一物。「失其形」，言不獲其生也。

「匿爲物而愚不識」，「律令煩多，自明習者不知所由，況於衆庶！」語本《漢書・刑法志》。是所謂「匿爲物」也，「匿」者隱也，「物」者事也。「愚不識」者，「於以羅元元之不逮」，亦本《刑法志》。猶孟子言罔民也。「大爲難而罪不敢，重爲任而罰不勝，遠其塗而誅不至」，皆言强人以所不能，而以刑罰驅其後也。「難」讀如字。「勝」讀平聲。「塗」與途同。孔子曰「不教而殺謂之虐，不戒視成謂之暴，慢令致期謂之賊」，見《論語・堯曰篇》。意略與此同矣。「民知力竭則以僞繼之」，「知」讀智，言民欲避誅罰，不得不以僞應上。「日出多僞，士民安得不僞！」言民之僞，由上之以僞召之、啟之也。於「民」上又增言「士」者，士下無以强民之行，上無以副上之令，則亦有相與爲僞而已矣。「力不足則僞，知不足則欺，財不足則盜」，又反復言之者，見罪實不在士民，故曰「盜竊之行，於誰責而可乎？」不明言罪上，而其罪上之意益深至矣。

蘧伯玉行年六十而六十化，未嘗不始於是之，而卒詘之以非也；未知今之所謂是之非五十九非也。萬物有乎生，而莫見其根；有乎出，而莫見其門。人皆尊其知之所知，而莫知恃其知之所不知而後知，可不謂大疑乎！已乎已乎！且無所逃。此則所謂然與，然乎？

「蘧伯玉」，已見《人間世篇》。「行年」猶歷年。「六十而六十化」，言無年不在變化中也。「未嘗不始於是之，而卒詘之以非」者，「詘」同黜。始之所是，卒以爲非而黜之，是所謂化也。「未知今之所謂是之非五十九非也」，言今方且變化而未已。《寓言篇》亦有此文，但作孔子而非蘧大夫。案：《淮南子·原道訓》有云「蘧伯玉年五十而知四十九年非」，所言年歲與此有異，此傳聞異辭，未可以彼而疑此也。

「萬物有乎生而莫見其根，有乎出而莫見其門」，借萬物爲喻，以見知亦有所自生、有所自出，而知之所不知也。知之所知，今之所謂是也。若知之所不知，則與化日新。今之是，移時有見其爲非者矣，故曰「人皆尊其知之所知，而莫知恃其所不知而後知」。「莫知恃其知之所不知而後知」，常人之所以滯於故而不能化也。「可不謂大疑乎！」「大疑」猶大惑也。雖惑，而實日在此遷化之中，故曰「且無所逃」。欲人知其不可逃而反之，故曰「此則所謂然與，然乎？」「與」讀如歟。曰「然與」，又曰「然乎」者，在人自知，非可代決，誘之使疑，實誘之使信也。

仲尼問於大史大弢、伯常騫、狶韋曰：「夫衛靈公飲酒湛樂，不聽國家之政；田獵畢弋，不應諸侯之際。其所以爲靈公者，何邪？」大弢曰：「是因是也。」伯常騫曰：「夫靈公有妻三人，同濫而浴。史鰌奉御而進所，搏幣而扶翼。其慢若彼之甚也，見賢人，若此其肅也，是其所以爲靈公也。」狶韋曰：「夫靈公也，死，卜葬於故墓不吉；卜葬於沙丘而吉。掘之數仞，得石槨焉。洗而視之，有銘焉。曰：『不馮其子，靈公奪而里之。』夫靈公之爲靈也久矣，之二人何足以識之！」

「大史」之「大」讀如太。「大弢」、「伯常騫」、「狶韋」，皆人名。「伯常」，複姓，《晏子春秋》作柏常騫。史官明於故事，故孔子從而問之。「衛靈公」，已見《人間世篇》。「湛樂」，沈迷於樂也。「田」同畋。「畢弋」，已見《胠篋篇》。「際」謂交際，如聘問、盟會之事是也。「其所以爲靈公者，何邪？」疑其無道，不應謚靈也。

「是因是也」，上「是」指謚靈，下「是」即指飲酒湛樂之類。言正因無道，所以謚靈。蓋謚法「亂而不損曰靈」，大弢專就亂之義言也。

「濫」同鑑，《説文》：「鑑，大盆也。」以其銅製，故字從金；以其貯水，故字或從水，非氾濫之濫也。「史鰌」，衛大夫，字魚，孔子稱「直哉史魚，邦有道如矢，邦無道如矢」，見《論語·衛靈公篇》。即其人也。「奉御」，如後世之番上當直。「進所」者，進於公所也。「搏幣」，今各本皆作「搏幣」，因郭注作「幣」而改。案：奉御不必用幣，且幣者所以將禮，謂曰「搏幣」，亦嫌不辭。《釋文》出「弊」字，則是原本作「弊」。「弊」者，疲困也。公雖疲困，而猶自把持不懈，是之謂「搏弊」，至使人扶之翼之，故曰「見賢人若此其肅也」。「若」如郭注，則「肅」字無著矣。「慢」謂無禮。「是其所以爲靈公也」。伯常騫則專以不損之義言。《論語》子言衛靈公之無道也，康子曰：「夫如是，奚而不喪？」孔子曰：「仲叔圉治賓客，祝鮀治宗廟，王孫賈治軍旅，夫如是，奚其喪？」亦此意也。

「故墓」，故所作墓，如後世所謂壽藏也。「沙丘」，地名。「椁」，外棺也。「銘」猶記也。「不馮其子」，「馮」讀同憑，言不能憑其子以自保。「里」如里居之里。「靈公奪而里之」，言靈公奪而居之也。此文「里」與「子」協韻。狶韋之言，蓋以靈公之謚「靈」已由前定，故曰「之二人何足以識之！」其言荒誕，莊叟所以引之者，特以證人之於化固無所逃，因蘧伯玉遂及衛靈耳，是亦所謂卮言，不得以正論視之也。

少知問於大公調曰：「何謂丘里之言？」大公調曰：「丘里者，合十姓百名而以爲風俗也。合異以爲同，散同以爲異。今指馬之百體，而不得馬；而馬係於前者，立其百體而謂之馬也。是故丘山積卑而爲高，江河合流而爲大，大人合并而爲公。是以自外入者，有主而不執；由中出者，有正而不距。四時殊氣，天不賜，故歲成；五官殊職，君不私，故國治；文武殊能，大人不賜，故德備；萬物殊理，道不私，故無名。無名，故無爲，無爲，而無不爲。時有終始，世有變化。禍福淳淳，至有所拂者而有所宜；自殉殊面，有所正者有所差。比於大宅，百材皆度；觀乎大山，木石同壇。此之謂丘里之言。」

少知曰：「然則謂之道，足乎？」大公調曰：「不然。今計物之數，不止於萬，而期曰萬物者，以數之多者號而讀之也。是故天地者，形之大者也；陰陽者，氣之大者也；道者爲之公，因其大以號而讀之則可也，已有之矣，乃將得比哉！則若以斯辯，譬猶狗馬，其不及遠矣。」

少知曰：「四方之内，六合之裏，萬物之所生惡起？」大公調曰：「陰陽相照，相蓋相治；四時相代，相生相殺；欲惡去就，於是橋起；雌雄片合，於是庸有。安危相易，禍福相生，緩急相摩，聚散以成，此名實之可紀，精微之可志也。隨序之相理，橋運之相使，窮則反，終則始，此物之所有。言之所盡，知之所至，極物而已。覩道之人，不隨其所廢，不原其所起，此議之所止。」

少知曰：「季真之莫爲，接子之或使，二家之議，孰正於其情？孰徧於其理？」

大公調曰：「雞鳴狗吠，是人之所知；雖有大知，不能以言讀其所自化，又不能以意其所將爲。斯而析之，精至於無倫，大至於不可圍。或之使，莫之爲，未免於物，而終以爲過。或使則實，莫爲則虛。有名有實，是物之居；無名無實，在物之虛。可言可意，言而愈疏。未生不可忌，已死不可阻。死生非遠也，理不可覩。或之使，莫之爲，疑之所假。吾觀之本，其往無窮；吾求之末，其來無止。無窮無止，言之無也，與物同理；或使莫爲，言之本也，與物終始。道不可有，有不可無。道之爲名，所假而行。或使莫爲，在物一曲，夫胡爲於大方？言而足，則終日言而盡道；言而不足，則終日言而盡物。道物之極，言默不足以載。非言非默，議其有極。」

此節凡四問答，其精深足與《秋水篇》河伯海若之文相比，而要在「道者爲之公」一語。「公」者，上文所謂「聖人達綢繆，周盡一體」者也。故託言少知問於大公調。「少知」者，知之少也。知之少者，其私心亦少。故惟少知爲能問。「大」讀太。太公者，大公也。大公而曰「調」者，「調」者和合。不和不合，則無以成其爲公也。

公議恒起於微賤，故以丘里之言發端。「丘里」，猶言鄉曲也。孟子曰：「得乎丘民而爲天子。」民曰丘民，言曰丘里之言，其取意蓋一也。「十姓百名」，言其衆也，衆必有異。然和而合之，則同者出焉，故曰「合異以爲同，散同以爲異」。《易》之《同人》，説同之卦也，而象曰「君子以類族辨物」。《易》之《睽》，説異之卦也，而象曰「君子以同而異」。是故無同不足以見異，而無異亦不足以爲同也。「指馬之百體而不得馬」，所謂「散同以爲異」。「馬係於前者，立其百體而謂之馬也」，所謂「合異以爲同」。「係」猶懸也。「馬係於前者」，馬之像懸於前也。

「合流」一作合水。「流」謂川流。水亦百川之水也。「大人合并而爲公」，「合并」即所謂調。「自外入者，有主而不執；由中出者，有正而不距」，是則調與合并之道也。「自外入者」，人言也。聞人言，中雖有主而不之執，所以能從也。「由中出者」，己意也。用己意，外或有正而不之拒，所以能舍也。孟子曰：「大舜有大焉，舍己從人，樂取於人以爲善。」「樂取於人以爲善」，與「合并而爲公」，無二道也。

「天不賜」，「賜」謂有所偏厚，猶私也。「五官」，謂司徒、司馬、司空、司士、司寇。見《小戴禮記·曲禮篇》。「文武」下舊缺，宣穎《南華經解》補「殊材」二字，但觀郭注云：「文者自文，武者自武，非大人所賜也。若由賜而能，則有時而闕矣。」又成疏云：「文相武將，量才授職，各任其能，非聖與也。」則原文似是「能」字，故今定作「殊能」。然曰大人、曰德備，是謂大人一身備文武之德。「不賜」，特言無偏重耳，與上云「五官殊職」，意在任賢者有別，則注疏之説未爲允當，亦不可不知也。「萬物殊理，道不私，故無名」，此句乃主旨所在，以上三者皆爲此句作引。「無名」者，道合萬物，不得以一名名之也。是故老子曰：「道可道，非常道，名可名，非常名。」「無名故無爲」者，「爲」則有名，有名則爲物而非道矣。「無爲而無不爲」者，道者所以任物，凡物之所爲，皆道之所爲也，故曰「無爲而無不爲」。

「時有終始，世有變化」，天命流行，所謂生生之謂易也。「禍福淳淳」，「淳淳」，言茫昧而難測也。知淳淳爲茫昧者，老子曰：「其政悶悶，其民淳淳；其政察察，其民缺缺。」「淳淳」與「悶悶」爲類，而與「察察」、「缺缺」相反，則是茫昧也。郭注云：「流行反覆。」特因老子禍福倚伏之言而爲之辭，非「淳淳」本義也。下文「至有所拂者而有所宜」，正於禍福難定之中，喻人以禍福可知之道，曰極有所拂戾者，未始無所宜適。若已先知禍福相反覆，則此文爲贅語矣。「自殉殊面」者，各自從其所殊異之嚮也。各自從其所殊異之嚮，即各自以爲正也。於是喻之曰「有所正者有所差」。凡以捄其偏也。偏則不公，偏則非道矣，故曰「比於大宅，百材皆度」。「比」猶譬也。爲「大宅」者，梁棟之大，栟梠之細，量材而用，無有廢棄，是爲「百材皆度」。「度」讀入聲，與宅爲韻，謂相度其宜也。「宅」一本作澤。以「百材皆度」言之，作「宅」爲長，故茲從「宅」。「觀於大山，木石同壇」，「壇」與「山」爲韻。「大」當讀太。惟太山爲帝王封禪之所，故得有壇也。「百材」猶同類也，木石則異類矣。異類而得同壇，大山之所以爲大也。丘里之言亦然，故曰「此之謂丘里之言」。

「然則謂之道足乎？」以謂之道爲足，是著於道也。著於道則非道，所謂「道可道，非常道」也，故直斷之曰「不然」。「期曰萬物者」，「期」猶要也。要約之而曰萬物，故曰「以數之多者號而讀之」。「號」讀去聲，謂爲之記號。「讀之」者，誦言之也。天地以形言，故曰「形之大者」。陰陽以氣言，故曰「氣之大者」。道則包天地、合陰陽、兼形氣，故曰「道者爲之公」。「爲之公」者，爲其公也。爲其公，故得以天地言，而天地非道也；得以陰陽言，而陰陽非道也；得以形氣言，而形氣非道也。又豈特天地、陰陽、形氣而已，道得以道言，而言道則非道。得以道言，故曰「因其大以號而讀之則可也」。而言道則非道，故曰「已有之矣，乃將得比哉！」「已有之」者，已有其號，已有其名也。有其號，有其名，則與夫無名之樸、不道之道，不無逕庭矣。「無名樸」，語本老子。「不道之道」，見前《徐無鬼篇》。「乃將得比哉」者，言不可與比也。「則若以斯辯」，「辯」謂判也。「譬猶狗馬，其不及遠矣」，言名號之與道相去之遠，猶若狗馬之不同類也。

少知復問「萬物之所生惡起」者，「惡」讀如烏。道不離物，不知物，即亦無以知道，故問之。郭注云：「問此者，或謂道能生之。」此據老子「道生萬物」爲説，非此書之旨也。「陰陽相照」，謂日月也。日陽而月陰，故曰「相照」。「相蓋」猶相勝。「相治」者相理也。「相生相殺」，猶後世言相生相剋。「橋起」，軒起也。「片合」，牉合也。《儀禮・喪服傳》云：「夫婦，牉合也。」本判而後合，是謂之牉合。「片」與牉通。「庸有」，常有也。「相摩」猶相迫。「以成」猶相成也。老子云：「難易相成。」「名實之可紀」，「紀」謂董理之。「精微之可志」，「志」與誌同，謂書識之。各本「精」下無「微」字，依覆宋本補。「隨序」，以序之先後相從言，故曰「相理」。「相理」者，相次理也。「橋運」，以運之升降相替言，故曰「相使」。「相使」者，相驅使也。「橋運」之

「橋」，與「橋起」之「橋」同義。古名橋即桔槔。桔槔一軒一輊，乍升乍降；物理之運行，有似於此，故曰「橋運」。大抵「隨序」言其漸，「橋運」言其驟。曰序曰運，互文見義也。「窮則反」，承「橋運」言。「終則始」，承「隨序」言。「此物之所有」者，言此皆不能離於物，故曰「言之所盡，知之所至，極物而已」。若夫道，則無先後，無升降，亦無正反，無終始，故曰「覩道之人，不隨其所廢，不原其所起」。「隨」謂追尋，「不隨其所廢」，知其無終也。「不原其所起」，知其無始也。「此議之所止」者，言議之所不及，無名實之可紀，無精微之可志也。

「季真」，疑即上言「衍，亂人也」之季子，「真」，其名也。「莫爲」，無爲之主者。接子嘗客於齊，《史記・田完世家》云：「宣王喜文學游説之士，自如騶衍、淳于髡、田駢、接子、慎到、環淵之徒七十六人，皆賜列第，爲上大夫。不治而議論，是以齊稷下學士復盛。」《孟子荀卿列傳》亦言：「稷下先生，慎到、環淵、接子、田駢之徒，各著書言治亂之事。」《漢書・藝文志》道家有《捷子》二篇。捷子即接子也。《史記正義》：「《藝文志》云：《接子》二篇在道家流。」是捷子本亦作接子。「或使」，有使之者。太公調言「議之所止」，有似於莫爲，又言「橋運之相使」，有似於或使，故少知因舉二家之議以問之。「孰正於其情？孰偏於其理？」「正」者正確，「偏」者周偏。以情言，當以正確爲尚；以理言，則以周偏爲至。「孰正」、「孰偏」，亦互文也。

「雞鳴狗吠」，舉例以明之。「大知」之「知」讀智。「不能以言讀其所自化」，即不原其所起之意也。「又不能以意其所將爲」，「意」與億同，謂意度之，即不隨其所廢之説也。「斯而析之」，「斯」，此也，承「雞鳴狗吠」言，謂若於是而剖析之，則精可至於無倫，大亦可至於不可圍，孰從而定之準之？故曰「或之使，莫之爲，未免於物，而終以爲過」者，猶是從物上起見，故終爲過論也。舊解「斯」如《詩・陳風》「斧以斯之」之「斯」，此於「析」字則合，而與上下文全不關涉，則此數語幾等閒文，故別以意説之，讀者詳焉。

「或使則實」，言有使之者，是實也。「莫爲則虚」，言莫爲之者，是虚也。然雖虚實不同，而有莫爲、或使之名，有名斯有實，則二者之著於物則同也，故曰「有名有實，是物之居」。「是物之居」者，「居」如《天下篇》關尹言「在己無居」之居，謂留滯而不化也。「無名無實，在物之虚」，此「虚」與上「虚」義別，上「虚」對實言，此云「在物之虚」，用《易》「變動不居，周流六虚」義，對「居」而言，言道非言物也，故舊解以「有名有實，是物之居」爲説「或使」之過，「無名無實，在物之虚」爲説「莫爲」之過，此大非也。夫曰「在物之虚」，則其非物明矣。且「莫爲」明是有名，安得以「無名無實」者當之！下文「可言可意，言而愈疏」，正反言以見「無名無實」之爲至，以無名則不可言，無實則不可意，言而愈疏則不言爲親，不甚較然乎哉！

「未生不可忌」，「忌」猶避也。《周官・地官》：「誦訓掌道方慝，以詔辟忌。」「辟」古用爲「避」。「辟忌」連文，是其義通也。《達生篇》云「生之來不可卻」，此云不可避，意正相同。「已死不可阻」，「阻」一作徂，「阻」義長，故從之。「不可阻」，不可止也。「死生非遠也，理不可覩」，此以死生爲例，以明或使、莫爲二説之各有過，曰「不可忌」、「不可阻」，則似有使之者，而不得謂之莫爲，然理不可覩，則又似莫之爲，而不得謂之或使。以死生之近，尚且如是，況於天地之遠、萬物之衆哉！故曰「或之使，莫之爲，疑之所假」。「疑之所假」者，謂因疑而假爲是説，不得便認以爲真實也。

「吾觀之本，其往無窮」，是無始也。「吾求之末，其來無止」，是無終也。「無窮無止，言之無」者，言其無也。無者道，而物不能外，故曰「與物同理」。「同理」者，道與物無二理也。「或使莫爲，言之本」者，言其本也。二説皆欲窮其始，故曰「言其本」。夫有始則有終，有始有終，則離道而泥於物，故曰「與物終始」。「道不可有」，無者道也。「有不可無」，有者物也。「道之爲名，所假而行」，「名」者假名，所謂「號而讀之則可」，若執其名，以爲道即在是，則非矣。以是論之，則知或使、莫爲墮於二邊，而大方之所不取也，故曰「在物一曲，夫胡爲於大方？」「一曲」與「大方」對。「大方」者道其全，「一曲」者守其偏也。

「言而足，則終日言而盡道；言而不足，則終日言而盡物」，「足」者，《天下篇》所謂「充實不可以已」也。言而發自充實不可以已，則盡乎道矣。而非然者，則盡於物矣。「道物之極，言默不足以載」，此又進而言之。言固不足以載道，默亦不足以載道。如是，則道不在言，道亦不在不言，故曰「非言非默，議其有極」。「議其有極」者，議有所窮。上文所以言「此議之所止」也。於此更有不可忽者，言默不足以載，言道之極可也。何爲兼物而言之曰「道物之極」乎！此文始終言道，未嘗離物，如曰「無名無實，在物之虚」，曰「言之無也，與物同理」，皆可見也。蓋執物以爲道，道固不足言；而離物以爲道，道更無可言也，故曰「道物之極」。以見物之極即道，而道之極亦未始不在於物也。

外物第二十六

此篇首言「外物不可必」，蓋欲人保生以自適耳。然保生亦不在絶外也，故篇中屢以「游」言。游者，無入而不自得也。《中庸》曰：「君子素其位而行，不願乎其外。」其旨大略相同矣。

外物不可必，故龍逢誅，比干戮，箕子狂，惡來死，桀、紂亡。人主莫不欲其臣之忠，而忠未必信，故伍員流於江，萇弘死於蜀，藏其血三年而化爲碧。人親莫不欲其子之孝，而孝未必愛，故孝己憂，而曾參悲。木與木相摩則然，金與火相守則流。陰陽錯行，則天地大絯，於是乎有雷有霆水中有火，乃焚大槐。有甚憂兩陷而無所逃，螴蜳不得成，心若縣於天地之間，慰暋沈屯，利害相摩，生火甚多，衆人焚和，月固不勝火，於是乎有僓然而道盡。

「龍逢」，「比干」，已見《人間世篇》。「箕子」，已見《大宗師篇》。「惡來」，蜚廉之子，父子並以彊力事紂；周武王既誅紂，並殺惡來，見《史記》。此言龍逢、比干、箕子，復言惡來、桀、紂者，以見恃其勇力與權位，亦不可必保其身命也。「伍員」，伍子胥，已見《胠篋》《至樂》兩篇。「萇弘」，見《胠篋篇》。「蜀」，地名，當是周之小邑，非今四川也。「化爲碧」者，血凝成塊，如碧玉然也。「孝己」，名己，殷高宗武丁子。武丁惑於後妻，放之以死，後人以其有賢孝之行，因稱爲孝己。「憂」者，憂其不得於親也。「曾參」，曾皙子，父子皆孔子弟子。曾子芸瓜，誤斬其根，曾皙怒，援大杖擊之，曾子仆地，有頃始蘇，見《駢拇篇》注。是曾子亦不得於其父，故曰「悲」。

「木與木相摩」，所謂鑽燧取火也。「然」即燃字，故下從火。後以「然」爲語辭，乃更加火傍作「燃」耳。「金」謂金屬，銅錫之類。「與火相守」者，言冶煉。「流」，金融而流也。「陰陽錯行」，行之反其常也。「絯」借作硋。天地大硋，謂否塞而不通。「於是乎有雷有霆」，「霆」，疾雷也。「水中有火，乃焚大槐」，承上雷霆言。司馬彪注云：「水中有火謂電也。焚，謂霹靂時燒大樹也。」樹獨言「槐」者，取與絯爲韻，無他義。此以上皆喻，爲下「生火」、「焚和」發端。

「有甚憂兩陷而無所逃」，轉入人心言。不陷於陽，則陷於陰，《人間世篇》葉公子高所謂「有陰陽之患」是也。「甚憂」猶云大患。「螴」、「蜳」皆憂意。「螴」讀如《詩·草蟲》「憂心忡忡」之忡。「蜳」讀如《小雅·正月》「憂心惸惸」之惸。其字從虫者，如蟲之蠢蠢不安寧也。「不得成」，不得平也。《春秋》隱六年：「鄭人來渝平。」《左氏傳》曰：「鄭人來渝平，更成也。」古謂成亦曰平。惟不得平，故曰「心若縣於天地之間」。「慰」讀若鬱。「慰暋」者，鬱結而不解。「沈屯」者，沈滯而不伸。「利害相摩」，心盤旋於利害二者之間，無有已時，若相摩切然也。「生火甚多」，葉公子高所謂内熱也，以是傷其和德，故曰「焚和」。「月固不勝火」者，月者陰水，水本可以勝火，而火之盛則非杯水之所能滅，如孟子言「夜氣不足存」，爲其旦晝之所爲，梏亡之太甚也。「儥」同積。今作「頹」，兹從《説文》作穨者，見其相通也。「儥然」，謂自廢墮也。「道盡」者，不終其天年而中道夭也，此甚嘅之之辭。郭注云：「唯儥然無矜，遺形自得，道乃盡也。」與書旨悖矣。

莊周家貧，故往貸粟於監河侯。監河侯曰：「諾。我將得邑金，將貸子三百金，可乎？」莊周忿然作色曰：「周昨來，有中道而呼者。周顧視車轍，中有鮒魚焉。周問之曰：『鮒魚來！子何爲者邪？』對曰：『我，東海之波臣也。君豈有升斗之水，而活我哉？』周曰：『諾。我且南游吴越之王，激西江之水，而迎子，可乎？』鮒魚忿然作色曰：『吾失我常與，我無所處。吾得升斗之水，然活耳，君乃言此，曾不如早索我於枯魚之肆。』」

「貸」，借貸。「監河侯」，《説苑》作魏文侯。案：莊子，魏惠王時人，惠王，文侯孫，則與文侯非同時。且文曰：「我將得邑金。」「邑金」者，一邑租賦之所入。若文侯，爲萬乘之君，安得作是言！知《説苑》誤也。「監河」，當是監理河道之官，以其自有封邑，故曰「監河侯」耳。

「忿然」，不悦貌，非即忿也。「作色」，猶變色。「中道」，道中也。「轍」，車輪所陷，時有積水，故得有魚。「鮒」，鰿魚，鰿今作鯽。「波臣」，司馬彪云「波蕩之臣」，謂蕩而失水者也。「升斗」，各本皆作斗升，《白帖》、《藝文類聚》、《太平御覽》引文則多作「升斗」，下成疏亦云：「升斗之水，可以全生，乃激西江，非所宜也。」是成本原亦作「升斗」，因並據改。「游」，謂游説也。「激」如孟子「激而行之，可使在山」之激。見《告子篇》。時鮒魚在陸，故云激江水以迎之也。江曰「西江」者，對東海言，江在西也。成疏云「西江，蜀江也」，失之矣。「失我常與」，「常與」者，常所與共，指水而言。「我無所處」，言方無計以處此。「得升斗之水然活耳」，「然」者如是，謂有升斗之水，如是便活，不求多也。「曾不如」，乃不如也。「索」，求也。「枯魚之肆」，乾魚市場也。

任公子爲大鉤巨緇，五十犗以爲餌，蹲乎會稽，投竿東海，旦旦而釣，期年不得魚。已而大魚食之，牽巨鉤，錎没而下，驚揚而奮鬐，白波若山，海水震蕩，聲侔鬼神，憚赫千里。任公子得若魚，離而腊之，自制河以東，蒼梧已北，莫不厭若魚者。已而後世輇才諷説之徒，皆驚而相告也。夫揭竿纍，趣灌瀆，守鯢鮒，其於得大魚難矣；飾小説以干縣令，其於大達，亦難矣。是以未嘗聞任氏之風俗，其不可與經於世，亦遠矣。

此寓言也。託名於「任公子」者，見其能任大也。春秋任國，漢爲任城，今山東濟寧。「緇」，黑綸。「犗」音介，閹牛也，牛閹則壯碩。「會稽」，已見《徐無鬼篇》。惟此云「蹲乎會稽，投竿東海」，則專指會稽之山言。「旦旦」猶朝朝也。「期」本亦作朞，字同。「期年」，周年也。

「已而」，猶既而。「食之」，食其餌也。「銘没而下」，《釋文》引吕忱《字林》云：「猶陷字也。」然其字從金，言鉤之陷没其顎，非謂魚之陷没於水，不可不辨也。「騖」各本作鶩，《釋文》云：「一本作騖。」「騖」者，騖其鉤之銘没也。本下也，因騖而復上，故曰「騖揚而奮鬐」。「揚」者，起而上也。「鬐」，魚之脊尾與腹下，用以排水而行進者。「奮」，動之激也。此文一「騖」字，爲生動傳神之筆。若作鶩，則精彩全失矣，故茲改從「騖」。「聲侔鬼神」者，其聲威與鬼神相侔也。「憚赫千里」，「赫」與嚇同。千里之地爲之嚇畏，故曰「憚赫千里」。「若魚」猶此魚。「離而腊之」，分割之，曝而爲脯也。「制」同淛，淛河即浙江。古制、折同聲，故浙亦作淛也。「蒼梧」，山名，在今廣西梧州。「已北」，「已」同以。「莫不厭若魚者」，「厭」讀如饜，謂皆得飽食此魚也。「輇」，車輪之無輻者，若椎輪，以此喻才，言其粗也。「諷説」猶誦説，《論語》所謂「道聽而塗説」也。始則狂而不信，既則驚而相告，極形容此輩之見小也。

「纍」各本作累，乃「纍」之省，茲從其本字。「纍」亦釣綸也。「趣」讀如趨。「灌瀆」猶溝瀆。「鯢」，見《庚桑楚篇》。「守」如守株待兔之守，謂守候也。「飾」，文飾。「小説」，《齊物論》所謂「小言詹詹」者是。「縣」同懸。「縣令」，國家所懸之功令，以徵召於下者。「干」，謂求合也。「大達」，顯達也。「任氏之風俗」，「俗」字當是衍文，但無左證，不敢臆删。「經世」，已見《齊物論篇》。「遠」，謂懸遠也。

儒以詩禮發冢，大儒臚傳曰：「東方作矣，事之若何？」小儒曰：「未解裙襦。

口中有珠。」「詩固有之，曰：『青青之麥，生於陵陂。生不布施，死何含珠爲！』接其鬢，壓其顪，而以金椎控其頤，徐別其頰，無傷口中珠！」

上節譏小知小言，其非易見，其文易爲也。此斥假聖人之術以濟其姦私者，其惡不易知，其迹亦不易寫。不得已乃設爲詩禮發冢之談，一若實有其事然者。不知乃此老以天下沈濁，不可與莊語，因以卮言爲曼衍，其辭雖諧，其意則幾於垂泣涕而道之矣。

「大儒」，謂賊儒之渠魁。「臚」，《爾雅·釋言》：「叙也。」「臚傳」者，以叙相傳，是其所謂禮也。「東方作矣，事之若何」，問天將明，發冢事何如也。「小儒」，其黨類也。「未解裙襦」，答事之若何。「口中有珠」，告以新發現也。古者死人以玉含斂，故口中得有珠。「珠」，玉之圓者，非蚌所産珠也。

「詩固有之」以下，爲大儒之言。「青青之麥，生於陵陂」，此詩之所謂「興」也。「陵」，大阜。「陂」，阪也。「生不布施，死何含珠爲！」譏死者生吝於財，死何用以珠爲含。意謂取其珠不爲悖也。前叙其依禮傳言，兹又叙其引詩，所謂「以詩禮發冢」也。「詩」，逸詩。「爲」古讀譌音。「施」讀陁之去聲，與「陂」協韻。「接」，引也。「壓」，按也。「顪」同噦，故字亦作噦，謂頤之下，司馬彪云「頤下毛」，非也。「而」各本皆作儒，王念孫據《藝文類聚》寳玉部引作「而」，謂「而、儒聲近，上文又多儒字，故而誤爲儒」，是也，兹改正。但王曰：「而，汝也。」則非是。「而」自是承上聯下之辭，觀「接其鬢，壓其顪」、「控其頤，別其頰」，其文一例，可見也。「控」，擊也。「以金椎控其頤」者，「頤」爲下顎與上顎銜接處，擊之，則下顎張而口得啟也。「徐」，緩也。「別」，謂別開之。言「徐別」者，以「無傷口中珠」，故亦不欲傷其頰也。

老萊子之弟子出薪，遇仲尼，反以告曰：「有人於彼，脩上而趨下，末僂而後耳，視若營四海，不知其誰氏之子。」老萊子曰：「是丘也。召而來。」仲尼至。曰：「丘！去女躬矜，與女容知，斯爲君子矣。」仲尼揖而退。蹙然改容，而問曰：「業可得進乎？」老萊子曰：「夫不忍一世之傷，而驁萬世之患，抑固窶邪？亡其略弗及邪？惠以歡爲，驁終身之醜，中民之行進焉耳，相引以名，相結以隱。與其譽堯而非桀，不如兩忘而閉其所譽。反無非傷也，動無非邪也。聖人躊躇以興事，以每成功。奈何哉其載焉，終矜爾！」

「老萊子」，楚人，見《史記·老子列傳》，云：「著書十五篇，言道家之用。」《漢書·藝文志》道家有《老萊子》十六篇。書今不傳。案：《路史》商之裔有萊侯萊子，當是其後，故以萊爲氏。其稱「老萊子」者，則以其老壽也。

「出薪」，出採薪也。「脩上」，言容之脩飭也。「趨下」，「趨」讀如促，言行之急遽也。「末僂」，背微俯，言其恭也。「後耳」，聽向内，言其謹也。「視若營四海」，瞻視高遠，言其有憂世之思也。若老萊子之弟子，亦可謂善於觀人者矣。老萊子於孔子爲前輩，故曰「召而來」，非倨也。

「去女躬矜與女容知」，「知」讀如智。矜曰「躬矜」，矜之見於躬也，如「脩上」以至「末僂」皆是。知曰「容知」，知之見於容也，如「趨下」以至「視若營四海」皆是。「揖而退」，拜受其言也。「蹷然改容」句，改其躬矜容知之容，見聖人變化之速也。問其「業可得進乎」者，求教以更進其業。「業」者，道業。《釋文》云「問可行仁義於世乎」，此出陸氏揣測，非問意也。

「夫不忍一世之傷」，謂欲救當世之急。「而驁萬世之患」，「驁」一作敖。《天地篇》有曰「謷然不顧」。驁、謷、敖並通。謂不顧其患之中於萬世也。《庚桑楚》曰：「大亂之本必生於堯、舜之間，其末存乎千世之後；千世之後，其必有人與人相食者也。」此云「萬世之患」，大旨蓋與彼同，故道貴於無名無迹，有名有迹，則假夫禽貪者器，於是救天下者反以禍天下後世矣。此經世者所不可不知，亦爲道者所不可不知，故特藉老萊之言以發之。「抑固窶邪？亡其略弗及邪？」設爲兩邊之辭以質孔子。「窶」，窮也。「亡」同無。謂豈其窮而不得不然邪？無亦輕略而不之及也？

「惠以歡爲」四字爲句，此倒文，猶言以歡爲惠。「歡」如孟子云「容悦」、云「媚世」。以媚悦爲惠，微生畝所譏孔子爲佞者也，此意亦略同矣。「驁終身之醜」，與「驁萬世之患」同一句法。「萬世之患」，就天下言；「終身之醜」，則就一己言。「醜」猶耻也。媚世以爲惠，君子所不爲，故曰「驁終身之醜」。舊以「驁」字屬上讀，作「以歡爲驁」，既與上「驁」字義不合，又嫌「惠」字義不相屬。或遂以「惠」爲發聲，亦牽强附會之至已。「中民」猶中人。「中民之行進焉耳」，謂此不過中人之行較進一步者耳，不足取也。「行」讀去聲。「相引以名，相結以隱」，皆「惠以歡爲」之失。「隱」，俞樾云「當訓作私」，是也。外則相引以名，内則相結以私，是雖欲捄一世之急，而亦不可得。不必言失，失可知矣。

「與其譽堯而非桀」，《大宗師篇》亦有是文，但彼云「不如兩忘而化其道」，此則云「不如兩忘而閉其所譽」，蓋義各有主，彼主在化，故曰「化其道」，此主在無名，故曰「閉其所譽」。「閉其所譽」，則無譽。無譽，則名無得而立矣。「反無非傷也」，「反」謂反己，承「終身之醜」言。「動無非邪也」，「動」謂用世，承「萬世之患」言。「聖人躊躇以興事」，「躊躇」者，不得已而後爲者也。「以每成功」，言以是每有成功。《庚桑楚篇》末云：「不得已之類，聖人之道。」蓋謂是也。「載」則有意而爲之，故曰「奈何哉其載焉終矜爾」。「終矜爾」者，不免以驕矜而終，言無由而進也。然言不進，乃正所以進之，讀者宜善會焉。

宋元君夜半，而夢人被髮闚阿門，曰：「予自宰路之淵，予爲清江使河伯之所，漁者余且得予。」元君覺，使人占之，曰：「此神龜也。」君曰：「漁者有余且乎？」左右曰：「有。」君曰：「令余且會朝。」明日，余且朝。君曰：「漁何得？」對曰：「且之網得白龜焉，箕圓五尺。」君曰：「獻若之龜。」龜至，君再欲殺之，再欲活之，心疑，卜之，曰：「殺龜以卜吉。」乃刳龜，七十二鑽，而無遺筴。

仲尼曰：「神龜能見夢於元君，而不能避余且之網；知能七十二鑽而無遺筴，不能避刳腸之患。如是，則知有所不周，神有所不及也。雖有至知，萬人謀之。魚不畏網而畏鵜鶘。去小知，而大知明；去善，而自善矣。嬰兒生無所師而能言，與能言者處也。」

此承上節「去女容知」之言，藉神龜之事以明知之不足恃也。「去小知而大知明，去善而自善矣」二語最要。「小知」者，自用。「大知」，則任人也。「善」者，自以爲善。自以爲善，猶是小知之見，而非善之至也，故曰「去善而自善矣」。「自善」之善，是則人之所同善也，故曰「雖有至知，萬人謀之」。「萬人謀之」者，謀之於衆也。讀者識得此意，即獲益無量，若神龜事之有無，雖不問可也。

「宋元君」，已見《田子方篇》。「阿門」，寢門名。「宰路之淵」，淵名。「宰路」，神龜所居處也。「予爲清江使河伯之所」，「爲」、「使」皆讀去聲。「河伯」已見《秋水篇》。江曰「清江」者對河之濁而言，亦見由清江而入濁河，所以不習，而爲漁者所得也。「余且」，《史記·龜筴傳》作豫且，「且」皆讀苴音。「使人占之」，此「占」謂占夢也。《小雅·正月》之詩曰：「訊之占夢。」《周官書》春官之屬有占夢中士二人。《藝文類聚》、《太平御覽》引此文作「召占夢者占之」，疑後人所增改，實則不須言「占夢」，自知此人指占夢者也。「令余且會朝」，「朝」音潮。令余且於朝時來會也。「箕」謂龜甲，以其形如箕，故名之「箕」。「圓」者，圍也。「獻若之龜」，令獻此龜也。「心疑卜之」，因疑而卜以決之也。曰「殺龜以卜吉」，此卜辭。謂殺龜留作占卜之用則吉也。「刳」者，去其臟而空之。「七十二鑽而無遺筴」，古者龜卜，用火灼以觀其兆，灼之先，鑽之以定其處。「七十二鑽」，言其卜次之多。「無遺筴」，猶曰無遺算，言其卜屢中，未嘗有失也。

「見夢」之「見」讀如現。「知」同智。「知有所不周，神有所不及」爲對文。「不周」之「周」，各本皆作困。困疑即「周」之譌，又脱「不」字。傳寫者因其義可通，故沿用之耳。《釋文》云：「一本作有所不周。」「不周」義長，故據一本改正。「鵜鶘」，水鳥善捕魚者，單名曰鵜，《曹風·候人》之詩曰「維鵜在梁」，是也。以其頸下有胡，可以貯魚，故亦曰「鵜鶘」，舊亦名淘河，漁者多畜之。「魚不畏網而畏鵜鶘」，鵜鶘，其知之所及，網則其知之所不周也。「所師」之「所」，各本皆作石，蓋「所」字缺其半爲户，因譌爲石。其作「碩」者，又因「石」而補之。「碩師」之義於此實無所取。《釋文》云「一本作所師」，作「所師」是也，因據改。「與能言者處」，凡能言者皆其師也。皆其師而無師之名，故曰「生無所師」也。

惠子謂莊子曰：「子言無用。」莊子曰：「知無用，而始可與言用矣。夫地非不廣且大也，人之所用容足耳。然則廁足而塹之，致黄泉，人尚有用乎？」惠子曰：「無用。」莊子曰：「然則無用之爲用也亦明矣。」

《人間世篇》曰：「人皆知有用之用，而莫知無用之用也。」此所以發明其旨。「廁」讀如側。「廁足」，側足也。「塹之」，斬其土使成坑塹也。「致黄泉」，以至於黄泉也。「黄泉」已見《秋水篇》。此喻與《徐無鬼篇》「足之於地，恃其所不蹍而後善」，所説略同。「塹」各本作墊。《釋文》云：「本又作塹。」「塹」字義長，故兹從「塹」。

莊子曰：「人有能游，且得不游乎？人而不能游，且得游乎？夫流遁之志，決絕之行，意其非至知厚德之任與！覆墜而不反，火馳而不顧，雖相與爲君臣，時也，易世而無以相賤。故曰：至人不留行焉。夫尊古而卑今，學者之流也。且以狶韋氏之流，觀今之世，夫孰能不波！唯至人乃能游於世而不僻，順人而不失己。彼教不學，承意不彼。目徹爲明，耳徹爲聰，鼻徹爲顫，口徹爲甘，心徹爲知，知徹爲德。凡道不欲壅，壅則哽，哽而不止則跈，跈則衆害生。物之有知者恃息，其不殷，非天之罪。天之穿之，日夜無降，人則顧塞其竇。胞有重閬，心有天游。室無空虛，則婦姑勃谿；心無天游，則六鑿相攘。大林丘山之善於人也，亦神者不勝。德溢乎名，名溢乎暴，謀稽乎誸，知出乎爭，柴生乎守官，事果乎衆宜。春雨日時，草木怒生，銚鎒於是乎始脩，草木之到植者過半，而不知其然。」

「能游」「不能游」之「游」，以無滯無著爲義，「得游」「得不游」之「游」，以自得自適爲義。《中庸》曰：「君子素其位而行，不願乎其外。素富貴行乎富貴，素貧賤行乎貧賤，素夷狄行乎夷狄，素患難行乎患難。君子無入而不自得焉。」無入而不自得，在於素位而行不願乎外。不願乎外，是此篇之本旨。故篇末再三以「游」爲言。「能游」者，素位而行也。素者，無染義，即無滯無著義也。「且得不游」者，無入而不自得也。莊子屢言自適其適，自得與自適一也。「不能游」者反是。《莊子》與《中庸》多通者，《中庸》出於《易》，《莊子》亦出於

《易》也。

「流遁之志，決絶之行」爲互文。「流」如流亡之流。「流遁」猶遁逃也。以世之濁亂，懼其污己，故思遠離，是爲「流遁」。以世之濁亂，不可振拔，忍與棄置，是爲「決絶」。「意其非至知厚德之任與」，「與」讀歟。「意」各本作噫，唐寫本則作「意」，據唐寫本改。「意」如《駢拇篇》「意仁義其非人情乎」之意。不欲作決辭，故上曰「意」而下曰「歟」。「至知」對「流遁」說。世豈可逃？故非「至知」。「知」讀智。「厚德」對「決絶」說。絶則不仁，故非「厚德」。「任」者，以天下爲己任也。流遁者不能任，決絶者不肯任。提一「任」字，而其非不待言而已明。故辭雖緩而意則峻，讀者善體之當自知也。

「覆墜不反」，承上「流遁」「決絶」言。「火馳不顧」，則謂當時任智術急功名之士，如縱横法家者流。「火馳」，已見《天地篇》，所謂尊知而火馳是也。「相與爲君臣」，「君臣」乃譬況之辭，猶言貴賤上下也。當功名之士有所成就，志得意滿，視彼山林枯槁者，蓋蔑如也；及其功高而賈禍，事敗而殺身，於是山林枯槁者，亦得以神其先見，而譏彼爲冥頑，是所謂「相與爲君臣」也。然遭休明之世，以伊、周之業位，未嘗不可以全身，而紀他、申徒狄之倫，轉成殘生而傷性。然則枯槁之士，與夫功名智術之徒，何所用其高下？故曰「時也」。「易世而無以相賤」，「易世」猶言易地也。若夫「至人」，則二者皆所不處，故曰「至人不留行焉」。行而不留，所謂游也，所謂素位而行也。

「夫尊古而卑今，學者之流也」，則又因上「易世」之言而發，以見古今異宜，不可不與日化。不化，則非游之道也。「尊古卑今」，是不知化者，故曰「學者之流」。謂之「學者」猶韓非以孔墨爲顯學，見《韓非子·顯學篇》。蓋當時之所謂學，非莊子之所謂學也。「流」如流輩之流。「學者之流」，輕之之辭。「狶韋氏」，見《大宗師篇》所謂狶韋氏得之以挈天地者，非《則陽篇》之狶韋也，其人尚在伏羲之前，故特引之，意謂彼時之人視今之世，不能免於惶惑必矣，故曰「夫孰能不波」。「波」如《應帝王篇》「因以爲波隨」之波，複言之曰波隨，單言之則曰波，一也。特在彼則形其變動不居，此則言其張皇無主，是則異也。

「游於世而不僻」，「不僻」者，中也。「順人而不失己」，順人者和也。游於世而不失己，合中和而一之，所謂與物化者，一不化者也。「與物化者，一不化者也」。語見上《則陽篇》。「彼教不學」二句，指學者之流言，言其所以尊古而卑今，由於彼之教者不知學，而學者又承教者之意，不知教者之偏，相從而不敢背。所謂「不彼」者，「彼」者外之之辭，猶言不敢外也。以是規規自守，知不能徹，失夫游世之能，故疊舉「耳徹」、「目徹」、「鼻徹」、「口徹」、「心徹」爲比，而以「知徹爲德」，亟致其丁寧之意。「徹」者通也。「德」者得也。謂不徹則不足以爲得也。「心徹爲知，知徹爲德」，兩「知」字皆讀智。「鼻徹爲顫」，「顫」謂其能審臭，此自當時常言，與耳之聰、目之明等。以其不見於他書，或遂以羶字釋之，又以羶爲惡辭，疑其聲誤，而改爲馨字以釋之，要之皆用己意揣測。存其本字，義自可明，無取勞擾爲也。

「凡道不欲壅」，「壅」者徹之反，亦即不留行之反，游之反也。「壅則哽」，「哽」者梗塞。「哽而不止則跈」，「跈」與抮通，戾也，僨也。至於僨戾，則陰陽錯行失其中，生火、焚和失其和，故曰「跈則衆害生」也。

「物之有知者恃息」，「息」與《孟子》「牛山之木」章「是其日夜之所息」息字同，「牛山之木」章見《告子篇》。亦即此書首篇「生物以息相吹」之息。謂得天地自然之氣，而復其生生之機也。「其不殷非天之罪」，「殷」者中也，《爾雅·釋言》：「殷，齊中也。」是也。中者戾之反。故不中承「跈」而言。「天之穿之，日夜無降」，「穿之」謂通之也。「無降」，無減也。「人則顧塞其竇」，人反自塞之，故曰「非天之罪」也。

「胞有重閬」，「胞」，胎胞。「閬」，空處。胞内外皆有之，故曰「重閬」。此原人之始胎，即非空虛不生，以見「心有天游」之不可缺。「天游」者，游於天也。「室無空虛」，居室湫隘，無餘隙也。「婦姑勃谿」，因爭處而詬誶也。此更設喻以明之。「心無天游，則六鑿相攘」，「鑿」即《應帝王篇》「日鑿一竅」之鑿。鑿有六者，耳、目、口、鼻之外，益之以身、意，故六也。「相攘」，相淩奪也。「大林丘山之善於人也，亦神者不勝」，「勝」讀去聲。神謂人之神明，亦即心之游於天者。游於天者，不藉助乎外，故人有遇山林而善之，樂其閒曠者，亦由内不足之故，《刻意篇》言聖人之德有曰「無江海而閒」，蓋謂是也。郭子玄注云「自然之理，有寄物而通也」，則適得其反矣。

「德溢乎名」，即《人間世篇》所云「德蕩乎名」。「知出乎爭」，亦見《人間世篇》。「名溢乎暴」，「暴」讀如表襮之襮。因於表襮，名乃過乎其量，孟子所謂「聲聞過情，君子恥之」者也。「謀稽乎誸」與「知出乎爭」文對。「知出乎爭」者，由知而生爭，則「謀稽乎誸」者，亦謂因謀而致謚。「謚」從言，訓言急也。言之急，訟之紛也。故「稽」當如《消摇游》「大浸稽天」之稽，謂至也。舊注並云：「急而後考謀，爭而後見智。」若是，則與本書「不謀」「去智」之旨悖矣。「柴生乎守官」句。荀子曰：「官人守官，君子守道。」是「守官」爲當時之恒言，舊從「守」字斷句，誤也。「守官」者，局於常例，往往不知應變之權，於是有窒礙難行之弊，是之謂「柴生乎守官」，故下句反言以見義，曰「事果乎衆宜」。「衆宜」者，無所不宜也。無所不宜，則事得遂矣。「果」者，遂也，成也。

「春雨日時」，天之穿也。「草木怒生」，物之息也。「銚鎒於是乎始脩」，人事之宜也。「銚」所以削土，今曰鍬。「鎒」所以耨草，今之鋤也。「草木之到植者過半」，留嘉禾而去惡草也。「到」與倒通。「而不知其然」，終歸之於天也。

静默可以補病，揃搣可以沐老，寧可以止遽。雖然，若是，勞者之務也，非佚者之所，未嘗過而問焉。聖人之所以駴天下，神人未嘗過而問焉；賢人所以駴世，聖人未嘗過而問焉；君子所以駴國，賢人未嘗過而問焉；小人所以合時，君子未嘗過而問焉。演門有親死者，以善毁爵爲官師，其黨人毁而死者半。堯與許由天下，許由逃之；湯與務光，務光怒之；紀他聞之，帥弟子而踆於窾水，諸侯弔之；三年，申徒狄因以踣河。

「静默」各本作「静然」。宋林疑獨《莊子注》本作「静默」。「然」、「默」形近，「然」自是

「默」字之譌，茲從林本改。病必有所虧損，惟静默可以補益之，故曰「補病」。「揃搣」各本皆作「眥𡟇」，《釋文》云：「眥亦作揃，𡟇亦作搣。」案：《説文》：「揃，搣也。搣，𢫬也。「𢫬」，本或作「批」，謖也。《説文・手部》無「批」字。𢫬搣頰旁也。」三字互訓，則「揃搣」或「𢫬搣」連文，義並同，作「眥𡟇」者非「𢫬搣」之誤，則借「眥」爲「𢫬」，借「𡟇」爲「搣」耳，而漢史游《急就篇》有「沐浴揃搣，寡合同語」，是「揃搣」尤爲習用之語，唐寫本正作「揃搣」，故此定作「揃搣」。「揃搣」者，後世之所謂按摩也。《廣韻》：「搣，案也，摩也。」可證。按摩面部，消其皺紋，故曰「可以沐老」，「沐」者滌治義。成玄英疏云：「衰老之容，以此而沐浴。」唐寫本作「沐」，與成疏合。各本作「休」，則與「沐」形似而誤也。「寧」，安定也。「遽」，匆迫也。安定者不匆迫，故曰「可以止遽」。

「若是」指上三者言。「勞者之務」，謂此形神素勞者所當從事。若夫爲無爲者，形神閒逸，《刻意篇》所謂「不道引而壽」，無病可補，無老可沐，無遽可止，則安用夫此！故曰「非佚者之所，未嘗過而問焉」。「所」字當讀斷。「所」猶所以也。「佚」同逸。「未嘗過而問」者，謂不以經意也。

「駴」與駭同，震動也。聖人初無意於駴天下，顧其所爲，天下之人見不能及，則不得不爲之震動，因曰「駴天下」云爾。下「賢者駴世」，「君子駴國」亦然。至小人則曰「合時」。「合時」者，投時所好。同乎流俗，合乎污世，若是，何駴之有！此言人之度量相越，而以神人爲至者，惟神人能游，而不勞於爲天下也。

「演門」，宋城門名。「毁」，哀毁。「善」猶能也。「爵爲官師」者，宋君旌其孝行，而用之爲官師也。「官師」爲一官之長，當時以中士、下士任之。《小戴禮記·祭法篇》「官師一廟」，鄭注云「官師，中士、下士」，是也。此云「爵」者，亦以其由庶民而爵爲士言之。「黨人」，里黨之人。古五百家爲黨。「毁而死者」，冀賞而毁，毁不當情，因以致死也。

「許由」，見《消摇游篇》。「務光」，見《大宗師篇》。曰「務光怒之」者，《讓王篇》云「非義非仁，吾不忍久見，乃負石而自沈於廬水」，與許由之逃異，故曰「怒也」。「紀他」，亦見《大宗師篇》。「窾水」，地以水名，其地不可考。「踆」同逡，遯也。古從辵之字，或從足，如迹之與跡，逾之與踰皆是。《釋文》引吕忱《字林》以爲古「蹲」字，非也。「諸侯弔之」，弔其窮困也。「三年」二字别爲句，意謂三年之後也。「申徒」複姓，「狄」其名。「踣」，斃也。「因以踣河」，因慕務光、紀他而至蹈河以斃也。此《大宗師》所謂「適人之適」者，慕外則然，故篇終痛言之以垂戒。

筌者所以在魚，得魚而忘筌；蹄者所以在兔，得兔而忘蹄；言者所以在意，得意而忘言。吾安得夫忘言之人，而與之言哉！

此節疑《寓言篇》文，郭子玄纂輯時誤入於此。「筌者所以在魚」，「筌」，各本從艸作荃。《釋文》引崔譔云：「香草也，可以餌魚。」案：曰香草，則與《離騷》「荃不察余之中情」之荃同。荃可餌魚，未之前聞。道藏各本、覆宋本並作「筌」，《文選》注及《初學記》《太平御覽》

引文亦多作「筌」，釋玄應《一切經音義》亦作「筌」，且引司馬彪注云：「筌，捕魚具也。」今《釋文》不列彪注，然有「一云：魚笱也」之語。既爲魚笱，其字從竹不從艸，何疑！且下文「蹄者所以在兔」，《釋文》云：「蹄，兔罥也。」又云：「兔弶也，係其脚，故曰蹄也。」惟「筌」爲捕魚之具，故與獵兔之蹄對言；若香草之「荃」，則非其類矣，故今斷從竹作「筌」。

「忘筌」、「忘蹄」、「忘言」，「忘」者遺忘之忘，猶言遺也。子曰：「書不盡言，言不盡意。」見《易·繫辭傳》。言已不足以盡意，而況執泥於言，則不得其意者多矣，故曰「得意而忘言」。又曰：「吾安得夫忘言之人而與之言哉！」雖然，忘言難，得意尤難。後世讀《莊子》而得其意者有幾人！吾於此不得不感此老之言之痛也。

寓言第二十七

王夫之《莊子解》以此篇與《天下篇》爲全書之序例。案之《天下篇》云：「以天下爲沈濁不可與莊語，以巵言爲曼衍，以重言爲真，以寓言爲廣。」即此篇首節之大意，則全書序例之說，的然似有據依。然此專就首節言則可，若夫「莊子謂惠子」以下，博引雜出，頗難明其條貫，且如罔兩問景云云，與《齊物論篇》之文大致無甚差異，郭子玄編入雜篇，誠哉其爲雜也。以統篇言，作全書序例觀，未免失之矣。

寓言十九，重言十七，巵言日出，和以天倪。寓言十九，藉外論之。親父不爲其子媒。親父譽之，不若非其父者也；非吾罪也，人之罪也。與己同則應，不與己同則反；同於己爲是之，異於己爲非之。重言十七，所以已言也，是爲耆艾。年先矣，而無經緯本末以期來者，是非先也。人而無以先人，無人道也；人而無人道，是之謂陳人。巵言日出，和以天倪，因以曼衍，所以窮年。

不言則齊，齊與言不齊，言與齊不齊也，故曰「無言」。言無言，終身言，未嘗言；終身不言，未嘗不言。有自也而可，有自也而不可；有自也而然，有自也而不然。惡乎然？然於然。惡乎不然？不然於不然。惡乎可？可於可。惡乎不可？不可於不可。物固有所然，物固有所可；無物不然，無物不可。非卮言日出，和以天倪，孰得其久！萬物皆種也，以不同形相禪，始卒若環，莫得其倫，是謂天均。天均者，天倪也。

「十九」、「十七」，有兩解。寄之他人，則十言而九見信；世之所重，則十言而七見信。此郭象之説也。「寓言十九」，則非寓而言者十一；「重言十七」，則非重而言者十三而已。此吕惠卿之説也。郭以十九、十七屬聞者言，吕以十九、十七屬言者言。案之「卮言日出」之例，及後「藉外論之」、「所以已言」之釋，則吕是而郭非甚明。故後之注家，除成疏外，鮮有用郭説者。然推郭所以爲此説之意，亦自有故，既以十之九屬之寓言，又以十之七屬之重言，以數而論，是不能並存者也。

予之懷此疑者亦有年矣，反覆思之。《天下篇》曰：「以卮言爲曼衍，以重言爲真，以寓言爲廣。」「曼衍」者，無窮者也。無窮，則不可以數稽也。故於此曰「卮言日出」。日出不已，猶曼衍也，故不言十之幾。卮言之中而有重言焉，有寓言焉。

「重言」者，考諸古聖而不悖，質諸耆碩而無疑，是則可信今傳後者，故曰「以重言爲真」。然而多聞闕疑，多見闕殆，即不敢謂重言之皆真之必真也，故曰「重言十七」。此莊子之矜慎，非如吕氏所云「餘十之三不在重言之數」，若是之拘拘也。

「寓言」，非空語無事實也。孔子作《春秋》曰：「我欲載之空言，不如見之行事之深切著明也。」故就二百四十二年之間，别嫌疑，明是非，善善惡惡，進退褒貶，以爲天下儀表，莊子之寓言蓋亦猶是也，故曰「藉外論之」。自後世讀者，誤以鯤鵬蜩鷃之文爲寓言，而卮言、寓言乃混而莫別，於是而曰十言而九見信，豈徒誣莊子，亦且誣郭象矣！不知「以寓言爲廣」者，廣人之意，使不爲軨才小説之所囿，而庶幾其進於大方也。惟其旨在於是，故首曰「寓言十九」，此如內七篇以《消摇游》居第一，申大知、大年、至人、神人之論，所以爲廣，而非如史公之言「洸洋自恣，徒以適己」已也。由是觀之，「十九」之云，特以表其深切，以發人得意忘言之悟。若如吕説「寓者九而非寓者一」，一之與九，試問將從何而定之？嘗聞善讀書者，莫如以意逆志；不善讀書者，莫如信斯言也。「以意逆志」、「信斯言也」，並孟子語，見《萬章篇》。予以信斯言也，至懷疑者有年，而其得之也，則由以意逆志，乃益知「筌者所以在魚」一段文字固當在《寓言篇》內，不然，不能得意忘言，即《寓言篇》不可得而通，遑論《莊子》全書哉！

「卮言」者，支離之言也。參閲《消摇游篇》注語。「卮言日出」下接云「和以天倪」者，此語甚要。曰「天」又曰「倪」者，「倪」，小兒也。天機之動，於小兒爲能見之，老子所以言「嬰兒」，孟子所以言「赤子之心」也。惟其「和以天倪」，卮言是以日出，而支者不支，離者不離，其曰支離者，就世人言之則然，自真人言之，則固妙道之行也。「妙道之行」，語見《齊物論篇》。

「親父不爲其子媒」，「媒」之爲言謀也，謀，求合於人也。求合於人，先當譽之，故曰「親父譽之，不若非其父者也」。「不若非其父者」，所謂「藉外論之」也。「藉外論之」，而或獲罪，則罪在所藉而不在我，故曰「非吾罪也，人之罪也」。所以知如此釋者，《人間世篇》云：「成而上比者，與古爲徒。其言雖教讁之，實也古之有也，非吾有也。若然者，雖直不爲病。」此云

「非吾罪也，人之罪也」，與彼云「古之有也，非吾有也」，於文則同，於義又合，言罪言病，一也。舊解云「非吾談者不實，而人不信之過」，則是是己而非人，殊乖莊子「不譎是非，以與世俗處」之意，「不譎是非，以與世俗處」，語見《天下篇》。必不然矣。

「與己同則應」四句，當連下「重言十七，所以已言也」，一氣讀之。蓋同則應、不同則反，同爲是之，異爲非之，是爭議之所起也。惟取彼此素所尊信之言而斷之，則爭議頓息，故曰「重言十七，所以已言也」。「已言」者，止息爭議之謂。亦惟其能止息爭議，所以得爲重言也。若如舊解，以「與己同則應」四句劃入上解説寓言之文，則「所以已言」之言爲無根矣。「是爲耆艾」，《爾雅·釋詁》：「耆，長也。艾，歷也。」長者多更歷。然則取於重言者，爲其言者年長而更歷多，足以指導人也。若年雖在前，而更歷無足以指導人者，即有言，何所重！故曰「年先矣，而無經緯本末以期來者，是非先也」。「非先」之「先」，謂先導也。「經緯本末」，言學也。直之爲經，横之爲緯，始之爲本，卒之爲末。「來者」，各本皆作「年耆」者。「年」爲「來」之譌字，「耆」則「者」之衍文，郭注云：「其餘本末無以待人，則非所以先也。」期，待也。」明不得有「年耆」之文，故古鈔卷子本改「年耆」爲「來者」，又原無「者」字，是也，兹據改。「人而無以先人無人道」者，言未能盡人之道。「人而無人道是之謂陳人」，「陳人」者，陳死之人，言其不足取也。觀於此言，則知莊子擇取之慎，而所以言「重言十七」，初不在數之比例明矣。

「和以天倪」下，又言「因以曼衍，所以窮年」者，《齊物論篇》已見之，蓋言者所以明道，道在保身全生，而極之於盡年。語見《養生主篇》。「窮年」猶盡年也。盡年者，所謂終其天年而不中道夭，是知之盛者也。語見《大宗師篇》。不然，如惠子之其書五車，其言不中，於身何益！於人又何益！故曰「所以窮年」，明卮言之出皆爲窮年而出，其有無益於窮年者，皆在所棄。又不獨卮言也，即重言、寓言亦然。此莊子喫緊爲人語，而注家乃曰「聊以盡我之年歲」，甚且曰「聊以消遣歲月」，其孤負此老苦心，亦甚矣哉！

「不言則齊」者，雖告人以言之爲寓、爲重、爲支離矣，而猶懼夫人之執於言也，故窮夫無言之始，而曰「不言則齊」，蓋言起而是非生，是非生則各執一是，而不睹道之大全，故曰「是非之彰也，道之所以虧也」。語見《齊物論篇》。欲道之不虧，莫如齊是非；欲齊是非，莫如不言。何者？説齊即與言對立，對立斯不齊矣。有言亦與齊對立，對立亦不齊矣。故曰「齊與言不齊，言與齊不齊也」，此所以歸於無言也。然言果可無乎？《則陽篇》曰：「言而足，則終日言而盡道；言而不足，則終日言而盡物。」豈特言而不足終日言而盡物哉！終日不言，而終日盡物者多矣。是知明於無言之意，雖言可也；不明於無言之意，即無言亦非也。因又下一轉語曰「言無言」。「言無言」者，雖言而不悖於無言，無言而亦不妨於有言也。故曰「終身言，未嘗言；終身不言，未嘗不言」。「終身言未嘗言」，如「夫子之言性與天道不可得而聞也」，是也。子貢之言，見《論語·公冶長篇》。「終身不言，未嘗不言」，如「吾無隱乎爾！吾無行而不與二三子者，是丘也」，是也。蓋至是而後知不言固齊，言亦未始不齊，於是然不然，可不可，可以縱橫在手，予奪從心，而自不越乎大本、大宗之外。「大本」、「大宗」，見《天道篇》。故復重述《齊物論》

然然可可之言，而曰「非卮言日出，和以天倪，孰得其久」。「久」者恒也。《庚桑楚篇》曰：「人有脩者，乃今有恒。」「乃今有恒」，正言之；「孰得其久」，反言之，非有二也。舊解率謂惟此可以傳久。可以傳久，豈得曰「得其久」乎！抑此曰「有自也而可，有自也而不可；有自也而然，有自也而不然」。「有自」之云，非如郭注「由彼我之情偏，故有可不可」之説也。是所謂「自」，謂自乎天倪，亦即謂自乎此久也。使非自乎此久，則可不可、然不然之間偏而不齊，與世俗之論無以異，而得謂之「言無言」乎！

「萬物皆種也」下，釋「久」，即釋「天倪」。「以不同形相禪，始卒若環」，非言久邪！「莫得其倫」，非言天倪邪！《中庸》引《詩》曰「德輶如毛」，而謂「毛猶有倫，『上天之載，無聲無臭』，至矣」。「無聲無臭」，是爲無倫，知無倫之爲天載，則知孰得其倫之爲天倪，非强爲附會者也。顧不即目爲天倪，而曰「是謂天均」，再轉乃曰「天均者天倪也」何？「均」者，陶均之均，其圓如盤，而可以旋轉者也。泥之在均，惟陶者之所爲；萬物之在宇内，亦惟天之所爲。其「始卒若環」，有似於均之圓轉。又「均」者平義，平則齊，是皆惟「均」可以表之。故先言夫「天均」也。然天之爲名，在人所取。對卮言言，則天倪爲洽。始分之以求其各當，終合之以見其非殊。此莊子脩辭之密，而其運意之圓也。深明夫此，其於讀《莊》書無難矣。

莊子謂惠子曰：「孔子行年六十，而六十化，始時所是，卒而非之，未知今之所謂是之非五十九非也。」惠子曰：「孔子勤志服知也。」莊子曰：「孔子謝之矣，而其未之嘗言。孔子云：『夫受才乎大本，復靈以生。鳴而當律，言而當法。』利義陳乎前，而好惡是非，直服人之口而已矣。使人乃以心服而不敢蘁，立定天下之定。已乎已乎！吾且不得及彼乎！」

「行年六十而六十化」，已見《則陽篇》，蘧伯玉亦如是。在萬物則曰禪，在一身則曰化。天地之道恒久而不已，惟於禪於化見之，非以不變爲恒久也，故《易·恒卦彖傳》曰：「利有攸往，終則有始也。日月得天，而能久照。四時變化，而能久成。聖人久於其道，而天下化成。」聖人之化成天下，自其身之能化始，未有己不能化而能化人者也。以此與上天倪、大均及「孰得其久」、「始卒若環」語相印證，則思過半矣。

「勤志服知」，謂勤於志而服於知。「知」讀如智。「服」，服習也。惠子之意，蓋以爲孔子之六十而六十化，實由勤習而然，智進則化耳。此似知孔子，而非真知孔子也，故莊子曰「孔子謝之矣」。「謝之」，猶過之也。《大宗師篇》曰：「以德爲循者，言其與有足者至於丘也，而人直以爲勤行者也。」人以爲勤行，而在孔子則只是順而循之，則何勤志服知之有！故曰「謝之」也。

又曰「而其未之嘗言」者，此事不在言，又非言所可表，故孔子不之言。孔子之所可言者，爲學之大綱而已，故復引孔子云：「夫受才乎大本，復靈以生者。」「才」如孟子「非天之降才爾殊」之才。見《孟子·告子篇》。自天言則曰降，自人言則曰受。「大本」即天也。「靈」者善也。才無有不善。而既生之後，人知開而天知損，善而入於不善者有之矣，若是，則所謂罔之生也幸而免，見《論語·雍也篇》。故曰「復靈以生」，言惟復其善，而後始爲遂其生也。「鳴而當律，言而當法」者，兩「而」字與則字同。「當」讀去聲，中也。「律」，樂律。「法」，禮法也。言「言」先言「鳴」者，「鳴」者聲而「言」者義也。聲則中樂，言則中禮，是「復靈以生」之驗也。孔子之言止此。

「利義陳乎前，而好惡是非直服人之口而已矣」，此以諷惠子也。知其爲諷惠子者，《天下篇》説辯者之囿即云：「能勝人之口，不能服人之心。」以彼證此，其爲諷惠子何疑！舊解以此連接上文，謂亦孔子之言。夫「鳴而當律，言而當法」，則豈直服人之口而已哉！以「鳴而當律，言而當法」爲直服人之口，則「使人乃以心服而不敢蘁，立定天下之定」者，將何如？又豈有出於「鳴而當律，言而當法」之外者乎？以此斷之，則此三言者非孔子之言，又何疑！

「使人乃以心服而不敢蘁」，「蘁」通「咢」。今作咢。咢從屰。屰，逆也。《説文》：「咢，譁訟也。」譁訟謂爭。心服則不敢爭，故曰「使人乃以心服而不敢蘁」，此謂孔子也。知其爲謂孔子者，孟子亦曰：「以德服人者，中心悦而誠服也。如七十子之服孔子也。」「立定天下之定」，舊以「立」屬上句讀，非是。「立定天下之定」，猶後世言「坐定天下」，極形其爲效之速，而不勞用力也。子貢曰：「夫子之得邦家者，所謂立之斯立，道之斯行，綏之斯來，動之斯和。」見《論語・子張篇》。立斯立，道斯行，綏斯來，動斯和，是所謂「立定天下之定」也。

「已乎已乎！吾且不得及彼乎！」「且不得及」，猶顏子言：「雖欲從之，末由也已。」此莊子歎服孔子之辭，發乎中心之誠，故曰「已乎已乎！」然亦所以誘導惠子，而惜乎惠子之莫能領取也。

曾子再仕而心再化，曰：「吾及親，仕三釜而心樂，後仕三千鍾而不洎，吾心悲。」弟子問於仲尼曰：「若參者，可謂無所縣其罪乎？」曰：「既已縣矣。夫無所縣者，可以有哀乎？彼視三釜三千鍾，如觀鳥雀蚊虻相過乎前也。」

曾子名參，已見《駢拇》《外物篇》。此稱「曾子」者，後學者之辭也。「釜」，六斗四升。「鍾」，六斛四斗。古者仕禄以粟，故用量計焉。「及親」者，逮親存也。「不洎」者，親不及也。「若參者，可謂無所縣其罪乎？」「縣」如《養生主篇》「帝之縣解」之縣，係也。「罪」，網也。《説文・辛部》「辠」下云：「犯法也，从辛从自。自，古鼻字。言辠人蹙鼻苦辛之憂。秦以辠似皇字，改爲罪。」又网部「罪」下云：「捕魚竹網，从网非聲。秦以罪爲辠字。」然則此云係其罪者，猶後世云罣於塵網之比，亦謂曾子心既再化，能超然於貧富之外，不爲利禄所籠罩云爾。注家不察，乃以罪作犯辠解。夫即係於禄仕，何辠之有哉！

孔子曰「既已縣矣」者，謂係於哀樂，是亦一網也。故繼之曰「夫無所縣者，可以有哀乎？」《養生主篇》曰：「安時而處順，哀樂不能入也，古者謂是帝之縣解。」哀樂不入，乃爲縣解。則哀樂關情，得不謂之有係乎！夫世人之視三千鍾重於三釜遠矣。曾子則以三千鍾不如三釜之樂，度量自是過於世人。然其於三釜、三千鍾終有多寡之見存，衡以齊物，即與世人未始有異也。故更從而進之曰「夫無所縣者」，「彼視三釜、三千鍾，如觀鳥雀蚊虻相過乎前也」。「觀鳥雀蚊虻過乎前」者，以喻視若無睹，更不爲之判别大小多寡，是所謂齊也。「觀」本或作鸛，又本或無鳥字，《釋文》出「如鸛」字，云：「本亦作觀。」案：「觀」字是也。其作鸛者，則以觀字闕其半，因合鳥字爲一耳。郭注云：「視榮禄若蚊虻鳥雀之在前。」成疏云：「鳥雀大，以喻千鍾；蚊虻小，以比三釜。」則有鳥字甚明，故改正。

《韓詩外傳》曾子曰：「吾嘗仕齊爲吏，禄不過鍾釜，而猶欣欣而喜者，非以爲多也，樂其逮親也。親没之後，吾嘗南游於楚，得尊官焉，堂高九仞，榱題三圍，轉轂百乘，猶北鄉而泣涕者，非爲賤也，悲不逮吾親也。」文雖與此不同，而曾子曾爲顯仕，則知其有徵矣。然《史記·仲尼弟子列傳》云：「曾參少孔子四十六歲。」孔子卒時年七十三，時曾子尚未及三十，其游楚即在中年，孔子卒已久矣，則安得有弟子問及而孔子論之之事，倘亦所謂寓言者邪？

顔成子游謂東郭子綦曰：「自吾聞子之言，一年而野，二年而從，三年而通，四年而物，五年而來，六年而鬼入，七年而天成，八年而不知死、不知生，九年而大妙。生有爲死也。勸公。『以其死也有自也，而生陽也無自也。』而果然乎？惡乎其所適？惡乎其所不適？天有歷數，地有人據，吾惡乎求之？莫知其所以終，若之何其無命也？莫知其所以始，若之何其有命也？有以相應也，若之何其無鬼邪？無以相應也，若之何其有鬼邪？」

「顔成子游」，已見《齊物論》及《徐無鬼》兩篇。「東郭子綦」，《齊物論篇》作南郭子綦，《大宗師篇》作南伯子葵，《徐無鬼篇》作南伯子綦，此作「東郭」者，成玄英疏云：「居在郭東，號曰東郭，猶是《齊物論篇》中南郭子綦也。」案：古以所居爲氏，無爲居移而氏亦改，本書南郭、東郭二氏雜出，如《田子方篇》有東郭順子，《知北游篇》亦有東郭子問於莊子之文，疑此本作南郭，而傳寫者誤作東郭耳。《釋文》於此不出東郭字，則陸元朗作《釋文》時尚未誤，至成作疏始誤也，顧此外無佐證，故仍其舊而不改。

「野」之爲言放也，取《消摇游》「廣莫之野」爲義，蓋非放其胸襟，則暖暖姝姝，守一先生之言，見《徐無鬼篇》。決無由以入道，故工夫之次，以此爲始也。「從」，順也，謂順於人也。《外物篇》云：「順人而不失己。」「通」，通於一也。《齊物論篇》云：「道通爲一。」又云：「唯達者知通爲一。」「物」者，物物而不物於物也。見《山木篇》。「來」，神明大來也。《人間世篇》云：「鬼神將來舍。」鬼神以喻神明。《管子・心術篇》亦云：「虛其欲，神將入舍。」《内業篇》云：「思之思之，鬼神通之，非鬼神之力也，精氣之極也。」可見鬼神非言鬼神。「鬼入」，鬼之爲言歸也。《爾雅・釋訓》文。《易・繫辭傳》所謂「退藏於密」，老子所謂「歸根復命」，本書《繕性篇》所謂「反一無迹，深根寧極」也。「天成」，獨成其天也。見《德充符篇》。「不知死、不知生」，入於不死不生也。見《大宗師篇》。「大妙」，「妙」猶神也。神之又神而能精也。見《天地篇》。此自入手以至成功，其次有九，然大概分之，亦可爲三：由「野」而「通」，《易》之所謂「窮理」，故從、通爲韻；由「物」而「鬼入」，《易》之所謂「盡性」，故物、來、入爲韻；由「天成」而「大妙」，《易》之所謂「至命」，故成、生爲韻。「窮理盡性以至於命」，《易・説卦傳》文。古人之文，往往以韻自爲段落，此亦是也。

「生有爲死也」以下，闡發不知生、不知死之旨。「爲」當讀去聲。《大宗師篇》兩言「善吾生者乃所以善吾死也」，此云「生有爲死也」，正善生以善死之意。「勸公」者，致力於公也。「公」即《則陽篇》「道者爲之公」之公，亦即《齊物論篇》「道通爲一」、「萬物與我爲一」之一，不知公與一，則一身乍生乍死，如何能無生死！知公與一，則死於此者復生於彼，彼猶此也，更何生死之有！此王駘所以視喪其足猶遺土，見《德充符篇》。而子犂所以説鼠肝蟲臂爲無往而不可也，是故惟公可以善生，亦惟公可以善死。「生有爲死也」下，著「勸公」二字，豈徒然哉！郭象注曰：「今所以勸公者，以其死之由私耳。」語既不明，又以「有自」爲有爲，「無自」爲無爲，於是「而果然乎？」本爲反詰之辭者，乃作爲肯定之語，展轉成誤，後之注者紛紛，幾不知從何斷句，皆由不從《莊子》全書通其大義，而惟執一二句之文，强求其解，則宜其觸處窒礙也。

「以其死也有自也」，有生而後有死，故曰「有自」。「而生陽也無自也」，「陽」即《知北游篇》「天地之彊陽氣也」之陽，言其自動而然，故曰「無自」。此當時一種議論。不知萬物以不同形相禪，始卒若環，有生則有死，亦有死則有生，所謂神奇化爲臭腐，臭腐復化爲神奇者是也，故曰「而果然乎？」言其不然也。「惡乎其所適？惡乎其所不適？」「惡」讀如烏，「適」即《大宗師篇》子犂云「又將奚以女爲？將奚以女適」之適。言人之生死無所不之，而亦實無所之也。「地有人據」爲倒文，謂人據有地，各爲畛域也。知其爲倒文者，蓋此以人對天言，非以地對天言也。以「天有歷數」，故有無命、有命之論；以人據有地，故有無鬼、有鬼之論。「吾惡乎求之」者，言將求之於終，則「莫知其所以終」；將求之於始，又「莫知其所以始」；求之精神之感，則「有以相應也」；求之形質之著，又「無以相應也」。然則有命無命、有鬼無鬼，亦如「或使」「莫爲」兩家之説，執之必在物一曲，非合之不成其爲融通也。

「莫知其所以終」，「莫知其所以始」，今各本並無兩「以」字，惟古鈔卷子本有之。案：有者意較備，因據補。

衆罔兩問於景曰：「若向也俯，而今也仰；向也括，而今也被髮；向也坐，而今也起；向也行，而今也止。何也？」景曰：「搜搜也，奚稍問也！予有而不知其所以。予，蜩甲也？蛇蜕也？似之而非也。火與日，吾屯也；陰與夜，吾代也。彼，吾所以有待邪？而況乎以有待者乎！彼來則我與之來，彼往則我與之往，彼彊陽則我與之彊陽。彊陽者，又何以有問乎！」

「罔兩」、「景」，並已見《齊物論篇》。此罔兩言「衆」者，多一光則多一微陰，以其非一，故曰「衆」也。「若」與女同。「括」謂括髮。「搜搜」，摇動貌，指衆罔兩言。「稍」借作屑。奚屑問，奚足問也。「予有而不知其所以」，「有」，謂有此俯仰括髮被髮等相。「不知所以」，不知所以然也。「予，蜩甲也？蛇蜕也？」兩「也」字皆讀如邪。影生於形，猶甲出於蜩，蜕出於蛇，故以相況。然甲蜕有質，而影則無質，故又曰「似之而非也」。「火與日，吾屯也」者，「屯」，頓也。有火日則影留，故曰「吾屯」。「陰與夜，吾代」者，「代」猶謝也。值陰夜則影隱，故曰「吾代」。「彼」字當讀斷。「彼」指形也。「彼，吾所以有待邪」，猶言吾所以有待者彼邪。「而況乎以有待者乎」，「以」讀如已。言彼形者已自有待，非能無所使而然也。「彊陽」，動而不息也，已見上。動而不息，則又豈止俯、仰、括髮、被髮、坐、起、行、止之變而已。故曰「强陽者，又何以有問乎」！

陽子居南之沛，老聃西游於秦，邀於郊，至於梁，而遇老子。老子中道仰天而歎曰：「始以女爲可教，今不可也。」陽子居不答。至舍，進盥漱巾櫛，脱屨户外，膝行而前，曰：「向者弟子欲請夫子，夫子行不閒，是以不敢。今閒矣，請問其過。」老子曰：「而睢睢，而盱盱，而誰與居？大白若辱，盛德若不足。」陽子居蹵然變容曰：「敬聞命矣！」其往也，舍迎將其家，公執席，妻執巾櫛，舍者避席，煬者避竈。其反也，舍者與之爭席矣。

「陽子居」，即楊朱也，已見《應帝王篇》注。居、朱一聲之轉。張湛《列子注》疑子居爲朱之字，非也。「沛」，老子所居，今徐州也。時老子游秦，已西行，故陽子邀之於郊。「邀」與要通，謂要截之於途。《易·同人》：「上九，同人於郊。」王弼注：「郊者，外之極也。」《説文》亦云：「距國百里爲郊。」則凡遠地皆可曰郊，非必如《爾雅·釋地》「邑外謂之郊」也。至梁而遇老子，「梁」即大梁，今開封。蓋追跡久而始及。必叙此者，以見子居欲見老子之心之切，不得作閒文看也。「中道」，道中也。時與老子同行，老子察見其睢睢盱盱之容，故有不可教之歎。「舍」，旅舍也。「盥」，盥洗。「漱」，漱口。「巾」，以備盥洗之用。「櫛」，以理髮也。「膝行而前」，表其敬畏而請罪之誠也。「不閒」，不得閒也，當讀閒之去聲。「閒矣」之「閒」同。「過」猶罪也，本有作故者，非是。若僅問故，則無用膝行而前也。「睢睢」，仰目視；「盱盱」，張目視，皆驕慢之發於不自覺者。「而」與爾同。各本「盱盱」上無「而」字，古鈔卷子本有之，《列子·黄帝篇》此文亦有之，因據補。「而誰與居」者，言將無人與之共處也。「大白若辱」，「若」，似也。「辱」謂汙。不曰汙而曰辱者，與「盛德若不足」協韻也。「盛德」，《老子》書作「廣德」。盛、廣一義。舉此二文者，意謂平昔習聞之語，不應忘之，故「子居蹵然變容」，而爲之不安也。「敬聞命」，猶言敬聞教也。

「舍迎將其家」，「舍」下各本有「者」字，蓋涉下「舍者」而誤。「舍者」，謂同舍之人；「舍」則指旅舍主人。兩者義各不同，於文自當有别。古鈔卷子本無「者」字，《列子·黄帝篇》亦無「者」字，是其證也，因删。「迎將」，迎送也。「公」對妻言，謂主人公。「席」，坐席。「避席」，讓坐也。「煬」，炙也，今謂烤火。「避竈」，讓與炙也。《釋文》以煬爲炊，誤。「其反」，謂送老子行後再來時也。「舍者與之爭席」者，去其驕慢，人遂不復畏而避之也。

莊子發微卷之五

讓王第二十八

篇名「讓王」，而甘貧賤、辭爵賞皆入之，蓋甘貧賤、辭爵賞之心，即讓天下、讓國之心也。中間頗存孔門弟子逸事，雖亦得之傳聞，而卻爲極有關係文字。蘇子瞻乃欲去之，雖謂之無識，不爲過也。

堯以天下讓許由，許由不受。又讓於子州支父，子州支父曰：「以我爲天子，猶之可也。雖然，我適有幽憂之病，方且治之，未暇治天下也。」夫天下至重也，而不以害其生，又况他物乎！唯無以天下爲者，可以託天下也。

舜讓天下於子州支伯，子州支伯曰：「予適有幽憂之病，方且治之，未暇治天下也。」故天下大器也，而不以易生，此有道者之所以異乎俗也。

舜以天下讓善卷，善卷曰：「余立於宇宙之中，冬日衣皮毛，夏日衣葛絺；春耕種，形足以勞動；秋收斂，身足以休食；日出而作，日入而息，消摇於天地之間，而心意自得。吾何以天下爲哉！悲夫，子之不知余也！」遂不受。於是去而入深山，莫知其處。

舜以天下讓其友石户之農，石户之農曰：「捲捲乎后之爲人，葆力之士也！」以舜之德爲未至也。於是夫負妻戴，攜子以入於海，終身不反也。

堯讓許由，已見《消摇游篇》。「子州支父」，「子州」姓，「支父」其字也。「幽憂」猶隱憂。「病」猶患也。謂憂夫生之不養，徒恃以法治天下，禍將中於後世也。舊解即作疾病説，失之。「夫天下至重也」以下五句，爲作者之言。「唯無以天下爲者，可以託天下」，與《在宥篇》「貴以身於爲天下，則可以託天下；愛以身於爲天下，則可以寄天下」語略同。先言「不以害其生」，即貴身愛身義也。

「支伯」即支父。舜時支父年長矣，故稱之支伯。「故天下大器也」三句，亦作者之言。既曰「天下至重」，又曰「天下大器」，則其不滿於當時之鹵莽滅裂以爲政，而冀有真可以託天下、寄天下者，意固較然甚明。説者乃謂莊子之學教人遺棄民物，而不屑理，不亦悖乎！

「善卷」，姓善名卷。兩「衣」字皆讀去聲。「葛」，葛布。「絺」，葛之細者，《國風·葛覃》之詩云「爲絺爲綌，服之無斁」是也。「形」與「身」互文。「休食」，休且食也。「何以天下爲」，言無用乎天下也。「子」以稱舜。「悲夫」者，卷與舜舊識，而竟不相知，所以可悲也。「處」讀去聲。「莫知其處」，莫知其所也。

「石户之農」，石户之地之農也。古隱者多不欲以名傳，故人僅得以其地其業名之，如《論語》之晨門、荷蕢、楚狂接輿皆是。「捲捲」與拳拳同。《國語·齊語》：「有捲勇股肱之力。」捲勇即拳勇也。拳拳，專一用力之貌。「后」，君也，以稱舜。「葆」亦作保。保力猶恃力。「力」謂其勤，非勇力之力也。「以舜之德爲未至」者，自石户之農視舜，所謂「弊弊焉以天下爲事」者。語見《消摇游篇》。其去神人之德遠矣，故云「未至」。「負」，負於肩。「戴」，戴於首。古人荷物，或用首戴，故孟子亦云：「斑白者不負戴於道路矣。」後以男子必冠，於戴不便，故戴多女子爲之，今朝鮮及南洋各地猶然也。「入海」，謂入居海島之中。《論語・微子篇》亦云「少師陽、擊磬襄入於海」。

大王亶父居邠，狄人攻之。事之以皮帛，而不受；事之以犬馬，而不受；事之以珠玉，而不受；狄人之所求者，土地也。大王亶父曰：「與人之兄居，而殺其弟；與人之父居，而殺其子；吾不忍也。子皆勉居矣！爲吾臣，與爲狄人臣，奚以異！且吾聞之：『不以所用養害所養。』」因杖筴而去之，民相連而從之，遂成國於岐山之下。夫大王亶父，可謂能尊生矣。能尊生者，雖貴富，不以養傷身；雖貧賤，不以利累形。今世之人，居高官尊爵者，皆重失之，見利，輕亡其身，豈不惑哉！

「大」讀太。「大王亶父」，《大雅・緜》之詩所稱古公亶父者也。古公猶先公也。此稱「大王」者，武王受命，周公追王大王王季，見《中庸》。從追王以後之辭也。「追王」之「王」讀去聲。「邠」，《詩・豳風》作「豳」，亶父之封也，今陝西邠縣。「狄」，北方種族名，其大名曰狄，其別名曰獯鬻，孟子曰「大王事獯鬻」是也。見《梁惠王篇》。「皮帛」，《孟子》作「皮幣」。亦見

《梁惠王篇》。幣、帛一也。「不受」猶不納。

「大王亶父曰」，《孟子》作「乃屬其耆老而告之曰」，故此云「子皆勉居矣」。「子」即所以稱耆老，「勉居」謂强留也。「奚以異」，何以異也。「不以所用養害所養」，「所用養」謂土地，「所養」謂人。《孟子》作「君子不以其所以養人者害人」。「筴」同策，馬箠也。知其爲馬箠者，《緜》之詩曰：「古公亶父，來朝走馬。率西水滸，至於岐下。」夫曰走馬，則自當用馬箠矣。故「杖」與仗同，謂持也。舊解作拄杖而去之，實誤。「民相連而從之」，「連」，連屬。猶云民從之者相屬。《孟子》作「從之者如歸市」。「岐山」，在今陝西岐山縣東北六十里，以頂分兩岐，故謂之岐山，今名箭括嶺，亦曰箭括山。「成國於岐山之下」，因謂之岐，岐周之名由此起，今岐山縣東北峽陽鎮是也。

「尊生」猶貴生。「重失之」，「重」猶難也，《論語》所謂患失之。見《陽貨篇》。「重失之」，是「貴富」而「以養傷身」者。「見利輕亡其身」，是「貧賤」而「以利累形」者。

越人三世殺其君，王子搜患之，逃乎丹穴。越國無君，求王子搜，而不得，從之丹穴。王子搜不肯出，越人薰之以艾，乘以玉輿。王子搜援綏登車，仰天而呼曰：「君乎君乎！獨不可以舍我乎？」王子搜非惡爲君也，惡爲君之患也。若王子搜者，可謂不以國傷生矣，此固越人之所欲得爲君也。

「殺」，各本皆作「弒」，此從古鈔卷子本。殺、弒古通也。案：司馬貞《史記索隱·越句踐世家》引《竹書紀年》云：「王翳三十三年遷於吴。三十六年七月，太子諸咎弑其君翳，粵殺諸咎。粵同越。粵洎，吴人立子錯枝爲君。明年，大夫寺區定粵亂，立無余之。十二年，寺區弟思弑其君莽安，次無顓立。無顓八年薨，是爲菼蠋卯。」因曰：「故《莊子》云：『越人三弑其君，王子搜患之，逃乎丹穴不肯出，越人薰之以艾，乘以王輿。』樂資云：『號曰無顓。』」然則搜爲君後，號曰無顓，其又曰菼蠋卯者，則越人語耳。若《吕氏春秋·貴生篇》作王子翳，其爲傳聞之誤無疑。

「丹穴」，採丹後所遺之穴也。故越人以艾薰之迫其出。「薰」與熏同，今加火傍作燻。「而不得」，各本「而」字在「越國無君」上，兹據《吕氏春秋·貴生篇》移下。「乘」讀去聲，載也。「玉輿」，輿有玉爲飾，《禮》所謂玉路也。見《周官·春官·巾車》。「路」與「輅」通。「玉」本或作王。古「玉」字作「王」，與「王」形似而譌。「綏」，車中把。《論語》：「升車必正立，執綏。」見《鄉黨篇》。古者立乘，綏所以安也。「援」猶執也。「獨不可以舍我乎」，「舍」讀如「捨」。兩「惡」字，皆讀去聲。「爲君之患」，患乎見殺，故曰「可謂不以國傷生矣」。言「此固越人之所欲得爲君」者，上文云「唯無以天下爲者，可以託天下」者也。

韓、魏相與爭侵地。子華子見昭僖侯，昭僖侯有憂色，子華子曰：「今使天下書銘於君之前，書之言曰：『左手攫之，則右手廢；右手攫之，則左手廢。然而攫之者，必有天下。』君能攫之乎？」昭僖侯曰：「寡人不攫也。」子華子曰：「甚善！自是觀之，兩臂重於天下也，身亦重於兩臂。韓之輕於天下，亦遠矣，今之所爭者，其輕於韓又遠。君固愁身以憂戚之不得也！」昭僖侯曰：「善哉！教寡人者衆矣，未嘗得聞此言也！」子華子可謂知輕重矣。

「侵地」，兩國交界，各以爲己屬之地也。「子華子」，即《則陽篇》之華子。此云「子華子」者，從其弟子尊其所師之稱也。「昭僖侯」，即韓昭侯。《淮南子・要略篇》云：「申子者，韓昭釐之佐。」釐通僖。案：《史記・韓世家》：昭侯八年，申不害相韓，實先昭侯卒。以是證之，知昭侯又謚昭僖也。「銘」猶約也。謂之銘者，書而刻之，以示不改移也。「攫」，捉取。「廢」，斬而去之也。「身亦重於兩臂」，身又重於兩臂也。「憂戚之不得」，「之」與其同，憂戚其不得也。今各本無「之」字，古鈔卷子本有之，據補。「昭僖侯曰」，各本作「僖侯曰」，蓋誤脱「昭」字，茲據上文補之。「子華子可謂知輕重矣」，爲作者之言。

魯君聞顔闔得道之人也，使人以幣先焉。顔闔守陋閭，苴布之衣，而自飯牛。魯君之使者至，顔闔自對之。使者曰：「此顔闔之家與？」顔闔對曰：「此闔之家也。」使者致幣，顔闔曰：「恐聽者謬，而遺使者罪，不若審之。」使者還，反審之，復來求之，則不得已。故若顔闔者，真惡富貴也。

故曰：「道之真，以治身；其緒餘以爲國家；其土苴以治天下。」由此觀之，帝王之功，聖人之餘事也，非所以完身養生也。今世俗之君子，多危身棄生以殉物，豈不悲哉！凡聖人之動作也，必察其所以之，與其所以爲。今且有人於此，以隨侯之珠，彈千仞之雀，世必笑之。是何也？則其所用者重，而所要者輕也。夫生者，豈特隨侯珠之重哉！

「魯君」一本作「魯侯」，李頤云「哀公」，是也。「顔闔」，已見《人間世篇》。「幣」，禮幣。將欲召而用之，故以幣先。「閭」，里門。「陋閭」，猶言陋巷。「苴布」，子麻布也。「飯牛」，飼牛。「自對之」，自應之也。「聽者」之「者」，同之。「聽者謬」，聽之謬也。或以「者」爲衍文，非也。「遺」讀去聲。「遺使者罪」，謂使使者獲罪，若己有以遺之，今俗云「帶累」者是。「審之」，審查之也。「還」讀旋。「求之」，尋之也。「不得已」，「已」讀如矣。「故若顔闔者」句，結此節之文。「故曰」以下，則總結篇首以來諸節。

「真」，本真。「緒餘」猶賸餘。「土苴」，糟魄也。「苴」讀如今「渣」字。「緒餘」「土苴」上，並著「其」字，「其」即謂道。司馬彪以土苴爲糞草，可謂道之糞草乎？成疏用司馬説，後之注家多沿之，蓋未之思也。「所以之」，「之」猶「至」也，謂其後果。「所以爲」，「爲」當讀去聲，謂其目的。「隨」，春秋時漢上國名，相傳得大蛇之珠甚貴，世因謂之隨侯珠。「千仞之雀」，雀之飛翔於千仞之上者，言其不必彈中也。「要」，求也，讀平聲。「豈特隨侯珠之重哉」，各本無「珠」字。俞樾引《吕氏春秋·貴生篇》爲證，謂當有「珠」字，是也，因據補。

子列子窮，容貌有飢色。客有言之於鄭子陽者，曰：「列御寇，蓋有道之士也，居君之國而窮，君無乃爲不好士乎？」鄭子陽即令官遺之粟。子列子見使者，再拜而辭。使者去，子列子入，其妻望之而拊心曰：「妾聞爲有道者之妻子，皆得佚樂，今有飢色，君過而遺先生食，先生不受，豈不命邪？」子列子笑謂之曰：「君非自知我也。以人之言而遺我粟，至其罪我也，又且以人之言。此吾所以不受也。」其卒，民果作難，而殺子陽。

「窮」，困也。「容貌有飢色」，飢餓至見於容貌，言困之甚也。「子陽」，鄭相。《史記·鄭世家》云：「繻公二十年，韓、趙、魏列爲諸侯。二十五年，殺其相子陽。」則子陽戰國初人也。後二十餘年，而鄭滅於韓。「好士」之「好」讀去聲。「遺之粟」，以粟饋列子也。「遺」亦讀去聲。「再拜而辭」，謝之而不受也。「拊」，擊也。「拊心」，如今云搥胸，所以表其憤惋也。「佚」同逸。「佚樂」，安樂也。「君過而遺先生食」，「君」謂子陽，如後世稱相爲相君也。「先生」謂列子。遺先生食而曰「過」者，可以無遺而遺，是謂之過，猶今云錯與也。變粟而言「食」者，見飢者望食之急也。「豈不命邪」，《列子·説符篇》作「豈不命也哉？」「豈不」猶豈非也。

「笑謂之」，解其惑，亦以慰其心，而列子之忘其飢窮亦可見矣。《淮南子·氾論訓》云：「鄭子陽剛毅而好罰，其於罰也，執而無赦。舍人有折弓者，畏罪而恐誅，則因猘狗之驚以殺子陽。」夫舍人，子陽之家臣也。家臣而至畏罪以殺其主，則子陽平日之暴可知。故列子曰：「君非自知我也，以人之言而遺我粟；至其罪我也，又且以人之言。」此非過慮也。剛暴之人，固不可與爲緣也。故列子之不受，亦所謂「不以利累形」者也。曰「其卒民果作難而殺子陽」，正以見列子不受之爲是，而保身必有見於幾先也。「難」讀去聲。猘狗，狂犬也。

楚昭王失國，屠羊説走而從於昭王。昭王反國，將賞從者，及屠羊説。屠羊説曰：「大王失國，説失屠羊；大王反國，説亦反屠羊。臣之爵禄已復矣，又何賞之言！」王曰：「强之。」屠羊説曰：「大王失國，非臣之罪，故不敢伏其誅；大王反國，非臣之功，故不敢當其賞。」王曰：「見之。」屠羊説曰：「楚國之法，必有重賞大功，而後得見。今臣之知不足以存國，而勇不足以死寇。吴軍入郢，説畏難而避寇，非故隨大王也。今大王欲廢法毁約而見説，此非臣之所以聞於天下也。」王謂司馬子綦曰：「屠羊説居處卑賤，而陳義甚高，子其爲我延之以三旌之位。」屠羊説曰：「夫三旌之位，吾知其貴於屠羊之肆也；萬鍾之禄，吾知其富於屠羊之利也。然豈可以貪爵禄，而使吾君有妄施之名乎！説不敢當，願復反吾屠羊之肆。」遂不受也。

「楚昭王」，平王子，名軫。平王聽讒殺其臣伍奢及其子尚，尚弟伍員逃之吴國，吴王闔閭用之，遂以吴師伐楚，入郢，昭王出奔隨，因謂失國也。事在春秋定四年。「屠羊説」，屠羊者名説也。「説」讀如悦。「反國」，復國也。「從者」之「從」讀去聲，謂楚之臣從王效忠而出力者。「及屠羊説」，因遂及於説也。「臣之爵禄已復矣」者，屠羊其本業，比之於仕者之有爵禄，故曰「爵禄已復」也。「又何賞之言」，倒言之，即又何言賞也。「强」讀勉强之强。「强之」，欲其勉受之也。「見」音現。「見之」，欲其來見也。「知」讀智。「存國」，保國也。「死寇」，與寇鬭而死也。「郢」，楚都，今湖北江陵縣東南有故郢城，是也。「畏難」，「難」讀去聲。「非故隨大王」，言非有意從王，特爲避寇而至。欲逃賞，故詭辭以對也。「廢法毁約」，「約」即法也。以國所制定言，謂之法。以與衆共守言，謂之約。言法又言約，見其必不可以廢毁也。「非臣之所以聞於天下」，言此不可使天下聞之。廢法毁約者王，本當言王，不言王而言臣者，事由臣起，避斥尊者，故引之歸己也。

「司馬子綦」，即司馬子期，期、綦古通。「處」讀上聲。「陳義甚高」，「高」與卑賤文對，謂所言義理足尊貴也。「三旌」猶三命。一命而士，再命而大夫，三命而卿。「三旌之位」，卿位也。「延」，引而進之也。「子其」之「其」，各本皆誤作「綦」，宣穎《南華經解》作「其」，是也，兹從宣本。「萬鍾之禄」，卿禄萬鍾也。「然豈可以貪爵禄而使吾君有妄施之名乎」，「妄施」，謂行賞之不當。仍歸結於不願君之有過舉，處處爲君着想，實處處爲國着想，真可謂陳義之高者矣。「遂不受」，卒不受也。

原憲居魯，環堵之室，茨以生草，蓬户不完，桑以爲樞而甕牖，二室褐以爲塞，上漏下溼，匡坐而弦歌。子貢乘大馬，中紺而表素，軒車不容巷，往見原憲。原憲華冠縰履，杖藜而應門。子貢曰：「嘻！先生何病？」原憲應之曰：「憲聞之：『無財謂之貧，學而不能行謂之病。』今憲貧也，非病也。」子貢逡巡而有愧色。原憲笑曰：「夫希世而行，比周而友，學以爲人，教以爲己，仁義之慝，輿馬之飾，憲不忍爲也。」

「原憲」，孔子弟子，姓原名憲，字思，魯人，或云宋人。《論語》第十四《憲問篇》憲問恥，子曰：「邦有道穀，邦無道穀，恥也。」《論語》記弟子問，無有稱名者，此獨稱名，且以之冠一篇之首，當是思所自記。《史記·仲尼弟子列傳》謂孔子没，思亡走草澤。即此，其人可知也。

「環堵之室」，已見《庚桑楚篇》。「茨」，以草蓋屋也。曰茨以生草，則不及待草之乾而即用之，故下云「上漏下溼」也。「蓬户」，編蓬以爲户扇也。單扇曰户。「樞」，户樞。屈桑條以爲之。「甕牖」，以破甕爲牖。「二室褐以爲塞」六字連讀。「褐」如今之毡。「塞」，蔽也。本一室，而用毡蔽隔爲二也。司馬彪注解「褐以爲塞」作以褐塞牖，非是。若以褐塞牖，文當在「甕牖」下，不得在「二室」下也。「匡坐」，正坐也。「弦」下各本無「歌」字，《闕誤》引張君房本有之，《藝文類聚》卷三十五、《太平御覽》卷百七十三及卷三百九十三引文亦有「歌」字，因據補。「匡坐而弦歌」，所謂禮樂不斯須去身，不獨貧而能樂也。

子貢已見《大宗師篇》。「乘大馬」，以四馬駕車，馬皆大也。「紺」，青而含赤色。「中紺表素」，紺爲中衣，復加素爲表也。「軒車」，大夫所乘車，曲輈，且有藩以爲蔽者。「不容巷」，巷狹而車大，不容出入也。《仲尼弟子列傳》云「子貢時相衛」，當是也。

「華」同樺。「華冠」，以樺皮爲冠。「縰履」，履無跟也。「藜」已見《徐無鬼篇》。藜草似蓬，其莖堅壯，可以爲杖。「杖藜應門」，見其德也。故子貢曰：「嘻！先生何病？」「何病」者，何其病也。病謂困。「聞之」，聞之夫子也。「學而不能行」，學而不能實踐也。「逡巡」，進退不得也。「希世而行」，「希」同睎，謂觀望世俗之好惡以爲去就。「比周而友」，「比周」猶阿黨也，謂所交友皆由阿私黨同而然。「學以爲人」，不務本而干譽。「教以爲己」，不服善而自專。「仁義之慝」，「慝」借作忒，失也。此與車馬之飾爲對文，言飾車馬而失仁義也。曰「憲不忍爲」，以諷子貢之忍於爲之。於此亦可見孔子門下朋友責善之嚴。

曾子居衛，縕袍無表，顏色腫噲，手足胼胝；三日不舉火，十年不製衣，正冠而纓絶，捉衿而肘見，納屨而踵決；曳縰而歌《商頌》，聲滿天地，若出金石；天子不得臣，諸侯不得友。故養志者忘形，養形者忘利，致道者忘心矣。

「曾子」已見《駢拇》《外物篇》。曾子，魯人，其居衛蓋寓居也。「縕袍」，袍之以麻絮爲褚者。古人衣裘與袍必有表，若今罩衫然。此云「無表」，言單著縕袍而已。或解作袍無面子者，大誤也。「噲」通癐。「腫癐」，腫而有病色也。「胼胝」，皮堅厚也，俗云生老繭，蓋親勞作使然。「不舉火」，無以炊也。「纓」，冠纓，歲久爛腐，故正冠而遂絶也。「衿」，領也。「捉衿」猶言挈領。「肘見」者，袖破也。「見」讀現。「屨」，麻履。「納」猶著也。「踵決」，後跟裂也。「歌《商頌》」者，《樂記》云：「商者五帝之遺聲也，商人識之，故謂之商。」又云：「明乎商之音者，臨事而屢斷。」臨事而屢斷，勇也。歌之，所以見其勇決，故曰「聲滿天地，若出金石」。又曰「天子不得臣，諸侯不得友」者，其志氣之盛，有非天子諸侯所可得而屈者也。「養志者忘形」三句，所以總結「子列子」以下數節之文，「忘利」謂子列子、屠羊説，「忘形」謂原憲、曾子，「致道者忘心」，則又進而言之。「忘心」者，並忘利、忘形之心而無之也，如是則至於道，故曰「致道者忘心」。此言養形，猶言養生，與《達生篇》云「養形不足以存生」之養形不同，是則不可不辨。

孔子謂顏回曰：「回，來！家貧居卑，胡不仕乎？」顏回對曰：「不願仕。回有郭外之田五十畝，足以給飦粥；郭内之田十畝，足以爲絲麻；鼓琴足以自娱；所學夫子之道者，足以自樂也。回不願仕。」孔子欣然變容，曰：「善哉，回之意！丘聞之：『知足者，不以利自累也；審自得者，失之而不懼；行脩於内者，無位而不怍。』丘誦之久矣。今於回而後見之，是丘之得也。」

「顏回」已見《人間世篇》。「居卑」，言處賤也。「胡不仕」，勸之仕也。「郭」，外城。「飦」音干，飯也。「絲」謂種桑飼蠶，得以爲帛。「麻」謂種麻，得以爲布也。「所學夫子之道，足以自樂」，此句爲主。《論語》云：「一簞食，一瓢飲，在陋巷，人不堪其憂，回也不改其樂。」蓋爲是也。再言「不願仕」者，見其志之決也。「欣然」各本皆作愀然，《釋文》云「愀一本作欣」。以下文「善哉，回之意」，及「是丘之得也」語氣觀之，作「欣」是也，故兹改從「欣」。「欣然」言變容者，以回之賢而貧賤，當勸其仕時，孔子固有爲之不豫者。今喜其好學如此，道有傳人，改而欣然，故云「變容」也。「知足者不以利自累」，對上家貧説。「行脩於内者，無位而不怍」，對上居卑説。「不怍」者，不慊也。「審自得者，失之而不懼」，對回之言自娱、自樂説。「審」者，誠也，信也。「失之」者，失其所當有，兼利與位而言之。「不懼」者，惟有守，故無畏也。夫不怍，仁也；不以自累，智也；不懼，勇也。三言者蓋具三德，故曰「丘誦之久矣」。「今於回而後見之」者，久欲見之而不得，今始得之，故曰「而後見之」也。「是丘之得」，得回而道有所託也。然則爲之欣然，復何疑乎！

中山公子牟謂瞻子曰：「身在江海之上，心居魏闕之下，奈何？」瞻子曰：「重生。重生則利輕。」中山公子牟曰：「雖知之，未能自勝也。」瞻子曰：「不能自勝，則從之。神無惡乎？不能自勝，而强不從者，此之謂重傷。重傷之人，無壽類矣。」魏牟，萬乘之公子也，其隱巖穴也，難爲於布衣之士；雖未至乎道，可謂有其意矣。

「中山公子牟」，即魏牟，已見《秋水篇》，以其爲魏之公子，故曰魏公子牟，省稱則曰魏牟，牟又封於中山，故又曰中山公子牟也。「瞻」與詹通，《吕氏春秋・審爲篇》、《淮南子・道應訓》皆作詹子，其名不可考。「魏闕」，「闕」，門也，以其巍然高大，故謂之魏闕，即《馬蹄篇》之所云儀臺。「心居魏闕之下」，言念念不忘朝廷。「居」猶止也。「未能自勝」，「勝」，克也，讀去聲。「不能自勝則從之」，各本「從」下無「之」字，《呂氏春秋》、《淮南子》皆有「之」，有「之」字意較完足。且「從之」與上「知之」文正一例相應，疑傳寫脱之，故據《呂覽》、《淮南》增補。「從之」者，任之也。「神無惡乎」當連下「不能自勝而强不從者」爲句，意謂既不能自克，又勉强不從，則神將惡之也。「惡」讀去聲。「惡之」，言神所不能受也，故曰「此之謂重傷」。「重傷」者，甚傷也。「重傷之人無壽類」者，言非壽考者之儔類也。

「萬乘之公子」，萬乘之國之公子也。「其隱巖穴也」，所謂「身在江海之上」。江海言其大，巖穴言其幽，皆謂高蹈而遠引也。「難爲於布衣之士」，較布衣之士爲難能也。「雖未至乎道，可謂有其意」者，有爲道之意，今雖未至，終可漸望其至也。

孔子窮於陳、蔡之間，七日不火食，藜羹不糁，顔色甚憊，而弦歌於室。顔回擇菜，子路子貢相與言曰：「夫子再逐於魯，削迹於衛，伐樹於宋，窮於商、周，圍於陳、蔡，殺夫子者無罪，藉夫子者無禁。弦歌鼓琴，未嘗絶音，君子之無恥也，若此乎！」顔回無以應，入告孔子。孔子推琴，喟然而歎曰：「由與賜，細人也。召而來，吾語之。」子路、子貢入。子路曰：「如此者可謂窮矣！」孔子曰：「是何言也！君子通於道之謂通，窮於道之謂窮。今丘抱仁義之道，以遭亂世之患，其何窮之爲！故内省而不窮於道，臨難而不失其德。大寒既至，霜雪既降，吾是以知松柏之茂也。陳、蔡之隘，於丘其幸乎！」孔子削然反琴而弦歌，子路扢然執干而舞。子貢曰：「吾不知天之高也，地之下也。古之得道者，窮亦樂，通亦樂，所樂非窮通也。道德於此，則窮通爲寒暑風雨之序矣。故許由娛於潁陽，而共伯得乎共首。」

「窮於陳、蔡之間，七日不火食」，已見《天運》及《山木》兩篇。彼作「圍」，此作「窮」者，承上數節而言之，皆窮之事，故先云「窮」而後云「圍」也。「藜羹」，以藜爲羹。「糝」，米屑。「不糝」，絶無米也。「憊」，困而病也。

「菜」即指藜言。藜與蓬近似。藜可食，蓬則不可食，故須擇之。「再逐於魯」，見《山木篇》。「削迹於衛」以下三事，見《天運》及《山木》兩篇。「殺」，傷害也。「藉」，陵藉，猶今云淩辱也。「無罪」、「無禁」，蓋互文。「弦歌鼓琴，未嘗絶音」，對上弦歌於室言。「君子之無恥也若此乎」，蓋怪孔子不抵抗而忍受，故以無恥爲言。此憤辭，非疑辭也。「顏回無以應」者，回聞其語，欲應之而不知何以應，故曰「無以應」。或因此乃謂上文子路、子貢相與言爲與回言，非也。「由與賜，細人也」，猶《論語》稱「小人哉，樊須也」，見《子路篇》。言其所見之細小，非謂其人品之卑也。「由」，子路名。子路姓仲，名由，魯人。「召而來」，召之來也。「入」，入室也。

「如此者可謂窮矣」，「如此」，指七日不火食以至顏色甚憊言。「是何言也！」「也」讀如邪，不然子路之言也。「通於道之謂通，窮於道之謂窮」，窮與通對。「窮於道」者，不通於道也。道即下云仁義之道。「遭亂世之患」，遭亂世之害也。「何窮之爲」，倒文，猶云何爲之窮。何爲之窮，何謂之窮也。「内省而不窮於道」二句，乃串文，非對文，言惟内省而不窮於道，斯能臨難而不失其德也。「難」，患難，讀去聲。「大寒」，各本皆作天寒，俞樾《諸子平議》以天爲「大」之誤，引《吕氏春秋·慎人篇》爲證，是也，兹據改。《論語》云：「歲寒，然後知松柏之後凋也。」見《子罕篇》。與此文義同。「陳、蔡之隘」，「隘」，迫隘，猶窮也。「於丘其幸乎」者，幸遇窮而有以自考驗也。

「削然」，宋本一作俏然。案：削、俏皆悄之借，悄然猶安然也。「扢」與仡通，勇壯貌。「干」，楯也。「執干而舞」，樂所謂武舞也。舊以削然爲反琴聲，誤。扢然非干聲，則削然非琴聲明矣。「不知天之高」，天之高不可知也。「不知地之下」，地之下亦不可知也。以喻「得道者窮亦樂，通亦樂」，爲不可測也。「所樂非窮通」者，所樂不關乎窮通也。「道德於此」，「德」與得通，謂於是而得道，與上「古之得道者」句相應，《吕氏春秋·慎人篇》作「道得於此」可證也。「則窮通爲寒暑風雨之序」者，人事之有窮通，猶天時之有寒暑風雨，節序使然，不足爲之動也。「許由」已見上。「娱」，自娱。「潁陽」，潁水之陽，由之所隱居也。「共伯」，共伯和也。共國在今河南共縣，音恭。司馬彪注云：「共伯脩其行，諸侯皆以爲賢。周厲王之難，天子曠絶，諸侯請以爲天子，共伯不聽，即干王位。案：干如《詩》言「干城」之干，與「扞」同，謂保王位而攝行王事也。解作干犯者誤。十四年，召公立宣王。共伯復歸於宗，消揺得意共山之首。」言復歸於宗，不言復歸於國者，共伯既入周攝行王事，國别立君，歸則無位，故不得言歸國，特歸於宗子之所耳。「得」即得意。得意者，得遂其初志也。共山今爲共丘山，在共縣西。「首」，山根也。

舜以天下讓其友北人無擇，北人無擇曰：「異哉，后之爲人也！居於畎畝之中，而游堯之門，不若是而已，又欲以其辱行漫我。吾羞見之！」因自投清泠之淵。

「北人無擇」，姓北人，名無擇也。「畎」古文作甽，田間水道。廣尺深尺曰甽。古者井田，一畝之地，必有甽貫其中，故「畎畝」恒連言。「游堯之門」，譏其游於天子之門，下文所謂「辱行」也。「不若是而已」，不如是而止也。「以辱行漫我」，「漫」猶汙也。「清泠之淵」，江中淵名，《釋文》引一云「在南陽郡西崿山下」，不知何據。

湯將伐桀，因卞隨而謀，卞隨曰：「非吾事也。」湯曰：「孰可？」曰：「吾不知也。」湯又因瞀光而謀，瞀光曰：「非吾事也。」湯曰：「孰可？」曰：「吾不知也。」湯曰：「伊尹何如？」曰：「强力忍垢，吾不知其他也。」湯遂與伊尹謀。伐桀，剋之，以讓卞隨，卞隨辭，曰：「后之伐桀也，謀乎我，必以我爲賊也；勝桀而讓我，必以我爲貪也。吾生乎亂世，而無道之人，再來漫我以其辱行，吾不忍數聞也。」乃自投椆水而死。湯又讓瞀光，曰：「知者謀之，武者遂之，仁者居之，古之道也。吾子胡不立乎？」瞀光辭，曰：「廢上，非義也；殺民，非仁也；人犯其難，我享其利，非廉也。吾聞之曰：『非其義者，不受其禄；無道之世，不踐其土。』況尊我乎！吾不忍久見也。」乃負石而自沈於廬水。

「桀」，夏王桀也。「卞隨」，姓卞名隨，當時之賢而隱者。「因」，就也，就之謀伐桀之事也。「孰可」者，問孰可與謀也。「瞀光」即務光，已見《大宗師》及《外物篇》。「伊尹」見《庚桑楚篇》。「强力」，「强」當讀去聲，謂能自勉强也。「忍垢」，謂能受汙。孟子曰：「何事非君，何使非民，治亦進，亂亦進，伊尹也。」見《公孫丑》及《萬章篇》。又曰：「五就湯，五就桀者，伊尹也。」見《告子篇》。即此，尹子「强力忍垢」可知，故曰「伊尹，聖之任者也」。見《萬章篇》。湯問伊尹，瞀光曰：「强力忍垢，吾不知其他也。」亦可謂能知伊尹者矣。

「剋」，克也。「以我爲賊」，「賊」如孟子「賊仁者謂之賊」之賊，言忍也。「數」讀入聲。「不忍數聞」者，不忍湯之屢以言來黷也。「椆」，本又作桐。案：古周、同一音，《小雅·車攻》之詩「弓矢既調」與「射夫既同」爲韻，是其證，則椆水、桐水爲一水，非有二也。

「知」讀智。「知者謀之」，謂伊尹。「武者遂之」，湯自謂。「遂」，成也。「仁者居之」，謂務光。「立」，古位字。胡不位者，何不就天子之位也。「廢上」謂放桀。「殺民」謂用兵。用兵則不能不殺人也。「人犯其難」，「難」讀去聲，謂冒其艱險。「我享其利」，謂享其成功，故曰「非廉」。「非其義」，非其所爲也。此「義」字虛，與上文「廢上非義也」之「義」别。「不受其禄」，不仕而已。「不踐其土」，則不欲爲之民。「尊我」，謂奉我爲君也。「不忍久見」者，不忍久見湯之非義非仁與無道也。

湯放桀於南巢，南巢，今安徽巢縣也。湯都亳，亳今河南商丘，後遷西亳，今河南偃師。則卞隨、瞀光所居，當不出今河南、安徽之界，故桐水疑在今安徽桐城，廬水即廬江也。《釋文》：「桐水，一云在范陽郡界。廬水，司馬本作盧水，在遼東西界，一云在北平郡界。」湯時疆域，不及太行以北，遑言遼東！其所云桐水、廬水之地，皆不足信也。

北人無擇與卞隨、瞀光其不受天下，與許由、子州支父、善卷、石户之農同，而不與數人者並列，乃於篇末説之，推作者之意，亦以其輕生爲過，如《刻意篇》所云「枯槁赴淵者，特爲亢而已矣」，不足語於聖人之道也。其間高下予奪，亦自有微意存，不可忽視之也。

昔周之興，有士二人，處於孤竹，曰伯夷、叔齊。二人相謂曰：「吾聞西方有人，似有道者，試往觀焉。」至於岐陽，武王聞之，使叔旦往見之，與之盟，曰：「加富二等，就官一列。」血牲而埋之。二人相視而笑曰：「嘻！異哉！此非吾所謂道也。昔者神農之有天下也，時祀盡敬，而不祈喜；其於人也，忠信盡治，而無求焉。樂與政爲政，樂與治爲治，不以人之壞自成也，不以人之卑自高也，不以遭時自利也。今周見殷之亂，而遽爲政，上謀而行貨，阻兵而保威，割牲而盟以爲信，揚行以説衆，殺伐以要利，是推亂以易暴也。吾聞古之士，遭治世不避其任，遇亂世不爲苟存。今天下闇，周德衰，其並乎周以辱吾身也，不如避之以絜吾行。」二子北至於首陽之山，遂餓而死焉。若伯夷、叔齊者，其於富貴也，苟可得已，則必不賴。高節戾行，獨樂其志，不事於世，此二士之節也。

伯夷、叔齊，已見《大宗師》及《駢拇》諸篇。夷、齊爲孤竹君之子，而此云「有士二人」者，古者世子齒於學，與士齊，故《小戴禮記·郊特牲篇》云：「天子之元子，士也。天下無生而貴者也。」語本《士禮·冠禮》。《士禮》即《儀禮》。天子之元子猶士，則以「士」稱孤竹君之子何疑！「西方有人似有道者」，謂文王也。孤竹國在今盧龍，於方位爲東，故稱周爲西方，孟子亦曰：「伯夷辟紂，居北海之濱，聞文王作，興曰：『盍歸乎來！』」見《離婁》《盡心》二篇。「岐陽」，岐山之陽也。「叔旦」，周公旦也。旦爲武王弟，於伯仲爲叔，故稱叔旦。「加富二等」，富謂祿也。「就官一列」，「一列」猶一位也。「血牲而埋之」，古者爲盟，以牲血塗於盟書，而埋之所盟壇下，以表信於鬼神也。此云「血牲」，「血」爲動字，義謂塗牲之血。

「嘻」，怪而嘆之之辭。「神農」已見《胠篋篇》。「時祀」，四時之祭。「喜」與禧通。「不祈喜」，不求福也。「盡治」，盡其治理也。「無求焉」，不責報於人也。「與政爲政」，兩「政」字皆正之借。《呂氏春秋·誠廉篇》有此文，竝作「正」，是也。「樂正與爲正、樂治與爲治」，謂有樂乎正者則與之爲正，有樂乎治者則與之爲治，即「善與人同」之意，故下文云「不以人之壞自成也，不以人之卑自高也，不以遭時自利也」。

「今周見殷之亂而遽爲政」，「遽」之爲言急也，急於爲政，蓋有取殷而代之之心焉，則與前之三言者異矣，是以「上謀而行貨」。「上謀」之「上」與尚同。尚謀者，重謀也。「行貨」，謂以爵禄誘天下，如曰「加富二等，就官一列」是。「行貨」上舊有「下」字，王念孫曰：「下字後人誤加。」案：「上謀而行貨」，與「阻兵而保威」文相對，則不得有「下」字甚明，故據王説删。「阻兵」，恃兵也。春秋隱四年《左氏傳》「阻兵無衆」，杜預注曰：「恃兵則民殘，民殘則衆畔。」是阻兵爲恃兵也。「保威」，保其武威也。「割牲而盟以爲信」，即指上與盟之事。「揚行以説衆」，「行」讀去聲，「説」讀悦，謂播揚其行以取悦於衆。「殺伐以要利」，「要」讀平聲。「殺伐」承「阻兵」「保威」説。「要利」，求利也。「推亂以易暴」，即《采薇》之歌所云「以暴易暴」也。《采薇》歌見《史記・伯夷列傳》。

「其並乎周以辱吾身也」，「也」當讀如邪。「塗」猶汙也。此爲一開一合之文。謂「其並乎周以辱吾身」，此一開。則「不如避之以絜吾行」，此一合。《吕氏春秋》「其」上有「與」字而此無有，文本不盡同也。解者或據《吕覽》以爲此脱「與」字，當補，非也。又以爲「並」字無義，當作立字，不知「並」從雙立，本有立義。此夷、齊二人相商度語，以二人偕行，故特用「並」字。春秋戰國之文，於六書猶頗致謹，而以後世爲文之例視之，宜其不解也。「絜」與潔同。

「首陽山」，即《禹貢》之雷首，在今山西永濟縣南。「遂餓而死」者，非以餓而死，餓以至於死也，故《論語》但云「餓於首陽之下，民到於今稱之」，不言死也。「不賴」，不恃也，此蓋指其讓國而逃言，故曰「苟可得已，則必不賴」。本所有而去之，是之謂不恃。若曰不受周禄，則固其本志，何言得已不得已哉！「戾行」，「戾」與厲通。《吕覽》作厲行，一也。

盜跖第二十九

此篇三節，惟末節可取，首節則至爲淺陋，三十三篇中最下乘也。

孔子與柳下季爲友。柳下季之弟，名曰盜跖。盜跖從卒九千人，横行天下，侵暴諸侯，穴室樞户，驅人牛馬，取人婦女，貪得忘親，不顧父母兄弟，不祭先祖；所過之邑，大國守城，小國入保，萬民苦之。孔子謂柳下季曰：「夫爲人父者，必能詔其子；爲人兄者，必能教其弟。若父不能詔其子，兄不能教其弟，則無貴父子兄弟之親矣。今先生，世之才士也，弟爲盜跖，爲天下害，而弗能教也，丘竊爲先生羞之。丘請爲先生往説之。」柳下季曰：「先生言：『爲人父者必能詔其子，爲人兄者必能教其弟。』若子不聽父之詔，弟不受兄之教，雖今先生之辯，將奈之何哉？且跖之爲人也，心如湧泉，意如飄風，强足以拒敵，辯足以飾非，順其心則喜，逆其心則怒，易辱人以言。先生必無往。」孔子不聽，顔回爲馭，子貢爲右，往見盜跖。

盜跖乃方休卒徒大山之陽，膾人肝而餔之。孔子下車而前，見謁者，曰：「魯人孔丘，聞將軍高義，敬再拜謁者。」謁者入通。盜跖聞之，大怒，目如明星，髮上指冠，曰：「此夫魯國之巧僞人孔丘，非邪？爲我告之：『爾作言造語，妄稱文、武，冠枝木之冠，帶死牛之脅，多辭繆説，不耕而食，不織而衣，摇脣鼓舌，擅生是非，以迷天下之主，使天下學士，不反其本，妄作孝弟，而儌倖於封侯富貴者也。子之罪大極重，疾走歸！不然，我將以子肝益晝餔之膳！』」

孔子復通曰：「丘得幸於季，願望履幕下。」謁者復通。盜跖曰：「使來前！」孔子趨而進，避席反走，再拜盜跖。盜跖大怒，兩展其足，案劍瞋目，聲如乳虎，曰：「丘，來前！若所言，順吾意則生，逆吾心則死！」孔子曰：「丘聞之：『凡天下人有三德：生而長大，美好無雙，少長貴賤，見而皆説之，此上德也；知維天地，能辯諸物，此中德也；勇悍果敢，聚衆率兵，此下德也。』凡人有此一德者，足以南面稱孤矣。今將軍兼此三者，身長八尺二寸，面目有光，脣如激丹，齒如齊貝，音中黄鍾，而名曰盜跖，丘竊爲將軍恥不取焉。將軍有意聽臣，臣請南使吴、越，北使齊、魯，東使宋、衛，西使晉、楚，使爲將軍造大城數百里，立數十萬户之邑，尊將軍爲諸侯，與天下更始，罷兵休卒，收養昆弟，共祭先祖。此聖人才士之行，而天下之願也。」

盜跖大怒曰：「丘，來前！夫可規以利，而可諫以言者，皆愚陋恒民之謂耳。今長大美好，人見而説之者，此吾父母之遺德也。丘雖不吾譽，吾獨不自知邪？且吾聞之：『好面譽人者，亦好背而毁之。』今丘告我以大城衆民，是欲規我以利，而恒民畜我也，安可久長也！城之大者，莫大乎天下矣。堯、舜有天下，子孫無置錐之地；湯、武立爲天子，而後世絶滅；非以其利大故邪？且吾聞之：『古者禽獸多而人民少，於是民皆巢居以避之，晝拾橡栗，暮栖木上，故命之曰有巢氏之民。古者民不知衣服，夏多積薪，冬則煬之，故命之曰知生之民。神農之世，卧則居居，起則于于，民知其母，不知其父，與麋鹿共處，耕而食，織而衣，無有相害之心，此至德之隆也。然而黄帝不能致德，與蚩尤戰於涿鹿之野，流血百里。堯、舜作，立羣臣，湯放其主，武王殺紂。自是之後，以强陵弱，以衆暴寡。湯、武以來，皆亂人之徒也。』

「今子脩文、武之道，掌天下之辯，以教後世，縫衣淺帶，矯言僞行，以迷惑天下之主，而欲求富貴焉，盜莫大於子。天下何故不謂子爲盜丘，而乃謂我爲盜跖？子以甘言説子路，而使從之。使子路去其危冠，解其長劍，而受教於子，天下皆曰：『孔丘能止暴禁非。』其卒之也，子路欲殺衛君，而事不成，身菹於衛東門之上，是子教之不至也。子自謂才士聖人邪？則再逐於魯，削迹於衛，窮於齊，圍於陳、蔡，不容身於天下。子教子路菹，此患，上無以爲身，下無以爲人。子之道豈足貴邪？

「世之所高，莫若黄帝，黄帝尚不能全德，而戰涿鹿之野，流血百里。堯不慈，舜不孝，禹偏枯，湯放其主，武王伐紂，文王拘羑里，此六子者，世之所高也。孰論之，皆以利惑其真而强反其情性，其行乃甚可羞也。

「世之所謂賢士：伯夷、叔齊辭孤竹之君，而餓死於首陽之山，骨肉不葬；鮑焦飾行非世，抱木而死；申徒狄諫而不聽，負石自投於河，爲魚鼈所食；介子推至忠也，自割其股，以食文公，文公後背之，子推怒而去，抱木而燔死；尾生與女子期於梁下，女子不來，水至，不去，抱梁柱而死。此六子者，無異於磔犬流豕，操瓢而乞者，皆離名輕死，不念本養壽命者也。

「世之所謂忠臣者，莫若王子比干、伍子胥。子胥沈江，比干剖心，此二子者，世謂忠臣也，然卒爲天下笑。

「自上觀之，至於子胥、比干，皆不足貴也。丘之所以說我者，若告我以鬼事，則我不能知也；若告我以人事，不過此矣，皆吾所聞知也。今吾告子以人之情：目欲視色，耳欲聽聲，口欲察味，志氣欲盈。人上壽百歲，中壽八十，下壽六十，除病瘐、死喪、憂患，其中開口而笑者，一月之中，不過四五日而已矣。天與地無窮，人死者有時，操有時之具，而託於無窮之間，忽然，無異騏驥之馳過隙也。不能說其志意，養其壽命者，皆非通道者也。丘之所言，皆吾之所棄也，亟去走歸，無復言之！子之道，狂狂汲汲，詐巧虛僞事也，非可以全真也，奚足論哉！」

孔子再拜，趨走出門，上車，執轡三失，目芒然無見，色若死灰，據軾低頭，不能出氣。歸到魯東門外，適遇柳下季。柳下季曰：「今者闕然數日不見，車馬有行色，得微往見跖邪？」孔子仰天而歎曰：「然。」柳下季曰：「跖得無逆女意若前乎？」孔子曰：「然。丘所謂無病而自灸也，疾走料虎頭，編虎須，幾不免虎口哉！」

「柳下季」，魯大夫展獲也，「季」其字，一字禽，食邑柳下，故稱柳下季，其卒也，其妻謚之曰惠。見《列女傳》。《論語》《孟子》皆曰柳下惠者，稱其謚也。《釋文》曰：「案：《左傳》云：展禽是魯僖公時人，至孔子生八十餘年，若至子路之死百五六十歲，不得爲友，是寄言也。」竊謂不獨孔子與禽年歲不相及也，即跖爲禽之弟亦未可信。《釋文》引李奇注《漢書》云：「跖，秦之大盜也。」則跖爲秦人。秦人安得爲魯大夫之弟乎！不獨此也。《淮南子·說林訓》曰：「柳下惠見飴，曰可以養老；盜跖見飴，曰可以黏牡。見物同，而用之異。」其以惠與跖對言，猶孟子曰：「雞鳴而起，孳孳爲善者，舜之徒也。雞鳴而起，孳孳爲利者，跖之徒也。」以舜與跖對言也。本書《駢拇篇》：「伯夷死名於首陽之下，盜跖死利於東陵之上。」夷、跖對言，亦此類。迹其文義，惠與跖不獨不同地，亦且不必同時，況云有兄弟之親乎！且盜跖之名，見於諸子之書者多矣，若《荀子》，若《呂氏春秋》，皆未嘗言其爲惠之弟，而惟此篇云然。以孔子與柳下季爲友之例推之，其以跖爲季之弟，同爲寓言可知也。顧自有是文之後，學士文人殆無不認惠、跖之爲昆弟者，惠何不幸而有是弟！跖又何所愛而有是兄！文中明言「跖貪得忘親，不顧父母兄弟，不祭先祖」，不啻告人跖無兄弟矣，而必强加跖以柳下爲兄，其不善會於文意，若作者有知，亦當爲之竊笑耳。故不憚費辭，一一爲辯之。

「從卒」之「從」讀去聲。「樞户」之「樞」，謂提其樞而移之，如《淮南子》所云「以飴黏牲」牲，門橛也。之類。「穴室」，「穴」作動字用。「樞户」，「樞」亦作動字用也。《胠篋篇》云：跖之徒問於跖曰：「盜亦有道乎？」跖曰：「何適而無有道邪？夫妄意室中之藏，聖也；入先，勇也；出後，義也；知可否，知也；分均，仁也。五者不備，而能成大盜者，未之有也。」此云「穴室樞户，驅人牛馬，取人婦女」，其行徑與上説正相合。由是可知，「從卒九千人，橫行天下，侵暴諸侯」，以及「所過之邑，大國守城，小國入保」諸語，皆誇大之談，羌非事實。何以言之？天下豈有從卒數千人，其「取人財物」，乃有待於「穴室樞户」者哉？即以文字論，矛盾鑿枘亦甚矣，予所以判此文爲淺陋之至也。「入保」，「保」同堡，入於障塞而保聚也。

「詔」，誥戒也。「往説」，「説」音稅，今所謂説服也。「心如湧泉」，言其不可抑制。「意如飄風」，言其難以測度。「强足以拒敵」，「敵」，對也，謂以言辭與之對抗者，承上「説之」與「辯」言，非戰敵之敵也。「順其心則喜，逆其心則怒」，兩「心」字有一爲「意」之闕文，觀下文「順吾意則生，逆吾心則死」，亦以「心」「意」對舉可見。「馭」同御。

「大山」，「大」讀太，即泰山也。「膾」音儈，肉細切之曰膾。「餔」音鋪，食也。「謁者」，主通賓客者。「敬再拜謁者」，此「者」字爲語辭，猶今云的，謂再拜而求謁見也。「髮上指冠」，「上」讀上聲，豎也。「此夫魯國之巧僞人孔丘非邪」，乃倒文，謂此非夫魯國之巧僞人孔丘邪？「爲我告之」，「爲」讀去聲。「文、武」，周文王、武王也。「冠枝木之冠」，上「冠」字讀去聲，戴也。「枝木之冠」，謂以木之枝條爲冠，與下「帶死牛之脅」，以死牛脅上之皮爲帶，皆極形孔子冠帶之儉陋，上所云「巧僞」是也。司馬彪注謂冠多華飾，如木之枝繁者，失之。「繆説」，

「繆」同謬，迷惑也。「不反其本」，「本」謂本業，指耕而食言。「疾走歸」，速走歸也。「膳」，肴饌也。

「得幸於季」，幸得交於季也。「願望履幕下」，願一望顏色而履幕下，意求必見也。「避席」，讓席。「反走」，卻行也。「兩展其足」，跖不坐而箕倨，故得左右伸其足也。「瞋目」，努目視也。「乳虎」，虎子也。「若所言」，女所言也。「三德」猶三善。「少長」，「少」去聲，「長」上聲。「說之」，「說」同悅。「知」讀智。「維天地」猶絡天地。「絡天地」，見《天道篇》。「能」，才能。「辯諸物」，「辯」同「辨」，辨別諸物也。「激丹」猶渥丹。《詩·秦風·終南》之篇曰：「顏如渥丹。」「齊貝」猶列貝。「中」讀去聲，合也。「黄鍾」爲六律之首，其音宏大。「音中黄鍾」，言跖之聲雄而亮，所謂如乳虎者也。「爲將軍」，「爲」去聲。「恥不取」者，恥之而不取也。「南使」四「使」字讀去聲。「使爲將軍」，「使」讀上聲。「大城數百里」、「數十萬户之邑」，皆誇辭過當。孟子云：「五里之城，七里之郭。」見《公孫丑篇》。此諸侯之制也。周公營成周，城方千七百二十丈，郛十七里，南繫於洛水，北因於郟山，以爲天下湊。見《逸周書·作洛篇》。此天子之制也。以天子之制，郛不過十七里，郛即郭。豈不欲廣大哉！當時人力所就，蓋至是而極，則安得有數百里之大城！蘇秦以合從說齊宣王，曰「臨淄之中七萬户」。臨淄，齊之都城也，而不過七萬户。當時號大邑，輒曰萬户而止，則安得有數十萬户之邑！說人者，語必近情而後可入，況以聖人之言，脩辭立誠，正名當物，一無所苟者，而乃爲是不經之談，欲以歆動剛很如跖者哉！亦可謂不善模擬人之辭令者已。「更始」猶更新。「共祭」，「共」讀如「恭」，敬祀也。「行」讀去聲。

「規」，勸也。「恒民」猶言常人。「皆愚陋恒民之謂」，乃倒文，言皆謂之愚陋恒民耳。「好面譽人，好背而毁之」，兩「好」字皆去聲。「畜我」猶待我。「命」，名也。「煬」，向火也，已見《寓言篇》。「知生」，謂知求生道也。「居居」同倨倨，便安也。「于于」，已見《應帝王篇》。「致德」，盡德也。「蚩尤」，當時北方王者之名。黄帝與蚩尤戰，詳見《史記·五帝本紀》。「涿鹿」，今之涿州也。「立羣臣」，謂置百官。

「縫」亦作「摓」，或作「逢」。「縫衣」，廣袖之衣。「淺帶」猶緩帶也。「矯言」，飾言也。「以甘辭説子路」者，「説」音税。子路本好勇力，陵暴孔子，孔子設禮以誘之，乃儒服謝罪，因門人請爲弟子，見《史記·仲尼弟子列傳》，故此云然。「危冠」，高冠也。「衛君」謂蒯聵。靈公逐蒯聵，立其子輒爲後。靈公卒，輒立，是爲出公。蒯聵自晉入，爲亂，劫衛大夫孔悝使助己，與之登臺，子路爲悝邑宰，欲救拔悝，攻臺，不克。聵使人夾擊之，遂死。詳見《弟子列傳》及《衛世家》。「菹」同「葅」，猶醢也。謂糜之以爲肉醬。「窮於齊」者，魯昭公既出奔，魯亂，孔子適齊，齊景公欲封孔子以尼谿之田，爲晏嬰所沮而止，孔子遂去齊，蓋謂此事。「此患」上當有脱文。「患」即指「再逐於魯」以下數事。以自罹此患，故曰「上無以爲身」。以教子路而見菹，故曰「下無以爲人」也。

「堯不慈」，即下節所謂堯殺長子也。「舜不孝」，當謂不告而娶，事見《孟子·萬章篇》。「偏枯」，半身廢也。「羑里」，殷獄名。文王爲紂所囚，七年而後釋。「偏枯」，積勞所致。「羑里」，無罪而見囚。而以與不慈、不孝、放主、伐紂並論，亦可見作者置辭之淩亂無序矣。「孰」讀如「熟」。「孰論之」，細論之也。「伯夷」、「叔齊」，已見前。「骨肉不葬」，謂無子嗣，因不得葬埋。「鮑焦」，周人。「非世」，非刺當時也。焦以子貢責之曰：「吾聞非其政者不履其地，汙其君者不受其利。今子履其地，食其利，而非之，其可乎？」焦曰：「賢人易愧而輕死。」遂抱木立枯焉。見《韓詩外傳》。「申徒狄」，已屢見。「諫而不聽」，謂狄將自沈，崔嘉聞而止之，狄不從，遂沈河而死。亦見《韓詩外傳》。「介子推」，《春秋左氏傳》作介之推，僖公二十四年傳曰：「晉侯賞從亡者，介之推不言祿，祿亦弗及，遂隱而死。」此所謂「文公後背之」者。割股及抱木燔死事，見劉向《説苑》及《新序》，所謂龍蛇之歌云「龍飢無食，一蛇割股」者也。「以食文公」，「食」音嗣。「梁」，木橋也。「磔犬」，犬被磔殺。「流豕」，豕被漂流。「操瓢而乞者」，乞人而遭凍餒以死。「離名」，「離」，罹也，謂爲名所罣罹。「輕死」，輕於死也。「本養壽命者」，養生盡年爲人之本務，故曰「本養壽命」。《釋文》云：「本或作卒。」卒則終盡之義也。「比干」、「子胥」，已屢見。

「自上觀之，至於子胥、比干」，謂自上黄帝以下至於二人也。「人之情」，猶人之真也。「察味」猶辨味。「盈」謂滿足也。「瘐」亦病也，舊作「瘦」，誤，依王念孫校改。「死喪」，謂遭新戚之喪亡。「人死者有時」，「有時」，有期限也。「忽然」，言速之甚也。「説其志意」，「説」讀「悦」。「狂」讀如「誑」。「狂狂」，以形其詐巧。「汲」與「伋」通，故本亦作「伋」。「汲汲」，以形其虚僞。「全真」，即全其情。此爲跖之説，覼縷至五六百言，而歸根不過「説其志意，養其壽命」八字，實莊學之糟粕，文亦破碎飣餖，鮮有神采。以視《列子・楊朱篇》設爲管仲、晏子之論養生，子產、公孫朝、公孫穆之辯好酒、好色，尚遠不能及。而謂孔子爲之「執轡三失，目芒然無見，色若死灰，據軾低頭，不能出氣」，豈真不自知其文之醜邪？不然，則何其誣罔悖謬之至於斯極也！郭子玄以是編入三十三篇之中，亦可謂不知去取者矣。

「芒然」同茫然。「軾」，車前横木，以備乘者憑之之用者。「微」猶無也。「若前」者，若前之所言也。「灸」，以艾灼體療病也。「料」同「撩」。「須」原「鬚」字。「不免虎口」，言遭噬也。

子張問於滿苟得曰：「盍不爲行？無行則不信，不信則不任，不任則不利。故觀之名，計之利，而義真是也。若棄名利，反之於心，則夫士之爲行，不可一日不爲乎！」滿苟得曰：「無恥者富，多信者顯。夫名利之大者，幾在無恥而信。故觀之名，計之利，而信真是也。若棄名利，反之於心，則夫士之爲行，拂其天乎！」

子張曰：「昔者桀、紂貴爲天子，富有天下，今謂臧聚曰『汝行如桀、紂』，則作色有不服之心者，小人，所賤也。仲尼墨翟，窮爲匹夫，今謂宰相曰『子行如仲尼、墨翟』，則變容易色，稱不足者，士，誠貴也。故勢爲天子，未必貴也；窮爲匹夫，未必賤也；貴賤之分，在行之美惡。」滿苟得曰：「小盜者拘，大盜者爲諸侯，諸侯之門，義士存焉。昔者桓公小白，殺兄入嫂，而管仲爲臣；田成子常，殺君竊國，而孔子受幣。論則賤之，行則下之，則是言行之情悖，戰於胸中也，不亦拂乎！故書曰：『孰惡孰美？成者爲首，不成者爲尾。』」

子張曰：「子不爲行，即將疏戚無倫，貴賤無義，長幼無序，五紀六位，將何以爲别乎？」滿苟得曰：「堯殺長子，舜流母弟，疏戚有倫乎？湯放桀，武王殺紂，貴賤有義乎？王季爲適，周公殺兄，長幼有序乎？儒者僞辭，墨者兼愛，五紀六位將有别乎？且子正爲名，我正爲利。名利之實，不順於理，不監於道。吾日與子訟於無約。」

曰：「小人殉財，君子殉名。其所以變其情，易其性，則異矣；乃至於棄其所爲，而殉其所不爲，則一也。故曰：無爲小人，反徇而天；無爲君子，從天之理。若枉若直，相而天極；面觀四方，與時消息。若是若非，執而圓機。獨成而意，與道徘徊。無轉而行，無成而義，將失而所爲；無赴而富，無殉而成，將棄而天。比干剖心，子胥抉眼，忠之禍也；直躬證父，尾生溺死，信之患也；鮑子立乾，申子自埋，廉之害也；孔子不見母，匡子不見父，義之失也。此上世之所傳，下世之所語。以爲士者正其言，必其行，故服其殃，離其患也。」

「子張」，孔子弟子，姓顓孫，名師，陳人。以《論語》有「子張問行」之章，見《衛靈公篇》。故此以爲行託之於張也。「滿苟得」，假名，《曲禮》曰「臨財毋苟得，臨難毋苟免」，以言財利，故名之曰苟得，而姓滿。「滿」即上節所云「志氣欲盈」者也。「盍」與曷通。曷不猶何不也。「行」讀去聲。「爲行」，猶言脩行。「不信」，不見信於人也。「不任」，不爲人任用也。「義」即謂行。《天地篇》曰：「跖與曾、史行義有間矣，然其失性，均也。」行、義並言，可證也。「若棄名利反之於心」者，謂即捨名利不論，但反諸本心，士亦不可一日不脩行也。「無恥者富」，苟得者必無恥也。「多信者顯」，此「信」當讀如「伸」。多伸者，不甘屈抑而貪於進取也。「幾在」，殆在也。「拂其天」，「拂」舊作「拖」，誤。

「臧」即《駢拇篇》「臧穀」之臧，奴也。「聚」讀如「扞掫」之掫，謂守夜者，後世之所謂更夫，亦奴之輩，皆言其賤也。「作色」，今各本皆作「有怍色」，惟張君房本「怍」作「作」，無「有」字。案：「作色」正與下「變容易色」對，則作「作色」是也。「作色」者，表其憤，故曰「有不服之心」，意相貫注。若曰「有怍色」，又曰「有不服之心」，上下意參差矣，故茲從張本改正。「小人所賤」者，小人謂桀、紂。所賤言臧聚亦知賤之。「小人」字當頓。「宰相」，宰自宰，相自相。「宰」如一邑之宰，如少宰、太宰皆是。少宰、太宰，宋國有其官。「相」如管仲相桓公與孔子攝行相事之相，非如後世以宰相連稱也。宰相並言其貴。「變容易色」，形其不安。「稱不足者」，言不足以當之也。「士誠貴」，「士」指孔、墨。「拘」，被拘囚也。「諸侯之門義士存」者，言行義之士亦不得不出入諸侯之門，如下云管仲、孔子是也。「小白」，齊桓公名。「入嫂」，納嫂也。「田成子」，已見《胠篋篇》，本名恒，此作常者，漢人避文帝諱因而改之也。「孔子受幣」，史無其事。魯哀公十四年，陳恒弑齊簡公，孔子沐浴請討，見於《論語》及《春秋左氏傳》。十六年，孔子遂卒。中間相隔不及兩年。是時孔子已老，無復用世之心，何爲而受成子之幣！戰國時，處士橫議，造作蜚語，以厚誣古先聖哲者多矣，此亦其類，固無待於繁徵博引以爲之辯也。「論則賤之，行則下之」，此「行」字讀平聲。謂言論時則賤之，行事時則爲之下，故曰「言行之情悖」，言言與行實未免相反也。以言行相反，反之於心，終不能安，故曰：「戰於胸中，不亦拂乎！」「拂」即拂其心，拂其天也。「書曰」者，引古記之言。「孰惡孰美」，無所謂美惡也。「成者爲首，不成者爲尾」，成則居上，不成則居下也。「美」與「尾」爲韻。

「疏戚」，親疏也。「倫」，次也。「五紀六位」，俞樾曰：「五紀即五倫。六位，即《白虎通》之六紀，謂諸父、兄弟、族人、諸舅、師長、朋友。」是也。「堯殺長子」，《釋文》引崔譔曰「堯殺長子考監明」，不知所出。「舜流母弟」，弟謂象也。《孟子》萬章問曰：「象日以殺舜爲事，立爲天子，則放之，何也？」孟子曰：「封之也。或曰放焉。」見《萬章篇》。流、放一義，則當時固有是説矣。「王季爲適」，「適」同「嫡」，謂大王傳位季歷，而泰伯仲雍逃之吴也。《論語·泰伯篇》言泰伯「三以天下讓」，即此事。季本非嫡，曰爲嫡者，視之如嫡也。「周公殺兄」，謂管叔以殷畔，周公殺管叔，見《史記·周本紀》及《魯世家》。「僞辭」猶巧辭。「兼愛」，所謂愛無差等也。「爲名」「爲利」，「爲」字讀去聲。「監」，本亦作「鑑」，字通，謂明也，察也。「日」，異日也。「訟」謂斷其是非。「無約」亦假名，義取於無拘束。

「曰」以下，無約之言也。「所爲」、「所不爲」，與孟子言「無爲其所不爲，無欲其所不欲」

義同。「無爲」二句見《盡心篇》。「所爲」，本所當爲。「所不爲」，本所不當爲也。「反殉而天」，「而」與「爾」同，反從爾天也。下諸「而」字並同。「相而天極」，「相」，視也。「天極」猶天則。「與時消息」，隨時損益也。「圓機」，「圓」謂圓轉自在，「機」，樞機。以天體圓而運行不息，故曰「圓機」。言「圓機」，猶言天樞也。「獨成而意」，「獨」謂不爲物移。「成」，遂也。「與道徘徊」，與道進退也。「無轉而行」，王念孫云：「轉讀爲專。專、轉古通用。《山木篇》『一龍一蛇，與時俱化，而無肯專爲』，即此所謂無專而行也。」王説是也。「無成而義」，此「成」與上「成」字義異，如成心、成見之成，謂一成而不變。「將失而所爲」者，謂若專行成義，則將失其所爲也。「無殉而成」，「成」，成功，謂利也。不言利而言成者，取其與「天」爲韻，與上「義」與「爲」相協對也。「義」從我聲，古讀如「俄」。「爲」讀如「譌」，故相協韻。「將棄而天」，亦謂赴富殉成，將棄其天。

「抉眼」，子胥將死，曰：「抉吾目懸之東門，以觀越師之入也。」因抉其目。見《吴越春秋》。「直躬」，「躬」其名，以直見稱，因曰「直躬」。《論語》葉公語孔子曰：「吾黨有直躬者，其父攘羊，而子證之。」是也。見《子路篇》。「鮑子」即鮑焦，見上。「立乾」，「乾」音干，謂立而枯死也。「申子」即申徒狄。「自埋」，謂自投於河。曰「埋」者，劉熙《釋名》云：「葬不如禮曰埋。埋，痗也，趣使痗腐而已。」投河亦取其速腐，故謂之埋也。本有作「申子不自理」者，「理」爲「埋」譌，「不」涉下文兩「不」字而衍。陸氏《釋文》云：「申子，謂申生也。」案稱某子者，皆以姓，不聞以名。且申生之行，世可謂之孝，不得謂廉。注家有用陸説者，皆失考也。「孔子不見母」，此亦誣辭。孔子合葬其母於防，見於《小戴禮記·檀弓篇》，且曰：「吾聞之：古也墓而不墳。今丘也，東西南北之人也，不可以弗識也。」於是封之。夫死而猶欲識其墓，豈有生而不見其人者乎？成疏曰：「孔子滯耽聖迹，歷國應聘，其母臨終，孔子不見。」夫母死不歸，但可罪其不奔喪，不得便謂之不見母。雖曲爲之説，終無解於人之惑也。若是者，直斷其誣可矣，焉取迴護哉！「匡子」，匡章也，齊人。「不見父」事見《孟子·離婁篇》，公都子曰：「匡章，通國皆稱不孝焉，夫子與之遊，又從而禮貌之，敢問何也？」孟子曰：「夫章子，子父責善而不相遇也。「不相遇」，猶言不相得。爲得罪於父，不得近，出妻屏子，終身不養焉。」中有節文。由孟子之言觀之，是匡子因事强諫其父，其父不受，遂逐匡子，不與相見。然則乃匡父不見子，非匡子不見父也。且匡子爲得罪於父，至出妻屏子，獨居終身，用以自責，匡子未嘗以是爲義，又安得曰「義之失」乎！

「上世之所傳」謂遠事，如申徒狄、比干是。「下世之所語」謂近事，如尾生、匡子是。「正其言」，「正」如孟子「必有事焉而勿正」之正，見《公孫丑篇》。「必其行」，「必」如《論語》「言必信，行必果，硜硜然小人哉」之必，見《子路篇》。皆謂固執而不知變化也。「服其殃」，受其禍也。「離」與罹通。罹其患，遭其害也。

此文「故曰無爲小人」至「將棄而天」一段，頗模仿《秋水篇》之文，似若可取，而曰「忠之禍」、「信之患」、「廉之害」、「義之失」，一蔽其罪於忠信義廉，則實與莊子之學相牾。《人間世篇》引仲尼之言曰：「天下有大戒二：其一命也，其一義也。子之愛親，命也，不可解於心；臣之事君，義也，無適而非君也。無所逃於天地之間，是之謂大戒。」又曰：「爲人臣子者，固有所不得已。行事之情而忘其身，何暇至於悦生而惡死！」莊子之外生死，全由明於義命之分讀去聲。而然，豈有取忠信義廉而悉排之之説哉！若是文者，自是莊子之後學所爲。然其失莊子之意，則亦甚矣！嗚呼！學之難得傳人如是，即又何怪後之説莊者之多臆解哉！

無足問於知和曰：「人卒未有不興名就利者。彼富則人歸之，歸則下之，下則貴之。夫見下貴者，所以長生安體樂意之道也。今子獨無意焉。知不足邪？意知而力不能行邪？故推正不妄邪？」知和曰：「今夫此，人以爲與己同時而生，同鄉而處者，以爲夫絶俗過世之士焉。是專無主正，所以覽古今之時，是非之分也。與俗化世，去至重，棄至尊，以爲其所爲也。此其所以論長生、安體、樂意之道，不亦遠乎！憯怛之疾，恬愉之安，不監於體；怵惕之恐，欣懽之喜，不監於心。知爲爲而不知所以爲，是以貴爲天子，富有天下，而不免於患也。」

無足曰：「夫富之於人，無所不利。窮美究勢，至人之所不得逮，聖人之所不能及。俠人之勇力而以爲威强，秉人之知謀以爲明察，因人之德以爲賢良，非享國而嚴若君父。且夫聲色、滋味、權勢之於人，心不待學而樂之，體不待象而安之。夫欲惡避就，固不待師，此人之性也。天下雖非我，孰能辭之！」知和曰：「知者之爲故，動以百姓，不違其度，是以足而不爭，無以爲，故不求。不足，故求之，爭四處，而不自以爲貪；有餘，故辭之，棄天下，而不自以爲廉。廉貪之實，非以迫外也，反監之度。勢爲天子，而不以貴驕人；富有天下，而不以財戲人。計其患，慮其反，以爲害於性，故辭而不受也，非以要名譽也。堯、舜爲帝而雍，非仁天下也，不以美害生也；善卷、許由得帝而不受，非虛辭讓也，不以事害己。此皆就其利，辭其害，而天下稱賢焉，則可以有之，彼非以興名譽也。」

無足曰：「必持其名，苦體絶甘，約養以持生，則亦猶久病長阨而不死者也。」知和曰：「平爲福，有餘爲害者，物莫不然，而財其甚者也。今富人耳營於鐘鼓筦籥之聲，口嗛於芻豢醪醴之味，以感其意，遺忘其業，可謂亂矣；侅溺於馮氣，若負重行而上坂也，可謂苦矣；貪財而取慰，貪權而取竭，靜居則溺，體澤則馮，可謂疾矣；爲欲富就利故，滿若堵耳而不知辟，且馮而不舍，可謂辱矣；財積而無用，服膺而不舍，滿心戚醮，求益而不止，可謂憂矣；内則疑劫請之賊，外則畏寇盜之害，内周樓疏，外不敢獨行，可謂畏矣。此六者，天下之至害也，皆遺忘而不知察，及其患至求盡，性竭財單，以反一日之無故，而不可得也。故觀之名則不見，求之利則不得，繚意絶體而爭此，不亦惑乎！」

「無足」、「知和」，亦假名。「人卒」，人衆也，已見《秋水篇》。「興名」，興於名。「就利」，就乎利也。「下之」，謂降下於己。「貴之」，謂尊貴己。「見下貴」，謂爲人所降下而尊貴之也。「安體」，以身言。「樂意」，以心言。身心安樂則可長壽，故以「長生」二字冠之。「知不足邪」，「知」讀去聲。「意」同「抑」。「故」同「固」。「不妄」，各本作「不忘」。《釋文》云：「忘或作妄。」案：「妄」與「正」對，作「妄」是本字，「忘」則假借也，兹從本字作「妄」。此文分三層，言所以無意於名利者，智不及知乎？抑知之而力不能行乎？其固以正爲妄，因推之而不欲從於妄乎？就無足言，以名利爲正，故謂之正；而就知和言，則以名利爲非正，故探其意而謂之曰妄也。

「今夫此」，「此」字當頓，「此」即指上無足所言之名利與下之貴之。「以爲夫絶俗過世之士焉」，此「以」字與「已」同。「絶俗」，對「同鄉而處」言。「過世」，對「同時而生」言。意謂本同時，何足以爲過世！本同地，何足以爲絶俗！而所以爲者乃如此，其見之淺陋已甚矣。故曰「是專無主正，所以覽古今之時，是非之分也」。「是」以下十七字當作一句讀，「主」即「中無主而不止」之主，「正」即「外無正而不行」之正。「中無主」二句見《天運篇》。「專」猶一也。一無主正，斥其中既無主見，外又不知取正。而此主與正者，固所以覽古今之時，是非之分者也。今一無之，是以「與俗化世，去至重，棄至尊，以爲其所爲也」。「與俗」，猶言同乎俗。「化世」，爲世所化也。「至重」、「至尊」，尊重在我而不在人者，謂德也、和也。「爲其所爲」，上云「興名就利」是也。「興名就利」，非真能安體樂意而長生之道也，故曰「此其所以論長生、安體、樂意之道，不亦遠乎」！「慘怛」，痛楚也。「恬愉」，已見《在宥篇》。「監」，察也。「慘怛之疾，恬愉之安，不監於體」，言其不察體之孰爲安、孰爲疾。「怵惕」，驚悚也。「怵惕之恐，欣懽之喜，不監於心」，言其不察心之孰爲恐、孰爲喜。故曰「知爲爲而不知所以爲」。若是，雖「貴爲天子，富有天下」，而猶「不免於患」。「貴爲天子」，名之至也。「富有天下」，利之至也。而猶「不免於患」，則興名就利之非長生安體樂意之道，彰彰明矣。

無足雖雙提名利，而所重實在利，此觀其名爲「無足」可見也，故於此特言「富之於人，無所不利」。雖猶是富則人歸之、下之、貴之之説，而曰「窮美究勢，至人之所不得逮，聖人之所不能及」，則視前又甚矣。「至人」、「聖人」，已見《消搖游篇》。「窮美」者，美無以復加。「究勢」者，勢不得更進。「窮」、「究」一義，皆盡也。「逮」亦及也。「俠人之勇力」四句，即承「究勢」言。「俠」與挾同。「秉」，把也。「知謀」之「知」讀智。「因」，用也。言人之勇皆其威，人之智皆其明，人之德皆其賢，故不必享國而尊如君父。此所以應上「貴爲天子，富有天下，而不免於患」之説也。「聲色、滋味、權勢之於人」，「人」字當頓。「心不待學而樂之，體不待象而安之」，心體對言，猶上體意對言也。「象」者像也，謂摹倣，與學同義，故曰「欲惡避就，固不待師，此人之性也」。「惡」讀去聲。「不待師」，不待教也。「天下雖非我，孰能辭之」者，言此不獨我，凡天下之人，孰有辭聲色、滋味、權勢而不欲受者哉！

「知者之爲故」句。「知」讀智。「故」猶事也。「故」與「度」爲韻。「動以百姓」，非爲己也。「不違其度」，非從欲也。「度」者，《易·節卦彖傳》所謂「節以制度，不傷財，不害民」者也。惟有度，是以「足而不爭」。而爭起於求，求由於須，「無以爲」，則不須也，故又曰「無以爲，故不求。不足，故求之，爭四處，而不自以爲貪」。「四處」者：一聲，二色，三滋味，四權勢。此針對無足之所主而言。舊解「四處」爲四方，非也。「有餘，故辭之，棄天下而不自以爲廉」，此應上至重、至尊之語而言。有重於天下、尊於天下者，則無不足而有餘矣，故能棄天下也。「不自以爲貪」，不知其貪也；「不自以爲廉」，亦不知其廉也。「廉貪之實，非以迫外」者，「迫」，急也，切也。曰廉曰貪，不以切求於外者而定，而實定於内之有餘不足，故曰「反監之度」。「反監之度」者，反而察其有度、無度而已。「戲人」，侮人也。「慮其反」，「反」如曾子曰「出乎爾者，反乎爾者也」之反，見《孟子·梁惠王篇》。謂報也。「辭而不受」者，非辭天子、天下，特去其貴驕財戲，則雖爲天子，而忘其爲天子，雖有天下，而一若無天下，是之謂「辭而不受」也。「要」讀平聲，與「邀」同。

「堯、舜爲帝而雍」，「雍」，和也，《堯典》所謂「黎民於變時雍」是也。此以堯、舜爲帝而不辭，與「善卷、許由得帝而不受」對言。爲而不辭，故曰「非仁天下」。得而不受，故曰「非虚辭讓」。不受者固不以事害己，不辭者亦不以美害生，故曰「此皆就其利，辭其害，而天下稱賢焉」。「辭其害」者，亦曰不蒙其害云爾，非謂辭之而不爲也。章太炎《莊子解故》用孫詒讓之説，以「雍」爲「推」之誤，謂推位於善卷、許由。若然，則但曰「不以美害生」足矣，何云「非仁天下」也！「非仁天下」者，有仁天下之事，而無仁天下之見存也。「仁天下」之事，於何徵之？則於「黎民於變時雍」徵之，故上文著一「雍」字，亦可謂言簡而意賅者矣。改「雍」爲「推」，斯前後文俱成不可解。孫仲容特一時不察，率爲之説，而太炎主之，後之注家又從而遵奉之，過矣。「可以有之」，有夫賢之名也。稱之自人，而後已受而有之，非本爲興於名而一仁一讓也，故曰「彼非以興名譽也」。此破無足興名之説也。

「持其名」，守其名也。「絶甘」，絶甘美之味。「約養」，「約」，節也，節耳目之養。「持生」謂保其生。「則亦」下各本無「猶」字，據江南古藏本補。「阨」，困也。無足因知和「不違其度」、「反監之度」語故設此以難之，謂若是，即與久病長困而不死者何異！雖曰不害生，生亦何取乎！

「平」之爲言中也，得其中則爲福，過則爲害。此言有餘，謂過也。「物莫不然，而財其甚」，特提「財」字，此破無足就利之説也。「耳營」下各本無「於」字，據下文「口嗛於芻豢醪醴之味」有「於」字，則上亦當有之，蓋傳寫誤脱也，因補。「筦」與「管」同。「嗛」，快也。「芻豢」，已見《齊物論篇》。「醪」，醇酒。「醴」，酒之帶滓者，若今之甜酒。「感」與《山木篇》「異鵲感周之顙」之「感」同，爲「撼」之借。撼其意，摇動其意也。或曰「感」爲「惑」之譌，亦通。以意爲摇惑，所以遺忘其業也。「侅溺於馮氣」，「馮」音憑，盛也，滿也。盛滿之氣，因上「嗛於芻豢醪醴」而言。嗜口腹者，填腸塞胃，其氣充滿，上則侅，下則溺，《釋文》云「飲食至咽爲侅」，是也。「溺」者，沈也，故曰「侅溺於馮氣，若負重行而上坂也」。各本無「坂」字，張君房本有之，成疏云：「猶如負重上阪而行。」是成本亦有「坂」字，故補。「貪財而取慰」，「慰」與《外物篇》「慰暋沈屯」之「慰」同，讀若「鬱」。貪財取鬱，貪權取竭，鬱、竭皆切本身言。鬱者鬱其氣，竭者竭其精，故下曰「可謂疾矣」。

章太炎《解故》云：「《詩・小雅傳》：『慰，怨也。』貪財而取慰，猶言放於利而行多怨。」以「怨」釋「慰」，似若徑切，然與「疾」意不合，故不取也。「静居」言其不動，以不動故體澤。澤之爲言肥也。《春秋》成六年《左傳》曰：「於是乎有沈溺重膇之疾。」「静居則溺」者，所謂沈溺之疾。「體澤則馮」者，所謂重膇之疾也。「爲欲富就利故」句。「爲」讀去聲。「滿若」猶滿然，言其志之盈也。「堵耳」，塞耳也。「不知辟」，不知法也。不知法，則不免取辱，故曰「可謂辱矣」。「辟」，今各本作「避」，辵傍蓋不知者所加。「辟」改爲「避」，所避者何？上下無文，遂不可解，用特正之。「馮而不舍」者，「馮」，恃也，仗也。仗其富而不能施捨也。富而不施，則怨讟日至，是亦辱之類也。「服膺」，念兹在兹也。「不舍」，此「舍」謂捨棄，謂不能忘之。以不能忘，故「滿心戚醮」。「醮」讀如焦，焦急也。「求益而不止」，所謂無足也。「劫請」，「請」，求也。劫而求之，是爲劫請。「劫請」多出之親戚家人，故曰「内則疑劫請之賊」。「寇盗」來之自外，故曰「外則畏寇盗之害」。「内周樓疏」，此「内」謂在家。「周」，備也。「樓疏」，「疏」，牕也。劉熙《釋名》曰：「樓謂牖户之間，有射孔婁婁然也。」然則古之爲樓，正爲防盗而設，取其高可以瞭望，又可以射遠也，所謂「射孔婁婁然」者，即此「疏」也。「外」謂出外。「不敢獨行」，《達生篇》所云「夫畏途者，十殺一人，則父子兄弟相戒，必盛卒徒而後敢出焉」者也。

「六者」，亂、苦、疾、辱、憂、畏也。「至害」猶云大害。「患至求盡，性竭財單」，兩文相對。「單」同「殫」，亦盡也。「以反一日之無故」，「反」，還也。「無故」猶無事。謂欲求如昔時貧居之安而不可得也。本興名而卒之「名則不見」，本就利而卒之「利則不得」，乃「繚意絶體而爭此，不亦惑乎！」「繚」，纏也，繞也。纏繞其意，謂苦心勞思，此對上「樂意」説，言未嘗樂。「絶體」，謂殘形傷生，此對上「安體」説，言何嘗安也。

説劍第三十

此文與《戰國策》之文絶似，其爲後出無疑。

昔趙文王喜劍，劍士夾門而客，三千餘人，日夜相擊於前，死傷者歲百餘人，好之不厭。如是三年，國衰，諸侯謀之。

太子悝患之，募左右曰：「孰能説王之意，止劍士者，賜之千金。」左右曰：「莊子當能。」太子乃使人以千金奉莊子。莊子弗受，與使者俱往見太子，曰：「太子何以教周，賜周千金？」太子曰：「聞夫子明聖，謹奉千金，以幣從，夫子弗受，悝尚何敢言！」莊子曰：「聞太子所欲用周者，欲絶王之喜好也。使臣上説大王，而逆王意，下不當太子，則身刑而死，周尚安所事金乎？使臣上説大王，下當太子，趙國何求而不得也！」太子曰：「然吾王所見唯劍士也。」莊子曰：「諾。周善爲劍。」太子曰：「然吾王所見劍士，皆蓬頭突鬢，垂冠曼胡之纓，短後之衣，瞋目而語難，王乃説之。今夫子必儒服而見王，事必大逆。」莊子曰：「請治劍服。」治劍服三日，乃見太子。

太子乃與見王，王脱白刃待之。莊子入殿門不趨，見王不拜。王曰：「子欲何以教寡人，使太子先？」曰：「臣聞大王喜劍，故以劍見王。」王曰：「子之劍何能禁制？」曰：「臣之劍，十步一人，千里不留行。」王大説，曰：「天下無敵矣！」莊子曰：「夫爲劍者，示之以虚，開之以利，後之以發，先之以至。願得試之。」王曰：「夫子休就舍，待命令設戲待夫子。」

王乃校劍士，七日，死傷者六十餘人，得五六人，使奉劍於殿下，乃召莊子。王曰：「今日試使士敦劍。」莊子曰：「望之久矣。」王曰：「夫子所御杖，長短何如？」曰：「臣之所奉皆可。然臣有三劍，唯王所用，請先言而後試。」王曰：「願聞三劍。」曰：「有天子劍，有諸侯劍，有庶人劍。」王曰：「天子之劍何如？」曰：「天子之劍，以燕谿、石城爲鋒，齊、岱爲鍔，晉、衛爲脊，周、宋爲鐔，韓、魏爲夾；包以四夷，裹以四時，繞以渤海，帶以恒山；制以五行，論以刑德，開以陰陽，持以春夏，行以秋冬。此劍直之無前，舉之無上，案之無下，運之無旁，上決浮雲，下絶地紀。此劍一用，匡諸侯，天下服矣。此天子之劍也。」文王芒然自失，曰：「諸侯之劍何如？」曰：「諸侯之劍，以知勇士爲鋒，以清廉士爲鍔，以賢良士爲脊，以忠聖士爲鐔，以豪傑士爲夾。此劍直之亦無前，舉之亦無上，案之亦無下，運之亦無旁；上法圓天，以順三光；下法方地，以順四時；中和民意，以安四鄉。此劍一用，如雷霆之震也，四封之内，無不賓服而聽從君命者矣。此諸侯之劍也。」王曰：「庶人之劍何如？」曰：「庶人之劍，蓬頭突鬢，垂冠曼胡之纓，短後之衣，瞋目而語難。相擊於前，上斬頸領，下決肝肺。此庶人之劍，無異於鬭雞，一旦命已絶矣，無所用於國事。今大王有天子之位，而好庶人之劍，臣竊爲大王薄之。」王乃牽而上殿，宰人上食，王三環之。莊子曰：「大王安坐定氣，劍事已畢奏矣。」於是文王不出宮，三月，劍士皆服斃其處也。

「趙文王」，武靈王子惠文王也，名何。武靈王初傳位於何，自號主父。越四年，而爲李兑所弑，時何年十六耳。莊子當梁惠、齊宣之世，約與孟子同時。何之立，爲梁襄王二十年、齊湣王十五年，時莊子即未死，亦已老矣。且莊子不受魏、楚之聘，安得以趙太子悝一言，而至「垂冠曼胡之纓，短後之衣」，見惠文而説劍哉！則其爲假託之言，固不待辯也。「喜劍」，喜劍術也。「夾門而客」，客居門左右也。「好之」，「好」讀去聲，下「喜好」之「好」亦同。「太子悝」，太子名悝也。俞樾曰：「惠文王之後爲孝成王丹，則此太子蓋不立。」案：戰國時諸王名輒數易，丹之爲悝與否，史固無稽，而寓言之文，其人有無即亦難定，闕疑可也。「説王之意」，「説」讀如字，謂能解王之意也。「止劍士者」，止劍士而不用也。「使者」，「使」讀去聲。「以幣從」，「從」當讀平聲。古者餽人必有侑，老子曰「有拱璧以先駟馬」是也。此奉莊子千金，當有幣以爲侑，故曰「以幣從」。《釋文》出「以幣從」三字，曰：「一本作以幣從者。」案：其餽千金，在莊子未至之先，安得有從者之説！且「以幣從」者，亦不辭，則無「者」字者是。其有「者」字者，乃後不知者妄加，陸氏因讀「從」作去聲，音才用反，誤矣。

「不當太子」，「當」讀去聲，謂有負太子之任也。

「然吾王所見唯劍士也」，「然」字連下讀，下文「然吾王所見劍士皆蓬頭突鬢」云云，「然」字亦同。或以「然」爲唯諾之辭，因疑下「然」字不當有而以爲衍文，皆非也。「善爲劍」，善爲劍術也。「蓬頭突鬢」，成疏云「髮亂如蓬，鬢毛突出」，是也。《釋文》云：「蓬頭，謂着兜鉾也，有毛，故如蓬。」推陸氏之意，以爲有冠則頭蓬，不可得見，故易爲兜鉾之説，不知冠與兜鉾不能並用，既云垂冠，安得復著兜鍪乎！此「蓬頭」與「突鬢」連文，不言「蓬頭」，則「突鬢」無根，蓋文章之序如此，不必得見蓬頭而始可説之也。「垂冠」，「垂」同「倕」，重也。見《玉篇》。重冠，所以表其武。《釋文》「將欲鬬，故冠低傾也」，此不得其解，而强爲之辭，不可從也。「曼胡之纓」，司馬彪注云：「謂麤纓無文理。」蓋鬬者纓易斷絶，惟麤者爲牢，而麤則無文理，是以爲曼胡之纓。「曼胡」，音如今模糊也。「短後之衣」，衣短後者，便於坐起進退也。「語難」，競以難事相誇説也，司馬彪云「説相擊也」，意尚近之。《釋文》謂：「勇士憤氣積於胷中，言不流利也。」是乃語謇。語謇者豈必勇士，而謂王乃説此乎！「事必大逆」，「逆」者不順，謂必不行也。「治劍服」，「治」讀平聲。

「入殿門不趨，見王不拜」，故爲無禮，以示勇者不必媚於禮儀也。「使太子先」，「先」謂先容也。「禁制」猶制服也。「十步一人，千里不留行」，謂假設十步而置一人，雖行千里，無有能留礙之者，蓋劍能制服之。司馬彪云：「十步與一人相擊，輒殺之，故千里不留於行也。」夫十步而一擊，擊必殺人而後行，則千里之遠，處處阻礙，何得謂之不留行！古之善戰者，貴乎一出而眾皆披靡，又安取步步殺人乎！俞樾知司馬之説之非，而謂：「行以劍言，非以人言。千里之遠，所殺多矣，而劍鋒不缺，是謂十步一人，千里不留行。極言其劍之利也。」不知此論劍術，非論劍。若劍之利，陸剸兕虎，水斷鮫鼉，足以鑿之，何取於「十步一人，千里不留行」哉！俞氏之説，較之司馬祇益不倫耳甚矣！讀書而能會古人之意之難也。

「示之以虚」，欲人不能測也；「開之以利」，欲人不及防也，故曰「後之以發，先之以至」。「設戲」，「戲」即謂試劍。以「戲」言者，晉、楚城濮之戰，子玉使鬭勃請戰，曰：「請與君之士戲，君馮軾而觀之，得臣亦寓目焉。」見《春秋》僖公二十八年《左氏傳》。彼實戰也，尚曰與君之士戲，況此特比試於庭堂者乎！其以「戲」言固宜。注家不知古人習語如此，讀「戲」爲麾，以爲張設旗幟之屬，鑿矣。

「奉劍」，捧劍也。「敦劍」，對劍也。古「敦」、對一音，故字得通假，如「憝」或作「懟」，可證也。司馬彪注云：「敦，斷也。試使用劍相擊斷截也。」語亦太迂曲矣。郭慶藩《莊子集釋》用其世父嵩燾之説，云：「《説文》：『敦，怒也，一曰誰何也。』誰何，猶言莫我何，亦即兩相比較之意。兩相比較，故怒也。」其迂曲更甚於彪。又訓「敦」爲治，謂「敦劍」即治劍。然云治劍與此情事殊不相合，故並不從也。

「杖」與仗同。仗者兵仗，劍戟之總名。見《廣韻》。「所御杖」，即謂所用劍也。「燕谿」、「石城」，並地名，皆燕之險阻也。燕最在北，故以爲劍鋒。「鋒」，劍端也。「岱」，泰山，齊之險阻。齊在東，故齊、岱連言而以爲鍔。「鍔」，劍刃也。「晉、衛」，「衛」各本並譌作魏，惟古鈔卷子本不誤，據改。「爲脊」，「脊」，劍稜也。「周、宋爲鐔」，「鐔」音覃，劍鐶也。「韓、魏爲夾」，「夾」同鋏，故本亦作「鋏」，「鋏」，劍把。韓、魏於趙爲最近，故以爲把也。說不及秦與楚者，時趙之所爭在東與北，楚在南，非其所及；秦在西，時閉關，又非其所敵也。「四夷」，四裔也。「五行」，金、木、水、火、土。「刑德」，生殺之義，此陰陽家之言。《漢書・藝文志》「兵陰陽十六家」，後云：「陰陽者，順時而發，推刑德，隨斗擊，因五勝，假鬼神而爲助者也。」《淮南子・天文訓》曰：「陰陽相德，德同得。則刑德合門。」又曰：「凡用太陰，左前刑，右背德。擊鉤陳之衝辰，以戰必勝，以攻必剋。」蓋「刑德」之說如是，注家不察，率以通常之刑罰德賞釋之，舛矣。「直」如孟子「枉尺而直尋」之「直」，伸也。「無前」，前無有當之者。「無上」、「無下」、「無旁」，義並同。「決」通「抉」，後下「決肝肺」之「決」亦然。「絶」，斷也。「地紀」如地維，謂地之方隅也。

「芒然」猶茫然。「忠聖」本有作「忠勝」者，蓋聲譌也，兹定從「聖」。「三光」，日、月、星也。「四鄉」，「鄉」讀如「嚮」，謂四方也。「四封」猶四境。「賓服」，協服也。《樂記》：「暴民不作，諸侯賓服。」鄭注云：「賓，協也。」

「鬭雞」已見《達生篇》。「無所用於國事」，「國事」謂國有戰事。「竊爲大王薄之」，「爲」讀去聲。「薄」猶輕也。「牽」，引也。「上殿」、「上食」，「上」皆讀上聲。「宰人」，主王膳者。「王三環之」，聞莊子之說，悔愧交心，久不自寧，故環食三周，而不能坐食也。「已畢奏」，奏已畢也。「服斃」，「服」同「伏」，忿王不用，伏劍而自殺也。

漁父第三十一

此篇文字較前二篇爲勝，然終見有造作之迹，義亦膚泛。郭子玄云：「此篇言無江海而閒者，能下江海之士也。夫孔子之所放任，豈直漁父而已哉！」可謂能知孔子，而惜其於文之真僞未能辨也。

孔子游乎緇帷之林，休坐乎杏壇之上。弟子讀書，孔子弦歌。鼓琴奏曲未半，有漁父者，下船而來，須眉交白，被髮揄袂，行原以上，距陸而止，左手據膝，右手持頤，以聽。曲終，而招子貢、子路二人俱對。

客指孔子曰：「彼何爲者也？」子路對曰：「魯之君子也。」客問其族。子路對曰：「族孔氏。」客曰：「孔氏者何治也？」子路未應，子貢曰：「孔氏者，性服忠信，身行仁義，飾禮樂，選人倫，上以忠於世主，下以化於齊民，將以利天下。此孔氏之所治也。」又問曰：「有土之君與？」子貢曰：「非也。」「侯王之佐與？」子貢曰：「非也。」客乃笑而還行，言曰：「仁則仁矣，恐不免其身。苦心勞形，以危其真。嗚呼，遠哉其介於道也！」

子貢還報孔子，孔子推琴而起，曰：「其聖人與！」乃下求之。至於澤畔，方將杖拏而引其船，顧見孔子，還鄉而立。孔子反走，再拜而進。客曰：「子將何求？」孔子曰：「曩者先生有緒言而去，丘不肖，未知所謂，竊待於下風，幸聞咳唾之音，以卒相丘也。」客曰：「嘻！甚矣子之好學也！」孔子再拜而起，曰：「丘少而修學，以至於今，六十九歲矣，無所得聞至教，敢不虛心！」

客曰：「同類相從，同聲相應，固天之理也。吾請釋吾之所有，而經子之所以。子之所以者，人事也。天子、諸侯、大夫、庶人，此四者自正，治之美也；四者離位，而亂莫大焉。官治其職，人憂其事，乃無所陵。故田荒室露，衣食不足，徵賦不屬，妻妾不和，長幼無序，庶人之憂也；能不勝任，官事不治，行不清白，羣下荒怠，功美無有，爵禄不持，大夫之憂也；廷無忠臣，國家昏亂，工技不巧，貢職不美，春秋後倫，不順天子，諸侯之憂也；陰陽不和，寒暑不時，以傷庶物，諸侯暴亂，擅相攘伐，以殘民人，禮樂不節，財用窮匱，人倫不飭，百姓淫亂，天子有司之憂也。今子既上無君侯有司之勢，而下無大臣職事之官，而擅飾禮樂，選人倫，以化齊民，不泰多事乎！

「且人有八疵，事有四患，不可不察也。非其事而事之，謂之摠；莫之顧而進之，謂之佞；希意道言，謂之諂；不擇是非而言，謂之諛；好言人之惡，謂之讒；析交離親，謂之賊；稱譽詐僞，以敗德人，謂之慝；不擇善否，兩容頰適，偷拔其所欲，謂之險。此八疵者，外以亂人，内以傷身，君子不友，明君不臣。所謂四患者：好經大事，變更易常，以挂功名，謂之叨；專知擅事，侵人自用，謂之貪；見過不更，聞諫愈甚，謂之很；人同於己則可，不同於己，雖善不善，謂之矜。此四患也。能去八疵，無行四患，而始可教已。」

孔子愀然而歎，再拜而起，曰：「丘再逐於魯，削迹於衛，伐樹於宋，圍於陳、蔡。丘不知所失，而離此四謗者，何也？」客悽然變容曰：「甚矣子之難語也！人有畏影惡迹而去之走者，舉足愈數，而迹愈多；走愈疾，而影不離；自以爲尚遲，疾走不休，絶力而死。不知處陰以休影，處静以息迹，愚亦甚矣！子審仁義之間，察同異之際，觀動静之變，適受與之度，理好惡之情，和喜怒之節，而幾於不免矣。謹脩而身，慎守其真，還以物與人，則無所累矣。今不脩之身，而求之人，不亦外乎！」

孔子愀然曰：「敢問何謂真？」客曰：「真者，精誠之至也。不精不誠，不能動人。故强哭者，雖悲不哀；强怒者，雖嚴不威；强親者，雖笑不和。真悲無聲而哀，真怒未發而威，真親未笑而和。真在内者，神動於外，是所以貴真也。其用於人理也，事親則慈孝，事君則忠貞，飲酒則歡樂，處喪則悲哀。忠貞以功爲主，飲酒以樂爲主，處喪以哀爲主，事親以適爲主，功成之美，無一其迹矣。事親以適，不論其所以矣；飲酒以樂，不選其具矣；處喪以哀，無問其禮矣。禮者，世俗之所爲也；真者，所以受於天也，自然，不可易也。故聖人法天貴真，不拘於俗。愚者反此，不能法天，而恤於人；不知貴真，録録而受變於俗，故不足。惜哉！子之蚤湛於人僞，而晚聞大道也。」

孔子又再拜而起，曰：「今者丘得遇也，若天幸然。先生不羞而比之服役，而身教之。敢問舍所在，請因受業，而卒學大道。」客曰：「吾聞之：『可與往者，與之；至於妙道，不可與往者，不知其道，慎勿與之，身乃無咎。』子勉之！吾去子矣！」乃刺船而去，延緣葦間。

顔淵還車，子路授綏，孔子不顧，待水波定，不聞拏音，而後敢乘。子路旁車而問曰：「由得爲役久矣，未嘗見夫子遇人如此其威也。萬乘之主、千乘之君，見夫子，未嘗不分庭伉禮，夫子猶有倨傲之容。今漁父杖拏逆立，而夫子曲要磬折，言，拜而應，得無太甚乎！門人皆怪夫子矣！漁人何以得此乎？」孔子伏軾而歎曰：「甚矣，由之難化也！湛於禮義有間矣，而樸鄙之心至今未去。進，吾語女！夫遇長不敬，失禮也；見賢不尊，不仁也。彼非至人，不能下人，下人不精，不得其真，故常傷身。惜哉！不仁之於人也，禍莫大焉，而由獨擅之。且道者，萬物之所由也，庶物失之者死，得之者生，爲事逆之則敗，順之則成。故道之所在，聖人尊之。今漁父之於道，可謂有矣。吾敢不敬乎！」

「緇帷之林」，不言其地，司馬彪注云：「黑林名也。」蓋因緇黑色而想像説之，然否未敢知也。「杏壇」，在魯東門外。宋孔傳《東家雜記》曰：「孔子出魯東門，過故杏壇，曰：『兹臧文仲誓盟之壇也。』睹物思人，命琴而歌。」若《雜記》之説而信，則緇帷之林亦當是魯東門外地。至今聖廟内杏壇，乃宋真宗乾興間，孔道輔增脩祖廟，移大殿於後，因以舊基甃石爲壇，環植杏樹，以杏壇之名名之，非杏壇舊址也。「孔子弦歌」，與上「弟子讀書」，皆四字爲句。「鼓琴奏曲」，承上「弦歌」而言。「鼓琴」，弦也。「奏曲」，歌也。舊以「鼓琴」連上「弦歌」讀之，非也。「須」，古「鬚」字。「揄袂」，摇袖也。《小戴禮記・玉藻篇》「夫人揄狄」，疏云：「揄讀如摇。狄讀如翟。謂畫摇翟之雉於衣也。」是「揄」與「摇」同。《釋文》音遥，是也。「以上」，「上」讀上聲。陸高於原，故曰「距陸而止」。《爾雅・釋地》：「廣平曰原，高平曰陸。」是陸高於原也。「持頤」，猶拄頤也。至「以聽」句絶。「曲終」二字别爲句。「招子貢、子路二人俱對」者，招二人而問之，與相酬對也。稱漁父爲客者，主二人之辭也。

「孔氏何治」，問孔子所治何業。「飾禮樂」，《論語》所謂「文之以禮樂」也。見《憲問篇》。「選人倫」，「選」與撰通，撰定人倫之則也。「齊民」猶平民。「笑而還行」，「還」讀旋，反行也，與下「還鄉而立」，「還鄉」文一例。或讀「行」字連下「言曰」爲句，以爲且行且言，亦非也。「危其真」，危害其真也。「介」與界同。界，隔也。「遠哉其介於道」，言其與道相隔之遠也。

「其聖人與」，「與」讀歟。「杖」，拄也。「挐」，橈也。「引其船」，引去其船也。「鄉」同嚮。「反走」，卻行也。「緒」，端緒。言發其端而未竟，故曰「緒言」。「下風」，已見《在宥篇》。「咳唾之音」，與《徐無鬼篇》言「謦欬」同。「卒相丘」者，「相」讀去聲，助也，望其終有以裨於已也。

莊子曰：「孔子行年六十而六十化。」且曰：「使人乃以心服而不敢蘁，立定天下之定。已乎已乎！吾且不得及彼乎！」見《寓言篇》。今此則云：「六十九歲矣，無所得聞至教。」其非莊子之言甚明。太史公曰：「莊子作《漁父》《盜跖》《胠篋》以詆訾孔子之徒，以明老子之術。」夫莊子何嘗詆訾孔子之徒哉！《漁父》《盜跖》諸篇之非莊作，史公且不能辨，却又何怪於郭子玄輩乎！抑豈徒郭子玄而已，蘇子瞻自詡能知《盜跖》《漁父》諸篇之勸入，而乃謂「莊子之於孔子，皆實予而文不予，陽擠而陰助之」。見《東坡集·莊子祠堂記》。今通觀《莊子》全書，其予孔子而助之者則有之矣，若擠孔子而不予之者蓋未之見。然則子瞻亦牽率而漫爲之辭爾，又豈真能知莊子者！是故欲知莊子，必於三十三篇之文孰爲莊作、孰非莊作，其非莊作者孰爲合於莊旨、孰則悖於莊旨，能一一區別之。不然，我以爲莊子誣孔子者，實非莊子誣孔子，而乃我之誣莊子也。烏乎可哉！

「經子之所以」，「以」猶用也。「經」，司馬彪云「理也」，是也。「治之美」，治之盛也。「離位」，出其位也。「人憂其事」，人與官對，言「人」，猶民也。「無所陵」，不相陵犯也。「室露」，「露」猶敗也。「徵賦」，賦稅也。「屬」音燭，逮也。「不屬」，謂不及其時。「長幼」各本作長少，茲從古鈔卷子本。「長」上聲。「不勝任」，不堪其任也。「勝」平聲。「行」去聲。「羣下」，謂下屬。「美」，善也。「無有」各本作不有，茲從古鈔卷子本。「爵祿不持」，爵祿不保也。「貢職不美」，不精美也。諸侯各以其方物貢，貢之精美與否，視其工技之何若，故此先言工技不巧也。「春秋後倫」者，朝覲後於人也。春見天子曰朝，秋見曰覲。「倫」，類也。「以傷庶物」，耕稼之所出，畜牧之所育，皆庶物也。「不飭」，不正也。「天子有司」，言「天子」又言「有司」者，謂天子有司牧之責也。傳曰：「天生民而立之君，使司牧之。」蓋謂是也。注家區「天子」、「有司」而二之，以「有司」爲「天子」之公卿，殊失之。下文云「上無君侯有司之勢，下無大臣職事之官」。「大臣職事之官」與「君侯有司之勢」分説，則「大臣職事之官」之非有司，明矣。天子諸侯皆民之司牧，故曰「君侯有司」，「君」謂天子，「侯」謂諸侯，「勢」謂勢位。注家但知有司之爲百官，而不知此之所云非其比也。「泰多事」，「泰」與太同，本又作「大」，「大」亦讀「太」也。

「疵」，病也。「摠」，總也，猶今云攬事也。「進之」，謂進言。不當言而言，故謂之「佞」，「佞」，口給也。「希意」，迎合人意。「道」同導，「導言」，順之言也，故謂之「諂」。「不擇是非而言」，不辨是非而附和之，故謂之「諛」。「惡」讀入聲。好言人惡，則人未必惡，而亦以惡誣之，故謂之「讒」。因讒而使人交析親離者多矣，故接言「析交離親謂之賊」。「賊」，賊害人也。「德人」各本作「惡人」，惟張君房作「德人」。案：「德」字古從直心作「悳」，與「惡」字相似，故譌作「惡」。「稱譽詐僞以敗悳人」者，於詐僞者稱之譽之，則德人自不免遭其誣蔑，故曰「以敗德人」也。今「德」誤「惡」，爲其敗惡人不可通，故《釋文》音烏路反，讀去聲，然「敗」「惡」兩字終難連屬，故茲斷從張君房本作「德」也。「謂之慝」者，「慝」者隱惡。入聲。稱「譽詐僞」，其惡不易見，故曰「慝」也。「兩容」猶兼容。「頰」借作夾。夾適者，各合也，與「兩容」一義。「拔」，擢取也，此蓋依違兩可之間，以圖遂其私者。故曰「不擇善否」，又曰「偷拔其所欲」而「謂之險」也。

「好經大事」，好經營大事也。「變更易常」，「易」，平易，謂於平易庸常之法而好變更之。「以挂功名」，以網取功名也。「叨」，叨竊。得非其分謂之叨。「專知」，「知」讀智，專逞其智。「侵人」，陵駕人也。「貪」，貪冒。奪人之有謂之貪。「不更」，「更」與上「變更」同，改也。「很」，愎拗也；俗書從犬作「狠」，非是。「矜」，矜夸，其在釋典謂之「貢高我慢」是也。

案：八疵四患，惟摠、佞、叨、貪根上「離位」而言，以此箴孔子，尚或近之；若其餘，則君子之所不爲，況於孔子！但知繁文以爲富，而不知其不切也，余所以謂其膚泛也。

「離此四謗」，「四謗」即上「再逐於魯」以下四事。謂之「謗」者，己本無失，而人毀傷之，是之謂「謗」也。「難語」，難與言也。「語」本或作悟，亦通。「影不離」下各本有「身」字，古鈔卷子本無之，蓋傳寫者誤重「自」字，「自」與「身」形近，不知者疑爲「身」誤，因又改爲「身」耳，茲據古鈔卷子本删。「絶力」，力盡也。「休影」，止影也。「受與」猶取與。「好」「惡」並讀去聲。

「審仁義之間」六句，極言修己處事，精密如此，而猶不免，推其意，特將以擡高己之所欲言者耳。然其所言，不過曰「謹脩爾身，慎守其真，還以物與人」三言而止。試問「以物與人」，有出「察同異」、「觀動静」、適取與之外者乎？「脩身」，有出仁義之外者乎？又有好惡不理、喜怒不和而能以「守其真」者乎？若是則無累，而若彼則不免，是則百思而不能詳其區别之所在也。若曰「今不脩之身而求之人，不亦外乎」，豈「審仁義」、「察同異」以至「理好惡」、「和喜怒」，皆求之人，而非脩之身者邪？其亦淺之乎論仁義與和理者矣。

「人理」猶人倫。「事親則慈孝」，「慈」，愛也。愛之義可通於上下，故以「慈孝」連言。《國語・齊語》曰：「慈孝於父母。」又曰：「不慈孝於父母。」《管子・小匡篇》文同。則當時謂孝爲「慈孝」，固習語也。「忠貞」，「貞」，正而固也。「歡樂」，「樂」音洛，下倣此。「事親以適爲主」，「適」，安也。「無一其迹」者，成功之道不必盡同也。「不論其所以」，「以」，用也，謂所用之方也。各本「所以」上無「其」字，古鈔卷子本有之，與上下三句一例，因據補。「不選其具」，不擇供具也。「自然不可易」者，自然而然，是以不可改易也。「不拘於俗」，不爲俗情拘束也。「恤於人」，「恤」，憂也。惟憂不合於世人，是以「録録而受變於俗」也。「録録」同碌碌，一作禄禄，凡庸之稱。「不足」，不足於己也。「蚤」通早，故本亦作早。「湛」與耽同。《小雅・常棣》之詩：「和樂且湛。」《中庸》引作「和樂且耽」。「湛於人僞」，謂耽溺於人僞也。此段言真者精誠之至、天人真僞之分，頗見精湛。若言節取，則亦不可廢也。

「不羞」，言不以爲辱。「比之服役」，「役」如《庚桑楚篇》「老聃之役」之「役」，猶云置之弟子之列也。「身教」，親教也。「舍」，居舍。「可與往者」，「往」猶適也。《論語》曰：「可與共學，未可與適道。」見《子罕篇》。此云「往」，與彼言「適」略同矣。顧此云「至於妙道不可與往者」何？道而曰妙，則《易·繫傳》所謂「神無方而易無體」。此已到「化」與「權」之境地，惟有自證自悟，非教者之所可與爲力，故《論語》於「適道」猶言「可與適道」，而於「權」則極其至亦只曰「未可與權」，不能有所加也。「與之」、「慎勿與之」，兩「與」字皆訓許，與「與往」之「與」不同。舊讀「與之至於妙道」爲句，「不可與往者」連下「不知其道」爲句，並非。「與之」、「勿與之」，文正相對，不能有兩樣讀法也。「刺船」，「刺」音戚，撑也。

「旁」，車旁，讀去聲，與傍同。「如此其威」，「威」，敬畏也。萬乘、千乘，「乘」皆讀去聲。「分庭伉禮」，「伉」與抗同。古者賓主之禮，主迎賓於門，賓由庭之西躡西階而升堂，主由庭之東躡阼階而升堂。其入門及升階皆相揖，是之謂「分庭」。升堂之後，賓讓主亦讓，賓拜主亦拜，是之謂「伉禮」。蓋言以賓主之禮相接，而非以君臣之禮見也。「夫子猶有倨傲之容」，此亦過言也。子曰：「君子泰而不驕。」又曰：「君子無眾寡，無小大，無敢慢。」見《論語·堯曰篇》。至子貢之説「夫子至於是邦，必聞其政」，則曰：「夫子温良恭儉讓以得之。」見《學而篇》。由是言之，夫子安得有倨傲之容乎！「逆立」，對立也。「要」，腰之本字。「磬折」，如磬之折曲腰貌也。「言拜而應」，「言」字當略頓，謂漁父有言，則必拜而後應也。「怪」，以爲異也。

「湛於禮義有間矣」，「湛」，漸漬之義。「有間」，謂久也。「樸鄙」，猶鄙野也。「遇長」，「長」上聲。漁父須眉交白，視孔子爲長也。「彼非至人，不能下人」，「彼」謂漁父。此「下人」猶言服人。蓋使人爲之降下，即所以服人也。「下人不精，不得其真」，此「下人」謂下於人，承上「尊賢」言。「不精」，不專精也。「不得其真」，不得其誠也。不誠則失己，故長傷身。「擅之」猶據之也。「今漁父之於道可謂有矣」，「有」與「在」同義，謂即道之所在，故曰「吾敢不敬乎」！

列御寇第三十二

此篇多記莊子之言，且及莊子之死，自是莊子門下所作，然大義則與莊子無悖也。

列御寇之齊，中道而反，遇伯昏瞀人。伯昏瞀人曰：「奚方而反？」曰：「吾驚焉。」曰：「惡乎驚？」曰：「吾嘗食於十𩞄，而五𩞄先饋。」伯昏瞀人曰：「若是，則女何爲驚已？」曰：「夫内誠不解，形諜成光，以外鎮人心，使人輕乎貴老，而𩐋其所患。夫𩞄人，特爲食羹之貨，多餘之贏，其爲利也薄，其爲權也輕，而猶若是，而況於萬乘之主乎！身勞於國，而知盡於事，彼將任我以事，而效我以功，吾是以驚。」伯昏瞀人曰：「善哉觀乎！女處已，人將保女矣。」無幾何而往，則户外之屨滿矣。伯昏瞀人北面而立，敦杖蹙之乎頤。立有間，不言而出。賓者以告列子，列子提屨，跣而走，暨乎門，曰：「先生既來，曾不發藥乎？」曰：「已矣。吾固告女曰：『人將保女。』果保女矣。非女能使人保女，而女不能使人無保女也，而焉用之感豫出異也！必且有感，摇而本才，又無謂也。與女游者，又莫女告也，彼所小言，盡人毒也。莫覺莫悟，何相孰也！巧者勞而知者憂，無能者無所求，飽食而敖游，汎若不繫之舟，虚而敖游者也。」

「伯昬瞀人」，即伯昬無人，已見内篇《德充符》及外篇《田子方》，其於列子，蓋在師友之間者也。「方」，事也。「奚方而反」，問何事中道而反也。《易・復卦・大象》「后不省方」，王弼注云：「方，事也。」「饗」亦作漿，字同。《周官・天官・酒正》辨四飲之物，三曰漿，四曰酏。鄭注：「漿，今之酨漿也。酏，今之粥。」酨音代。《玉篇》：「酨，釋米汁也。」然則漿若今米湯矣，故《周官》與「酏」並列。《説文》云「漿，酢漿」者，蓋其味微酸，故曰酢漿也。此云「饗」，則指賣饗家言。「五饗先饋」者，十家之中，見己而先進餉者過半，郭注云「言其敬己」，是也。

「内誠不解」，「解」如《庚桑楚篇》言「冰解凍釋」之「解」，蓋誠而自矜其誠，中有癥結未化，故曰「内誠不解」。「形諜成光」，「諜」與渫同義，已見《人間世篇》「法而不諜」注。「形諜」者，其未化之誠，由形而外渫。渫即泄也。所謂「以陽爲充，孔陽者，是之謂成光」，非「宇泰定者，發乎天光」之「光」也，故以「外鎮人心，使人輕乎貴老」，「鎮」之爲言鎮服也。「貴老」猶言爵齒。孟子曰：「天下有達尊三：爵一，齒一，德一。」見《公孫丑篇》。列子爵齒並非尊，徒以儀容之盛使人敬而畏之，反駕於齒爵之上，而視貴者、老者爲輕。若是，則與「人見其人，人舍天助」者迥乎異矣。「人見其人，人舍天助」，與「宇泰定者，發乎天光」，語並見《庚桑楚篇》。此學道者之大患也。故曰「而蠀其所患」，「而」猶乃也。「蠀」通齎。《説文》：「齎，持遺也。」齎與饋對言。謂饗之先饋，實即持其所患而以見遺也。「食羹之貨」，所貨者食羹也。「食」讀去聲。「多餘之贏」，所贏者多餘也。「多餘」猶殘餘。「多」非衆多之多也。「爲利也薄」，承「多餘之贏」言。「爲權也輕」，承「食羹之貨」言。「而猶若是」，猶敬我若是也，而況萬乘之主。「身勞於國」，其權重也。「知盡於事」，其利大也。「知」讀智。使其敬我，則「將任我以事，而效我以功」。「效」，責效也。夫當亂世，事未可任，而功難爲效也，烏能無驚！是所以之齊而中道遂反也。

「善哉觀乎」，嘉其觀身之密也。「女處已」，「已」，語辭。令其止舍也。舊讀「已」爲人、己之「己」者，誤。「人將保女」者，司馬彪云：「保，附也。」是也。言人將歸附於女也。

「無幾何而往」，「往」者，伯昏瞀人往之御寇所止之舍也。「户外之屨滿矣」者，言來謁者之衆也。「北面而立」，面户而立也。「敦杖」，以杖頓地也。古矛戟下銅鐏平底者，謂之鐓。《禮記·曲禮》「進矛戟者前其鐓」，鄭注：「平底曰鐓，取其鐓也。」取其鐓云者，即取其頓也。觀此，知「敦」之爲頓，音同而義亦同矣。「蹷」，迫也。「蹷之乎頤」，拄其頤也。「賓」讀去聲，字亦作「儐」。「賓者」，謂通賓客者。「提屨跣走」，迫不及著屨也。「暨乎門」，至門而後相及也。「曾不發藥」者，望瞀人有藥石之言以規己也。

「非女能使人保女，而女不能使人無保女也」，此意極細極密，注者鮮能發之。蓋御寇驚於五餮之先饋，已知「形諜成光」之非，固已極力斂退，而不敢少有炫露於人，所以瞀人云：「非女能使人保女。」此猶前「善哉觀乎」之意，許之之辭，非責之也。若曰「女不能使人無保女」，此則所以進之，所謂發藥也。「使人無保女」云者，即庚桑楚「藏身不厭深眇」之意，非特不欲人知，亦且令人無得而知之。其道奈何？曰：虛而已矣。虛則無迹，無迹則雖以神巫季咸之神將莫得而相之，況常人哉！故末云「虛而敖游者也」。「虛而敖游」，即「虛而與之委蛇」之謂。

見《應帝王篇》。此極關緊要文字。晚出《列子·黄帝篇》采用此文，乃截至「何相孰也」爲止，而將末段略去，遂使瞀人發藥之言失其肯綮。而注《莊子》者，以此至疑「巧者勞而知者憂」以下爲《莊子》所增，如王先謙《集解》即如此。貽誤讀者，莫此爲甚。吁，可歎也！

「而焉用之感豫出異也」九字爲句，「而」猶爾也，「之」猶此也。至人藏身之固，大抵主應不主感，故《應帝王》以「應」名篇，而曰：「至人之用心若鏡，不將不迎，應而不藏。」又曰：「女又何寱以治天下感予之心爲！」夫治天下大事也，尚且不可以感其心，而況與人酬酢之間乎！而況感不待時而又豫發乎！故曰「感豫出異」。即此「感豫」，便是「出異」。「出異」，則《庚桑楚篇》所謂「杓之人」者，與「和光同塵」之道適相背馳，故曰而焉用此也。

「必且有感」句。「必且」，必將也。若必以爲感不可無，則亦只有「摇而本才」而已。「本才」者，本性也。故一本「才」作性。而於人則未始有益，故曰「又無謂也」。「謂」與爲通。「無謂」者，無所爲於人也。爲，去聲。不能爲人，斯人亦無以益女，故曰「與女游者，又莫女告也，彼所小言，盡人毒也」。「告」如忠告善道之告，音谷。忠告善道，見《論語·顔淵篇》。「毒」對發藥言，意謂女但知求藥，而不知日中人之毒，則藥又何用也！謂之「小言」者，《齊物論》所謂「小言詹詹」，多言而枝，反害於大道者也。「莫覺莫悟，何相孰也」，曰「相孰」者，兼人己而言。己無以爲人，是己莫覺悟人；人無以告我，是人莫覺悟我，故曰「何相孰也」。「孰」，古「熟」字。熟者成也。言不能相與有成也。蓋當時户外屨滿，多爲問學講習而來，而列子亦必有以是自任之意，故瞀人之言如此。

「無能」，非實無能也，猶《消摇游》之言「無所可用」、《人間世》之言「無用之用」。郭象注云：「無其能者，惟聖人耳。」可謂能得其意矣。「無所求」，即是無感。「飽食而敖游」，「敖」與遨同。此不得作飽食而嬉會。「飽食」者，内足於己。「敖游」者，外不滯於物。内足於己，所以成己；外不滯於物，所以成物也。「汎若不繫之舟，虚而敖游者也」，歸結一「虚」字。虚則無應無不應，更何言感與不感哉！

鄭人緩也，呻吟裘氏之地，祇三年，而緩爲儒，河潤九里，澤及三族。使其弟墨。儒墨相與辯，其父助翟。十年，而緩自殺。其父夢之，曰：「使而子爲墨者，予也。闔胡嘗視其良，既爲秋柏之實矣？」夫造物者之報人也，不報其人，而報其人之天。彼故使彼。夫人以己爲有以異於人，以賤其親，齊人之井飲者相捽也。故曰：「今之世皆緩也自是。」有德者，以不知也，而况有道者乎！古者謂之遁天之刑。聖人安其所安，不安其所不安；衆人安其所不安，不安其所安。

「鄭人緩」，鄭人而名緩也，取名曰緩者，儒之爲名本有濡緩之義，故名之爲緩，此自寓言，未必實有其人也。「呻吟」猶誦讀。《禮·學記》云「今之教者，呻其佔畢」是也。「裘氏」，鄭地名。「祇三年」，適三年也。「而緩爲儒」，謂學儒而儒名成也。「河潤九里」，乃比况之辭。「澤及三族」，儒成而三族蒙其澤也。緩既獲爲儒之利，復欲兼收爲墨之利，因使其弟學墨。而儒墨之術不同，弟學墨成，遂與兄辯。不曰弟兄相與辯，而曰「儒墨相與辯」者，以見是非之爭起於所習。敵對既成，則無復有友于之好。「其父助翟」，「翟」本墨子之名，今以名其弟，益知其爲寓言矣。「十年而緩自殺」，蓋辯而不勝，悔不當使弟習墨以自樹敵，遂自殺也。故其父夢之曰：「使而子爲墨者，予也。」觀此一言，其悔恨之意顯然。舊注以爲自殺出於怨父助弟，殆不然也。不曰弟而曰「而子」者，儒之教在人倫，至是而人倫蕩滅已盡，緩亦自背其儒，則是非之爭，爲禍之烈，不難於文外見之。

「闔胡嘗視其良，既爲秋柏之實矣」，「闔」與盍同。「胡」亦盍也。「闔胡」疊言，猶「嘗試」疊言，「庸詎」疊言也。見《齊物論篇》。「秋」借作楸。《人間世篇》云：「宜楸柏桑。」彼言「楸柏」，此言「秋柏」，一也。楸、柏皆材之良者，故曰「何不試視其良」。「良」以自謂。秋柏云「實」，以喻學術之成。蓋死而勝心猶在，故以誇示於父，忿其不識己而反助翟也。《釋文》讀「良」爲埌，以秋柏爲墓上之木，且緩自殺便見夢於父，墳土未乾，安得墓木已實！以比況爲實語，謬誤之至。舊注多從之，非也。

「夫造物者之報人也」以下，爲作者之辭。「不報其人而報其人之天」者，澤及三族，以至自殺，皆所以報其人，此非報也。父子兄弟無復親親之誼，至死而猶怨恨不解，斯所以「報其人之天」，是乃真報也。然所以若是者，非造物之爲之，而實自取之，故曰「彼故使彼」。上「彼」，「彼」是人；下「彼」，「彼」是事。謂有是人所以有是事，是所謂報也。「夫人以己爲有以異於人」，儒以爲勝於墨，墨以爲勝於儒，皆是也。其卒也，雖以親之尊而不免於賤之。若是，則一身之外無往而非敵，亦無往而不爭，與常人之無知，恒以細故而忿鬭何異！故以齊人之井飲相捽爲喻。「齊人」猶齊民也。「井飲」，飲於井也。「相捽」者，爭水之故，持人髮而互毆也。「故曰今之世皆緩也自是」十字爲句，謂今之世人其自是皆與緩同，蓋倒文。舊以「自是」屬下「有德者」讀，失之。「有德者以不知也」，「不知」正對「自是」説。「不知」者，不知其有德也。不知其有德，所以爲有德。老子曰：「上德不德，是以有德。」謂此也。有德如是，「而況有道者乎！」若夫緩之自是，動與天倍，「古者謂之遁天之刑」。「遁天之刑」，已見《養生主篇》。與天倍，即與養生倍也。「聖人安其所安」，安其生之所安也。「不安其所不安」，不安其生之所不安也。生之所安，天之所安也；生之所不安，天之所不安也。而衆人反是，所以曰造物者之報人，不報其人而報其人之天也。

莊子曰：「知道易，勿言難。知而不言，所以之天也；知而言之，所以之人也。古之人天而不人。朱泙漫學屠龍於支離益，單千金之家，三年技成，而無所用其巧。聖人以必不必，故無兵；衆人以不必必之，故多兵。慎於兵，故行有求兵，恃之則亡。小夫之知，不離苞苴竿牘，敝精神乎蹇淺，而欲兼濟道物，大一形虛。若是者，迷惑於宇宙，形累，不知太初。彼至人者，歸精神乎無始，而甘冥乎無何有之鄉。水流乎無形，發泄乎太清。悲哉乎女爲！知在毫毛，而不知大寧！」

「勿言」，謂默也。子曰：「默而識之。」見《論語·述而篇》。又曰：「默而成之。」見《易·繫辭傳》。學未有不以默而成者，故曰「知道易，勿言難」也。「之」，往也，向也。「之天」，謂與天合也。「之人」，謂與人合也。誠者天之道，與天合則誠；人者人爲，與人合則僞，故曰「古之人天而不人」。「朱泙漫」、「支離益」，皆假託之名。「泙漫」猶汗漫。汗漫、支離，皆不人之喻。「屠龍」以喻爲道。「單」同殫，盡也，竭也。殫千金之家，以喻竭其才。「竭才」，語見《論語・子罕篇》。「技成而無所用其巧」，道本無巧可用也。有巧可用，則人而不天，即非道矣。

「必不必」，承上言。必可用而不必用，是之謂「以必不必」。不必可用而必用之，是之謂「以不必必之」。「兵」者爭也。「慎」借作順，古慎、順同音通假，《荀子・脩身篇》：「術順、墨而精雜汙。」「順、墨」即「慎、墨」，謂慎到、墨翟，是其證也。故此《釋文》云：「慎或作順。」順於兵者，從於爭也。從於爭，故「行有求」。求者必得，所以「以不必必之」也。「兵恃之則亡」，蓋安其所不安而欲求安，未有能得之者。其垂戒也深矣。

「小夫之知」，「知」讀智。「苞苴」，古者饋人魚肉之類，用茅葦之葉，或苞之，或藉之，故曰「苞苴」。「竿」與簡通。《詩・小雅》「秩秩斯干」，毛《傳》：「干，澗也。」「干」通「澗」，則知「竿」通「簡」矣。簡牘用以問候。苞苴、簡牘，皆人事之瑣細者，不離乎此，極言其智之小也，故曰「敝精神乎蹇淺」。「敝」，勞敝。「蹇」，短也。蹇本義跛也，跛者一足短，故蹇有短義。「而欲兼濟道物，大一形虛」十字當一句讀。「道」讀如字，舊作「導」解，誤。「濟」，成也。成道復成物，故曰「兼濟」。「大一」與「兼濟」文對。《徐無鬼篇》曰：「大一通之。」此「大一」作動字用，即通之之義，猶言一貫也。「形」承「物」言。「虛」承「道」言。故「大一形虛」者，謂取形與虛而一貫之，此豈小夫之知所能及！故曰「若是者，迷惑於宇宙，形累不知太初」。「宇宙」，詳見《庚桑楚篇》。宇宙本虛，而或視以爲有形之物，則何得不迷！何得不惑！既爲形所累矣，又何得而知夫太初之無有無名哉！「太初」即泰初，詳見《天地篇》。

若夫至人則不然。「歸精神乎無始」，則與「敝精神乎蹇淺」者迥異矣。歸之爲言復也。復於無始，所以之天也。「甘冥乎無何有之鄉」，則與「迷惑於宇宙」者又異矣。「無何有之鄉」，見《消摇游篇》。冥之爲言寂也。寂則虛，所以無形累也。若是，則不言兼濟自有兼濟之功，不言一貫自契大一之妙，故曰「水流乎無形」。「水流」者，以水喻道。「流乎無形」，無所不到也。雖無所不到，而其發泄者，皆如太清之無染無著，故又曰「發泄乎太清」。「太清」見《知北游篇》。彼文作「泰清」，有曰：「泰清卬而歎曰：弗知乃知乎！知乃不知乎！孰知不知之知？」孰知不知之知，所以「知道易，勿言難」也。

「悲哉乎女爲」，「爲」字句絶，「女」謂小夫。「女爲」者，女之所爲也。小夫自謂知出衆人之上，而所知區區在苞苴、簡牘之間，即與衆人何别！知小而謀大，其不勝任必矣，是以悲之。「知在毫毛，而不知大寧」者，「在」，察也。「大寧」者，大安之道。言其察細而不見大，亦歸於安其所不安而已。

宋人有曹商者，爲宋王使秦。其往也，得車數乘；王説之，益車百乘。反於宋，見莊子，曰：「夫處窮閭阨巷，困窘織屨，槁項黄馘者，商之所短也；一悟萬乘之主，而從車百乘者，商之所長也。」莊子曰：「秦王有病，召醫：『破癰潰痤者，得車一乘；舐痔者，得車五乘；所治愈下，得車愈多。』子豈治其痔邪？何得車之多也？子行矣！」

此舉曹商者，亦以見小夫之知，其所爲卑下，爲可悲之甚也。「宋王」，宋王偃也。「爲」讀去聲。「乘」，一車四馬。「乘」亦讀去聲。「王説之」，「王」，秦王也。「説」讀悦。「益」，加賜也。古者問士之富，以車數對，見《禮記·曲禮篇》。今有車百乘，則富與大夫侔矣，故見莊子而驕之。「處」，居也，讀上聲。「閭」，里門。「阨」通隘，狹也。「織屨」，謂編屨而售之以爲生也。「槁項」，頸枯瘦。「黄馘」，面黄敗也。「馘」音洫。「從車」，「從」讀去聲。「召」同詔。下文得車一乘、五乘，乃詔辭也。「痤」亦癰類。「破」、「潰」，皆言抉也。「痔」，隱瘡。「舐」，舓之别體，音士，今所謂舔也。「治」讀平聲。「治其痔」，治痔而得愈，意即謂舐之。「子行矣」，斥之使去也。「秦王」，舊云秦惠文王，以其時考之，當是也。

魯哀公問乎顔闔曰：「吾以仲尼爲貞幹，國其有瘳乎？」曰：「殆哉，圾乎仲尼！方且飾羽而畫，從事華辭，以支爲旨，忍性以視民，而不知不信，受乎心，宰乎神，夫何足以上民！彼宜女與予頤與，誤而可矣。今使民離實學僞，非所以視民也，爲後世慮，不若休之。難治也。施於人而不忘，非天布也。商賈不齒，雖以事齒之，神者不齒。爲外刑者，金與木也；爲内刑者，動與過也。宵人之離外刑者，金木訊之；離内刑者，陰陽食之。夫免乎外内之刑者，唯真人能之。」

「魯哀公」，已見《德充符篇》。「顔闔」，已見《人間世》《達生》《讓王》諸篇。據《讓王篇》云「哀公使人以幣聘闔，闔避而逃之」，則安得有與哀公問答之語！知此特借闔之口，以發「華辭」「離實」非以「視民」一段議論。言既非闔之言，事亦非哀公、孔子之事，若認以爲此闔阻哀公之用孔子，真癡人前不得説夢者矣。「貞」同楨。「幹」借作榦。楨榦，古築墻之具，當墻兩端者爲楨，夾墻兩側者爲榦。以仲尼爲楨榦，喻言以仲尼爲輔相也。「國其有瘳乎」，問國將可治不也。

「殆哉圾乎仲尼」句，「圾」與岌同。殆、岌皆危，已見《天地篇》。「飾羽而畫」，喻下「從事華辭」，如畫羽而飾之，反失其自然之好，故曰「以支爲旨」。「支」如《禮·表記》「辭有枝葉」、《易·繫傳》「其辭枝」之枝。「旨」，美也。以支爲美，極形其不當也。舊解「旨」作意旨，誤。「忍性」猶言矯情。「視」同示。矯情以示民，是飾僞也，故曰「不知不信」。「不信」，不誠也。「受乎心，宰乎神」，申言所以不知不信之故。心對性言。性本不欲矯僞，而心實使之，故曰「受乎心」。然始之不信，神猶知之。神知之，其反不難也。久之習移其性，神亦聽命於習，不知其爲不信，而終身無反期矣，是曰「宰乎神」。上言「殆哉圾乎」，其殆圾蓋在乎此，故曰「夫何足以上民」。「上民」，謂居民上也。

「彼宜女與予頤與」句，「誤而可矣」句。「彼」指仲尼。「女」，哀公也。「予」，闔自謂。「宜」猶乃也。《詩·小雅·小宛篇》：「哀我填寡，宜岸宜獄。」王念孫曰：「宜岸宜獄，即乃犴乃獄。」是其證也。上「與」讀如字，下「與」爲語辭，讀平聲。舊以上「與」字斷句，亦讀平聲，非是。「頤」，養也。「而」猶則也。意謂若仲尼以此爲女與予之養，其誤則猶可也。以反跌下文「使民離實學僞」之爲不可。於此下「頤（養）」字者，蓋所云「飾羽而畫，從事華辭」，皆以儒家之禮文繁縟而言。而在儒家，則視禮爲尋常日用養身之所不可少，故荀子曰「禮者養也」，又曰「孰知夫恭敬辭讓之所以養安也，孰知夫禮義文理之所以養情也」，以是推之，此顏闔之言固有所爲而發，非漫爲之辭也。注者不察，僅依文字爲説，所以迂曲繳繞而卒莫能通也。「離實學僞」，「實」謂信也，亦即性也。「僞」謂華辭、忍性，亦即謂禮，老子曰：「禮者，忠信之薄而亂之首，前識者，道之華而愚之始。」又曰：「大丈夫處其厚不處其薄，居其實不居其華。」然則此之所言，固猶是老氏之旨耳。「爲後世慮，不若休之」，「休之」，止之也。又言「難治也」者，《在宥篇》云：「聞在宥天下，不聞治天下也。」故「難治」猶云不可治。郭注「治之則僞，故聖人不治」，是也。

「施於人而不忘」以下，注家多别分節，案其意，實與上相連貫，故今合之。「施於人」，謂施於民也。「不忘」，謂責報也。施於民而責其必報，是治也，非在宥也。在宥則循其性，治則拂其性，循其性是用天，拂其性是用人，故曰「非天布也」。「天布」猶言天行。責報者，商賈之道，故曰「商賈不齒」。「不齒」者，不道諸口，所以賤之也。然爲國家者，商賈亦所不廢。雖所不廢，而於人之性天，即未有以商賈爲可貴者，故曰「雖以事齒之，神者不齒」，此「神」即上「宰乎神」之「神」。以此知其文意之未始不屬矣。

「爲外刑者，金與木也」，「金」謂刀鋸、斧鉞，「木」謂捶楚、桎梏。「爲内刑者，動與過也」，「動」謂得已而不已，「過」謂及時而失時。「宵人」即小人。「離」同罹。「訊之」，謂案問之。「食」猶「蝕」也。「夫免乎外內之刑者，唯真人能之」，「真」對僞言，於此而言「免乎外內之刑者」，猶《養生主》之言「無近刑」、《在宥》之言「陰陽並毗傷人之形」。蓋養生爲國，無有二道。所以釋上「頤食」之旨，亦所以答哀公「國其有瘳」之問也。

孔子曰：「凡人心險於山川，難於知天；天猶有春秋冬夏旦暮之期，人者厚貌深情。故有貌愿而益，有長若不肖，有順懁而達，有堅而縵，有緩而釬。故其就義若渴者，其去義若熱。故君子遠使之，而觀其忠；近使之，而觀其敬；煩使之，而觀其能；卒然問焉，而觀其知；急與之期，而觀其信；委之以財，而觀其仁；告之以危，而觀其節；醉之以酒，而觀其則；雜之以處，而觀其色。九徵至，不肖人得矣。」

繼顏闔之言之後，而詳記孔子「九徵」之説，則知上文之誹議仲尼者，非實誹議仲尼矣。「厚貌深情」，「深」、「厚」皆言其難測。「愿」，謹愿也。「益」從水在皿上，本滿溢字，後用爲損益之益，滿溢乃加水傍。此言「貌愿而益」，謂貌若謹慤而中實自滿也。「有長若不肖」，「長」讀平聲，謂外似不肖，而其才實長也。舊讀「長」爲上聲，解作長者，長者不得但云長，猶小人不得但云小也，故不從。「順」與慎同。「懁」即狂獧之獧。《論語》作「狂狷」，《孟子》作「狂獧」，見《盡心篇》。獧者有所不爲，故以「慎獧」連言。「達」如《國風·子衿》之詩「挑兮達兮」之達，乃獧之反，故曰「有順懁而達」。「縵」，緩也。貌堅强而內濡緩，曰「堅而縵」。貌和緩而內卞急，曰「緩而釬」，《釋文》「釬，急也」，是也。「其就義若渴者，其去義若熱」，始則趨義甚急，始則去義亦速。前五者言內外不如一，此則言終始不如一也，於是而有「九徵」之法。「徵」，驗也。驗之以九事，故謂之「九徵」。

曰「忠」，謂不貳也。曰「敬」，謂不怠也。《逸周書・官人篇》云：「遠之以觀其不貳，邇之以觀其不倦。」《大戴禮記・文王官人篇》同，可參看。曰「能」，謂不亂也。《周書》云「煩之以事以觀其治」，《大戴記》無「以事」二字。曰「知」，讀智。謂不昏也。「卒然」同猝然。《周書》云「設之以謀以觀其知」，《大戴記》作「絜之以觀其知」，「絜」者度也。曰「信」，謂不背也。「期」，約。「急」，驟也。《周書》云「考之以觀其信」。《大戴記》同。曰「仁」，謂不貪也。《周書》云「淹之以利以觀其不貪」，《大戴記》同。淹謂久也。曰「節」，謂不屈也。《周書》云「示之難以觀其勇」，《大戴記》同。勇、節義近。「告」猶示也。曰「則」，謂不失也。《周書》云「醉之以觀其恭」，《大戴記》作「醉之以觀其不失也」。恭則不失，不失爲是有則。曰「色」，謂不荒也。《周書》云「濫之以樂以觀其不荒」，《大戴記》：「濫」作「藍」，「不荒」作「不寧」，「不」疑衍文。「色」與上「則」字對。「則」者儀則，就一身言。「色」者顏色，就見於面者言。或作好色之色解，非也。「處」讀上聲。「雜之以處」，謂任其雜處，故與「濫之以樂」相當，樂，懽樂也。「九徵至，不肖人得矣」者，此「不肖」與上「不肖」異，上「不肖」謂愚不肖，此「不肖」則取不似本義，指內外終始不如一言。「得」者，得其真實，謂無復可掩飾也。

正考父一命而傴，再命而僂，三命而俯，循墻而走，孰敢不軌！如而夫者，一命而呂鉅，再命而於車上儛，三命而名諸父，孰協唐、許！賊莫大乎聽有心，而心有睫，及其有睫也，而内視，内視而敗矣。凶德有五，中德爲首。何謂中德？中德也者，有以自好也，而呲其所不爲者也。窮有八極，達有三必，形有六府。美、髯、長、大、壯、麗、勇、敢，八者俱過人也，因以是窮。緣循，偃佒，困畏不若人。三者，俱通達。知慧外通，勇動多怨，仁義多責。達生之情者傀；達於知者肖；達大命者隨，達小命者遭。

「正考父」，宋卿，嘗事戴、武、宣三公，於孔子爲七世祖。此文即本其《鼎銘》，詳見《春秋》昭公七年《左氏傳》。「一命」爲士。「傴」，背曲也。「再命」爲大夫。「僂」，腰曲也。「三命」爲卿。「俯」，身近地也。「循墻而走」，不敢當正路。皆言其恭也。「孰敢不軌」，「軌」猶法也，言不敢不循法。《鼎銘》本文作「亦莫予敢侮」。謂其恭如是，人亦莫敢侮之。此改作「孰敢不軌」者，意在循法爲重，以見「如而夫者」之懵無法紀，非原文義也。郭注：「言人不敢以不軌之事侮之。」仍依原文義爲釋，失之矣。

「而夫」，猶云若人，蓋指當時在位者言，賤之之辭也。「吕」，膂本字，《説文》云「脊骨也」。「鉅」通巨，大也，强也。脊骨强大，言其不能傴僂，驕肆之狀也。「儛」與舞同。大夫則有乘軒，故曰「於車上舞」，驕極而忘形，近於顛狂矣。「諸父」，伯父、叔父也。「名諸父」，於伯叔而呼其名，無禮之至也。「唐」，唐堯。「許」，許由。皆視天下爲輕者。「協」，同也，比也。「孰協唐、許」，與「孰敢不軌」文對，亦託之「而夫」之口，謂唐、許何足與比！蓋極形其無狀。

舊注謂其不知比同於堯、由。夫若人之非堯、由之比，更何待言？作者何取下此評語？唯出於彼口，驕昏之態乃畢見，是不評之評也，故接曰「賊莫大乎德有心，而心有睫」。「德」者得也，非道德之謂。若名若位，凡有所得，不能浮雲視之，而膠著乎心，是爲「德有心」。「睫」，目毛也。睫所以護目，故目不可無睫。然目外視而心内視。内視而有睫，則反妨其明矣，故心之有睫，心之害也。吕惠卿《莊子義》以心有眼解之，後之注家沿用吕説，非也。睫非眼，安得謂有睫爲有眼乎！且下文云「及其有睫也而内視，内視而敗矣」，味「及其有睫」之文，是内視者本不得有睫也，故曰「内視而敗矣」。「内視而敗」，内視則敗也。

《消摇游篇》莊子謂惠子曰：「夫子猶有蓬之心也夫。」「心有睫」，亦蓬之心之比，故下云「凶德有五，中德爲首」。「中德」者，心德也。「五」者，耳、目、口、鼻、心。謂之「凶德」，所謂「賊」也。其賊奈何？則曰「有以自好也而呲其所不爲者也」。「好」讀去聲。「自好」猶云自得，如上之「吕鉅」「而於車上儛」即其所以自得，而云「孰協唐、許」，則「呲其所不爲者也」。「呲」各本作吡，《釋文》亦作「吡」，然郭注云：「呲，訾也。」字之從言者，或從口，如「訶」之與「呵」、「詬」之與「呞」皆是，故郭云然，明「比」爲「此」字之闕，故宋崇文本與道藏本皆作「呲」，兹從之。

「窮有八極」，「極」如《尚書·洪範》「五福六極」之極，福之反也。所以謂之極者，美、髯、長、大、壯、麗、勇、敢八者皆生質之美，世人固以之爲福矣，故矯而稱之曰「極」。昔者桀、紂長巨姣美，天下之傑也，筋力越勁，百人之敵也，見《荀子・非相篇》。然而喪其天下；智伯美鬚長大，彊毅果敢，射御足力，賢於人者有五，見《國語・晋語》。然而覆其宗族，則謂之凶極，孰曰不宜！

「達有三必」，「必」，言其必然也。「緣循」猶因循。「偃佒」猶偃蹇。「佒」音盎。「困畏」猶畏慎。皆甘後人而不爲先者也，故曰「不若人」。「不若人」，與上「過人」文對。「三者」别爲句。或以與「困畏」字連讀者，非也。「達」如《論語》「在邦必達，在家必達」之達。見《顔淵篇》。謂可行之天下無阻，故曰「通達」，非顯達之謂也。

「形有六府」，「形」借作刑，即上節内刑、外刑之刑。「府」者聚也。六者刑之所聚，故曰「六府」。「知」讀智。「知慧外通」，郭注云：「通外，則以無涯傷其内。」無涯者，《養生主篇》所云「生也有涯，而知也無涯，以有涯隨無涯，殆已」者也。傷其内，是内刑也。「勇動多怨，仁義多責」，怨責來之自外，雖非金木，亦外刑也。是刑之六府也。

成疏謂「八極、三必、窮達，猶人身有六府矣」，固誤之甚。若宣穎《南華經解》以知慧、勇動、仁義當六府之三，而以達生、達知、達命合爲三者以足之。不知「達生之情」四句，乃總結「正考父」以下之文。其曰生、曰知、曰命，正本《達生篇》「達生之情者不務生之所以爲，達命之情者不務知之所無奈何」以爲説，豈爲「形有六府」作注脚者哉！蓋由不識「形」之爲刑，故不得其解，雖宛轉遷就，爲之比附，而終不可通也。

「達生之情」，則知一命、再命乃至三命，皆生之所無以爲，即何至於吕鉅、何至於車上儛、更何至於名諸父，故曰「傀」。讀塊，平聲。「傀」者，塊然獨以其形立，而富貴、貧賤不能稍搖撼之也。「達於知」，則知知有不可得而奈何者。不外通而內視，內免於凶德，外免於刑責，故曰「肖」。「肖」者不肖之反，而內外始終可漸至於一如也。至若達命，又分大小者，《孝經援神契》云：「有受命以任慶，有遭命以謫暴，有隨命以督行。」見《小戴禮記·祭法篇》，孔穎達《正義》引。或窮或達，皆曰是所以督吾行也，行讀去聲。吾惟益修吾德而已，是之謂「隨」，是爲「達大命」。「達大命」者，達命之本原者也。有德而人不之尊，有才而世不之用，曰吾命之所遭然也，吾惟安之而已，是之謂「遭」，是爲「達小命」。「達小命」者，可以安命，而非能致命者也。「致命」，見《人間世篇》。知夫大命、小命之分，則於「達命之情」庶幾無失已。

人有見宋王者，錫車十乘，以其十乘驕穉莊子。莊子曰：「河上有家貧，恃緯蕭而食者，其子没於淵，得千金之珠。其父謂其子曰：『取石來鍛之！夫千金之珠，必在九重之淵，而驪龍頷下。子能得珠者，必遭其睡也。使驪龍而寤，子尚奚微之有哉！』今宋國之深，非直九重之淵也；宋王之猛，非直驪龍也。子能得車者，必遭其睡也。使宋王而寤，子爲韲粉夫！」或聘於莊子。莊子應其使曰：「子見夫犧牛乎？衣以文繡，食以芻叔，及其牽而入於太廟，雖欲爲孤犢，其可得乎！」

舉此二事，見達生、達知、達命三者之不可無也。宋人則全不達者，故以莊子之事作爲對照。則莊子不獨言之，亦且身行之。何也？其所知者深也。「錫」，賜也。「驕穉」連文，穉亦驕也。「緯」，編也。「蕭」，蒿類，俗謂之荻蒿，可編以爲畚蕢之屬。「恃緯蕭而食者」，倚此以爲生也。「没」，潛水也。「千金之珠」，珠之值可千金者。「鍛」音段，《釋文》謂椎破之，是也。「九重之淵」，「重」讀平聲。淵之深至九重也。「驪」，黑色。「頷下」，頤下也。「奚微之有」，言將被噬，無些微之餘也。「齏」，碎也。「齏粉」，意謂遭其葅醢。「宋王」，王偃，本暴君，故莊子言之如此。曰「宋國之深」，「深」謂不測。曰「宋王之猛」，「猛」即謂暴也。

「或聘於莊子」，據《史記》爲楚威王聞周賢，使使厚幣迎之，許以爲相。見《老莊列傳》。茲云「或」者，輕之，故不欲詳之也。「其使」，「使」字讀去聲。「犧牛」，祭祀所用。謂之「犧」者，以其色純也。犧牛在祭前養之三月，故曰「食以芻叔」。「食」讀飼。「芻」，草也。「叔」同菽，大豆也。將殺以祭，則用絺繡覆之，故曰「衣以文繡」。「衣」讀去聲。「大廟」，祖廟，「大」讀太。「犢」，牛子。犧牛用犢，故曰「雖欲爲孤犢，其可得乎！」「孤」，謂無人豢養之。

莊子將死，弟子欲厚葬之。莊子曰：「吾以天地爲棺槨，以日月爲連璧，星辰爲珠璣，萬物爲齎送。吾葬具豈不備邪？何以加此！」弟子曰：「吾恐烏鳶之食夫子也。」莊子曰：「在上爲烏鳶食，在下爲螻蟻食，奪彼與此，何其偏也！以不平平，其平也不平；以不徵徵，其徵也不徵。明者唯爲之使，神者徵之。夫明之不勝神也久矣，而愚者恃其所見，入於人，其功外也，不亦悲乎！」

莊子之排厚葬，其意蓋與墨同。《墨子》有《節葬篇》，可參看。然觀「葬具豈不備邪」之言，與楊王孫之欲裸葬者固異，楊王孫，《漢書》有傳。若便謂其主死後棄之中野以飼烏鳶，未爲能明莊子之意也。「槨」，外棺也。「璧」、「珠璣」，皆殉葬之物。璧曰「連璧」者，因日月繼明而言。「璣」，珠之細小者也。「齎送」，謂賻賵之屬。《春秋公羊傳》：「車馬曰賵，貨財曰賻。」蓋皆所以助主人送葬者也。「齎」音齏，遺也，裝也。

「不平」承上「偏」字言。《尚書·洪範》曰：「無黨無偏，王道平平。」明平與偏爲對立也。故曰「以不平平，其平也不平」，言以偏而求平，其平不可得而終平也。又曰「以不徵徵，其徵也不徵」者，何也？平與不平，必當有以驗之。常人驗之以明，明者人知也。而人知不足據以爲驗也。以人知驗，是爲「以不徵徵」，故曰「其徵也不徵」，言其徵不可得而終信也。蓋人知而聽命於天知，則人知亦足以效其用。若人知爲主，而天知退處於其下，即上文所謂「受乎心，宰乎神」者，則內外之刑並至，欲善生以善死，難矣，故曰「明者唯爲之使，神者徵之」。「明者唯爲之使」，言可爲使不可爲主也。「神者徵之」，言用爲徵者，唯神爲可也。「明之不勝神」，即人之不勝天也。「不勝」者，不及也。「愚者恃其所見」，恃其明也。恃其明而入於人，入於人，斯遠於天矣。「其功外」者，所謂「敝精神乎蹇淺」，非徒無益，而又害之者也，故曰「不亦悲乎！」悲不在死，而在不達於生、不達於知、不達於命也。《易·說卦》曰：「窮理盡性，以至於命。」不達於知，何以窮理！不達於生，何以盡性！不達於命，更何以至於命乎！「以不平平」以下，其語雖簡，然一篇之大義盡於此，即一書之大義亦盡於此。此莊子臨歿之言，所以丁寧其弟子者，猶曾子之以「君子所貴道者三」告孟敬子也。若別作一節，即意不屬矣。

天下第三十三

此篇歷叙道術由全而裂之故，以及《詩》、《書》、六藝之用，墨翟、禽滑釐以至關尹、老聃之優劣，而後述己所以著書之意，與夫察士辯者之異同，蓋與《論語·堯曰》之篇、《孟子·盡心篇》之末章，上追堯、舜授受之淵源，下陳孔子與孟子自己設施志趣之所在，大略相似。故自明陸西星《南華副墨》及王夫之《莊子解》皆以此爲莊子之後序，其爲莊子自作，無可疑者。以上三十二篇，多支離曼衍之辭，而此篇獨爲莊語，則欲窺莊子之真，尤於此不可不潛心玩索也。

天下之治方術者多矣，皆以其有，爲不可加矣。「古之所謂道術者，果惡乎在？」曰：「無乎不在。」曰：「神何由降？明何由出？聖有所生，王有所成，皆原於一。」不離於宗，謂之天人；不離於精，謂之神人；不離於真，謂之至人；以天爲宗，以德爲本，以道爲門，兆於變化，謂之聖人；以仁爲恩，以義爲理，以禮爲行，以樂爲和，薰然慈仁，謂之君子；以法爲分，以名爲表，以參爲驗，以稽爲決，其數一二三四是也，百官以此相齒；以事爲常，以衣食爲主，蕃息畜藏，老弱孤寡爲意，皆有以養，民之理也。

古之人其備乎！配神明，醇天地，育萬物，和天下，澤及百姓，明於本數，係於末度，六通四辟，小大精粗，其運無乎不在。其明而在數度者，舊法世傳之。史尚多有之。其在於《詩》《書》《禮》《樂》者，鄒魯之士、搢紳先生，多能明之。《詩》以道志，《書》以道事，《禮》以道行，《樂》以道和，《易》以道陰陽，《春秋》以道名分。其數散於天下，而設於中國者，百家之學，時或稱而道之。天下大亂，賢聖不明，道德不一，天下多得一察焉以自好，譬如耳目鼻口，皆有所明，不能相通。猶百官衆技也，皆有所長，時有所用，雖然，不該不徧，一曲之士也。判天地之美，析萬物之理，察古人之全，寡能備於天地之美、稱神明之容，是故内聖外王之道，闇而不明，鬱而不發，天下之人，各爲其所欲焉，以自爲方。悲夫，百家往而不反，必不合矣！後世之學者，不幸不見天地之純、古人之大體，道術將爲天下裂。

此一篇之提綱，莊子著書之意已略見於此。「内聖外王之道，闇而不明，鬱而不發」，三語最要。由此可知莊子之學，實爲「内聖外王」之學。其所以著書，即爲發明此「内聖外王」之道也。

首言「方術」、「道術」之異。全者謂之「道術」，分者謂之「方術」，故「道術」無乎不在，乃至瓦甓屎溺皆不在道外。見《知北游篇》。若「方術」，則下文所謂「天下之人各爲其所欲焉以自爲方」者。既有方所，即不免拘執，始則「各爲其所欲」，終則「以其有爲不可加」。「其有」

者，其所得也。所得者一偏，而執偏以爲全，是以自滿，以爲無所復加也。此一語已道盡各家之病。若學雖一偏，而知止於其分，去聲。不自滿溢，即方術亦何嘗與道術相背哉！

又曰「神何由降？明何由出？聖有所生，王有所成，皆原於一」，何也？「無乎不在」者，一理而貫諸萬事萬物，充其類而言之；「原於一」者，萬事萬物皆原於一理，推其本而言之也。神者天，故曰降。明者地，故曰出。《天道篇》曰：「天尊地卑，神明之位也。」本篇後文曰「配神明，醇天地」，又曰「天地並與，神明往與」，皆以神明與天地相配，是言神明即言天地之用也。天地之用且原於一，則天地間所生萬物其原於一可知也。萬物之中，最靈秀者人。人之德盛者莫如聖，人之功大者莫如王。聖之生，有其所以生；王之成，有其所以成。聖王之生成且「原於一」，則人間所有萬事其「原於一」可知也。其舉神明者，以表天道、地道；舉聖王者，以表人道。天道、地道、人道皆「原於一」，以見人與天地無二道也。「神何由降？明何由出？」似有問而無答。「聖有所生，王有所成」，似有答而無問。此互文以見義，非實問答也。故或疑「聖有所生」上脱「問」字，與夫謂聖即神、王即明，混而同之者，皆失之。上篇「明者唯爲之使神者徵之」，神與明係天人對言。此神與明，係天與地對言。亦當分別觀之，不得混淆也。

「神人」、「至人」，皆已見《消摇游篇》。此先之以「天人」者，承上神明聖王言，特以表「天人」不二之理。故「不離」者，即不二之謂。其曰宗、曰精、曰真者，皆「原於一」之「一」。以其爲主言，謂之宗；以其不雜言，謂之精；以其無妄言，謂之真也。以「聖人」繼天人、神人、至人之後，而曰「以天爲宗，以德爲本，以道爲門，兆於變化，謂之聖人」。文繁而義重若是者，以將發明「内聖外王」之道，則於聖人之辭不得不謹益加謹焉。「以天爲宗」，則聖人即天人也。「以德爲本」，則聖人即真人也。「以道爲門，兆於變化」，則聖人即神人也。故《消摇游》之聖人别於至人、神人而言之，此之聖人則兼天人、神人、至人而言之者也。别於至人、神人而言之，故於至人、神人居其次。兼天人、神人、至人而言之，則於天人、神人、至人爲集其成。此不得等量而齊觀之也。

聖人之後，繼之以「君子」者，「君子」者，聖王之佐。非仁無以惠民，故曰「以仁爲恩」。非義無以治民，故曰「以義爲理」。非禮無以教民，故曰「以禮爲行」。行讀去聲。非樂無以和民，故曰「以樂爲和」。而又曰「薰然慈仁」者，仁義禮樂，仁爲之本，臨民爲治，仁尤其要也。以不忍之心，行太和之治，如南風之化物，故曰「薰然」。

君子之後，接之以「百官」者，孟子曰：「賢者在位，能者在職。」君子所謂賢者，百官所謂能者，以賢統能，職位宜然也。荀子曰：「君子守道，官人守法。」百官所謂官人，以道御法，官守亦宜然也。「以法爲分」，「法」者法度。「分」，分守也。分，皆讀去聲。「以名爲表」，「名」者形名。「表」，儀表也。「以參爲驗」，「參」者三也，參合也。驗不憚其詳，故曰「以參爲驗」。「以稽爲決」，「稽」者計也，會稽也。決必取其會，故曰「以稽爲決」。稽則有等，故曰「其數一二三四是也」。「百官以此相齒」者，「此」，此數也。一官之中，又有上下主屬之序，故曰「以此相齒」，「齒」者序也。《天道篇》曰：「古之明大道者，先明天，而道德次之；道德已明，而仁義次之；仁義已明，而分守次之；分守已明，而形名次之；形名已明，而因任次之；因任已明，而原省次之；原省已明，而是非次之；是非已明，而賞罰次之。」曰參曰稽，即因任原省之事；曰驗曰決，則是非賞罰之事。明道德以上爲聖人，明仁義以上爲君子，明分守形名以下則爲百官。以彼證此，其先後釐然，蓋無有不合焉。

「以事爲常」，「事」者，耕織、工賈之事。舊有以此屬上百官爲文者，非也。有耕織、工賈之業，而後方有衣食可言，故先曰「以事爲常」，而後曰「以衣食爲主」也。「蕃息畜藏」四字爲句。「蕃息」，所謂「生之者衆，爲之者疾；不衆不疾，則無由蕃息」。「畜藏」，所謂「食之者寡，用之者舒；不寡不舒，亦無得而畜藏」也。「生之者衆」四句，見《大學》。惟「蕃息畜藏」，然後老弱孤寡方有所贍，故曰「老弱孤寡爲意，皆有以養」。「民之理」，猶言「民之爲道」也。「民之爲道」，見《孟子·滕文公篇》。聖人之化、君子之治與夫百官之所爲，凡以爲民也，故以「民之理」終焉。

「古之人其備乎」，「古之人」，謂古之聖人也。「配神明，醇天地」，言聖人之體。章太炎《莊子解故》云：「醇借爲準。《周禮·地官·質人》『壹其淳制』，《釋文》『淳音準』是其例。《易》曰：『易與天地準。』」章氏之説是也。「育萬物，和天下，澤及百姓」，言聖人之用。「明於本數，係於末度，六通四辟，小大精粗，其運無乎不在」，則合體與用而言之，所謂其備也。「本數」者，道德仁義是也。「末度」者，法名參稽是也。本數曰明，末度曰係者，末係於本，係之爲言連類而及之，自然之勢也。「六通四辟」，已見《天道篇》。「小大精粗，其運無乎不在」，「運」即「帝道運而無所積，聖道運而無所積」之運。亦見《天道篇》。惟運而無所積，所以曰「以道爲門，兆於變化」。「兆」者，見端之微，非深於幾者不察，極言其難測也。

「其明而在數度者，舊法世傳之」句，古者官師世守其業，《周官·考工》云「知者創物，巧者述之、守之，世謂之工」，是也，故曰「世傳之」。「史尚多有之」，「史」，史官。《周官·春官》：「大史大讀太。掌建邦之六典，以逆邦國之治。掌法，以逆官府之治。掌則，以逆都鄙之治。凡辨法者攷焉。」鄭注：「典則，亦法也。」是所謂「史多有之」也。舊以「舊法世傳之史尚多有之」十字作一句讀者，誤也。「其在於《詩》、《書》、《禮》、《樂》者，鄒魯之士、搢紳先生多能明之」，特提《詩》、《書》、《禮》、《樂》六經者，以別於世傳之舊、史官之藏，蓋經孔子刪訂之後，《詩》《書》已非昔時之《詩》《書》，《禮》《樂》亦非昔時之《禮》《樂》，故曰「鄒魯之士、搢紳先生多能明之」。「明之」者，明其義，非僅陳其數也。「鄒」與鄹同。孔子鄹人之子。見《論語·八佾篇》。言「鄒魯」，舉其地也。「搢紳」，搢笏而垂紳，儒者之服如是。言「搢紳」，著其類也。先百家而言之者，百家皆儒之支與流裔，儒本不在百家中也。《太史公書·五帝本紀》曰：「百家言黃帝，其文不雅馴，薦紳先生難言之。」亦以薦紳先生別於百家，薦紳即搢紳。則知儒之列於六家、列於九流，其起蓋在儒分爲八之後。六家，見史公《自序》論六家要旨。九流，見《漢書·藝文志》。儒分爲八，見《韓非子·顯學篇》。若孔子之博學而無所成名，見《論語·子罕篇》。其在當時，固不得以家稱之也。

「《詩》以道志，《書》以道事，《禮》以道行，《樂》以道和，《易》以道陰陽，《春秋》以道名分」，「道」，言也。「《詩》可以興」，見《論語·陽貨篇》。故曰「以道志」。「疏通知遠，《書》教也」，見《禮記・經解》。故曰「以道事」。「言而履之，禮也」，見《禮記・仲尼燕居》。故曰「以道行」。「行而樂之，樂也」，「樂之」之「樂」，音洛，亦見《仲尼燕居》。故曰「以道和」。「一陰一陽之謂道」，見《易・繫辭傳》。故曰「《易》以道陰陽」。「梁亡」，「鄭棄其師」，「我無加損焉，正名而已矣。」見僖十九年《春秋公羊傳》。「梁亡」在是年，「鄭棄其師」在閔二年。自「《詩》可以興」以下，所以引皆孔子之言。故曰「《春秋》以道名分」。於此重申六經之恉且鄭重言之者，六經，「内聖外王」之道之所寄，不可不詳也。

「其數散於天下而設於中國者，百家之學時或稱而道之」，言「天下」又言「中國」者，「中國」，魯、衛、齊、宋之區，先王之政、孔子之教之所施設，聲明文物於是萃焉，「聲明文物」，見《春秋》桓二年《左氏傳》。故孟子曰「陳良，楚産也，悦周公、仲尼之道，北學於中國」，蓋謂是也。「稱而道之」，舉而言之也。

「天下大亂，賢聖不明，道德不一，天下多得一察焉以自好」，「大亂」，謂戰國。「賢聖不明，道德不一」，言聖又言賢，則不獨「仲尼没而微言絶」，亦「七十子喪而大義乖」之時矣。「察」與際通，《中庸》「察乎天地」，即際乎天地，此言一際，猶下言一曲也。「好」讀去聲。「自好」者，自憙也。一際既非其全，自憙又不知變，故曰「譬如耳目鼻口，皆有所明，不能相通」。此「明」謂知覺也。曰「不能相通」，則非「六通四辟」者矣。

「猶百官衆技也，皆有所長，時有所用。雖然，不該不徧，一曲之士也」，「百官」各本皆作「百家」。此喻言百家之偏，不當取本身以爲比，明「家」爲傳寫之誤無疑，古鈔卷子本正作

「官」，《昭明文選》陸機《演連珠》注引此文，亦作「百官」，故特改正。「該」同賅。曰「不該不徧，一曲之士」，則非「小大精粗，其運無乎不在」者矣。

故總而論之曰：「判天地之美，析萬物之理，察古人之全，寡能備於天地之美、稱神明之容，是故内聖外王之道，闇而不明，鬱而不發，天下之人，各爲其所欲焉，以自爲方。悲夫，百家往而不反，必不合矣！後世之學者，不幸不見天地之純、古人之大體，道術將爲天下裂。」

此「察」借作𥻦。《説文》：「𥽯，𥻦也。從米悉聲。」又：「𥻦，從米殺聲。𥽯𥻦，散之也。」知「察」之借爲𥻦者，《春秋》昭元年《左氏傳》「周公殺管叔而蔡蔡叔」，杜注：「蔡，放也。」正義曰：「《説文》：『𥻦，散之也。』𥻦爲放散之義，故訓爲放。」「蔡」、「際」字皆從「祭」得聲。「際」之借爲「𥻦」，猶「蔡」之借爲「𥻦」矣。然則「蔡古人之全」，謂散古人之全，與「判天地之美，析萬物之理」，文同義亦同也。

「稱」讀去聲。「容」，包容也。天地之成其美，在於無所不容，古人之配神明、準天地亦然。故《中庸》曰：「萬物並育而不相害，道並行而不相悖。」今古人之全既散矣，則求其如天地神明之並育並行，復何可得！故於「察古人之全」之下，又言「寡能備於天地之美、稱神明之容」者，與上「判天地之美」之文，似複而非複也。於是特提「内聖外王之道闇而不明，鬱而不發」之三言，以見「天下之人各爲其所欲，以自爲方」，其故實在於此。太史公曰：「中國言六藝者，折中於夫子。」見《史記·孔子世家》。揚子雲曰：「羣言淆亂衷諸聖。」聖人不作，無所折中。異端雜出，人見百家之盛，而不知其生心害政爲蔽之大也。觀其曰「百家往而不反，必不合矣」，又曰「後世之學者不幸不見天地之純、古人之大體，道術將爲天下裂」，致慨之深，不亦情見乎辭也夫！

不侈於後世，不靡於萬物，不暉於數度，以繩墨自矯，而備世之急，古之道術，有在於是者。墨翟、禽滑釐，聞其風而説之，爲之大過，已之大順。作爲非樂，命之曰節用，生不歌，死無服。墨子汎愛、兼利而非鬬，其道不怒。又好學而博不異，不與先王同，毁古之禮樂。黄帝有《咸池》，堯有《大章》，舜有《大韶》，禹有《大夏》，湯有《大濩》，文王有《辟雍》之樂，武王、周公作《武》。古之喪禮，貴賤有儀，上下有等，天子棺槨七重，諸侯五重，大夫三重，士再重。今墨子獨生不歌，死不服，桐棺三寸而無槨，以爲法式。以此教人，恐不愛人；以此自行，固不愛己。未敗墨子道，雖然，歌而非歌，哭而非哭，樂而非樂，是果類乎？其生也勤，其死也薄，其道大觳；使人憂，使人悲，其行難爲也，恐其不可以爲聖人之道，反天下之心，天下不堪。墨子雖獨能任，奈天下何！離於天下，其去王也遠矣。

墨子稱道曰：「昔者禹之湮洪水，決江河，而通四夷九州也，名川三百，支川三千，小者無數。禹親自操槖耜，而九雜天下之川，腓無胈，脛無毛，沐甚雨，櫛疾風，置萬國。禹大聖也，而形勞天下也如此。」使後世之墨者，多以裘褐爲衣，以跂蹻爲服，日夜不休，以自苦爲極，曰：「不能如此，非禹之道也，不足謂墨。」相里勤之弟子、五侯之徒，南方之墨者，苦獲、已齒、鄧陵子之屬，俱誦《墨經》，而倍譎不同，相謂別墨；以堅白同異之辯相訾，以觭偶不仵之辭相應；以鉅子爲聖人，皆願爲之尸，冀得爲其後世，至今不決。墨翟、禽滑釐之意則是，其行則非也。使後世之墨者，必自苦以腓無胈、脛無毛，相進而已矣。亂之上也，治之下也。雖然，墨子真天下之好也，將求之不得也，雖枯槁不舍也，才士也夫！

內聖外王之道，由內而外者也。墨家刻意尚行，致力於外者多，而內自得者少，自莊子視之，墨家之術去聖人之道爲最遠，故一則曰「其行難爲也，恐其不可以爲聖人之道」，再則曰「離於天下，其去王也遠矣」。《天下篇》叙各家之學，自墨翟、禽滑釐以至關尹、老聃，乃由粗而精，由小而大。此其意於關尹、老聃之章發之，曰「以本爲精，以物爲粗」，又曰「關尹、老聃乎，古之博大真人哉！」知關尹、老聃之爲精爲大，則知墨翟、禽滑釐之爲粗爲小矣。是故始於墨家者，以其粗且小，而欲進之也。而或者以爲尊墨，所以首墨，未爲能明莊子之意也。孟子曰「逃墨必歸於楊，逃楊必歸於儒」，其以楊爲與儒近而墨爲與儒遠，所見蓋與莊子同，是可參而觀焉。

「不侈於後世」，爲墨家背周道而用夏政言也。「背周道而用夏政」，語出《淮南子·要略》。觀下墨子稱道禹之言，亦可見之。「不靡於萬物」，「靡」，費也，爲墨家「節用」、「爲天下憂不足」言也。

「爲天下憂不足」，語出《荀子・富國篇》。「爲」亦讀去聲。「不暉於數度」，爲墨家「非樂」、「薄葬」、「蔽於用而不知文」言也。「蔽於用而不知文」，語出《荀子・解蔽篇》。「數度」，所謂文也。「暉」猶華也，飾也。「以繩墨自矯」，下文所謂「以自苦爲極」。「備世之急」，則下文所謂「真天下之好也」是也。古之道術無乎不在，故曰「有在於是者」。

「墨翟」已見前。「禽滑釐」，墨子弟子。「滑」音骨，《列子・楊朱篇》即作骨。《漢書・古今人表》則作屈釐。「聞其風而説之」，聞之而興起也。《漢書・藝文志》墨家《墨子》七十一篇，今存五十三篇，分十五卷。「爲之大過，已之大順」，「大」讀爲太。「已」與「爲」對。「已」，止也，止而不爲也。「順」與「過」對。《小爾雅》曰：「順，退也。」退謂不及也。《釋文》：「順或爲循。」「循」者「遁」之借。「遁」與「退」一也。「爲之太過」，謂汎愛、兼利。「已之太順」，謂「非樂」、「節用」也。故接曰「作爲非樂，命之曰節用」，「命」猶名也，言其非樂亦以節用爲名也。「生不歌」，承「非樂」言。「死無服」，「服」，服喪也。《墨子・節葬篇》言爲三日之服，《公孟篇》同。服僅三日，則何異於無服！故曰「死無服」也。

「汎愛兼利」，見《墨子・兼愛篇》。《兼愛篇》曰：「兼相愛，交相利。」墨子多以愛利聯説。孟子曰「墨子兼愛」，舉愛以包利。「非鬬」即非攻。《墨子》有《非攻篇》。「其道不怒」，推汎愛、非攻之本也。「好學而博不異」，「博不異」，猶言大不異，謂尚同也。《墨子》有《尚同篇》。墨子嘗見百國《春秋》，又其南游，載書甚多，並見《墨子》本書。是其好學也。好學者當兼收竝蓄，乃以「不異」爲大，曰「必尚同一義」，「上之所是，必皆是之；上之所非，必皆非之」，並見《尚同篇》。

是强不同以爲同也，故曰「好學而博不異」。「而」之爲言，蓋譏其不免自陷於矛盾也，是以「不與先王同，毁古之禮樂」。

「黄帝有《咸池》，堯有《大章》，舜有《大韶》，禹有《大夏》，湯有《大濩》，文王有《辟雍》之樂，武王、周公作《武》」，《咸池》、《大章》、《大韶》、《大夏》、《大濩》、《辟雍》與《武》，皆樂名。《咸池》見《天運篇》。「辟」讀璧，「雍」與廱同。「《辟雍》之樂」，《詩・大雅・靈臺》之篇所謂「於論鼓鐘，於樂辟廱」者也。《武》見《詩・周頌》及《禮・樂記》。子謂「《韶》，盡美矣，又盡善也」，謂「《武》，盡美矣，未盡善也」。見《論語・八佾篇》。古之樂如是。今墨子猶「生不歌」，是毁古之樂也。「古之喪禮，貴賤有儀，上下有等，天子棺槨七重，諸侯五重，大夫三重，士再重。」「重」讀平聲。「有儀」，有度也。古之禮如是。今墨子獨「死不服，桐棺三寸而無槨，以爲法式」，是毁古之禮也。「三寸」，桐木之厚三寸也。「以此教人，恐不愛人；以此自行，固不愛己。」言「此」者，以爲與汎愛之道相悖也。

「末敗墨子道」，「末」與莫同。「敗」，《釋文》「或作毁」。毁、敗一義。言非欲毁敗墨子之道也。荀子曰：「我以墨子之非樂也，則使天下亂；墨子之節用也，則使天下貧。非將墮之也，説不免焉。」楊倞注曰：「非將墮毁墨子，論説不免如此。」墮，並讀隳，見《荀子・富國篇》。然則此云「末敗墨子道」，猶荀子云「非將墮之」也，皆文章曲一筆法。各本「末」有作「未」者，皆誤也。故曰「雖然，歌而非歌，哭而非哭，樂而非樂，是果類乎？」歌、哭者，人之性。墨子亦人也，則不能無歌、哭之時。今以歌、哭爲非，則行與言相悖。「是果類乎？」甚言其不類也。又曰「樂而非樂」者，古「音樂」之「樂」與「快樂」之「樂」本同一聲，至後始區而爲二。故非樂，音樂之樂。即是非樂。快樂之樂。《莊子》首《消摇游》。消摇者，樂也。墨子之説與莊子最不相容者，莫過於非樂，故於此再三言之，觀下文云「使人憂，使人悲」，亦可見也。

「其生也勤」，「勤」，勞也。「其死也薄」，「薄」，瘠也。「其道大觳」，「大觳」，太刻也。《史記·始皇本紀》云：「堯、舜飯土塯，啜土鉶，雖監門之養，不觳於此。」言不能刻苦過此也。觳、刻一音之轉，故義得相通。「使人憂，使人悲，其行難爲也」，並承「太觳」言。「行」讀去聲。惟如是，故曰「恐其不可以爲聖人之道」。《中庸》曰：「道不遠人。人之爲道而遠人，不可以爲道。」墨子之道，所謂「爲道而遠人」者也，故曰「反天下之心，天下不堪」。「天下不堪，墨子雖獨能任，奈天下何！」言天下莫之應也。莫之應，故曰「離於天下，其去王也遠矣」。「離」讀去聲。「王」，謂外王之道也。

「墨子稱道曰」以下至「形勞天下也如此」，墨子所以稱道大禹之言也。始言「湮洪水」。「湮」同「堙」，塞也。《尚書·禹貢篇》所謂「禹敷土，隨山刊木，奠高山大川」也。終言「置萬國」，所謂「咸則三壤，成賦中邦，錫土姓」也。「四夷」，即要服、荒服之地。「九州」，冀、兗、青、徐、揚、荆、豫、梁、雍也。「槖」，盛土器。「耜」，掘土具也。「九」同鳩，聚也。「雜」同匝，合也。聚合天下之川者，溝而通之。《禹貢》所云：「夾右碣石，入于河」，「浮於濟、漯，達於河」，「浮於汶，達於濟」，「浮於淮、泗，達於河」，「沿於江、海，達於淮、泗」，「浮於江、沱、潛、漢，逾於洛，至於南河」，「浮於洛，達於河」，「浮於潛，逾於沔，入於渭，亂於河」，「浮於積石，至於龍門、西河，會於渭汭」。蓋以河爲經脈，九州之水無有不聯貫通達者也。「腓」，脛腨也，俗云腿肚。「無胈」、「無毛」，已見《在宥篇》。「甚雨」，霪雨也。面目爲之沾濡，故曰「沐」。「疾風」，烈風也。鬢髮爲之披拂，故曰「櫛」。「櫛」，梳也。「形勞天下」，以天下而勞其形也。

「使後世之墨者」以下，所以教其徒也。「裘」，獸皮之帶毛者。「褐」，織獸毛而爲布也。「跂」通作屐，木履也。「蹻」通作屩，麻履也。「服」，著也。行則著之，故曰「以跂蹻爲服」。「日夜不休」，孟子所謂「摩頂放踵」。見《盡心篇》。「以自苦爲極」，「極」，謂準則也。曰「不能如此，非禹之道也，不足謂墨」，教其徒之言也。兩「如此」字相應，禹之形勞如此，「不能如此」，即不能如禹也，故曰「非禹之道」。墨之所稱道而尊行者禹，不能如禹，亦即非墨之道，故曰「不足謂墨」。

「相里勤」，姓相里氏，「勤」，其名也。「五侯」亦氏。曰「五侯之徒」者，非一人也。「苦獲」、「己齒」，皆人姓名。「己」讀如起。苦獲、己齒與鄧陵子，皆南人，故以「南方之墨者」總之，而曰「之屬」。此云「南方之墨者」，則相里勤之弟子、五侯之徒其爲北方之墨者可知。《韓非子·顯學篇》云：「墨分爲三，有相里氏之墨，有相夫氏之墨，有鄧陵氏之墨。」此獨稱相里勤與鄧陵子者，以南北之地分，故舉其二而已足也。《墨經》，謂墨子之書，如《兼愛》《非攻》《節用》《非樂》諸篇是。「誦」者，習也。其曰「經」者，本其徒屬之辭，尊之故號爲「經」也。今《墨》書有《經》上下、《經説》上下，當出相里氏、鄧陵氏之手。所謂「以堅白同異之辯相訾，以觭偶不仵之辭相應」者，非兹之所曰「經」也。「倍」與背同。「譎」，非正也。異於師説謂之「倍」。失其正旨謂之「譎」。「倍譎」，所以不同也。不同，因相謂别墨。「相謂别墨」者，以己爲正傳，而以人爲别派也。「堅白同異之辯」，已見《胠篋篇》。「相訾」，相詆也。「觭偶」即奇耦。「仵」同伍。不伍，不匹敵也。「相應」，相答也。

「鉅子」，「鉅」同巨。《釋文》向秀云：「墨家號其道理成者爲鉅子，若儒家之碩儒。」案：鉅子與碩儒，名雖相似而實有不同。碩儒出於下之推崇，鉅子則由於上之傳授。《吕氏春秋·上德篇》云：「墨者鉅子孟勝善荆之陽城君。陽城君令守於國，荆收其國。孟勝曰：『受之人國，而力不能禁，不能死，不可。』其弟子徐弱諫曰：『死，無益也，而絶墨者於世。』孟勝曰：『不然。死之，所以行墨者之義而繼其業者也。我將屬鉅子於宋之田襄子。』徐弱曰：『若夫子之言，弱請先死以除路。』因使二人傳鉅子於田襄子。孟勝死，弟子死之者百八十三人，二人已致令於田襄子，欲反死孟勝於荆，田襄子止之，曰：『孟子已傳鉅子於我矣，當聽。』遂反死之。」文有删削。觀此，可知鉅子之世世相傳，其勢位之尊嚴，雖兩漢時門生故吏之於主將有所不及，況所謂碩儒者乎！竊謂此墨子「尚賢」「尚同」之教養而成之，一受其傳，即儼然教主身分，故曰「以鉅子爲聖人，皆願爲之尸」。「爲之尸」者，「爲」讀去聲。「尸」如《易·師卦》「六三，師或輿尸」、「六五，弟子輿尸」之尸，取離之折首爲義，虞翻《易説》如此。言願爲之盡死，若徐弱等輩是也。又曰「冀得爲其後世，至今不決」者，墨既分三，則各奉鉅子，勝負相爭，莫爲之下，故「不決」也。

夫墨子之意本在救世，故曰「墨翟、禽滑釐之意則是」，而其行則「使後世之墨者，必自苦以腓無胈、脛無毛，相進而已矣」。「相進」猶相尚也。若是，則致治不足，而造亂反有餘，故曰「亂之上」、「治之下」，又曰「其行則非也」。以上極言墨家學術之弊。而若墨子之爲人，則有自不可没者，故「雖然」一轉，曰「墨子真天下之好也」。「好」讀去聲。「天下之好」，天下是好也，倒之則爲好天下。墨子主兼愛，好天下即愛天下也。「將求之不得也，雖枯槁不舍也」，「舍」讀同捨。言必求有以愛利天下，不惜以身命殉之也，故曰「才士也夫！」「才士也」者，謂能盡其才力者也。莊子嘗曰：「周將處夫材與不材之間。」「材」與「才」同。語見《山木篇》。則稱墨子爲「才士」，雖曰與之，而意有微辭。故郭注曰「非有德者也」，以才别於有德，可謂能窺莊子之意者矣。

《淮南子·要略》有曰：「墨子學儒者之業，受孔子之術。」《史記·儒林傳》亦云：「田子方、段干木、吴起、禽滑釐之屬，皆受業於子夏。」是墨嘗學於儒，而卒與儒歧異。由是觀之，吾謂「百家皆儒之支與流裔」，固有其徵已。

不累於俗，不飾於物，不苟於人，不忮於衆，願天下之安寧，以活民命，人我之養，畢足而止，以此白心，古之道術，有在於是者。宋鈃、尹文，聞其風而説之，作爲華山之冠以自表，接萬物以别宥爲始，語心之容，命之曰：「心之行，以胹合驩，以調海内。」請欲置之以爲主。見侮不辱，救民之鬬；禁攻寢兵，救世之戰。以此周行天下，上說下教，雖天下不取，强聒而不舍者也。故曰：「上下見厭，而强見也。」雖然，其爲人太多，其自爲太少，曰：「請欲固置，五升之飯足矣。」先生恐不得飽，弟子雖飢，不忘天下。日夜不休。曰：「我必得活哉！」圖傲乎，救世之士哉！曰：「君子不爲苛察，不以身假物。」以爲無益於天下者，明之不如已也。以禁攻寢兵爲外，以情欲寡淺爲内。其大小精粗，其行適至是而止。

《荀子・非十二子篇》以墨翟、宋鈃並列，而此則殊宋鈃、尹文於墨翟、禽滑釐者，雖其自苦而愛人正復相似，而墨子之説推本於天志，見《墨子・天志篇》。宋、尹之説則置心以爲主。一本天，一本心，其間有絶異者。若判其精粗，則宋、尹固較墨子爲進。莊子所以區而二之，先墨、禽而後及於宋、尹也。

「不累於俗」，《消摇游篇》所謂「舉世譽之而不加勸，舉世非之而不加沮」是。「不飾於物」，所謂「定乎内外之分，辨乎榮辱之竟」是。「不苟於人」，下文所謂「强聒而不舍」是。「不忮於衆」，所謂「以胹合驩，以調海内」是。「不苟」者，不苟從也。惟不苟從於人，所以不得不强聒也。「願天下之安寧以活民命」，是以倡「禁攻寢兵」。願「人我之養畢足而止」，是以説「情欲寡淺」。「以此白心」者，以此表其心也。荀子曰：「君子之言，正其名，當其辭，以務白其志義者也。」見《正名篇》。文有删削。此云「白心」，猶荀子云「白其志義」矣。《漢書・藝文志》：《尹文子》一篇，在名家。今道藏本分《大道（上）》《大道（下）》二篇，與《隋書・

經籍志》作二卷合。然唐馬總《意林》所引數條，今書皆未之載，知殘缺多矣。使其書具在，則「以此白心」者，其正名、當辭，必當有可考焉。今書《大道（上）》言形名之理，首稱仲尼曰：「必也正名乎！名不正，則言不順也。」則亦有聞於孔子之道者也。

「宋鈃」即宋榮子，《孟子》作宋牼，已見《消摇游篇》注。《漢書·藝文志》有《宋子》十八篇，在小説家。鈃著書十八篇，可謂多矣，不知劉向父子當時何以入之小説？《藝文志》本之劉歆《七略》故云。殆以其稱引不免蕪雜邪？惜其遂不傳也。「作爲華山之冠以自表」，《釋文》「華山上下均平，作冠象之，表己心均平也」，是也。

「接萬物以別宥爲始」，「宥」同囿。「別」者，別而去之。「爲始」猶爲首也。《尸子》（尸佼）書云：「墨子貴兼，孔子貴公，皇子貴衷，田子貴均，列子貴虚，料子貴別囿。」《吕氏春秋》有《去宥篇》，亦云：「凡人必別宥然後知。別宥，則能全其天矣。」然則「別宥」者，謂去其限隔，猶本書《齊物論》之言「未始有封」、《人間世》之言「無町畦」意也。

「語心之容」，「容」，包容也。惟去宥然後無所不容。《説苑·君道篇》齊宣王謂尹文曰：「人君之事何如？」尹文曰：「人君之事，無爲而能容下。夫事寡易從，法省易因，故民不以政獲罪也。大道容衆，大德容下，聖人寡爲而天下理矣。《書》曰：『容作聖。』」案：文所引《書》，爲《尚書·洪範篇》文。今曰「思曰睿，睿作聖」，此古文《尚書》也。作「思曰容，容作聖」者，則今文《尚書》也。伏生《尚書大傳》亦云然，可以互證。故「語心之容」者，謂心之用在能容也。

「命之曰：『心之行，以胹合驩，以調海内。』」十四字當連讀。「胹」各本皆從耳作「聏」，惟崔本從肉作「胹」，見《釋文》。《説文》有「胹」無「聏」。郭注云：「胹令合，調令和。」詳「令合」之義，與《説文》「胹，爛也」義合，則作「胹」是也，故改正。「胹」與腝，義亦通。腝者，柔也。「驩」與懽同。「以胹合驩」者，剛則易忤，柔則易親，故合人之懽者必以腝也。「以調海内」者，謂不獨合少數人之懽而已，雖大至「調於海内」亦不外是。「調」者和也。凡此俱不離於一心，故曰「心之行，以胹合驩，以調海内」。「命之曰」者，名之如此，即説之如此也。「請欲置之以爲主」，置此所語所名以爲立説之主。予前曰：「宋鈃、尹文異於墨子者，宋、尹本心而墨子本天。」蓋爲此也。

「見侮不辱，救民之鬬」，今宋鈃書不傳，而猶有可考證者，則《荀子·正論篇》嘗引其説而辯正之，曰：「子宋子曰：『明見侮之不辱，使人不鬬。人皆以見侮爲辱，故鬬也。知見侮之爲不辱，則不鬬矣。』」稱曰「子宋子」，蓋本其門弟子之辭。「見侮」，謂受侮。「不辱」，謂不足爲辱。「民」者人也。人與人爭則鬬，國與國爭則戰，而國之戰往往以人之鬬肇其端，故欲禁攻寢兵、救世之戰，乃先之以見侮不辱、救民之鬬也。《孟子·告子篇》云：「宋牼將之楚，孟子遇於石丘，曰：『先生將何之？』曰：『吾聞秦、楚搆兵，我將見楚王，説而罷之。楚王不悦，我將見秦王，説而罷之。二王，我將有所遇焉。』」此又宋鈃從事救世之戰事實之可攷者。「寢」猶息也。《尹文子》亦云：「見侮不辱，見推不矜，禁暴息兵，救世之鬬，此人君之德，可以爲主矣。」見《大道》上篇。其與宋鈃之説若一倡而一和。《荀子》楊倞注以此謂「宋子，蓋尹文弟子」。然觀此文，先宋銒而後尹文，以上墨翟、禽滑釐之例例之，尹文非宋銒之師明矣。顏師古《漢書》注引劉向云：「尹文與宋銒俱游稷下。」向之説必有所據。而孟子稱宋牼曰「先生」，計牼之年當已甚老。尹文自是宋子後輩，或有聞於宋子之道而興起者，故莊子此篇以二人合爲一談也。

「以此周行天下，上説下教」，「説」讀如字。「上」謂當時人主。「下」謂民衆也。「雖天下不取，强聒而不舍者也」，「强」讀上聲，下「强見」之「强」亦同。「聒」，多舌而擾人耳，故字從耳從舌，今俗猶云絮聒。「不舍」，不止也。故曰「上下見厭而强見也」。此本宋尹戒其徒衆之言，援之以證其强聒，故加「故曰」字。「上下見厭」，謂見厭於上下。厭之，則必有拒之不欲見者。不欲見而固求見，是亦「見侮不辱」之一端，所以云「其爲人太多，其自爲太少」也。兩「爲」字皆讀去聲。

曰「請欲固置，五升之飯足矣」。此宋尹對接待之者之言。章太炎《莊子解故》謂「固」借爲姑，非是。「固置」者，謂辭之不得必欲置之也。古升比今升爲小。宋尹周行天下，無隻身之理，五升之飯，豈足供多人一日之食！故曰「先生恐不得飽，弟子雖飢，不忘天下」。「先生」謂宋尹，「弟子」指其從者。「恐」與「雖」爲互文，言「恐」者，不欲爲決定語；言「雖」者，所以轉起「不忘天下」之文。飢甚於不飽，故於先生言「不得飽」，於弟子則言「飢」，文義本極明顯，而郭子玄注云：「宋銒、尹文稱天下爲先生，自稱爲弟子。」成玄英疏因曰：「唯恐百姓之飢，不慮己身之餓。」鑿空妄説，抑何可笑！

「日夜不休，曰：『我必得活哉！』」「活」即前文「願天下之安寧以活民命」之活。「我必得活」者，言其自信之堅，必欲活民之命。此正其不忘天下處。郭注云：「謂民亦當報己。」又誤之甚也。

「圖傲乎，救世之士哉！」此莊子稱美宋鈃、尹文之辭。以其「救民之鬭」、「救世之戰」，故號之「救世之士」。「圖」、「傲」皆大義。《尚書・大誥》「不可不成乃寧考圖功」，王引之《經傳釋詞》曰「圖功，大功也」，是「圖」爲大。本書《德充符篇》「警乎大哉，獨成其天」，「傲」與「警」同，亦大也。則「圖傲乎救世之士」，即大哉救世之士。章太炎讀「圖」爲啚，以「圖傲」爲鄙夷，失莊子之指矣。

曰「君子不爲苟察，不以身假物」，此當是宋鈃之言，援之以爲下「情欲寡淺」張本。「苟」，各本作苛。《釋文》云：「一本作苟。」案：作「苟」者是也。《荀子・不苟篇》曰：「君子行不貴苟難，說不貴苟察。」「苟察」之云，自是當時習語。且此下文解之云：「以爲無益於天下者，明之不如已也。」與荀子曰：「君子之所謂察者，非能偏察人之所察之謂也，有所止矣。」曰：「凡知說有益於理者，爲之；無益於理者，舍之。」並見《儒效篇》。意亦略同。則此作「苟」不作「苛」可知。作「苛」者，乃「苟」之譌字。或乃以爲「苛」誤作「苟」，不免顛倒見矣。「不以身假物」，謂不欲假物以爲用，故郭注曰：「必自出其力也。」此則與荀子大異。荀子曰：「假輿馬者，非利足也，而致千里。假舟檝者，非能水也，而絶江河。君子生非異也，善假於物也。」一主假物，一主不假物。故其言不爲苟察同，而所以言不爲苟察者，則相懸甚遠。宋子曰：「人之情欲寡，而皆以己之情欲爲多，是過也。」見《荀子·正論篇》。荀子則曰：「宋子有見於少，無見於多。」見《荀子·天論篇》。又曰：「宋子蔽於欲而不知得。」見《解蔽篇》。又曰：「欲不待可得，而求者從所可。欲不待可得，所受乎天也。求者從所可，受乎心也。故欲過之而動不及，心止之也。心之所可中理，則欲雖多，奚傷於治！欲不及而動過之，心使之也。心之所可失理，則欲雖寡，奚止於亂！」見《正名篇》。明乎荀子之所以難宋鈃者，則於莊子衡量宋鈃、尹文不失其高下，亦思過半矣。

結之曰「以禁攻寢兵爲外，以情欲寡淺爲內，其小大精粗，其行適至是而止」。內止於情欲寡淺，內固不足以聖；外止於禁攻寢兵，外亦不足以王；似大而實小，似精而實粗，故曰「其小大精粗，其行適至是而止」。蓋所以深惜之也。

公而不黨，易而無私，決然無主，趣物而不兩，不顧於慮，不謀於知，於物無擇，與之俱往，古之道術有在於是者。彭蒙、田駢、慎到，聞其風而説之，齊萬物以爲首，曰：「天能覆之，而不能載之；地能載之，而不能覆之；大道能包之，而不能辨之。知萬物皆有所可，有所不可。」故曰：「選則不偏，教則不至，道則無遺者矣。」是故慎到棄知去己，而緣不得已，泠汰於物，以爲道理，曰：「知不知。」將薄知而後鄰傷之者也，謑髁無任，而笑天下之尚賢也，縱脱無行，而非天下之大聖。椎拍輐斷，與物宛轉；舍是與非，苟可以免。不師知慮，不知前後，魏然而已矣。推而後行，曳而後往，若飄風之還，若羽之旋，若磨石之隧，全而無非，動静無過，未嘗有罪。是何故？夫無知之物，無建己之患，無用知之累，動静不離於理，是以終身無譽。故曰：「至於若無知之物而已，無用賢聖，夫塊不失道。」豪桀相與笑之，曰：「慎到之道，非生人之行，而至死人之理，適得怪焉。」田駢亦然，學於彭蒙，得不教焉。彭蒙之師曰：「古之道人，至於莫之是、莫之非而已矣。其風窢然，惡可而言！」常反人不取觀，而不免於魭斷。其所謂道，非道，而所言之韙，不免於非。彭蒙、田駢、慎到不知道，雖然，槩乎皆嘗有聞者也。

「公而不黨」，「黨」，偏黨也。本或作當。「當」亦「黨」之借字。「易而無私」，「易」，平易也。「決然無主」，「無主」猶無我也，下文云慎到「去己」者，以此。「決然」者，若水之決諸東則東流，決諸西則西流也。「趣物而不兩」，「趣」，向也，方也。「趣物」者，視物以爲之方。「不兩」者，不貳以亂之。若有貳，則失夫公與易矣。「不顧於慮，不謀於知」，謂不用智慮，下文云慎到「棄知」者，以此。兩「知」字皆讀智。於慮言「不顧」，於知言「不謀」，蓋互文。「顧」者，顧其既往。「謀」者，謀其將來也。「於物無擇，與之俱往」，「無擇」對「不兩」言。若有擇，則失其「不黨」與「無私」矣。「與之俱往」者，下文所謂「與物宛轉」是也。

「彭蒙」，不詳何國人。「田駢」，齊人。「慎到」，趙人。並見《史記·孟荀列傳》。《漢書·藝文志》道家有《田子》二十五篇，今已佚；法家有《慎子》四十二篇，今存者五篇，曰《威德》，曰《因循》，曰《民雜》，曰《德立》，曰《君子》。然如《因循篇》總不及百字，則五篇者即已非全矣。

「齊萬物以爲首」，標三氏之宗旨也。田子貴均，見於《尸子》，《吕氏春秋・不二篇》亦云「陳駢貴齊」。田駢之爲陳駢，猶田恒之爲陳恒也。均、齊，一義。此其「齊萬物」之可證者也。「以爲首」者，以爲首要也。

曰「天能覆之而不能載之，地能載之而不能覆之，大道能包之而不能辨之」，此疑爲田駢之言。「包之」者，但舉其大體。「不能辨之」者，不能詳其内容也。天地與道猶有所不足，而何況於萬物！是「知萬物皆有所可、有所不可」。《愼子・民雜篇》云：「民雜處，而各有能者不同，此民之情也。大君者大上也，「大上」之「大」讀太。兼畜下者也。下之所能不同，而皆上之用也。是以大君因民之能爲資，盡包而畜之，無能取去焉。「取去」即去取。是故必執於方以求於人，故所求者無一足也。大君不擇其下，故足。不擇其下，則爲下易矣。易爲下，則莫不容，容故多下，多下之謂大上。」此其言「各有所能不同」，即有可、有不可之説也。

「故曰」以下，又引其言以實之。「選則不偏，教則不至」，《因循篇》云「天道因則大，化則細」，又云「化而使之爲我，則莫可得而用」，與此同義。即謂必執於方以求於人，則所求者無一足也。「道則無遺者矣」，即謂「大君因民之能爲資，盡包而畜之，無能取去焉」。「道」者，大君之道也。然「則」之三言者，當爲愼到之言，故接云「是故愼到棄知去己而緣不得已，泠汰於物，以爲道理」。「泠汰」，郭注云：「猶聽放也。」聽者聽從之。放者放任之。聽從之者，上所云「趣物」。

放任之者，上所云「於物無擇」也。「以爲道理」者，以爲大道之理當如是也。「曰知不知」，謂知乃是不知也，此承上「棄知」言。

「將薄知而後鄰傷之者」，「薄」，鄙薄。「鄰」，近也。「傷」猶毁也。始但鄙薄知，而終乃近而毁傷之，故曰「將薄知而後鄰傷之者也」。此與下「笑天下之尚賢」、「非天下之大聖」係三句一排，由毁知而笑賢，由笑賢而非聖，亦其序然也。「謑髁」，《釋文》云「訛倪不正貌」，是也。「無任」之「任」，即《秋水篇》「任士之所勞」之任。《墨經》云：「任士損己而益所爲也。」爲讀去聲。然則「謑髁無任」，特反墨家之所爲。墨家「尚賢」，故「笑天下之尚賢」。「縱脱」，不拘禮法也。「無行」，「行」讀去聲。「縱脱無行」，則反儒者之所爲。儒者動稱聖人，故「非天下之大聖」。荀子曰：「慎子蔽於法而不知賢。」見《解蔽篇》。蓋謂此也。

「椎拍輐斷」相對爲文。「椎拍」者，以椎拍合之。「輐」，刑人所用之具。「輐斷」者，以輐斷截之。推其義，大致與荀子之言「檃栝礱礪」，見《性惡篇》。《告子》之以桮棬比仁義相似。言其不出於性之自然，而勉强造作也。故其「與物宛轉」，迹類莊子之「物化」，而實則迥異。此其受病之根，故特著此四字以明之，未可輕易讀過也。「舍是與非，苟可以免」，「舍」同捨。但求免於係累，不復顧及是非，故曰「苟免」，是亦有微辭焉。

「不師知慮，不知前後」，即上文「不顧於慮，不謀於知」之意。「不知」之「知」讀如字。

「魏然而已矣」，「魏」同巍。巍然，下文所謂「塊」也。曰「而已矣」者，不足之辭也。「推而後行，曳而後往」，所謂「決然無主」，承上「去己」言也，以是常取後而不處先。荀子曰：「慎子有見於後，無見於先。」蓋謂此也。「若飄風之還，若羽之旋，若磨石之隧」，「隧」音遂，《釋文》云：「回也。」回與還、旋義同。此三句皆「決然無主」之喻。「全而無非」，自全而人無非責也。「動静無過，未嘗有罪」，或動或静，己無過失，無從而加以罪也。「是何故」，設問以起下文。

「夫無知之物，無建己之患，無用知之累，動静不離於理，是以終身無譽」，此答上問也。「無知」之「知」讀如字。建己則敵生。用知則爭起。敵生，患也。爭起，累也。「去己」則誰與敵，故曰「無建己之患」。「棄知」則爭端泯，故曰「無用知之累」。「動静不離於理」，動静不離於物則也。「是以終身無譽」，不曰無非無罪，而曰「無譽」者，非罪多隨譽至，無譽，斯所以無非罪也。《易·坤卦》六四曰：「括囊，无咎无譽。」慎子其亦有見於是歟！

「故曰」以下，又引慎子之言。「至於若無知之物而已，無用賢聖，夫塊不失道。」「塊」，土塊。無知之物，至土塊至矣，而曰「不失道」，則賢聖何事哉！故云「無用賢聖」。「無用賢聖」，此所以「笑天下之尚賢」，「而非天下之大聖」也。然欲齊人於土塊，則生人之道窮矣。故「豪桀相與笑之曰：『慎到之道，非生人之行，而至死人之理，適得怪焉。』」「桀」與傑同。「行」讀去聲。「適得怪焉」者，謂祇以見其詭怪而已。惟怪之，是以笑之也。

「田駢亦然」，田駢之説與慎到同也。「學於彭蒙，得不教焉」，「教」即上文「教則不至」之教。「不教」者，謂一任其自爾，而無取於化導也。「彭蒙之師」，對學於彭蒙言，猶云彭蒙其師，即謂彭蒙也。曰：「古之道人，至於莫之是、莫之非而已矣。其風窢然，惡可而言！」此彭蒙之言。或以爲彭蒙之師别有其人者，非也。「至於莫之是、莫之非而已」，即上「舍是與非」之説，亦即無咎、無譽之説也。「其風」，古之道人之風也。「窢然」，《則陽篇》所云「吹劍首者吷而已矣」。吷、窢音正相近。風一過而不留，所以曰「惡可而言」。「惡可而言」，惡可以言也。「惡」讀如烏。

此篇謂田駢學於彭蒙，而《尹文子·大道下篇》云：「田子讀書，曰：『堯時太平。』宋子曰：『聖人之治，以致此乎？』彭蒙在側，越次答曰：『聖法之治以至此，非聖人之治也。』宋之曰：『聖人與聖法何以異？』彭蒙曰：『子之亂名甚矣。聖人者，自己出也。聖法者，自理出也。理出於己，己非理也。己能出理，理非己也。故聖人之治，獨治者也。聖法之治，則無不治矣。此萬世之利，唯聖人能該之。』宋子猶惑，質於田子，田子曰：『蒙之言然。』」其稱宋鈃、田駢皆曰「子」，而於彭蒙則稱名。不獨尹文稱彭蒙之名也，田子曰「蒙之言然」，是田駢亦稱蒙之名。且以「彭蒙在側，越次答曰」之文推之，似彭蒙師於田駢，而非田駢師彭蒙也。豈尹文之書所記有誤邪？不然，則後人蒐葺而竄亂入之者也。然其曰：「聖人者自己出，聖法者自理出。」雖未免「用名以亂實」，「用名以亂實」，語本《荀子》，見《正名篇》。而與彭蒙、田駢之説則若合符節，要當有所據依，而非出之僞託，斷斷然也。

「常反人不取觀」，自此以下皆莊子論斷三人之文。「反人」，與下文言「惠施以反人爲實」之「反人」同，如曰「聖法之治非聖人之治」，故與常人之議相違，是所謂「反人」也。「不取觀」各本作「不聚觀」。「聚」亦作見，見《釋文》，惟古鈔卷子本作「取」。案：「不取觀」者，不取觀傚於人也。不取觀傚於人，是以「反人」，義正相承。若作「聚」作「見」，則難於索解矣。故從古鈔卷子本改正。「而不免於魭斷」，「魭斷」即輐斷。作「魭」者，假借字也。反乎人者，必非性之自然，故曰「不免於輐斷」也。《駢拇篇》曰：「鳧脛雖短，續之則憂；鶴脛雖長，斷之則悲。故性長非所斷，性短非所續，無所去憂也。」輐斷之云，其亦斷鶴之脛之比歟！「其所謂道非道，而所言之韙不免於非」，「其所謂道」，即指「莫之是、莫之非」之言言。「韙」音偉，是也。道而非道，是而不免於非，皆言其近似而非真也。於是斷之曰：「彭蒙、田駢、慎到不知道。」

案：莊子言「無己」，見《消摇游篇》。言「喪我」，見《齊物論篇》。而三子主「去己」，其似一也；莊子言「聖人不謀，惡用知」，見《德充符篇》。言「離形去知」，見《大宗師篇》。而三子主「棄知」，其似二也；莊子有《齊物論》之篇，而三子「齊萬物以爲首」，其似三也；莊子言「一宅而寓於不得已」，言「託不得已以養中」，並見《人間世篇》。又言「有爲也欲當，則緣於不得已。不得已之類，聖人之道」，見《庚桑楚篇》。而三子亦「緣不得已」，其似四也；莊子言「物化」，見《齊物論篇》。言「虛而待物」，見《人間世篇》。言「順物自然」，見《應帝王篇》。而三子亦「泠汰於物，與物宛轉」，其似五也。然而曰「彭蒙、田駢、慎到不知道」，何邪？蓋三子知執之而不知通之，知用之而不知化之。其究也，至若土塊之無知，而道非道矣，此所以斷其「不知道」也。孔子曰：「惡似而非者。」故取狂狷而惡鄉原，曰：「恐其亂德也。」見《孟子·盡心篇》。莊子之於三子，意亦若是。蓋於學術疑似之間，辯之有不得不謹益加謹者焉。不然，既進三子於墨翟、禽滑釐、宋鈃、尹文之後，而關尹、老聃之前，乃抨彈之嚴反若有過於墨翟、禽滑釐、宋鈃、尹文者，將何以解之？《史記》云：「愼到、田駢皆學黄、老道德之術，因發明序其指意，故愼到著十二論，而田駢皆有所論焉。」見《孟荀列傳》，中有節文。由是觀之，其淵源於黄老處，殆與莊無二，則其説之近似，有由然矣。故終以「雖然」一轉，而曰「槩乎皆嘗有聞者也」。「槩」者槩略，言於道亦嘗聞其大槩，特未得其精微者耳。駢之言曰：「大道能包之而不能辨之。」夫道者，本末精粗無不備，何言不能辨之！然則斷其所聞，止於其槩，亦可謂允當矣。

「辨」各本作辯。「辯」與「辨」通，作「辨」者正也。

以本爲精，以物爲粗，以有積爲不足，澹然獨與神明居，古之道術，有在於是者。關尹、老聃聞其風而説之，建之以常無有，主之以大一，以濡弱謙下爲表，以空虛不毁萬物爲實。關尹曰：「在己無居，形物自著。其動若水，其靜若鏡，其應若響。芴乎若亡，寂乎若清。同焉者和，得焉者失。」未嘗先人，而嘗隨人。老聃曰：「知其雄，守其雌，爲天下谿；知其白，守其辱，爲天下谷。」人皆取先，己獨取後，曰「受天下之垢」。人皆取實，己獨取虛，「無藏也故有餘」，巋然而有餘。其行身也，徐而不費，無爲也，而笑巧。人皆求福，己獨曲全，曰「苟免於咎」。以深爲根，以約爲紀，曰「堅則毁矣，鋭則挫矣」。常寬容於物，不削於人。雖未至極，關尹、老聃乎！古之博大真人哉！

「以本爲精」，「本」謂德也。篇首曰「以天爲宗，以德爲本」。德者，得之於天者也，故德曰天德。見《天地篇》。然則言德猶言天矣。此以「本」與「物」對，即以「天」與「物」對。天爲精，則物爲粗矣。物有積，天則無積。既「以物爲粗」，故「以有積爲不足」。《老子》書曰：「聖人不積，既以爲人己愈有，既以與人己愈多。」聖人不積者，聖人法天也。法天，是以「澹然獨與神明居」。「神明」者，天地之謂也。單言之，則曰天；兼言之，則曰天地。故德曰天德。又曰：「通於天地者德也。」亦見《天地篇》。辭若參差，而義則無二。「澹然」，謂不罣一物。不罣一物，而後能見獨。「見獨」，語見《大宗師篇》。見獨，而後能與神明居，故曰「澹然獨與神明居」也。

「關尹」之名，已見《達生篇》。《史記·老子列傳》云：「見周之衰乃遂去，至關，關令尹喜曰：『子將隱矣，彊爲我著書。』於是老子迺著書上下篇，言道德之意，五千餘言，而去。」詳「子將隱矣」之言，喜與聃當是舊識。此文先關尹而後老聃，尹之年輩又長於聃可知。劉向《列仙傳》乃有「喜先望氣，知真人當過，候而迹之」之説，其出方士捏造，誣妄不待言，而後之人因是遂以喜爲老聃弟子，則尤誣之甚也。《漢書·藝文志》有《關尹子》九篇。《吕氏春秋·不二篇》曰：「老聃貴柔，關尹貴清。」高誘注：「關尹，關正也，名喜。」是或稱關令尹，或稱關尹，皆舉其官，後人以「尹」爲姓，「喜」爲名，又誤也。《關尹書》久佚，今傳《關尹子》九篇，宋時始出，九篇之名，曰《宇》，曰《柱》，曰《極》，曰《符》，曰《鑑》，曰《匕》，曰《釜》，曰《籌》，曰《藥》，絶不似周、秦間書，明係僞託。「老聃」，已屢見，《漢志》有《老子鄰氏經傳》四篇，又有劉向《説老子》四篇，似《老子》原分四篇，今上下二篇，則王弼注本然也。

「建之以常無有，主之以大一」，「常」者，《老子》書云：「道可道，非常道。名可名，非常名。」又云：「道常，無名，樸。」又云：「道常，無爲而無不爲。」又云：「復命曰常，知常曰明。」此「常」之説也。「無」與「有」者，《老子》書云：「無，名天地之始。有，名萬物之母。」又云：「有之以爲利，無之以爲用。」又云：「萬物生於有，有生於無。」此「無」與「有」之説也。蓋由常而無，由無而有，分之則三名，合之則一名。「大」與「一」亦然，《老子》書云：「道大，天大，地大，王亦大。」又云：「萬物歸焉而不爲主，可名爲大。」此所謂「大」也。又云：「天得一以清，地得一以寧，神得一以靈，谷得一以盈，萬物得一以生，侯王得一以爲天下貞。」又云：「抱一以爲天下式。」此所謂「一」也。舊注以「常無有」僅作無解，「大一」僅作一解，非也。

「以濡弱謙下爲表，以空虚不毁萬物爲實」，「濡」所謂柔也。「表」，儀表，猶言則也。《老子》書云：「柔勝剛，弱勝强。」又云：「天下之至柔，馳騁天下之至堅。」又云：「堅强者死之徒，柔弱者生之徒。」又云：「堅强處下，柔弱處上。」是以濡弱爲表也。又云：「保此道者不欲盈。」又云：「夫惟不爭，故天下莫能與之爭。」又云：「江海所以能爲百谷王者，以其善下之，故能爲百谷王。」又云：「善用人者爲之下。」又云：「大國以下小國，則取小國。小國以下大國，則取大國。」是以謙下爲表也。又云：「致虚極，守静篤，萬物並作，吾以觀其復。」又云：

「道沖而用之或不盈，淵兮似萬物之宗。」案：沖即虛也。又云：「萬物作焉而不辭。」又云：「道者萬物之奥。」是「以空虛不毁萬物爲實」也。實對虛言。道包萬物，虛而不虛，所以爲實也。

「關尹曰：在己無居，形物自著」至「同焉者和，得焉者失」，引關尹之言，以明其「空虛不毁萬物」也。「無居」，「居」如《易·繫辭傳》「變動不居」之居，謂不留滯也。「著」，昭著也。「其動若水，其静若鏡」，以喻「在己無居」。「其應若響」，以喻「形物自著」。「芴」同忽。「亡」讀無。「芴乎若亡」，實而虛也。「寂乎若清」，清故昭著，虛而實也。《吕氏春秋》謂「關尹貴清」，蓋謂此也。「和」與「同」對，猶「失」與「得」對。《論語》曰：「君子和而不同，小人同而不和。」是也。見《子路篇》。「同焉者和」，謂同而未嘗同。「得焉者失」，謂得而未嘗得。皆虛之義也。關尹之言止此。「未嘗先人而常隨人」，起下老聃「知雄守雌」、「知白守辱」之言，與下曰「受天下之垢」而以「人皆取先，己獨取後」發之，曰「無藏也故有餘」而以「人皆取實，己獨取虛」發之，同一筆法。僞《關尹子·極篇》以此二句合上「在己無居，形物自著」七句，並爲關尹之辭，蓋未細詳莊子此文文義，然即此亦可斷知今之《關尹子》非原書矣。

「知其白，守其辱，爲天下谷」，今《老子》書作「知其白，守其黑，爲天下式；知其榮，守其辱，爲天下谷」。「黑」與「式」韻，而對「白」言。「辱」與「谷」韻，而對「榮」言。本分爲兩節，此云「隨人」，雄者先而雌者隨，榮者先而辱者隨，榮辱猶貴賤也。故取「知雄守雌」、「知榮守辱」爲説，無爲引及「知白守黑」之言也。竊疑「白」爲「榮」字之誤。不然，則合兩節之文而節用之。古人引書，亦往往有此。而或者讀「辱」爲「黷」，强與「黑」相比合，未見爲得也。谿、谷義同，皆謂虚而能受也。

「人皆取先，己獨取後」，「取後」與「隨人」義亦有别，「隨人」義主於濡弱，「取後」義主於謙下，下如江海之居下流，故引老聃之言曰「受天下之垢」。今《老子》書曰：「受國之垢，是謂社稷主。受國之不祥，是謂天下王。」文與此異，而義則同也。「人皆取實，己獨取虚」，此「實」與「以空虚不毁萬物爲實」之「實」義别，彼「實」雖與虚對，而承虚爲説，是虚而不虚義；此「實」亦與虚對，而反虚爲説，則僅是不虚義。《老子》書曰：「虚其心，實其腹。」彼「實」是實其腹，實其腹，不害虚其心也。此「實」是實其心，實其心，則不能受物，而腹反虚矣。「無藏也故有餘」上當有「曰」字，以順上文可知，故省。「無藏」者，《應帝王篇》所謂「不將不迎，應而不藏」。「有餘」者，《外物篇》所謂「胞有重閬，心有天游」也。此文不見今《老子》書，然前引書曰「聖人不積，既以爲人己愈有，既以與人己愈多」，不積即「無藏」，愈有、愈多即「有餘」，其意蓋全同也。若夫「多藏厚亡」、「知足者富」之云，並見《老子》書。乃爲貪財嗜利而發，與此文義不相應，引之釋此，則大非也。「巋然而有餘」，形容有餘之狀，莊子所加。宣穎《南華經解》云「故叠一句，甚言其有餘」，是也。《爾雅·釋山》云「小而衆，巋」，「巋然」，正取衆多之義。衆多，所謂「有餘」也。

「其行身也徐而不費」，「徐」，安舒也。惟虚故安，惟後故舒。「不費」者，嗇也。《老子》書云：「治人事天莫若嗇。」韓非解之云：「聖人之用神也静，静而少費，少費之謂嗇。」見《解老篇》。「不費」，所以見其安舒也。「不費」者無爲，故又云「無爲也而笑巧」。「巧」者，安舒之反。伯昏瞀人曰：「巧者勞而知者憂。」見《列御寇篇》。既勞且憂，焉往而得安舒！是以笑之也。「人皆求福，己獨曲全」，「曲全」者，《老子》書云：「曲則全，枉則直。」「曲」謂委曲，故於是引其言以實之，曰「苟免於咎」。「苟免」，所謂「曲」也。「以深爲根」，「深」者藏身之密。「以約爲紀」，「約」者檢身之謹。曰「堅則毀矣，鋭則挫矣」，所以不得不深。「常寬容於物，不削於人」，所以不可不約。「削」，刻削也。自「苟免於咎」以下，其文皆今《老子》書所未有，以是推之，《莊子》書所載老子之言，要皆得之傳聞，有所據依，其當在重言之列，而不得以寓言視之，亦可信也。

「雖未至極」，各本皆作「可謂至極」，而《闕誤》引江南李氏本、文如海本「可謂」皆作「雖未」，又古鈔卷子本作「雖未至於極」，多一「於」字，意則相同。案：此文自墨翟、宋鈃、尹文以至彭蒙、田駢、慎到，論之皆有褒有貶，則於關尹、老聃自亦宜爾。若如今各本以「可謂至極」許之，即與「古之人其備乎」者無異，當歸之道術而不在方術之列矣。此自後之道流，推尊太上，以爲莊子於老聃、關尹不應有不足之辭，故從而改竄之，其迹甚顯。不知有此一抑，然後曰：「關尹、老聃乎，古之博大真人哉！」文勢方順，如所改竄，既曰「至極」矣，而又曰「古之博大真人」，於辭不爲已贅，而反輕乎？荀子曰：「老子有見於詘，無見於信。」讀同伸。對老子亦有褒貶，然即於老子之博大何傷也！茲故改還原本，並識其緣由如此。「真人」之稱，詳見《大宗師篇》，可參看。

寂漠無形，變化無常，死與生與，天地竝與，神明往與，芒乎何之，忽乎何適，萬物畢羅，莫足以歸，古之道術，有在於是者。莊周聞其風而説之，以謬悠之説、荒唐之言、無端崖之辭，時恣縱而儻，不以觭見之也。以天下爲沈濁，不可與莊語，故以巵言爲曼衍，以重言爲真，以寓言爲廣。獨與天地精神往來，而不敖倪於萬物，不譴是非，以與世俗處。其書雖瓌瑋，而連犿無傷也；其辭雖參差，而諔詭可觀；彼其充實不可以已。上與造物者游，而下與外死生、無終始者爲友。其於本也，弘大而辟，深閎而肆；其於宗也，可謂調適而上遂矣。雖然，其應於化而解於物也，其理不竭，其來不蜕，芒乎昧乎，未之盡者。

「寂漠無形」，言道之體。「寂」或作芴，蓋古「寂」字。一體作「家」，因譌爲「芴」。「寂漠」字，《莊》書屢見，不得别有「芴漠」之名也。「變化無常」，言道之用。「變化」言。變者自無而之有，是爲生；化者自有而之無，是爲死。「死與生與」，承而死，《齊物論篇》所謂「方生方死，方死方生」。生死亦暫名也，無有定相，故綴「歟」字，以示其無常。所以特舉生死而鄭重言之者，《德充符篇》曰「死生亦大矣」，非明夫道，無以知死生之説；亦非知死生之説，無以明夫道也。「天地竝與，神明往與」，兩「與」字讀與上同。天地以有形言，神明以無形言。以有形言，故言「竝」，《齊物論》所謂「天地與我竝生」也。以無形言，故言「往」，「往」者往來，下文所謂「獨與天地精神往來」也。因變化無常，死生亦無常，故曰「芒乎何之，忽乎何適」，「芒」與茫通。若有所之有所適，則是有常，非無常也。

又曰「萬物畢羅，莫足以歸」者，《齊物論》曰「萬物與我爲一」。若有所歸，則歸於一物。歸於一物，即無由與萬物爲一。且物則不化，不化者非道，故曰「萬物畢羅，莫足以歸」也。

「謬悠之説」，「謬」通繆，「繆悠」謂迂遠也，而寓有悠久義。「荒唐之言」，「荒唐」謂虚誕也，而寓有廣大義。《庚桑楚》曰：「有實而無乎處者，宇也。有長而無乎本剽者，宙也。」故謬悠者，以有長而無本剽言。荒唐者，以有實而無乎處言。無本剽，是爲無端；無乎處，是爲無崖。故又曰「無端崖之辭」，蓋隱寓包絡天地、通貫古今之義焉。「時恣縱而儻，不以觭見之也」，「恣縱」謂無拘礙。「儻」上各本有「不」字，而《釋文》無之。案：《天地篇》有云「儻乎若行而失其道也」，又云「以天下非之，失其所謂，儻然不受」，此「儻」與彼「儻乎」「儻然」之「儻」同，「儻」者忽也，或也。忽或者，無依傍義。《中庸》曰「中立而不倚」，「儻」即謂不倚，則「儻」上不得有「不」字明矣，故兹從《釋文》作「儻」，删去「不」字。既無依傍，則左之右之，惟其宜之，故曰「不以觭見之也」。《爾雅》：「角一俯一仰，觭。」見《釋畜》。一俯一仰，所謂偏倚也。則「不以觭見之」，猶曰「執其兩端而用其中」云爾。語見《中庸》。

「以天下爲沈濁，不可與莊語」，「莊語」，正言也。「以卮言爲曼衍，以重言爲真，以寓言爲廣」，「曼衍」見《齊物論篇》。司馬彪注云：「曼衍，無極也。」然彼文云：「和之以天倪，因之以曼衍。」曰和曰因，而以「曼衍」與「天倪」對，則「曼衍」亦兼有委曲隨順之義。惟其委曲隨順，所以無窮也。「以不可與莊語」，故以卮言委曲隨順之。雖委曲隨順之，而要在使之得其真際，故曰「以重言爲真」。又懼夫執於重言，以爲道遂在是也，故曰「以寓言爲廣」。「廣」

者，廣其意，使不拘於虛，篤於時，束於教也。此卮言、重言、寓言與《寓言篇》次序先後有異者，彼旨在得意忘言，故以寓言發其端，此旨在巽言善誘，故以卮言爲之先也。

「獨與天地精神往來，而不敖倪於萬物」，前章言關尹、老聃曰「澹然獨與神明居」。「與神明居」，「與天地精神往來」，語極相似，而義則殊異。蓋「居」言其靜，「往來」則言其動。言其靜者，主不變言；言其動者，主變動言。老子、莊子其學皆出於《易》，而《易》兼不易、變易二義。《繫辭傳》曰：「天尊地卑，乾坤定矣。卑高以陳，貴賤位矣。動静有常，剛柔斷矣。」又曰：「初率其辭而揆其方，既有典常。」此言不易義也。又曰：「方以類聚，物以羣分，吉凶生矣。在天成象，在地成形，變化見矣。」又曰：「變動不居，周流六虚，上下無常，剛柔相易，不可爲典要。惟變所適。」此言變易義也。老子未嘗不知《易》之變易，要之著眼於不易者多，故「建之以常無有」。曰「常」，即不易也。莊子未嘗不知《易》之不易，要之著眼於變易者多，故曰「變化無常」。道術有在於是者，聞其風而説之。此莊與老之大不相同處也。

老唯主不易，故静，静故「以物爲粗」。莊唯主變易，故動，動故「不敖倪於萬物」。「敖倪」猶傲睨，謂輕視之也。以「不敖倪於萬物」，故「不譴是非，以與世俗處」。「譴」猶遺也。「不遺是非」，《齊物論》所謂「和之以是非」，《秋水篇》所謂「因其所然而然之，則萬物莫不然；因其所非而非之，則萬物莫不非也」。故老子卒於隱去，而莊子則消摇人間，不屑爲避世之士。此又莊與老之大不相同處也。世人但見莊、老之同，而不見莊、老之異，因恒以老、莊竝稱。孔子曰：「不知言，無以知人也。」豈不信哉！

「其書雖瓌瑋而連犿無傷也」以下論其所著書。是篇之爲莊子自序，於此尤可證明。「瓌瑋」猶瑰琦。宋玉對楚王問云：「夫聖人瑰意琦行，超然獨處。」以今義釋之，則「瓌瑋」者不平凡也。「犿」與獾同字，音歡，亦音權。「連犿」與「連卷」、讀拳。「連娟」並一音之轉，謂婉好也。婉好則近人，故曰「無傷」。「無傷」，猶前云「不削於人」也。「其辭雖參差而諔詭可觀」，「參差」，不齊也；「諔詭」，變幻也。知「諔詭」之爲變幻者，《德充符篇》云「彼且蘄以諔詭幻怪之名聞」，以諔詭與幻怪連文，可知者一。《齊物論篇》云：「恢恑憰怪，道通爲一。」「恑」同詭，「憰」同譎，「譎詭」、「諔詭」亦一音之轉。「道通爲一」，非變幻奚能！可知者二。參差而變幻，則不齊者未嘗不齊，故曰「可觀」也。「彼其充實不可以已」，「已」，止也。充實於內，自然發而爲文，故曰不可以止。蓋情深而文明，氣盛而化神，和順積中而英華發外，語本《小戴禮記·樂記》。非可以僞爲，亦非可以强至也。此莊子自道其書，亦莊子自道其學處。惟其如是，故曰「上與造物者游，而下與外死生無終始者爲友」。「造物者」，造化也。《大宗師篇》曰：「彼方且與造物者爲人，而游乎天地之一氣。」是所謂「上與造物者游」也。又曰：「孰能以無爲首，以生爲脊，以死爲尻？孰知死生存亡之一體者？吾與之友矣。」是所謂「下與外死生、無終始者爲友」也。

「其於本也，弘大而辟，深閎而肆；其於宗也，可謂調適而上遂矣」，「本」謂德，「宗」謂天。篇首云「以天爲宗，以德爲本」，是也。「弘大而辟」者，「弘」亦大也。「辟」同譬，譬之爲言喻也。《大雅·抑》之詩曰：「取譬不遠。」孔子曰：「能近取譬。」見《論語·雍也篇》。「弘大」者，往往馳於高遠而忽於切近，故曰「弘大而辟」，正根「小大精粗，其運無乎不在」而言之。《中庸》所謂「夫婦之愚可以與知，夫婦之不肖可以能行」，是「辟」之義也。注家率以「六通四闢」闢字釋之，舛矣。「深閎而肆」亦然。「深閎」猶深邃也。「肆」有顯露義，《易·繫傳》「其事肆而隱」，正義曰：「其辭放肆顯露，而所論義理深而幽隱也。」知肆而隱之以相反見義，則知「深閎而肆」與夫「弘大而辟」意旨之所在矣。「調適」，「調」亦作稠，「調」其本字，「稠」則借字也。「上遂」猶上達也。孔子曰：「下學而上達，知我者其天乎！」《中庸》亦曰：「上達天德。」此言「上達」，先之以「調適」者，《刻意篇》曰「虛無恬惔，乃合天德」，《德充符篇》曰「德者成和之脩也」，不調不適，即無由以上達也。

「雖然，其應於化而解於物也」，「化」與「物」蓋互文，化者物之化，物者化之物。「應」，因應。「解」，通解也。就化言則曰「應」，就物言則曰「解」。「其理不竭」者，化理層出而不窮，則應之也有不及。「其來不蜕」者，物變默移而不著，則解之也爲甚難。「蜕」猶脱也，謂變之驟，故曰「芒乎昧乎，未之盡者」。「芒」「昧」猶老子之言「忽怳」，道之體如是，亦與「寂漠無形」相應。「未盡者」，言未能盡其道也。郭注曰：「莊子通以平意，説己與説他人無異也。」案其辭，明爲汪汪然。禹拜昌言，亦何嫌乎此也。」郭氏知莊子之平意，説己與説他人無異，信有見矣。若莊子之於人於己，是是非非，無少加損，則惜乎其未有以發明之。而後之注家，乃以「未之盡者」爲人未能盡莊子之妙，一若莊子自居諸家之上，無可貶抑然者。且不論「雖然」一轉無説以解之，豈以莊子之學之粹，而乃自驕滿若是哉！是不可以不辯。

惠施多方，其書五車，其道踳駁，其言也不中。厤物之意，曰：「至大無外，謂之大一；至小無内，謂之小一。無厚，不可積也，其大千里。天與地卑，山與澤平。日方中方睨，物方生方死。大同而與小同異，此之謂小同異；萬物畢同畢異，此之謂大同異。南方無窮而有窮。今日適越而昔來。連環可解也。我知天之中央，燕之北、越之南是也。氾愛萬物，天地一體也。」惠施以此爲大。觀於天下而曉辯者，天下之辯者相與樂之。「卵有毛。雞三足。郢有天下。犬可以爲羊。馬有卵。丁子有尾。火不熱。山有口。輪不蹍地。目不見。指不至，至不絶。龜長於蛇。矩不方，規不可以爲圓。鑿不圍枘。飛鳥之景，未嘗動也。鏃矢之疾，而有不行不止之時。狗非犬。黄馬驪牛三。白狗黑。孤駒未嘗有母。一尺之捶，日取其半，萬世不竭。」辯者以此與惠施相應，終身無窮。

桓團、公孫龍，辯者之徒，飾人之心，易人之意，能服人之口，不能服人之心，辯者之囿也。惠施日以其知與之辯，特與天下之辯者爲怪，此其柢也。然惠施之口談，自以爲最賢，曰：「天地其壯乎！施存，雄而無術！」南方有倚人焉，曰黄繚，問天地所以不墜不陷、風雨雷霆之故。惠施不辭而應，不慮而對，偏爲萬物説，説而不休，多而無已，猶以爲寡，益之以怪。以反人爲實，而欲以勝人爲名，是以與衆不適也。弱於德，强於物，其塗隩矣。由天地之道觀惠施之能，其猶一蚉一虻之勞者也。其於物也何庸！夫充一尚可，曰愈貴道，幾矣！惠施不能以此自寧，散於萬物而不厭，卒以善辯爲名。惜乎！惠施之才，駘蕩而不得，逐萬物而不反，是窮響以聲，形與影競走也。悲夫！

「惠施」屢見前。「多方」者，其方非一，故不與墨翟、禽滑釐、宋鈃、尹文等儕之方術之列，而於篇終論之。「其書五車」，所著書簡編繁重，至載以五車，言其多也。《漢書·藝文志》名家有《惠子》一篇，則漢時惠子之書存者已僅矣，今一篇之書亦佚，其説惟散見於《莊子》、《荀子》、《韓非子》、《吕氏春秋》及劉向《説苑》者，略可考見。「其道踳駁」，言其雜也。此「道」字義輕，猶言理也。「踳駁」各本作「舛駁」。「舛」、「踳」字通。兹作「踳駁」者，用司馬彪本也。「其言也不中」，「中」讀去聲。「不中」者，不當於道術也。

「厤物之意」，「厤」與歷同，謂分別數説之。不曰物而曰「物之意」者，凡下所言，皆窮物之精藴，而非就物之形體立説。形體可見，而意不可見，故曰「意」也。章太炎《莊子解故》以「意」解作大凡，失其指矣。

「至大無外謂之大一，至小無内謂之小一。」「無外」，即《秋水篇》所謂「不可圍」。「無内」，即所謂無形。無形者，數之所不能分也。不能分，是「無内」也。

「無厚不可積也，其大千里」，荀子曰：「有厚無厚之察，非不察也，然而君子不辯，止之也。」見《脩身篇》。有厚無厚之察，即謂此。無厚與有厚對。「無厚」者，厚之至。不可以厚薄論也，故曰「不可積」。若可積，則有厚而厚亦僅矣。「其大千里」，猶云其厚千里。不曰厚而曰

「大」者，既曰「無厚」，則不得復以厚言，故避用厚之名，而言「大」也。

「天與地卑」，天隨地卑也。《列子・天瑞篇》曰「天積氣耳，亡處亡氣」，則自地以上皆天也，天何高之有！「山與澤平」，山隨澤平也，《小雅・十月之交》之詩曰「高岸爲谷，深谷爲陵」，則山澤亦何常之有！《荀子》作「山淵平，天地比」，見《不苟》與《正名篇》。其義亦同。

「日方中方睨，物方生方死」，「睨」，《説文》云「衺視也」，以是義與衺通。《易・豐卦彖傳》曰「日中則昃」，言中後必昃也。此則謂當其中時，亦即是昃時。生死亦然。《列子》引鬻熊之言曰「天地密移，損盈成虧，隨生隨死，往來相接，間不可省」，省，察也。蓋謂是也。亦見《天瑞篇》。「大同而與小同異，此之謂小同異；萬物畢同畢異，此之謂大同異」，《荀子・正名篇》曰：「萬物雖衆，有時而欲偏舉之，故謂之物。物也者，大共名也。推而共之，共則有共，至於無共然後止。有時而欲偏舉之，故謂之鳥獸。鳥獸也者，大別名也。推而別之，別則有別，至於無別然後止。」推而共之，所謂大同也。推而別之，所謂小異也。有大同，自有其大異。有小異，亦自有其小同。要之皆從同異相對上立論，此之謂「小同異」也。若夫推之至於無共，則物之畢異覩矣。推之至於無別，則物之畢同見矣。蓋物無有不同，亦無有不異。此非可於同異相對上立論。故曰「萬物畢同畢異，此之謂大同異也」。

「南方無窮而有窮」，《墨子・經説（下）》云：「南者有窮，則可盡；無窮，則不可盡。有窮無窮未可智，讀知。下同。則可盡不可盡亦未可智。」《經説》之言，蓋正對惠施此論而發。惠子言「南方無窮」者，準當時中國之恒言而去。《禹貢》曰：「東漸于海，西被于流沙，朔南暨。」東西皆窮其地之所至，而南北不然者，實見南北之無窮也。其言「有窮」者，則惠子之獨見。以爲既有方所，無有不極之理，故曰「南方無窮而有窮」。詳玩其言，知意重在有窮，而不在無窮也。

「今日適越而昔來」，已見《齊物論篇》。彼作「昔至」。「至」與「來」，一也。

「連環可解也」，成玄英疏云：「環之相貫，貫於空虛，不貫於環，是以兩環貫空，不相涉入，各自通轉，故可解也。」玄英之疏可謂盡妙。然《戰國策・齊策》載秦始皇嘗使使者遺君王后玉連環，「君王后」者，襄王后，王建之母也。曰：「齊多知，讀智。而解此環否？」而讀耐，猶能也。君王后以示羣臣，羣臣不知解。君王后引椎椎破之，謝秦使曰：「謹以解矣。」蓋言解，不言不可破，則破而解之可也。惠子之意，倘亦若是歟！

「我知天之中央，燕之北、越之南是也」，今各本「天」下有「下」字，《釋文》無之，元纂圖互注本、世德堂本與《釋文》同。成疏云「故燕北越南可爲天中者也」，是成本亦無「下」字，故茲從《釋文》去「下」字。司馬彪注云：「燕之去越有數，而南北之遠無窮，由無窮觀有數，則燕、越之間未始有分也。天下無方，故所在爲中。」彪注是也。

「氾愛萬物，天地一體也」，惠子之說十餘，要歸於此二句，蓋其宗旨所在。《呂氏春秋・愛類篇》云：「惠子之學去尊。」去尊，天地一體之旨之所發也。《韓非子・七術篇》云：「惠施欲以齊、荆偃兵。」本書《則陽篇》惠子見戴晉人於魏惠王，進蠻觸之說，亦主偃兵。偃兵，氾愛萬物之旨之所發也。故觀惠子之說，於此二者，不可不加之意焉。

「惠施以此爲大」句。「以此爲大」，與後「自以爲最賢」一樣句法。「此」指上「至大無外謂之大一」以下諸説。「爲大」，猶云爲至也。「觀於天下而曉辯者」句。「觀」讀去聲，示也。「曉」，諭也。「觀」與「曉」文對，「天下」與「辯者」文對，故接曰「天下之辯者相與樂之」，「樂之」猶説之也。舊讀爲「大觀於天下」，以「大觀」合爲一名，失之。

「卵有毛」以下，皆辯者之説。卵中不見有毛，然雞由卵變，若卵中不含有毛，則雞之毛何自生！故曰「卵有毛」。

「雞三足」，兩足者所以行，然左足行則右足隨之，右足行則左足隨之，未嘗舛迕，是兩足本一足也，此一足乃所以運兩足而使之行者，合之，故曰「三足」。《公孫龍子·通變論》曰：「雞足一。數足二。二而一，故三。」二而一者，二加一也。

「郢有天下」，「郢」，楚之都也。楚之國，楚之天下也，而一皆聽命於郢，故曰「郢有天下」，猶曰郢有楚云爾，非即以郢爲天下也。

「犬可以爲羊」，司馬彪注云：「名以名物，而非物也。犬羊之名，非犬羊也。非羊可以名爲羊，則犬可以名羊。」若是，則荀子所謂「用名以亂實」者。彪説是否原意，未敢信，姑録存之。

「馬有卵」，馬雖胎生，然胎之初亦卵也，故曰「馬有卵」。

「丁子有尾」，成疏云「楚人呼蝦蟆爲丁子」，是也。蝦蟆之爲丁子者，蝦蟆初化時爲蝌蚪，蝌蚪之形如丁子。沿其初稱，故呼爲丁子也。「丁子」，今加金傍作「釘子」。蝌蚪既爲蝦蟆已無尾，然嘗有尾矣，且尾非脱去，特變而漸没耳，其本固在也，故曰「丁子有尾」。

「火不熱」，火生於木石之相擊，而火在木中，木不熱也，火在石中，石亦不熱也，是熱本不在火，故曰「火不熱」。

「山有口」，各本作「山出口」。司馬彪注云：「呼於一山，一山皆應。一山之聲入於耳，形與聲竝行，是山猶有口也。」不曰「山出口」而曰「山有口」，則本文作「山有口」甚明。其作「出」者，蓋涉上「山」字而誤，兹故改正。但彪以「呼於山而山應」説之，此回聲之理，不必山也，何爲獨以山言？案：《小戴禮記·孔子閒居篇》曰：「天降時雨，山川出雲。」山之出雲，如人之噓氣，故曰「山有口」。其言山而不言川者，山凸起而川凹入。凹入之爲有口，不待言也。此解當否，惟明識者詳焉。

「輪不蹍地」，輪行於地，而實不與地相切，蓋若切於地，則輪爲地滯而不能行矣，故曰「輪不蹍地」。

「目不見」，《公孫龍子·堅白篇》有其説，曰：「白以目以火見，而火不見，則火與目不見。」意謂人之見白，須以火以目，單有目不能見，猶單有火不能見也，故曰「而火不見，則火與目不見」。火與目不見者，火之與目其不能獨見同也。此蓋與佛書言因緣和合者相似。「指不至，至不絶」，《列子·仲尼篇》作「有指不至，有物不盡」。

「指不至」者，謂指不及物也。「指」之義已見前《齊物論篇》「物莫非指而指非指」，及《養生主篇》「指窮於爲薪」各條。「指」者，指而謂之也。指而謂之者，名也。名雖可加於物，而物實非名之所能盡，故曰「指不及物」。「至不絕」者，承上「至」字言，謂至者不絕。「至」即謂物，故「至不絕」與有物不盡一義。「絕」猶盡也。知有物不盡，則知「有指不至」矣。公子牟解此曰：「無指則皆至，盡物者常有。」見《列子·仲尼篇》。常有者不變也。意謂惟不變者可以盡物。名非常名，即非不變，故不盡物。即此可知二句當合看，分而釋之，即不可通。《世説新語》載客問樂令名廣，官尚書令，稱其官，故曰樂令。「指不至」者，樂亦不復剖析文句，直以麈尾柄确几，确借作觸。曰：「至不？」客曰：「至。」樂因又舉麈尾，曰：「若至者，那得去！」於是客乃悟服。此自是樂之玄談，與「指不至」原意全不相涉。但觀《公孫龍子·指物論》「指」與「物」相對立論，未嘗分説，可以知之。

「龜長於蛇」，從頭至尾而量之，蛇自長於龜，而舉龜之圓簨者以與蛇較，則龜長於蛇決矣。此似數學徑一周三之理也。

「矩不方，規不可以爲圓」，絶對之方，絶對之圓，非規矩所能仿也，此理今數學家多能言之。

「鑿不圍枘」，「枘」，鑿之柄也。枘入於鑿，則鑿實圍枘，而謂之不圍者，鑿孔與枘端之間終有空隙，而非密合，若果密合者，枘亦不能入於鑿孔中矣，故曰「鑿不圍枘」。

「飛鳥之景未嘗動也」，「景」與影同。影隨於形，形動而影隨之，影固未嘗自動也。

「鏃矢之疾，而有不行不止之時」，「鏃」，《説文》云「利也」，《呂氏春秋·貴卒篇》卒讀同猝。「所爲貴鏃矢者，爲其應聲而至」，高誘注云：「鏃矢，輕利也。小曰鏃矢，大曰篇矢。」是以其輕利，故曰「鏃矢之疾」。以其疾，故曰「有不行不止之時」。司馬彪注云：「形分止，勢分行。」分讀去聲。區形與勢言之，其解絶妙。蓋其行也以勢，勢猶力也。勢不可見，可見者形。以形言，則行而未行，故有不行之時。及其止也，已止者形，而未止者勢。以勢言，則止而未止，故有不止之時也。

「狗非犬」，《爾雅·釋畜》「犬未成毫，狗」，注云「狗子未生𩍐毛者」，是狗爲犬之別名，狗固非犬也。此正與「白馬非馬」一例。

「黄馬驪牛三」，馬牛二，而謂之三者，黄驪者色，殊色於形，是以三也。義亦從「白馬非馬」來，觀《公孫龍子·白馬論》自明。

「白狗黑」，非曰白狗可以爲黑也，亦謂白狗未必無黑，如狗白身而黑尾，仍謂之白狗，然不得曰白狗無黑也。

「孤駒未嘗有母」，《釋文》云「一本無此句」，疑後人因《列子·仲尼篇》「孤犢未嘗有母」之文補入之，又改「犢」爲「駒」耳。公子牟曰：「孤犢未嘗有母，非孤犢也。」細詳「非孤犢也」之言，是謂孤犢之名未得成立，故曰「未嘗有母」。此乃主破而非主立。蓋孤駒孤犢今雖無母，而固嘗有母矣。嘗有母則不得謂之孤也。《釋文》引李頤云：「駒生有母，言孤則無母。孤稱立，則母名去也。母嘗爲駒之母，故孤駒未嘗有母也。」其曰「孤稱立，則母名去」是已。然可言無母，不可言未嘗有母。若曰母嘗爲駒之母，遂可謂孤駒未嘗有母，是遁辭之窮也，愚竊不取焉。

「一尺之捶，日取其半，萬世不竭」，宋洪邁《容齋隨筆》於此有釋，曰：「但取其半，雖碎爲塵埃，餘半猶存，謂爲無盡可也。」此說得之。「捶」，馬捶，見《至樂篇》。

「辯者以此與惠施相應，終身無窮」，「此」即指「卵有毛」以下諸說。「終身無窮」者，新義日出，以此終其身，而無有休止也。

「桓團、公孫龍，辯者之徒」，「公孫龍」已見《秋水篇》。《漢書·藝文志》名家有《公孫龍子》十四篇，今存者《跡府》、《白馬論》、《指物論》、《通變論》、《堅白論》、《名實論》六篇，合爲一卷。「桓團」，《列子·仲尼篇》作韓團，桓、韓一音之轉。成疏云「團亦趙人」，不知何據。辯者之徒衆矣，獨舉團與龍者，二人蓋其魁率，而惜乎團之説竟無可考也。

「飾人之心，易人之意」，本無，從而增飾之，曰「飾」。本有，從而變易之，曰「易」。此「人」，蓋指從其說者言。「能服人之口，不能服人之心」，此「人」，則謂與之抗辯者，如孔穿之輩是。見《吕氏春秋·淫辭篇》與《孔叢子·公孫龍篇》。「服人之口」之「服」，各本皆作勝，惟《白帖》九引作「服」。案：兩「服」字正相對爲說，「服」與「勝」草書相近，易以致誤，故兹從《白帖》定作「服」。「辯者之囿也」，「囿」者，囿於物而不能超然於物表也。後文言惠子「弱於德，强於物」，又言「散於萬物而不厭」，又言「逐萬物而不反」，意蓋相通貫也。

「惠施日以其知與之辯」，「知」讀智。「與之辯」，與上桓團、公孫龍之徒辯也。今各本「與」下有「人」字，蓋涉上諸「人」字誤衍，古鈔卷子本無之，是其明證，故删。「特與天下之辯者爲怪」，此「怪」謂異也。立異不與衆同，是曰爲異。「此其柢也」，「柢」，大柢。楊雄

《法言·吾子篇》云：「或問：『公孫龍詭辭數萬以爲法，法與？』」夫詭辭至數萬，則其所言者必不止「卵有毛，雞三足」之二十餘條，況龍之外，尚有桓團諸人共與惠施相應，終身無窮。若欲悉舉之，將簡牘所不能載，故曰「其柢」，言柢可見其大略而已。

「然惠施之口談自以爲最賢」，「最賢」，最勝也。曰「口談」者，所以别於「其書五車」，言未嘗見之文字者也。曰「天地其壯乎！施存，雄而無術！」此惠子之言。「壯」，大也。「施」者，自稱其名。言天地雖大，有我在，天地亦無術以自雄。引此者，爲下「不辭而應，不慮而對，徧爲萬物説」發端。注家不知，率以「存雄」連讀，而以「無術」爲不學無術之比，視作莊子譏之之辭，其失之遠矣。

「南方有倚人焉曰黄繚」，「黄繚」，人姓名。「倚人」猶畸人，故《釋文》云「倚本或作畸」。「問天地所以不墜不陷、風雨雷霆之故」，「不墜」謂天，「不陷」謂地。「風雨雷霆」四者，皆發生於天地之間，故併舉以問之。「故」者，所以然也。

「不辭而應，不慮而對」，不辭不慮，言其應對之無難也。「徧爲萬物説」，則又有在風雨雷霆之外者。「説而不休，多而無已，猶以爲寡，益之以怪」，此「怪」謂不經，故曰「益」。則不在所益者，固不盡不經也。

「以反人爲實，而欲以勝人爲名，是以與衆不適也」，「不適」，不適於用也。《荀子·非十二子篇》亦言：「惠施好治怪説，玩琦辭，甚察而不惠，辯而無用，多事而寡功，不可以爲治綱紀。」「惠」，順也。不順而無用，即此「不適」之謂，故曰「弱於德，强於物，其塗隩矣」。「弱於德」，自得者少。「强於物」，逐物者多。「其塗隩」者，其道隘而難行也。

「由天地之道觀惠施之能，其猶一蚉一蝱之勞者也」，「一蚉一蝱之勞」，極言其能之微小。「其於物也何庸」，「庸」與用同。於物何用者，言不獨於天地無補，於物亦無益也。「一」即前「皆原於一」之一。「充」者，由一本而推之以至於萬物也。故曰「夫充一尚可」。此屈一筆，若謂此貴過於道，則大不可，故曰「曰愈貴道，幾矣」。「幾」之爲言「殆」也。舊注皆釋「幾」作近，故失其義矣。

「惠施不能以此自寧」，「此」指道言，「寧」者安也。知「此」爲指道者，《德充符篇》莊子謂惠子曰：「道與之貌，天與之形，無以好惡内傷其身。」又曰：「天選子之形，子以堅白鳴。」此下云「散於萬物而不厭，卒以善辯爲名」，正所謂「子以堅白鳴」者也。合前後文觀之，莊子之所以深惜於惠子者，實在其不能坐進此道。不然，盡其雄辯，一一皆從本原上發揮，則與莊子之充實不可以已者，何所懸異！豈夫辯者察士之名所可得而限哉！

「惜乎！惠施之才，駘蕩而不得，逐萬物而不反，是窮響以聲，形與影競走也。悲夫！」「惜」之而又「悲」之者，「惜」者惜其才，「悲」者悲其術。「惜」止對惠子説，「悲」則不止對惠子説，而爲天下之同於惠子而背本逐末者戒也。「駘蕩」，放肆不羈也，聲義竝與「俶儻」、「倜儻」相近，此稱其才之大。「不得」猶不中，謂不中於道也。「逐萬物而不反」，與「散於萬物而不厭」義别。「散」者，上所謂「多而無已，猶以爲寡」也，故曰「不厭」。「逐」者，《養生主篇》所云「生也有涯，而知也無涯，以有涯隨無涯，殆已。已而爲知者，殆而已矣」也，故曰「不反」。然散則喪其一，逐則離其本。喪一離本，其歸又未嘗不同也。「窮響以聲，形影競走」，皆以譬「逐物不反」。夫聲形且無常住，何況響影！捕影撮響，終何所得！是知喪一離本，未有不墮於空虚者，所以不得不爲之致其悲也。

注家樂於析理者，輒議莊子非施、龍過甚；而混同大道者，又以施、龍之談比於道聽塗説，甚且謂惠子不得躋於方術之列，莊子之叙之，特以爲己作襯尾耳。要之，皆未爲能明莊子之意者。莊子於惠，有褒有貶，具在全書，豈獨此篇哉！惟於道術本末之間，見得分明，故論人能持其平，而無抑揚過當之失。觀於濠上之辯、郢人之喻，夫亦可以息其疑矣。